제국을 향한 미몽,

근대 조선인의 해외 투어와 열망의 파레시아

이 저서는 2019년 대한민국 교육부와 한국학중앙연구원(한국학진흥사업단)의
한국학대형기획총서사업의 지원을 받아 수행된 연구임(AKS-2019-KSS-1230001)

제국을 향한 미몽,
근대 조선인의 해외 투어와 열망의 파레시아

김인호

국학자료원

책을 내면서

　본 저작은 2019년부터 3년간 수행한 한국학중앙연구원 대형기획총서지원사업인『근대 조선 다크투어리즘과 계몽의 파레시아』의 연구성과 중의 하나를『제국을 향한 미몽, 근대 조선인의 해외 투어와 열망의 파레시아』라는 총서로 엮은 것이다. 취지는 근대 시기 조선인 여행자들이 세계 각지를 여행하면서 세상을 어떻게 이해하고 고민했으며, 식민지 조선의 현실과는 어떻게 비교하고, 아파하며 극복하려 했는지 그들만의 열망이 가리키는 곳을 따라가서 담아보려고 한 것이었다.

　처음 시작부터 재미있을 것 같았고, 3년이면 세상에 선보일 수 있다고 믿고 야심차게 시작했지만 실제로는 5년이 훌쩍 지나갔다. 처음에는 흥미롭고 쉬웠으나 진행하다 보니 도대체 어디서 시작이고 어디가 끝인지 모르는 아주 기나긴 행적들과 마주하였다. 물론 100년도 더 된 그 시절에 유럽을 가고, 미국을 가는 등의 여행이니 그 자체로서도 신기하였다. 그런데 그 행적들은 너무나 천편일률이라서 하나만 보면 다른 것도 대충 이러할 것이라는 생각이 들었고, 무미건조한 나열의 바다를 발견하면서 정작 쉬운 저술이 될 것이라고도 믿었다.

　그것이 더 문제였다. 언제 어디서 무엇을 보고 어떻게 갔고, 왔고 등등으로 일관되고 기계적인 기행담을 보면서, 도대체 그들의 마음가짐이나 복심은 어디에 있는지 답답하기만 했다. 도대체 무슨 글을 이렇게 쓰시나 하면서 필자들의 단순성을 탓해보기도 하고, 그 거대한 책자 속에 내심을 읽을 수 있는 내용이 단 한 줄도 없는 점은 너무나 황당하기만 했다.

그래도 '독서백편의자현(讀書百遍義自見)'이라고 했던가 조금씩 성과를 모아보니 얼마 지나서 뭔가가 지면에서 꿈틀거렸다. 아주 낯설고 무섭기도 하고, 놀라우면서도 고통스러운 조선인의 다크투어 여정이었다. 미국의 마천루를 보면서, 혹은 일본의 근대적 시설들을 보면서도 조선의 현실이 떠오르고, 자칫 나라가 망할지도 모른다는 공포와 우리 민족 자체가 사라질지도 모른다는 공포와 대적해야 했던 그 두려운 여정이었다.

여기서 알 수 있듯이 당대 여행자들은 조선에 있으나, 세계로 나가나 그 모든 순간이 다크투어의 시공간이었다. 그래선지 그 많은 여행담을 보면, 조선인 특유의 유머와 행복이라는 조미료가 가미된 기록들을 발견하기란 어려웠다. 기행담을 읽어가면서, 여행자의 생각이 총독부의 검열과 탄압으로 차마 주어진 지면에 진실한 속내를 드러내지 못한 경우를 자주본다. 물론 처음부터 예견되었지만, 그토록 교묘하게 빠져나가야 겨우 독자의 눈에 접수되었던 길이라 여기니 입가에 나도 모를 미소가 돈다.

'그래 사람이야!'

난수표(亂數表) 같은 그들의 속내는 엄청난 선행지식이 동원되지 않으면 알 수 없었다. 국토계획을 모른 채, 대동아공영권을 이해할 수 없고, 내선일체가 어떻게 민족주의와 결합하는지 모르고 친일을 이해할 수 없었다. 왜 해군지원병 표어가 왜 '충무공(忠武公)의 후예들아 모여라!'인지 알아야 민족의 이름으로 이뤄진 그 수많은 총독부의 언술들이 말하는 바를 이해할 수 있다. '민족이니 자유니 하는 말이 이렇게 왜곡될 수 있구나!'라는 놀라움이 오늘날까지도 달라지지 않음은 무슨 변고인지 아연하기만 하다. 어쩌면 그들의 기행담은 옛 성현의 고전만큼이나 선행지식이 없이는 풀리지 않는 시험 문제인 듯도 했다.

'그들의 진짜 속내 즉 파레시아는 맨눈으로 보이지 않아!'

박정양(朴定陽, 1841~1904)이 임금 앞에서 한 말과 자신의 문집에서 했던 말이 왜 달랐는지, 민영환(閔泳煥, 1861~1905)의 여정에서 잠 못 드는 고통은 무엇 때문인지. 내지(일본)시찰단은 왜 조선총독부 관료와도 사사건건 의견이 충돌했으며, 친일파도 과연 가슴에 민족주의적인 마인드가 있었을 건지 등등 이루 헤아릴 수 없는 논쟁적인 과제들이 차례차례 등판을 기다렸다.

매끄러운 국문학자들의 글이 부러웠던 적도 많았다. 하지만 미사여구(美辭麗句)로 대체할 여유가 없었다. 그러니 가능한 '빼박할 수 없는' 합리적 추론으로 그들의 속내를 진솔하게 읽어낼 수 있길 기도하였다. 그러려면 마음이 먼저 열려야 했다. 지사(志士)적인 마음으로 보면 결코 볼 수없을 것이고, 선입관을 배제하고 그들의 이야기를 세밀하게 경청하지 않으면 결코 담아낼 수없는 진실이 거기 있었다. '아! 그렇게 생각할 수 있겠구나.'라는 공감의 자세가 없으면 결코 볼 수 없는 것이었다.

사실 남의 생각을 읽어내는 것은 쉬운 일이 아니다. 원래 남의 생각을 제대로 이해하는데 서툰 사람이 갑자기 남의 심연에 담긴 생각을 읽으려니 신통방통한 재주가 갑자기 생길 리 없었다. 그래도 성실하게 읽고 또 읽고, 저런 말들이 모여서 지면에서 스스로 춤출 때까지 읽고 또 읽으려는 노력은 했다. 그래서 발견한 것을 몽땅 모은 것이 바로 이 저작이다.

어쩌면 저자가 보는 모든 것이 환영이고, 진실이 아닐 수 있다. 하지만, 적어도 역사학자로서 가장 개연성 있게 객관적으로 그들의 속내에 접근하려 노력했다는 점은 이해해주길 바란다. 독자 여러분들은 역사학자에게 엮여서 나온 근대 조선인 여행자들의 마음으로 이 기회에 한번 즐겁게 여행해주시길 기대한다. 그들이 느꼈던 것과 공감하고, 세상의 새로운 것을 마주했던 그들의 설렘을 같이 느끼시길 바라마지 않는다.

이 저작은 모두에서도 언급했듯이 근대 조선(개항·일제강점기)에서 전개된 조선인의 다크투어리즘의 형성과 전개 그리고 해외 시찰기 및 기행문의 분석을 통하여 조선인 여행자의 글 속에 담고자 했던 그들만의 파레시아(역사적 이해 혹은 깨우침 혹은 삶의 고민이나 속내)를 복원 및 정리하는 것이 목적이다. 그런데 너무 자료가 방대해서 모든 기행담을 담을 수 없었고, 파레시아 분석을 할 수 없었다. 그래서 개항기는 관료나 지식인 중심의 파레시아를 엮었다. 일반 대중이 해외를 다닌 적이나 혹은 해외 시찰 후 남긴 자료가 거의 없는 이유도 있다.

하지만 일제강점기에 들면 독립운동이나 각자의 목적에 따라 해외를 탐방한 인물이 점차 늘었고, 그들의 이야기가 신문 잡지 등에 많이 실렸다. 물론 본 저작의 목적이 조선인의 다크 투어리즘이므로 정치적 이념이 분명한 인물 예를 들어 독립운동가나 친일매국인사들의 파레시아는 가능한 빼려고 했다. 대신, 삶의 회색지대에 놓였던 인물들의 기행문을 중심으로 분석하였다. 그러니 주제의 응집력이 독립운동가나 친일파처럼 선명하지 못하지만 그래도 분명한 그들만의 메시지를 찾으려고 애썼다.

독립은 요원하더라도 민족은 영원하다고 믿는 친일민족주의도 있었고, 아일랜드와 같이 사느니 식민지로 살겠다고 아우성치는 인물도 있었다. 사실 '회색지대 인물'이라고 해도 총독부의 국책과 시책에 적극적으로 부응하는 그룹만이 기행담을 남길 수 있었다. 이에 친일이니 애국이니 하는 언술을 떠나서 일반의 조선인들이 해외여행에서 남긴 진솔한 마음을 읽는 것은 그들이 시대를 겪어나가면서 느끼는 다양한 내심을 발견할 수도 있겠다 싶다. 물론 그조차도 총독부의 정책에 부응한 외피를 잔뜩 머금고 있기는 하지만 말이다. 일제강점기 기행담은 워낙 방대해서 읽어야 할 분량이 많다. 그래서 저작에서는 꼭지마다 서두에 기행담 필자들의 내심을 먼저 담아보려고 했는데, 이 책을 읽는데 혹여 방해되지 않을지 궁금하다. 독자님들께 그저 '님을 보듯' 애독·정독하시라 기대할 뿐이다.

마지막으로 이 저작을 내는데 많은 분들이 도움을 주셨다. 무엇보다 우리 총서팀으로 합류하여 지난 5년을 동고동락한 이철우, 이준영, 김용하 교수님께 감사드린다. 쉬운 주제가 아닌데도 한번의 불협화음도 없이 서로 믿고 따라주었고, 어려움을 함께 하였다. 조만간 본 저작과 총서 시리즈로 엮어서 여러분과 만날 수 있을 것이다. 또한 이 글을 감수해주시고, 자주 저자랑 여행하면서 객관적인 시야를 확 넓혀주신 고 허수열 교수님께도 깊은 감사를 드린다. 생존해 계신다면 이 글을 탈고한 다음 저자랑 어딘가로 답사가서 실컷 역사논쟁하셨을 분인데, 가시고 나니 너무나 허전하다. 당연하게도 우리 역사학부 박순준, 선우성혜, 김예슬 교수께도 감사의 말씀 드린다. 우리는 같이 있어서 늘 행복한 학과이다. 마지막으로 이 책을 내는데 흔쾌히 동의하신 도서출판 국학자료원 정구형 대표님과 임직원께도 깊은 감사의 인사를 드린다.

2024년 1월 1일
어딘가로 홀쩍 가고 싶은 저자 김인호

목차

Ⅳ. 제국을 이기자.
침략전쟁기 조선인 다크투어와 혐오와 협력의 파레시아

Ⅰ. 서문: 근대 조선인의 해외 다크투어와 파레시아 읽기

1. 저술의 목적

근대 이후 조선인들이 세계와 마주하면서도 일부 독립운동가들이 베트남, 필리핀, 인도 등 세계의 비극을 일깨워서 외세의 침략에 국민적 각성을 도모하려는 일이 적지 않았다. 하지만 이런 경향은 일부였고, 대부분 구본신참(舊本新參), 동도서기(東道西器)니 하면서 서양의 편의로운 기술 문명을 수용하려는 일환으로 세상을 바라보고 있다. 그것도 서양의 기술이 전통 유교문명에 무슨 도움을 줄 것인지를 묻는 생각이 주류이다 보니, 동도서기란 어쩌면 동도를 지키기 위한 서기(西器)일 뿐이었다. 이런 생각에 머물다 보니 세계사의 격동과 암흑이 얼마나 장고하고 가혹한지 이해하는데 한계가 있었다. 그나마 겨우 타협된 강력한 동도(東道) 수호론 앞에서 세계적인 재난을 목도하고 그것을 반면교사하려는 의도를 담으려는 경우가 흔치 않았다.

하지만 근대 이후 조선인 여행자들은 차마 왕이나 권세가 앞에서는 차마 말할 수 없었던 공포에도 불구하고 자신의 기행담을 통하여 격동하는 정세 속에서 국망의 위기감(국망, 민족적 도태, 인간적 차별, 증가하는 경제적 부담 등)을 이해하고, 그런 우울하거나 답답한 현실의 탈출로를 모색하는 계몽적인 인식과 기록을 남기려고 무척 애쓰고 있었다. 어쩌면 그들에게 해외 여행 자체가 기나긴 다크투어의 여정이었다.

박승철의 여행기에 나오는 말이다.

> 독일은 물론이고 어떠한 나라든지 조선 만큼 국빈민약(國貧民弱)한 나라는 찾을래야 찾을 수 없습니다. 폴란드가 아무리 분할되고 부흥되어 신접살이하더라도 조선보다 낫고, 네델란드가 서해 모래 위에서 열강에게 눌려서 무기력하더라도 조선보다 나으며, 벨기에가 세계대전 전에 영세중립국으로 세계와 아무 교섭이 없었으나 대전을 치른 후 대단히 피폐했다 하더라도 조선보다 낫습니다. 폴란드는 인구가 조선보다 월등히 많고 네델란드, 벨기에는 절반도 못 됩니다. 그러나 열강 틈에 끼여 창피는 면하고 지냅니다.[1]

유럽의 그 모든 나라가 모두 아프지만, 조선만큼은 아니라는 생각이었다. 이처럼 당대 조선인 여행자들의 이야기는 언제나 조선의 암울한 현실과 연계되고 비교되고 있고, 조선에 대한 아픔만큼 세계 각지를 보는 눈도 그리 밝지만 않았다. 그러니 보는 곳마다 자연히 감정이입 되었다. 조선은 이런데, 조선은 저런데…

중국이나 일본에서도 마찬가지였다.

> 빠이차오구를 지나 무단촌 이북부터는 조선인이 퍽 회소하다. 다니는 것은 모두 중국인이다. 길을 물어도 잘 알려주지 않는다. 조선인이라고 업신여겨 손가락질하면서 카오리빵즈라고 멸시하는 말만 한다. 작은 꺼렌놈(작은 조선놈)이라고도 하는데 가슴 터지는 듯한 쓰라림을 느낀다.[2]

어디를 가나 조선인에게는 너무나 쓰라리고, 자괴감이 엄습하는 여행이었다. 보는 것만 알리는 것이 여행담인 줄 알았기에 제대로 그들의 속사정을 말하는 것이 무척 인색하였다. 따라서 문제는 그들만의 속내(파레시아)를 쉽사

---

1) 在獨逸 朴勝喆, 상동, 『開闢』(36), 1923년 6월 1일, 46쪽.
2) 金義信, 「大滿洲踏破記」, 『別乾坤』(26), 1930년 2월 1일, 133쪽.

리 알아낼 수 없다는 것이다. 그것을 보려고 달려들면 그들의 본심은 행간 저쪽에 까마득하게 숨고 말았다. 이렇게 된 데는 일본 경찰의 언론 검열이 격심하고, 「치안유지법」 등으로 국체(國體)와 관련된 위험 발언이 극도로 제약되는가 하면, 조선인 몇 사람만 모여도 경찰이 임검하는 가혹한 시절이었다는 점도 한몫을 했다. 그러다 보니 필자들이 용감하게 모든 잡지나 신문에 연재하는 여행기에다 그들은 자신만의 소신을 남기기란 여간 쉽지 않았다.

그럴수록 필자들의 글에는 잘 감춰진 그들만의 파레시아가 있었다. 자세히 보면 당대 조선인 여행자들은 기이한 이방(異邦) 여행에서 다양한 조선의 자존심을 발견하기도 하고, 생경한 서구 문명의 현장에서 기죽어가면서 그들만의 방식으로 그들만의 파레시아를 구축하기도 했다. 실행하는 행위의 역사만큼이나 그들이 각오를 다지고 고민했던 내면 모습을 복원하는 일은 연구자라면 누구나 가지는 욕망이다. 아직 남아 있으면서도 여전히 활용되지 못한 그들의 여행기록을 보노라면 거저 경치를 보면서 경탄하는 수준을 넘어서 시대를 담아내려는 남모르는 노력이 한껏 배여 있다는 것을 느끼게 된다. 파레시아는 없었던 것이 아니라 우리가 보지 못했을 뿐이다. 그리고 관심을 덜 가졌기 때문이었다.

이에 본 저작은 이런 경직에서 벗어나 조금은 자유로운 마음으로 그들이 느꼈던 감정을 들여다보고, 그들의 이야기에서 그들이 꿈꾼 세상과 염원과 기대와 회한의 실상을 읽고 싶었다. 예를 들어 여행자들의 순수한 애국정신을 복원하는 것만큼, 그가 걸었던 길에 등장하는 번뇌와 각오, 회한과 고독같은 실질적인 파레시아를 복원하고 싶었다. 일본인의 하인으로, 근대화된 시설물을 만드는 하층 노동자로 전락하고 모든 잉여를 일본인에게 넘겨야 했던 우울한 조선인일지라도 그냥 현실에 안주한 것이 아니라 차별과 착취를 이기고자 온갖 고민을 다했고, 낯선 세계와 마주하면서 억압 아래서 차마 말하지 못했던 자유와 해방의 아우성을 서구 기행의 기억을 통해서라도 토해

내고 싶었던 그 간절함을 읽어내자는 것이다.

그동안 조선인 해외 여행기는 주로 여행목적과 역사적 과제 속에서 재해석되고 필요에 따라서 현재로 소환되기도 했다. 그들이 느낀 시대와 공간에 대한 조망이나 각종 문화재나 예술, 생활 문화에 대한 기억은 역사적인 목적과 연관되면서 설명되지 못했을 것이고, 대부분 주된 정치적 경제적 가치를 설명하기 위한 보조적 수단으로 활용될 뿐이었다.

후술하겠지만, 그동안 여행기와 관련된 연구성과들은, 여행의 주체들이 무엇을 보았는지, 누구를 만났고, 어디를 갔는지에 궁금한 것이 많았다. 그러면서도 민족과 관련된 결과물에 많은 관심을 기울였다. 또한, 지나치게 그들이 가진 인식의 변화상을 기대하고 바라보다 보니 과잉해석과 과대평가의 늪에 노출되기도 했다. 다시 말해 기왕의 여행기나 여행기를 분석한 연구서는 대부분 무엇을 보았는가, 어떻게 다녔는가에 관심이 컸고, 역사적으로 어떤 결과를 초래했는지 의미 찾기에 분주하였다는 것이다.

이런 경향은 일면 연구자들의 제한된 시야에도 원인이 있겠지만, 어떤 면에서는 당대 여행자의 글쓰기를 보면, 시대정신과 근대화의 목적 그리고 과제 지향의 사명감이 논조를 지배할 것이라는 선입감도 생기고, 어쩌면 일본의 검열로 언감생심 사적(私的) 감정의 개입이 극도로 자제되었을 가능성도 엿보인다. 자료란 이처럼 불안정한 것이다. 당시 필자들은 어떻게 간 여행인데, 여행기라면 모름지기 독자들이 모르는 세상을 소개하는 것 정도로 여긴 것도 사실이다. 예를 들어 개항기의 경우 조선인 여행자들은 세계를 돌면서 각국의 문화를 보면서 무엇을 배울 것인지 고민하면서 찬찬히 지식을 축적하고 본질을 이해하려는 의지는 높았다.

하지만 그들 자신의 고민을 정리하고, 자신만의 감상과 자신만의 논리를 드러내는 데는 인색하였다. 『서유견문』처럼 혹은 『일동기유』, 『해천추범』처럼 일찍부터 미국이나 일본을 여행한 사람들의 수필이나 기행문이 있지만 아무리 읽어봐도 목적에 침윤되어서 마치 보고서처럼 본 것을 정리하고, 행했던 일들을 기록하는데 품을 들였지, 각 사건이나 사안별로 자신이 느끼고 비판하고, 고민한 감상기를 남긴 공간은 무척 소략하다.

이런 어려움 속에서도 본 저작에서는 조선인 여행자들이 파리나 워싱턴, 모스크바에서 무슨 일을 했는지 밝히는 것보다 어떤 태도와 마음으로 임했으며, 어떤 깨달음이나 교훈을 획득하였고, 거기서 얻은 결실을 어떻게 조선 사회에 소개하려고 했던지 보려고 한다. 예를 들어 동남아에서 인삼을 팔면서 대동아 공작을 했던 조선인들이 꿈꾸던 '협력과 그 대가'를 이해하는 것이 한 사례이다. 또한 자본가들이 일본군의 진출을 얼마나 기대하면서 북만주에서 방안 가득 밀려드는 지폐 조각에 희열하고 있는지 확인하고 싶었다.

소설가, 예술가 등 문필을 즐기는 일반 민간 조선인 이외에도 유도연맹회, 포로감시원, 남방진출한 자본가, 군속, 징용자, 위안부 등 다양한 목적행을 이룬 여행자들이 기행문을 생산하였는데, 특히 독립운동가는 더더욱 심오한 파레시아를 감추면서 천하를 유람하던 여행자들이었다. 김구가 만주 국경을 넘을 때의 좌절감이나 태항산맥을 조심스럽게 넘어갔을 윤세주의 각오, 두만강을 넘어가는 격렬한 눈동자의 카이저 수염을 한 김좌진의 고민 등을 읽어내는 것은 사실 역사적 기록이 없는 상태에서는 가히 상상조차 어려운 일일 수도 있다.

2. 선행연구의 이해

(1) 개항기 외교 사절의 파레시아

조선인 여행자들의 파레시아(속내, 내심)에 관한 연구가 왜 필요한지 생각하면, 역시 기존 연구가 가지는 일방성 즉, 조선인 투어가 가지는 선진성과 근대성에 대한 과잉해석 문제가 우선적으로 논쟁의 도마에 오른다. 이런 관점에서 개항기 외교사절의 여행기에 대한 연구사를 살펴보자. 먼저, 수신사 등 개항기 외교사절이 남긴 다양한 여행기에 대한 분석이다. 가장 연구진척이 많이 된 것은 역시 강화도조약 이후 일본에 파견된 김기수의『일동기유』에 관한 연구성과이다. 대체로 구체적인 외교 일정이나 의례, 순방지 등을 분석하여 사절단의 역사성 평가, 견문 내용 및 일본에 대한 인식, 일본인과 교류 등을 주로 점검하였다.[3] 그 외에도 수신사 각인들이 만든 문집이나 복명서도 같은 맥락에서 분석되었다. 이들 기행문을 종합하면, 국가적 요구와 바램을 충족하기 위하여 가공되거나 지나치게 그것에 부합하는 바, '만들어진 기행문'형식을 드러낸다. 그러니 당연히 소신을 담기 곤란했고, 그들의 파레시아를 찾기란 쉽지 않았다. 다만, 유길준, 박정양 등 개인 기행문을 유심히 보면, 나름의 소신을 엿볼 수 있는 단서가 있으며, 자신이 처한 조선(대한제국)의 현실을 생각하고, 비교하거나 거기서 나름의 교훈을 얻거나 현실을 이기는 방안을 가슴 절절하게 모색한 점이 행간에 담긴 것으로 보인다.

---

3) 조항래(1969), 「병자수신사(丙子修信使) 김기수 사행고-그의 저서 일동기유(日東記遊)의 검토와 관련하여-」, 『대구사학』(1), 대구사학회: 鄭應洙(1991), 「근대문명과의 첫 만남-日東記遊와 航海日記를 중심으로」, 『韓國學報』(63), 일지사.; 河宇鳳(2000), 「一次修信使·金綺秀の日本認識」, 『翰林日本學研究』(5),한림대학교 일본학연구소.; 전성희·박춘순(2005), 「修信使가 본 近代日本風俗 -김기수의 일본풍속인식을 중심으로-」,『한국생활과학회지』(14-5), 한국생활과학회.; 한철호(2006), 「제1차 수신사(1876) 김기수의 견문활동과 그 의의」,『韓國思想史學』(27), 한국사상사학회.; 한철호(2006), 「제1차 수신사(1876) 김기수의 일본인식과 그 의의」, 『사학연구』(84), 한국사학회.; 정응수(2010), 「사절이 본 메이지(明治) 일본: 김기수의 일동기유를 중심으로」, 『일본문화학보』(45), 한국일본문화학회.; 문순희(2021 여름), 「창사기행(滄槎紀行)의 특징과 안광묵의 일본사행경험」,『語文研究』(49-2).; 구지현(2017), 「통신사(通信使)의 전통에서 본 수신사(修信使) 기록의 특성: 제1차 수신사 기록을 중심으로」,『열상고전연구』(59), 열상고전연구회.; 김선영(2017), 「제1차 수신사 사행의 성격—일본 외무성 자료를 중심으로-」, 『韓國史論』(63), 서울대학교 국사학과.; 문순희(2017), 「수신사일기의 체재와 내용연구」, 『열상고전연구』(59), 열상고전연구회.; 이효정(2017), 「航韓必携에 보이는 제1차 수신사의 모습」,『동북아문화연구』1(51), 동북아시아문화학회.

둘째, 조사시찰단과 관련해서는 이들의 활동에 대한 긍정론적 평가와 부정론적 평가가 대립하는 상황이다. 부정적 평가[4]에서는 이들 조사시찰단이 해외 견문을 수행하기에 전문성이 결여된 인물이 많았고, 그들이 보고한『문견사건(聞見事件)』이나 '시찰기' 등은 정책 결정에 큰 영향을 주지 못하거나 일반 대중에게 전파력이 약했다고 했다. 반면, 긍정론에서는 이들의 역할이 비록 크지는 않았으나 귀국 후 일본에서 얻은 식견을 바탕으로 제도개편의 기반을 마련하였고, 이후 조정의 정책에 실무급으로 배치되어 계속해서 영향력을 행사해왔다고 평가하였다. 아울러 그들의 성과는 조선 지식인에게 영향을 주었고, 개인적으로도 당대 청장년층에 영향을 미쳤다고 했다.[5]

셋째, 유럽이나 미주 지역으로 파견된 사절이 남긴 기행문을 분석한 연구도 진척되었다.[6] 이들 연구는 대체로 이 시기를 '근대 전환기'로 보고 기행문(글쓰기)에서 나타난 근대로의 서사 양식이나 담론(인식)의 변화상을 예의 주시하였다.[7] 이들은 종래 성리학적 표상이나 서사가 차츰 계몽적 사명을

---

4) 허동현(2002),「조사시찰단(1881)의 일본 경험에 보이는 근대의 특성」,『한국사상사학』(19), 한국사상사학회.

5) 정옥자(1965),「紳士遊覽團考」,『역사학보』(27), 역사학회; 이이화(2005),「신사유람단을 1881년 일본시찰단으로」,『역사비평』(73), 역사문제연구소.: 정훈식(2010),「수신사행록과 근대전환기 일본지식의 재구성」,『한국문학논총』(56), 한국문학회.; 河宇鳳(1999),「開港期 修信使行에 관한 一研究」,『한일관계사연구』(10), 한일관계사학회.; 김현주(2001),「근대 초기 기행문의 전개 양상과 문학적 기행문의 '기원'- 국토 기행을 중심으로」,『현대문학의 연구』(16).

6) 구사회(2014),「대한제국기 주불공사 김만수의 세계기행과 사행록」,『동아인문학』(29), 동아인문학회.;이승용(2017),「근대계몽기 석하 김만수의 일기책과 문화담론」,『문화와 융합』(39-6).; 양지욱·구사회(2008),「대한제국기 주불공사 석하 김만수의 <일기>자료에 대하여」,『온지논총』(18), 온지학회.; 구지현(2013),「유길준의『서유견문』에 보이는 견문록의 전통과 확대」,『온지논총』(37).

7) 이승원(2007),「근대전환기 기행문에 나타난 세계인식의 변화연구」, 인천대학교 국어국문학과 박사학위논문.; 곽승미(2006),「식민지 시대 여행 문화의 향유 실태와 서사적 수용 양상」,『대중서사연구』(15) , 대중서사학회. ;김권정(2009),「근대전환기 조선인의 타자보기」(이승원 등,『세계로 떠난 조선인 지식인들』, 휴머니스

I . 서문: 근대 조선인의 해외 다크투어와 그들의 파레시아 읽기 23

떤 사절들의 여행이나 견문을 통하여 조금씩 변화하거나 균열되어 가는 과정을 담고자 했다. 또한 새로운 세계관과 인식이 전통적인 관념과 힘차게 싸우고 도전하는 모습을 그리려고 하였다. 나아가 이러한 나름의 투쟁과정을 겪으면서 배태된 조선인의 서구에 대한 새로운 인식과 이해방식을 체계적으로 정리하면서 계몽과 개화로 나아가려는 선구자적 모습을 잘 그려내었다, 그러면서 학문별로도 역사학에서는 사실적 측면에서, 문학에서는 인식론적 측면에서 많은 성과를 내었다.

(2) 일제강점기 일본 본토 시찰 및 여행기의 파레시아

일제강점기 조선인의 일본이나 아시아, 혹은 유럽에 관한 인식은 일반적으로 식민모국인 일본이 일방적으로 주조한 것이고, 그 과정에서 조선인이 스스로 민족적인 자존심을 해석하는 방식이 다양하게 요동하였다. 반면, 아시아를 비롯한 세계에 대한 인식도 일본에 의한 주조에 대항하고, 약소국가 해방론과 연관하여 일부에서는 조선문화의 상대적 자립성과 우월성을 찾으려는 노력도 등장하였다. 이런 관점에서 일제강점기 본토에서의 조선인 여행기는 자존심과 부러움이 교차하는 다층적인 면모가 등장하였다.

먼저, 무단통치(1910년대) 시기와 관련한 연구는 주로 본토 시찰 문제를 주요하게 취급하였다.[8] 연구대상은 불교계, 기독교계 등 종교 시찰단 활동

트.;이창훈(2006), 「대한제국기 유럽 지역에서 외교관의 구국운동」, 『한국독립운동사연구』(27), 한국독립운동사연구소.; 박정순(2019), 「언어와 문화의 번역으로서 재현 문제와 번역가의 과제 -1910년대 식민지유학생의 기행담론의 맥락에서 김동성의 Oriental Impressions in America와 <米州의 印象>을 중심으로-」, 『우리文學硏究』(63), 우리문학회.

8) 이경순(2000), 「1917년 불교계의 일본 시찰 연구」, 『한국민족운동사연구』(25). 한국민족운동사학회.; 조성운(2005), 「매일신보를 통해 본 1910년대 일본시찰단」, 『일제의 식민지 지배정책과 매일신보 -1910년대-』, 수요역사연구회.; 조성운(2005), 「1910년대 日帝의 同化政策과 日本視察團 -1913년 日本視察團을 中心으로-」, 『사학연구』(80), 한국사학회.

이나, 총독부가 직접 시행한 관설시찰단의 실상을 점검하는 경우가 많았다. 이들 연구는 당시 시찰단이 종래 개항기 보였던 근대의 복제[copy] 위주의 투어리즘의 틀을 벗어나서 점차 '자기화', '응용화'하는 경향이라는 점에 주목하였다. 또한『매일신보』등 신문류에 게재된 시찰단의 기행문을 분석하면서 이들 시찰단이 대부분 친일 행적을 보였고, 근대화만이 살길이고, 일본과 협력해야 된다는 '식민주의적 계몽'을 표방한 사실에 관심을 두고 분석하기도 했다. 특히 내지연장주의(內地延長主義)에 입각하여 제국의 선도성을 입증하기 위해 개최한 각종 평화박람회, 동경박람회와 여기에 참가한 시찰단의 활약에 대해서도 주목하였다.9)

한편, 당시 제국의 중심인 일본 도쿄는 근대적 동경(憧憬)과 체험(體驗)의 본고장으로 여겨지면서, 당연히 도쿄를 여행한 조선인들의 면모와 그들이 복잡한 심경(조선 전통에 대한 자부심과 현실적으로 근대화된 도쿄에서 느끼는 부러움)을 체계적으로 정리한 연구성과도 있었다.10) 아울러 재일조선인 유학생들이 일본의 눈부신 근대화를 어떻게 보고 이해했으며, 새롭게 마주한 근대화된 공간은 어떻게 받아들였는지, 그들의 실제 생활은 어떠했는지 등을 분석한 연구도 주목할 만하다.11) 1910년대 이광수와 같은 조선인 지

---

9) 조성운(2014),「1910년대 식민지 조선의 근대관광의 탄생」,『한국민족운동사연구』 (56), 한국민족운동사학회; 김경남(2013),「1910년대 기행 담론과 기행문의 성격 -1910년대 매일신보 소재 기행 담론과 기행문을 중심으로」,『인문과학연구』(37). 강원대 인문과학연구소.; 류시현(2007),「여행과 기행문을 통한 민족, 민족사의 재인식: 최남선의 사례를 중심으로」,『사총』(64), 고려대학교 역사연구소.

10) 우미영(2010),「식민지 지식인의 여행과 제국의 도시 '도쿄': 1925~1936」,한국언어문화 43, 한국언어문화학회.; 허병식(2011),「장소로서의 동경 - 1930년대 식민지 조선작가의 동경 표상」, 박광현·이철호 엮음,『이동의 텍스트, 횡단하는 제국』, 동국대출판부.; 김윤희(2012),「사행가사에 형상화된 타국의 수도 풍경과 지향성의 변모」,『어문논집』(65), 민족어문학회.

11) 김진량(2004),「근대 일본 유학생 기행문의 전개 양상과 의미」,『한국언어문화』 (26). 한국언어문화학회.; 김진량(2004),「근대 일본 유학생의 공간 체험과 표상-유학생 기행문을 중심으로-」.『우리말글』(32). 우리말글학회.

식인들의 해외체험이 촉발한 열등의식과 약육강식 논리의 수용 등 여행과 식민지 지성의 인식 전환과 같은 문제도 중요한 논점이었다.[12]

둘째, 1920년대 시찰단 연구는 총독부는 여기 참여한 조선인 시찰단원들이 우수한 선진문화와 접하면서 자기 민족도 그렇게 변화 발전할 수 있다는 희망을 주입하여, 식민통치에 협력하게 만드는 계기를 만들려는 의도에서 비롯되었고, 더불어 식민지 지배체제 구축에 협력한 대가를 보상하는 차원에서 진행된 것이 많았다고 하였다. 그리고 그들의 '시찰기'를 보면 총독부 등 시찰을 기획한 이들의 의도가 어느 정도 관철되었다는 성과를 내고 있다.[13] 특히 시찰단의『유일록』,『동유감흥록』등의 일본 도쿄 기행문을 분석하여 종래 외형을 중시하는 화리관(華夷觀) 시각에서 내용과 특징을 중시하는 근대적 시선으로 변화되고 있는 모습 그리고 일본에 대한 멸시에서 점차 일본의 실제 모습에 대한 자각 등을 확인한 연구도 눈길을 끈다.[14]

셋째, 1930년대 후반 침략전쟁 이후의 조선인 시찰은 내지시찰이 급속히

---

12) 김미영(2015),「1910년대 이광수의 해외체험」,『인문논총』(72-2), 서울대 인문학연구원.; 김경미(2012),「이광수 기행문의 인식구조와 민족담론의 양상」,『한민족어문학』(62), 한민족어문학회.

13) 박찬승(2006),「식민지시기 조선인의 일본시찰-1920년대 이후 이른바 '내지시찰단'을 중심으로-」,『지방사와 지방문화』(9-1), 역사문화학회.; 조성운(2006),「1920년대 초 日本視察團의 파견과 성격(1920~1922)」,『한일관계사연구』(25), 한일관계사학회.; 조성운(2007),「1920년대 일제의 동화정책과 일본시찰단」,『한국독립운동사연구』(28), 독립기념관 한국독립운동사연구소.; 조성운(2011),『식민지 근대관광과 일본시찰』, 경인문화사.

14) 김경남(2013),「1920년대 전반기「동아일보」소재 기행 담론과 기행문 연구」,『韓民族語文學』{63}, 한민족어문학회.; 김윤희,「20세기 초 대일 기행가사와 東京 표상의 변모」,『동방학』(24), 한서대 동양고전연구소. ; 김윤희(2012),「20세기 초 외국 기행가사의 세계 인식과 문학사적 의미」,『우리문학연구』(36), 우리문학회.; 김윤희(2012),「1920년대 일본시찰단원의 가사, 東遊感興錄의 문학적 특질」,『우리말글』(54), 우리말글학회.; 박애경(2004),「장편가사 東遊感興錄에 나타난 식민지 근대체험과 일본」,『한국시가연구』(16), 한국시가학회.; 박찬모(2010),「展示의 '문화정치'와 內地체험」,『한국문학이론과 비평』(43), 한국문학이론과 비평학회.

줄고, 대신 만주와 중국을 거냥한 시찰이 급증하였다. 이 단계에서 조선인 시찰단은 종래 조선을 낙후와 미개와 야만의 전승으로 보던 민족개조론적 사고에서 자행되던 열등의 파레시아를 어느정도 극복하기 시작하였다. 조선인들은 침략전쟁과 함께 부과된 '아시아일등국민' 혹은 '북방엔블록의 중핵'이라는 자신감과 아류(亞流)제국화한 조선에 대한 자부심에 기반하여 조선인만의 투어리즘을 구사하기 시작하였다는 논지이다. 다만, 1940년대 이후에는 사실상 내지시찰이라고 할 만한 것은 각 지역상공회의소가 자신의 지역에 맞는 경제적 장점을 얻고자 시찰하는 경우 이외는 그다지 등장하지 않았다고 한다.15) 그밖에 불교의 내지시찰 연구16)와 유림계의 내지시찰과 관련된 연구17)로 등을 들 수 있다.

(3) 일제강점기 중국 및 만주 투어와 파레시아

먼저, 1920년대까지 조선인의 중국 여행기와 관련해서는 기존 중국에 대한 사대적 인식이 어떻게 변화하고, 일상화된 조선인에 대한 핍박에 대한 조선인의 자각과 타개를 향한 노력을 탐구하려는 연구가 많았다. 이 시기 중국은 군벌의 각축이나 열강의 간섭이 심화되는 상황에서 조선인이 여행하기란 대단히 모험적이었고, 위험천만한 시절이었다. 그럼에도 조선인 여행자들은 새롭게 변하는 중국의 모습이나 중국에 사는 조선인의 삶을 소개하는 모습을 그리는 데 주저하지 않았다.18) 흥미롭게도 조선인의 타이완 탐방에 관한 연구를

---

15) 하세봉(2008), 「타자를 보는 젠더의 시선－1930년을 전후한 조선인 여교사의 일본 시찰기를 중심으로」, 『역사와 경계』(69), 부산경남사학회.; 임경석(2012), 「일본 시찰 보고서의 겉과 속－「일본시찰일기」 읽기－」, 『사림』(41), 수선사학회.
16) 이경순(2000), 「1917년 불교계의 일본시찰 연구」, 『한국민족운동사연구』(25), 한국민족운동사학회.; 조성운(2007), 「일제하 불교시찰단의 파견과 그 성격」, 『한국선학』(18), 한국선학회.
17) 한길로(2014), 「전시체제기 조선유림의 일본 체험과 시회 풍경」, 『국제어문』(62), 국제어문학회.

보면, 당시 타이완을 탐방한 조선인들이 조선보다 경제적으로 발달한 이유를 찾는 모습이나 중국인과의 갈등을 예의 주시하는 모습이 부각되고 있다.[19] 그러면서도 3·1운동의 실패 이후 조선인 지식인들의 좌절감 위에 일본의 웅비와 근대적 변화의 창연함이 교차하는 상황이었다. 이에 기존 조공과 책봉 관계로 무시당하던 중국에 대한 기억을 새롭게 고민하면서, 일본의 문명적인 우위를 앞세운 '중국 멸시관(中國蔑視觀)'에 빠져서 옛날의 좌절감을 보상받고자 한 점에 주목하기도 했다.[20] 더불어 문학적 측면에서 종래 전통적인 유람의 글쓰기 전통이 새롭게 달라지는 지점을 목격하기도 하고, 각 여행 주체들이 가지는 경험이나 이념 혹은 각자의 시선에 따라 얼마나 시시각각 만주에 대한 인식이 다기하게 변화했는지 그 실상을 분석하기도 했다.[21]

18) 최해연(2016),「20세기 초 조선인의 중국 여행기록 연구」, 연세대학교, 박사학위논문.; 최해연(2019),「20세기 초 조선인의 중국 여행기록에 나타난 서양문화 인식」,『洌上古典硏究』(67).; 정희정,최창륵(2019),「근대로서의 전통──근대 한국인의 베이징 기행문을 중심으로(1920~1945)」,『동아시아 한국학의 소통과 확산』.; 김태승(2013),「동아시아의 근대와 상해 -1920~30년대의 중국인과 한국인이 경험한 상해」,『한중인문학연구』(41).
19) 이은주(2012),「1923년 개성상인의 중국유람기『中遊日記』연구」,『국문학연구』(25).; 陳慶智(2014),『香臺紀覽' 기록에 투영된 일제시대 臺灣의 모습』,『동아시아문화연구』(56).; 오태영(2013),「근대 한국인의 대만 여행과 인식-시찰기와 기행문을 중심으로」,『아세아연구』(56).
20) 주효뢰(2020),『식민지 조선 지식인, 혼돈의 중국으로 가다, 1920년대 조선 지식인의 중국 인식에 대한 사상적 고찰』, 소명출판.
21) 서영인(2007),「일제말기 만주담론과 만주기행」,『한민족문화연구』(23), 한민족문화학회. ; 허경진·강혜종(2011),「근대 조선인의 만주기행문 생성 공간-1920-1930년대를 중심으로-」,『한국문학논총』(57); 이명종(2014),「근대 한국인의 만주 인식 연구」, 한양대학교 사학과 한국사전공 박사학위논문.; 조정우(2015),「만주의 재발명」,『사회와 역사』(107), 한국사회사학회.; 배주영(2003),「1930년대 만주를 통해 본 식민지 지식인의 욕망과 정체성」,『한국학보』제29권 3호, 일지사.; 김외곤(2004),「식민지 문학자의 만주 체험-이태준의 만주 기행」,『한국문학이론과 비평』(제24), 한국문학이론과 비평학회.; 서경석(2008),「만주국 기행문학 연구」,『어문학』(86), 한국어문학회.; 장영우(2008),「만주 기행문 연구」,『현대문학의 연구』(35), 한국문학연구학회.; 홍순애(2013),「만주기행문에 재현된 만주표상과 제국주

둘째, 만주국 건국을 전후한 조선인의 여행기에 대해선 만주국 성립과 일제의 만주 이민정책 등의 정책사 측면 연구에 더하여 종래 조선인의 열악한 삶의 공간이 어떻게 새로운 긍정의 땅, 새로운 삶의 터전으로 이해되고, 이후 조선인의 삶은 어떻게 달라지고 있는지, 조선인의 역할은 어떻게 새롭게 변화하고 있는지 등 생활과 사회적 삶에 관한 역사학적 견지의 연구가 있다.[22]

또한 중일전쟁 이후의 경우, 중국으로 여행한 황군위문단에 관련하여 박영희의『전선기행』임학수의『전선시집』그리고 최남선의『송막연운록(松漠燕雲錄)』, 박영준, 「전사시대」등을 분석한 연구가 있다. 이들 연구는 위문단으로 파견된 이들이 중국을 통해서 인식했던 그들의 내면성(파레시아)에 주목하려 했고, 이 시기 조선인의 전쟁문학이 가진 경향성을 이해하는데 관심을 할애하였다.[23]

대체로 문학 방면에서 진행된 이시기 조선인들의 기행문 연구는 주로 이들 기행문에 담겨진 '내면적 다기성(多岐性)'에 주목하였다. 일면 제국의 눈

의 이데올로기의 간극- 1920년대와 만주사변 전후를 중심으로」,『국제어문』(57).; 조은주(2013-2),「일제말기 만주의 식민지 도시 신경(新京)의 알레고리적 표현과 그 의미- 유진오의 「신경」을 중심으로」『서정시학』(23), 계간 서정시학.

22) 김도형(2008),「한말,일제하 한국인의 만주 인식」,『동방학지』(144), 연세대학교 국학연구원.; 김도형 외(2009),『식민지시기 재만 조선인의 삶의 기억』,『연세국학 총서』(103), 선인.; 고명철(2008),「일제말 '만주(국)의 근대'에 대한 식민지 지식인의 내면풍경」,『한민족문화연구』(27), 2008.

23) 한민주(2007),「일제 말기 전선 기행문에서 나타난 재현의 정치학」,『한국문학연구』(33), 동국대학교 한국문화연구소.; 周姸宏(2019),「중일전쟁기 전선 체험 문학의 한·중 비교 연구- 박영희의 전선기행, 임학수의 전선시집, 저우리보의 보고문학을 중심으로-」, 성균관대학교 국어국문학과 석사학위논문.; 윤영실(2017),「이주민족의 상상력과 최남선의 송막연운록」,『만주연구』(23), 만주학회. ; 윤영실(2017),「자치와 난민: 일제 시기 만주 기행문을 통해 본 재만 조선인 농민」,『한국문화』(78), 서울대 규장각 한국학연구원.; 홍순애(2016),「최남선 기행문의 문화 민족주의와 제국 협력 이데올로기: 송막연운록을 중심으로」,『한민족문화연구』(53), 한국어와문학,; 김종욱(2019),「박영준의 만주 체험과 귀환소설」,『한국현대문학연구』(58), 한국현대문학회.

치를 보면서 황국민으로서의 자신감을 보이는제스처를 하면서도 동원과 참여라는 조선인의 다기하고 불안정한 실존에 주목하였다. 특히 전쟁문학 장르의 탄생과 신체제 문학의 시작을 알린다는 박영희의『전선기행』임학수의 『전선시집』에 대한 분석들이 그런 불안정성이 어떻게 총력동원의 논리로 발현되는지 보여주는 연구로서 주목할 만했다. 이들 연구는 일반적인 친일 조선인의 일탈이나 일본을 부러워하는 조선인 상을 넘어서 일본처럼 제국을 소유하는 제국으로서의 조선인에 대한 염원을 보여준다는 점 그리고 폭력적인 중일전쟁조차 일본의 선진성을 후진적 중국에 전하는 선의(善意)로 치장하려 했던 점 등을 잘 보여주었다.24)

이들 저작과 함께『송막연운록』(최남선) 등 당대 조선인 문학이 가지는 담론을 단순 근대성 혹은 친일성에 대한 단순한 주목을 넘어서 일본에 의한 강압(현실) 속에서도 조국과 민족의 현실을 고민하는 결백한 삶(내면)을 노래했다는 이른바 '인식상의 불안정성=식민지지식인'에 주목하는 연구도 있었다.25)

(4) 일제강점기 서구 여행기와 그 파레시아

그동안 일본에 국한되었던 조선인의 해외 진출은 1920년대 이후 점차 유럽으로 확장되고, 그야말로 신문이나 방송을 통하여 전례 없이 많은 세계에 대한 정보를 얻게 되었다. 이러한 세계를 향한 지적 욕망과 지식이 확장되는 속에서 조선인들의 유럽인식도 동경(憧憬) 일변도, 혹은 계몽과 교훈 일변도가 아니라 유럽 제국의 흥망성쇠와 현실에 대한 냉정한 판단이 가미되기 시작하였다. 이

---

24) 심윤섭(1994),「임학수저『전선시집』」『문학춘추』(9), 문학춘추사.; 전봉관(2005), 「황군위문작가단의 북중국 전선 시찰과 임학수의 전선시집」,『어문논총』(42), 한국문학언어학회.
25) 박호영(2008),「임학수의 기행시에 나타난 내면의식」, 한국시학연구(21), 한국시학회 ; 김승구(2008),「식민지 지식인의 제국 여행― 임학수」,『국제어문』(43), 국제어문학회.; 윤영실(2018),「최남선의 송막연운록과 협화 속의 불협화음―1930년대 후반 만주 열전(列傳)과 전향의 (비)윤리―」,『사이間SAI』(24), 국제한국문학문화학회.

렇게 된 데는 일본이 1920년대 이후 워싱턴군축회의에 실망한 군부와 자유주의자들을 중심으로 급격하게 종래의 탈아론(脫亞論)에서 흥아론(興亞論)으로 전환한 것과도 관련이 깊다.

일제강점기 서구 여행기에 대한 기왕의 연구는 주로 식민지 조선인이 일본의 차별에서 벗어나 보다 자유로운 공간으로 팽창하고 서구의 우수한 문명을 부러워하면서 새로운 각오로 조선을 개조할 필요성을 강조한다는 지점에 크게 주목하였다.[26] 하지만 일부 연구는 제2차 세계대전 등으로 다시 엔블록으로 복귀하면서 지금껏 서구에서 느꼈던 세계주의 그리고 자유의 기억이 '지속적인 요동(disquiet)의 과정'이라 했듯이 지속적으로 대동아공영권이라는 제국의 이상(理想)과 충돌하는 모습을 그리고자 하였다.[27]

당시 조선인 여행자들의 해외 기행문을 보면, 이들은 서구의 민주주의, 자유와 평등의 선진적인 모습만이 아니라 일사불란, 멸사봉공, 선공후사 같은 파시즘적 전체주의적 삶에 대한 호감도 만만치 않게 많이 등장하고 있으며, 전쟁으로 조선으로 귀국했을 때는 서구적인 가치를 전파하기는커녕 오히려 전쟁 국책에 도움을 줄 대동아공영권 관념과 동원의 선동자 역으로 일변하는 모습이 적지 않았던 것이다. 이 말은 비록 '회색지대의 여행자'라고 하더라도 그들이 시선은 일률적이지 않았다는 것이다. '서구=자유' 대 '일본=탄압'이라는 구도가 아니라 서구의 자유와 서구의 전체주의가 서로 각축했다는 것이다.

---

26) 차혜영(2016), 「식민지 시대 소비에트 총영사관 통역 김동한의 로서아 방랑기 연구」, 『중소연구』(40), 한양대학교 아태지역연구센터.; 김현주(2015), 「제국신문에 나타난 세계 인식의 변주와 소설적 재현 양상 연구」, 『대중서사연구』(21-2), 대중서사학회.; 박승희(2008), 「근대 초기 매체의 세계 인식과 문학사」, 『한민족어문학』(53), 한민족어문학회.; 차혜영(2005), 「1920년대 지(知)의 재편과 타자 표상의 상관관계: 개벽의 해외관련 기사를 중심으로」, 『역사와 현실』(57), 한국역사연구회.
27) 하신애(2019), 「제국의 국민, 유럽의 난민- 식민지 말기 해외 지식인들의 귀환 담론과 아시아/세계 인식의 불화-」, 『한국현대문학연구』(58), 한국현대문학회.; 차혜영(2016), 「3post 시기 식민지 조선인의 유럽항로 여행기와 피식민지 아시아연대론」, 『서강인문논총』(47), 서강대학교 인문과학연구소.

(5) 근대 제3세계로 여행과 그 파레시아

일제강점기에도 조선인은 일본본토, 만주, 중국 유럽, 미주 등 이외에도 동남아, 아프리카, 남미 등 각 지역으로 여행하였고, 다양한 문명과 접하고 그 기록을 남겼는데, 여기서는 제3세계로 표현하였다. 이에 이 지역 기행기에 관한 연구는 대체로 이들 지역이 대동아공영권에서 가지는 정치적 역할이나 경제적 위상을 중심으로 파악하고자 했다. 자료가 대부분 여행기라기보다는 시무적인 관찰기록이 많았기 때문이기도 한데, 그럼에도 일부 연구는 당대 동남아 거주 조선인들의 속내를 담은 흔적들을 힘들게 찾아 분석하려고 했다.[28]

3. 선행연구와 차별성과 연구 목표

이처럼 기존의 연구는 주로 조선인들의 여행기를 중심으로 그들의 견학경험이 가져다준 새로운 인식변화에 주로 초점을 맞추어 새로운 사회를 향한 조선인의 고민과 아우성을 찾으려 했다는 점에서 무척 의미 있는 성과들이었다. 특히 일본 이외에 중국이나 동남아까지 이른 시기에 견학했던 인물의 행적을 꼼꼼하게 정리하여 여행지에서 보고 들은 모든 것이 가지는 의미를 찾을 수 있게 한 것은 참으로 특기할 만하다.

다만, 기존의 연구는 다음 몇 가지 측면에서 고민거리를 드러내고 있다.

첫째, 주로 문학적 연구에서 드러나듯이, 개항 이후 조선인 여행자들의 인식에 지나치게 근대적인 신호가 담긴 것처럼 과잉해석하고 있다는 점이다. 이러한 과잉해석은 연구의 곳곳에서 드러난다. 물론 기존 연구자의 입장도

---

28) 왕단(2018), 「20세기 전반기 한국의 필리핀 인식 연구」, 성균관대 동아시아학과 석사학위 논문.; 홍순애(2013),「일제말기 기행문의 제국담론의 미학화와 그 분열- 남양기행문을 중심으로」,『국어연구』(41-1).1.

이해하지 못할 것은 아니다. 이 시기 조선인의 여행은 새로운 것에 대한 호기심을 타고 전통적인 중화주의적 인식체계가 균열되는 조짐이 커져갔고, 부강강병과 민권 인식 등 부러운 시선으로 근대적인 것을 바라보는 기대감으로 가득한 것이 사실이었다. 하지만 생각의 변화를 읽기 위해선 그에 상응하는 역사적 행위의 변화상도 함께 파악해야 한다.

인식과 관념이 아무리 개화와 개혁에 쏠려 있어도, 변화해야 할 현실은 여전히 '회색지대'에 있었다. 즉, 변화하는 인식과 변화하지 않는 현실 사이에서 방황하는 조선인 여행자들의 복잡한 심경이 주목되어야 한다는 것이다. 민영익의 배신에서 보듯이, 정작 우리가 알아야 할 것은 긍정적이고 새로운 인식으로 전환 문제가 아니라 언제든지 계급의 이해에 복무하고, 목구멍이 포도청임을 증명하는 현실에 즉응하는데 그들의 여행 경험이 어떤 역할을 했는가를 보는 것이다. 과잉해석은 바로 생각의 변화만 보려한 점에서 발아한 것이었고, 본 연구는 그런 행적의 저편에서 다양하게 굴절하는 인식의 요동을 '파레시아'라는 이름으로 파악하고자 했다.

둘째, 기왕의 연구는 조선인 기행자들의 행적이 외면은 친일인데, 내면은 결백하다는 등 다중적으로 파악하여 당대 조선인의 순수성과 열정을 과도하게 평가절상했다는 점이다. 즉, 조선인 기행록에서 친일성이란 문제는 그저 외연일 뿐, 강제되는 현실 아래서, 그래도 민족과 국가에 대한 나름의 고민을 담았다는 식의 연구가 주를 이루고 있었다. 하지만 이런 '삼분법적 이해'는 자칫 그들 삶의 총체성을 이해하는데 어려움을 준다. 정확하게 말하면 당대 이들 조선인 지식인들의 삶은 그런 '표준적 잣대'로 평가될 것이 아니라 거대한 하나의 맥락으로 취급되어야 한다. 어떻게 그런 상황에 적응했으며 행동했다는 사실을 제대로 분석해야 한다는 말이다. 순수가 친일로 발현하고, 혹은 친일성이 순수성으로 덧칠되는 등의 복잡한 현상이 무수히 반복되면서 스스로도 친일인지 애국인지, 민족애인지 생각할 여가도 능력도 없었던 경우가 많았다. 조선인들에게는 희망과 절망이 순간순간 실타래처럼 거대한 맥락 속에서 엮여 있었고, 어떤 형식의 글을 선보이건 그 발현은 일률적이지 않았고 목적도 교활하게 시시각각 변용될 수 있었다. 순수한 것은 이론적으로만 존재했고, 민족과 국가조차 정확히 지역 개념 이상으로 세분되기 힘든 시기였다. 그러므로 순수와 타협이라는 관점이 아니라 그러한 맥락을 이끈 시스템에 대한 이해를 통하여 그것에 적응하거나 타협하는 복합적인 대응 양상을 이해하는 일이 중요하다. 마치 크게 변한 듯한 인식의 여정은 알고보면, 강력한 제국의 힘에 의해 보고 들은 것에 대한 시시각각의 반응에 불과한 것이었다. 어떤 내면성인가에 대한 질문은 화장실갈 때와 나올 때 다르듯이 늘 달랐다. 그러므로 그들의 파레시아라는 것은 전체적인 맥락에 대한 각각의 다양한 대응에 대한 이해에서 출발한다. 이는 개개인의 기억으로만 보면 결코 안 보이는 것에 대한 이해이고, 그러므로 수많은 기행문을 종합적으로 봐야하는 정당한 이유가 되는 것이다.

셋째, 기왕의 연구는 근대성, 민족성, 계급성 등 근대적 과제를 해결하기 위한 행적에 관심을 가졌고, 여행의 주체들이 무엇을 보았는지, 누구를 만났고, 어디를 갔는지에 궁금한 것이 많았다. 지나치게 중국과 일본 지역으로 견문한 내용이 주를 이루고, 미주나 유럽 지역으로 떠난 '보다 과감한 여행자'들의 기록에 대해선 그다지 관심이 적었다. 물론 기행기록 자체가 빈약한 이유도 있지만, 구태여 우리 주변 사정을 이해하기도 빠듯한데, 유럽지역까지 관심을 기울일 여유가 없었던 것도 원인이었다. 기존의 연구를 보면, 나름 유럽 여행자들의 '빈약한 행적'을 정열적으로 복원하는데 노력했지만, 연구목표에 접근하는 '특수한 행적'에 대한 과도한 집착을 부르는 문제를 일으켰다. 주요 정치적 행적에 대한 과도한 집착은 경험의 총체성을 왜곡할 가능성이 컸다. 이런 인식을 기반으로 당대 조선인 해외 여행기는 주로 여행목적과 역사적 과제 속에서 재해석되고 필요에 따라서 현재로 소환된 것이 사실이다.

다시 말해 기왕의 여행기나 여행기를 분석한 연구서는 대부분 무엇을 보았는가, 어떻게 다녔는가에 관심이 컸고, 역사적으로 어떤 결과를 초래했는지 의미 찾기에 분주한 나머지, 내면적으로 체계화하고, 이론화하는데 무척 인색했다고 할 수 있다. 이는 총체적인 그들만의 파레시아를 복원하는 일에는 소홀하게 만들었다. 이 또한 또 다른 이분법이자 일도양단식의 연구태도였다. 당대 조선인의 시선은 정작 근대, 민족, 계급에 몰리기 보다는 차별철폐나 인권개선, 지역사회 발전, 지역에서의 행세, 생활의 개선 등에 더 많이 집중되고 있었다. 그러므로 현실에 밀착된 다채로운 파레시아를 이해하려면 독립운동가나 친일파의 견학기, 기행문이 아니라 회색지대에서 번민하던 조선인 지식인들의 파레시아에 더 많은 관심을 기울일 필요가 있다. 물론 몇몇 친일파와 독립운동가의 기행문을 올린 것은 이들과 비교해서 어떻게 차이나는지 보여주기 위함이었다.

넷째, 기왕의 연구는 주로 각종 신문이나 잡지의 기행담을 다룬 경우가 압도적이다. 신문에 등장하는 기행담은 주로 대중을 상대로 하는 이유로 '계몽'의 의미가 우선하는 것이었고, 내용도 대단히 소략하였다. 반면, 개인 문집이나 경험을 모은 기행서는 자신이 보고 들은 것을 꼼꼼히 기록하고, 개인적 소회를 많이 피력한 장점이 있다. 하지만 오랜 시간이 지나 작성된 것이 많아서, 자칫 자신의 목표에 복무하는 개조된 기록으로 변질되었을 가능성도 크다. 그러므로 본 저작은 주로 잡지에 등장하는 여행담을 주로 분석하였다. 가장 여행 경험이 근자(近者)의 일이고, 다른 이념적 색채가 묻지 않은 순수한 상태라고 여겼기 때문에 조선인 여행자들의 생생한 파레시아를 만날 수 있는 좋은 자료군으로 여겼다. 물론 국문학 방면에서 이들 신문이나 개인 문집류에 대한 많은 연구축적이 있기에 구태여 중복할 필요가 없다는 생각도 일부 작용하였다.

요컨대, 본 저작은 기본적으로 조선인에게는 큰 좌절감과 상처가 있던 시기인 개항기, 일제강점기에 세계를 여행한 조선인 여행자들의 기행담(여행기, 시찰기 등)을 분석하여, 그 기록의 행간에 담으려 했던 그들만의 파레시아(속내)를 확인하는 데 목적을 둔다. 그것으로 당대 조선인 여행자들이 세계 각지를 다니면 느꼈던 경험과 교훈들, 예를 들어 ①서구 문명에 대한 호기심(환상)과 좌절, 경멸 ② 망국의 여행자로서 좌절감과 고독 ③ 동병상련의 약소국의 자유와 해방 노력에 대한 입장 ⑤ 열등의식의 반대급부로서의 우리 전통에 대한 자각과 자존심 ⑥ 일본제국의 이중적 지배와 차별에 대한 저항감 등 기록의 행간에 내재한 우울하고, 힘들었던 조선인만의 근원적인 다크투어리즘을 복원하고자 한다.

본 저작에서는 식민지에서 그나마 혜택받고 안주하던 '회색지대'의 조선인 여행자들의 기행을 중심으로 하였고, 우리 조국의 해방을 위해 분투한 독립운동가들과 그들과는 전혀 다른 길을 갔던 그야말로 '제2의 일본인', '1급 친일파'들의 여행기는 가능한 분석에서 배제하였다. 조국독립과 민족해방을 꿈꾸던 독립운동가나 제2의 일본인을 꿈꾸던 친일파들의 파레시아는 너무나 다양하고, 방대하여 좁은 본 저작의 공간에 모두 담아내기 어려운 사정도 있었을 뿐만 아니라 조국을 대하는 그들을 복심(파레시아)이 너무나 선명하고 명쾌하여 그동안 많은 연구로 대부분 소화되고 있다는 점도 중요한 이유이다.

4. 저작의 구성

본 저작은 항목별로 다음과 같은 내용으로 서술하였다.

제2장 독립보장을 꿈꾼다. 해외 사절의 견문과 '방황하는 열망'의 파레시아에서는 개항기 대한제국기 조선인 특히 관료들의 해외 시찰기를 중심으로

하여 거기에 담긴 관료들의 파레시아를 살피고자 했다. 이 시기 사절단의 기행은 공식적인 복명이나 보고서에서는 관료라는 특성상 본 것에 대한 묘사는 풍부하되, 기행지에서 자신의 파레시아를 담는 일은 무척 인색하거나 조심스러웠다. 그저 그곳에 무엇이 있었던가를 확인하는데 치중된 반면, 개인적 문집에서는 그나마 조심스런 자신만의 파레시아도 좀 남겨진 상태였다.

첫째, '일본과 만난 보빙대사와 부강의 파레시아'에서는 수신사와 신사유람단이라는 두 부류의 시찰기를 중심으로 분석하였다. 수신사 투어에서는 김기수의『일동기유』, 안광묵의『창사기행』, 김홍집의『수신사일기』, 박영효의『사화기략』, 박대양의『동사만록』등의 시찰기를 통하여, 당시 조선인 관료들이 척왜파견, 친일파견 적어도 화리관을 극복하고, 위기를 기회로 만들려는 이른바 실력주의 파레시아를 복원하고자 했다. 이어서 신사유람단 투어에서는 박정양 등의 복명(『일사집략』), 홍영식 등의 복명(승정원일기), 어윤중 등의 복명(『종정년표』), 이헌영의『일사집략』등의 시찰 및 여행기를 통하여 일본이 근대화로 가난해졌지만 나름 배울 것이 있고, 우리도 그에 준해서 개혁해야 한다는 관료들의 사회 민주화와 악습 타파를 지향한 기대치를 복원하고자 하였다.

둘째, '미국과 만난 보빙대사와 동경의 파레시아'에서는 박정양의 복명(『일사집략』), 박정양의『미속습유』, 유길준의『서유견문』등의 시찰기나 여행기를 통하여 '권력 세습이 적고, 인민의 자유를 주는 나라치고 흥하지 않는 나라는 없다.'는 그들만의 파레시아를 복원하고자 했다. 또한 '청국과 만난 보빙대사와 변화의 파레시아'에서는 어윤중의 복명(『從政年表』,「길림장정」) 그리고 김윤식의『음청사』에 나타나는 사절단의 복심을 확인하고자 했고, 그것으로 약소국가의 관료가 강대국의 압박 속에서 어떻게 자존심과 실리를 챙겨가는지 살피고자 한다. '유럽과 만난 조선 사절과 '이율배반(二律背反)'에서는 민영환의『해천추범』, 김만수의『일록』등을 분석하여 구본신참을 넘어서 호신구기까지 나아가려던 한말 조선인 고급관료의 인식 변화상을 살피고자 하였다.

제3장 제국을 배우자. 조선인의 해외투어와 탐구와 열정의 파레시아에서 는『동아일보』,『조선일보』를 비롯하여『개벽』,『삼천리』,『동광』,『별건곤』 등 당대 신문, 잡지에 나오는 1930년대 초반까지(1910~1936) 일본본토, 미주, 유럽, 중국·만주 등지로 투어한 조선인의 여행기를 주로 분석하였다.

먼저, 일본본토 시찰기로선 김기태, 용성생, 이만규, 정원명, 김재익, 홍기문 등의 시찰기를 통하여 조선인의 일본에 대한 순응과 복종. 그리고 민족 차별과 일본 중심의 '아시아연대론'에 대한 저항심 등을 읽고자 한다. 개인 방문기에 서는 박춘파, 성관호, 박영수, 이학인, 노성 등의 여행기를 통하여 일본에 대한 전통적인 조선인의 우월의식과 능력주의 사고의 일면을 확인하려고 하였다.

둘째, 미주 투어 항목에서는 임영빈, 허헌·일우·고려범, 허정숙, 박인덕, 정 월, 한철주, 홍운봉 등의 여행기를 통하여 미국인들의 자유를 향한 열망과 끝 모를 금권주의에 대한 경계심 등을 집중 조명하고자 하였다.

셋째, 유럽투어에서는 박승철, 김창세, 허헌, 도유호, 이정섭, 정석태, 이갑 수, 나혜석, 이순택, 김연금, 홍운봉, 삼청학인 등의 여행기를 통하여, 조선의 개발과 국세를 키울 길은 무엇인지, 전란 중의 유럽이 어떻게 역경을 이겨내 는지 등 전쟁의 참화를 이겨내고 고난의 역사를 극복하는 유럽인의 의지와 조선인의 반면교사에 관해 살펴보고자 하였다.

넷째, 중국 투어에서는 강남매화랑, 양명, 이갑수, 류서, 해성, 최창규, 주 요한, 홍양명, 한철주 등의 여행기를 통하여 3.1운동 이후 실패한 혁명에 대한 좌절감과 분노로 끓고던 당대 조선인 지식인들이 새롭게 중국을 인식하고, 이 에 중국 전통문화에 대한 존경과 현재의 정치적 무능의 대비를 통하여 일면 중국인과 동병상련하면서도, 일면 중국을 문명적으로 멸시하려는 복잡한 속 내를 복원하고자 하였다.

다섯째, 만주 투어에서는 춘파, ㅅㅅ생, 이돈화, 무위생, 김홍일, 불평생, 김의신, 서정희, 김경재, 임원근, 나혜석, 원세훈, 김태준, 송화강인, 윤치호 등이 더럽고 불결한 만주인, 나아가 중국인에게 핍박받는 조선인의 암울한 현실을 다크투어하면서 가졌던 염원 즉, 일본군이 적극 진출하여 중국인의 탐악(貪惡)을 막고, 조선인이 희망을 회복할 수 있기를 기대하는 이른바 '개발 염원의 복심'을 복원하고자 한다.

제4장 제국을 이기자. 침략전쟁기 조선인 다크투어와 혐오와 협력의 파레시아에서는 침략전쟁기(1937~1945) 미주, 유럽, 중국, 일본본토 및 남방 등지에 여행한 조선인의 파레시아를 복원하고자 하였다.

첫째, 미국 투어에서는 박인덕, 최린, 삼천리편집부의 기행문을 통하여 종래 자유와 풍요를 상징처럼 보던 시선에서 차별적이고, 사치하고, 방종하며 무기력한 미국인 보기로 변화하는 시선에 관심을 가졌다. 유럽투어에서도 정인섭, 진학문, 홍병선 등의 기행문을 통하여 전통 유럽의 몰락이 가속화되고, 새로운 독일 나치와 이탈리아의 파시즘이 초래할 새로운 유럽의 미래를 보는 희열을 예의 주시하였다. 러시아 투어에서는 이량, 김세용, 나혜석, 김니콜라이, 최학성, 박영철, 신흥우 등의 여행기를 통하여 희망과 환희로 밝은 러시아의 현실을 구가한 입장과 반대로 이념의 선전장이 되고, 모순을 외부로 돌리는 그야말로 부정적인 소비에트 연방의 실상을 보려던 입장 등 대조적인 시선에 관심을 가졌다.

둘째, 중국 투어는 주로 장제스에 신음하는 중국인과 협조 및 공생하자는 주장이 가지는 전략적 의미와 더불어 그 안에 담긴 조선인도 북방권, 남방권에서 나름의 역할을 하여 일본에 버금가는 '일등국민(一等國民)'이 되자는 이른바 일등국민 달성의 파레시아를 복원하고자 하였다. 먼저, 북중국 투어에서는 박영희·김동인·임학수, 한상룡.『경성일보』부인기자, 이상호, 이완수, 조재호, 현경준 등의 시찰기를 통하여 조선인은 일본인에 협력하고, 중국인에 공생해야 한다는 논리가 어디서 출발했으며, 협력논리가 가지는 조선인의 의도가 무엇인지 살폈다. 또한 화중 및 화남 투어에서는 악양학인, 삼천리 편집국, 양자강인, 김경재, 서춘, 이승우, 황하학인 등의 여행기를 통하여 서양의 영향으로 돈과 향락에 빠진 이 지역이 일본에 의해서 해방되었으며, 조선인들은 왜 이곳으로 적극적으로 진출하였는지 살폈다. 만주 투어에서는 우상근, 박동근, 경박호인, 고려범 등의 여행기를 통하여 종래 이중적인 차별 속에 있던 조선인에게 만주사변이나 중일전쟁은 어떤 의미를 던졌으며, 조선인은 이런 기회를 어떻게 활용하고 실제로 아시아일등국민론은 만주에서 어떻게 발현되는지 관심을 가지고 분석하였다.

셋째, 일본본토 투어에서는 이종현, 주운성, 양주삼, 이석훈, 김경애, 신태악 등의 여행기를 통하여 실질적인 차별철폐의 길을 어떻게 모색하고 있으며, 이런 민족차별 문제와 총동원체제제간의 상호작용은 무엇이었는지 분석하였다. 남방 투어에서는 포로감시원, 남방여행자, 김창집, 안창호, 신홍우, 김동성, 이여식, 홍운봉 등의 여행기를 통하여 천황폐하 만세와 대한독립만세가 공존할 수 있었던 당지 조선인의 혼란스러운 방황의 현실을 이해하고자 했으며, 남방자원과 조선인의 자본주의적 마인드가 어떻게 결합하고 있는지 보고자 했다. 인도 투어에서는 김추관, 최영숙, 김일천, 오정석 등의 여행기를 '인도 민족주의'의 현실을 어떻게 비판했으며, 비판의 의도는 무엇인지 분석하였고, 몽골 투어에서는 원세훈의 여행기를 통하여 몽골이 오늘날 왜 그토록 영락하게 되었는지 분석하고자 했다.

Ⅱ. 독립보장을 꿈꾼다. 해외 사절의
견문과 방황하는 열망의 파레시아

1. 일본이 위험하다고 그러더라:
일본과 만난 사절과 '부강(富强)'의 파레시아

1) 화이(華夷) 이념을 극복하고, 위기를 기회로 만들자: 수신사 이야기

(1) 신기하다. 하지만 우리도 있다: 김기수의 『일동기유』

① 외국인의 정채(精彩) 즉, 눈에서 활발한 기상이 느껴지지 않는다.

<그림 1> 김기수(金綺秀)
(출처: 한국민족문화대백과사전)

김기수(金綺秀)(1831~1894.6)는 연안(延安) 김씨로 1875년에 급제하여 홍문관 부교리, 응교를 역임했고, 강화도조약 이후 2월 22일 예조참의로서 수신사에 임명되었다. 사절단원 76명을 인솔하고 4월 4일 서울을 출발하여 29일 부산에서 일본 기선 고류마루[黃龍丸]에 승선, 이튿날 시모노세키[下關]에 도착하고 특별 열차편으로 도쿄에 도착하여 5월 27일까지 20일간 체류하였다.[29] 그의 기행문

29) 『日東記遊』는 수신사로 일본을 시찰한 결과를 수필 형태로 쓴 책으로 총 4권이다.

인「완상 22칙」를 보면, 고베나 에도를 보았으면서도 근대화된 도시 모습은 그다지 자세하게 다루지 않았다. 그저 크고 웅장하고 화려하다는 정도의 묘사만 눈에 띈다

> 고베의 잔교(棧橋)는 크고 웅장 화려하여 우리 눈을 놀라게 한다. 에도(江戶)에 와 보니 거리마다 골목마다 크고 화려하지 않은 것이 없다.[30]

자세한 묘사를 자제한 것은 아마도 근대화에 경탄했다는 빌미를 주지 않으려는 노력의 결과이겠지만 대신 고베에서 마주한 유럽인의 모습에 대해선 아주 상세하다.

> 얼굴은 엷은 비단 족두리로 가렸는데 이는 먼지를 피하려는 것이지만, 보기에 괴상스럽다. 코는 모두 높직하나 남녀를 막론하고 눈은 모두 음침하고 정채(精彩)가 없어 마치 죽은 사람이 눈을 미처 감지 않은 것과 같다.[31]

여기서 '정채'란 ①아름답고 빛나는 색채. 정묘한 광채. 혹은 ②생기가 넘치는 활발한 기상을 뜻하는데, 외국인들 눈에서는 그러한 활발한 기상을 발견할 수 없다는 말이다. 이 말은 유럽인들은 도(道)로 무장하지 않고 그저 손으로 하는 손재주나 기술만으로 해괴한 문화를 만들어서 세상을 어지럽히는 존재라는 인식의 반영이기도 했다. 중국인에 대한 묘사도 예외가 아니었다. 머나먼 일본까지 와서 서양인이나 일본인과 어울리는 중국인들의 모습이 고

제1권에는 事會·差遣·隨率·行具·商略·別離·陰晴·歇宿·乘船·停泊·留館·行禮 등 12개 항목으로, 2권에는 玩賞·結識·燕飮·문답 등 4개 항목이, 3권에는 궁실·성곽·인물·俗尙·政法·규조(規條)·학술·기예·물산 등 9개 항목이, 4권에는 文事·歸朝·還朝·後敍 등이 수록되어 있는데, 그 중에서 제2권 완상(玩賞) 22칙에는 김기수가 목도했던 일본의 모습에 대한 이해가 잘 집약되어 있다.(한국고전번역원DB).

30) 金綺秀, 『日東記遊』, 완상(玩賞) 22칙(한국고전번역원DB).
31) 金綺秀, 『日東記遊』, 완상(玩賞) 22칙(한국고전번역원DB).

울 리 없었다. "수염은 길어서 창과 같고 땋은 머리는 아래로 드리워서 바로 발꿈치까지 닿았으니 놀라운 일"이라면서 외국인과 섞여서 해괴한 모습으로 사는 중국인을 경멸하였다.

도쿄로 행차하면서 가장 어려운 과제는 천황과의 면담이었다. 김기수는 이번 방문이 "봄에 귀국 사신이 방문한 데 대한 회사(回謝)이므로 예전 신의를 수호하라는 명만 받들었을 뿐 처음부터 국서(國書)는 없었으니 귀국 황상을 만날 명분도 없습니다."고 답했다. 이는 강화도조약이 전통적인 교린(交隣) 관계의 회복일 뿐이라는 의미였고, 조선 국왕의 국서를 봉정하지 않은 것도 1869년 국서에서 일본을 황제국으로 칭한 서계(書契) 문제에 대한 불만과 무관하지 않았다. 일본과는 그저 불가근불가원(不可近不可遠)하는 전통 관계의 부활을 도모할 뿐이라는 말이다.

② 원로원: 한심하지만 누구든지 말하는 공간이다.

필자는 원로원 즉, 훗날 제국의회를 방문하면서 그곳을 자세히 묘사하였다. 특히 서민도 모두 토론 주체가 된다는 점에 무척 놀라워했다. 하지만 '거북도 응종(應從)하고 시초[筮]도 응종'한다며 온갖 잡다한 인물들이 다 모이는 한심한 곳이라고 했다.[32] 외형에 대한 감상일 뿐 원로원이 가지는 의미나 조선에서 이뤄지는 정책 결정 구조의 차이 등에 대한 세심한 관심은 보이지 않았다. 그런데 조정 대신은 물론이고, 평민들도 정사를 논하는 모습에 대해 "예법만으로 논할 수 없으나, 광원(廣遠)하고 활대(濶大)하여 쇠퇴하고 비하(卑下)한 기상은 아니었으니"라고 하여 완전히 무시하지 않았다.

필자는 일본국회의 이런 모습을 완전히 무시하지 않았다. 유교적 공론의 가치를 아는 유학자로서 신분 고하를 막론하고 널리 구언(求言)하고 상언(上言)하는 것은 '군자의 도'이자 '치국의 본'으로 생각하던 것과 별반 차이가 없

---

32) 金綺秀, 『日東記遊』, 완상(玩賞) 22칙(한국고전번역원역DB).

었다. 아울러, 이런 건물에서 많은 사람이 모여서 의논하는 것은 '오로지 메이지 천황의 경륜에서 비롯되었다.'고 한 점은 필자가 이 기구를 근대적 기구를 이해하지 않고, 종래와 같이 임금이 구언하는 수단으로 보고 있다는 것을 말한다. 다시 말해 공론을 중시하는 유학자로서 일면 잡스럽고 한심한 국회지만, 일면 널리 구언(求言)하는 모습은 유교적인 관점에서도 그다지 나쁜 것이 아니라는 평가였다. 이처럼 그의 「완상」은 혐오스러운 근대적인 것이라도 유교적인 관점에서 관용하고 이해하려는 자세가 역력하다.

③ 내무성 박물원: 이 모든 것은 나에게 보이기 위함이다.

박물관을 보면서 필자는 "몇백, 몇천 간이나 되는지 알 수 없는데, 그들의 후비(后妃) 의복과 조정의 의장(儀仗)도 모두 내놓았으니 모두 나에게 보이기 위함이다."라고 하여 뭔가 속셈이 있다고 여겼다. 그러면서 우리나라에서도 모두 볼 수 있는 것이라고 했다.

> 한 곳에 가니 빛이 바래고 해진 깃발과 새끼로 겉을 두른 병(瓶), 말갈기로 짠 수건(巾), 짐승 가죽으로 만든 신, 붉은 비단으로 만든 주름치마, 청색 비단 저고리가 어지럽게 진열되어 있는데 이것은 모두가 우리나라 물건이었다. 참 한심스러웠다.[33]

필자의 평가를 정리하면, ① 박제하고 온갖 것을 전시한 것은 경박한 처사에서 나온 것이라 부도덕하다. ② 우리에 넣고 구경하게 하는 것은 우리나라에서도 그러하니 특별할 것이 없다. ③ 한쪽 귀퉁이에 허접한 우리나라 문화재를 전시하니 이웃 나라에 대한 예의가 아니고, 한심스럽다. 이렇듯 전시된 물품은 질이 낮고, 허접하며, 잔인하다는 것이고, 이런 도의가 없는 전시 행사를 통하여 문화적 우월감 즉, 조선 문화를 깔보려는 의도를 담아서 필자에게 보인 것이라고 평가하였다.

---

33) 金綺秀, 『日東記遊』, 완상(玩賞) 22칙(한국고전번역원DB).

④ 공부성: 신기하지만 우리한테도 있다.

박물관에서는 일본인들의 음모 운운하면서 비타협적인 자세를 보인 필자는 역으로 공부성에서 전선(電線)을 보고 "만 리나 되는 먼 곳에서 소식을 전하는데 다만 반(盤) 한 개만 의존한다."며 무척 놀라워했다. 주기(週期)에 대해서 전혀 알지 못한 필자로선 한 번에 크게 돌아가면 시간이 많이 걸릴 것인데, 왜 그런지 도저히 이해할 수 없었다.

필자는 전신(電信)기구를 다음과 같이 설명하였다.[34]

(A) 천라·만리를 헤아릴 것도 없이 전선으로 저쪽 집에 들어가면, 선에서 문득 전기가 발생하여 통속 막대가 돌고, 그러면 종이가 풀려 나와 글자가 나타난다. 이는 곧 이쪽 막대에 둘린 종이의 글자이다. 저쪽 일은 보지 않아도 이쪽 일로 미루어 알 수 있다. 이러니 만리나 되는 장거리 전신이라도 결국 같은 시간에 되는 것이다.

(B) 도로 곳곳에 전신주가 있는데, 곧은나무로 만들고 높이는 3~4장(丈)정도이다. 위에 자기(瓷器)로 만든 잔(애자)을 얹고 전선을 거기에 걸친다. 기둥 하나에 전선이 하나만 있지 않다. 장소도 한 곳만 아니다. 많기도 하고 적기도 하며, 멀고 가까운 것도 있다. 산과 들을 만나면 높이기도 하고 낮추기도 한다. 큰 바다를 만나면 물 밑에 가라앉혀서 통과시킨다.

이런 묘사에도 불구하고 필자는 '아무리 열심히 보아도 믿을 수 없다. 하지만 모두가 내가 보고 들은 것이며, 거짓이 아니다.'라고 하여 진실성을 강조했다. 문제는 왜 전신에 유독 흥분했을까.

그것은 전신 기술이 주는 유교적 가치때문이었다. 즉, 당시 조선사회가 처한 유교 전통의 위기를 이런 전신 기술이 완화시켜 줄 수 있다는 기대감이 담긴 것이었다. 다시말해 임금의 뜻, 조정의 뜻을 가장 효과적으로 백성에게 전달할 수 있는 수단을 얻었다는 기쁨이었다. 이처럼 필자는 유학자적 입장에

---

34) 金綺秀, 『日東記遊』, 완상(玩賞) 22칙(한국고전번역원DB).

서 기술문명을 이해하려고 했으며, 이럴 리 없는 일본의 현실에 대한 충격을
줄이고, 우리와 비슷한 문명 현상일 뿐이라는 자기 합리화의 고민도 포함한
것이었다. '너무 새롭고, 신기하다.'는 것만으로 점철될 경우 빚어질 조선 내
에서의 혼란을 염두에 둔 고민이었다.

⑤ 문부성: 문부성은 태학이고, 성현의 영정에 글씨는 모두 우리 김세렴
   의 것이다.

필자는 여전히 조선은 일본에 비해 교육 방면만큼은 우월한 '태학(太學)
시스템'을 유지하고 있다고 생각하였다. 문부성에 걸린 주자, 소자, 장자 등
의 영정도 사실 김세렴의 친필이라는 점을 유난히 강조했다.

> 문부성은 곧 태학(太學)이다....(중략)...정전 안에 들어가 배례하고 소상(塑像)을 우
> 러러 보았다. 좌우의 사성(四聖)도 모두 소상이고 배향한 여러 현인들 모두 영정인데 석
> 전(釋奠) 때 비로소 진설, 배례한다고 한다. 좌우 벽에는 주자(周子)·이정자(二程子)·
> 장자(張子)·소자(邵子)·주자(朱子)의 영정을 걸었는데 낙관은 모두 김세렴(金世濂)의
> 친필이다. 아마 그가 수신사(통신사)로 왔을 때 쓴 것 같다. 연대는 멀어졌지만 내심 매
> 우 기뻤다. 일행 중 예비(禮裨) 김문식(金汶植)이 그의 후손이니 참 기이하다.[35]

일본에 와서 조선의 문화적인 우월감을 증명할 단서를 얻은 기분이었다.
필자는 귀국 후 국왕에게 복명(復命)할 때 '그곳에는 외국어학교를 포함해서
여러 가지 학교가 있고, 사범(師範)이 존중되며 가르침을 부지런히 하고 있
다.'고 하여 특별히 일본의 교육 상황을 상세하게 설명하였다. 또한 '학교 교
육은 사대부 자제뿐만 아니라 일반인 자제까지 7~8세부터 가르친다고 하
고, 처음 일본글을 가르치고 한자를 가르치며, 16세가 되면 천문지리와 농기
(農器), 군기(軍器), 지리 등을 가르친다고 했다. 여학교에서도 역시 천지(天

---

35) 金綺秀, 『日東記遊』, 완상(玩賞) 22칙(한국고전번역원)

地)와 병농 그리고 시문서화를 가르치며, 한가지 기예를 익히게 하며, 각국 영사관에 머무는 외국인을 활용하여 해당 나라의 문물을 교육한다는 것이었다.[36] 또한 각국에 유학(留學)을 장려하고, 곳곳에 화륜선과 화륜차를 만들며, 또한 무역을 활성화하고, 조야가 모두 부국강병에 힘쓰고 있다고 했다.[37] 이처럼 필자는 서구식 교육에 대해선 대단히 관심을 보이고 있었다.

사실 이런 모습을 '동도서기(東道西器)'적인 태도로 이해하기 쉬우나 완고한 유학자로서도 서양의 교육기술이 '백성 교화(敎化)'에 도움이 된다면 마다할 이유가 없었던 것이다. 아울러 서양 기술도 유교전통과 결합하여 유용하다면 호감의 대상이 되었다. 그러니 서구의 기술만을 수용하자는 동도서기파가 기존 보수 유학자층과 별도로 존재한 것은 아니었다고 할 수 있다. 훗날 조사시찰단(1881)이 서양기술이 오히려 일본을 패망하거나 가난하게 만든다는 논리로 일관한 것과 비교하면 첫 수신사의 경험이지만 무척 실사구시적인 파악이었다.

⑥ 육군성: 제도보단 기술에 관심이 가네.

조선 정부가 강화도조약 체결 직후 곧바로 수신사를 파견한 것은 메이지유신 이후 일본 국내의 '정세탐색'을 목적으로 한 것이었다. 이에 고종의 지시를 받은 수신사 일행이 도쿄에 머무는 동안 특히 군사시설과 군사력에 관한 정보수집에 매진하였다. 이처럼 당시 일본의 군사력에 대한 정확한 정보와 조선을 둘러싼 국제정세에 대한 조선정부의 관심과 위기의식은 이미 강화도조약 체결 직후 전권대관 신헌(申櫶)의 보고에서도 확인된다.

지금 천하의 대세를 보건대 각국에서 무력을 사용하였고 앞뒤로 수모를 받은 것도 벌

---

36) "上日亦有洋學者乎 使日 洋學與否 未可詳知 而養兵耕田 則皆用洋術也'"「修信使日記卷 1」(고종 13년 丙子 6월 1일; 修信使 金綺秀 入侍筵說).
37)「修信使日記」卷4.「還朝 又別單」

써 여러 차례나 됩니다. 병력이 이와 같다는 것이 만일 각국에 전파되면 신이 모르긴 하겠지만 그들의 멸시가 어떠하겠습니까. 신은 정말 몹시 걱정됩니다.[38]

이에 6월 1일 김기수의 복명 중 상당부분은 일본의 군수산업, 군비증강 정책의 실상에 관한 것이었고, 그 외 러시아와 미국을 비롯하여 조선을 둘러싼 서양의 것도 큰 비중을 차지하였다.[39] 당시 조선조정의 국방정책은 크게 두 가지 방향에서 추진되었다. 하나는 근대적인 무기체제를 외국으로부터 도입하는 문제였고, 다른 하나는 군대조직을 근대적인 체제로 개편하는 일이었다. 단기간 내에 근대 무기를 생산할 수 없었던 조선은 해외로부터 장비를 도입하고, 군사 지식을 갖춘 외국인을 초빙하여 군대를 양성하고자 했다. 이와 같은 군사력 증강정책은 1880년을 전후하여 추진되었던 조선정부의 일련의 개화정책과 맞물리면서 구체화되었다.

　육군성에서 나는 먼저 보군(步軍)을 시험하였다. 보군은 5명씩, 10명씩 걸음을 멈추고 서 있었다. 한 대(隊)에는 반드시 대장이 있는데 손에는 표기(標旗)를 가졌고 또 말 탄 장수 한 사람이 왕래하면서 지휘하고 있는데 하나의 나팔을 가지고 신호를 한다. 나팔 소리가 한 번 울리면 깃발이 응하고 깃발이 움직이면 여러 군사들도 일제히 움직인다. 앞으로 가던지 뒤로 가던지 일제히 움직인다. 마치 상산(常山)의 뱀처럼 허리와 배에 적의 공격을 받으면 머리와 꼬리(후면)가 모두 와서 구원한다.[40]

필자의 육군성 참관은 주로 군사훈련 방법에 관심이 집중된 듯하다. 그래선지 아직은 근대적 병제 개혁이나, 무기체계의 근대화 혹은 징병제나 의무교육 같은 개혁에 대해서는 무관심하였다. 필자로선 군인은 그저 훈련을 잘 받으면 전쟁에서 승리할 수 있다고 믿을 뿐이었다. 또 하나는 이런 무관심이

---

38) 『日省錄』高宗 丙子年 2월 6일.
39) "上曰亦有洋學者乎 使曰 洋學與否 未可詳知 而養兵耕田 則皆用洋術也." 「修信使日記卷 1」(고종 13년 丙子 6월 1일; 修信使 金綺秀 入侍筵說).
40) 金綺秀, 『日東記遊』, 완상(玩賞) 22칙(한국고전번역원DB).

개인적인 판단에 그친 것이 아니라는 면이다. 김기수가 이 기회에 설사 근대적 개혁의 필요성을 이해하고 또 개혁을 고종 앞에서 주장하더라도 기존 질서를 혁파할 수 없는 상황에서 오히려 자신의 정치적 입지마저 위태롭게 할 수 있었다. 그러니 굳이 그런 무리수를 둘 필요가 없는 노릇이었다.

(2) 가슴으로 만난 일본의 근대문명: 안광묵의 『창사기행(滄槎紀行)』

① 교묘한 것은 결국 세운(世運)이 그리한 것이다.

『창사기행』은 안광묵(安光黙, 1832~1887)[41]의 일본 사행일기로, 기행문 중 특히 박물관 견학기가 눈에 띄는데, 아직 근대화가 무엇인지 제대로 모르는 상황에서 김기수와는 결이 다른 새로운 사물 인식 방법을 보여준다.

> 집물관[什物館]에는 군사용품, 제조품, 관복, 수레, 의장 등 없는 것이 없었다. 심지어 사람 해골, 소와 말뼈까지 모두 거두어서 보존되어 있었다. 동물관에는 용과 범에서 벼룩과 파리까지 모두 살아 있는 듯 정교하게 건조되어 있었다. 식물관에는 수만 가지 곡식 종자와 수백 가지 약재가 사이사이 채워져 있었다. 편액에 광물관이라 쓰인 곳은 금은과 보석, 산호와 광물 종류가 있었다. 편액에 농업관이라 쓰인 곳은 쟁기, 곰방메, 호미, 써레와 용거(龍車), 낫[鎌鐮] 등이 있었다. 공기관(工技館; 공업관)에는 큰 도끼에서 작은 바늘까지 있었다. 직물관에는 비단 등속과 베틀, 북 등의 도구가 있었다. 생물관에는 울부짖으며 춤추는 원숭이들과...(중략)... 우리 안에 잠자는 붉은 토끼, 부엉이, 새매, 오리, 기러기 등이 잘 길들어진 듯하였다.[42]

김기수는 그냥 조선에도 있는 물건들이며, 하나도 새로운 것이 없고, 오로지 나를 위하여 인위적으로 모은 것이라고 깎아 내렸다. 반면 안광묵은 동물

---

41) 안광묵의 본관은 죽산(竹山), 자는 성중(聖中), 호는 정산(挺山)이다. 음직으로 벼슬하였고, 1876년 44세 때 제1차 수신사 수행원으로 참여하였다. 돌아온 후 1877년 감철명령을 시작으로 음성현감, 함안군수, 진위현령, 자인현감을 역임하였다.

42) 『滄槎紀行』 5월 15일자(문순희, 2021, 『滄槎紀行』의 특징과 안광묵의 일본기행연구」, 『語文硏究』(49-2), 404쪽에서 재인용).

부, 식물관, 광물관, 공기관, 직물관, 생물관 등을 두루 다니면서 구체적인 모습을 확인하고 세상의 광활함과 변화무상함을 설명하는데 애쓰고 있다. 오랑캐의 것이라는 김기수의 생각과 달리, 세상의 변화가 필연적으로 이런 위대한 것을 만들고 있다는 예리한 직감(直感) 같은 것이 느껴진다.

한편, 5월 17일에 해군성을 견학하면서는 가스등을 보게 된다.

> 길가에 높은 기둥이 세워져 있고 유리등이 걸려서 거리를 온통 밝히고 있었다. 기름을 지하에 묻어서 가스를 끌어올리니 비록 여러 해 동안 낮에는 끄고 밤에 밝히더라도 없어지지 않는다고 하였다.[43]

그러면서 이것을 "위로 하늘의 조화를 모으고 아래로 땅의 비옥함을 다하니, 사람의 공력[人工]이 지극히 교묘한 것은 세운(世運)이 그렇게 만든 것인가 보다!"라고 하였다. 이는 서구 근대기술 문명이 '이토록 하늘을 감동시키고, 인간 세계를 넉넉하게 하는구나!'라는 것과 같은 맥락이다. 필자는 김기수처럼 갑자기 해괴한 서양의 법제를 따르는 바람에 일본이 폐망하는 상황에 이르게 된 듯 보지 않았다. 오히려 서양기술은 하늘과 땅의 이치를 고루 담은 인간의 짙은 공력이 담긴 훌륭한 것이라고 칭송하였다.

② 맹목적 화이관(華夷觀)이 아닌 성리학자의 도덕적 관용으로

5월 20일 필자는 외무성 서기관인 오쿠(奧)와 만나서 유교문명과 서구문명에 대한 이해를 나누는 필담을 했다. 오쿠는 처음 조선 개항 문제로 도항한 하나부사 요시모토(花房義質)의 수행원이었다고 하며, 메이지 정부의 외무성에서 조선을 담당하였다고 하였다. 필자는 "공자 사당을 국도(國都)에서 높이 받듭니까? 군현에 모두 있습니까?"라고 물었다. 이에 오쿠(奧)는 옛날에는 겐세이와(源性窩), 하야시 라잔(林羅山), 이토 코레사타(伊藤維貞), 모노

---

43) 『滄槎紀行』 5월 17일자(문순희, 상동, 410쪽).

무케이(物無競) 등 유명한 유학자가 있었다고 답한다. 그러면서 부국강병을 위한 책을 주로 읽고 있을 뿐 지금은 공맹의 책은 일제히 물리친다고 했다. 그러면서 조선에서 아직도 시대착오적인 유교를 숭상한다고 하고, 부강의 기술은 결코 그런 것에서 나오지 않는다고 했다.

> 기거하는 예절은 여전히 성인의 법도를 씁니다만 천하의 만국이 바람을 따라 휩쓸리니, 오직 귀국만이 성인의 도를 존숭한다고 합니다. 매우 성대하고 부럽습니다만 부강의 기술은 그렇지 않은 듯합니다. [44]

그러자 필자는 흥미로운 대답을 하였다. 공자와 맹자가 언제 부강의 기술을 말하지 않았다고 생각하는지 반문하였다. 그러면서 "성인의 도가 어찌 국부[錢穀]와 국방[甲兵]을 쓸데 없는 일로 여긴 적이 있나요? 무위(武威)로 떨쳐 일어나 문덕(文德)으로 헤아립니다."라고 하여 공맹을 숭상한다고 해도 무위와 전곡, 갑병을 소중히 하며, 문무를 겸하는 것을 이상으로 여긴다는 대답이었다.

다만 "옛날 훌륭한 제왕은 세상[四海]을 어루만지고 만물[八紘]과 화합하였습니다. 어찌 바른길을 버리고 첩경으로 갈 필요가 있나요?"라고 하여 도덕과 인륜을 잘 견지해야 하고, 그 바탕에서 부국강병을 해야 하는데, 현재 일본은 부국강병만 앞세우니 바른 도가 아니라는 지적을 하였다. 도덕적 기반 위에 물질적 풍요가 더해져야 제대로 된 부국강병이 될 것이라는 입장이다. 이른바 '개화론에 기반한 도덕주의'적 이해였다. 이런 이해방식은 대체로 개항기 진보한 조선인 사대부 지식인들이 추구하던 주된 입장이었다. 도덕이 바탕이 되지 않을 경우, 지나친 격치(格致)나 문물 추구는 잔인한 갈등을 초래할 것이라는 믿음이 있었다. 실제로 홉스 봄이 말했듯이 '20세기는 극단적으로 이성에 기반한 논리 각축의 세기이고, 그러한 각축이 결국 세계 대전

---

44) 『滄槎紀行』 5월 20일자(문순희, 상동, 416쪽).

이라는 희대의 폭력을 불렀다고 생각했다.'45)는 점에서 '도덕론적 개화론'은 일면 유교 지식인들 사이에게 상당한 동감을 자아낼 수 있었다고 본다.

하지만 오쿠(奧)는 그런 생각에 단언하여 반대하였다. 세상이 달라졌고, 그렇게 도학(道學)적 견지를 앞세우면 부국강병이 어렵다는 것이다.46) 그러자 필자는 "구미의 기술을 모두 번역하여 성인의 문자로 전한다면 유럽인이 역시 성인의 법을 알게 될 듯합니다."라는 대답을 하였다. 즉, 동서양이 서로 자신의 장점을 나눌 수 있는 소통구조의 필요성을 논한 것이고, 동양의 우수한 도덕적 이해와 서구의 물질문명이 만나면, 즉 "날마다 달마나 살펴서 나란히 또한번 변하면 땅에 실린 모든 지역이 어찌 다 성인의 영역이 되지 않겠습니까?"라고 하여 서로 나누다 보면 성인의 영역 즉, 이상적인 국가 발전이 서로 도모되지 않겠는가 하는 주장을 내비친다.

이미 제1차 수신사 단계에서도 안광묵과 같은 관료들은 동도서기 혹은 동서 융합의 의지를 가지고 있었다. 하지만 그런 소통을 요구하는 안광묵의 요구에 오쿠는 "천년 백년 후의 일을 어찌 확실하게 예상할 수 있겠습니까? 큰 뜻이 이와 같습니다."라고 하여 그렇게 되기 어려울 것이라는 전망을 내었다. 이처럼 조선 유학자의 '도덕주의적 개화관'은 그 자체로서 낙후되거나 무지한 이념은 아니었다. 그들은 자본이 중심이 된 부국강병이 초래할 인간 사회의 비통함을 미리 예견하고 있었다. 문제는 세계가 그런 도덕주의적 기반의 자본주의를 전혀 반영하지 않고서 전적으로 물신화된 자본주의로 치닫고 있던 상황이란 점이다.

그런 물신(物神) 세상과 유학자들이 서로 타협하기란 여간 어려운 일이 아니었다. 당대 조선 유학자 수준에서 무조건 개국하고, 자본주의 시스템을 받

---

45) 에릭 홉스봄 저, 이용우 역, 1997, 『극단의 시대』(상)까지, 76~77쪽.
46) "근래 기교가 점점 번성하여 다소의 병기들을 녹여서 날카로운 기계를 만들고 깎아서 농기구로 만듭니다. 비록 성인이 다시 일어나더라도 분명히 편안히 않아 다스리지 못할 것입니다." 『滄槎紀行』 5월 20일자(문순희, 상동, 416쪽).

아들여서 부국강병하자는 생각은 이웃 일본이 겪고, 약소국가들이 겪는 수탈의 아픔을 여러 정보 채널로 확인하던 이상, 그리 쉽게 받아들여질 수 없었다.

(3) 세계 정세를 아는 능력과 어학교육이 필요하다: **김홍집의 복명**

① 『조선책략』을 구해 온 것은 고종의 걱정을 덜기 위한 것

<그림 2> 김홍집
(출전: 청아출판사)

김홍집(金弘集, 1842~1896.2.11.)[47]은 1880년 예조 참의로서 제2차 수신사로 임명되어 58명의 사절단을 이끌고 1880년 5월 21일 일본에 수신사로 파견되었다. 이어서 1880년 8월 28일에 김홍집은 중회당에서 수신사 김홍집의 복명을 받았다. 일단 당시 수신사 파견의 목적은 ① 인천항 개항의 거절 ② 미곡의 수출 금지 ③ 해관세칙 개정 등이었다.[48] 당시 요구하던 미국의 통상조약 체결요구를 거절하고, 동시에 국제정세를 파악하는 것도 목적이었다. 이에 고종이 '세금을 정하는 일을 아직 제대로 매듭짓지 못하고 돌아왔는가?' 물었다. 그러자 김홍집은 이렇게 복명했다.

> 그 나라에서 바야흐로 조약을 수정하는 일이 있다고 들었기 때문에 갑자기 정할 수가 없었습니다. 하나부사 요시모토(花房義質)가 한 번 사사로이 물었기 때문에, 조정의 의논은 전과 다름이 없다고 대답하였더니, 다시 말하지 않았습니다.[49]

---

47) 김홍집은 경주 김씨이고, 자는 경능(敬能), 호는 도원(道園)·이정학재(以政學齋), 시호는 충헌(忠獻)이다. 1867년 경과정시(慶科庭試)에 급제하여 1875년 오위의 부사과(副司果, 종6품)를 거쳐서 1878년 이후 호조참의, 공조참의, 병조참의, 예조참의를 두루 지냈다.

48) 정제우, 1983, 「金弘集의 生涯와 開化思想」, 『사학연구』, 한국사학회, 167쪽.

49) 김홍집의 복명 『승정원일기』 고종 17년 8월 28일자.

문제는 제대로 해결되지 못했고, 김홍집은 그 성과가 없음을 '일본탓'으로 돌렸다.

한편, 김홍집은 황쭌시엔(黃遵憲)의『조선책략(朝鮮策略)』을 고종에게 보고했다. 주된 내용은 러시아 세력의 남하를 막기 위하여 조선·중국·일본·미국의 연합이 필요하며, 특히 미국과의 통상조약 체결이 긴요하다는 것이었다. 이른바 '조·중·일·미 동맹'을 만들자는 주장이었다.

객관에 머물러 있을 때 중국 공사와 자주 만나 천하의 대세를 논하고 타국인들이 능멸하고 핍박하는 것을 개탄했습니다...(중략)...그 수천 마디나 되는 글은 하루아침에 쓸 수 없으니 떠나기 전날에야 신에게 직접 주었습니다. 그 마음이 몹시 절실했고 계책이 상세 주밀했으니, 어찌 과장되고 황당한 자가 한 것이라 할 수 있겠습니까.[50]

이 시점에서 조선이 탈화입구(脫華入毆)할 가능성은 아직 낮았지만, 중국 일변도의 외교를 벗어나 다자외교로 확장하자는 논의를 중국측이 먼저 꺼낸 것은 아이러니한 일이었다. 물론 그렇게까지 나온 것은 역시 러시아의 남하 문제였다.

복명에서도 나타났듯이 수신사를 파견할 당시 고종은 러시아로 인해 먹구름이 하늘에 찼다고 하고, 러시아의 남하 문제를 물었다. 러시아가 중국을 침략해 들어가는 상황이니 어쩌면 조만간 조선도 침략하지 않을까 무척 우려하고 있었다.

김홍집: 해외 각국이 러시아를 근심하여 뒤숭숭하지 않은 나라가 없다고 합니다.
고종: 저 나라(일본)는 과연 러시아를 두려워하던가?
김홍집: 온 나라가 그것을 위급하고 절박한 걱정거리로 여기고 있었습니다.
…(중략)…
고종: 아라사(러시아)가 중국을 침략하려 하는데, 어느 길로 갈 것이라고 하던가?

50)『고종실록』권17, 고종 17년 10월 3일.

김홍집: 일본에서 들은 바 대체로 우리나라의 동남 바닷길을 거쳐 중국으로 들어갈
　　　것이라고 하였습니다.

고종: 청나라 사신도 러시아 때문에 근심할텐데 우리나라 일을 많이 도와줄 뜻이 있
　　　던가?

김홍집: 신이 청나라 사신을 몇 차례 만났는데, 말한 바 모두 이 일이었으며, 우리나라
　　　를 위한 성의가 대단하였습니다.

고종: 그들의 말이 이와 같다면, 이는 우리나라를 향하려는 의도인 듯하다. 청나라 사
　　　신은 반드시 그들의 속사정을 알 것이다.

김홍집: 청나라 사신의 말도 또한 그러했습니다.

바로 이러한 고종의 고민을 해결하기 위하여 청나라의 협력이 필요했고,
일본과도 결호(結好)하는 수밖에 없는 상황이었다. 김홍집이 굳이 청나라 황
쭌시엔을 만나서 『조선책략』을 구한 것도 이러한 고종의 고민을 해결하기
위한 조·청간의 협력이라고 할 수 있다.

② 청나라 힘 빌렸다간 큰일 납니다.

김홍집의 복명(復命)에서 고종은 이미 사이고 다카모리가 정한론(征韓論)
을 주장하면서 실제로 조선을 공격할 계획을 세운 사실을 말하고 있다.

고종: 몇 해 전에 사츠마주[薩摩州; 가고시매 사람이 우리나라를 침범하려 한 것을 대
　　　신 이와쿠라 도모미(嚴倉具視)가 막아서 성사되지 못했다고 하는데, 사실인가?

김홍집: 예 진실로 확실합니다.

고종: 청나라 사신에게 물어보았으면 자세히 알 수 있었을 것이다.

김홍집: 청나라 사신에게는 묻지 못했지만, 이와쿠라 도모미를 만나 보니 스스로 실
　　　로 이런 일이 있었다고 하였습니다.

이와쿠라 도모미가 김홍집에게 사이고의 정한론과 정벌 음모가 있었던 사
실을 알려주면서 일본내 이러한 험악한 분위기가 있으니 자신에게 협조하라

는 회유와 협박성 언질이었다. 정한론의 존재자체를 정치적 수단으로 활용한 것이다. 그러자 고종은 앞으로 일본의 침략을 걱정하였다.

> 김홍집: 지금 본 바로는 우선 가까운 시일 안으로는 걱정할 것이 없습니다. 신이 이 일
> 에 대해서 청나라 사신에게 물어보니, 또한 실정은 그러하다고 하였습니다.
> 고종: 그렇다면 영원히 다른 일이 없으리라는 것을 보장할 수 있겠는가?
> 김홍집: 감히 확실하다고 대답할 수 없지만, 향후 우리가 그들을 응접하는 것에 옳은
> 방도를 얻는 데에 달려있을 뿐입니다. 이 때문에 청나라 사신도 스스로 힘쓰
> 라고 권면하였습니다.
> 고종: 스스로 힘쓴다는 것은 바로 나라를 부강하게 만드는 것을 말하는가?
> 김홍집: 나라를 부강하게 만드는 것만이 스스로 힘쓰는 것으로 되는 것일 뿐 아니라,
> 우리의 정사와 교화를 잘 닦아 우리의 백성과 나라를 보호함으로써 외국과의
> 관계에서 불화가 생기지 않도록 하는 것, 이것이 바로 실로 급선무입니다.

고종이든 김홍집이든 결과를 놓고 우리 조선도 부강해야 한다는 원칙을 정립하는 것까지는 좋았다. 그런데 뭐든지 고종은 청나라에 물어봤으면 좋았을 것이라고 하여 과정 곳곳에서 청나라에 대한 의존성을 보인다. 개화 추진에 청나라의 도움이 절실하다는 말은 청나라가 선의를 가지고 조선을 좋은 방향으로 인도할 것이라는 신뢰에 바탕을 둔 것이었다. 여기에 중국을 향하는 무서운 러시아가 등장하면서 조선은 당사자인 중국의 움직임에 촉각을 곤두 세웠다.

반면, 김홍집은 "국가의 부강에 힘쓰는 것"과 더불어 내정을 안정시켜서 외국과의 관계에서 불화가 생기지 않도록 하는 것이 급선무라고 했다. 청나라에 대해선 "그들 마음을 참으로 깊이 믿을 수는 없다."고 하고, 다만, 우리가 너무 세상일을 몰라서 그들에게 도움을 받아야 한다는 논리였다.

이처럼 고종은 맹목적인 청나라 의존형 개화(引淸開化) 논리나 부국강병론은 고종과 김홍집의 자충수가 되었다. 실제로 임오군란 때 1882년 6월 11일

에 개최된 중신회의에서 홍순목(洪淳穆)이 군란의 발생 사실을 중국과 일본에 전하고, 김윤식이 이홍장과 필담을 통하여 파병을 요청하면서,[51] 조선은 청나라의 '속방화'정책으로 인해 자주권에 큰 상처를 받았다. 그럼에도 고종은 믿는 도끼에 발등이 찍히는 줄도 모르고 모든 외교의 일선에 청나라의 정보와 지원을 절실히 기대하였다. 『조선책략』이 들어오면서 거센 저항에 당면한 것은 바로 그런 맹목적인 청나라 의존적 개화정책이 초래한 자충수였다.

일본과 러시아의 확장 국면을 두려워하던 김홍집과 고종은 당연히 우리의 현재 모습에 대한 고민이 있었고, 일본 사정에 대한 보다 면밀한 분석이 필요하였다. 일차적으로 당연히 일본의 군제와 군사력에 대해서 궁금하였다. 그런데 어떻게 군사력을 강화할 것인가에 대한 고민은 주로 군대의 조련이나 무기 수준을 파악하는데 머무르고, 군사력의 징발과 동원, 훈련의 방법에 대한 분석은 미완의 숙제로 남았다. 아마도 이러한 의문이 다음의 조사시찰단 파견의 목적이 되지 않았을까 한다.

고종: 육군의 조련은 그 방법이 어떠하던가?
김홍집: 좌작 진퇴(坐作進退)가 자못 군율에 맞았습니다.
고종: 저들의 무기가 지금 서양 각국을 대적할 수 있다고 하던가?
김홍집: 저들이 배우는 것이 서양 병법이므로 스스로 서양에 미치지 못한다고 합니다.
고종: 일본 형세는 겉으로 보기에는 강한 것 같아도 속은 비었을 것으로 생각된다.
김홍집: 성상의 하교가 참으로 옳습니다.
고종: 왜주가 말을 달리고 창을 시험하는 것을 좋아하여 몸소 무기를 연마하는 장소로 들어가 사졸들과 더불어 서로 각축을 벌인다고 하였는데, 이것이 바로 오랑캐 풍속이다.

고종은 이 상황에서 서양병법을 쓰는 일본의 한심함을 피력하면서 이로

---

51) 權錫奉, 1986, 『淸末 對朝鮮政策史研究』, 一潮閣, 191~193쪽.(국사편찬위원회, 『신편한국사』(38), 292쪽에서 정리.)

인해 그들은 가난해질 것이고, 제대로 나라를 지킬 힘을 가질 수 없을 것으로 예측하였다. 아직도 고종은 일본왕이 몸소 군사훈련을 독려하고 직접 서양 옷을 입는 등의 행동을 의리와 정도를 따르지 않고 오직 부강과 패권만 따르는 오랑캐 풍속에 젖어 있다고 힐난하고 있었다.

③ 진짜 내 마음은 '일본을 무시해선 안 된다.'는 것입니다.

하지만 김홍집은 차마 이런 고종의 오판(誤判)을 대놓고 반대할 수 없었다. 그래서 복명의 행간 곳곳에 일본이 크게 부강한 현실을 알리려고 애썼다.

〈부세〉 고종: 그들의 부세가 많이 경감했다고 하던가?
김홍집: 무릇 백성들을 이롭게 하는 정사는 반드시 들어서 행한다고 합니다.
〈인성〉 고종: 남자와 여자의 인물은 어떠하던가?
김홍집: 대체로 교활하고 약으며 근실하였습니다.
〈경무〉 고종: 순사들이 거리를 자못 엄하게 단속하던가?
김홍집: 그렇습니다.
〈가옥〉 고종: 연로(沿路)의 시장과 백성들의 거주지가 과연 어떠하던가?
김홍집: 보이는 것이 자못 번화하고 풍성하였습니다.
〈농사〉 고종: 과연 무슨 곡식을 중하게 여기던가?
김홍집: 그들 역시 쌀을 중히 여깁니다.

일본은 점점 강해지고 있으며, 나라가 부강해지고 있다는 것은 지극히 당연한 견문이었지만, 제1차 수신사의 복명과 비교하면 무척 달라진 정보분석임을 보여준다. 즉, 김기수는 일본은 서양을 본받고 모방하느라 국고가 탕진되고 백성이 가난해진다고 했다. 하지만 김홍집은 일본이 점점 부유해지고, 실용적인 국민교육이 확대되고 있으며, 치안도 좋아지고, 백성들의 재산이 점점 늘어난다고 보고하였다.

아직도 일본 국왕이 하는 짓이 오랑캐 풍속이라고 하는 고종 앞에서 일본의 교육이 얼마나 필요하고, 조선이 국제사회에서 살아남기 위해선 국제정세를 아는 외국어 교육이 필요하다는 생각을 한 것도 같은 맥락이었다.

④ 아녀자도 배워서 쓸모 있게 만들고, 외국어 교육으로 국제정세를 알게 하라.

1880년 상황이지만 고종은 이미 일본의 국민교육 제도의 유용성을 자각하고 있었다. 복명 당시 고종은 "저 나라는 각기 그 재주에 따라서 사람을 가르치기 때문에 비록 아녀자와 어린아이일지라도 모두 학습시키므로 한 사람도 버릴 만한 사람이 없을 것이다."라고 하여 국민교육의 필요성을 강조한 것이다. "재주에 따라 아녀자, 어린이까지 가르쳐서 한 사람도 버릴 것이 없다."고 한 것도 양반에게만 국한된 교육 문턱을 낮춰야 한다는 고민이었다. 김홍집도 그것에 공감하였다.

또한 김홍집은 국제정세에 대한 바른 정보와 어학 교육이 국가를 부국강병으로 이끄는 중요한 수단이라고 생각하였다. 그는 일본은 각국에 공사를 파견하고, 조관도 자주 파견하여 외국실정을 살피게 한다고 함에게 외국 각국에 일본공사가 상주하고, 조관들도 외국에 가서 실정을 살핀다고 하였다. 이리하여 세계의 형세를 이웃 일처럼 말하며, 외국과의 소통을 위해서는 어학교를 세워 각국의 언어문자를 널리 가르치고 있다고도 했다.[52]

아울러 「복명서」에서도 김홍집은 일본에서는 선박차량[舟車], 측량[測算], 광산개발[開礦], 농상[農商], 기술기능[技藝] 등을 가르치는 대학이 7개나 있고, 중소학교가 헤아릴 수 없이 많다고 하며, 아녀자나 어린이도 또한 배운다고 하였다. 학교가 지역적으로 골고루 배치되어 있어서 각종 기술을 배우고 있으며, 어려서부터 학교에 나아가되 종실이나 귀족의 자녀도 포함되

---

52) (김홍집)日本公使 派往各國常住 亦有朝官 非公事而往遊 以察其動靜者 故言字內形勢如比隣事 江戶近說語學廣敎 各國語言文字 (고종)日本廣設各國語學而官之, 其學規果何如.(김홍집)臣未嘗往見其處 而各國言語 皆說學敎之士矣.(「修信使日記 卷2,「修信使金弘集入侍筵說」).

어 있음을 지적하고 있다. 이에 시의적절한 신교육이 필요하다는 것이다.[53]

그런데 흥미로운 것은 고종이 '외국인을 통해서 외국 말을 배우는 일을 우리 조정에 가서 보고하라고 하던가?'라고 묻자, 김홍집이 "이 일은 우리나라를 위해서 하는 말이었고, 시행 여부는 오직 우리 조정의 처분에 달려 있습니다."라고 했다.[54] 조선에서 외국어학교를 개설하여 외국인을 불러들이는 문제는 쉽게 결정할 수 없었고, 김홍집 또한 쉽지 않았을 것으로 판단하였다. 아마도 기존의 역관교육 제도에 기반한 역관들의 집단적인 반발도 감안해야 했기 때문이었다. 그러면서 기존 한문교육을 넘어서 새로운 언어 교육을 시작할 때 기존의 국가질서를 어떻게 개변해야 할 것인지도 고민이었을 것이다.

이처럼 김홍집은 『조선책략』의 영향을 받아서 일본과 제휴하고, 중국과 협력해야 한다는 원칙 아래서 적극적인 부강책을 추진하자고 했다. 하지만 여전히 복명에서 본의든 본의가 아니든 일본을 과소평가해야 했다. 그래서 논의의 곳곳에다 일본은 무시할 수 없으며, 우리나라 내정을 우선 안정시켜야 한다는 복선을 깔았다. 그러나 고종은 귀담아 듣지 않았다. 결국 일본의 개화가 파탄날 것이라는 말에 현혹되었고, 김윤식을 통하여 청나라를 끌여들여서 결국 '속방(屬邦) 소리를 들어야 했다.

(4) 위기를 기회로 만들어야 한다: 박영효의 『사화기략(使和記略)』

① 위기를 기회로 여긴다.

조사시찰단 당시에도 고종의 관심은 무관세 무역체제를 타파하는 것이었지만 조사들의 활약에도 불구하고 그것의 타파는 쉽지 않았다. 이에 다시 조정은 고종 19년(1882년) 6월에 발생한 임오군란으로 일본에 많은 배상금과

---

53) 凡有敎習 皆有學校 如兵교 舟車 測算 開礦 農商 技藝等事 國中大學區七 餘中小之區
不可勝計 使婦孺就而學之 雖宗室及公卿子女 皆在焉 官以董之 師以敎之···(「修信使
日記 卷2 修信使金弘集復命書」)
54) 김홍집의 복명 『승정원일기』 고종 17년(1880) 8월 28일자.

사과 등의 과제가 있었던 차에 그동안 해결하지 못했던 무관세체제를 타파할 기회로 잡고자 하였다.[55] 『사화기략(使和記略)』은 이때 수신사로 일본에 갔던 박영효(朴泳孝)의 견문 일기이다.

1882년 8월 22일 일본으로 가던 박영효는 메이지마루(明治丸) 선상에서 기무처에 태극기 제작이 필요하다고 보고했고, 이에 영국 영사의 조언과 영국 선장의 도움으로 태극기를 제작할 수 있었다. 필자가 만든 이유로 지목한 것은 다음과 같다.

> 외국에 사신으로 나가는 사람이 예의상 국기가 없을 수 없는데, 항구마다 각각 대포 6문 이상을 싣고 있는 군함을 만난다면, 반드시 축포가 있어 예로써 대접하므로, 그때 사신의 국기를 높이 달아서 이를 구별해야 한다. 조약이 있는 각국의 여러 가지 경축일을 맞으면 국기를 달고 서로 축하하는 예절이 있으며, 각국 공사들이 서로 회합할 적에도 국기로 좌석의 차례를 표시한다.[56]

문제는 하필 태극(太極)인가였다. 영국 영사와 선장이 "태극·팔괘의 형식은 특별히 뛰어나지만, 팔괘의 분포가 자못 조잡하여 명백하지 못하며, 또 각국이 이를 모방하여 만드는 것도 불편하니, 사괘만 사용하여 네 모서리에 긋는다면 더욱 아름다울 것이다."라고 조언했다.[57] 이후 제작에 들어간 듯한데, 8월 14일 기록에도 제작할 태극기에 대한 묘사가 있고,[58] 8월 22일 기록

---

55) "신이 삼가 생각건대, 이번 행역(行役)은 1882년 6월의 군변(임오군란)으로 인하여 일본이 군대를 동원하여 속약(續約)을 개정한 후에 한편으로는 비준 문서를 교환하기 위함이요, 한편으로는 수신(修信)을 하기 위하여 가는 것이다."(박영효 저, 이재호 역, 『사화기략(使和記略)』서문, 1977.(고전번역원).

56) 朴泳孝,『使和記略』, 國史編纂委員會 編, 1958, 修信使記錄(개국 491년 임오년 8월 22일 오시, 기무처에 보내는 서신).

57) 朴泳孝,『使和記略』, 國史編纂委員會 編, 1958, 修信使記錄(개국 491년 1882년 8월 22일 오시, 기무처에 보내는 서신).

58) "新製國旗懸寓樓旗竿, 白質而縱方, 長不及廣五分之二, 主心畵太極, 塡以靑紅, 四隅畵乾坤坎 離四卦 曾有受命於上也"(朴泳孝,『使和記略』, 1882년 8월 14일 (『修信使

에도 "기호(旗號)는 태극이 복판에 있고, 팔괘는 기폭의 가장자리에 배치하는 것이 아마 좋을 듯하고, 바탕은 오로지 홍색(紅色)을 사용하는 것이 선명할 듯하다."고 한 대목이 있다.

<그림 3> 일본외무성이 그린 박영효 태극기(출처: 한철호, 2008, 「우리나라 최초의 국기와 통리교섭통상사무아문 제작 국기의 원형 발견과 그 역사적 의의」, 『한국독립운동사연구』, 제31집, 130쪽.

일본에 도착한 후 1882년 9월 17일 원로원 의장 초청으로 조선의 사절을 위한 외교관 만찬이 있었는데, 필자는 이 날 만찬장의 국기계양 모습을 이렇게 그렸다.

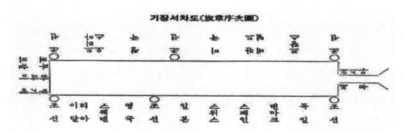

<그림 4> 만찬장 기장 서차도. 출처: 『사화기략(使和記略)』 1882년 10월 2일.

만찬장에서 조선 국기는 총 6곳에 설치되었다. 이렇게 많이 설치한 일본 측 의도는 명백했다. '조선은 중국의 속국이 아니라 독립국'이라는 인상을 심고, 조선의 경계를 풀려는 것이었다. 이 자리에서 박영효는 임오군란으로 빚어진 일본과의 갈등을 잘 해결하여 여러 나라와 다시 승평(昇平)할 수 있을

記錄』(『한국사료총서』(9)).

것이라는 송축사를 하였다.59)

② 일본에 대한 인식이 바뀌다.

『일동기유』에서 김기수는 일본의 근대화 실상에 대한 전체적이고 긍정적인 평가는 극히 자제되고 있었으며, '외국인이 많아 보기 괴상하다.'는 부정적 인상을 자주 피력했다. 하지만 박영효는 『사화기략』에서 임오군란 상황에서 빚어진 양국 간 불화를 선린우호(교린) 관계로 회복하는 것을 목표로 하였고, 일본의 엄청난 변화에 크게 놀란 사실을 보다 직설적으로 설명하였다. 가는 길에 고베(神戶)를 보고는 특히 놀랐는데, '인구의 번다함과 상업의 융성함은 시모노세키(馬關)보다 십 배'라고 찬탄하였고,60) 도쿄의 우에노 공원에서는 그 번영에 더더욱 감격하였다.

> 우에노(上野)의 평강(平岡)에 올라갔다. 기와가 비늘처럼 잇닿은 것이 바다처럼 펼쳐 있어 아득하게 바라보니 빗살처럼 촘촘히 죽 늘어섰는데, 보이는 것은 전폭(全幅)의 10분의 1에 지나지 않는 데도 번성함이 이와 같으니, 도쿄의 관할(管轄)이 23만 5천여 호나 된다고 함이 거짓이 아니다.61)

고베의 엄청난 근대적 변화에 경탄한 것을 생각하면 근대화에 대한 경이는 보수나 개화 양 세력에 공통적인 것이었다. 실제로 보수파인 박대양조차도 고베를 보면서 "어선과 상선의 바람 받은 돛과 비단으로 꾸민 돛대가 종

---

59) 朴泳孝, 『使和記略』, 1882년 10월 2일(『修信使記錄』(『한국사료총서』(9)).
   본국에 난변(임오군란)이 발생한 것은 불행한 일이나 우리 주상의 성덕으로 즉시 난리의 발단[亂萌]을 정리하여 만년 화약이 굳게 되었으니…(중략)…오늘 한자리에 여러 공을 모시고 이러한 경사를 찬축(贊祝)하오며, 우리 조선 주상과 이미 사귄 나라와 장차 친할 나라의 각 제왕이 성수가 무강하며, 만국에 태평한 복을 누리기를 원합니다.
60) 朴泳孝, 『使和記略』, 1882년 8월 22일(『修信使記錄』(『한국사료총서』(9)).
61) 朴泳孝, 『使和記略』, 1882년 10월 23일(國史編纂委員會 編, 1958, 修信使記錄).

횡으로 바다를 누비고, 포대와 세관 건물과 커다란 집들이 물가에 잇닿았고…(중략)…길 좌우편에 벌여 놓은 상점들은 몇층 집으로 회게 마른 벽 빛이 영롱하게 비추어 빛났으며, 상인들이 파는 물건을 모두 독운거(獨運車; 수레)에 싣고 거리를 왕래하며, 누구도 머리에 이거나 등에 짊어진 사람은 없었다."62)고 할정도였다.

하지만 박대양은 일본이 이런 외양을 빛내지만 속은 타들어가고 조만간 멸망의 지경에 도달할 것이라는 예측을 내놓은 반면, 박영효는 구석구석 일본인들의 삶에서 참으로 배울 것이 많다고 여겼다.

필자는 이어서 황실 친위대의 일사불란한 사열을 보았고, 외무경이 천장절(天長節, 천황 생일)을 기념하여 수백명의 외교 사절 및 가족들을 초청하여 서양식 연회를 여는 모습에서 일본의 강건함을 느끼고, 한편으로 나약한 조선의 현실을 돌아보기도 했다. 이어서 조선소를 방문하고, "배를 만드는 규모가 기이하고 교묘하고도 굉장"한 것에 크게 놀랐다.63)

이처럼 일본이 '감동스런 근대화의 공간'에 박영효를 초청한 것은 어쩌면 근대화를 과시하려는 것이기도 하지만, 오히려 중국과 경쟁하는 속에서 조선에 일본 근대화의 광영을 보여줌으로써 중국의 영향에서 벗어나게 하려는 정치적 의도도 포함된 것이었다. 이는 2등 서기관 나카미죠 호타츠(中溝保辰)가 박영효를 위해 지어준 시(詩)에서도 드러난다.

> 배 만드는 공장이 물가에 있는데(製艦水區廻岸煙)
> 아시아에선 남보다 먼저 시작했네(亞州第一着先鞭)
> 석조에선 고래처럼 무지개를 토하고(石槽鯨鯢虹呑吐)
> 철려는 완연하게 선반(旋盤)을 돌리네(鐵捩蜿蜓盤轉旋)
> 구조는 본디부터 황제의 창작은 아닌데(精造素非黃氏籾)

---

62) 박대양 저, 남만성 역, 『東槎漫錄』, 일기(日記), 1884년(고종 21년), 12월 28일.
63) 朴泳孝, 『使和記略』, 1882년 10월 26일(『修信使記錄』(『한국사료총서』(9)),

기공이 어찌 재인에게서만 전했으리(技工豈自梓人傳)

국가는 해군의 중요함을 알았으므로(國家偏識海軍重)

국고금 몇만 냥쯤 아끼지 않았네(不借帑金幾萬千)[64]

나카미죠는 일본이 동아의 그 어느 나라보다 이른 시기에 조선소를 건설하였고, 일본 자체의 창작이 아닌 외국에서 빌려온 설계로 이뤄진 조선소 건설이었지만 중국황제나 재인들만 그런 기술을 가진 것은 아니며, 세세한 기술은 오래 전부터 일본인들이 갈고 닦아왔다는 것이다. 그리고 나라가 국방이 얼마나 중요한지 미리 알고 없는 돈이지만 몇 만냥을 기꺼이 조선소 건설에 내놓았다는 것이다. 이는 국가가 정말 필요한 곳에 투자할 줄 아는 혜안이 있어야 한다는 표현이었다. 다시 말해, 이렇게 웅장한 조선소 건설을 보여줌으로써 정부가 부국강병을 위해 선진적인 고민을 해왔던 결과이자, 일본인이 오랫동안 수행한 기술의 결정체라는 것을 알리려 했다는 것이고, 조선도 기회를 놓치지 않고 제대로 근대화하라는 뜻이었다. 청나라의 속박 아래서는 이런 기회는 제대로 오지 않을 것이라는 의미도 포함되었다.

(5) 사대당이라 욕먹어도 우리의 길을 가련다: 박대양의 『동사만록(東槎漫錄)』

① 나라의 치욕이 극심하다. 오직 의만 생각하자.

『동사만록(東槎漫錄)』은 갑신정변 직후 봉명사신으로 일본에 갔던 정사 서상우(徐相雨)의 종사관이었던 박대양(朴戴陽)이 작성한 기행담이다. 당시 사행 목적은 ① 망명중인 박영효·김옥균 등의 체포 및 인도 ② 당시 일본 유학생들의 쇄환(刷還), ③ 울릉도의 목재 대금의 지불 요구 등이었다. 이런 목적의 사절이라면 그 구성원은 개화파는 역적이고, 갑신정변은 국치라는 인식으로 철저히 보수적 인물일 것이라는 것은 쉽게 추측할 수 있다. 실제로 이

---

64) 朴泳孝, 『使和記略』, 1882년 12월 26일(『修信使記錄』(『한국사료총서』(9).

들 사행들은 일본에서 개화당을 잡아들이는 것이 가장 우선적 과제였다.

> 이 위태하고 혼란스런 때에 변환(變幻)의 굴이나 잔혹한 무리 속으로 봉명(奉命)하게
> 되니, 나라의 치욕은 바야흐로 극심한데 사명을 실추하기 쉽고, 임금의 원수를 포획하
> 지 못하여 화란(禍難)의 기틀을 예측할 수 없다. 스스로 사행에 참가하니...(중략)...생
> 사화복을 일체 하늘에 맡기고 오직 의(義)만을 의지하여 죽음으로 돌아가는 것만 생각
> 한다.[65]

필자로서도 불의한 역적을 추포하는 일이 의로움 그 자체이자 사행의 본
질적 사명이었다. 필자가 얼마나 이 일에 힘쓰고 있었다는 것은 "월전(月前)
에 김옥균이 이곳을 지나간다는 말을 듣고 달려가 만나기를 요청하였더니,
김옥균이 배 안에 있으면서 숨고 나와 보지 않은 채 곧 고베(神戶)로 가버렸
다."[66]고 한데서도 잘 드러난다.

한편 필자는 일본 신문에서 자신들을 사죄사, 사대당 등으로 지목한것에
대해서도 무척 분개하였다.

> 여기에 온 이후로 번번이 신문지가 우리나라의 사건을 논한 것을 보면, 말이 사실과
> 다른 것이 많다. 혹은 사죄사(謝罪使)라고 혹은 사대당으로 지목하여 논단(論斷)하며,
> 조정을 헐뜯음이 매우 많아서 진실로 미워할 만하다.[67]

그러면서 필자는 갑신정변을 주동한 개화당은 '(서양의) 기교를 배울 만하
고, 그 번화함을 부러워하여 익힐 만하며, 그 법제(法制)를 모방하여 취할 만
하고, 야유(冶遊)를 즐거할 만하며, 호방(豪放)을 사랑할 만하다.'고 주장하였
으나, 결국은 '기교를 응하여 사람의 이목을 현혹하고, 욕심이 동하고 본성을

---

65) 박대양 저, 남만성 역, 1977, 『東槎漫錄』, 일기(日記), 1884년(고종 21년), 12월 24
  일(한국고전번역원DB).
66) 박대양 저, 남만성 역, 『東槎漫錄』, 일기(日記), 1884년(고종 21년), 12월 26일.
67) 박대양 저, 남만성 역, 상동, 일기(日記), 1885년(고종 22년), 1월 10일.

잃어 공재(公財)를 낭비하게 만들었으며 끝내는 난(亂)을 선창(先倡)하여 개인과 국가에 화란에 빠뜨린 난적 중의 난적'으로 전락하고 말았다고 평가하였다.[68]

이 말은 급진 개화이든 온건 개화이든 혹은 동도서기(東道西器)든 서양의 낭비적인 기교를 쫓는 이상 그것은 실학을 따르는 태도가 아니고 경서에 따른 바른 정도를 따르는 것도 아니라는 것이다. 필자에게서 개화는 단지 유교적인 가치관을 버리는 것에 그치지 않고, 기교를 숭상하면서 결국 낭비를 초래하여 국용에 무익해지는 그야말로 '비(非)실학'이라는 것이다.

필자는 일본의 정치계에 대해서 "현재 현요한 지위에 있는 자는 태정대신(太政大臣) 이하로, 일정한 직업 없이 떠돌아다니던 경박하고 표독한 사람이 많아서 이들이 서양의 나라들을 유역(游歷)하고 돌아와서는, 앞장서서 국난을 일으키고 억지로 그 임금을 견제하여, 옛 법을 변경해 혼란하게 만들고 새 제도를 창설하여 언어 · 문자 · 의복 · 거처를 다 서양의 법에 좇고 있다."[69]고 하여 일본의 환란은 오로지 서양에 맹목적 추종하는 집단 때문에 발생했다고 진단한다.

그러면서 이들은 "천지 사이에 다만 태서(泰西)가 있는 것만을 알고, 천년 이전의 당우(唐虞) 시대에 어떠한 임금과 어떤 백성이 있었다는 것과 삼대(三代) 때에는 어떤 정치를 하였다는 것을 알지 못한다."고 하여 성리학과 중화의 본체를 이해하지 못한 채 서양의 것만 무조건 맹종하고 있다고 하였다. 결국 이러한 개화 정책은 "남의 국가를 화"가 되게 하고, 그러다 보니, 이후로 일본에서 "목인씨(睦仁氏: 메이지의 이름)의 천하가 누구 손에 속하게 될지 알 수 없다."고 앞날의 불길함을 예측하기도 하였다.[70]

한편, 필자는 이번 갑신정변 이후 양국간의 갈등 국면에서 대마도주가 열

---

68) 박대양 저, 남만성 역, 상동, 일기(日記), 1885년(고종 22년), 1월 12일.
69) 박대양 저, 남만성 역, 상동, 일기(日記), 1885년(고종 22년), 1월 18일.
70) 박대양 저, 남만성 역, 상동, 일기(日記), 1885년(고종 22년), 1월 18일.

심히 다리를 놓고 다양한 도움을 준 것은 높이 평가하였다. 박대양이 보는 대마도는 여전히 교린의 대상이고, 교화의 대상이었으며, 보은과 보답의 개념으로 이해하였다. 특히 대마도가 메이지유신 이후 도쿄의 유신정부에 붙어서 '한가한 마음(=평화를 유지하려는 고육지책)을 기르고 있더라도' 우리나라 사신이 오갈 때마다 갖은 편의를 봐주니 이것은 참으로 열성조의 음덕이라는 것이다. 즉, "대마도가 우리나라에 복종하여 섬기면서 힘입어 먹여 주는 점을 특히 우러러 바라왔다. 그런 까닭에 열성조에서는 항상 회유(懷柔)하는 덕으로 불쌍히 여겨 곡식을 주어 진휼하고, 만약 왜선이 변경의 바다에 침몰하여 인명의 피해가 있으면, 또한 그 나라에 공문을 보내고 그 집을 도와 구휼하였다."[71]고 하였다. 대마도의 외교적 도움을 유교적인 도의관에서 바라보면서 조상의 음덕을 새기고 나아가 인의예지를 아는 대마도라서 무척 칭찬할 만하다는 말이다. 필자는 왜 대마도가 적극적으로 조선과 일본의 정치적 가교가 되고, 조선 사절의 편의를 봐주는지 그 속셈에 대해선 전혀 이해하려 하지 않았다. 호의는 호의이고, 의는 의일 뿐이었다.

② 섬나라 풍속이 구역질 난다.

개화 의식이 없는 사대당 인물에게 일본과 일본문화는 구역질 날 정도로 참기 힘든 야만의 문명이었다.

먼저 (A)처럼 일본의 결혼 풍습에는 중매와 납폐 무시, 자유연애 경향, 이혼의 자유, 개가 개취의 자유, 사촌간 결혼 가능 등 도저히 조선의 예법으로 용납할 수 없는 '말하기도 더러운' 풍습을 유지한다고 했다.

  (A) 혼인에 중매가 없으며 납폐(納幣)하는 예절도 없다. 다만 남녀가 서로 보고 마음에 맞지 않으면, 부모의 명령이라도 따르지 않으며, 사모하고 좋아하는 마음이 있으면,

---

71) 박대양 저, 남만성 역, 상동, 일기(日記), 1885년(고종 22년), 1월 5일.

즉시 혼약을 맺는다. 여자를 맞아 문에 들어오면, 친척과 벗을 모아놓고 신인(新人)이 술잔을 권하게 하고 그대로 집에 살게 한다. 살다가 조금이라도 마땅하지 않은 데가 있으면 쫓아 보낸다. 개가(改嫁)하거나 개취(改娶)하는 것을 괴이하게 여기지 않기 때문에 새로 시집가면서 자녀를 데리고 가는 자가 있고, 비록 태정대신 집안이라도 혼취(婚娶)는 모두 이와 같다. 할아버지가 같은 사촌 간에도 서로 결혼하기도 한다. 말하기에도 더럽다.[72]

(B) 일본 풍속은 남자를 귀하게 여기고 여자를 천하게 여긴다. 모든 점사(店舍)에서 손님을 접대하는 것은 다 부녀자이다. 비록 타국 사람을 대하더라도 조금도 부끄러워하지 않으며, 전혀 모르는 사람과 알몸으로 같이 목욕하는 것을 괴이하게 여기지 않는다. 바다 가운데 섬나라의 문란한 풍속은 구역질 나기 넉넉하다. 그들의 옷차림은 소매가 넓은 주의(周衣 두루마기) 입었는데, 길이는 버선목과 가지런하다. 위에는 속옷이 있어서 몸을 단속할 수 있으나 허리 밑은 속옷이 없어서 오르내릴 때면 붉은 두 다리가 드러나며, 다리 위까지 다 보인다.[73]

(C) 일본의 여자들은 다 서양의 옷을 입고, 서양의 춤을 추었다. 이것은 유신(維新) 이후 풍속이라고 한다. 그 여자들의 개화가 남자들의 개화에 손색이 없으니 개화 이전에 여자에게 좋은 풍속이 없었다는 것을 추측해 알 수 있다. 더욱 웃을 만한 일은, 나이 스물 남짓 된 한 아름다운 여인이 많은 사람 가운데서 나와 갑자기 나의 손을 잡고 무엇이라고 말하는 것이다. 통역하는 사람에게 물으니, 바로 육군경의 부인인데, 연회에 와 준 것에 감사한다는 말이라고 한다. 나는 책상머리의 한낱 서생으로서 일찍이 창부나 주모의 손도 한 번 잡아본 일이 없거늘 당황하지 않을 수 없다...(중략)...이와 같이 극도로 남녀의 차례나 존비의 법도가 문란하니 참으로 더럽다할 만하다.[74]

(D) 뒷걸음으로 물러가는 것은 임금 앞에서 물러간다고 고(告)할 때 차마 임금을 등질 수 없다는 의미이다. 옛날 종신토록 남쪽을 등지고 앉지 않는 자가 있었으니, 그 마음이 항상 종국(宗國)을 연모하여 비록 앉고 눕는 때라도 차마 잊지 못하기 때문이었다고 한다. 일본 사람이 뒷걸음으로 물러가면서 임금에게 낯을 향하는 것은 서양 풍속을 모

72) 박대양 저, 남만성 역, 『東槎漫錄』, 동사기속(東槎記俗).
73) 박대양 저, 남만성 역, 『東槎漫錄』, 일기(日記), 1884년(고종 21년), 12월 26일.
74) 박대양 저, 남만성 역, 『東槎漫錄』, 일기(日記), 1885년(고종 22년), 1월 23일.

방한 것이다. 크게 체모(體貌)를 손상입히니 놀랍고도 우습다.(이상 밑줄은 저자)[75]

(B), (C)는 외국 사절을 응대하는데 여성을 내보는 일에 놀란 대목이다. 섬나라의 남존여비 습속에서 나온 것이라 평가하였다. 민망한 옷차림에 대해서도 마땅치 않았다. 왜 그런지는 관심이 없고, 유교적 관점에서 야만적이고 미개한 행위로만 이해했다. (D)처럼 임금에 대한 예절도 문제 삼았다. 일본이 낯을 임금에게 향하는 서양의 예법을 무척 해괴하게 보았다. 임금 앞에서 등을 보여야 예절이라는 말이 아니다. 당시 조선의 경우 임금 앞에서는 부복(俯伏)하는 자세였기 때문에 이런 방식과는 달랐던 것이다. 따라서 이 대목은 조선의 법도가 서양을 모방한 일본의 법도보다 훨씬 합리적이라는 점을 강조하려는 것이다. 도덕적 우위를 쟁취하는 것은 적어도 일본의 물질적 부강과 우위에 대응한 조선 사대부가 보인 일종의 자부심이었다.

한편, 교토 투어에서도 성현을 우롱하는 등 천륜을 모르는 일본인에 대한 실망으로 가득했다. 필자는 교토를 경도(京都)라고 부르지 않고 서경(西京)이라고 했다. 도쿄를 동경으로 한데서 나온 듯한데, 교토라고 부르지 않은 것은 여기를 조선의 평양과 비견한 데서 그리 한 것으로 추정된다. 어쨌든 교토를 둘러보면서 필자가 해괴하게 여겼던 것은 옛 성현의 초상화를 아주 작게 만들어서 저자에 내놓고 파는 일이었다.

> 서경(西京=교토)을 보는데 …(중략)…서화 등이 매우 많으며, 그중에는 옛날 성현의 소상(塑像)이 있는데, 형체가 매우 짧고 작아서, 우리나라 등시(燈市)에 진열해 놓은 난쟁이 같으며, 또한 다 매매도 한다…(중략)…그런데 일본 사람들은 아비가 죽으면 살을 베어 내고 뼈를 팔며, 임금의 소상을 저자에 걸어 놓고 값을 부르는 것은 천륜이 끊어지고 사람의 도리가 없어서인데, 성인을 사모하지 않고 현인을 높이지 않는다고 꾸짖는 것이, 또한 잘못이 아니겠는가?[76]

---

75) 박대양 저, 남만성 역, 『東槎漫錄』, 일기(日記), 1885년(고종 22년), 1월 6일.
76) 박대양 저, 남만성 역, 『東槎漫錄』, 일기(日記), 1885년(고종 22년), 2월 9일.

그러면서 '성인을 사모하고 현인을 높이는 마음은 본래부터 하늘에서 타고난 떳떳함에서 얻어지는 것인데, 비록 묘사(廟祀)와 원향(院享)을 거행하는 일일지라도 오히려 만모(慢侮)할 것인데도 이렇게 더럽히다니'라고 하면서 탄식하였다. 그러니 일본인은 짐승만도 못한 인종이기에 금수한테 꾸짖을 이유가 무엇이냐? 라고 장탄식하였다. 여전히 수신제가가 격물치지의 근원임을 재삼 확인하였다.

③ 야쿠자들에게 착취당하고, 조정에 수탈당하고...

사절들에게 여러 지역을 지나면서 일본인의 인심을 살피는 것도 중요한 사명이었을 것이다. 그런 탐방과정에서 박대양은 일본의 근대화에 대한 근본적인 질문을 던지고 있다. 즉, 이 시점에서 과연 일본 정부가 '도(道)로서 백성을 편안케 하고(以道便民)', 백성을 등따뜻하고 배부르게 하는(鼓腹擊壤) 정치를 하고 있냐는 것이었다. 그러면서 "토지가 저렇게 메마르니, 백성들의 살림살이가 곤란하지 않겠는가?"라며 일본정부의 배민 정책을 비꼬기도 했다.

> 방주(防州)·유황(硫黃)·산양(山陽)·찬기(讚岐) 등 여러 섬을 지났는데, 산세는 다 높고 험준하지는 않으나 촌락들은 매양 쇠잔하여 쓸쓸한 곳이 많으며, 산에는 수목이 없고, 여기저기 개간하여 밭을 만드니 빈 땅이 없었다. 내가 가일랑(嘉一郞)에게 말하기를, "토지가 저렇게 메마르니, 백성들의 살림살이가 곤란하지 않겠는가?"라고 하니, 그는, "토지가 척박할 뿐만 아니라, 민생이 즐겨 할 생업이 없습니다. 그들이 생계를 유지해 가는 것은 특히 농사에 힘쓰는데 의존할 뿐입니다. 항상 곤궁하고 고통스러움이 많습니다."라고 하였다.[77]

이렇듯 척박하고 생활이 힘든 일본인의 사례를 통하여 조선의 유교적 통치가 그래도 일본보다 우위에 있다는 점을 보이려 했다. 세금에 대해서 물었다.

---

77) 박대양 저, 남만성 역, 상동, 일기(日記), 1884년(고종 21년), 12월 27일.

수확과 조세를 비교하면 남는 것이 없습니다. 혹은 부족하여 남에게 빌어오기도 합니다. 백성들이 즐겨 할 생업이 없다 한 것은 이것을 말함입니다.[78]

필자는 세금을 줄이고, 백성들이 배부르고 등 따뜻하게 지낼 수 있는 지 여부를 정치의 요체로 파악하고 있었고, 일본이 부강하다면 그런 상태가 되어야 한다는 생각이었다. 하지만 그런 현실은 아니라는 말이다.

한편, 필자는 무뢰배(야쿠자)가 준동하는 모습에도 우려하였다. 요즘 같으면 야쿠자들이 용역회사를 만들어 각종 화재 등 재난 현장에 나서서 독점이익을 내거나 각종 채권채무 등을 대행하고, 청부 사업을 하는 등 백성을 쥐어짜고 있다는 것이다. 근대화 과정에서 야쿠자같은 암적 존재가 백성을 고달프게 한다는 사실을 예의 지적한 것이었다.

농사도 짓지 않고 장사도 하지 않는 무뢰배들이 스스로 한 집단[社]을 이루어, 격검(擊劍)하고 용기를 숭상하는 것을 업으로 삼는 자들이 있다. 이들을 완고당(頑固黨)이라고 하는데 혹은 남을 위하여 원수를 갚고, 혹은 남의 급난(急難)에 달려가 구하는 것을 옛날의 유협자(游俠者)들과 같이 한다.[79]

또한 다른 분야의 근대화에는 비판적이던 필자는 유독 재정이나 화폐제도 만큼은 대단히 분석적인 시선으로 결론을 내고 있다. 필자는 일본정부가 매년 세입이 7,500만 원 정도라는 사실을 알았고, 세수 확보를 위하여 지폐(錢 포함)를 발행한다는 사실도 이해했다. 그러면서 대전납(代錢納; 쌀 대신 동전으로 세금을 내는 것)하는 폐해를 이렇게 설명하였다.

세는 세곡을 돈으로 환산하면 일정한 금액이 된다. 만약 흉년이라 미가(米價)가 오르면 수확한 곡식으로 세금을 마련할 수 있지만, 풍년이 들어 미가가 떨어지면 부족액은

---

78) 박대양 저, 남만성 역, 상동, 일기(日記), 1884년(고종 21년), 12월 27일.
79) 박대양 저, 남만성 역, 『東槎漫錄』, 동사기속(東槎記俗).

빌려야 한다. 완납을 못하면 가산은 관(官)에 몰수 당하고, 지세가 매년 배정되어 징납하게 된다. 이것을 신대한(身代限)이라고 한다. 죽을 때까지 완납해야 한다는 말이다. 비록 대지(垈地)와 갈지 않은 땅과 재년(災年)으로 씨뿌리지 못한 해에도 세금을 징수하되 조금도 깎아 주지 않는다. 그런데 해마다 풍년이라 곡가가 등귀하지 않으니, 민생이 곤궁하여 신대한이 되는 자가 10에 2~3이다.[80)]

결국 전폐(錢幣)로 세금을 내는 것은 풍년일 때 더욱 착취하고, 흉년일 때도 세수 안정을 기하는 그야말로 백성을 쥐어짜는 악법이라고 했다. 그 결과 풍년이 들어도 미가 하락으로 민생이 곤궁하다고 하였다. 더구나 '근년에는 개화 이래 비록 빈궁한 서민이라도, 사치하는 습속으로 인해서 용도가 매우 많아졌다.'는 것이다. 서양의 번드르한 물품에 현혹되어 집안 도끼 썩는 줄도 소비하는 등의 이유로 생활이 더욱 어려워진다는 진단이었다.

아울러 일본의 화폐제도 문란상에 대해서도 지적했다.

　　인쇄국은 지폐를 만드는 곳이다. 지폐 사용에는 금은과 가치가 서로 맞아야 한다. 가령 금·은전 1만 원을 저축하면 지폐 또한 1만 원을 만든다. 지폐는 결국에 가서는 반드시 금은전으로 바꿔줄 수 있어야 하고, 혹 더 주거나 덜 주는 일이 없어야 한다. 마치 우리나라의 전표(錢標; 어음)와 같다. 다만 우리나라 전표는 돈이 사인(私人)에게 있으므로 전표를 가져다주고 돈을 찾아서 재화를 유통한다. 지폐는 권능이 공적 기관에 있으므로 종이지만 돈이라 하여 유통하여도 문제가 없다. 그러나 현재 일본은 지폐는 남고 금은은 줄어서 만약 지폐를 금은으로 태환하려 하면, 태환이란 단지 종이 위에 남아 있는 빈 문자일 뿐이다. 주조한 금은전은 죄다 외국 상인이 가져가고 백성들은 그 술책에 곡절 없이 속고 만다.[81)]

필자가 주목한 것은 태환권 발행이었다. 본래 화폐란 명목가치와 실질가치가 일치해야 하는데, 태환권이란 지폐에다가 신용을 더한 것이므로 조선의

80) 박대양 저, 남만성 역, 상동, 동사기속(東槎記俗).
81) 박대양 저, 남만성 역, 상동, 일기(日記), 1885년(고종 22년), 1월 27일.

전표(어음)과 유사하다고 보았다. 그러면서 전표같이 생긴 태환권을 정부가 신용을 보증하여 유통하여 재화를 유통시키는 것까지는 이해한 듯하다. 지폐는 오버플로우하는데 지불보증을 해야 할 금과 은덩어리는 제대로 준비되지 못했다고 하고, 지불보증이 제대로 안 된 태환권은 '종이 위에 남은 빈 문자'라고 했다. 이는 필자가 인플레이션이 무엇인지 잘 알고 있었다는 말이다.

그러면서 정작 실물가치와 명목가치가 공존하는 금과 은전은 몽땅 외국으로 넘어가서 국내 태환권 가치를 떨어뜨리니 결국 일본은 외국 상인의 입에 이익을 넘겨주고, 대신 일본국민들은 영문도 모른 채 재화를 잠식당하고 만다는 것이다. 당대 유교적 공맹의 도리에 능한 조선의 선비라도 폐제문란에 따른 국가적 국민적 손실이 얼마나 컸는지 정확하게 파악하고 있다. 불행하게도 이러한 폐제문란의 원인이 자국의 생산력 증강(GDP 상승)을 바탕으로 하지 않으면 더욱 심화될 것이고, 그러기 위해선 공업화를 신속하게 추진해야 한다는 결론까지는 도달하지 못했다.

④ 일본의 군사력이 형편없다.

필자는 일본 군사력을 지극히 얕잡아 보고 있었다. 얕본다는 것은 여전히 화이(華夷)적인 이해틀로 일본을 본다는 말이다.

> 군함은 35척인데, 그중 견고하고 완전한 것은 16척이고 나머지는 노후해서 쓸 수 없으며, 상선은 3백 척이다. 요코스카(橫須賀)에서 바야흐로 군함을 만든다고 한다...(중략)...해군의 훈련 상태는 육군에 미치지 못한다.[82]

필자는 선박이 크지 않으며, 노후화된 것이 많다는 데 안도하는 듯하다. 이런 상태로 제대로 군사 활동을 진전시키기는 어려울 것이라는 신념도 있었다. 가차 없는 폄훼는 군사훈련에서도 마찬가지였다. 비록 보병, 기병, 포

---

82) 박대양 저, 남만성 역, 상동, 동사기속(東槎記俗).

병 등의 훈련 상황을 보면서 "양진(兩陣)이 평탄한 원야(原野)에서 마주 보는 경우 한번 시험할 만하다. 하지만 계곡이나 돌길을 만난다면, 아마 효과가 없을 것"[83]이라고 하여, 서구를 모방하여 뭔가 하기는 하는 듯하지만 결국은 제대로 되기 어렵다고 단언하였다. 이에 무엇을 보든지 일본의 근대적 움직임은 낭비요, 백성을 헐벗게 하며, 실제적인 발전을 부르지 못할 것이라고 했다.

또한 육군사관학교와 포병공창을 방문했을 때도 "일본의 군율과 병제가 정갈하지 않은 것은 아니나 서양인의 눈으로 본다면, 아직 아이들 놀이 같을 뿐이다.[84]"라고 하여 화려한 기술적 진보에 대해선 긍정할 수밖에 없었지만, 그것을 운영하는 일본인의 태도는 도의를 숭상하지 않은 이유에서인지 제대로 정돈되지 못했다고 평가하였다.

그러면서 일본과 같이 국토가 넓지 않고, 문무관의 능력이 우수하지 못하며 백성은 시정잡배 정도의 수준으로, 감히 남의 기술이나 피상적으로 배워서 조선이나 중국 같은 도의의 나라를 침략하려 하니 그들의 재예(才藝)는 다만 '검려의 솜씨(黔驢之技; 쥐꼬리 만한 재주)'일 뿐이라고 혹평하였다. 이에 스스로 강해지려면 인의와 덕행이 최우선이라고 하였다.

> 국토의 넓이가 같지 않고, 사마(士馬)의 건전하고 잔약함이 비등하지 못하며, 군사를 통솔하는데 『역경(易經)』 '지수사괘(地水師卦)'에 나오는 장인(丈人; 훌륭한 통솔자) 같은 인물이 없고, 병정들은 다 시정에서 놀고 먹는 백성이니, 이에 남의 기술을 배워서 남의 요충(要衝)을 꺾으려고 하니, 또한 어렵지 않겠는가? 사람들이 모두 봉몽(逢蒙)과 같이 될 수 있게 한다면 좋겠지만, 그렇지 못한다면 저 사람들의 기술은 무궁하고, 이편의 재예(才藝)는 다만 한낱 검려의 솜씨일 뿐이다...(중략)...반드시 스스로 강해지려 한다면 덕을 닦는 것만 못하다.[85]

83) 박대양 저, 남만성 역, 상동, 일기(日記), 1885년(고종 22년), 1월 13일.
84) 박대양 저, 남만성 역, 상동, 일기(日記), 1885년(고종 22년), 1월 19일.
85) 박대양 저, 남만성 역, 상동, 일기(日記), 1885년(고종 22년), 1월 19일.

지금의 일본처럼 "임기응변하여 기이한 계략[奇計]을 써서 승리를 얻는 것은, 다 용병하는 자가 스스로 생각해 낸 권모술수가 있어서이지, 배워서는 이뤄지지 않는다."라고 폄훼하였다. 그러면서 증자(曾子)가 '저쪽이 부귀로 공격하면 나는 인(仁)으로서 대적할 것'이라는 말을 인용하면서, 적과 싸우려면 인의(人義)의 전쟁이어야 승리한다고 하고, 서양 기술만 배워서 국방을 이루고 진정한 승리를 이룰 수 없다고도 했다. 그러면서 "만약 덕을 닦는다면 군사는 비록 패하였더라도 닦은 덕은 오히려 다행히 실추되지 않을 것이다." 라고 하여 도덕적 군대의 위용이 있어야 천하에서 왕업을 이어 갈 수 있다고 하였다. 철저한 도의국가론, 도덕경제론에 입각한 이해방식이었다.

⑤ 일본의 근대적 기술은 인민을 현혹하는 요물이다.

필자는 조폐국(造幣局)·기기창(機器廠)·공작단련(工作鍛鍊) 등을 직접 보고서도 여전히 자신의 도덕주의적 경제관에 머물고 있다.

> 지폐를 만들고 기기를 만드는 것은 다 서양의 기법을 배워 매우 빠르고 또 유리하다. 그러니 마땅히 부강함을 선 자리에서 이룰 수 있을 것 같다. 그런데 나라 안은 공허하고 민생은 초췌하니 무슨 까닭인가? 이익을 추구함이 남김이 없으나 이는 외국으로 실어 가고, 군대를 운영함이 매우 부지런하나 그것이 농사를 해치니, 이렇게 하면서도 능히 나라를 부유하게 하거나 병력이 강대하게 만들 수 있다고 결코 믿을 수 없다.[86]

보통 개화파 인사라면 조폐국이나 기기창을 보면, 그것을 왜 만들었고, 이것이 국가경제와 부국강병에 어떠한 영향을 줄지 질문하고 그 해답을 찾으려 했을 것이다. 그러나 필자는 조폐국, 기기창을 보면서 그저 서양에서 배운 것이라서 일부 쓸모가 있을 것이나, 백성의 살림살이에는 여전히 별 도움이 되지 않을 것이라고 여겼다. 그러면서 일본이 너무 이익을 추구하다 보

---

86) 박대양 저, 남만성 역, 상동, 일기(日記), 1884년(고종 21년), 12월 29일.

니 농사를 등한시하게 되고 백성의 삶이 헐벗어지는데 어떻게 부국강병을 할 수 있겠는지 반문하였다. 일본의 변화를 보고도, 여전히 그는 부국강병(富國強兵)보다 이도편민(以道便民: 별 격변없이 그저 따뜻하고 배불리 사는 안정 사회 만들기)하려는 도덕경제적 가치와 병농일치·농본주의적 믿음을 저버리지 않았다.

한편, 다른 수신사와 마찬가지로 일본의 전신(電信) 기술을 견학하였다. 아직 조선에는 기차도 없었고, 발전소도 없었기 때문에 당연히 전기나 전등을 사용할 수없던 시절이었다. 대단히 호기심 어린 눈으로 본 것은 사실이다. 하지만 그런 대단한 기술에도 불구하고 서양의 기법은 '여전히 사람을 현혹하게 하는 것' 즉, 인간의 사단칠정(四端七情)을 왜곡하여 도의를 어기게 하는 것이라 하였다.

> 전신국을 관람하였다. 여기서 부산까지의 거리는 6천여 리나 된다. 만 리 사이에 흐리고 맑음이 비록 서로 같을 수는 없으나, 한 시간을 지나지 않는 사이에 소식을 서로 통하니 어리둥절하여 마치 요술쟁이의 거짓말 같다. 그러나 종전의 경험으로 보면 한 점의 착오도 없었다. 서양 기법이 사람을 현혹하게 만듦이 대개 이와 같다.[87]

수신사였던 김기수나 수행원이었던 안광묵 등 초기 사행조차도 유교적 교화의 시설로 주목했던 전신조차도 박대양에게는 여전히 요망한 거짓말정도로 폄훼되고 있었다. 이처럼 보수 유학자조차도 전신을 보는 시야는 천차만별이었다.

한편, 필자는 매기국과 유리공장을 방문해서도 무정하리 만큼 혹독하게 폄훼와 무시로 일관하고 있었다.

> 매기국은 바닷가에 있는데, 매기(煤氣)를 성대하게 제조한다. 도쿄에 있는 등(燈)은

---

87) 박대양 저, 남만성 역, 상동, 일기(日記), 1885년(고종 22년), 1월 14일.

다 이곳에서 점등한다. 또 유리창(琉璃廠)에 갔다. 여기 공장은 현재 폐지되어 유리를 제조하지 않는다. 공장에 저장하던 유리그릇(器皿)은 그리 많지 않다.[88]

유교적 격치관(格致觀 = 과학관)을 가졌던 필자로선 경제의 신진대사 즉, 순(順)순환에 관심이 많았다. 이에 그토록 근대적으로 유리공장이 운영되지 못하고 폐지된 사실에 주목하였고, 제대로 생산되지 않는 상황에 안도하고 있다. 자신이 생각이 옳았다는 유력한 증거가 될 수도 있었던 것이다.

⑥ 박물관과 사찰 등을 보니, 도에 넘치고 분에 넘친 일본을 보게 된다.

필자는 박물관을 구경하면서 유난히 일본 정부의 부덕한 사치와 낭비를 지적하면서 이렇게 도에 넘치고 분에 넘친 일본의 행각으로 백성들이 도탄에 빠졌다고 개탄하였다. 동물원도 마찬가지였다. '동식물을 기른 것이 10년이 넘는다고 하니 여기에 드는 돈이 얼마이고 이것이 백성들에게 얼마나 부담이겠는가?'라는 것이다. 이렇게 급선무에 돈을 투자하지 않고 쓸데없이 낭비하니 백성들의 삶이 지극히 곤궁해질 것이라는 진단이다.

> 일본이 개국한 지 삼천 년이 되었으나...(중략)...일찍이 이런 것이 없었는데, 근래 개화한 뒤로 영조(營造)에 급급하여 먼 곳 가까운 곳의 공작물들을 모아왔으니, 그 비용이 얼마나 많겠는가? 사물에 대해 박식한 사람이 보게 한다면, 혹은 얻는 것이 있겠다. 그러나 결국은 오늘날 천하에서 나라를 위한 급선무는 아니다. 임금의 마음은 점점 호탕(豪蕩)해지고, 민생은 더욱 곤궁해지는 것은 당연한 결과이다.[89]

필자의 생각에는 동물원이나 박물관 건립으로 발생하는 학술적 진흥이나 직업 창출, 관광사업의 확대, 도시발전에 따른 국민 여가 시설의 기능 등 근대적 가치 창출에 대한 이해는 전혀 보이지 않는다. 아울러 앞서 농촌을 방문

---

88) 박대양 저, 남만성 역, 상동, 일기(日記), 1885년(고종 22년), 1월 14일.
89) 박대양 저, 남만성 역, 상동, 일기(日記), 1885년(고종 22년), 1월 12일).

하여 농부들이 세금 때문에 혹은 땅이 메말라서 벌이가 신통치 않아 살기가 힘들다는 증언을 들었던 필자로선 박물관이나 동물원과 같은 긴요하지 않은 토목공사는 극히 비도덕적인 백성 수탈의 도구일 뿐이었다. 이러면서도 "망령되게 스스로 큰 체하면서 이웃인 조선을 경시하는 것은 웃음거리일 뿐"이라면서 '잘사는 양 뻥치는 꼬락서니가 무척 한심하다.'고 비판하였다. 이런 한심한 태도는 비단 박물관이나 동물원에 그치지 않고, 절에서도 그렇다고 했다. 도대체 진정성이 없는 행동들 뿐이라는 것이다.[90]

⑦ 일본의 교육 방법이 군사 교육과 유사하다.

필자는 사범학교에서 일사불란하게 이뤄지는 교육을 보면서 마치 군사 교육 같다고 했다. 즉, 이런 태도는 일본식 교육이 내면의 수양이나 품성 도야라기보다는 일방적인 교수와 모방 일변도의 저급한 것이라는 생각에서 기인한 것이었다. 다만, 대학교의 광학, 화학 분야 교육 현장을 둘러보고는 절실히 그 이용후생의 필요성에 공감하면서 그다지 비판적이지 않았다. 예를 들어 '채광(採礦)은 산을 뚫고 흙을 져내다가 녹로(轆轤)로써 삼태기를 매달아 올리고 내리는 등 모든 것을 기계로 하니 일이 매우 빠르고 유리하다.'고 평가했고, 화학은 '오로지 물과 불 이 두 가지의 기운이 서로 신기한 작용을 일으켜서 변화가 끝이 없었다.'고 놀라워하였다.[91]

그러나 의학 분야는 달랐다. 필자는 의과대학에서 인간의 신체를 해부하고, 신체 장기를 약물에 보관하거나 하는 모습에 혼비백산하였다.

---

90) "절 안에는 오층탑이 있어서 채색이 찬란하게 빛난다. 많은 남녀가 어깨를 나란히 하고 와서 혹은 분향하고 부처에 예배하며 혹은 돈을 던져 정성을 드린다. 어지럽고 부산하여 도무지 맑고 깨끗한 뜻은 반 푼어치도 없다."(박대양 저, 남만성 역, 상동, 일기(日記), 1885년(고종 22년), 1월 12일.)
91) 박대양 저, 남만성 역, 『東槎漫錄』, 일기(日記), 1885년(고종 22년), 1월 21일.

의학교에 이르니, 해골[髑髏]이 실내에 가득하여 더러운 냄새로 구역질이 나게 하였고 시령 위의 유리 항아리 속에는 사람의 내장(臟腑)을 약물에 담아서 썩지 않게 하였다. 또 한 곳에 이르니, 금방 죽은 사람을 칼로 껍질을 제거하고, 살을 베어 내고, 사지를 분해하고 있다. 귀로도 차마 들을 수도 없는 일인데 눈으로 어찌 차마 볼 수 있겠는가?[92]

특히 시신을 기탁하고, 뼈를 매도하는 등의 행위를 조장하는 풍속에 크게 실망하였다.

(유언을) 준수하지 않으면, 불효로 보아 배척하고 상대를 해주지 않는다고 한다. 오늘날 사람들이 그 법을 몹시 사모하여 죽은 뼈도 판다고하니 더할 수 없이 어질지 않다고 하겠다. 어찌 인륜을 들어 꾸짖을 수 있겠는가?[93]

공자가 마치 길가에 변을 보는 자를 가르쳐 깨우치려 했으나 길 가운데 변을 보는 자를 외면하였듯이 인간이 해서 아니 될 것을 하는 자들은 인륜을 들어 꾸짖을 수조차 없을 만큼 '혐오스럽다'는 유교적인 표현이었다. 달리 말해서 이용후생에도 인륜도덕을 우선으로 해야 의미가 있다는 생각이었다.

⑧ 법령은 잘 지키지만, 돈으로 죄를 산다.

필자의 눈에 그나마 긍정적인 것은 일본인의 준법 생활이었다. 좌대신(左大臣)마저도 범칙하면 벌금문다고 하면서 한번 정한 법률과 정령을 누구나 잘 지키는 모습에 상당한 호의를 보였다. 그러면서 백성들이 죄가 있어도 심문하되 형벌을 사용하지 않는 것. 원고와 피고를 나누어 적극적으로 자신을 변호하도록 한 것에도 호기심을 보였다.

일찍이 철도를 개조하고 사람의 경유 통행을 금지하였는데, 좌대신의 마차가 잘못 그

---

92) 박대양 저, 남만성 역, 『東槎漫錄』, 일기(日記), 1885년(고종 22년), 1월 21일.
93) 박대양 저, 남만성 역, 『東槎漫錄』, 일기(日記), 1885년(고종 22년), 1월 21일.

길을 범하였다가 순사에게 붙잡힌 바 되어 벌금 백여 원을 물었다고 한다. 무릇 백성이 죄가 있어서 조사하여 다스리게 되면, 의원(議員)이 있고 재판이 있으며, 형벌을 사용하여 심문하지 않는다. 양조(兩造; 원고, 피고)가 마주 앉아서 극도로 변설을 늘어 놓는다.[94]

그런데 이렇게 서구식으로 따르니 "유죄인 자일지라도 허물을 아름답게 꾸미고 잘못을 옳게 꾸미어 말로 능히 잘 변론하면 무죄가 될 수 있다."고 단점도 지적하였다. 또한 "죽은 죄를 범한 자일지라도 사형은 드물고 오직 유기징역, 무기징역이 있다."고 하여 정형이 제대로 갖춰지지 못한 것을 우려했다. 즉, 필자는 지나치게 서구적인 것을 따르니 형벌조차 가지런하지 못하다는 것이다.

징역형에 대해서도 "죄 있는 자라도 곤장형(杖刑)이나 사형(刑殺)에 처하는 법은 없고, 다만 징역에 처하여 붉은 옷을 입고 국역에 종사하게 한다. 하루에 10전씩 즉, 우리돈 한냥의 임금을 주되, 10전 내에서 매일 식비를 제하고 나머지는 관에 바친다."고 했다. 마치 징역살이하는 모습인 듯한데, 출소할 때 그간 번 돈을 내어 준다고 하고, 재범을 저지르면 그 돈은 가족이나 친척에게로 넘긴다고도 했다.[95]

2) 근대화로 일본이 가난해졌다 하고 싶으나 우리도 배워야 산다: 신사유람단 이야기

(1) 일본이 너무 서구화해서 곤란해지고 있다: 박정양 등 복명

① 엄세영, 조준영: 일본인은 너무 서구화하려 해서 가난해졌다.

조사시찰단은 1881년 2월부터 7월까지 일본에 파견되었던 문물시찰단이었다. 여기에는 12명의 조사와 수행원인 수원 2명, 통역관 1명, 하인 1명으로

---

94) 박대양 저, 남만성 역, 『東槎漫錄』, 일기(日記), 1885년(고종 22년), 2월 9일.
95) 박대양, 『동사기속(東槎記俗)』.

한 반을 5명으로 편성하여 총 12개 반으로 모두 60여 명으로 구성하였다고 한다. 조사는 조준영(趙準永)·박정양(朴定陽)·엄세영(嚴世永)·강문형(姜文馨)·조병직(趙秉稷)·민종묵(閔種默)·이헌영(李憲永)·심상학(沈相學)·홍영식(洪英植)·어윤중(魚允中)·이원회(李元會)·김용원(金鏞元) 등으로서 30~40대 인물이었다. 시찰 후 7월 말에 조선으로 돌아왔고, 7월 말과 8월 초에 각각 고종에 복명하였다.

먼저, 조준영과 박정양의 복명을 보자. 두 사람은 일본이 너무 교묘한 것만 취하려 해서 재화가 고갈되고, 각국에 빚을 져서, 장차 크게 고초를 당할 것이며, 가져온 것도 그다지 효용성이 높지 않을 것이라고 보고하였다.

> 조준영: 좋지 못한 것은 버리고 좋은 것만을 취하지 못하고, 서양의 법도를 거의 다 취하였으므로 오늘날의 일본은 국토와 인민 이외에는 옛것이라곤 하나도 없습니다.
> 박정양: 외양으로 보아서는 자못 부강한 것 같고 국토는 좁지 않으며, 군병은 굳세고 궁실, 기계는 눈을 어지럽게 하였으나, 자세히 보면 실제는 그렇지 않습니다. 일단 서양과 통하게 된 이후, 그들은 다만 다투어 교묘함만을 도모하여 재화(財貨)가 고갈됨을 생각지 않고, 기계를 설비할 때마다 각국에 빚을 져 그 액수가 아주 많은데, 그 기계에서 나는 이득을 그 빚의 이자와 비교하면, 아마도 이득이 이자보다 적을 것입니다.[96]

이어서 엄세영은 하루아침에 모든 옛 법을 다 버리고 새 법으로 바꾸려고 하나 정작 제대로 이뤄진 것이 없다고 하면서 너무 서구화하려 해서 모든 것이 불협화음을 이루고 정교하게 이행되지 않고 있다고 하였다.

> (일본인은) 법률을 가지고 말한다면 옛 법전(法典)은 다 버리고, 반드시 바꾸려 합니다....(중략)...잘게 분별하고 세밀히 구별하여, 그 조항은 극히 번잡합니다. 결국은 고문

---

96) 이헌영, 『日槎集略』,(천) 『해행총재』XI, 민족문화추진회, 1977.

을 폐지하고, 징역 제도를 행한다는 것이 그 요지(要旨)가 되어 있습니다...(중략)...그들은 서양 사람의 역법을 따릅니다. 서양 나라들과 통하게 된 후에는, 좋고 나쁜 것을 막론하고 다 그 법도를 배워, 도량형의 법도도 옛것을 다 버립니다. 오랜 뒤에 뉘우쳐 백성 중에는 한탄하는 자가 있고, 의복을 변경한 일에는 특히 식자들의 탄식이 큽니다.[97]

일본인들은 너무 새것만 다투어 받아들이다가 전통을 너무 버렸고, 결국 국민적인 저항에 직면했다는 것이다. 그가 역법의 변화를 문제삼은 것도 결국 중국식 역법 체계에서 벗어나면서 복마전은 더욱 심화되었다는 것을 보이고자 함이었다.

② 박정양과 이헌영: 일본에서 배워야 할 뭔가가 있기는 있는 듯합니다.

그럼에도 조사들은 일본에서 부국강병이 강력히 추진되고 있고, 급속한 발전이 있다는 사실에 공감하였다. 특히 박정양은 일본이 무분별하게 서양 제도를 받아들이면서 그런 낭비와 무절제 속에서도 겉으로나마 점차 부강한 모습을 보이기 시작했다고 솔직하게 보고하였다.

> 박정양: 서양 사람들에게 모욕을 당하여도 감히 기를 펴지 못한 채 오직 서양의 제도를 따라, 위로는 정법(政法)과 풍속으로부터 아래는 의복·음식의 예절까지가 바뀌지 않은 것이 없습니다. 그러므로 민간이 하는 말을 들을 때마다 혹 '범을 타고는 가지만 내리기가 어렵다.'는 것을 비유하는 것이었습니다. 이로 미루어 보면 그 나라의 속은 외양에는 미치지 못하는 것 같습니다. 그 외양의 부강은 오늘날에서만 그런 것이 아닙니다. 옛날에도 그랬습니다.[98]

앞서 엄세영이 한심한 작태로 나라를 거덜 내고 있다고 했다. 하지만 박정양은 조사들의 일반적인 이해인 일본이 너무 서양화하여 여러모로 어려움이

---

97) 이헌영, 『日槎集略』,(천)『해행총재』XI, 민족문화추진회, 1977.
98) 이헌영, 『日槎集略』,(천)『해행총재』XI, 민족문화추진회, 1977.

크다고 진단하면서도 그래도 겉으로는 부강의 기운이 보인다는 것을 고종에게 알리고자 하였다. 정치적 후폭풍을 걱정해서 일본이 실질적으로 풍요롭지 않다는 사실을 전제하면서도 자신들이 봤던 일본의 풍요와 번영에 대해서도 조심스럽게 진언함으로써 개화의 필요성을 강조하려는 의도로 보인다.

이러한 태도는 자신들의 부족함을 겸양하는 대목에서도 나오는데, 일본시찰에서 보았던 일본의 엄청난 변화상에 대해서 솔직하게 고백하지 못한다는 말을 이것으로 대신한 것이었다.

> 이헌영: 저 나라를 정탐하고 형편을 엿봄에 부족했고, 지혜는 세상일을 잘 알고 이치에 통달하기에 부족하였습니다. 더구나 저 나라 말에 통하지 못하여 타인의 입을 빌렸으므로, 말을 교환할 때마다 모호함을 한탄했고, 글자 또한 어려워 타인이 대신 풀어 베끼어 억지로 이해를 하여, 역시 의심이 되어 마음에 현혹되었습니다. 그래서 비록 널리 많은 의견을 얻으려 했으나 그 속내를 깊이 살피지 못했습니다.[99]
>
> 박정양: 신은 명을 받고 난 뒤에 저 나라에 건너가, 일심으로 걱정하며, 비록 마음을 다하여 일을 살피려 했었으나, 말이 통하지 못한 데다가, 그 성(省)의 장정이나 규칙을 약간 얻어 본 것들도 다 그 나라 문자인 '이로하[伊呂波: 일본어 알파벳]'를 섞어 써서, 해독할 수가 없어 혹은 그 나라 사람을 시켜서 번역하여 베끼게 해서 참고했고, 또 혹은 그 나라의 통역을 데리고서, 그 성의 관리와 문답했습니다. 그리하여, 비록 다소 자료를 주워 모았으나, 그중에는 반드시 잘못된 것이 많을 것이기에 다만 몹시 황송할 따름입니다.[100]

일본 어문을 잘 몰라서 일본의 실정을 제대로 파악할 수없었다는 말인데, 일면 이 말은 해야 할 말이 많지만 제대로 다 표현할 수 없다는 것이기도 했다.

이렇게 숨죽이면서 말을 가리는 속에도 조준영은 용감하게도 신료들의 도덕주의 세계관에다 심각한 한마디를 던졌다.

---

99) 이헌영, 『日槎集略』,(천- 별단)『해행총재』XI, 민족문화추진회, 1977.
100) 이헌영, 『日槎集略』,(천- 별단)『해행총재』XI, 민족문화추진회, 1977.

조준영: 신들을 대하는 예절은 비록 매우 정답고 친절하였었지마는, 신들을 대하는 그 한 가지 일만 가지고서 어찌 저 나라의 속을 알 수가 있겠습니까? 대체로 근일에, 각국은 오직 국세의 강약으로써 서로 비교하므로 인의(仁義)로써 이렇다 저렇다 탓할 수 없습니다. 설사 호의를 가졌다가도, 만약 그 약한 것을 보면, 오히려 악의를 내고, 설사 악의를 가졌다가도 만일 강한 것을 보면 반드시 수호(修好)하자고 덤빕니다. 그러니 이제까지의 형편으로는 우선 스스로 강하게 함에 힘쓸 따름입니다.[101]

당대 성리학적 세계를 가진 신료들에게 이 말은 거의 탄핵감이었다. 엄청난 위험부담을 가진 발언이었고, 중요한 메시지였으나, 의례에만 길이 든 고종이었던지 더 이상의 논의를 이어가지 못한 채 복명은 끝나고 만다. 이처럼 핵심을 전하는데 너무나 주저하는 조사들의 '돌려 말하기'와 아는지 모르는지 동문서답하는 고종의 딴전이 귀한 돈 뿌리며 배워온 소중한 경험들을 산산조각내고 실전에 쓰이지 못하게 하였다.

(2) 통상장정 개정은 못 했으나 걱정할 것 없다: 홍영식 등의 복명

박정양 일행이 복명한 다음 날 홍영식과 민종묵도 복명하였다. 고종은 이들과 만나서 "일본은 제도가 굉장하고 정치가 부강하다 하는데 참으로 그러한가?"를 물었다. 이 점에서 어제 박정양으로부터 '일본은 강했고, 더 이상 인의로서 대우하기 어려운 국제 사정이 있다.'는 보고를 들은 고종의 고뇌가 드러난다.

홍영식: 재정으로 말하면 시작하는 일이 번다하여 늘 모자람을 걱정하며, 그 군정으로 말하면 강하지 않은 것은 아니나 다 밤낮으로 부지런히 한마음으로 힘을 합한 데에서 이루어진 것이니, 그 한 일로 그 나타난 것을 보면 참으로 어려운 일이 아닙니다.[102]

---

101) 이헌영, 『日槎集略』,(천- 별단) 『해행총재』 XI, 민족문화추진회, 1977.)

이에 고종은 일본인들이 "조선, 중국, 일본이 서로 연합하면 열강의 침투를 막을 수 있다."라는 『조선책략』의 내용을 사례로 들면서 이에 대한 평가를 물었다. 그러자 홍영식은 '일본인은 늘 그렇게 주장하고 있다.'고 하면서, 그렇게 말하는 것은 조선에 대한 우의와 더불어 '사세(事勢)가 그런 상황이기 때문'이라고 하였다. 홍영식도 『조선책략』의 취지가 조선이 당면한 현실적 방략임을 믿고 있었던 것이다.

> 민종묵: 일본을 중국과 견줄 수는 없으나, 인물이 많고 땅이 큰 중국으로서도 서양 사람에게 손해를 입는 것이 없지 않으니 강하다고 할 수 없습니다. 비록 작은 일본으로서도 바야흐로 부강할 방법을 힘써 확대하려고 하니 약하다고 할 수 없습니다.[103]

홍영식과 마찬가지로, 민종묵은 일본이 바야흐로 부강해지는 중이라고 답하였다. 전날 조준영 등이 일본이 재정난에 처하여 백성이 고난을 받고 있다는 분위기와는 전혀 다른 '일본=부강론'을 주창한 것이었다. 같은 조사들이라도 정치적 후폭풍을 우려하여 설명방식이 달랐지만, '현재 일본은 부강 중'이라는 생각은 한결같았다.

제1차 복명에서도 고종은 여전히 무관세 무역인 상황을 해결하는 길에 관심을 보였다.

> 이헌영: 우리나라는 이웃 나라와의 우호 관계를 다시 닦았으나, 아직껏 저 나라의 사정을 잘 알지 못하고, 무역의 길을 이미 텄으면서도, 아직껏 양쪽 항구간 세칙(稅則)을 정하지 못하고 있습니다. 그러므로 특별히 이번에 두루 의견을 물어

---

102) 『승정원일기』 고종 18년 신사(1881) 9월 1일(경인) 정연탁 (역) <승정원일기>, 1998, 한국고전번역원 자료를 활용함.
103) 『승정원일기』 고종 18년 신사(1881) 9월 1일(경인)(정연탁 (역) <승정원일기>, 1998, 한국고전번역원 자료를 활용함).

서 듣고 본 것을 기록하여 수교에 도움이 있기를 기대하신 것입니다.[104]

그러면서 무관세 무역 해결(수입세 100분의 10을 징수하는 일)을 위한 「통상장정」 개정 사정에 대해서 물었다.

> 민종묵: 세무의 이해로 말하면, 일본이 무오년(1858)에 세를 정한 것이 도리어 합당한데 갑자년(1864)에 이르러 영국인과 프랑스인에게 협박당하여 값에 따라 세액을 정하되 모두 100분의 5를 징수하기로 하여 이제까지 18년 동안 행하여왔으므로 크게 손해를 입었습니다. 일본만 그런 것이 아니라 중국도 그렇습니다. 100분의 5를 징수할 것도 있고 100분의 10을 징수할 것도 있으며 100분의 20이나 30까지도 징수할 것이 있으니, 그 경중을 가려야 하고 100분의 10을 징수하는 것만을 기준 삼을 수 없습니다.[105]

하지만 민종묵은 세율에 대한 것만 장황하게 말할 뿐이고 성과에 대해선 동문서답만하였다. 장황하지만 그 뜻은 일본이 영국이나 프랑스에 5/100밖에 받지 못하는 상황이라서 10/100을 받는 문제를 일본에 강요하기 어려웠다는 변명이었다.

이어서 고종은 일본의 홍삼과 미곡 수출 금지령에 대해서도 물었다. 이에 대해 일본과 잘 협상을 했다고 하면서, 이번 협상으로 「미곡수출금지령」이 해제되어 조선 쌀이 쉽게 일본으로 가게 되었다고 하면서, 수출세를 매기든, 면세를 하든 해야 한다고 보고하였다.

> 민종묵: 미곡은 당초에 일본이 각국에 수출하는 것을 금지하였으나 마침내 금지하지 못하고 연내로 금령을 푼 것은 대개 이 때문입니다. 각국이 다 그렇듯 미곡은 인명에 소중한 것으로 면세류에 들어갑니다. 그러나 우리나라에서 가장 많은 나가는 것이 미곡일 뿐입니다. 관세를 중과하든지 금지하든지 두 가지 중

---

104) 이헌영, 『日槎集略』,(천- 별단)『해행총재』XI, 민족문화추진회, 1977.
105) 이헌영, 『日槎集略』,(천- 별단)『해행총재』XI, 민족문화추진회, 1977.

에서 취사해야 하나, 금지하는 것보다는 관세를 중과하는 것이 낫습니다.[106]

그러면서 민종묵은 우리가 일본으로 홍삼수출을 금지하려 하였으나 '근래 일본인들이 우리나라에서 나는 것을 귀하게 여기지 않아서 매매가 별로 없으므로 굳이 홍삼 수출을 금할 필요가 없다.'고 주장하였다. 이는 일본인의 수요가 그다지 많지 않기 때문이라고 했다.

그런데 일본은 '1년 동안 각국에 매출하는 것이 거의 1만여 근이나 된다.'고 하여 중국이나 각국에 직접 홍삼을 수출하는 사정도 알렸다. 일본은 홍삼마저도 자체 개발하여 중국 시장을 확보하는 판국에, 조선조정은 오히려 일본인에게 쓸모없으니 굳이 홍삼 수출을 왜하느냐 하는 홍삼금지안을 놓고 고민하는 형편이었다. 너무나 시세에 어둡고, 시장을 이해하지 못하는 모습이다.

(3) 일본은 근대화하느라 가난해졌다: **어윤중의 복명**

다른 암행어사와 달리 어윤중은 중국 상하이에서 중국의 사정을 보고 나서 귀국했기에 3개월이나 늦은 1881년 12월 14일에 와서야 고종에게 복명하였다. 고종은 9월 1일까지 일본에서 온 조사들의 이야기는 들었지만, 중국과 일본을 동시에 갔다 온 어윤중에게는 일본과 중국을 비교하는 문제가 중요하였다. 첫 질문은 역시 일본의 부강 여부였다.

> 온 나라가 모두 부강에 힘쓰고 있지만, 메이지 유신 초기에 너무 재력을 낭비하여 국채가 무릇 3억 5천만이나 되어 한해 세입의 절반에 달한다고 합니다. 그래서 나라의 골칫거리가 되고 있습니다.[107]

---

106)『승정원일기』, 1881년(고종 18년) 9월 1일.
107)「동래암행어사 어윤중의 복명」,『從政年表』(卷2), 1881년 12월 14일(『한국사료총서』제6집, 122쪽.)

어윤중도 다른 조사처럼 '개화=파탄'이라는 구도에서 일본의 현세를 보고하였다. 이어서 또 일본의 침략 야욕을 물었다. 어윤중의 대답은 무척 추상적이었다.

> 일본은 일찍이 우리나라를 적국으로 보았는데, 서양인과 통호(通好)한 이래 우리나라를 이웃나라로 보니, 그들이 어떤 속셈인지 여부는 전적으로 우리에게는 달렸지, 저들에게 있지 아니합니다. 우리가 부강할 길을 찾아 노력한다면 그들이 감히 다른 뜻을 품을 수 없을 것입니다. 만약 그들은 강해지고, 우린 약해지면 다른 속셈이 없더라도 지킬 수 없으니, 일본이 부강한 것은 결코 우리에게 복은 아닙니다.[108]

사이고 다카모리의 정한론 이후에도 후쿠자와 유기치 등 자유민권파 등이 주장하는 정한론이 지속적으로 일본 조야에서 유포되고 있었고, 이런 사조가 일본의 조선침략을 촉진한 사실을 전혀 모르고 있었다. 그저 어윤중은 우리가 부강하면 일본이 속셈이 있어도 어쩔 수 없을 것이고, 만약 힘이 없으면 없던 야욕도 나오니 부강해야 한다는 논리였다. '힘만이 살길'이라는 인식이고, 당시 일본 국내의 동향을 제대로 보지 못한 듯 실질적이고 심도있는 분석 흔적은 보이지 않았다.

(4) 우리는 자주적 해관을 꿈꾼다: 이헌영의 『일사집략(日槎集略)』

① 일본의 서구화: 전통을 버리고 새것만 취하다 국빈(國貧)·민피(民疲)해졌다.

늘상 그렇듯이 이헌영[109]은 『일사집략(日槎集略)』[110]에서 일본의 부국

---

108) 「동래암행어사 어윤중의 복명」, 상동, 1881년 12월 14일.
109) 이헌영은 본관이 전주이고, 자는 경도(景度)이며, 호는 동련(東蓮)이다. 헌종 3년 (1837)에 태어난 그는 고종 4년(1867)에 진사과에 붙고, 고종 7년에는 문과에 급제했다. 이후 홍문관·사헌부에서 여러 벼슬을 했고, 공조 및 형조 판서·내부 대신·평안남도 관찰사·봉상시 제조·찬정·경상북도 관찰사·경효전제조 등을

강병에 대해 설명하였다. 필자는 당시 일본이 추진하는 여러 가지 부국강병을 위한 노력과 그 필요성에 대해서 공감하고 있다. 하지만 문제는 재정적자였다. '매년 경비가 급증하여 국내외 공채 발행이 증가하고 공채가 쌓여서 당시 3억 6,331만 7,970원에 달하였고, 물가가 앙등하고, 외국상품 수입이 쉬워져서 금은보화가 서양인들에게 옮겨 간다.'고 했다.[111]

이런 수치는 일본이 과도한 부국강병과 서구화로 인해 국가와 백성이 피폐해졌다는 것을 증명할 때 자주 활용되었다. 그러면서 '오늘날 일본 국세는 모든 것을 외국을 모방했고, 그래서 일면 부강하기는 하나 자주적으로 진행된 것이 아니라서 속으로는 어려움을 겪고 있다.'는 평가를 내렸다. 또한 일본이 관세를 5%로 고정한 것은 주권이 미약하여 각국으로부터 무시당한 결과라는 것이다. 이런 굴종적 국정운영이 결국에 가서 일본의 발전을 가로막을 것이라는 주장이다.

> 일본이 각국과 통상조약을 맺음에 이미 외세의 핍박을 받은 데다가 내란이 일어날 조짐이 있고 하여, 자국의 주권을 내세울 수가 없어, 각국으로부터 무시당하고 기만당한 결과 오로지 각국이 정한 규칙을 따랐기 때문이다. 애당초 그 세율이 균일할 수 없는데, 뒤에 비록 그 세율을 개정하려 한들, 후일 개정이 쉽지 못한 것은 처음에 바로 정하는 것보다도 더 어려움을 어찌하랴.[112]

역임하고, 융희 4년(1910)에 죽었다. 시호는 문정(文貞)이다.
110) 『일사집략(日槎集略)』은 1881년에 일본에 파견되었던 소위 조사시찰단(신사유람단) 일원인 이헌영이 자기가 맡은 분야의 실정을 조사한 결과와 기타 문견(聞見)을 기록한 글이다. 천(天)·지(地)·인(人)의 3편으로 구성되었다. 천편에는 그가 동래 암행어사에 임명되었을 때에 받은 봉서(封書)와 출발에서 귀국까지의 경로의 보고문 그리고 일본 사정을 듣고 보고하여 쓴 문견록, 일본 세관의 대략을 소개한 『해관총론(海關總論)』 및 돌아와서 박정양·조준영·엄세영·강문형·이헌영·심상학 등과 공동으로 왕에게 복명한 내용 등이 들어 있다. 지편은 떠난 날에서 돌아온 날까지의 일기(日記)이고, 인편은 여러 사람을 만나 문답해서 기록한 문답록이다.(한국고전번역원 해제)
111) 『일사집략(日槎集略)』 문견록.

당시 일본은 (A)처럼 '황당한 서양산 물품 수입이 너무 많고, 일본산 수출품은 차와 실 등은 무척 적으니 무역역조가 심화되어 금은(金銀)이 외국으로 많이 빠져 나가서 결국 재정이 곤란해졌다.'고 하면서 자유무역보다는 강력한 보호무역이 필요하다고 하였다.

(A) 오늘날 일본 세관을 통과하는 각국 수입품은 이상한 형상과 교묘히 꾸민 허다한 것들이 날로 폭주하나, 본국의 수출품은 차와 실 등의 몇 가지 물건뿐이고, 언제나 그 수량이 적어 보잘 것 없으며, 수출입을 보면, 수입은 무역 전체 10분의 6~7이 된다. 그러므로 본국의 금 · 은이 다 각국으로 나가고 있다.[113]

(B) 조약을 맺었을 때 '우선 쌀수출은 금지'한다고 했으나 조약에 확실하게 하지 못했다. 그러므로 곧 금지를 풀고는 다른 것과 같이 마음대로 수출하게 내버려 두었다. 비록 풍년 · 흉년에 따라 서로 돕겠다고 했지만, 서양 각국은 경농(耕農)종사자가 적고, 미곡 생산이 적으니 아마도 서로 도울 수는 없다. 더구나 이것은 국가 경제와 국민 생명의 큰 관건이다. 다른 물품의 수출을 허락하는 것과는 비할 바가 아닌데, 이것은 각국으로부터 핍박을 받아 자주성이 없게 된 소치이다.[114]

아울러 (B)처럼 농업에서도 일본은 '쌀무역 방임'을 유지하면서 농업 위기를 초래했다고 생각했다. 그러면서 국가경제와 국민생명과 관계된 것은 철저하게 자주적으로 관리하면서 교역해야 한다고 하였다. 아마도 이는 조선에서 각종 곡물이 무차별적으로 반출되는 점을 이미 알았던 필자가 일본도 그런 모순에 빠져서 제대로 자국의 농업을 보호하지 못하고 있다는 사실을 지적한 것이다.

이처럼 이헌영은 당시 일본경제는 서구로부터 무시되고 스스로 자주적 결정권을 포기해버려서 국부의 유출을 막지 못하고, 국빈(國貧)·민피(民疲)한

---

112) 『일사집략(日槎集略)』 해관총론.
113) 『일사집략(日槎集略)』 해관총론.
114) 『일사집략(日槎集略)』 해관총론.

상황으로 나가는 상황이라 진단하였다. 그러므로 앞으로 일본의 무역 정책은 '자주적으로 결정하는 권리를 잃지 않는 것에서' 찾아야 한다고 하였다.

이처럼 조사시찰단은 일본의 서구화는 곧 엄청난 국부(國富) 유출이나 백성의 재화 낭비를 초래하여 본래의 부국강병 취지와는 달리 가난한 나라로 혹은 자주적인 결정을 할 수 없는 무시당할 수밖에 없는 나라로 전락하게 한다고 판단하였다. 특히 필자는 일본이 옛날 서구와 통하지 않을 때는 나라가 부하고 병력도 강하고, 집집마다 넉넉하고 사람마다 풍족하였다고 하고, 그러나 갑자기 옛것을 버리고 모두 새것을 따르고, 하나같이 양옥에 살고, 서양 말을 하니 나라 걱정이 커졌다는 것이다.

> 당초에 척양(斥攘)을 하여 그릇됨과 올바름의 분별을 엄하게 했어야 하는데, 지금 와서 서양 오랑캐에게 복종하게 되었으니 풍속의 변화가 이 지경에 이르도록 쉽단 말인가...(중략)...그것이 비록 장래에 이익이 될 것이라 생각하지만 꼭 그렇다고 할 수 없다.[115]

따라서 개화를 하더라도 그들의 이용후생의 방법이나 부국강병의 기술을 본받을 것에 그쳐야 할 것이며, 판단이 없이 서양을 몽땅 모방하여 모든 것을 바꾸려 한다면 장래에 그 어떤 이익도 기대할 수 없으며, 이미 현실에서도 그 손해가 막심하다는 것이다. 조사시찰단원이면서도 서구 모방에 따른 피폐와 전통의 망실이 주는 비극을 일깨우려는 태도가 선명하다.

② **공부성에서 가장 인상적인 것은 전기(電氣)였고, 박물관은 여전히 황당하다.**
앞서 김기수가 수신사로 왔을 때처럼 전신(電信)에 대해 유난히 흥미를 보였다. 유학자가 근대적 전신에 긍정적인 마인드를 가진 것은 오히려 전신이 주는 빠른 소통에 대한 기대감으로, 유교적 교화나 전달에 용이한 기술로서

---

115) 『일사집략(日槎集略)』 문견록.

이해했기 때문이었다. 이에 필자는 전신을 " 대개 철사줄이 수천 리 바깥까지 이어 뻗어, 만약 서로 통할 일이 있으면 서양 글자 26자로 기계를 두드려서, 이쪽에서 쓰면 저쪽에서 응하여 천 리 밖이라도 시간 안에 서로 통하는 것"이라 설명하였다. 그러면서 전신의 원리를 기맥과 오행론에 입각하여 재해석하였다.

　　통하게 하는 것은 기(氣)의 끄는 힘이요, 끌게 하는 것은 약물의 작용이라고 한다. 대개 철선과 약물은 단반(丹礬)과 인화(燐火)의 화합으로 이루어진다. 단반은 빛이 푸르고 몸이 맑은 것으로 동(銅)이 변성(變成)한 것이며, 인화는 물에 의지해서 불을 내는 것으로 귀화(鬼火)의 변화이다. 전신의 제일기(第一機)로, 그 기계의 묘함은 형언하기 어렵다.[116]

　　한편, 가스국에서는 증기기관 즉, '매기(煤氣)의 기계'를 보았다. 기름도 초도 아닌 것으로 매기라는 연기가 전기를 발생하여 주위를 밝게 한다고 해석하였다. 그러면서 그런 전기를 사고파는 시장이 있다는 점에도 주목하였다.[117] 즉, 가스 저장통에다 가죽으로 만든 관을 주머니에 연결하여 주머니 가스통을 만들어 판다는 것이었다. 그런데 아직 이헌영은 왜 그렇게 되는지 고민은 없어 보였다. 왜 그렇게 되는 것은 중요하지 않았고, 오로지 그렇게 되어서 결과를 발생하는 것에 관심이 있었다.

　　1876년 김기수도 박물관을 방문하면서 ① 온갖 물품이나 동식물 등은 결국 나에게 보여주기 위한 일본 측의 모략이다. ② 박제하고 온갖 것을 전시한 것은 경박한 처사로 ③ 우리에 집어넣고 완상하게 하는 것은 우리나라에서도 그러하다는 경쟁심 ④ 한쪽 귀퉁이에 허접한 우리나라 문화재를 전시한 것을 보고는 '참 한심한 보여주기'라고 보았다.

　　그런데 이헌영 단계에서는 그건 질시나 무시의 시선에서 어느정도 벗어나

---

116) 『일사집략(日槎集略)』 지(地) 1881년 5월 13일.
117) 『일사집략(日槎集略)』 지(地) 1881년 6월 13일.

일본문화에 대한 새로운 해석을 도모하는 모습이 엿보인다. 예를 들어 박물관에서 가장 눈여겨 보았던 것이 '해와 달과 지구가 하늘에서 운행하는 기구'였다. '혼천의 정도로는 비교 안 되니 내 좁은 생각에는 도리어 황당무계한 듯하다.'고 하였는데,[118] 이전 김기수는 '내 관점에서는 황당하고 무시할 만한 잡스런 것'이지만 이헌영은 '내가 부족해서 알 수 없는' 정도로 시선이 순화된 것은 분명하다.

2. 인민의 자유를 주는 나라치고 흥하지 않는 나라는 없다:
미국과 만난 사절과 '동경(憧憬)'의 파레시아

(1) 조금씩 배울 것만 배우자, 급하지 않게⋯: 박정양의 복명(1889)

① 미국의 도움이 절박하다

박정양[119]은 1887년 협판내무부사를 거쳐 주미전권공사에 임명되었고, 그 해 말 미국 클리블랜드(Cleveland, S. G.) 대통령에게 신임장을 제정한 다

---

118) "교육 박물관에 갔더니⋯(중략)⋯해와 달과 지구가 하늘에서 운행하는 기구가 가장 볼 만하였다. 그러나 이것은 혼천의(璇璣玉衡) 같은 것과 일률적으로 비교될 수 없으므로 나의 좁은 견해는 도리어 황당무계한 것 같았다."(『일사집략(日槎集略)』지(地) 1881년 5월 14일.)

119) 박정양(1841년~1905)의 호는 죽천(竹泉)이다. 1866년 별시 문과에 병과로 급제했고, 1881년 조사시찰단 일원으로 일본에 파견되었다. 1883년 이후 기기국총판·협판군국사무·협판교섭통상사무 등 개화 업무도 맡았다. 1887년에는 협판내무부사, 주미전권공사에 임명되었고, 그해 말 청의 방해를 무릅쓰고 미국 대통령 클리블랜드(Cleveland, S. G.)에게 신임장을 제정하였다. 청의 간섭으로 귀국해 1892년 전환국관리, 1894년 호조판서·교정청당상·한성부판윤을 지내고, 갑오개혁으로 군국기무처가 신설되자 회의원이 되었다. 제2차 김홍집 내각의 학무대신, 이어서 1895년 내각총리대신이 되어 을미개혁을 추진하였다. 제3차 김홍집 내각에서는 내부대신이 되었다. 아관파천으로 김홍집이 살해되자 내부대신으로 있으면서 총리대신서리와 궁내부대신서리를 겸임하였다. 1898년 독립협회가 주최하는 만민공동회에도 참석하였다(나무위키).

<그림 5> 박정양
(출전: 국민일보)

음 청나라의 방해로 귀국한 후 고종에 활동결과를 복명하였다(1888.1.1.~11.27). 당시 고종은 흥복전(興福殿)에서 복명을 받았고, 미국대통령과의 접견에 대해서 물었다.

박정양은 미국을 민주국이라고 불렀다. 이에 '민주국의 사신 접대는 매우 간략하고, 시립하지 않으나 일본은 민주국이 아니라서 좌우에 시립(侍立)하였다.'고 비교하였고, 고종이 왜 미국의 전권공사가 오지 않는지에 대해서 물으니 뜻밖에도 '민주국이라서'가 답이었다.

미국은 전적으로 내수(內修)를 우선하고 외교를 다음으로 여기기 때문에 사신이 받는 봉급이 서양 각국에 비해 적어서 혹 원하지 않는 사람도 있습니다. 이는 민주국이기 때문에 사람들이 각기 자유롭게 할 권리가 있으므로 정부에서 강요하지 못합니다.[120]

'민주국'이므로 신속하게 일이 처리되지 못한다는 것이다. 민주국이라 예의도 없을 뿐 아니라 국가의 일도 제멋대로 거부하는 등 비효율이 크기 때문이라고 비판한 것이다. 과연 이 비판은 진심이었을까. 필자는. 일찍이 알링턴 국립묘지에서 가서 워싱턴의 민주주의적 태도를 높이 추모했던 인물이었다. 그런 그가 민주국의 비효율을 비판함으로써 고종 앞에서는 왕의 불안을 안심시키는데도 주저하지 않았다.

복명 자리에서 고종은 또한번 미국이 부강한지 그 여부를 물었다. 일본도 그렇고, 청국도 그렇고 고종의 관심은 늘 그 나라의 부강 여부였다. 그러자 박정양은 미국의 부는 금은 만큼이나 내실있는 국가운영 태도에서도 비롯된다고 주장했다. 특히 흑자재정을 유지하는데 큰 관심을 피력했다.

120) 『승정원일기』, 고종 26년 기축(1889) 7월 24일(무진) 맑음

미국의 부강함은 금·은의 넉넉함이나 병갑(兵甲)의 정예로움뿐만 아니라 안으로 힘을 다해 실질(實質)을 닦는 데 있습니다. 재정으로 말하자면 항세가 최고이고 다음은 담배와 술이고 다음은 지조(地租)이고, 그 밖의 각종 잡세도 적지 않다고 합니다. 연간 세입은 거의 3억 7,140여만 원이고, 세출은 2억 6,790여만 원으로 남는 것이 거의 4분의 1입니다. 각항(各港)의 입구에서 세금을 줄이자는 논의가 있습니다만, 혹자가 '만약 세금을 줄이면 타국의 물화인 주단(紬緞)과 기용(器用) 등의 수입이 날로 증가하고 가격이 하락하여 백성들이 무역길 좋아하면 스스로 만들려고 하지 않아 사람들은 저절로 게을러지고 나라는 가난해질 것.'이라는 논리를 들어 세금감면 문제를 시행하지 않았습니다. 이로서 부요해진 이유를 알 만하고, 재물을 넉넉하게 하는 방도도 알 수 있습니다.[121]

기본적으로 필자는 조세는 걷어서 쓰고 남으면 다시 백성에게 돌리는 방식의 재정정책이 훌륭한 재정정책으로 여기고 있다. 미국의 부강은 종래 조선에서 추구하던 전통적인 재정운용과 유사한 방식으로 이뤄진 것이라고 진단하였다. 이것으로 볼 때 아직 박정양은 부강의 근본을 여전히 종래의 '도덕경제론적 관점'에서 이해하고 있다는 사실을 보여준다.

한편, 고종은 5% 수입세율에 대해 물었다. 세관 수입이 국가재정에 상당한 비중을 차지하는 현실에서 미국의 정책을 물었다. 이에 대해 박정양은 미국이 수입세를 강화하여 백성들에게는 제조업을 장려하고, 세금을 감면하고 사치품은 엄금하여 자국의 사업을 보호하는 이른바 보호무역제도를 채택하고 있다고 했다.

미국의 항세(港稅)는 출구(出口)에서는 가볍게 하여 백성들이 제조업에 부지런하도록 권장하고, 입구(入口)에서는 무겁게 하여 외화(外貨)가 백성들의 재물을 거두어 가는 것을 억제하고 있습니다. 물품에 따라 백성들을 이롭게 하는 것은 세금을 가볍게 하여 장려하고 백성들을 해롭게 하는 것은 세금을 무겁게 하여 억제시킵니다. 주단(紬緞), 담배, 술 등의 세금은 본 가격을 넘는 서기도 합니다. 타국에서 처음 도착하는 상민은 왕왕 본품(本品)만큼의 돈으로 세금을 감당하기도 한다고 합니다.[122]

---

121) 『승정원일기』, 고종 26년 기축(1889) 7월 24일(무진) 맑음

박정양은 미국뿐만 아니라 영국도 그런 관점에서 현재도 절용(節用)이 부강의 근본이라고 여겼다.

> 영국은 땅이 좁고 인구는 많아 전적으로 무역에 의존하기 때문에 저절로 상업자가 많으니 형세 상 그러합니다. 대저 그 나라 재용(財用)이 이처럼 끝없이 생산되는데도 오히려 절용하여 낭비하지 않기 때문에 날로 풍요해져서 여러 나라 중 최고가 되었습니다. 그 부요해진 요점은 전적으로 절용에 있고, 절용의 요점은 전적으로 규모에 있는데, 그 나라의 규모는 이미 주밀(周密)하기 때문에 하나의 정식(定式)이 있으면 사람들이 감히 어기지 못합니다.[123]

여기서 '각 업에 힘쓴다.'는 것은 생산력 측면을 넘어서 각 방면에서 국민의 의욕이 높다는 말이었다. 그런 점에서 재정확충이 부국이었지, 산업개발을 통한 세원 확대는 부차적인 사안이었다. 다시 말해서 그의 '사농공상근면론'은 부지런한 공무원의 역할, 사농공상이 각기 제 역할을 하는 것, 실업자가 적은 것 등으로 정리할 수 있다.

한편, 무역에서도 자유무역의 폐단에 깊이 공명하고 있으면 미국의 재정안정은 결국 세원발굴이나 산업생산의 증가가 아니라, '절용해서 낭비하지 않아서 재정이 풍요하고, 부요(富饒)해졌다는 것' 다시 말해 '부요의 요점이 전적으로 절용에 있다.'는 관점에 서 있었다. 여기서도 박정양의 '도덕경제론적 인식'이 드러난다. 이런 생각으로 인해, 미국의 부강을 보는 시각이 왜곡되었고, 조선의 개혁 방향도 산업생산의 획기적 증강이나 시장가격의 확대, 생산관계의 변화 등으로 돌려지지 않고, 절용과 금욕 등의 소비제한적 사고의 틀안에 갇힌 격이었다.

이렇듯 박정양의 복명에는 위민적 공무원, 분수에 맞는 행동을 하는 신분들, 균등한 경제분배 나아가 절용과 금욕 등 전통적인 관료들의 치국관(治國

---

122) 『승정원일기』, 고종 26년 기축(1889) 7월 24일(무진) 맑음
123) 『승정원일기』, 고종 26년 기축(1889) 7월 24일(무진) 맑음

觀)이 온존한 모습이었다. 순종적이고 부지런한 공무원 모습에서 진취적이고 창의적이고 개발적인 공무원 모습으로, 사농공상을 혁파하고 자산계급을 확장하여 식산흥업과 근대적 산업시설의 확장 등을 도모하려는 전략 등은 전혀 드러나지 않았다. 게다가 부강의 동력으로 '백성들의 인심이 순실하다는 점'을 들었다. 이렇듯 '순민(順民)' 또한 전통적으로 치(治)의 승패를 가름할 사회적 기반이었다.

② 미국의 상민은 각국을 자유롭게 방문하는가.

고종은. 미국에서 각국 상민들이 타국을 자유롭게 방문하는 문제를 물었다. 각국에서 민간인들이 자유롭게 교류될 때 보다 신속하게 서구의 문명과 접촉할 수 있게 되고, 개화 정책에도 많은 도움이 될 것이라는 태도로 보인다. 그러나 박정양은 미국은 '자유롭게 상민들이 왕래하도록 내버려 두는 나라가 아니다.'고 단언한다.

> 각국 상민이 우리나라의 외아문에 별 어려움 없이 왕래하는 것은 규모가 없어서 그러한 것이 아닙니다. 우리나라가 외교를 새로 시작하기 때문에 아문(衙門; 관청)을 창설하는 초기에 우연히 길을 열어 전례를 답습하게 된 것입니다. 미국은 상민만 그러한 것이 아니라 외부장관도 공연(公宴)이 아니면 각국 공사에 예사로 왕래하지 않고 공판(公辦) 사건이 아니면 역시 외부에 예사로 왕래하지 않습니다.[124]

그러자 고종은 '일본은 여러 나라와 왕래하여 좋은 법을 모방하고, 법률을 고치게 하여 일본을 부강하게 만들었다.'고 하면서 그 필요성을 강조했다. 그러자 박정양도 동의하였다.[125]

---

124)『승정원일기』, 고종 26년 기축(1889) 7월 24일(무진) 맑음
125) "박정양: 일본인은 각국에 왕래하며 모든 정치와 법률에 관하여, 나쁜 점은 버리고 좋은 점은 취하여 모방해서 행한 것이 많으므로 신이 신사년에 유람했을 때와 비교해 다시 볼 것이 많이 있습니다.『승정원일기』, 고종 26년 기축(1889) 7월 24

문제는 열국과의 상민 교류에 대해서 박정양이 부정적이었던 이유가 무엇인가 이다. 아마도 박정양은 지나치게 고종이 미국을 기대하고 의존하려 한다고 판단을 한 듯하다. 그래서 일본을 비교함으로써 그런 고종의 '미국 바라기'에 제동을 가하고자 한 모양이다. 이런 태도는 고종이 미국 군사력에 대해 물을 때 필자가 미온적으로 대답한 데서도 감지된다.

> 그 나라의 상비 육군은 3만 명에 불과하고 각 진대(鎭臺)에 나누어 주둔하고 있으며 현재 워싱턴에 있는 병사도 수삼 백 명을 넘지 않는다고 하니, 그 나라 수준으로 그 병사를 비교해 보면 그다지 많은 수가 아닙니다. 그리고 이 밖에 또 민병(民兵)이라 하는 것이 있는데, 국내 각 지방 각 촌려(村閭)마다 병학교(兵學校)가 있어서 백성들을 가르쳐 연습시켜 정부에서 군량미로 쓰는 것이 없이도 국난이 있을 때마다 천만의 정예로운 병사들이 즉시 모여들 수 있습니다. 이것이 이른바 백성의 일상생활 속에 병사를 준비해 둔다는 것이니, 대개 그 나라를 위하는 마음이 관리나 백성들이나 차이가 없기 때문입니다.[126]

박정양은 미국의 군사제도를 보니 어려울 때 조선을 도와줄 정규군은 얼마되지 않으며, 전적으로 지역 방어를 중심으로 하는 민병의 역할에 관심을 두는 것으로 파악했다. 무슨 여유가 있어서 조선을 돕겠느냐는 말이었다. 그러면서 민병에 친화적인 느낌을 더하는데, 이는 전통적으로 조선의 방비책에서 의병과 같은 지역 민병이 큰 역할을 했다는 점과 관련된다. 다시 말해, 미국의 민병제가 종래 조선의 병농일치나 지역 방어에 친화력이 높은 제도와 유사하다는 점에서 특별한 관심을 피력한 것은 아닐까 한다.

일(무진) 맑음
126) 『승정원일기』, 고종 26년 기축(1889) 7월 24일(무진) 맑음

(2) 권력을 세습하지 않은 워싱턴에게 깊은 경의를…:

박정양의 『미속습유』(1888)

① 민주정을 지킨 워싱턴에게 경의를 표하다.

박정양은 미국이 부강한 이유를 생각하면서 워싱턴의 역할을 높이 평가하였다. 특히 워싱턴이 "워싱턴은 시골집에서 돌아가 어머니를 봉양하며 욕심이 없이 깨끗하게 살면서 세상일에는 개입하지 않은채 유유자적(悠悠自適)하며 평생을 마치려고 마음먹었다."[127]고 하면서 권력의 세습이나 독점을 멀리한 자세를 높이 평가하였다.

그러다 대통령이 된 직후에는 대통령직을 세습하라는 청원이 있었는데, 그러자 워싱턴은 이렇게 화를 내었다고 한다.

> 하늘이 우리 국민을 내시면서 더러는 어진 사람도 있고 어리석은 사람도 있게 되었다.…(중략)…만약 세습해서 그가 어진지 아닌지 따지지 않고 직위를 맡기면 이는 하느님의 공심을 사사롭게 하는 것이다. 또 우리들이 오늘날 독립한 것은 영국왕의 학정 때문인데, 만약 왕위를 세습한다면 뒷날 또 영국 국왕처럼 학정을 펼치는 자가 없으리라는 것을 어찌 보장하겠는가?[128]

임기 말에도 다시 워싱턴에게 중임이라도 하라고 청원했지만 이 때에도 극구 사양했다는 것이다.

> 워싱턴은 "만약 그만두지 않으면 후세 사람 중에 반드시 나를 구실 삼아, 내가 연임한 전례를 따르는 것으로 시작해서 훗날 대통령을 세습하는 자리로 만들까 두렵다."고 하며 단호히 사임하고 고향으로 되돌아가서 한가롭고 편안하게 지냈다.[129]

---

127) 박정양 저, 한철호 역, 2018, 『美俗拾遺』, 푸른역사, 53쪽.
128) 박정양 저, 한철호 역, 2018, 『美俗拾遺』, 푸른역사, 54쪽.
129) 박정양 저, 한철호 역, 2018, 『美俗拾遺』, 푸른역사, 57쪽.

실제로 박정양은 워싱턴이 묻혀있는 알링턴 국립묘지를 직접 참배하여 워싱턴의 영웅적 행동에 경의를 표하기도 했다.

또한 미국 36개 주를 설명하면서 특별하게 지방정부인 주가 각각 선거제로 구성되는 점에 깊은 관심을 피력하였다.

주마다 각각 정·부통령과 각부 관리가 있는데 미국 정부와 똑같은 규칙으로 모두 국민이 선거한다. 군(郡)에도 통령이 있어 정부가 파견하며 그 아래 각 관리 역시 국민이 선거한다.[130]

박정양은 고종에게 복명할 때 선거제와 민주제에 관한 자세한 설명을 하지 않았다. 아마도 자신의 복심을 내비칠 수 없는 상황이었던 것일텐데, 그래도 자신의 문집 『미속습유』에서는 이런 워싱턴 이야기를 자세히 소개하였다.

당대 골수 개화파는 아니더라도 개화를 지지하는 온건 관료의 경우, 이렇듯 기존의 국왕과 기득권 계급(예를 들어 여흥 민씨, 전주 이씨 등) 앞에서 새로운 권력형태에 대한 해석을 내어 놓는 것은 목숨을 내놓는 일이었다. 그럼에도 개인적인 문필속에서 근대법에 대한 호기심을 드러내고 헌법에 관한 설명을 소개하여 헌정의 필요성을 생각하고 있었다. 필자는 미국의 삼권분립(三權分立)에 대해서 다음과 같이 설명하였다.

국헌(國憲)에는 3대 권이 있다. 첫 번째는 입법권으로 원로원과 민선원의 양원이 이를 관장한다. 두 번째는 행정권으로 대통령이 이를 관장한다. 세 번째는 사법권으로 재심원이 이를 관장한다. 각각 권한이 정해져 있어 입법원은 행정권과 사법권의 논의에 관여하지 못하며, 사법의 관리 역시 감히 함께 입법권과 행정권의 논의에 관여하지 못한다.[131]

---

130) 박정양 저, 한철호 역, 2018, 『美俗拾遺』, 푸른역사, 75쪽.
131) 박정양 저, 한철호 역, 2018, 『美俗拾遺』, 푸른역사, 78쪽.

조선의 국체를 부정할 수 없는 형편이었지만, 내심 권력이 분립되어야 미국의 부강이 우리에게도 있을 것이라는 희망을 품었던 것이다. 특히 그 중에서도 의회정치에 대한 관심이 컸다. 그는 민선원(하원)을 설명하면서 '무릇 정령, 법률, 조세 등 다양한 법률을 제정하는것과 각국과의 통상교섭, 사절파견, 사절접수 등의 가부는 민선원에서 따지고, 의논하여 초안을 만든 다음 원로원(상원)에 보낸다."132)고 했다. 훗날 박정양 내각이 독립협회 요인들과 더불어 대한제국에서 민선원을 구성하기로 결정하기도 하였는데, 이는 그가 미국 정체(政體)를 보고 미국식 국헌(國憲)의 필요성을 절감한 결과라 할 수 있다.

② 자본주의 공업화를 말하다.
박정양은 온 나라에서 물건을 만드는 것이 부국강병의 근본이며, 이를 위하여 지속적인 기술개발과 기계사용이 필요하다고 판단하였다.

> 공업 역시 학술이 있어 반드시 해당 학교의 졸업증서가 있어야 비로소 제조를 허락한다. 모두 기계가 있고...(중략)...기술이 모두 뛰어나서 모직물과 면직물 짜는 일, 철강을 단련하는 일, 광산과 길을 뚫는 일에서 제지나 인쇄의 세밀한 일까지 모두 기계를 사용하여 인력이 적게 든다.133)

더불어 "상무(商務)도 미국의 중요한 정무이다. 세계 여러 나라와 물품을 교역하며, 선박이 서로 오가며 자기 나라에 있는 물품을 팔고 없는 물품을 사온다. 가장 번성한 곳은 뉴욕 등 7개 항구이다."라고 하였고, 남당과 북당의 논쟁을 소개하면서 북당의 보호무역주의가 승리한 사실도 알렸다. 특히 전체 미국인에게 일반화된 회사제도는 단연코 미국 부강의 근원이라고 설명하였다.134) 또한"인민들은 재화를 집에 저장하기 꺼리며, 화폐는 은행에 맡겨

---

132) 박정양 저, 한철호 역, 2018, 『美俗拾遺』, 푸른역사, 80쪽.
133) 박정양 저, 한철호 역, 2018, 『美俗拾遺』, 푸른역사, 111쪽.
134) "회사는 여러 사람이 모여 단체를 만드는 곳이다. 농상공예인으로 생업이 있는 사

두거나 혹은 재부에 저축한다."라고 하여 근대식 금융제도의 존재도 알렸다.

전반적으로 박정양은 입헌정치와 선거제 그리고 자본주의적 회사제도와 상공업육성정책의 필요성을 저작에 포함하였고, 대한제국 시기 그가 총리대신이 되고, 고위층이 되었을 때 이런 경험이 바탕이 되어 식산흥업 정책을 추진할 수 있었던 것이다.

(3) 타국의 업신여김 받은 자 그 마음은 더할 것이다:
유길준의 『서유견문(西遊見聞)』

유길준[135]은 신중한 사람이었다. 세계의 여러 지역을 돌면서 작성한 『서유견문』을 보면 필력의 대부분을 있는 그대로의 모습, 그대로의 외형을 묘사하는데 할애할 뿐 자신의 감정은 극도로 자제하고 있다. 그러니 여행중에 느꼈던 자신의 생각이나 평가를 확인하기 대단히 어렵다. 다만 필라델피아 독립대회당에 대한 묘사에서는 그러지 않았다.

북아메리카주는 백 년 전에 영국 식민지였는데, 주민들이 영국의 가혹한 학정 아래서 도탄의 괴로움에 탄식하는 원성이 사방에서 일어나자 미국의 충의지사들이 벌떼처럼 일어나 이 도시에 모여 이 건물에서 대회를 열었다....(중략)...그곳에서 여러 가지를

람은 반드시 회사가 있는데, 각각 금전을 마련하고 주식을 합하여 단체를 조직한다. 전국 인민중 회사에 속하지 않는 사람이 없으므로 뭇사람 마음이 마치 성(城)과 같아서 감히 서로 속이지 않는다. 심지어 부인과 어린이 역시 일부는 회사에 속해 있다. 이는 민심이 화합하고 국세가 부강한 이유가 아니겠는가."(박정양 저, 한철호 역, 2018, 『미속습유』, 푸른역사, 127쪽.)

135) 유길준(俞吉濬,1856년 11월 21일 ~ 1914년 9월 30일)은 자는 성무(聖武, 盛武), 호는 구당(矩堂), 천민(天民), 구일(矩一)이다. 1881년 일본 조사시찰단과 1883년 미국 보빙사 파견시 수행원 이었으며, 그곳에 잔류하여 조선 최초 유학생이 되었다. 갑신정변이 실패했다는 소식을 듣고 도중에 귀국하였지만 1885년 말부터 7년간 가택연금을 당한다. 이후 김홍집 내각에서 내무부 협판과 내무부대신으로 활동하였고, 1894년(고종 31년) 갑오개혁 및 을미개혁을 추진하였으나 아관파천으로 다시 일본으로 망명하였다.

바라보며 아직도 다하지 않은 충의심이 완연히 그 물건에
서 젖어 있는 듯, 나는 격앙된 감정을 이기지 못하게 하며
저절로 감동이 솟아올랐다. 어느 누가 이 건물에 들어와
찬탄하는 마음이 없겠는가. 다른 나라로부터 업신여김을
받은 자들은 누구보다 그 마음이 더할 듯하다.[136)

청국으로부터 압제를 받는 조선의 현실을 생각
하면서 유길준은 특히 독립대회당에서 느꼈던 감
정은 다른 지역을 돌 때와 확실히 다른 어조였다.
'격앙하는 감정을 이기지 못한다.'든지, '다른 나
라로부터 업신여김을 받은 자들은 다른 사람에 비하여 그 마음이 더할 듯'과
같은 표현은 갑신정변 이후 청국의 압제에 의해서 수많은 동지들이 죽음을
맞이하고 있는 암담한 조선의 현실에 대한 고뇌의 흔적이었다.

더구나 자신의 속내를 잘 드러내지 않는 유길준도 샌프란시스코의 중국인
의 모습을 보면서 특별한 비아냥을 쏟아내었다.

이곳에는 이주해 온 중국인이 아주 많다. 그들은 공장이나 광산의 일꾼이며, 남의 집
고용인도 있다. 이들은 시가지 귀퉁이에 마을을 이루었는데, 집의 구조나 시가지의 배
치 및 물건의 판매까지 중국풍 그대로이다. 이주자들은 모두 중국에서도 불학무식(不學
無識)한 하류층이고, 아편을 좋아한다. 미국 사람처럼 깨끗한 풍속에 적응하지 못하였
으므로 타국인이 사는 도시에 섞여 살 권리를 잃고 중국인끼리 살라고 거주지를 따로
정해주었다. 다른 도시에서 예전부터 살던 큰 상인은 그렇지 않겠지만 미국은 청국인의
이주만은 허락하지 않는다고 한다.[137)

그만큼 중국이 미웠다. 이런 적개심은 현지 중국인의 부정하고 불결한 삶

---

136) 「제19편 각국 대도시의 모습」, 유길준 저, 허경진 역, 『西遊見聞』, 서해문집,
2019, 522~523쪽.
137) 상동, 『西遊見聞』, 서해문집, 2019, 531~532쪽.

의 모습에 대한 격멸감과 함께 갑신정변(甲申政變, 1884) 당시 자기 동지들을 참살한 중국군에 대한 적개심이 중첩된 것이었다.

> 한 학생이 신문 쪽지를 들고 말하기를 그대 나라에 변란이 있어났다고 하였다. 나는 깜짝 놀라서 얼굴빛을 바꾼 채 기숙사로 돌아왔다. 그때 큰 눈이 정원 소나무 위에 쌓이고 음산한 바람이 유리창을 두드려, 밤이 다하도록 침상에서 엎치락뒤치락하며 잠을 이루지 못하였다. 고국 생각이 만리 큰 바다를 사이에 두고 오락가락하였다. 달려가 안부를 물어야 하는 도리를 다하지 못하고 중간에 소식이 막연해지니 가슴속으로부터 비분강개한 마음이 용솟음쳤지만 떨치고 날아가지 못하는 것이 한스러웠다.[138]

갑신정변 주도자를 무참히 살해한 청국군의 만행. 필자는 운명적으로 죽음의 공포에서 일단 목숨을 부지하게 도와준 미국에 대한 편향적 시각이 커질 수밖에 없었다. 이 시점에서 중국인의 삶은 지지리 궁상스럽고, 괜히 미웠다. 머나먼 미국에서 원수같은 청나라 인간들을 욕보이는 방법은 역시 중국인들의 야만과 미개를 돋보이게 하는 수밖에 없었다.

한편, 유길준은 우리가 이렇게 열강으로부터 무시당하는 이유로 무엇보다 국부와 민부라고 생각하였다. 그러면서 우리나라는 거북선, 금속활자, 고려청자 등 세계에 내놓을 만한 훌륭한 전통이 있음에도 이런 전통을 제대로 계승하지 못한 나태함으로 인해 오늘날의 수모를 당하게 되었다고 평가하였다.

> 우리나라의 고려청자는 천하에 유명한 것이고, 이충무공의 거북선도 철갑선 중 천하에서 가장 빨리 만든 것이다. 교서관의 금속활자도 세계에서 가장 먼저 만들어낸 것이다. 만약 우리나라 사람들이 깊이 연구하고 또 연구하여 편리한 방법을 경영하였더라면, 이 시대에 이르러 천만 가지 사물에 관한 세계 만국의 명예가 우리나라로 돌아왔을 것이다. 그러나 후배들이 앞 사람들의 옛 제도를 윤색치 못하였다.[139]

---

138) 유길준 저, 허경진 역, 「서문」, 『西遊見聞』, 서해문집, 2019, 24쪽.
139) 「제14편 개화의 등급」 유길준 저 허경진 역, 『서유견문』, 서해문집, 2004, 402쪽.

유길준 같은 개화파에게 전통이란 무엇이었던가. 그냥 조선의 일반적인 전통으로서 불교나 유교 문화적 전통이 아니라, 전근대사회에서는 제대로 취급받지 못했지만 기계문명, 기술발전 혹은 근대적 자각을 부르는 그야말로 '근대성과 호흡을 맞출 수 있는 전통'을 말하는 것이었다. 그리고 그런 '근대성과 연결된 전통'을 계승할 인물의 부족이 조선의 낙후를 부른 중요한 요인이라는 것이다.

시카고에서는 10년 전 이곳의 대화재 소식을 들었다.

> 미국 여러 도시의 시민들이 이 불행한 재난을 불쌍히 여겨 빈부귀천을 가리지 않고 저마다 형편에 따라 부조하는 의거가 행해졌다. 육지에선 기차로 운송하고, 수로에선 기선으로 운송하여, 하루 이틀 사이에 의복과 식량의 수요가 넉넉해졌다....(중략)... 운송의 신속함도 극진하였지만 급한 재난을 구해주는 의기 같은 풍속이 사람의 마음을 감동케 한다. 미국인의 부지런함과 물자의 넉넉함은 역시 타국인에게 부러움을 살 만하다.[140]

그런데 여기서 유길준은 이런 재난 상황에서 미국인들이 빈부귀천을 가리지 않고 상호부조하고 봉사하는 모습에 감동을 크게 받았다. 그런 정신을 근본적으로 만든 부지런함과 물자의 넉넉함 즉 국부나 민부의 부강이 재난 극복의 원동력이었다는 사실에도 주목하였다.

한편, 『서유견문』은 유럽과 미국을 둘러보고 쓴 기행문이지만 유길준은 조사사찰단(신사유람단)으로 일본에서 쌓은 경험도 포함되었다. 필자는 일본의 부강이야말로 서양 여러나라와 조약을 맺고 그들의 장점을 취하며, 여러 제도를 답습한 결과라고 보았다. 당대 조사들이 일본의 부강은 모방이며, 돈이 많이 들어 백성을 곤핍하게 하며, 나라를 기울게 한다는 평가와는 상반

---

140) 「제19편 각국 대도시의 모습」, 유길준 저, 허경진 역, 『西遊見聞』, 서해문집, 2019, 524쪽.

되는 것이었다.

> 일본이 유럽의 네덜란드와 거래를 통한 지 200여 년이 지나기만 그들을 오랑캐로 취급
> 해서 변방의 관시(關市)나 허락했을 뿐이었다. 그러다가 서양의 여러 나라들과 조약을 맺
> 은 뒤부터 관계가 친밀해짐에 따라 시대적인 변화를 살피고 그들의 장점을 취하며 여러 제
> 도를 답습함으로써 30년 동안에 이처럼 부강을 이루게 된 것이다.[141]

그런데 필자는 외국과 관계를 개선하여 개항하고 시장을 열고, 시장을 개
발하는 방식에 더하여 여전히 게으름을 일소함으로써 부강을 앞당겨야 한
다고 보았다.[142] 조선인이 부강하는데 발목을 잡는 것이 바로 민족 형질로
서의 게으름이며, 그것을 타파한 위에 나라의 부강을 위한 공력을 다해야 한
다는 것이다. 그러면서 물산이 풍부한가 부족한가에 달려 있지 않고, 재주와
공력으로 좋은 제품을 만들어 파는데있다고 하여 자본주의적 방식의 경쟁
체제 도입이 절실하다고 여겼다. 부강의 필수요소로서 민족성 개조과 근대
적 경쟁시스템 수용. 이는 일제강점기 조선인 지식인들이 추구하던 근대화
론에서도 자주 등장하는 수사들이었다. 이미 1890년대 유길준도 기행을 통
하여 이러한 사회진화론적 민족관과 자본주의 경쟁론에 깊이 습윤된 모습
을 보여준다.

---

141) 유길준 저, 허경진 역, 「서문」, 『西遊見聞』, 서해문집, 2019, 17~18쪽.
142) 유길준 저, 허경진 역, 상동, 서해문집, 2019, 101쪽.

3. 중국이 변화에 몸 부림치듯이 우리도 그렇게…:
청국과 만난 사절과 '변화(變化)'의 파레시아

(1) 조선이 비록 속국 소리 듣지만 그래도 내 땅은 내가 지킨다:
어윤중의 「길림장정」

① 「조선길림상민수시무역장정(吉林朝鮮商民隨時貿易章程)」에 깔린 파레
   시아

동래암행어사 어윤중이 조사시찰단 일원으로 일본을 다녀온 후 복명하는
자리에서 고종은 중국이 현재 진행하는 개화정책의 내용과 의미가 무엇인지
하문하였다. 일본에 대한 이야기는 이미 박정양 등에게서 들었기에 중국이
야기가 궁금했던 것이다. 그러자 어윤중은 다음과 같이 보고하였다.

> 중국은 아직 바깥으로 드러날 만큼의 일은 없는 듯합니다. 소위 다생지절(多生枝節)
> 인데, 근래 심히 군사(軍事) 문제에 온통 집중하여 여러 도적들[태평천국 등]을 소탕하
> 였고, 그런즉 중국번, 좌종당, 이홍장 등에 의하여 발탁된 실력자들이 팔기군이나 녹영
> 병에도 나옵니다. 하지만 오히려 회군이나 상군에서 더 많이 만들고 있습니다....(중
> 략)...러시아와 갈등이 있어, 근자에 이미 배상하고 나니 마침내 갈등이 사라지고, 점차
> 좋은 정치[實政]를 하려고 애쓰고 있습니다.[143]

혼란을 이기고 러시아와 문제도 해결하여 점차 정치를 회복하고 있다는
평가였다. 이러한 중국에 대한 기대는 이후 임오군란(壬午軍亂)이 발생하고,
점차 중국이 조선에 대한 감시와 통제를 강화하는 한편, 「조청수륙무역장정」
(1882.7)에서 보듯이 조선경제에 대한 침탈을 본격화하면서 산산히 부서졌
다. 믿을 수 없는 중국. 이런 상황에서 보수적 성향의 어윤중조차도 중국의 격
심한 간섭 아래서 나름의 방략으로 조선의 국익을 어떻게든 지켜보고자 노

---

143) 「동래암행어사 어윤중의 복명」, 『從政年表』(卷2), 高宗 18年(1881) 12월 14일(『
    한국사료총서』(제6집), 122쪽).

력했다. 도대체 어떤 방식으로 조선의 이해를 관철하려고 한 것일까. 이에 본 항목에서는 어윤중이 1884년 5월경에 체결한「조선길림상민수시무역장정」을 분석한다.

임오군란 이후 중국은 위안스카이를 내세워 형식적인 조공 관계를 넘어 실질적인 조선에 대한 영향력을 강화하고자 내정간섭을 확대하고, 세계 열국과 통상하는데, 적극적으로 개입하여 '조선은 중국의 속방'임을 내세워 선도적으로 조선의 각종 이권을 독식하였다. 조선 조정은 이에 대응하여 러시아와 밀약하여 견제를 시도하는 한편, 영토 문제에서도 적극적으로 대응하여 '속방론을 활용한 실용주의 노선'으로 양보하지 않았다. 어윤중은 당시 서북경략사(西北經略使) 자격으로 1884년 5월 청나라 청나라 형부낭중 평광위(彭光譽)와 만나서 「조선길림상민수시무역장정」 이른바「길림장정」을 검토하고 조약을 체결하였다. 과연 속국(屬國)이라는 수치를 안고서라도 어윤중은 무엇을 얻고자 했던가.

본 통상조약의 취지를 보면, 오랫동안 조공을 바쳐온 속국인 조선을 중국이 우대하는 의미에서 지린성과의 무역규정을 정한다고 했다. 그리고 이 규정은 다른 각국과의 통상규정과 상관이 없다고 하였다.「조청수륙무역장정」의 서문과 거의 유사하다.

일단「길림장정」제1조는 특별히 영토와 세무서 위치를 지정하고 있다.

제1조 두 나라의 변경은 토문강(土門江)을 경계로 한다. 토문강(土門江) 북안(北岸)과 동안(東岸)은 길림(吉林)에 속한 땅으로서 태반(太半)이 황폐해서 지난날 마을이 없었고 돈화현성(敦化縣城)은 강안(江岸)과 매우 멀리 떨어져 있다. 이로부터 회령(會寧)과 강을 사이에 둔 화룡골[和龍峪]의 연강(沿江) 일대에 세무국을 설치하고 길림 상인들이 집을 짓고 화물을 보관하게 하고 (조선) 회령(會寧)과 강을 사이에 두고 상인들이 아침에 갔다가 저녁에 돌아올 수 있도록 왕래에 편리하게 해준다. (밑줄은 저자)

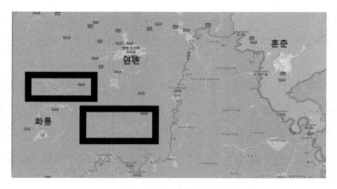

<그림 7> 허룽, 연변, 훈춘 지역

　주목할 것은 토문강의 북쪽과 동쪽이 지린성의 땅이라고 한 점을 염두에
두고 <그림 7>을 보자. 즉, 만약 토문강이 두만강이라고 한다면 토문강의
동쪽에는 지린성이 아닌 조선의 회령이 있다. 오히려 우리가 아는 두만강 동
안의 조선 영토가 이어진다. 따라서 밑줄 친 '<u>토문강(土門江) 북안(北岸)과
동안(東岸)은 길림(吉林)에 속한 땅</u>'이라는 의미를 확실히 하려면 동쪽이
지린성의 땅이 되어야 하는데, 그것을 만족하려면 두만강변이 아니라 진짜
화령골 즉 화령시가 되어야 한다. 왜 화령골에다 세무서를 만든 것인지 이해
가 가는 대목이다. 다시 말해 지도상으로 두만강의 서쪽 지역이 지린성의 땅
이다. 따라서 자연스럽게 토문강의 위치가 산출되는데, 역시 화룡골의 연강
일대 즉, 현 화룡시 인근의 복잡한 백두산 지류 지역이 토문강이라는 사실이
확인된다.

　제11조 길림과 조선은 도문강(圖們江)을 경계로 하여 길게 땅이 연결되어 있다. 두 나
라에서 논의하고 결정한 시장의 대안 나루터에 관에서 건물을 만들어 놓고 날마다 들어
오고 나가는 화물을 조사하며, 상인들이 다른 곳에 건너다니는 배를 마련하고 길을 돌
아 몰래 빠져나가는 폐단이 없게 한다. 강이 얼어붙는 시기에는 곳곳에서 길을 질러갈
수 있어 더욱더 엄격하게 순찰하고 단속해야 하며 상업에 관한 업무를 감독하고 처리하

는 관리가 수시로 그 정형을 살펴 군사를 보내라고 청구하여 중요한 곳을 택하여 주재시켜 순찰하며 단속하게 한다.

즉, 두 나라는 토문강(土門江) 강변의 화룡골[和龍峪 현 허룽시]과 훈춘의 서보강(소북강으로 추정하지만 두만강으로 보는 것이 타당할 듯) 나루터 두 곳에 세무국과 분국을 설치하고,(제1조, 4조, 5조). 조선의 종성(鍾城)의 맞은편 대안[江岸]에도 분초소를 설치하고 총국(總局)에서 관리를 파견하여 통제하기로 했다(제5조)는 내용이다.

또한 토문강에 대해서도 제11조는 그 위치를 정확히 지정하고 있다. 다시 말해, 새로 지정한 화룡곡과 종성 맞은편, 훈춘 서보강을 대안 나루터라고 명시하였다. <그림 7>을 자세히 보면 주변에 백두산록에서 내려오는 몇 개의 지류가 둘러 있다. 제1조의 '토문강의 북쪽과 동쪽이 지린성의 소유이다.'라고 한 의미가 분명히 이해된다. 만약 두만강 북쪽과 동쪽이라면 회령, 종성 등 이른바 옛 북동 6진 지역 모두 지린성 영토라는 말인데 전혀 이치에 맞지 않다.

그러다 토문강 상류의 복잡한 천계가 정리되고, 종성(鍾城)쯤 오면 강줄기들이 하나로 모여드는데 그것이 바로 두만강이다. 그래서 여기서부터는 자연스럽게 종성, 경원 등의 명칭이 나오는 것이었다. 그런데 화룡 쪽은 현재의 북·중 국경보다 훨씬 북쪽이다. 따라서 특별히 이 협정은 왜 「간도협약」 직전까지 한국통감부조차 간도 지역에 파출소를 설치하고 대한제국 영토임을 강조했는지 역사적 근거를 보여준다. 「조청수륙무역장정」(1882.8) 체결 이후 조선과 중국은 다시 한번 영토와 국경 세관 개설지를 지정할 필요가 있었고, 특히 본 「길림장정」(1884.5)을 통하여 그동안 애매했던 토문강 상류를 명쾌히 정리하고, 국경을 확정하며, 세관을 만든 것이었다.

여기서 이 협정을 왜 어윤중이 서북경략사라는 자격으로 주무한 것인지 그 파레시아가 느껴진다. 즉, 애매한 토문강의 위치를 나름 합리적인 수준에서 중국과 획정한 것이다. 특히 제11조 규정은 왜 세무서가 그곳에 있어야 하는지 바로 '강의 대안(對岸)이기 때문'이라고 분명한 이유를 말하고 있다. 만약 이런 이해가 타당하다면 간도에 대한 대한제국의 영유권 주장에 합리적인 이유가 있었음을 반영한다.

> 제2조 상인이 내륙으로 들어가 토산물을 사려고 하거나 유람하려고 하는 경우 톈진(天津)에서 제정한 규정 제4조에 따라 처리한다. 서쪽으로 펑톈성(奉天省)에 들어가려고 할 때 선대의 능침 가까운 중요한 곳과 동쪽으로 러시아 변경에 들어가려고 하는 사람에 대해서는 증명서를 발급하지 않는다.

이제 화룡골 나루터, 두만강 옆 서보강, 종성 맞은편 등 3곳이 중요한 무역 거점이자 세금징수지(세관)로 자리하게 되었다. 개시장이 들어서자 제3조처럼 "종래의 링구타(寧古塔)과 조선 회령(會寧) 사이에 진행하던 무역, 쿨카(庫爾喀)와 경원(慶源) 사이에 진행하던 무역에 관한 모든 옛 규정은 모두 폐지"되었다. 이제 토문강을 경계로 하여 전통적인 무역체계를 혁파하고 새롭게 양국의 무역체계를 이루겠다는 것이다.

그런데 본 협정으로 무척 의미 있는 변화가 연출되었다. 제2조에서 청조의 발상지인 능침 지역이나 러시아나 다른 지역으로 가지 않는 조건 아래서 조선상인이 만주 지역으로 진출할 수 있게 되었다. 그동안 「조청수륙무역장정」이 중국 상인이 양화진을 개항하고, 한성에 개잔할 수 있게 하며, 특히 내륙행상을 가능하게 함으로써 조선과의 불평등 무역이 조장되고 조선에 대한 청의 수탈을 심화하는 듯 설명했지만, 이번 「길림장정」으로 조선상인도 만주라는 미지의 지역에 효과적으로 진출할 수 있게 되었다. 조선의 시장을 열었으니, 만주 시장은 조선에게 달라는 의미로도 읽힌다. 더구나 토문강을 정확히 지정하면서 만주 특히 간도에 급속히 조선인의 증가를 초래하였다.

제6조 그런데 조선 사람은 길림에서 설치한 시장 지역에 집을 짓거나 창고를 설치하지 못하며, 또 화물을 내지로 실어 들여 팔지도 못한다. 증명서를 신청하고 중국 경내에 들어가 중국의 토산물을 구매한 상인은 중국 경내에 돌아다니며 팔지 못한다. 길림 상인도 조선 지방에서 이 규정을 적용한다. 그러나 방을 세내고 화물을 보관한 경우에는 편리를 들어준다.

다만, 제6조에서 「길림장정」은 종래 「조청수륙무역장정」보다 조선인들에게 불리한 조항이 삽입되었다. 「조청수륙무역장정」 제4조에 따르면 '양국 상인이 피차 개항한 항구에서 무역할 때 법을 제대로 준수한다면 땅을 세내고 방을 세내어 집을 지을 수 있게 허가한다.'고 되어 있으나, 「길림장정」 제6조에는 '조선 상인이 개시한 곳에서 집을 짓거나 창고를 설치하지 못하게 되었다.' 또한 '중국 내륙으로 물건을 옮겨가서 팔 수 없다.'고 하여 상대적으로 조선에서 중국 상인을 우대한 것과는 달리 만주에서는 조선상인의 활동폭을 줄이려고 했던 부분이다. 특히 중국에서 물건의 구입은 가능하되, 중국내륙에서 장사 행위를 할 수 없도록 한 점은 「조청수륙무역장정」 제4조와도 상충되는 내용이었다.

어쨌든 '속국(屬國) 소리'를 듣는 참담함 속에서도 종래 「조청상민수륙무역장정」에서 일방적으로 조선 내륙과 수도의 시장을 열어준 것에 상응하는 조치로서, 조선 상인의 만주 진출을 가능하게 되었다. 무엇보다 큰 의미는 '토문강의 대안'이 국경이었고, 그 자리가 화룡욕과 서보강 나루터라고 함으로써, 화룡현 인근의 복잡한 강나루에다 세무서를 설립하였다. 이에 토문강 상류가 현재의 두만강과는 다른 화룡시 인근 복잡한 지류 지역임을 정확히 보여준다. 이 조치로 최소한 일제의 「간도협약」 이전까지 간도 지역에 대한 조선의 영유권 주장을 유리하게 이끈 계기가 되었다. 바로 이 점에서 왜 하필 서북경략사 자격의 어윤중이 이 협정을 진행시켰는지 그의 역량과 파레시아를 엿볼 수 있다. 요컨대, 속국 소리 듣는 속에서도 약소국 조선의 관료가 실질적으로 우리 것을 지키려는 고민이 얼마나 치열했는지 보여주는 내용이었다.

(2) 조선인 생도가 문약하고 태만하다고?: 김윤식의 『음청사(陰晴史)』

<그림 8> 김윤식(출처: 위키백과)

『음청사』[144)]를 보면 김윤식이 이중당 즉 이홍장 등과의 대담을 통해서 현재 조선이 취하고 있는 정치, 경제 대책의 내용을 잘 확인할 수 있고, 무엇보다 중국의 노련한 간섭에 어떻게 하면 효율적이고, 실익있는 대응을 할 것인지 복잡한 심경을 유추할 수 있다. 당시 고종은 닥쳐올 서구와 일본의 침입에 대한 대책을 중국에게 뭔가를 호소하고 싶은 간절함으로 중국에 영선사를 파견했으나, 정작 김윤식이 이중당과 만남에서는 '우리 조선은 조용히 자급하고 지내고 있고, 지낼 터이니 그다지 중국이 간섭할 일이 없고, 서로 나눌 물화도 없다.'는 내용의 대담으로 일관하였다. 고도의 정치술수를 위한 언급이라는 점에서 대화의 진솔성을 확신할 수없으나 적어도 조선과 중국이 정치 경제적으로 밀착할 경우 조선에 그다지 이익이 없다

---

144) 대한제국기 관료·학자 김윤식이 1881년 9월 1일부터 1883년 8월 25일까지 사행에 관련된 사항을 기록한 일기이다. 상·하 2권으로 구성되었다. 『續陰晴史』 제1권 첫머리의 기록에 의하면, 본래 1865년(고종 2) 12월말 음관으로 출사하던 날부터 쓰기 시작한 것으로 되어 있으나, 김주룡 소장 원본은 1881년 9월 1일 이후의 부분만 남아 있다. 내용은 1881년 9월 1일부터 1883년 8월 25일까지 순천부사 재임 중에 영선사(領選使)로 임명되어 상경한 다음 학도(學徒)·공장(工匠)의 선발을 비롯한 사행에 관련된 사항을 기록한 것이다. 따라서, 1882년 11월 21일 텐진(天津)에 머물고 있던 잔류 학도·공장 등을 영솔하고 귀국한 뒤 강화유수로 부임하는 데까지가 본 기록이고, 그 후는 월별 중요 안건에 대한 비망록으로 그의 부인 파평 윤씨(坡平尹氏)의 죽음과 산역(山役)에서 끝을 맺었다.

는 생각을 가진 것은 분명해 보인다. 그리고 더 중요한 것은 이중당의 말에서 중국도 서구처럼 조선 시장을 열어서 경제적 이익을 획책하려 한다는 속셈을 간파하고 있었다는 점이다.

다음은 1881년 12월 1일 김윤식 등 영선사 일행이 이중당 등과 대담한 내용이다.

> 이중당(홍장): 조선에는 어떤 토산품이 있습니까?
> 김윤식: 땅이 좁고 백성이 가난하여 별다른 생산품은 없고, 오직 입고 먹는 데에 쓰이는 것만 겨우 자급하고 있을 뿐입니다.
> 이중당: 인삼은 귀국의 상급 물건인데 어찌하여 많이 심어서 다른 나라에 팔지 않습니까?
> 김윤식: 인삼이 많아지면 가격이 같이 내려갑니다.
> 이중당: 면사(綿絲)를 다른 나라에 팔면 후한 이익을 얻을 수 있을 것인데, 귀국의 면사는 한 근에 가격이 얼마입니까?
> 김윤식: 은자(銀子) 1냥 정도입니다.
> 이중당: 중국과 비교하여 가격이 비싸 매매에 이익이 없을 것인데, 면포는 어떻습니까?
> 김윤식: 국내 의복은 모두 이것으로 짓습니다.[145]

이홍장은 조선에 외국과 교역해서 국부(國富)나 민부(民富)에 도움이 될 것이 많은 데 왜 시도하지 않는가를 질문하였다. 이에 김윤식은 '국가가 강력한 의지를 가지고 열심히 물화를 증산해봤자 그다지 국부민부 증진에 도움이 되지 않는다.'는 것이다. 이중당의 질문은 조선이 현실적으로 너무 담을 쌓고 산다고 했고, 이에 앞으로는 중국과도 경제교류라도 많이 해서 국부를 늘리라고 권유하였다. 하지만 김윤식은 '조선은 자급자족하는 바에 힘쓸 뿐 중국을 비롯하여 외국에 팔거나 이익을 내는 일을 하지 않는다.'고 하였다.

---

145) 김윤식,『陰晴史』, 고종 18년(1881) 12월 1일

중국도 서구와 다름없이 조선으로 경제적 침투를 시작할 것이라는 우려를 보여주는 대목이다.

그러자 느닷없이 이중당은 조선의 과거제가 가지는 비효율성을 지적했다.

이홍장: 진사(進士)는 3년마다 뽑지 않습니까? 몇 명을 뽑습니까?
김윤식: 급제는 33인을 뽑고, 진사는 200인을 뽑는데, 급제는 대과(大科), 진사는 소과(小科)라고 합니다.
이홍장: 뽑힌 사람은 모두 사적(仕籍)에 들어갑니까?(관리가 될 수 있습니까?)
김윤식: 대과는 사적에 들어가고, 소과는 들어가기도 하고 들어가지 않기도 합니다."
이중당: 그러면 헛되이 진사 호칭을 얻어도 일하는 바가 없습니까?
김윤식: 왕왕 진사로 나이 드는 자가 있습니다.[146]

좀 더 광범한 범위에서 인재를 양성해야 한다는 조언이었으나, 김윤식은 '조선 나름대로 인재를 뽑고 관리로 등용하는 방식이 잘 구비 되어 있으니 굳이 개혁이 필요 없다.'는 입장이었다. 아울러 이중당이 서양 여러 나라가 모두 중국어를 사용하는데, 조선도 그래야 하고, 조선도 체계적으로 외국어 습득을 위한 교육시설을 만들어야 한다고 했다.. 이에 김윤식은 '조선도 중국어나 일본어를 할 만큼 하는 조선인이 제법 있다.'고 응수하였고, '한글 같은 나랏글이 있지만 대체로 부녀자와 상민이나 천민이 사용한다고 하여 중국어는 몰라도 한문(漢文) 능력은 상당하다.'고 하였다.

한편, 이중당은 조선이 각국과 통교를 하는 노력이 필요하다고 조언하였다. 이에 대해서 김윤식의 대답은 당대 조선인 관료의 단호한 서구관이 드러난다.

이중당: 텐진 자죽림(紫竹林)은 각국이 모이니 각국 사람들과 친해지지 않겠습니까?

---

146) 김윤식, 『陰晴史』, 고종 18년(1881) 12월 1일

김윤식: 작은 나라에서 아직 각국과 서로 통하지 않았으니, 왕래는 어렵습니다.

이중당: 서로 친하게 지낼 필요는 없고, 서양인은 오직 다른 나라의 일을 탐지하고자 하니 조선인이 비록 서로 통하지 않았으며, 그들 또한 괴이하게 여기지 않을 것입니다.[147]

아마도 이중당은 조선이 서구와 결코 통호하지 않을 것이라는 여긴 듯하다. 이에 '서구 열강은 조선을 오로지 탐지하고자 오는 것이니 통교하지 않아도 문제 없다.'고 했다. 당시 조선은 선별적으로 통교를 기대하였다. 고종은 김홍집이 가져온 『조선책략』에 고무되었고, 중국을 통하여 미국과 통교를 준비하고 있었다(연미국). 그러나 미국 이외 조선은 열강과 수교할 의지가 없다는 점을 분명히 했다. 그리고 서구가 정탐하러 온다고 하니 그런 침략에 대응할 무비(武備)를 청나라에 의존하고자 했다. 이런 태도는 임오군란이 발생하면서 곧바로 청국의 무비에 의존하려는 자세로 나아갔고, 청나라에 예속이 심화되는 대단히 불행한 결과를 촉발했다.

일단 고종은 『조선책략』에서 지적한 것처럼 조선은 당시 미국과 같은 큰 나라를 통하여 러시아 일본 등 열강의 침략을 제어하는 이른바 이이제이(以夷制夷) 방략을 추구하였다. 그것이 바로 '연(聯)미국(美國) 전략' 즉 「조미수호통상조약」이었다. 1881년 12월 19일 김윤식과 이홍장의 대화는 그러한 조선측의 입장을 잘 보여준다.

김윤식: 우리나라의 상황이 비록 연미(聯美)해야 할 상황이나 일이 성사되기 전에 공문에 노출되어 타국인이 보게 되지 않으면 합니다.…(중략)…만약 각국의 법규에 따라 반드시 전권을 파견해야 의약(議約)할 수 있다면, 지금 서신을 급히 보내어 우리 국왕에게 아뢸 것이나, 다만 나라안 상황이 뜻한 대로 되지 않을 것이 걱정입니다.[148]

---

147) 김윤식, 『陰晴史』, 고종 18년(1881) 12월 1일.
148) 김윤식, 『陰晴史』, 고종 18년(1881) 12월 19일.

「조미수호통상조약」 체결은 조선측의 신중과 중국측의 적극적인 권유 속에서 무르익어갔다.

한편, 영선사 파견도 김윤식은 조선의 개혁 개방을 위한 것이라기보다는 '조선의 개방을 촉구하는 세력에 대한 대응 능력을 키우기 위한 것'이라고 이해하고 있었다. 당시 고종이 신사유람단의 복명에서 느꼈듯이 '일본의 근대적 성장은 역시 국빈민피(國貧民疲)를 양산하는 것'으로 여긴 만큼 김윤식도 고종의 이런 생각을 받들어 서구와의 직접적인 통교가 무익하고, 대신 그들의 침투에 대응한 국방력 강화가 중요하며, 이에 기기국이나 제조국같은 분야를 중국의 힘을 빌려서 확충하는 것을 당면 과제로 삼았다. 필요한 것은 무비(武備)일 뿐 개화가 아니었다.

이에 영선사 수행원들은 1881년 11월 28일부터 총 32명이 예국(隸局), 남국(南局)으로 나뉘어서 연수를 받았다. 실제 연수에 참가한 인원은 영선사 김윤식, 관변 백낙윤, 역관 최성학, 의관 유종흡, 반당 박영옥 및 학도 12인과 통사 1인, 수종 9명 등 총 27명이었다. 그중 실제로 공부한 사람은 학도 12명에 불과하였다. 이들을 위해 중국측은 가옥 20여칸을 지어서 머물게 하고, 아울러 온돌과 부엌 및 탁자와 의자 등 각종 물품을 마련하여 편의를 봐주었다. 해당 학도 12인은 양서(洋書), 기기, 동모(銅冒), 강수(碻水), 화약, 목양(木樣), 전기, 화학 등을 학습하였다.

김윤식은 각종 정치적 현안을 논의하느라 1882년 1월 13일에야 기기창(機器廠)·번사창(翻沙廠)·목양창(木樣廠)·화도창(畵圖廠)·전기창(電機廠)·화약창(火藥廠) 등을 살피고 조선인 생도들의 근무상황을 점검하였다. 일단 각종 군사시설을 보면서 김윤식은 무척 경탄하였다.

1월 13일 맑음. 각각 기기대륜(汽氣大輪)이 있었고, 여러 소륜(小輪)이 따라서 돌아갔다. 아래에는 기괄(機括)이 위에는 철통이 있었고, 30여 칸이 서로 이어져 길게 뻗어있었다. 많은 수의 기기들이 모두 일륜(一輪)의 힘을 사용한다. (모든 기기가 돌아가는 것이)

마치 해와 달과 오성(五星)이 하늘에서 뒤섞여 돌아가는 것처럼 각기 그 자리에서 돌아가고 있었다. 빠르고 느림[疾舒] 그리고 아래 위(縱橫)가 서로 틀려서 생각한 바와 거의 맞지 않았고, 참으로 전기가 만들어내는 조화는 형언할 수 없다[149]

그런데 문제는 함께 간 조선인 연수생들의 연수 태도였다. 예를 들어 수뢰국(水雷局)에서는 총 생도 36명 중에서 조선인 생도(문지헌, 최규한)가 2명 있었는데, 국원이 김윤식에게 이들의 학습태도에 문제가 있다고 편잔을 하였다. 이렇듯 조선인 연수생들에 대한 중국측의 인식은 대단히 부정적이고, 여러 면에서 혹평을 쏟아내었다. 1882년 3월 25일자 당시 동국(東局) 총관이 보고한 조선인 생도의 근무태도를 보면 다음과 같다.

> 동국 총관이 오직 해당 학도들은 유아(儒雅)의 기풍은 뛰어나지만 강의(彊毅)의 자질이 부족하고, 현재 잔존 인원은 매번 빠른 효과만 기대할 뿐 항심(恒心)이 없으니 직도[교관]들이 위원과 공장을 엄히 감독하고 더욱 타일러서 아둔한 자는 고치고 격려하면 오히려 일을 이룰만 합니다. 하지만 문약은 오래 버티기 어려울 것입니다. 10명이나 되는 많은 인원이 머나먼 타지(他地) 생활을 인내하지 못하니 결국 나아가고 물러가는 것을 가볍게 여기고 맙니다. 저희 직도 등이 사후에 경계하여 마땅히 분발하고 나태해지지 말도록 해야 할 것이고, 만약 다시 귀국하는 자가 있으면 먼저 본국(本局)에 알리고 이중당께 신청하여 신중처리하는 것이 마땅합니다.[150]

비판의 핵심은 역시 조선인 생도들이 항심(恒心)이 없고, 문약하다는 것이었다. 즉, 꾸준히 근무하지 않고 귀국하거나 태만하는 일이 잦으며, 평생 글만 읽고 살았는지 도대체 손재주가 없다는 평가였다.

김윤식은 이러한 근무태도에 대한 평가를 보면서 다음과 같은 조치를 예고하였다.

---

149) 김윤식, 『陰晴史』 고종 19년(1882), 1월 13일.
150) 김윤식, 『陰晴史』 고종 19년(1882), 3월 25일.

3월 25일, 아침. 동국(東局) 공장(工匠)의 근태를 보고받았다. 대개 나쁜 평가가 많아서 남국(南局)에서도 그럴 것같다. 이에 공도들이 부끄럽고 분한 모습을 보이니 참으로 웃을 일이다. 대개 동국의 학규(學規)는 남국보다 덜하며 학도들이 자못 태만한 것이 사실이지만 내가 잘 감독하지 못했다. 이러던 중 국원(局員)이 나에게 경고하여 주었으니 진실로 약(藥)이 될 것이고, 공도에게 문제점이 있으면 고치게 하고, 없으면 그만이다. 어찌 원망하며 꾸짖겠는가. 저녁식사 후에 공도를 불러 일일이 타일러서 각기 행동을 깨우치고 반성하도록 하고, 태만하지 말도록 하였다.[151]

조선인 학생들이 무척 태만하다는 말에 자신의 불찰이라고 하면서, 이렇게 평가를 나쁘게 하더라도 고칠 것만 고치고 못 고칠 것은 굳이 고칠 필요가 없다고 한 것은 사실 국원의 평가가 부당한 평가라는 불만도 있는 듯하다. 물론 문약한 유학자들에게 무슨 기술이 제대로 익혀지겠는가 하는 자조적인 마음도 읽을 수 있다. 어쨌든 게으르다는 평가에 대해서 마땅히 그 죄를 살피겠다는 엄포도 있었지만, 전체적인 분위기는 그다지 조선인의 태만은 자신의 힘으로 어쩔 수없다는 입장을 보여준다.

4. 유럽과 만난 조선 사절과 '이율배반(二律背反)':
호신구기와 구본신참의 공존

(1) 약소국가는 내부로부터 망한다: 민영환의 『해천추범(海天秋帆)』

① 날짜변경선에서 자주적인 독립의 길을 묻다.

1896년 5월 26일에 러시아 모스크바에서 니콜라이 2세의 황제 대관식이 있었는데, 고종은 민영환(閔泳煥)을 특명전권공사로 임명하여 러시아에 파견했다. 민영환 등은 돌아와서 『환구일록』을 작성하였는데, 민영환이 여기에 개인적인 내용을 더하여 『해천추범(海天秋帆)』을 완성하였다. 『윤치호일기』

---

151) 김윤식, 『陰晴史』 고종 19년(1882), 3월 25일.

에는 민영환 사절단이 이뤄야 할 5가지의 절박한 사행 목적이 적시되어 있는데, 러시아 정부가 ①조선 군대가 믿음직한 군대로 조련될 때까지 왕의 호위를 위한 경비를 지원할 것. ②군사교관 지원 ③ 궁내부 및 광산·철도를 담당할 고문관 파견 ④ 조선과 러시아간 전신 가설 ⑤ 일본 국채 상환용 300만엔 차관 제공 등을 타결짓는 것이었다.[152] 당시 시점이 아관파천(俄館播遷)하던 시점으로 러시아의 도움이 절실한 상황이었다. 고종은 환궁 이후에도 궁궐을 보호할 군대의 파견이나 조선군 조련까지도 러시아의 적극적인 지원을 받고자 했던 것이다.

기행담을 보면, 사행하는 여정에서 특별히 날짜변경선을 지나면서 느낀 소회가 무척 싱그럽다.

> 서양 사람의 말을 들으니 지구가 360도인데 동서가 각각 180도이다. 낮에 동쪽이 오(午)시, 밤엔 서쪽이 오시다. 이것은 아세아와 아메리카가 낮과 밤이 서로 반대되기 때문이다...(중략)...이는 땅이 그 시간이 되면 어제와 오늘이 합쳐서 하루가 되는 것이다.[153]

그러면서 '성리학에서 말하는 격치(格致; 물리)로만 알 수 없는 새로운 과학이다.'라고 하였다. 이 말은 어쩌면 이는 조선의 진정한 독립의 길이 무엇인지라는 말과도 통하였다.

당시 시점은 청일전쟁 이후 격동의 갑오개혁, 을미개혁이 전개되었다가 결국 아관파천으로 귀착된 시점이었다. 중화에서 벗어나 서구를 지향한다는 이른바 '탈화입구(脫華入毆)'적 사고로서, 적어도 청나라의 압제에서 벗어나고, 러시아에 의존하는 상황에서 조선의 독립 문제가 중요하던 시점이었다. 그런 차에 날짜변경선에 대한 귀동냥은 시간을 해석하는 것에 대한 새로운

---

152) 민영환 지음(조재곤 편역), 『海天秋帆』, 책과함께, 2007, 87쪽.
153) 민영환 지음(조재곤 편역), 『海天秋帆』, 책과함께, 2007, 40~41쪽.

깨달음을 얻게 한 것이었다. 시간이 동서로 나뉜다는 것은 그동안 시간을 지배하던 중국에 대한 확신에 찬 이탈의 증거이기도 했다.

일단 5월 26일 대관식에 참석한 이후 28일에는 축하예식에 참석하였다.

> 일행이 대례복을 입고 제때 크렘린궁에 들어갔는데 각국 대사가 모두 모였다. 예관이 순서를 정해 안내하여 들어가니 황제와 황후가 함께 서 있었다. 내가 세 번 무릎을 꿇고 앞으로 나아가 경사스러운 예가 순조롭게 이루어져 더할 나위 없이 기쁘다는 말을 낭독하였다. 황제는 고맙다고 답하고 이 경사를 함께 좋아한다는 뜻을 돌아가서 대군주 폐하에게 아뢰라 하였다.[154]

하지만 '5가지 요구'에 대하여 러시아는 미온적이었고, 이에 과업을 이뤄야 할 민영환은 무척 가슴이 탔다. 8월 13일 기록을 보면, '절후가 너무 다른 것을 견디자니 한탄스럽고, 나그네의 지체하는 회포를 이길 수 없다.'고 답답함을 기록하고 있다. 아관파천 시기 약소국의 외교사절이 가장 심혈을 기울여야 하는 것이 국익보다는 국왕의 안위라는 점은 아쉬운 대목이지만, 그래도 그나마 최선을 다해서 왕실을 지켜줄 러시아의 지원을 요청하여 군사고문관 파견이나 전신선 가설 정도 합의할 수 있었다.

② 러시아 정치와 역사에 대한 인식

당시 민영환이 알고 있는 러시아 역사는 10세기경 여자 군주가 나타나서 나라의 기틀이 세워지고, 청의 강희제 시절 즉, 17세기 러시아 표트르 대제 시절에 크게 성장했다는 줄거리였다.

> (A) 6월 8일, 당나라 이전에는 각 부(部)로 있었는데, 의종(懿宗) 때 비로소 나라를 세워 성과 읍을 쌓았다. 오대(五代) 시절 여자 군주가 왕위를 계승하여 자식을 12명 낳았는

---

154) 민영환 지음(조재곤 편역), 『해천추범』, 책과함께, 2007, 76쪽.

데 모두 집과 땅을 나누어주고 경계선을 마련하였다. 그 후로는 다스려지고 어지러움이 한결같지 않았는데 송나라 이종때 원나라 태조가 44부로 나누어 취하였다. 이로부터 나라가 힘없고 약해졌다.[155]

(B) 청나라 강희 44년 표트르 대제가 즉위하여 예로 몸을 낮추고 어진 이를 불러 나라가 이로써 크게 다스려졌다. 바닷가에 수도를 세웠으니 이것이 상트페테르부르크로 나라가 비로소 강하고 커졌다.[156]

(C) 6월 19일 네바강 다리를 건너 북쪽으로 가니 표트르대제가 수도를 열 때 살던 집이 있는데, 매우 낮고 작아서 4~5칸을 넘지 않는다. 이러한 검약한 제도로 계책을 삼았으니 참으로 나라를 중흥시킨 현명한 군주다.[157]

(D) 6월 20일(음 10일) 러시아는 비록 전제(專制)의 국가지만 나이 지긋하고 노련한 몇 사람에게 각기 정치적 직임을 맡기고 책임을 지게 하니 가히 위정자가 그 덕에 팔짱을 끼고 아무것도 하지 않아도 되는 정치이다. 황제가 끊임없이 돌아다녀도 막히고 지체되는 일이 없다.[158]

정리하면, (A)는 러시아에서 처음 여자 지배자가 등장하여 나라를 만들었으나 제대로 나라 구실을 못하였고 사분오열되거나 다른 나라의 침략을 받았다는 내용이다. 그러다 (B)처럼 걸출한 표트르 대제가 등장하여 예를 갖추고, 어진 이를 불러 나라를 중흥시켰다고 했다. 그러면서 표트르 대제는 (C)처럼 검약하고, (D)처럼 전제정이면서도 스스로 전제하지 않고, '노련한 몇 사람에게 정치를 분담시켜서 각기 책임을 지게 하는' 방식의 정치를 하여 중흥을 이루었다는 역사인식이다. 이러한 민영환의 러시아 이해는 여전히 동양 사회의 전통적인 '도덕국가론'적인 사고의 발로였다. 그러면서 현량에 기

---

155) 민영환 지음(조재곤 편역), 『해천추범』, 책과함께, 2007, 94쪽.
156) 민영환 지음(조재곤 편역), 『해천추범』, 책과함께, 2007, 94쪽.
157) 민영환 지음(조재곤 편역), 『海天秋帆』, 책과함께, 2007, 108쪽.
158) 민영환 지음(조재곤 편역), 『海天秋帆』, 책과함께, 2007, 109쪽.

반한 재상 정치라는 조선의 사대부 정치가 가지는 이상향을 표트르 대제의 중흥 정치에 빗대었다. 아울러 여성이 왕이 되니 국가의 통합이 한동안 어려웠다는 생각도 있었다.

(E)『使歐續草』5월 19일...(중략)...彼得(표트르) 大帝의 말 탄 동상을 세웠는데 오른손에는 고삐를 잡고 왼손으로는 북쪽을 가리켜 말을 몰아가는 형상을 했는데 자못 용맹하고 사납다. 또 상고하건대 피득은 서기 1672년에 나서 나이 25세에 즉위했는데 나라 안에 어지러운 일이 많은 것을 보고 변장하고 나가서 영국에 유학하여 선박의 정치 및 算學과 일체의 물건 만드는 학문을 배워 가지고 돌아와서 수도를 비로소 지금의 페테르부르크로 옮기고 통상으로 재산을 모았다. 한편으로는 霸術로 각국과 연달아 싸워 모두 이김으로써 드디어 부강한 나라를 이루고 나이 56세에 죽으니 나라 사람들이 사모하여 그 이름으로 수도의 이름을 짓고 중흥의 영주라고 일컬었다.[159]

그런데 이듬해 영국을 다녀오고 쓴『사구속초(使歐續草)』(1897년 5월 19일자)에는 『해천추범(海天秋帆)』에서 보든 '동양적 도덕국가론'이 크게 변화하고 있다. 즉, (E)에서 보듯이 표트르 대제는 더 이상 '현량(賢良) 정치를 하고, 백성을 세심히 돌보고, 검약한 군주'의 이미지가 아니었다. 이제는 각종 근대적 개혁을 성취하고, 유럽 열강과 싸워서 이긴 그야말로 부국강병의 주역이라는 이해로 전변한 것이다. 이처럼 두 개의 저작에서 표트르를 표현하는 방식이 달라진 진짜 이유는 알 수 없다. 아마도 러시아를 다녀 온 뒤 사고의 변화가 생기기 시작했고, 이듬해 산업이 번성한 영국을 다녀온 뒤 영국적인 부국강병의 모델에 심취한 결과로 이해하고 싶다.

또한『사구속초』를 쓰는 시점이 아직도 조선의 대군주인 고종이 아관파

---

159) 민영환 지음(이민수 편역),『使歐續草』5월 19일자」,『민충정공유고』, (구사회, 「근대전환기 조선인의 세계 기행과 문명 담론」,『국어문학』(61), 2016. 3. 30. 151쪽에서 재인용).

천(俄館播遷) 중인 상황이었다. 그가 보고자 한 것은 표트르 대제가 아니고, 일본을 선진 제국으로 이끈 메이지도 아니었다. 나라의 자주와 독립을 염원하는 기운을 받고, 바야흐로 칭제건원, 대한제국 선포라는 과업을 앞둔 신료의 이해를 반영한 것이다. 표트르 대제 동상에 눈길이 간 것도 그 왕이 러시아를 중흥시켰다는 사실을 인지한 덕분이었고, 이에 조선의 중흥의 길이 어디있는지 묻는 모습이기도 했다.

③ 징병제와 의무교육제에 대해서

이런 전통적인 '도덕국가론'적 이해 방식은 군사나 징병제 문제에서도 등장한다. 필자는 1871년 러시아에서 국민개병제(징병제)가 실시된 점을 자세히 언급하였다.

> 6월 27일 러시아의 옛 제도를 보면 군사가 용맹하다. 그것은 농사꾼이나 공업근로자를 보충해서 관에 보고하고 각기 계급에 따라 칭호를 붙이고 제때 불러 조련하기 때문이다. 1871년 러시아 황제가 새 장정으로 바꾸었는데, 온 나라 백성 중 무릇 21세에 이른 자는 의사의 검진을 거쳐 피로하고 약한 사람 외에는 매년 대오에 충원하여 병영에 들어가서 6년간 조련하고 이름과 얼굴에 관한 세류를 남겨두어 이후에도 9년 동안 징발할 수 있게 한다. 어린 나이로 17세에 이른 자 역시 기다리다 병영에 들어가서 배우고, 나이가 차면 시험을 보아 병사로 충원되어 6년 후에 제대한다. 혹 시험을 보아 직업 무관이 되기도 한다. 무릇 제대한 자도 37세에 이르러야만 비로소 병적에서 빠지게 된다. 전쟁에서 막을 사람이 부족해도 다시 징집 조발할 수 있다.[160]

러시아의 옛 제도는 개병제가 아니라 근로자나 농사꾼을 보충하여 때에 따라 불러서 훈련하는 방식 즉, 조선의 번상병(番上兵) 제도와 유사한 것으로 이해하였다. 그러다 1871년 국민개병제로 변화했다는 것이다. 아무나 다 군대에 가게 된 우려를 직접 드러내지 않았으나, 전체적으로 조선과 비슷한 경

---

160) 민영환 지음(조재곤 편역), 『海天秋帆』, 책과함께, 2007, 114쪽.

우는 병사들도 용맹했고, 지금의 개병제 체제는 우려된다는 투를 읽힌다. 무기 제조도 같은 맥락으로 이해한다.

> 7월 18일 음력 8일 조포창에 도착하였다. 기계의 크고 장대함이 이미 여러 곳에서 본 것이상이다. 대소포(砲), 수뢰포는 그 수를 알 수 없는데 큰 것은 길이가 8~9파(把; 웅큼)이고 둘레는 3파(絶) 정도다. 탄환의 크기는 한 길(丈) 한 포(抱; 아름)로 한 발을 쏘면 50리에 이른다. 이와 같은 것은 1년에 겨우 한 대를 만든다고 한다. 연일 물과 육지에서 병기를 만드는 것이 끊이지 않음을 보았다. 세계 각 나라도 당연히 이 같을 것이니 장차 어디에 쓰려 하는가? 하느님이 살아 있는 영혼을 편안케 하려면 반드시 병기를 모두 녹여 부어서 농기구로 만들 날이 있어야 할 것이다.[161]

필자는 이러한 강력한 병기확장 정책에 대해 '은연중 백성들의 삶을 피폐하게 하는 소모적인 행위'로 간주했다. 그래서 이런 병기 경쟁이 주는 자본주의적 축적 기회에 대한 이해는 전혀 없이 전통적인 '동양 평화론'에 입각하여 '병기를 농기구로 만드는 상황'을 이상향이라고 피력한 것이다.

이처럼 필자는 새로운 문물에 대한 찬탄은 계속했지만 자신이 가진 동양적인 가치와 지선에 대한 반성이나 탈피 노력은 그다지 드러나지 않는다. 이런 사고는 개화기 근대 문물에 대한 관심이 결코 체제의 변화나 근대적 개혁을 염두에 둔 것이라기 보다는 전통적인 도덕국가의 이상에 도움이 되는 경우에 한해서 수용하겠다는 소극적인 의미의 개화였다.

한편, 흥미롭게도 필자는 이런 러시아의 의무교육제도에도 관심을 보인다. 성리학자라서 신분차별성이 사라진 의무교육제도를 전적으로 부정할 것으로 생각할 것이다. 하지만 민영환은 '온나라 사람이 각각 한가지 기예를 갖고 또한 글자를 모르거나 글을 통하지 못하는 자가 없으니 훌륭하고 아름답다.'고 표현하였다.[162]

---

161) 민영환 지음(조재곤 편역), 『海天秋帆』, 책과함께, 2007, 134쪽.
162) "남녀가 8세면 모두 학당에 들어간다. 만일 들어가지 않으면 그 부모를 벌하고 병

그런데 의무교육제가 왜 근대사회에 필요하고, 그것이 가지는 사회적 기능이 무엇인지 자각한 흔적은 없다. 오직 유교적 교화를 잊지 않게 까막눈만을 면하게 하여 사람도리를 할 수 있도록 한 문맹퇴치라는 관점에 머물렀다. 그런면에서 의무교육제도를 지지한다고 해도 전근대적인 위민논리의 연장이지 근대적 국민만들기와는 상관이 없었다. 무엇보다 국민개병제 즉 징병제와 이런 의무교육제도가 어떤 연관이 있는지 관심이 없었다.

<그림 9> 노브고르드 박람회 전경

한편, 민영환 일행은 8월 21일 박람회가 열리는 노브고르드(Nizhny Novgorod)를 방문하였다. 이곳은 러시아가 몽골의 압제를 피해서 중흥을 이룩하였던 노브고르드 공국의 옛터였다. 이곳에서 개최된 박람회는 1896년 5월 28일(NS 6월 9일)부터 10월 1일(NS 13일)간 진행되었다. 니콜라이 2세가 하사한 돈으로 건물을 만들었고, 120여개의 민간기업이 전시회에 참여했다고 한다. 전시회는 당시 러시아 최고 예술가로 칭송받던 콘스탄틴 코르빈(Konstantin Korovin)이 전시관을 디자인하였다.

8월 21일 노브고르드에 박물원에 갔다. 박물원은 강의 북쪽 넓은 들에 있는데 본래 숲이었으나 이 전시회를 위해 새로 개척하였다. 둘레는 어림잡아 10여 리이고 층층의 누각과 큰 창고가 숲처럼 솟구쳐 있고 화원의 풀밭 길이 별과 바둑처럼 펼쳐져 있다. 이 누각과 창고에는 러시아 온 나라 안에서 생산되고 제조한 각종 물건을 모아 분류하여

어리나 귀머거리, 맹인도 모두 학당이 있고 빈궁한 자 및 어린 고아 역시 거두어 의숙(義塾)에 넣어 가르친다. 한 나라 안에 학당과 의숙을 숲처럼 세우는데 대중소가 있다. 재주에 따라 과(科)를 나누고 문무상농공(文武商農工)에는 전문 학문이 있어 온나라 사람이 각각 한가지 기예를 갖고 또한 글자를 모르거나 글을 통하지 못하는 자가 없으니 훌륭하고 아름답다 할 수 있다."(민영환 지음(조재곤 편역), 『海天秋帆』, 책과함께, 2007, 151~153쪽.)

나열하였다. 또 속지(屬地)에서 생산된 것도 모아 구역을 나누어 전시하여 비교할 수 있게 하였다. 몇곳 진열장을 보니 눈이 어지러워 응대할 틈이 없다. 이것은 러시아에서 창설한 모임으로 탁지부에서 주관하여 시설한 것이다.163)

박람회가 그렇듯이, 러시아의 발전상을 널리 알리는 목적을 가졌는데, 정작 필자는 열기구를 탄 것에 크게 감격한 것을 제외하고 물질문명의 변화와 추이에 그다지 흥미를 보이지 않았다. 박람회 이외 면방직이나, 조폐공사, 종이제조사 등도 방문했고, 해군기기처에 가서도 기계기술보다 다이빙하는 해군의 모습에 관심을 보였다. 필자는 왜 이토록 근대시설에는 관심이 없었을까.164) 그만큼 시급한 5개조 요구조건을 러시아를 통해서 얻고자 하는 정치적 이해가 우선이었기 때문은 아닐까. 사행의 목적 이외 다른 것은 제대로 보일 리가 만무했다.

④ 약소국과 강대국에 대한 이해, 재러 조선인에 대한 이해

러시아로 가는 길인 1896년 5월 5일 캐나다 밴쿠버에서 민영환은 페르시아 국왕이 피살 당한 소식을 들었다. 을미사변(乙未事變)을 겪은 터라 필자의 마음도 착잡했다. 약소국가는 왜 망하는 것인가. 민영환 스스로 그 답을 이렇게 찾았다.

---

163) 민영환 지음(조재곤 편역),『海天秋帆』, 책과함께, 2007, 161~163쪽.
164) "면포직조소(綿布所)에 갔다. 이는 사립회사로 회사의 주인은 영국인 헨리 하워드이다. 네다섯 곳에 기계를 시설하였는데 큰 것은 1,500마력이요, 작은 것도 5백마력을 내려가는 것이 없는데, 역시 영국에서 가져온 것이다. 면을 타는데 매우 정밀하고 실을 켜는 것이 고르고 가늘다. 풀로 붙이고 튼튼하게 꿰매서 세로로 된 실도 되고 가로로 된 실도 되어 베틀의 북에 올려놓고 아울러 돌리는 바퀴를 사용하는데 모두 사람이 감독하여 만든다. 직조기는 1,900대로, 사람이 그 곁에서 실이 끊어지는 것을 검사하고 오가면서 바로잡는다. 근로자는 모두 2천여 명으로 (남녀가 절반이다) 매달 4만 5천 필을 짠다고 한다."(민영환 지음(조재곤 편역),『海天秋帆』, 책과함께, 2007, 125쪽).

5월 5일(음 25일) 흐림. 서양 사람의 말을 들으니, 페르시아 국왕이 얼마 전 자객에게 시해당했다 한다. 이 때문에 나라 안에 당(黨)이 나뉘어서 영국과 러시아에 붙어 서로 사이가 나빠져 도무지 개명(開)하고 새로워질 방책이 없이 결국에는 이러한 변고가 일어난 것이다. 큰아들이 병이 있어 둘째 아들을 당연히 임금으로 세워야 한다는 것이다. 이 나라는 제(齊)나라와 초(楚)나라 사이에 끼어 능히 스스로 닦지 못하고 내란이 진정되지 않으니 (중국 춘추전국시대의 상황을 비유한 것) 형세가 장차 호랑이가 노리는 속으로 딸려가 먹이가 될 것이니 참을 통탄스럽고 슬프다.[165]

페르시아가 영국에 붙고, 러시아에 붙는 사대주의적 분열이 자국의 불행을 불가피하게 만들었다는 입장이었다. 또한 5월 18일 폴란드 바르샤바를 지나던 민영환은 러시아와 여러나라에 분할된 폴란드에 대한 인상을 기록했다.

5월 18일 옛 폴란드 수도 바르샤바를…(중략)…지나는 각국 사신을 영접한다. 유로파 호텔(Hotel Europa)에서 들으니 이곳은 옛날에 가장 개화한 자주국이었는데 백여 년 전 정치가 점차 쇠약해지고 벼슬아치들이 백성을 능멸하고 학대하여 내란이 수차례 일어나도 능히 다스려 안정을 취할 수 없었다. 결국 러시아, 오스트리아, 프랑스 세 나라가 그 땅을 나누었으니 이것은 나라를 도모하는 자가 거울삼아 경계해야 할 것이다.[166]

비극적인 상황에 대해서 모두 페르시아의 국론분열, 폴란드의 무능정치에 책임을 돌리는 분위기이다. 즉, 페르시아는 외세를 놓고 어디에 붙을지 고민하다가 결국 망했다는 것이고, 폴란드는 옛날에는 좋았으나, 결국 스스로 백성을 능멸하고, 학대한 것, 내란 등으로 스스로 자멸하고 러시아, 오스트리아, 프랑스 등 세나라에 의해 분할되었다는 것이다. 친일파들이 '조선 멸망은 사실 자초한 것'이라는 생각과 그다지 달라 보이지 않는다.

이런 필자도 1905년 을사늑약이 체결되는 것을 보고, 제국주의의 마수가 얼마든지 약소국의 주권을 유린하고 강권적 지배를 강요할 수 있다는 사실

---

165) 민영환 지음(조재곤 편역), 『海天秋帆』, 책과함께, 2007, 46~47쪽.
166) 민영환 지음(조재곤 편역), 『海天秋帆』, 책과함께, 2007, 57쪽.

을 각인하였고, 스스로 자결함으로서 제국주의 침략에 항거하였다. 하지만 아직은 그런 생각에 미치지 못하고 있다. 다만, 흥미로운 것은 이런 생각을 가지면서도 민영환은 제국주의 열강이 가지는 '방약무도'에 대해서도 점차 자각하고 있었다.

> 7월 6일 어떤 사람이 미국, 영국, 이탈리아, 프랑스, 러시아의 이야기를 총괄적으로 하는 것을 들으니, 미국 사람은 못하는 말이 없고, 영국 사람은 먹지 못하는 물건이 없고, 이탈리아 사람은 노래하지 못하는 곡이 없고, 프랑스 사람은 규칙이 없으면 뛰지도 못하고, 러시아 사람은 탐하지 않는 것이 없다고 한다. 누구의 입에서 나온 말인지 알 수 없으나 두루 자세히 조사해보니 나라 이름과 실상이 딱 들어맞기 때문에 기록해둔다.[167]

아직은 '멸망 자초론'과 같은 생각이 주류였으나 자신도 모르게 어쩌면 더 감각적으로 '믿을 수 없는 열강의 속내'라는 생각을 키워가고 있었다. 자신이 봐도 이렇게 화려한 제국이 그냥 이뤄지지 않는다는 사실을 확신하기 시작한 것이다.

이처럼 민영환도 시기에 따라서 점차 ① 전통적 사고, ② 근대주의적 사고, ③ 반침략적 사고가 서로 혼재되어 뇌리에서 각축하면서 새로운 세상에 대한 해석을 시시각각 내놓고 있었다. 경향적으로는 전봉준 장군에게 탐관오리 소리를 들어야 했던 1894년은 ①에서 ②로 그리고 ③으로 세계관의 축을 바꾸어 가고 있었다.

한편, 갈 때는 태평양·대서양을 지나는 해로를 택했던 민영환 일행은 귀로는 러시아측 권유에 따라 시베리아횡단열차를 이용했다. 귀로에는 블라고베셴스크와 하바로프스크에 거주하는 조선인과도 만났다.

> 9월 27일 우리나라 사람으로 블라디보스토크에서 이 곳(아무르주의 수도 블라고베

---

167) 민영환 지음(조재곤 편역), 『海天秋帆』, 책과함께, 2007, 122쪽.

센스크)까지 없는 곳이 없다. 스스로 촌락을 이루었는데 몇만명인지 알 수 없다. 이미 러시아 적(籍)에 입적한 자도 많다. 여기도 현재 50여 명이 된다. 이곳에서 700리 거리에서 금광을 하면서 먹고 사는 사람 중 여섯이 와서 보았다. 원산의 박기순은 일찍이 우두머리를 하던 자로 아직도 상투를 틀고 있다.[168]

10월 4일 이 땅(하바로프스크) 역시 우리나라 유민들이 촌락을 이룬 곳이 있는데 이름이 오시포프카로 농사를 짓거나 상업을 한다. 그 우두머리 김복길이 수십여 인을 데리고 와서 보았다. 고국을 잊지 말라는 뜻을 상세히 설명했다.[169]

우리 유민들로 이 항구에 거주하는 자는 수백 호이고 왕래하는 자는 그 수를 헤아릴 수 없다. 연추사(크라스키노), 추풍사(라즈돌리노예) 수청사(팔차산스크) 등이 조선 지역 유민의 부락이라고 일컬어지는데 호수는 6~7천호정도였다. 러시아 호적에 들어간 자는 절반이 넘는다. 모두 러시아 옷을 입고 러시아어를 하며 또 어린아이들은 본국의 풍속도 모르니 그대로 둘 수 없다. 시급히 영사를 설치하고 관장하여 다스리게 하고 약장(約章)을 상세히 정해 고향으로 돌아가고자 하는지 모두 불러들이고, 장사를 하려는 자는 조계(租界)를 정해 살게 하면 가히 떠돌면서 흩어지고 시끄러운 폐단을 면할 수 있을 것이다.[170]

민영환이 목격한 재러 조선인들은 약 1880년대 금광 개발로 인해 들어온 사람이 많았다. 재러 조선인들은 이들 사절에게 본국 조선의 위의(威儀)를 보게 되어 대단히 감격해 하였고, 귀국 문제도 조정의 소환령에 적극 순종하겠노라고 약속했다. 이런 환대와 순종 분위기는 이들이 조선 정부의 허가를 받고 러시아로 이주한 데 대해 선처를 기대하는 속내에서 나온 것이었다.

⑤ 빅토리아 여왕 즉위 60주년 축하식
민영환은 1896년 러시아를 갈 때도 런던을 경유하였고, 1897년에도 영국

168) 민영환 지음(조재곤 편역), 『海天秋帆』, 책과함께, 2007, 189~190쪽.
169) 민영환 지음(조재곤 편역), 『海天秋帆』, 책과함께, 2007, 192쪽.
170) 민영환 지음(조재곤 편역), 『海天秋帆』, 책과함께, 2007, 202~203쪽.

에서 빅토리아 여왕의 즉위식에 참석하고자 런던을 방문하였다. 일단 러시아로 갈 때의 감상은 이렇다.

> 런던은 뉴욕과 비슷하나 그 웅장함이 더하다. 땅은 좁고 사람이 많아 곳곳의 거리에는 땅을 파고 몇 층을 만들었다. 그 속에 또한 사는 집이 있다. 상점이 있고 철로가 있고 차와 말이 오가니 그 번성함이 천하에서 최고이다. 또 길에 다니는 사람들은 온화하고 안정되어 조금도 시끄럽게 떠드는 사람이 없다. 다만 말발굽과 수레바퀴 소리만 들리니 가히 나라의 법이 엄하고 투명함을 알 수 있다. (빅토리아) 여황은 즉위한 지 50여 년인데 넓은 토지를 개척하여 나날이 부강해진다.[171]

나랏법이 엄하고, 사람이 평온하며, 성급하지도 않는 태평성대의 나라로 이해하였다. 철로와 차도 많다고 하여 번성한다고 했으나, 가장 중요한 것은 역시 토지와 평안이라는 전통적이고 도덕적인 관점에서 영국을 평가하고 있었다.

한편, 『사구속초(使歐續草)』는 광무 원년(1897) 3월 24일부터 민영환이 영국 빅토리아 여왕의 즉위 60년 축하식에 다녀온 기록이다. 당시 군부대신이던 민영환이 특명전권공사로 임명되어 영국으로 떠난 것이다. 여기서 유독 기차(汽車)에 대한 감상이 독특하다. 당시로선 아직 조선에 기차나 전차도 아직 개통되지 못한 시기였다. 기차를 보는 벅찬 감회는 속도에서 시작되었다. 화살이 시위를 떠난 것같고, 새가 날개를 편 것과 같다는 표현에서 보듯이 한 시간에 능히 1백 리(里)를 가는 놀라운 속도에 감동하였다.

> 1897년 5월 15일. 기차 제도는 기계가 한 차에 여섯 차량이 달렸고 석탄 차 하나에 네 차량이 달렸는데 두 차가 앞에서 끌면 그 뒤로 각 차가 연결되어 수십 량의 많은 것을 실을 수 있다. 기차가 앞서 떠나면 모든 차가 따르는데 그 빠르기가 마치 화살이 시위를 떠난 것과 같고 새가 날개를 편 것과 같아 귓속에는 다만 바람소리가 들릴 뿐이다. 찻길이 지나는 곳에는 사람이 두어 길을 지키며 손에 희고 푸르고 붉은 세 빛깔의 기를 가지고

---

171) 민영환 지음(조재곤 편역), 『海天秋帆』, 책과함께, 2007, 54~55쪽.

때를 맞추어 분별하기 위해서 흔들어 표시한다. 만일 궤도에 장애가 없으면 흰 깃발로 기관사에게 1,2리 밖에서 보여주면 이것을 분명히 보고 즉시 차를 몰아 유쾌히 간다. 혹 찻길이 조금이라도 상하서 급히 고쳐지지 못하겠으면 즉시 푸른 기로 표시하면 차가 천천히 가다가 드디어 멈추고 기다린다. 혹 찻길이 크게 무너져서 수리하기에 시간이 걸리면 붉은 기를 보이게 되면 드디어 차를 정지하고 가지 않는다. 차 안에 방의 위치를 깔아놓은 것이나 기구들이 정결하고 아름답지 않은 것이 없다. 그 안에서 눕기도 하고 앉기도 하며 무릎을 맞대고 마음속 이야기를 할 수도 있으며 또는 창을 열고 멀리 바라볼 수도 있어 자못 적막하지가 않다.[172]

이렇게 기차에 감동한 이유는 조만간 닥칠 조선의 전차나 철도개설이 주는 이점에 대한 확신이었다. 막대한 재정을 들여야 할 이유와 다수 조선인이 거대한 연기를 내면서 돌진하는 무서운 무쇠 귀신에 대한 두려움이 작열하는 현실에서 기차가 주는 이점이 그 모든 공포를 이길 만한 것이어야 하였다.

철도 부설에 따른 열강들의 이권 쟁탈과 식민지화의 음모도 알 길이 없고, 전차 운영으로 인한 근대적 지식 대중의 확산 등의 변화도 예측할 수없었다. 오로지 빨리 달리는 근대적 기물의 활용만이 관심이었다. 민영환이 느꼈던 기차는 바로 수많은 난관이 예측되는 철도 부설 사업에 대한 자기 무장과도 같이 느껴진다.

(2) 번영은 호신구기에서: 김만수의 『日錄』

① 나폴레옹, 도의(道義)가 보장되지 않는 패권은 스스로를 망하게 한다.

석하(石下) 김만수(金晩秀; 1858~1936)는 광무 5년(1901) 3월 16일에 주 프랑스 공사로 임명되어 4월 15일 출발하여 프랑스 현지에 가서 외교활동을 하다가 돌아온 다음 모든 과정을 기록으로 남겼는데, 이것이 『일록(日錄)』이

---

172) 민영환(이민수 역), 「『使歐續草』 5월 15일자」, 『민충정공유고』, (구사회,「근대전환기 조선인의 세계 기행과 문명 담론」,『국어문학』(61), 2016. 3. 30. 145쪽에서 재인용).

다. 대체로 1901년 4월 14일부터 8월 26일까지의 기록을 여기에 남겼다. 이것을 통하여 당시 유럽에 대한 조선인 관료의 이해방식을 일부 이해할 수 있다.

가장 먼저 눈에 띄는 파레시아는 나폴레옹에 관한 생각이다. 제국의 신하로서, 몰락한 옛 영웅 나폴레옹에 대해 흥미로운 생각을 보여준다. 즉, 『일록(日錄)』의 양력 8월 16일(음력 7월 3일)의 기록을 보면 그날 아침부터 나폴레옹이 살았던 궁궐을 찾아갔다고 한다. 거기서 나폴레옹이 유럽을 제패하고, 러시아와 일전을 겨루다 패전하고, 이윽고 절치부심하다 다시 일어섰으나 영국에 패하고 말았다는 일대기를 들었던 모양이다.

그러자 김만수는 나폴레옹의 삶을 이렇게 평가하였다.

> 내가 가만히 생각하니 예로부터 영웅들 가운데 더러 병사를 동원하고 무력을 남용하여 천하를 얻는 사람이 있었다. 그러나 결국 동쪽을 정벌하면 서쪽 지역 사람들이 왜 자기 지역부터 정벌하지 않느냐고 원망했던 가르침만 못하니, 지난날 인의(仁義)로써 갑옷을 입지 않고서도 천하를 평정하는 것만 못하다. 그렇다면 이 나폴레옹을 비교하면, 오로지 전투를 일삼아 새로운 왕조를 세우려고 도모하는 것은 실로 내 마음에 참으로 의심스러운 점이다.[173]

빈약한 대한제국의 신료라서 그런지 일본의 패권주의적 침략에 분노해서 그런지, 프랑스 나폴레옹이 인의(仁義)로서 갑옷을 입지 않고서 천하를 평정하려 했던 그 패권주의 때문에 스스로 멸망할 수밖에 없다는 평가를 내리고 있다. 즉, 동쪽을 치는데도 서쪽 사람들이 자신들을 쳐주지 않는 것에 분노할 만큼 전쟁이나 전투는 도의를 다하고 정의로움에 기반하여야 한다는 것이었다. 그런 도의가 사라지고 맹목적인 패권만 앞세우면 동이든 서든 어디를 가더라도 거센 반항에 직면하고 필경 뜻을 이룰 수없을 것이라는 생각이다.

---

173) 金晩秀, ≪日錄≫, "陽八月十六日, 陰七月三日. 晴(구사회, 「대한제국기 주불공사 김만수의 세계기행과 사행록」, 『東亞人文學』(29), 92쪽에서 재인용)

그런데 세상은 그런 김만수의 도의적 전망으로 진행되는 것이 아니었다. 이런 생각을 보면, 김만수가 여전히 전근대적 이데올로기의 일부로서, 인의(仁義)를 명분으로 하여 이뤄지는 세계에 대한 기대감을 가지고 있다는 것을 드러낸다.

② 프랑스의 번영은 호신기구(好新而棄舊)이지 구본신참(舊本新參)이 아니다.

다음은 필자가 보는 프랑스의 번영과 그 내막에 대한 이해이다. 『일록(日錄)』의 양력 7월 28일(음력 6월 13일) 기록을 보면, 참사관을 시켜서 프랑스 국세를 살폈더니 '인구는 3,851만 7,915명인데, 본국 이외에 새롭게 점령한 지역 인구가 5천만'이며, 세입은 3,923만 7,954프랑, 세출은 3,912만 2,435 프랑에 달하여'인구의 증가와 영토의 점유는 해마다 더욱 발전하여 흥성이 끝나지 않는 형상이 있다.'고 하였다. 그렇다면 필자는 그 원동력을 어디에 있다고 본 것일까.

> 그들 풍속은 음을 존중하고 양을 억누르고 새로운 것을 좋아하고 옛것을 버렸다. 마치 한 사람이 하나의 사물을 새로 발명하는 듯했다. 이용후생에 조금이라도 보탬이 된다면 뭇사람들이 기교한 일들을 경쟁하고 더욱 새로워지는 것을 생각하는 까닭이다. 그러므로 올해 하나의 기량을 터득하면 내년에는 갑절의 공과가 있게 되고, 오늘 하나의 기술을 얻게 되면 다음 날 갑절의 공과가 있게 된다. 경기구가 하늘을 오르거나 철탑이 구름을 능가하는 까닭은 열방들이 아직 미치지 못하는 장관이자 기묘한 공과이다.[174]

필자가 보는 해결책은 역시 호신기구(好新而棄舊) 즉, 새로운 것을 좋아하고, 옛것은 과감히 버리는 일이었다. 그것을 통하여 개인의 창의력이 경쟁하

---

174) 金晩秀, ≪日錄≫, "陽七月二十八日, 陰六月十三日. 陰(구사회, 상동, 『東亞人文學』 (29), 92쪽).

여 더욱 새로운 것을 만들어가고, 그렇게 경쟁 속에서 개개의 기량을 키워가면 전체적인 국력도 커지고, 민생도 좋아지는 부국강민한 국가가 된다는 평가였다. 정확하게 당대 대한제국의 길을 이해하고 있었지만 이런 김만수의 생각은 당시 대한제국의 국시였던 구본신참(舊本新參; 옛 것을 본으로 하고, 새것을 참조한다)이라는 맥락과는 궤를 달리하는 것이었다.

③ 프랑스처럼 바퀴 달린 운수 교통 문명을 발전시키자.

프랑스에서 김만수는 종래 근대적 기계문명이 주로 군사 무기나 대규모 토목기구 등을 확보하고, 강한 군대를 육성하여 힘의 질서에 편입되어 독립을 꾀하는 이른바 부국강병론에서 한발 더 나갔다. 이제는 프랑스인의 생활 곳곳에서 발견되는 인간의 창의력과 이용후생의 기술문명을 통한 민력 향상에 대한 관심이 솟았다. 특히 교통 문제에 대해선 무척 선진적이다.

> 양력 10월 9일. 흐림. 프랑스의 제반 운행하는 것들을 보았더니 모두 바퀴를 위주로 한다. 예컨대 대륜차, 전기차, 쌍마차, 단마차, 자전거, 철로차, 자동차이다. 서양 사람들은 그것을 오토모비(玉道貌飛; 오토무비)라고 한다. 한결같이 않지만, 충분히 모두 백성들이 이용하는데 부합된다. 이 때문에 오천 리나 되는 강토가 시간 내에 통행할 할 수 있고 삼천 갈래의 거리는 순식간에 두루 볼 수 있다. 유럽에서 이러한 제도의 새로운 발명이 누구에게서 만들어졌는지 알 수 없다. 하지만 그들의 지혜나 사고의 공교로움과 연구의 깊이는 정말로 사람의 의표를 뛰어넘는 것이다....(중략)...그리고 사람이 등에 짐을 지거나 소가 짐을 싣거나 실어 나르는 여러 물건에 이르기까지 모두 바퀴를 위주로 하여 심지어 힘을 들이지 않고서도 운행이 매우 편리하였다.[175)]

수레 문화는 이미 박제가의 『수레고』에서도 그 필요성이 강조되었지만 고려 말 이후 몽골이 고려에 대한 지배권을 강화하기 위한 역참제도를 확장

---

175) 金晩秀, ≪日錄≫, 陽十月九日, 陰八月卄七日. 陰 (구사회, 상동, 『東亞人文學』(29), 98쪽).

하려는 것을 경험한 이래로 좀처럼 수레 문화를 향상시킬 인프라 구축 정책은 취해지지 않았다. 물론 아직 대한제국으로선 이런 바퀴 문화를 수용할 인프라가 제대로 구비되지 않은 상황이었지만 바야흐로 서울 등 대도시에 '신작로(新作路)'라고 하여 도시대로를 확충하는 사업이 진행되던 차였다. 이런 본국의 열기를 반영하여 프랑스의 교통운수 시스템을 유심히 보게 된 것으로 보인다.

이처럼 김만수는 정신적으로 종래 유교적 도의적 세계관이 여전히 잔존한 듯하지만, 경제적 혹은 문화면에서 적극적으로 자본주의적 경쟁 시스템이나 레일로드 시스템같은 '민력(民力) 증진의 획기적 변화'를 기대하고 있었다. 입헌이 아닌 정치적 측면의 구본신참과 자본주의적인 경제적 호신구기는 사실 공존할 수 없는 적대적 이념이다. 하지만, 아직은 타협하며 현실 정치에 영향을 주는 모습이다. 대한제국 신료였던 그에게도 이 두 가지 생각은 자연스럽게 타협하고 공존하고 있었다.

Ⅲ. 제국을 배우자. 조선인의 해외
투어와 탐구와 열정의 파레시아

1. 일본 여행과 '실력(實力)':

우리도 일본을 가르친 적 있다. 실력만이 살길이다.

1) 관변 시찰기: 일본은 대단하다. 조선도 갖고 싶다.

(1) 조선인 차별하면 난리 난다: 진주 김기태, 남원 용성생, 중추원 참의 이만규, 유도진흥회 정원명의 일본 시찰기

① 동경(憧憬)과 그 그늘

일본시찰단은 한말 이래 민과 관 양면에서 다양하게 조직되어 파견되었고, 대체로 한국병탄에 협조한 유생들의 의식 전환이나 친일 관료들에 대한 교육 등을 목적으로 하였다. 더불어 조선인 상층과 중간지배층 및 향촌 사회의 지배층에게 일본을 견문시킴으로써 식민지 지배의 동조자 혹은 협조자를 만들고자 했다. 일본을 시찰하고 돌아온 인물들은 천편일률적으로 일본인의 협력정신과 근면함에 경탄을 금하지 못하고, 이런 모습을 조선인의 나태와 직접 비교하였다.

○ (용성생의 일본 모범촌 시찰) 매산구(枚山區)는 시즈오카(靜岡)현 암원(庵原)군 암

원촌의 한 부락이니 모범촌으로 산업조합이 발달한 촌으로 일본 최고의 실업보습학교 소재지로 유명하다. 지금 산물이 자못 풍부하며,...(중략)...다른 촌에 토지를 소유한 것이 400정보나 된다.[176]

○ (용성생의 마쓰야마구 시찰) 마쓰야마구(松山區)가 쇠퇴한 것을 회복하고 오늘의 부유함을 이룬 것은 구민의 일치화합에 의한 것인데, 여기에 이 지역의 명주(名主) 가타히라 노부아키(片平信明) 어른이 적성(赤誠)으로 구(區)의 발달에 진력한 결과물[所賜]이라. 가타히라 어르신은 마쓰야마촌의 명주 역할로서 가정이 초풍(稍豊; 점점 풍요로 워짐)하였다....(중략)...노력 근면의 도를 가하고, 마침내 오늘의 성황을 보게 되었다.[177]

○ (이찬의의 일본 시찰) 각 도시의 은부(殷富)와 논밭의 개척과 삼림의 울밀과 농민의 근면을 보고, 조선은 언제 이같이 될지. 조선인도 아무쪼록 노력하여 일본처럼 되어야겠다고 생각하였소.[178]

엄청난 환대에 도취된 시찰단 일부는 아예 '제2의 일본인'을 자처하고 무한한 일본에 대한 감사의 마음을 전하기에 여념이 없었다. 아울러 '일본 자본주의＝도덕적'이라는 관념도 널리 알리고자 했다. 물론 1910년대 일본의 근대화에 대한 일방적인 환호와 경의로 점철된 친일파들의 시찰담이 1920년대에도 그다지 계승된 흔적은 보이지 않지만 본토 시찰이 조선인에게 일본 자본주의에 대한 친숙도를 높이는데 기여한 건 사실이었다. 예를 들어 1921년 함북 회령군 운두면장 정원영(鄭源榮)의 감상기를 보면 다음과 같은 이유로 일본을 동경(憧憬)한다고 했다.

첫째, 환경적인 측면에서 "일본의 악천(岳川)은 주파심벽(洲波深碧)하지만 인공(人工)을 가하여 항만 정리는 물론이고 협류소천(峽流小川)까지도 둑

---

176) 전북 남원 용성생(龍城生), 「보덕모범촌시찰기」, 『매일신보』, 1916년 3월 10일.
177) 전북 남원 용성생(龍城生), 「보덕모범촌시찰기(2)」, 『매일신보』, 1916년 3월 18일.
178) 「이찬의시찰기(李贊議視察記)」, 『조선일보』, 1920년 12월 18일(뉴스라이브러리).

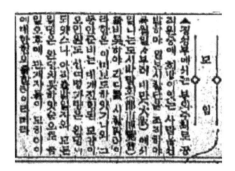

<그림 11> 경성부 주최 大阪都市博覽會 및
日本各地視察團 모집,
『동아일보』1921년 05월 11일

방을 석축으로 하였다."는 점. 둘째, 생활면에서도 '여자들 노동의 근면함은 대서특서할 일'. 셋째, 일본 농촌이 2모작을 하고 산꼭대기까지 보리밭을 조성하는 등 농업기술이 발전한 점 등이었다. 특히 조선보다 수확량이 많은 것은 토질이 비옥한 것 때문이 아니라 인공을 특별히 더했기 때문이

라고 평가하였다. 넷째는 공업 면에서 우해군공창(吳海軍工廠)처럼 전품의 생산능력이 뛰어난 점이었다.[179] 그러면서 현재의 조선이 일본을 그만큼 따라가지 못한 현실을 유감스럽게 생각하고 조선인의 반성을 촉구하고 있다. 어쨌든 『매일신보』에 따르면 약 15개 항목에서 일본에 대한 새로운 감각이 생겼다는 시찰단원들의 인터뷰를 싣고 있다.

①일본의 풍광이 미려하다. ②일본인은 노동에 의외로 근면하다. ③재조선 일본인보다 본토 일본인이 친절하다. ④가옥이 크고 청결하다. ⑤어떤 곳이든 밭이 있고, 노는 땅이 없다. ⑥농가가 다 부유하다. ⑦삼림이 울창하다. ⑧도로 양호, 교통기관 잘 정비 ⑨굴뚝이 많아 공업발달이 특별하다. ⑩일본에 이주하고 싶다. ⑪조선인에 대한 멸시가 없다. ⑫중국인이 적다. ⑬ 일본인은 인격이 고상하다. ⑭학교가 많다. ⑮촌마다 주민센터[役所]가 커서 조선에 비할 바 아니다.[180]

특히 눈에 띄는 것이 바로 재조선 일본인보다 본토 일본인이 친절하다는

---

179) "우해군공창(吳海軍工廠)은 군함, 대소포 등 각 병기를 제조하니 기계 소리는 여뢰굉굉(如雷轟轟)하고 굴뚝의 연기는 여운몽몽(如雲濛濛)"(鄭源榮, 「內地視察感想」, 『儒道』(4), 유도진흥회 1921년 12월호.)
180) 「內地視察所感」, 『매일신보』, 1921년 5월 2일.

것과 조선인에 대한 차별이 없다는 부분이다. 평소 이들 친일 조선인들도 재조 일본인이나 조선내 일본공무원들이 대단히 자신들을 불공평하게 대하고 있었다는 속내를 은연중에 보여주는 대목이다.

② 차별하면 저항하리

시찰단의 기행담을 보면 심층적인 파레시아 분석이 필요 없을 정도로 천편일률적인 목적만 드러난다. 그럼에도 자세히 보면, 적어도 '차별받은 현실에 대한 깊은 불만'이 일본을 찬미하는 글 속에서도 자연스럽게 녹아 있었고, 조선경제를 일본처럼 적극적으로 개발할 것을 주문하는 등 총독부를 향한 협박성 요구도 담겨있었다. 이는 친일파라도 무조건 일본이 가하는 차별정책에 동의하지 않았다는 사실을 보여준다. 윤치호같은 일급 친일파도 총독부가 대놓고 일선동조론(日鮮同祖論)을 유포하거나 동화정책을 추진하는데, 그 실적에 대해선 회의적인 의견을 자주 피력했다.

> 일본의 현재 시책은 이도 저도 아니다. 성의 없는 개혁, 공약, 각양각색의 미명하에 자행되는 가혹행위로 인해 조선인들의 불만과 실망과 절망은 점점 더 커지고 있다.[181]

일부 시찰단은 일본본토에 거주하는 조선인의 삶은 척박하며, 무척 고달프다는 비판도 피력하였다. 예를 들어 1925년도 '경북중견청년단 내지시찰 감상기'에도 재일조선인 다수가 힘겨운 실업 상태에 놓이는 등 힘겨운 상황을 개탄하고 있다.[182] 이에 관한 1920년에 일본을 시찰한 중추원 부찬의 이

---

181) 『윤치호 일기』, 1920년 8월 14일, 188쪽.
182) "4월 말 조사에 의하면 재오사카 조선인은 58,000인 정도에 달하는데, 대개 날마다 축항에 상륙하는 자가 300인 기타 합계 500인씩 증가하고 있다고 하는데, 이 중 약 1/3은 실업자로서 생활 불안을 느끼고 있다. 또한 京都에서는 현재 5천인의 조선인이 거주하고 있는데...(중략)...재단법인 공조회를 조직할 계획이 이뤄지고 있다."(「경북 경산 중견청년 내지시찰단 일행과 시찰 감상」, 『부산일보』 1925년

만규도 그런 입장과 일치했다. 일단은 일본인과 대립하지 말고 잘 지내라는 것이고, 조선총독부에 대해선 보다 적극적인 공업화를 주문한 것이다.

조선인 남녀가 일본각처에 가서 노동하는 자가 많은데, 그들을 보면, 부모형제와 이별하여 먼 곳에서 노동생활하는 것이 측은하나 한편으로 생각하면, 사는 지방이 다르나 본시 같은 나라인즉, 실은 외로운 것이 아니며 근검저금하고 다소간 기업을 배워서 풍속의 좋은 것을 습득하여, 일본인과 밀접 감화하는 것이 역시 좋다고 생각하였소. 고베(神戶)에서 조윤(趙尹)이라는 사람이 있는데, 전라남도 사람으로 13년 전에 가서 30전으로 엿장수[飴商]를 시작하여 점차 돈을 벌어 지금은 3~4만 원의 재산을 벌어서 모방적 회사(某紡績會社)의 중역이 되었다고 하기에 대단히 신기하게 생각하였소이다.[183]

그래도 중추원 찬의 이만규는 그런 해결책에만 만족할 수 없었다. 철저한 관변 혹은 친일 언론사 주도의 시찰단이라고 하더라도 그들의 관심은 의외로 재일 조선인 삶과 차별 문제에 집중한 경우가 많았다.

실제로 1920년 2월 3일에 일본에 도착한 이만규는 각종 연회에서 조선인 차별 철폐와 권리 확보에 관한 자신의 포부를 소개하였다. 그러면서 차별 문제에 대해 조선인들이 얼마나 큰 저항감을 가지고 있는지 알렸다. 다음은 그가 내무대신 환영연에서 말한 내용이다.

조선통치의 근본 요지는 일시동인(一視同仁)이라는 4자이다...(중략)...이것을 목표로 위정자가 마음에 늘 담고 크고 작은 일을 진행하면 조선인은 원래 일마다 도의(道義)를 아는 사람이므로 점점 감화를 받게 될 것이다. 속히 교육을 장려하고, 보통교육을 보급하며 고등교육 대학교까지라도 설치해서 일본과 동일한 교육 정도로 높이며, 실업(實業)을 조선인 본위로 일으켜서 생활을 풍족케 하며, 풍속을 개량하되 종래의 장점은 보존하거나 장려하며, 현재 조선 인민 여전히 빈곤한 즉, 제반 경비를 일일

5월 20일).

183) 「李晩奎 부찬의 시찰기(李贊議視察記)」, 『조선일보』, 1920년 12월 18일(뉴스라이브러리).; 중추원 부찬의 李晩奎, 「내지시찰기(하)」, 『매일신보』, 1920년 12월 20일.

이 부담하기 어려우나, 민력 발전하기까지는 정부에서 재정보급을 해달라.[184]

결국은 일본과 같은 수준의 교육, 대학교 설치, 실업장려, 미풍양속 보존을 요청하는 것에 이어서 특히 빈곤 문제 해결에 필요한 재정경비를 일본정부가 부담해달라는 내용이었다. 조선내 민력으로는 현상을 타파하기 어렵다는 것이다.

이어서 이만규가 조선에 근무하는 관인 단체의 연석연회에서 진술한 내용을 보면, 특별히 차별철폐를 가장 중심에 두고 있다.

　　조선통치를 왕도(王道)로 옮겨 탕탕평평하고, 광명정대하고, 무표무리(無表無裏)하게 하면 소위 일선융화(日鮮融和)는 손바닥 뒤집듯 쉬울 것이다. 만약 패도를 부려서 차별적 침략적으로 하면 일시는 치안을 유지할지 몰라도 마침내 소요가 여러 차례 발생할 줄 생각하니, 이는 국가백년의 장책(長策)이 아니다. 조선인이 제국신민이 된 이상 이는 국민의 의무를 다하여야 하니 병역(兵役)까지도 복무해야 하는 것은 당연한 의무다. 동시에 상당한 권리를 누림이 당연하다. 의무만 지우고 권리는 주지 않으면 이는 일방적 압박[偏務的壓迫]이니 누가 그것을 진심으로 하겠는가. 겉으로는 부득불 복종해도 마음[內心]으로는 불복하니, 이천만 인민을 어찌 눈과 귀를 가릴 것이며,[豈能盡掩耳緘口乎]인가. 그러므로 왕도(王道)를 따름이 가하다 하노라.[185]

만약 차별을 철폐하지 않고, 일선융화 즉, 일본처럼 조선의 수준을 높이는 정책을 사용하지 않으면서 힘으로 누르려 한다면 마침내 3.1운동과 같은 소요사태가 또다시 발생할 것이라고 위협하고 있다. 이들 친일 조선인들도 3.1운동을 활용하여 조선인 차별 문제 해결을 독려하는 모습이다. 실제로 차별 문제는 독립운동진영, 친일진영을 막론하고 공통의 과제였고, 차별이 존재

---

184) 「李晚奎 부찬의 시찰기(李贊議視察記)」, 『조선일보』, 1920년 12월 18일(뉴스라이브러리).

185) 중추원 부찬의 이만규, 「내지시찰기(하)」, 『매일신보』, 1920년 12월 20일 및 「이찬의시찰기(李贊議視察記)」, 『조선일보』, 1920년 12월 18일(뉴스라이브러리).

하는 한 조선통치의 지속이 어려울 것이라는 점이 공통된 입장이었다

또 하나 흥미로운 것은 '현재 조선에서는 조선인들이 의무만 있고, 권리는 없다.'는 입장이다. 앞서 언급한 조선인 차별의 철폐 문제와 더불어 조선인들도 '보통교육(의무교육)과 병역의무를 지워서 제국 내에서 국민적 권리를 향유할 수 있도록 해야 한다.'고 주장하였다. 그렇지 않으면 '제국 일본에 조선인들은 심복하지 않을 것'이라는 협박도 하였다.

이처럼 친일 조선인의 전략은 3·1운동이라는 민족운동을 활용하여 조선이 제국내에서 보다 뚜렷한 입지를 확보하고, 조선인들도 일본인과 같은 현실적인 권리를 획득하는 문제를 심도있게 타진하고 확보하려한 흔적이 있다. 일방적으로 일본인 본위의 정책과 사고만을 지향했다는 분석은 실제의 사실과 다르다. 문제는 그런 주장에도 일제는 제대로 반영하지 않았고, 반영하지 않아도 친일 조선인의 저항이나 대응은 미온적이었다는 점이다.

한편, 1924년 5월 6일 경기도 사회과 주최로 내지사회사업시찰단의 일원으로 오카야마현 상방군 유한촌을 방문한 김포의 서상열(徐相悅)도 시찰기를 통하여 유한촌에서 이뤄지는 자작농창정계획이 우리에게도 필요하다는 생각을 피력하고 있다.

> 일본의 사회사업이 우리 조선에 비하면 우량하고 모범적이라는 점은 익히 알아 중언부언할 필요가 없지만,'이 마을 촌역소(村役所; 현 주민센터)에서 많은 돈을 들여 토지를 구입하여...(중략)...자작농을 조성한 개척지(殖地)는 소작자로서 매입을 희망하는 자에 대해서는 양도를 학고, 빈궁자에게는 구제적으로 무료 또는 소액 소작료로 경작하게 한다.[186]

이처럼 친일파들이 득실한 시찰단이라고 하더라도 일본 현지의 농촌 시찰을 통하여 배운 정책을 총독부의 농정에 반영하려고 노력한 흔적도 있었다.

---

186) 김포 서상열, 「내지사회사업시찰기」, 『매일신보』, 1924년 6월 16일.

하지만 알다시피 자작농창정계획은 1930년대 우가끼 총독 시기에 와서야 정책적으로 본격화되었다. 그만큼 당시 총독부의 농정은 본토에서 진행되던 것과 거리가 있는 대단히 민족차별적이고, 농민 수탈적 성격이 강하던 상황이었다.

③ 자본주의도 도의를 내세울 수 있다는 배움

시찰단의 근대적 공업에 대한 호기심은 이미 1910년대에도 치열하였다. 1910년 4월경에 경남 진출 출신 갑부 김기태[1887~1941][187]는 러시아 군함이 전시된 히로시마현의 이쓰구시마(嚴島)에 있는 우고쇼(吳工廠)를 시찰하면서 다음과 같은 감상을 남겼다.

> 26일에 우(吳)군항에서 출발하여 같은 곳 제철소를 관람하니 이곳은 군항의 공창(工廠)이기에 그 시설이 극히 광대하여 노동자[工手]가 2만 1천명, 매일 쓰는 돈이 2만 5천원에 달한다. 기계 사용과 물품 제조는 관람자의 눈을 번쩍 뜨이게 하여 평생 못 볼 장관이다. 현재 군함이나 전함 등 전품(戰品)을 제조하는 중인데, 통상 군함 1척당 2만톤규모로 제조한다면 1천 5만원이 든다고 한다. 일본 국내에 이들 공장이 몇 개소인지 중요한 군항마다 이런 철공장이 있다고 하니 일본국민[인민] 중에 이들 공장으로 생활하는 자 몇백만 명에 달한다. 우리나라를 생각하건대, 국내에 이같은 공장설립이 없으므로 놀고 먹는(遊衣遊食) 실업자가 많다고 생각하니 실로 유감이다.[188]

물론 이같은 우교쇼 시찰은 대한제국 시찰단에게 일본이 당당하게 러일전쟁에 승리한 비결을 보여주려거나 혹은 제국 일본이 든든히 식민지 조선을 지켜준다는 의미가 컸다. 그런데 김기태는 이러한 일본측의 의도를 제대로 파악하지 못하고 웅장한 공단이 조선에 있다면, 조선인 실업자 해결에도 큰

---

187) 1887년(고종 24) 8월 5일 ~ 1941년 7월 5일. 일제 강점기 관료. 창씨 개명한 이름은 김택휘창(金澤輝昌)이다. 본적은 경상남도 진주군(晋州郡) 내동면(奈洞面)이다. 중추원 참의를 지냈고, 옥천의 갑부로 유명하였다고 한다.(위키백과)
188) 부사장 김기태, 「공진회 시찰기(속)」 『경남일보』, 1910년 5월 26일

<그림 12> 히로시마의 이츠쿠시마
신사(출전: 嚴島신사 홈페이지)

도움이 될 것이라는 낭만적인 인식을 피
력하고 있을 뿐이다.

한편, 1914년 4월에 일본으로 시찰을
갔던 경양생(鯨洋生)도 우교쇼의 장관을
이렇게 소개하였다.

공창으로 향할 때 '땅이 좁으면, 산을 무너뜨려서 공장을 확장한다는데, 아직도 부족
하다.'는 것이 안내자의 말이다. 100척 절벽에 끊임없이 검은 연기나 나니 나무가 모두
흑색이고, 이곳에선 항상 검은 비가 온다는 것이 과장이 아니다. 큰 대포의 제조, 큰 폭
탄의 주조, 동과 철의 단련은 모두 군사상 필요불가결한 장관(壯觀)이다. 겸하여 정박한
그 많은 군함의 웅자(雄姿)에 잠시 아연하였더라.[189]

든든한 일본의 모습에 감개무량한 마음을 숨기지 못하는 듯하다. 이어서
1921년에 일본을 시찰했던 유도(儒道)진흥회의 정원영은 '우교쇼의 기계 소
리는 여뢰굉굉(如雷轟轟)하고 굴뚝의 연기는 여운몽몽(如雲濛濛)'하다고 하
면서 조선에도 실업자 해소차원에서 그러한 공업시설이 설치되어야 한다고
했다.[190]

이처럼 공업화를 바라보는 초기의 인식은 공업시설의 설치는 공감하되,
그것이 낮은 생산력을 극복하거나 실업자 해소 차원의 의미 이상으로 국민
소득 향상이나 산업간 연관 확대, 수출무역이나 수입대체를 통한 자본축적
의 고도화 등의 심도있는 이해까지는 도달하지 못하였다. 일본의 근대화라
는 의미를 그저 기계를 돌려서 실업자를 구제하고 이를 통해 국민들의 무위
도식을 해결하여 국부와 민부를 증강시키는 정도로만 해석될 뿐이다.

한편, 농업 방면에서도 일부 시찰단원은 어떻게 하면 유교적 도의적 관계

189) 교토에서 경양생(鯨洋生), 「內地視察記(2) 5일 교토에서」, 『매일신보』, 1914년 4
월 9일.
190) 鄭源榮, 「內地視察感想」, 『儒道』(4), 유도진흥회 1921년 12월호.

가 유지되는 자본주의가 가능할지 유심히 살피고 있었다. 예를 들어 1915년 12월에 일본으로 시찰을 갔던 남원의 용성생이 『매일신보』에 기고한 '보덕(報德)모범촌 시찰기'가 그것이다. 필자는 여기서 니노미아(二宮) 선생이 이끄는 보덕사(報德社)와 보덕교(報德敎)가 전개하는 농민결사 활동을 무척 높게 평가하였다.

보덕교는 니노미아(二宮) 선생의 유훈[遺敎]이니 실로 필생의 사업으로 힘쓰신 선현들도 아직 완성하지 못한 일대의 좋은 가르침이라. 그러한 교(敎)를 세운 취지는 극히 심오하고 고결[沈遠高潔]하여 그 목적 또한 넓고 지극히 아름다우니[廣大善美] 그 실천은 이 도(道)를 가까이[卑近] 하고 단지 고상함만 존중하지 않으며 공리와 공론을 배제하고 실학과 실행을 따르는 데 있다....(중략)...보덕교는 도덕 및 경제의 두 개를 조화 병행하여 개인과 사회를 위하여 공헌하여 덕을 세우면서 돈을 버는[立德致富] 도를 수행하는 것이다. 이에 보덕교의(報德敎義)는 다음 4개 강령으로 이뤄진다. 지성(至誠)을 본(本)으로 하고 근로(勤勞)를 주(主)로 하며 적절한 분배[分度]를 체(體)로 하고, 남은 밀고, 스스로는 사양하는[推讓] 것을 용(用)으로 한다.191)

유사 성리학적 이념으로 결집한 이 농촌공동체는 은사금, 기금, 의연금을 기반으로 각종 생산조합, 산업조합을 만들어 공동노력, 공동부조를 통하여 경제적 성취를 이루고, 공리와 공론을 배제하고 실학을 실행하여 서로 협력, 교감하는 이상적인 농촌공동체를 만들자는 집단이었다.

친일파든 독립운동가를 막론하고 조선인에게 비춰는 일본식 자본주의는 금권만능주의나 타락한 것, 도의적이지 못한 것이었다. 따라서 유교적 입장에서 근대화를 주장하더라도 인의를 저버리는 근대화 논리에 접근하기 힘들었다. 하지만 시찰단은 일본에서 그 대안을 본듯하다. 그것은 바로 유교적 이념 아래서도 가난과 공동체 붕괴를 막는 새로운 형태의 근대자본주의화의 길이었다. 이처럼 1910년대 일본 농촌 시찰에서 전통적인 '도덕경제론'에 밀

---

191) 전북 남원 용성생(龍城生), 「보덕모범촌시찰기(4)」, 『매일신보』, 1916년 3월 19일.

접했던 조선인 시찰단이 근대화에다 전통적 도의와 실학적 이념을 더해도 실현될 수 있다는 믿음이 있어보인다. 다만, 그런 '도덕경제결합론'이 일본내에서도 제대로 이뤄지지 않았는데, 조선에서 적용 가능할 것인지 의문이었다.

한편, 경양생은 조선인의 생활 발전 방안을 제안하면서, 무엇보다 '조선총독부가 교육, 권업, 수산, 풍교에 최선의 시설을 만들고 그 장려를 독려하여 많은 성과가 나고 있으며, 이에 민심이 점차 실질돈후(實質敦厚)하고, 열심히 저축하는 좋은 풍습이 생긴다. 그래서 일단 당국의 장려방침에 순응해야 한다.'고 하였다. 그러면서도 용성생은 "일반 인민이 근본적인 생활의 기초를 얻도록 하는데 아직 (총독부의 시정의 결과가) 거리감이 있으니 지극히 한스러운 일이다."라고 유감을 표하고, 이에 조선인이 생활의 기초를 확립할 수 있는 방책을 다음과 같이 요구하였다.

> 첫째, 지주와 소작인의 관계를 친밀히 하고, 부당한 소작료를 징수치 아니하여 남은 것은 재원으로 동네의 산업장려비로 충당하게 할 것. 둘째, 동네에 산업조합을 설치할 것. 특히 모범동리에는 당국이 직접 사업장려비를 배분할 것 등이다.[192]

용성생이 정작 제안하고 싶은 것은 지주제하 고율소작료로 인해서 자력형성의 길이 차단되고 있으니, 이를 해결하려면 먼저, 소작료를 적정화하여 소작농이 남은 능력으로 산업조합을 만들어 산업발전을 도모할 필요가 있다는 것이었다. 이 말은 보덕사가 추진하는 '도의적 자본축적론'을 조선 경제에도 적용하자는 말이었다.

또한 가타히라 마쓰야마촌처럼 조선에도 산업조합이 필요하고, 그 이념은 앞서 말한 도덕과 경제를 합일한 보덕교의로 해야 한다는 것이었다. 이를 위하여 일본인을 초빙 하자는 제안도 하였다.[193] 여기에 국어야학교를 설치하

---

192) 전북 남원 용성생(龍城生), 「보덕모범촌시찰기(6)」, 『매일신보』, 1916년 3월 23일.
193) 전북 남원 용성생(龍城生), 「보덕모범촌시찰기(7)」, 『매일신보』, 1916년 3월 24일.

여 일본말로 '수신제가'의 원리를 가르치자고도 하였다.[194]

어쨌든 경화생은 일본 시찰에서 '입덕치부(立德致富)'라고 하여 도의와 자본주의가 합체될 수 있는 모습에 무척 감격하였다. 그런 도의적 자본주의에 대한 희구가 개항기 이래 유교적 베이스의 조선인들에게 참으로 중요한 관심이었다. 따라서 그런 모색이 가능했던 시찰이라서 일본 자본주의에 대한 관심이 더욱 조장될 가능성이 컸다.

(2) 일본을 본받아야 조선이 개발된다: 강원도 유도천명회 김재익 시찰기

한국병합 이전에도 많은 한국인들이 일본에서 개최되는 공진회(共進會)나 박람회를 방문하였다. 예를 들어 1910년 4월경 시찰단 김기태는 일본 나고야 공진회에 참가하였고, 이런 감상을 남겼다.

> 29일 오전 9시에 당지 공진회를 관람하니 관소의 설비와 물품의 진열함이 굉장 번창함은 후쿠오카현과 대략 같은데, 60만원의 자본을 투하였고 매일 수입금은 5만원에 달한다는데, 상공업의 발달함을 가히 추상하겠더라. 30일에 재차 공진회에 갔다.[195]

정리하면, 물품이 좋았고, 일본의 상공업이 대단히 발달한 사실을 알았다는 말이다. 대한제국관이 설치되지 않았는데, 왜 그런지 이유를 알려고도 하지 않는 듯하다. 1914년 도쿄 우에노의 다이쇼 박람회에 참관했던 경양생의 시찰담도 비슷한 분위기였다.

> 박람회 제2 회장을 보았다. 회장(會場)은 불인(不忍池)라는 연못가를 반쯤 돌고, 연못 중앙에는 커다란 분수탑이 있어서 위관이 뭇 사람을 놀라게 하더라. 입구 우측에는 지방출품관 왼쪽은 일화(日華; 일본과 중국)무역의 출품관, 운수(運輸)관, 외국관, 염직(染

---

194) 전북 남원 용성생(龍城生), 「보덕모범촌시찰기(8)」, 『매일신보』, 1916년 3월 28일.
195) 부사장 김기태, 「공진회 시찰기(속)」 『경남일보』, 1910년 5월 26일

織)관, 기계관, 타이완관 등이 줄지어 있었다.[196]

경양생의 시찰에서도 박람회의 본질을 이해하는데 인색하였다. 타이완은 출품관을 만들었는데, 왜 조선은 없는지, 이런 박람회를 통해서 무엇을 배울지, 무엇이 부러운지 전혀 언급이 없었다. 오로지 자유롭게 보고 나서 다과회나 연회에 참석할 생각만 가득하였다. 파레시아가 없으니 영혼도 없었다.

이런 10년대 시찰에 이어서 1922년 도쿄평화기념박람회를 시찰한 강원도 유생시찰단의 한 단원은 경양생의 감상과는 달리 산림천택, 도로교량, 농업, 교육, 미풍양속, 위생, 상공업, 여자의 근면, 유교, 인민의 숭신존불(崇神尊佛), 자본가·기업가의 투자상황 등 11개 항목으로 나누어 자세하게 소감을 서술하였다.

> 도회지라 하여도...(중략)...전차 안에서 소장자(少壯者)가 노유부녀(老幼婦女)에게 좌석을 사양하는 것을 보고 미풍양속이라 하였으며, 대성전을 배알한 후 그 건물의 웅장함과 존숭의 엄숙함과 설비가 완전하여 조선의 향교는 실로 비교하기 어렵다. 그리고 영리를 목적으로 하지 않고 자본가가 도서관, 공원, 학교, 병원, 공회당, 직업소개소, 공동숙박소 등을 설립하는 등 자본가가 국가적, 사회적 주의(이념) 아래서 활동한다.[197]

1922년에 강원도유도천명회의 일원으로 일본을 시찰한 김재익(金在翼)은 4월 17일에 '입학시험을 앞둔 학생'같은 마음으로 시찰을 시작하여 박람회 제1회장인 평화관 주변에 서있는 러일전쟁의 영웅 노기(乃木) 장군, 세이난 전쟁의 사이고 다카모리(西郷隆盛), 히로세 겐코(廣瀬件子), 고마스노먀(小松宮) 대장[198] 등의 동상을 보며 그들의 훈공을 상기했다고 한다. 오늘의 일

---

196) 교토에서 경양생(鯨洋生), 「內地視察記(7) 나고야행 기차중에서」, 『매일신보』, 1914년 4월 19일.
197) 「會報」, 江原道儒道闡明會, 1923년 4월, 344쪽.
198) 고마쓰노미야 아키히토 친왕(小松宮彰仁親王, 1846.2.11 ~ 1903. 2.26)은 일본

본을 만든 일본의 영웅이고, 선각이라는 생각 때문이라고 했다. 그리고 공업관, 염직관, 화학관, 건축관, 미술관, 식료관, 수산관, 농업관, 잠사관, 위생관을 관람한 후 "인공이나 천연을 망라한 것이 대단히 놀랍다[幻眩膜狀]."고 하면서 "사람마다 한가지 기술에 몰두하여 선미(善美)에 도달하면 부강의 표방해도 과장이 아니다."라고 하였다.199)

1910년대 다이쇼 박람회와는 달리, 1922년의 박람회에는 조선관이 별도로 있었다. 1922년 4월 20일 김재익은 제2회장인 홋카이도관, 사할린관, 만몽관, 조선관, 타이완관, 영국관, 외국관을 시찰하였다. 그러면서 조선관의 내부 모습을 다음과 같이 묘사하였다.

> 조선관 2층에서 귀족실에 안내하니 조선고물표방(朝鮮古物標榜)과 수놓은 병풍, 명화(繡屛名畵)가 눈에 비치고(耀明). 내려와 몇 걸음 가니 금강산 전면에...(중략)...고금으로 산수를 즐기는 자[古今山水癖者]가 살아서 한번 보고 싶은[願生一見] 특출난[到頭目] 금강산모습이 완연하다....(중략)...18만원으로 건축한 조선관 2층 전각은 외부는 그럴듯하나 내부 진열은 타관보다 못하다. 기계표본실에는 옛 선포(船砲)가...(중략)...원초 발명은 세계의 선각이라 칭송할 만한 이여해(李汝諧=이순신)의 거북선(龜船)과 박진(朴晉)의 비격진천뢰[震天砲]를 상상하니 계속 부진한 낙후상태가 누구의 과실이란 말인가.200)

한마디로 조선관은 볼 만한 것이 없다는 것이다. 이로 보아 김재익은 도쿄평화기념박람회의 관람을 통해 일본의 역사와 선진문물에 대해 깊은 감명을 받고 이를 본받아 조선도 발전해야 한다는 생각을 한 듯하다. 특히 유적지 시찰을 통해 일본이 과거부터 조선과 동등하거나 우수한 문화를 소유한 문화민족이며, 바야흐로 근대화에 성공하여 조선을 식민지 지배하는데, 현재의

제국의 황족, 육군 군인이다. 원수, 육군 대장, 대훈위 공2급. 닌나지노미야 요시아키라 친왕(仁和寺宮嘉彰親王)으로도 불린다.(위키백과)
199) 金在翼,「內地視察槪要」,『儒道』(8), 1922년 7월, 유도진흥회.
200) 金在翼, 상동,『儒道』(8), 1922년 7월, 유도진흥회.

조선 지배가 정당할 만큼 우리가 낙후된 것이 사실이라고 여겼다.

요컨대, 1910년대 일본 시찰은 식민지 조성에 기여한 친일 인물에 대한 시혜적 성격이 강한 것이라서 시찰단도 시찰 내용보다 시찰의 '콩고물'에 더 많은 관심을 보였다. 그런데 1920년대 시찰은 일본자본주의의 대단한 진전을 목격하면서 상대적으로 조선이 낙후된 이유를 우리 자신의 나태와 부족에서 찾고자 하고, 그 불행의 해결을 위하여 적극 일본과 협력할 필요성을 제창하는 것으로 나아갔다.

(3) 전체 조선인 공산액이 히로시마시(市)에도 못 미친다고?:
홍기문의 상공시찰단 취재기

① 배워야 할 것

『조선일보』 홍기문 기자는 1929년 3월 초에 진행된 일본상공시찰단 수행 취재차 히로시마를 시작으로 각지 상공회사를 방문하였고, 3월 9일부터 수차례 기행담을 기고하였다. 여기서 필자는 가나자와시(A)나 히로시마시(B)의 공업생산액을 보면서, 도시 하나의 공산액이 인구가 수십 배인 경기도의 공산액에 비견되는 현실, 게다가 1인당 공산액이 비교할 수 없을 정도로 높은 사실을 확인하고 깊은 고민에 빠진 듯하다.

(A) 가나자와시(金澤市)는 인구 4만 9천 명의 작은 도시로 공산액은 약 1,970만 원. 그중 생사, 방적, 염색, 직조 등이 600만 원에 달한다. 최근 통계에서 경기도 공산액이 7,969만 1,978원인데, 가네자와시는 그것의 14.4%이다. 다카자키시(高崎市)보다 4배 정도이다. 그런데 경기도 인구는 194만여 명으로 가나자와시보다 약 13배 많고, 다카자키시보다 39배가 많다. 경기도는 고사하고, 경성(京城) 인구만도 31만 명으로 가나자와시보다 2배가 넘고, 다카자키시보다 6배가 넘는다. 경기도 공산액 중 우리 손으로 생산하는 것은 그 얼마인가. 남과 우리를 비교할 때 남의 발전상에 놀라기보다 우리의 침체상에 개탄하지 않을 수 없다.[201]

(B) 히로시마 1년 공산물 생산액은 5,460만 원을 인구 비율로 보면 1인당 273원. 조선인
의 공산물 생산액이 이 히로시마 일개 시(市)에 비하여 어떠한가? 남의 생활과 우리
생활을 비교하며 시찰단원 여러분의 의미 있는 개탄(慨嘆)을 들었다.[202]

시찰단의 입에서는 일개 히로시마 도시보다 못한 조선의 공업생산 현실을
개탄하는 목소리가 이어졌다. 그리고 그 낙후는 일본이 우수한 것이 아니라
우리가 침체해서 그렇다고 생각하고 있었다. 이런 사고는 결국 모든 근대화
불발의 책임이 우리 스스로에 있으며 일본은 그런 침체를 통하여 조선의 근
대화에 큰 도움을 준 존재라는 인식을 키우는데 기여 하였다. 시찰담이 기고
된 1920년대 말까지도 이런 '전통적 침체론'은 강고하게 자리잡고서 조선인
자체의 공업화 추진을 심리적으로 방해하고 있었다.

이는 한편으로 식민지 근대화론이 가지는 입론이 얼마나 무모한 지도 보
여준다. 즉, 식민지 근대화론자들은 조선에서 총독부 시책에 힘입어 1920년
대 이래 공산품 시장이 크게 확장되고, 「산미증식계획」에 따른 미곡수익을
얻은 바탕 위에 시장경제가 크게 활성화되었으며, 이에 이 시기는 공업화의
내재적 계기로서 조선 내 공산품 수요 확장과 공업제품 시장이 형성되었다
고 주장하였다.[203] 하지만 당대 친일 시찰단조차도 조선경제의 현실은 그렇
지 않았다는 사실을 잘 증언해준다.

유통과 관련하여, 필자는 조선의 상업계가 처한 두 가지 악조건에 주목하
였다. ① '소비력이 너무나도 낮은 우리 조선'이라서 소매상 등 상업을 운영
하여도 그다지 이윤이 없어 파산한다는 것이다. ② 당대 조선내 소비 제품의

---

201) 수행기자 홍기문, 「日本商工視察記(10)」, 『조선일보 뉴스 라이브러리』, 1929년 4
월 3일.
202) 수행기자 홍기문, 「日本商工視察記(4)」, 상동, 1929년 3월 28일.
203) 堀和生 저, 주익종 역, 2003, 『한국 근대의 공업화』, 전통과 현대, 51쪽.; 김낙년,
2008, 「식민지기 공업화의 전개」, 『새로운 한국경제발전사』, 나남, 293쪽; 김낙
년, 1993, 「近代朝鮮工業化의 硏究 서평」, 『경제사학』(17), 198쪽.

대부분을 오사카에서 구입하고 있지만 대부분 직거래를 하지 못하고 중간상인(혼마치 상인)의 중매를 거치기에 실익이 별로 없다는 점이었다. 조선에는 동아부인상회나 화신상회가 구입부를 운영하고, 김희준(金熙俊)상점에서 직접 후쿠이현의 면견생산지와 직거래를 시작했을 뿐, 나머지 조선인 상인들은 오사카 생산지와 직거래하지 못하여 단가가 높은 이입품을 사용하게 되어 그다지 이윤을 얻지 못한다는 진단이다.[204]

필자는 이러한 두 가지 악조건을 해결하여 제대로 상업이 발전하려면 오사카로부터 직접 거래를 확대하여 유통의 중간마진을 줄이고, 혼마치 상인 등 중간상의 개입을 축소하려고 노력해야 한다고 믿었다. 그리고 그것을 성취하는 한 방편으로 우리와 직접 거래가 있는 후쿠이현과 같이 기존 거래선을 활용하여 직접 거래를 만들어가는 방책이 유용하다고 했다.[205]

한편 필자는 오사카 시찰에서 『오사카아사히(大阪朝日)』와 『오사카마이니치(大阪毎日)』같은 거대신문이 도쿄가 아닌 오사카에서 오히려 발전한 이유를 돌이켜 보았다.

> 이들 신문이 도쿄에 생기지 않고, 오사카에 생긴 것도 신문과 상공계급과의 (긴밀한) 관계를 말하는 것이다. 상공업이 발달되지 못한 조선의 현상으로는 신문업도 그다지 광대한 발달을 기약치 못한다. 시찰단원 여러분이 만일 신문기업의 이면을 들여다보고, 두 신문사의 굉걸(宏傑)하고, 웅대한 체계를 시찰할 당시 감상이 과연 어떠하였는지, 들어볼 기회가 없어서 유감이다.[206]

---

204) 수행기자 홍기문, 「日本商工視察記(5)」, 상동, 1929년 3월 29일.
205) "조선도 연년 2~3백만원의 거금을 지불하느니 만큼 후쿠이(福井)에는 큰고객이다. 조선상업가로서 그래도 상권을 가지고 있는 것은 의복감인데, 그중에서도 양속(洋屬)은 일본인이 가지고, 포목은 중국인이 가졌지만 오직 주하(綢緞)만은 조선사람이 가지고 있다고 한다. 더구나 후쿠이 등지의 견직(絹織)생산자와 조선상인간 직접거래가 있는 것만큼 후쿠이로서는 다른 지방보다 우리의 일행을 의미있게 맞이할 수밖에 없었다."(수행기자 홍기문, 「日本商工視察記(9)」, 『조선일보 뉴스 라이브러리』, 1929년 4월 2일.)

이에 필자는 조선에서 거대신문이 성장하지 못한 것도 상공업의 발달과 상관없이 신문발간이 진행되고 있기 때문이라고 진단하였다. 실제로 조선에서의 신문발행은 '문화통치'라는 정치적 고려, 식민지 조선인에 대한 위무라는 차원에서 진행된 것이었다. 그러다보니 신문사 자체의 경제적 자립이 취약하고, 지나치게 정치적 영향력 아래 놓이게 되어 언론 본연의 자율성이 크게 훼손된 것이 현실이었다. 이런 상황을 간파한 홍기문 기자는 시찰단이 이런 문제의식도 없이 두 신문사를 수박 겉핧기만 하고 그냥 지나친 것에 유감을 표하였다.

이날 필자는 두 신문사에서 나온 경제 논객인 시모타(下田)과 와다(和田)가 각각 지역 간의 자유통상 확대와 일본본토자본의 적극적인 조선 유치 필요성을 강조한 데 대해 무척 부정적이다.

> 자유통상운동이란 소비자를 위하여 관세장벽을 제거하자는 주장이다. 소(小)뿌르조아적 운동에 불과하다. 그런데 지금 조선은 그 소비품 대부분을 일본에서 공급받고 일본에서 공급받는 기성 제품은 관세가 없어 직접적인 이해(利害)는 그다지 크지 없다. 다만, 일본과 다른 외국과의 무역이 간접적으로 우리의 이해에까지 이르기는 한다. 뿐만 아니라 조선농가 필수품인 만주잡곡과 두박(豆粕)에 대해 총독부가 수입세를 증수하거나 중국에서 관세를 인상하는 것은 오늘날 우리도 한번 고려할 문제라고는 본다.[207]

필자는 시모타가 '현재 조선에 일본인의 투자 의지가 적으며' 이에 적극적인 본토자본의 진출이 필요하다고 했지만 실제로는 조선 공업에 미츠비시가 투자한다고 하지만 '그것은 결코 사실이 아니다.'라고 하면서, 조선에서 무슨 일본본토 자본가의 유인하는 조치는 그다지 효율적이지 않았다고 진단하였다. 여전히 필자를 비롯한 시찰단은 일본자본이 조선에 들어오면 조선경제를 어렵게 할 것이라는 입장을 견지하고 있었다. 아마도 직전까지 동척(東拓)

---

206) 수행기자 홍기문, 「日本商工視察記(6)」, 상동, 1929년 3월 30일.
207) 수행기자 홍기문, 「日本商工視察記(7)」, 상동, 1929년 3월 31일.

이나 불이(不二)흥업 같은 일본자본이 들어와서 조선인 농업자산을 대대적으로 수탈하는 것을 목격한 결과 일본인 자본에 대한 이런 반감이 촉발되지 않았나 한다.

그러니 공업화의 중요한 축이 될 '본토자본 유치 전략'은 조선인에게 그다지 환영받지 못했다. 본격적인 '본토자본 유치 정책'은 우가끼 총독 시대 (1932~1936)에 들어가야 가능하였다. 인식이 이러니 '자유통상 필요론'조차도 좋게 볼 이유가 없었다.

② 우려스러운 것들

필자는 일본본토 백화점의 조선 진출을 무척 우려했는데, 실제로 나고야에서 마쓰자카야(松坂屋) 백화점을 방문하면서, 조만간 미츠코시 등 백화점이 조선에 진출하여 종로 조선인 상권을 흔들 것이라 큰 걱정을 하였다.

> 미국 백화점은 마치 부인클럽 느낌을 준다. 그 폐해로는 첫째, 점원의 능률이 잘 나지 않는 것. 둘째는 소매상의 경비가 너무 과대한 것 등이다. 그러나 백화점이 생기는 곳에 영쇄(零瑣)한 소매상인의 공황(恐慌)이 초래되는 것은 물론이다. 그래서 각국에서는 각종 소매상인이 단합하여 연쇄점을 열거나 협동소매상점을 연다. 지금 종로에서 만일 미츠코시(三越)가 진출한다면 과연 어떠한 대책을 내겠는가? 우리의 손으로 그와 대등한 백화점을 만들기는 어렵다. 그러니 연쇄점이나 협동소매상점 조직을 잘 연구할 필요가 있다. 만일 지금 종로에 구매조합 같은 것을 두어 공동구입을 꾀한다면 구입에 대하여 지금보다 유리하겠지만 그만한 조합도 생기지 않았다. 하여간 종로소매상점 상호간에는 금후 중앙통할기관이 있어야 한다. 종로로 말하면 그 필요를 반대[呶呶]할 여지가 없다.[208]

그래서 소매상인들이 단합한 협동소매상점 혹은 연쇄점을 구축하고, 시급히 중앙 조직을 만들 필요성을 주창하였다.

---

208) 수행기자 홍기문, 「日本商工視察記(12)」, 상동, 1929년 4월 5일.

시찰단은 또한 일본 상공업의 부정적 이면에도 예의 주시하고 있었다. 예를 들어, 일본모직(주)과 가타꾸라 제사(片倉製絲)(주)를 방문할 때는 특별히 유년 노동자의 참상에 심각한 우려를 표명하기도 했다.

　　나이 어리고 천진한 소녀들이 공장복을 입고 조그마한 손으로 물레와 바디 사이를 오가는 것을 보면 만일 인정 많은 사람이라면 애처로운 마음 금하지 못할 것이다. 하루 50여 전짜리 벌이를 하려고, 최소 10시간을 공장에서 일해야 한다. 어린 딸을 노동시킬 수밖에 없는 그들 가정 상황이 추측된다.[209]

오사카에서는 일본인 노동자의 눈총을 받아 가면서, 언어와 습속이 틀린 채 저임금 노동시장에 내몰린 가난한 41,400명의 조선인 노동자들에게도 깊은 연민을 보냈다.[210] 이런 연민은 도쿄 노동시장에서도 마찬가지였다. 오사카보다는 20% 정도에 불과한 조선인노동자지만 저임금이라도 일거리 구하기가 힘든 사정과 그들의 비참한 삶에 고민하였다.

　　도쿄 노동시장에도 (조선인 노동자가) 아마도 1만 명 이상일 것이다. 그들은 농사지을 땅이 없는 비참한 농민이다. 북으로 만주 황무지가 있고, 동으로 일본 도시의 공장 굴뚝이 그들을 유혹하여, 만주로는 근 1백만, 일본으로 약 3~40만 명이 도항하였다. 그러나 만주에 가니 배척(驅逐)하는 문제가 일어나고, 일본에 오니 저임금으로도 일거리를 얻기 어렵다. 더구나 지금은 노동자의 일본 도항이 엄격히 금지되고 있다. 이속이토(異俗異土)의 노동이나마 그들에게는 동경(憧憬)의 대상일 뿐. 도쿄에 와서 시찰한 것은 맥주공장과 양말기계공장 등인데, 후카가와, 아사쿠사(深川淺草) 등지의 조선인 노동자『함바』를 가보지 못한 것이 유감이다.[211]

---

209) 수행기자 홍기문,「日本商工視察記(4)」, 상동, 1929년 3월 28일.
210) "싼 임금으로 간신히 노동시장에 나아가나 그것이 도리어 생각 없는 일본인 노동자의 악감정을 얻을 뿐만 아니라 습속이 틀리고 말이 잘 통하지 않아 그들 생활은 너무나 구차하다."(수행기자 홍기문,「日本商工視察記(8)」, 상동, 1929년 4월 1일.)
211) 수행기자 홍기문,「日本商工視察記(11)」, 상동, 1929년 4월 4일.

시찰단은 조선인 및 유년노동자의 참상과 더불어 도쿄 시찰에서는 이전 시기보다 '양키화'한 모습에 더더욱 부정적인 눈초리를 보냈다. 일본식 자본주의를 맹목적으로 받아들일 때 어떤 참상이 일어날 지에 대한 우려이기도 했다. 흡사 한말 척사위정론의 연장처럼 신중한 일본식 자본주의에 대한 문제점을 읽어내고, 그 해결을 도모하는 '도덕적 자본주의'를 연모하고 있었다.

> 도쿄에 머물면서 금석의 차이를 비교하니, 첫째, 자동차의 격증이다. 오늘날 승객용 화물용 합계 10,000대를 돌파하였다. 두 번째는 댄스홀의 격증이다. 현재 전체 도쿄의 댄스홀이 30여처로, 『모보』외『모가』의 집산지로 큰 성황을 이룬다고 한다. 이 두 가지로만 본다면 도쿄는 지금 『양키화(化)』도중에 있다는 것이다.[212]

자동차 증가나 댄스홀 증가는 생산보다 소비를 조장한 증거라고 하면서, 도쿄가 사치와 향락의 확장으로 큰 문제가 생길 듯 하다고 우려하였다. 물론 여기에는 시찰단이라는 '도덕적 시선'이 작동한 결과인지 모르지만, 소득의 축적에 따른 소비패턴의 확장 현상이라는 시선까지는 도달하지 못한 듯하다. 오로지 사치와 향락의 확대라는 전통적인 '도덕주의적 관점'으로 도쿄 경제를 이해하려고 하였다. 이런 이해가 잔존한 것은 아직 조선 사회가 근대 자본주의 질서를 적극적으로 흡수능력할 토대를 가지지 못한 사정을 반영한다. 즉, 농촌이 해체되는 상황에서 실업을 해결할 공업의 확대는 일정하게 동의하고 있으나, 그것으로 끝이었다.

여전히 '도덕경제론적 이해'가 맹위를 떨치는 상황에서 적극적인 공업화의 이론 대신 실업 해결의 수단으로만 공업 문제를 이해하려 하였다. 그러니 자본과 원료, 노동력이라는 생산요소를 잘 결합하여 대규모 경제성장과 상대적 잉여를 축적하려는 공업화론은 여전히 조선인시찰단에게서 발견할 수 없었다. 다시 말해, '실업(失業) 해결의 수단' 이상으로 나아가지 않았다는 것이

---

212) 수행기자 홍기문, 「日本商工視察記(11)」, 상동, 1929년 4월 4일.

다. 대규모 시설이라면 한결같이 군수공장 정도로 이해하였고, 자본 축적 방법에 노련하지 않아서 대규모 공업 시설 건설로 용감하게 집결하는 노력은 아예 엄두도 내지 못했다.

이런 도덕경제론적 경제관이 언제 무너졌는지 논쟁 중이지만, 적어도 1930년대 후반 침략전쟁 시기에 들어야 비로소 해체 수순으로 들어갔다고 본다. 왜냐하면, 조선의 공업화가 더이상 '실업 해결의 수단'으로 진행되는 상황이 아니었던 것이다. 엄청난 소모전이 동반되는 전쟁 속에서 공업생산은 국가사업화하였고, 거기에 참가하는 노동자들은 단순한 입에 풀칠을 넘어서 전통사회에서의 탈출이나 영세한 계급에서의 탈피 수단으로 새롭게 각인되었다.

더구나 장치산업과 생산력 확충시설을 경험하면서 근대적 산업시설이 단순한 도덕적 수요만 해결하는 것이 아니라 국부와 민부를 성장시키고, 근대적인 삶의 양식을 높이는 수단으로 이해되었다. 오히려 총독부가 침략전쟁을 성전(聖戰)으로 규정하고, 생산력확충을 위해 인고단련(忍苦團練)하며, 생산활동에 국체호지를 주장하는 등의 도덕주의 경제론을 매개로 자발적 전쟁 동원 태세를 확장시키려 하였다. 그러나 더이상 그런 도덕주의 경제론에 휩싸일 만큼 순진한 조선인은 없었다.

2) 개인방문기: **실력만이 살길이다.**

(1) 도쿄는 아름답다: **천도교 문화운동가 박춘파의 일본**

박춘파(朴春坡)[213]가 1920년 전후로 일본을 여행하였다. 필자는 관부(關

---

213) 본명은 박달성이고, 1920년대 천도교의 대표적 문화운동가였다. 1895년 평북 태천출신으로 1902년 동학에 입교하였다. 1920년부터 1923년까지 천도교청년회의 회원 1923년 9월부터는 천도교청년당의 간부로 청년부와 농민부 등에서 활동하였다.(조규태,「1920년대 천도교인 朴達成의 사회 · 종교관과 문화운동」,『동학학보』(22), 동학학회).

釜)연락선을 타면서 일본인으로부터 소외되고 인프라에서 배제된 가난한 조선인들의 생활을 돌이켜보았다. 그러면서 그런 소외와 '숙명적 가난'이 어디서 왔는지 물었다.

　　4일 오후 8시 10분 부산발 하카이마루[博愛丸]에 몸을 실었다. 수백 명 군중 속에 뒤섞여 3등실 입구를 들어서니 층대(層臺)로 된 자리가 누에방같다. 그 자리에서 가로세로 불규칙하게 눕고 앉은 손님들은 마치 4, 5년 묵은 누에 같다. 얼마나 누추하고 좁은지 나는 '아! 돈아'하고 부르짖었다. 돈 몇 원으로 사람을 이렇게 박대하느냐? 하고 다시 부르짖었다. 그러나 돈 없는 내탓이지 누굴 원망하리 하고 스스로 참을 뿐이다.214)

　　돈이 문제이고, '가난이란 조선이 당하는 어쩔 수 없는 숙명'이라는 것이다. "누구를 탓하리."라는 말은 결국 숙명적 가난으로 숙명적인 한국병합을 불렀고, 그런 숙명에서 벗어나려면 오로지 일본에 가서 실력을 기르고, 이것을 가지고 돌아와 세상을 바꾸어야 한다는 일념이었다. 그래선지 일본을 여행한 이유는 '숙명적 가난에 내몰린 조선 청년으로서 앞으로 조선의 일꾼이 되려면 실력이 있어야 하고 실력이 있으려면 일본에서 배워야 한다.'215)는 목표의식 때문이라고 했다.

　　이런 필자의 생각에서 1910년대 들어서 그렇게 처절하게 항거하던 조선인 민족운동가들이 1920년대 이후 줄줄이 일본과 공존과 번영을 기하는 길을 택하고 말았는지, 그 전향의 행로를 엿보게 한다. '숙명으로서의 가난'을 자각한 이상, 독립보다 급한 것이 실력양성(實力養成)이었다. 이런 면에서 당시의 '실력양성론적 세계관'은 그저 독립노선상의 이념적 차이에서만 온 것은 아니었다.

　　이러한 '숙명론'은 결국 부당한 모든 현실의 원인을 가해자의 시선으로 환

---

214) 朴春坡, 「玄海의 西로 玄海의 東에(日記中)」, 『開闢』(8), 1921년 2월 1일, 67쪽.
215) 朴春坡, 상동, 『開闢』(8), 1921년 2월 1일, 65쪽.

원시켰다. 가해자는 가해의 이유가 있고, 피해자는 피해를 당할 이유가 있는 법이니, 피해자가 스스로 반성하지 않고 가해자를 비난하는 것이 무슨 의미가 있겠는가 하는 것이었다. 이 순간 식민지 일상에서 일어나는 모든 일상의 부조리가 모두 '우리 조선인 탓'으로 돌려질 수 있었다. 이런 사고는 니항 전람회에서 보인 필자 태도에서도 나타난다.

니항사건이란 1920년 이른바 시베리아출병 당시 사할린에 출병하였다가 계속 철병을 머뭇거리자 고려인, 중국인, 소련군으로 구성된 게릴라에 의해서 일본군과 일본인 약 6천명이 학살된 사건을 말한다. 일본군의 부당한 점거로 비롯된 항일투쟁으로 조선인 게릴라도 포함되었다. 하지만 니항 전람회에서 박춘파는 일본군이 당한 피해를 생각하면서 비탄의 눈물마저 보였다.

> 일본민족이 큰 문제라고 떠드는 니항사건전람회에 가서 눈물 꾀나 뿌렸다. 아. 전쟁! 살육! 파괴! 참혹! 하고 이때 나의 어린 가슴이 어떠하였을까. 남의 일에 이렇게 눈물을 뿌리게 되니.216)

일본의 대륙 침략 야욕에 대한 비판은 전혀 보이지 않았고, 마치 모든 폭력과 파괴는 일본에 저항하는 저들 게릴라들에게 있다는 생각이었다. 일본이 피해자일 경우 이 한심한 실력양성론자는 자신이 조선인에게 적용했던 '자기 탓 이론'은 적용하지 않았다.

도쿄를 돌아다니면서 히비야 공원. 긴자거리의 미츠코시 백화점 등 놀라운 근대시설에 감탄을 연발하였다. 아름다운 동경(憧憬)의 거리에서 읊어지는 모든 것이 아름답게 보였다. 그것이 비록 정한론(征韓論)을 실행하려다 이와쿠라 사절단에 의해서 제거되고 결국은 세이난전쟁까지 야기한 조선 침략의 원흉인 사이고 다카모리마저도 "참으로 보람되었고, 사나이 답다."고 찬양할 정도로 혼을 빼놓았다. 그만큼 도쿄 거리는 친일파 박춘파의 마음을 황

---

216) 朴春坡, 상동, 『開闢』(8), 1921년 2월 1일, 70쪽.

흘하게 휘저어 놓았다.

> 도쿄의 제1통이라는 긴자(銀座)에서 일본 유일의 미츠코시야(三越屋)를 보고 과연 이로다 하고 놀랐고 히비야(日比谷) 공원에서 수천 군중이 율동[揮手張目]하는 모습을 보았다. 사이고 다카모리의 동상을 보고 보람되었다. 사나이 답다 하고 그를 찬(贊)하였고 동물원에 들러 조선의 창경원과 비교하야 좀 열등(劣)한 듯 의심을 품었다.[217]

박춘파는 "일본인들이 도쿄를 자랑함도 거짓이 아니다. 기모노를 사서 몸에 걸고 히바치(火爐; 화로)를 끼고 차가운 창문을 대하고 있으니 이면은 뭐든지 마치 일본인이 된 듯하다."라고 소회(素懷)를 늘여놓았다. 조선에서 볼 수 없는 새로운 것이 주는 엄청난 마취효과였다. 물론 필자가 아마도 아직은 정한론이 당시 있었다는 사실 자체를 몰랐거나 그곳에서 사이고를 찬양하는 모습에 큰 의미 없이 부화뇌동한 것일지도 모른다. 사이고 다카모리는 그리 찬양하면서 그의 동상이 있는 우에노 공원의 동물원은 조선의 창경원보다 못다하라는 감상이 나오는데, 그 역시 조선인으로서 일말의 자존심은 세우고 있었다.

(2) 도쿄는 불결하다: 만송 성관호의 투어

① 불결한 도시 도쿄

박춘파의 도쿄에 대한 찬탄과 낭만에 대해 만송(晚松) 성관호(成琯鎬)는 도쿄의 도로를 빗대면서 대단히 '협착하고 불결'하다고 하면서 황금만능과 향략에 쌓인 이 도시를 힐난하였다. 그러면서 "이는 자연적 제약이 아니라 오히려 (일본인의) 인지가 현상 이하로 자연을 변경할 능력이 부족"했기 때문이라고 하였다. 일본인의 섣부르고 무기력함이 이런 상태를 만들었다는 것이다.

---

217) 朴春坡, 상동, 『開闢』(8), 1921년 2월 1일, 70쪽.

좌우에 나열한 가옥은 2층 이상이 많고, 서양식보다도 일본식[和式]이 대부분이다. 소수의 서양식 가옥이 화려 장엄하다 할지라도 그 모습은 일본식 색채에 묻히고 말았다. 그런데 일본식 가옥은 연약하고 경미한 것으로 세계 제일이다. 연약한 것이 더러움을 타기 쉽고 오래가지 못한다. 우리 조선식 가옥보다 너무 연약 경미한 듯하다. 그래서 신건축이라도 바람에 날릴 것 같고 비에 쓰러질 것 같다. 또 날로 더럽혀 가는 흰옷 같다.[218]

왜 성관호와 박춘파의 생각은 달랐을까. 박춘파는 곳곳에서 발달하고 있는 근대문명에 큰 애착과 관심을 보인 반면, 성관호는 곳곳에 근대 문물이 세워지고 있지만 인지(人智)의 부족으로 제대로 문명을 소화하지 못하다고 생각하였다.

그렇다면 성관호가 말하는 인지(人智)란 '서양식 기술능력의 부족'을 말하는 것인지 '일본정신의 부족'을 말하는 것인지 모호하다. 하지만 자세히 보면 전자에 가까운 듯하다. 즉, 성관호는 새로 지은 근대건축물을 보면서, 서양식보다는 일본식이 대거 포함된 점에 주목하고 훌륭한 서양식 가옥이 아무리 화려 장엄하다고 해도 결국 일본식의 색채 속에서 무뎌져 버렸다고 비판한 것이다. 그러면서 일본식 가옥은 연약하여 오염되기 쉽고 장구하지 못한데, 우리 조선식 가옥보다도 연약하고 경미하다고 했다. 이 말은 제대로 서양의 것을 소화할 능력이 없는 일본이 무리하게 서양을 받아들여 제대로 된 서양의 강건한 건축을 완성할 수없었다는 평가였다.

그러면서 도회지의 형색을 말한다. 도시는 장엄 화려하기보다는 불결하고 경박하다는 것이다. 갑자기 서양식에 일본식을 갖다 붙여놓으니 벌레 먹은 나무에 꽃이 핀 듯하다는 것이다. 그리고 가게를 보니, 서양식 옷에다 일본식 옷이 서로 어울리지 않게 전시되어 있고 또한 옷 품목도 왜소하게 생긴 일본인에게는 맞지도 않은 큰 소매의 옷을 걸어 놓고서 멋지게 팔려고 하니 참으

---

218) 晩松 成瑄鎬, 상동, 『開闢』(12), 1921년 6월 1일, 66쪽.

로 기본이 안 된 일본인이라는 것이다.

상품을 진열한 각 점포는 그 앞을 전부 얇은 유리창으로 꾸몄다. 그래서 점포 안을 다 볼 수 있도록 했다. 그래서 손님에게 의미심장한 무엇이 있을 것이란 기대를 품지 못하게 하고, 모조리 드러내어서 '이것밖에 없어요.'라고 광고하는 듯하다. 물론 모자류(冠盖)는 모두 서양식이나 옷(着衣)은 일부만 양복이다. 대다수는 큰 소매(廣袖衣)의 일본 옷(和服)이다. 소매 큰 광수의는 원래 사람을 사실 이상으로 왜소하게 보이게 한다. 또한 왜소한 것은 일본인의 특질인데 게다가 모두 큰 소매옷을 입으니 몸도 작은 중에 더욱 작아 보이게 만든다.[219]

그러면서 '조그마한[體小] 곳에도 샘솟는[潑潑] 생기가 충만'하다고 하여 곰이 재주부리듯 엉터리 속에서도 생기 넘치게 거래한다는 관용도 피력하고 있다. 무조건 냉담한 비판을 쏟기엔 너무 도쿄는 생동감이 있어 보였던 것이다.

성관호의 '도쿄 비판'은 당시 전통적으로 조선인들이 일본의 근대화를 보는 시각을 고스란히 반영하고 있다. 개화기에도 이헌영 등 조사(朝士)들은 일본의 근대가 서양의 근대를 제대로 수용할 능력이 없어서 불안정한 양식의 흉내를 낼 뿐으로 오히려 일본국민을 힘들게 하고, 재정을 축내며, 서양 노리개로 전락하는 것으로 귀착한다고 믿었다.[220] 이러한 '얕은 근대화론'이 여전히 성관호의 머릿속에 남아서 당대 일본관 일부를 형성하고 있었다.

이와 같은 표면의 도쿄는 비록 처음 본 사람이라도 별로 놀랄 것이 없고, 화려장엄하다는 생각도 전혀 들지 않는다. 그러나 광대한 점은 긍정하지 않을 수 없고, 더구나 무시할 수 없는 것은 바로 전 도회지에 충만한 톡톡 튀는[潑潑] 생기(生氣)이다.[221]

이것으로 볼 때, 조사(朝士)들의 일본관과 달라진 것은 역시 외양의 충만

---

219) 晚松 成瑄鎬, 상동, 『개벽』(12), 1921년 6월 1일, 66쪽).
220) 이헌영, 『日槎集略』,(천)『해행총재』XI, 민족문화추진회, 1977.
221) 晚松 成瑄鎬, 상동, 『개벽』(12), 1921년 6월 1일, 66~67쪽.

함과 발랄함만은 인정한다는 점이다. 조사들은 조선문명에 대한 자신감이
남아있던 반면, 시찰단은 더 이상 그런 자부심의 근거가 취약했기에 도쿄 그
자체의 생동감에 대해선 평점을 준 것이었다.

② **일본 근대화의 문제점, 평등도덕이 없는 관존민비의 사회이다.**
필자는 "현행 도덕상으로 본 일본은 평등도덕보다 계급도덕이 우세하고
단체적 도덕보다도 개인적[個性的] 도덕이 사회를 지배한다."고 하고 왜 이
런지 궁금하였다.

> 일본도 역시 옛날 봉건시대의 극단의 계급도덕으로부터 유신시대에 들어왔으며 일
> 대의 개혁[斧鉞]을 스스로 이뤄서[自加] 새로운 도덕을 건립하여 오늘날까지 온 것이
> 다. 오늘까지도 외래 풍조가 다소 변동을 주는 것은 사실이지만 새로운 도덕을 수립한
> 것은 역시 옛날의 혹독한 계급도덕 위에 외래의 새로운 풍조로써 가미한 것뿐이지 근본
> 으로 개조된 것은 아니다....(중략)...소위 신도덕 자체도 계급도덕의 골자가 은연히 묻
> 어 있다. 그뿐 아니라 유신[메이지유신]이 벌써 반백년이나 되었으니[半百의 年條] 신
> 도덕이란 것도 이제는 또 옛 껍질을 쓰고 있다.222)

하필 이런 '엉터리 근대화'라는 프레임으로 일본을 비판하는지 궁금하다.
일본이 근대화한다고 하지만 여전히 옛 질서에 휘말려서 말뿐인 근대화를
진행하고, 결국 조선을 지배하고 있다는 점을 꼬집은 것이 아닐까다. 사실 이
점은 당대 일본인들의 근대화 선전에 대한 조선인들의 대항논리이기도 했
다. 일본인들이 하는 것은 서양 흉내일 뿐이고, 알고 보면 섬나라 칼잡이가
까불고 지배하는 것일 뿐이라는 폄훼이다. 그러면서 필자는 스스로 그런 '옛
껍질'을 일본 스스로 깨치고 나올 역량이 있는지 물었고, 그러기에는 '너무도
능력이 부족하다.'고 결론지었다. 아무리 서양에서 남녀평등을 주장하고 노

---

222) 晩松 成璡鎬, 상동,『개벽』(12), 1921년 6월 1일, 67쪽.

동 평등을 주장하는 '신도덕'이 있다고 해도 일본은 옛 껍질을 그대로 뒤집어 쓴 채 세계와 마주하고 있다는 것이다.

오늘의 일본은 현대적이지 않다. 평소에 생각과 딴판이다. 이러한지라 관민이 불평 등이요. 남녀가 불평등이요. 빈부가 불평등이다. 관리는 인민을 보길 허드레 겨자[土芥]같이 보고, 백성은 관리를 존경하길 옥황상제[天帝]처럼 한다. 따라서 관료가 오늘 날같이 그 직권을 남용한 것도 이러한 관존민비 사상에서 나온 것이라 여겨진다. 어쨌든 일본은 관존민비(官尊民卑)의 나라이다. 더하여 남녀간도 불평등이다. 남은 여를 노비처 럼 대하고, 여는 남을 주인시한다. 양성은 대등적 인격의 결합이 아니요. 여자는 남자의 부속품이다. 여간 조선의 남녀에 비할 바가 아니다.223)

흥미로운 것은 도쿄의 황금만능 풍조에 대한 비판이다. 그는 황금만능의 사회에서는 '약자나 빈자의 주장이 아무리 공정하다고 해도 강자와 부자 앞 에서는 굴복할 수밖에 없으며, 아무리 부자와 강자의 의견이 불합리해도 빈 자의 머리 위에는 절대적인 압력이 된다.'224)고 하였다. 따라서 정파의 주장 이나 투쟁도 결국은 금권(金權)의 쟁투라고 하였다. 그러면서 "나는 도쿄에 서 빈민의 집을 보다 부귀한 자의 집을 보면 가증스럽지 않은 때가 없었고, 거꾸로 부자의 별장을 보다가 빈자의 거처를 보면 가련하다고 여기지 않은 때가 없었다."고 하였다.225) 그러면서 도쿄의 일본인 부자들의 사치는 가난 한 인민들을 탄압한 결과로서, 극단적인 사치와 화려함을 벗 삼고 있다고 하 며 "무엇으로 보던지 오늘날의 일본은 황금만능이다."라고 평가하였다.

223) 晩松 成瑨鎬, 상동, 『개벽』(12), 1921년 6월 1일, 67~68쪽.
224) 晩松 成瑨鎬, 상동, 『개벽』(12), 1921년 6월 1일, 68쪽.
225) "부자의 별장은 서양식과 일본식을 막론하고 미려하고 굉장을 극한 바 조각의 돌 일지라도 기름기가 흐르지 아니함이 없으며 정원에는 기이한 꽃이 많이 식재되어 해마다 관상하고픈 마음이 들게하고, 도처에 공설 공원에 비견할 광활한 것이 있 다. 그렇지만 빈민들은 안식할 만한 일정한 주택도 없이 이리저리 풍전등화같이 부평초[浮萍] 집을 지을 뿐이다."(晩松 成瑨鎬, 상동, 『개벽』(12), 1921년 6월 1 일, 68쪽).

③ 일본인의 국민성은 거품과 같고, 사적 이해가 앞선다.

일본에서는 불교가 다른 종교보다 우위에 있지만 불교 도덕이 일반을 지배하는 것도 기본 교리가 아니라 "늙은이들이 불상 앞 헌금함에 돈을 던지고 두 손을 싹싹 비비며 복 주기를 기원[暗祝]"[226]하는 것처럼 교리가 미신이 되어 인습적으로 구복하는 종교가 되었다고 하였다. 특히 승려들은 전교보다 상업에 몰두한다고 꼬집었다.

일본 불교는 "형식으로의 생명은 살았다 할지라도 교리는 소멸된 지 이미 오래"이며, "광범위하게 미신이 유행되었다."고 하였다. 즉, '문마다 부적을 그려서 붙이고, 고목마다 헌금함[投金箱]을 놓아 향불을 피우며, 우에노(上野) 공원의 불인지(不忍池) 옆에는 돌로 남녀의 성기를 만들어놓고는 이를 숭배'한다고 했다. 이런 모습을 볼 때 일본의 종교는 '인지(人智)가 능히 이러한 야비한 미신을 제거하기에 부족한 사실을 여실히 보여준다.'고 하였다.

또한 정치도 유신을 단행한 지 벌써 50년인데도 폐습화한 것이 한두 개가 아니며, 그러니 승자독식의 세상 즉, 권력자는 권력에 세력을 더하게 되고 약자는 약함에 약함을 더하게 되어 그동안 낙후된 것이 적지 않다고 평가하였다. 야마구치나 사쓰마 출신이 독식하는 일본 정계의 현실을 아주 예리하게 파악하고 있었던 것이다.

처음 이 나라 각 정파는 국가를 위하는 공정주의(公正主義) 아래서 행한 쟁투였으나 폐습이 점점 증가한 지금은 공정을 구하는 쟁투보다도 사적 이익을 놓고 쟁투하는 것이 적지 않으며 정치 도덕의 실질보다도 법률형식을 유지할 뿐이다.[227]

아직 필자는 조선의 전통적인 도덕(학) 정치, 도덕 경제에 대한 향수가 강하고, 대신 근대적인 법치주의 발상에 대한 반감을 잘 보여준다. 이러한 생각

226) 晚松 成璿鎬, 상동, 『개벽』(12), 1921년 6월 1일, 68~69쪽.
227) 晚松 成璿鎬, 상동, 『개벽』(12), 1921년 6월 1일, 69~70쪽.

은 곧바로 민족성, 국민성 문제로 치환되었다. 즉, "일본의 국민성은 물론 섬나라 성격인 단기(短氣)이다. 그러므로 사물을 품는 성질[容物性]이 부족하며 따라서 타인을 포용할 능력이 부족하다."고 평가하였다. 그래서 문득 분노하면 불붙는 듯하며, 화가 풀어질 때는 사탕이 녹듯하니, "생기가 있을 때는 뛰는 물고기[生魚] 같다가 한 번 생기를 잃으면 다시는 여력을 발휘할 여지가 없어지고 만다."고 했다. 그런즉, 그들이 노동운동을 말하고, 사상을 말해도 물위의 거품같이 갑자기 시끄럽다가도[騷動] 갑자기 가라앉고 마는 것은 모두 그들의 민족성의 필연적인 결과라는 것이다.[228]

또한 일본은 겉으로는 관민평등하고, 빈부격차 해소 등의 평등도덕을 말하지만 암암리에 신구(新舊)세력간의 충돌이 심하고, 적대적이라고 했다. 자신의 경험에 따르면 메이지유신 이후 현재까지 물질로나 정신으로나 모두 진보한 일본이지만 현재 일본은 정신상으로 부패한 일본이라는 것이다. 이는 저들의 민족성이 단기협애(短氣陝隘)하여 대외적으로 여러 가지 반감이나 해악을 부른다고 하였다.

하지만 일부 장점도 있어서 "자기 나라를 위하는 모든 일에 순간의 희생을 생각하지 않고 능히 대동단결[共同一致]한다."고 하며, "가장 흠모할 것은 일본의 청년남녀가 얼굴색이 살아 있는 물고기처럼 활기 있고 노약자보다 신체가 커진 것은 적어도 미래의 일본을 상상하게 한다."는 것이었다.[229] 신청년들이 종래의 왜소한 왜인에서 벗어나 서양인의 체구를 닮아가는 새로운 세대가 되었다는 의미였다. 서양화하고 서구화하는 일본청년에 대한 긍정적인 시각이다.

이렇듯 청년은 긍정적으로 성장하지만 기성세대들이 잘못해서 너무나 '서양을 닮아가다 (결국) 큰 낭패를 보고 나라가 크게 위험에 처하게 되었다.'는 것이다.

---

228) 晚松 成琯鎬, 상동, 『개벽』(12), 1921년 6월 1일, 70쪽.
229) 晚松 成琯鎬, 상동, 『개벽』(12), 1921년 6월 1일, 71쪽.

④ 경제는 그래도 볼 만하다. 조선도 근검절약해야 한다.

필자는 이러한 정치 방면에 만연한 개인주의, 사적 이해에 우선을 둔 정파 등에 대한 비판과 달리 경제적인 측면에서는 일본의 발전상에 경탄하였다.

농업: 수리의 정비가 잘되어서 관개가 풍부하여 가뭄 홍수의 피해가 적고, 경지정리가 정교하고[精美], 거름[施肥]법이 보급되어 수확이 해마다 증가한다.

상업: 일반 심리가 상업으로 집중하는 듯하다. 일본은 상업의 일본으로 세계에 이름을 날리려는 기세이다. 가로에 즐비한 회사나 조합은 모두 상업을 목적하고 경영한다. 다만, 국제상업은 초보단계다.

공업: 아직도 초기이다. 창조적 공업은 물론 모방적 공업도 아직 미흡하다. 다만, 농산 공업은 자국의 농산을 능히 포용한다. 적어도 원시공업선을 지나 기계공업선으로 진행하는 중이다.[230]

개인 경제도 철저한 절약주의에 기반하면서 전후 공황의 어려움을 이겨내는 저력이 되었다고 평가하였다.

저들의 절식(節食), 약의(約衣)를 볼 때 우리의 생활난의 하나의 원인은 먹고 입는 것을 절약하지 못함에 있다고 생각한다. 금번 세계 공통의 재계 변동 폭풍에 그들의 일반 경제계에 파급이 심하였음에도 개인적으로 조선과 같이 그리 참혹한 영향을 받지 않은 것은 그 원인이 전적으로 절약의 정신에서 조장된 것인 듯하다.[231]

아울러 절약도 전후 공황을 이기는 중요한 저력이 되었다고 했다. 아직 필자는 소비가 생산을 견인하고, 생산이 소비를 촉진하는 시장원리에 대한 이해가 부족한 한 듯한데, 이는 필자가 시장경제의 확충보다는 일본인의 검소한 생활에서 경제 부강의 원인을 찾으려는 점에서 잘 드러난다. 앞서도 보았듯이 필자가 일본의 현실을 바라보는 시각이 여전히 전통적인 도덕경제,

---

230) 晩松 成瑢鎬, 상동, 『개벽』(12), 1921년 6월 1일, 69~70쪽.
231) 晩松 成瑢鎬, 상동, 『개벽』(12), 1921년 6월 1일, 70쪽.

절약경제적 이상에 머물러 있던 것은 분명하다. 여전히 근검절약과 멸사봉공(滅私奉公) 즉 공공을 위해 일치단결하는 것이 국부의 근본인 양 생각하는 듯하다.

(3) 일본내 우리 유적지 탐방 이야기

○ 우리가 일본을 가르쳤는데, 어쩌다가…: **박영수의 오사카 백제유적 투어**

박영수(朴永壽)의 인적사항은 자세히 알 수 없으나 1941년『삼천리』신년호에 실린 인사말에서 '오사카 동일(大阪東一)주식회사 중역'으로 소개된 것을 볼 때[232] 일찍부터 오사카에서 활동하던 인물로 보인다. 이 글은 1921년 자신이 거주하는 오사카 지역의 백제유적을 방문한 소감으로『삼천리』에 기고한 것이다.

당시 20대 정도로 추정되는 필자는 일본에다 문명을 전한 자부심 즉, 낭만적 관심으로 왕인 유적지를 관찰했다. 왕인 무덤을 거닐면서 일본인에게서 상처 입은 조선의 자존심을 왕인 박사의 고사를 통하여 치유하려는 듯했다.

> '왕인박사의 묘'라고 커다랗게 써 놓은 것이 있다. 이것이 대유학자요. 백제의 박사였던 왕인 선생이 오진(應神) 천황의 초청을 받아 논어와 소학을 짊어지고 바다를 건너 들어가서 학문을 전하던 천년전 자취이다.…(중략)…백제 조정의 구름 같은 학자 중에 그 한 분인 왕인 박사께서 일본에 문명을 전하려고 물로 천리 산으로 천리 이방에 이르러 그곳 신에 공자왈 맹자왈 가르치고 진퇴의 예의와 삼강오륜을 전하며 흰 수염에 도포 자락을 드날리면서 방방곡곡에서 강당을 세우고 유학자를 모아 글 가르치던 일. 더구나 정사(政司)에 예악을 대종으로 삼아 관현지락(管絃之樂)을 가르치는 모습. 이리하여 문명을 사해에 펼치든 백제 박사 왕인! 나는 눈을 감고 한참 앉았다가 조상의 무덤에 온 듯 안타까운 생각에 가슴을 뜯다가 무덤의 풀을 허우적거렸다.[233]

---

232) 朴永壽,「大阪居住朝鮮同胞現狀」,『삼천리』(13-1), 1941년 1월 1일, 61쪽.
233) 大阪 朴永壽,「王仁博士의 墓, 大阪管原村에 잇는 百濟博士의 墓로」,『三千里』(5-4),1933년 4월 1일, 86~87쪽.

즉, 단순한 조선 우월의식이나 독립의식이 아니라 '우리도 한때'라는 자존심의 마감 장치로서 왕인을 소환하고, 그가 인의예지, 삼강오륜과 같은 인간윤리와 문명적 가치를 일본인에게 전한 사실을 되새겨서, 우리 백제가 그 옛날 일본을 가르친 사실을 회고한 것이다. 이는 당대 '낙후된 조선을 가르쳐서 통치하겠다는 일본의 근대화 프레임'에 대한 저저항감의 발로이기도 했다.

<그림 13> 1939년에 세워진
우에노 공원의 왕인기념비

필자는 왕인 박사의 유적을 조사하던 중 후지타의 사기극을 알게 되었다. 필자가 오기 몇 년 전 후지타라는 사람이 왕인신사와 박물관을 짓는다면서 일본에 곳곳에 남은 왕인박사의 흔적을 모았다. 신사 건설 기금이라고 하여 수만 원도 모으고는 도주하였고, 왕인박사 유품이나 사료도 함께 사라졌다.234)

어쨌든 왕인을 통해 자존심을 세우려하는 조선인의 입장을 간파한 총독부 등 일본인들은 왕인의 존재를 조일 민족의 역사적 가교라고 치켜세우면서 일선동조론과 결합하였다. 결국 시간이 흐를수록 왕인은 내선일체의 상징으로써 조선인의 협력을 구하는 상징이 되면서 조선통치의 안정에 기여하는 존재로 전락하였다. 특히 <그림>에서 보듯이 침략전쟁 시기에 들면서 일제는 조선인의 자발적 동원의 고무(鼓舞) 수단으로 왕인을 더욱 현창하는 제스처를 쓰고 있다.

---

234) "예전 몇 해 전에는 이곳 곳곳에 왕인박사가 남긴 발자취를 후지타(藤田)란 사람이 왕인박사의 신사와 박물관을 짓는다고 하면서 박사가 쓰던 벼루 붓, 논어, 소학 책과 책상 등을 곳곳에서 수집했다. 또 박사가 입던 도포나 사모관대를 모았다. 더구나 전국 각 부현에 다니며 신사 건설기금으로 수만 원 모았다. 슬프도다. 그 사람이 사심을 품고 그 돈을 개인 뱃속에 채우고는 도망가버렸다. 이제 그 많던 귀중 사료도 어떻게 되었는지 찾을 길 없다."(大阪 朴永壽,상동, 『三千里』(5-4),1933년 4월 1일, 87쪽.)

○ 고구려의 영광에서 오늘의 상처를 위로받는다:

이학인의 도쿄 고려촌 방문기

이학인은 인천 출신으로, 경성방송국의 전기 기술자인 노창성(盧昌成)의 장인이자 최초의 여성 아나운서인 이옥경(李玉慶 1901~1982)의 부친이다. 필자는 인천해관 관리로 영어가 능통했으며 인천사립제령학교에서 조선인 학생들에게 영어를 가르쳤고, 1920년대 일본에 유학했다고 한다.[235] 1927년 아동 잡지 『별나라』에 우이동인(牛耳洞人)이라는 필명으로 알려진 듯하며, 주소가 도쿄 스가모마치 미야시타(宮下) 158 천도교 종리원[236]인 것으로 보아 천도교 유학생인 듯하다.

필자에 따르면 사이다마현에 있는 고려촌(고마노사토)은 나라 레이키(朝靈龜) 시대인 715년경부터 유민 1,799명이 이주하여 1280년 동안 존치한 다음 1895년에 다른 군에 편입되어 그 명칭이 사라졌다고 하고, 아직도 고려라는 이름으로 남아있다고 했다. 그러면서 도리이 박사의 언급을 빌려, '고구려인의 특성인 무사 성격이 있는 곳이며, 성격이 너무 고유하고, 독특하여 다른 지역과 쉽사리 소통하거나 일본문화에 쉽게 동화되지 않았다.'고 소개하였다.[237]

1936년에 방문한 송화강인도 고려촌을 방문하면서 '고향에 돌아온 듯한 아늑한 느낌을 받았다.'고 하여 일본 속 조선인의 고향이라는 이미지로서 일본과 조선을 연결하는 가교처럼 여기기도 했다.

---

235) 강옥엽, 「인천 여성과 예능」, 『기호일보』, 2020년 11월 27일.
236) 쌀낭애비, "『별나라』를 위한 피 · 눈물 · 쌈!! 수무방울", 『별나라』, 1927년 6월호 (한국아동문학비평사 https://cafe.daum.net/childcriticism)
237) "그들 高句麗人은 북방의 强勇한 馬上弓箭의 사람들이니 이 민중이 한 번 무사시노(武藏野)에 이주하자 대다수의 집합체를 고려촌에서 形成하였으므로 그들의 感化는 다소간 무인적 성격을 가지고 있는 武藏野國 土人에게 미쳤(及)을 것이다." (李學仁, 「「高麗村」 訪問記, 東京市外의 光景」, 『三千里』(7-2), 1935년 2월 1일, 162쪽.)

나는 신사의 사무소를 찾아 옛 조상들의 향기를 접하려고 실물을 보았다. 고려왕의 칼이라는 것과 부처님 몇 분, 동판타출(銅板打出) 부처(佛) 5매, 애염명왕(愛染明王)의 종자를 조각한 거울 1개, 독창 한 자루. 그 밖에도 대반야바라밀다경(大般若沒羅蜜多經) 사경가 고려씨 계도들이었다. 방랑아가 제 고장을 돌아오듯 한 아늑한 느낌을 가졌다.[238]

나중에 미나미 지로(南次郎) 조선 총독도 이곳에 와서 참배하면서 양 민족이 오랜기간 우호로 연결된 것을 보여주고자 했다.

한편, 필자는 백제 왕인이 일본 왕자에게 글을 가르쳐 준 사건, 나아가 일본 각지에서 신라어를 교수한 사실 등도 소개했는데, 이는 일본인들이 이런 삼국으로부터 문명의 주역인 문자를 전수받은 사실을 통하여 고려촌이 얼마나 역사적인 존재인지, 그들의 역할이 일본사회에서 얼마나 컸는지 보이고자 했다.

신라군이 설치된 뒤에 일본인이 신라인한테서 글 배운 자가 많았다. '761년 정월에 미노(美濃), 무사시(武藏) 등 소군국 마다 20명이 신라어를 배웁니다.'라고 한『속일본기』 기록을 보아도 알 수 있다. 고구려는 당시 장백산 북부여에 도읍한 것인데 동명성왕 고주몽이 시조였는데 진(晋)나라 사람들이 '동국에는 문자가 없다. 고구려만 혼자 문자가 있다.'라고 할 정도로 동방의 문화국이었다.[239]

이처럼 필자는 동양의 선진국인 고구려가 문자와 더불어 건축, 공예 방면에 기술자를 파견한 사실이나 담징(曇徵), 혜관 등이 와서 문화건설에 공헌한 것점 등을 소개하면서[240] "이것을 보면 고구려가 정신적 물질적으로 일본 문

238) 松花江人, 「天涯萬里에 建設되는 同胞村」, 『삼천리』(9-1), 1937년 1월 1일, 114쪽.
239) 李學仁, 앞의 글, 『三千里』(7-2), 1935년 2월 1일, 162~163쪽.
240) "동양의 선진국인 고구려가 문화상에 공헌한 것이 적지 않다. 예를 들면 「닌도쿠(仁德) 천황(313~399) 12년(325) 7월 고려 사신이 철방패를 바쳤다」(日本書紀). 이것으로써 무기 진보에 중대한 영향을 끼친 사실. 닌켄(仁賢) 천황(488~498) 6년(493)에 사자인 히타카(日鷹)에게 부탁하야 조선의 기술자[工匠]를 오게 하야 건축공예상 현저한 진전을 보인 사실. 스이코(推古) 천황(554~628) 17년(571)에

화에 큰 영향을 미친 것이 분명하다."고 하였다.

그러나 중국 침략을 받아서 선진국이던 고구려는 멸망하고, 유민들이 일본으로 망명하여 일본 사회에 흡수되었다는 것이다. 이 말은 결국 위대한 고구려 문화도 일본에 흡수되었다는 말과도 같았다. 그렇게 유민 1,799명을 모아 일본으로 망명을 주도한 고구려 보장왕의 아들 고약광(高若光)은 여기서 고려명신(高麗明神)으로 신화화되어 이름을 널리 알리게 되었다는 것이다.

『속일본기』에 「文武天皇 大寶 3년 4월 乙未 從五位下高若光賜王姓」이라고 하여 그 뒤 고려왕 약광(若光)이라고 불렀다고 한다. 고려촌 사람들의 구전에 따르면 약광은 수염이 백발인 이유로 고려명신, 지금도 백발명신(白髮明神)이라 부른다.[241]

<그림 14> 大字新堀字大宮 소재 고려신사 전경의 사진엽서

이른바 '고구려 유민 흡수론'이다. 외형적으로 '선진 고구려문화 전파론'처럼 각색되었지만, 오히려 고구려 전통의 흡수라는 측면에서 급기야 일본의 포용성을 보여주는 신화로 활용되었다. 또한 이러한 '선진고구려문화론'은 일선동조동근론(日鮮同祖同根論)이나 내지연장주의와 연결되면서 식민지 지배의 연원을 상고대까지 올리는 이론적 근거가 되기도 했다. 이것은 오늘날까지 일본민족이 한반도 문화를 적극 흡수한 저수지와

승 담징(曇徵)을 파견하고, 동 33년(587)에 승 혜관(惠灌)을 파견하여 문화건설에 공헌한 것 등 헤아리려면 끝이 없다."(李學仁, 상동, 『三千里』(7-2), 1935년 2월 1일, 163쪽.)
241) 李學仁, 상동, 『三千里』(7-2), 1935년 2월 1일, 164쪽.

같은 역할을 한다는 이미지를 만드는데 기여하였다.

한편, 필자는 '일본화'된 고려신사를 이렇게 소개하였다.

<그림 15> 일본화폐에 나오는
다케우치 스쿠네

고려신사는 고려촌의 서북 귀퉁이 오아자니호리아자노미야(大字新堀字大宮)에 있는데 오미야산(大宮山)을 배경으로 하고 고려촌의 청류(淸流)를 앞에 둔 명승지에 건축하였다. 그 제신(祭神)은 고려왕 약광(若光), 사루다히코노미코토(猿田彦命), 다케우치쯔쿠네(武內宿彌) 등 3명의 신[柱]인데 고려씨계도 권두에「因之從來貴賤相集埋屍城外且依神國之例建靈廟御殿後山崇高麗明神郡中有凶則所之也. 長子家重繼世也. 天平勝寶三年辛卯僧勝樂寂 弘仁與其弟子聖雲同納遺骨一字草創云勝樂寺聖雲若光三子也」한 것을 보면 처음엔 고려왕을 제사지내고 후에 다른 두 명의 신을 합사한 것으로 추정된다.[242]

고약광과 더불어 일본 개국(開國)에 기여한 신인 사루다히코노미코토(아메노우스메(天鈿女命)의 남편)와 같은 원숭이신이나, 신코황후가 삼한(三韓)를 정벌할 때 크게 도왔다고 하는 다케우치 쯔쿠네 등도 함께 고려신사에서 봉공하고 있다.

이것은 고구려(여기에는 백제도 포함된 듯)가 망했지만, 이들 일본의 도움으로 고려촌을 완성할 수 있었다는 이미지를 연출하는데 크게 기여하였다. 필자가 사루다히코노미코토의 의미와 다케우치의 역할을 몰랐을 리 없었다는 점에서 더욱 그러하다.

당시 민세 안재홍도 이런 일본인들의 의도를 간파하면서 결국 자신들의 한반도 지배를 고대까지 소급하려고 획책한다고 비판하였다.

---

242) 李學仁, 상동, 『三千里』(7-2), 1935년 2월 1일, 164쪽.

왕년 아리요시(有吉)가 조선의 정무총감으로 오며 안민현으로 신작로를 놓게 하고 아리요시 고개(有吉峙)라 하였다.'하니 아리요시 고개와 사이토만(齋藤灣)은 좋은 대조이다....(중략)...저들은 신코황후의 삼한정벌을 말하고 혹은 임나일본부를 거침없이 말하는 바 있으니 그것은 허망한 정복욕이 고대로 소급한 것이다. 사이토만, 아리요시 고개 등 지명으로 저들 국가적 영예를 후세까지 기념하기를 바라는 그 유치함 웃지 않을수 없다. 오로지 조선인의 민족적 모욕감을 키울 뿐이다.[243]

사실 고구려 멸망 시기에 많은 선진 문화재가 일본으로 들어왔다.

전시한 보물 중 고려왕의 큰칼(太刀), 구각(駒角, 유니콘), 거울불상(鏡形懸佛), 불상, 금강저[獨鈷][244], 당사자(唐獅子)는 고구려에서 가지고 온 것이다. 구각(駒角)은 고려왕이 승마할 때 쓴 것이라는 전설이 있다. 조선에서 국가길흉의 대사가 있을 때 전조로서 구각(유니콘)이 나온다고 한다. 그래서 이 구각은 고려가 망하니 생겼다고도 한다. 제14대 고일풍(一豊) 때 고려명신에 대자호(大字號)가 내려져 고려대궁명신(高麗大宮明神)이라 이름을 바꿔서 불렀다....(중략)...제27대 고풍순(豊純)은 「미나모토가문(源家)의 집안(綠故)」으로 스루가이와키 승인 도도효(駿河岩木僧都道曉)의 딸을 아내로 취했다. 이것이 고려가문이 일본인을 취한 시초이다.[245]

언뜻 보면 그럴듯한 '선진 고구려 문화 전파론' 같지만 자칫 고구려의 멸망으로 그 모든 문화적 전통이 일본으로 흡수되었다는 '한반도 문화 흡수론'으로 전환될 가능성이 컸다. 즉, 처음 고약광(若光)이 왕성(王姓)을 하사받았고, 특히 22대손 풍순 대에는 미나모토 쇼군 가문의 딸을 아내로 맞이하여 쇼군의 인척이 되어 마침내 '일본으로 동화'되었던 연원을 소개하고 있는데, 마치

---

243) 안민세, 「재등만(齋藤灣) 배타면서」, 『조선일보』, 1926년 5월 1일,(방유미(2022), 「1920년대 안재홍의 기행수필 연구」, 『우리문학연구』(75),우리문학회, 305쪽에서 재인용).
244) 밀교(密敎)에서 쓰는 불구(佛具)의 하나. 금강저(金剛杵)의 양 끝이 뾰족한 철이나 구리로 된 물건. 한쪽 끝에 방울을 단 것은 `독고령'이라 함.
245) 李學仁, 상동, 『三千里』(7-2), 1935년 2월 1일, 165쪽.

独鈷杵

<그림 16> 독고
(출처:
https://www.weblio.jp/
content

단군이 스사노미코토와 혈족으로 연결해서 일본과 조선이 동조동근임을 강조하는 것과 같은 맥락이었다.

이처럼 일본내 조선의 전통을 발굴하는 것이 조선민족의 우수성을 찾으려는 방편처럼 보이지만 실은 이처럼 동화의 근원을 찾고자 하는 야욕과 섞이면서 식민지 지배 이데올로기로 재삼 활용되었다. 하지만 친일파인 윤치호(尹致昊, 1865~1945)조차도 그런 해괴한 동화주의적 발상에 회의를 가졌다.

외국인이 미국에 이주하면 미국 시민으로서 보다 많은 자유와 기회를 누리려고 자진해서 미국인화한다는 사실을 똑똑한 일본인들조차 망각하는 듯해서 신기하기만 하다....(중략)...조선인은 병합을 원한 적이 없으며, 불의와 억압에 의해 일본인화되는 게 독립을 잃은 데 대한 적절한 보상이 될 수 없다.[246]

이런 사고가 식민지 이데올로기로 활용되어 조선인을 기만하는 논리를 제공하였지만 회색지대의 조선인에게 묘한 문화적 선진의식을 품게 하고 이것은 자못 상처받은 식민지인의 자부심을 일깨울 약간의 위로제가 되기도 했다. 그리고 오늘날에도 이런 생각은 이어진다. 고구려 신라 백제의 우수한 한반도 문화가 일본에 전파되어 일본 전통문화의 원류가 되었다는 사실은 많은 한국인들이 민족적 역사적 자부심을 회복하는 근거로 작용하는 것을 자주 본다. 하지만 그런 '문명의 일방적 전파론'은 장차 일본의 '한없는 포용론'을 부르는 중요한 단서가 될 가능성이 크다. 극히 위험한 일본인만의 도식을 무분별하게 받아들여 오히려 활용당하는 대표적인 사례라 할 수 있다. 문명이란 늘 주거니 받거니 하는 것임을 잊어선 안된다.

---

246) 앞의 책, 『윤치호일기』, 1920년 7월 16일자, 181쪽.

(4) 도쿄의 어느 문인의 묘 앞에서: 노성(路星)의 다크투어

① 아리시마 무덤에서

필자 로성(路星)은 도쿄의 아오야마 묘지에서 자살한 작가 아리시마다케오(有島武郎)[247]의 묘를 아주 힘들게 찾았다. 그는 아리시마가 홋카이도 농장의 소작인들에게 토지를 나눠주는 등 휴머니스트다운 모습에 크게 감동하였고, 그런 삶이 어디서 왔는지 호기심이 생기면서 그의 작품에 관심을 가졌다. 그런 아리시마가 자살하였고, 왜 자살했는지도 필자가 가지는 관심의 중요한 축이었다.

<그림 17>
아리시마 다케오 (출처:
위키백과)

우주자연 앞에 인간은 무가치한 것이며 허무하다. 형체가 있던 것은 소식도 없이 사라지고 기억에 남았던 것도 엷어지고 마는 인생사가 백년 천년으로 헤아려지지 않는다. 하지만 생각해 보면 그것은 다 허무한 사실이다. 인간이란 누구나 다 50년 60년의 사형집행유예를 받은 존재! 그 집행유예 기간이 우리 인생의 일생이다. 인간은 결함에 찬 영원한 미완성품일지도 모른다.[248]

필자는 아리시마 작가의 자살을 보면서, 아리시마가 침윤했던 허무주의에 대해 깊이 들여다 보고

---

247) 아리시마 다케오(일본어: 有島武郎, ありしま たけお, 1878년 3월 4일~1923년 6월 9일)는 일본의 소설가, 단편 작가, 수필가이다. 1903년에 미국으로 건너가 해버퍼드 대학대학원에서 공부했다. 그 후, 하버드 대학에서 역사와 경제학을 공부하다 중퇴하였다. 귀국 후 교사로 일하다가 시가 나오야, 무샤노코지 사네아쓰와 함께 문학 동인지 <시라카바>를 창간하며 문학 활동을 시작했다. 작가로서 활동하던 중 1923년에 연인 하타노 아키코와 동반 자살했다. 대표작으로 소설 『카인의 후예』, 『어떤 여자』, 평론 산문인 『사랑은 아낌없이 빼앗는다』 등이 있다(위키백과).
248) 路星, 「東京文人墓」, 『三千里』(7-5), 1935년 6월 1일, 227쪽.

있다. 이는 1920년대 이후 조선인 지식인으로 살면서 느꼈던 '상실의 시대'에 대한 직관일 수도 있고, 1930년 전후한 세계 대공황에 따른 곽곽한 삶의 실상에서 얻어진 허무한 감정의 연장일 수도 있었다.

> 생(生)에 대한 환멸의 그림자가 점차 나를 감아 들이려고 하고 있다. 나의 눈에 보이는 모든 것은 고요히 빛을 잃고 사라져 가는 생기 없는 것뿐이다. 인간의 슬픈 패잔의 흔적을 말하는 이 수많은 묘표(墓標 묘지 표식) 그것! 한적한 공기는 고요히 숲을 흔든다. 바람은 인간 또는 이와 같은 죽을 운명을 가진 생물이 토하는 한숨과도 같이!249)

필자의 문학적인 감성을 모두 헤아릴 수 없는 노릇이다. 하지만, 역사적 관점에서 이러한 생의 허무와 희망에 대한 냉소가 단지 아리시마 묘소에서 우연히 느껴지는 감상은 아니라는 점은 분명하다. 적어도 1920년대 이후 1930년대 초반까지 조선인 지식인이 느꼈을 무기력과 좌절 나아가 실망이란 현실을 대변하고 있다는 사실이다.

왜 하필 도쿄이며, 아리시마인가. 그것은 도쿄가 일본제국의 심장부이고, 아리시마는 일본의 민중에게 가해진 억압의 현실에 항거하면서 자살을 택한 일본의 양심적인 지식인이라는 점에서 그러했다. 이토록 허무한 세상에 산다는 것에서 필자는 '아리시마의 자살은 어쩌면 완전한 승리자의 죽음'이라 여겼다. 즉, 아리시마의 삶을 현실적인 영원을 택하지 않은 결과로 보았고, 그런 아리시마의 비범한 재능을 품어주지 못한 현실에서 용감하게 죽음의 길을 선택한 것이라고 해석하였다. 그래서 항간에서는 아무리 아리시마의 죽음을 비참, 환영, 적막 등으로 표현한다고 하더라도 '스스로 죽음을 찾는 이는 자기를 길이 살리는 유일한 길'이었기에 슬퍼할 필요가 없다고 보았다. 어쩌면 필자는 조선에서는 더 큰 억압이 있다는 사실과 연결하면서 동병상련의 마음으로 아리시마의 죽음에 연민을 전하고 있었던 것이다.

---

249) 路星, 상동, 『三千里』(7-5), 1935년 6월 1일, 228쪽.

나는 다케오의 죽음을 슬퍼하지 않는다. 그러나 비범한 재능만은 아까워하지 않을 수 없다. 스스로 죽음을 찾는 이는 자기를 길이 살리는 유일의 길이라고 한다. 그 죽음은 죽음이 아니라면 명상의 나라를 향하여 남보다 빨리 출발한 것이다....(중략)...나에겐 아리시마 다케오의 죽음을 그를 완전한 승리자의 죽음이었다고 부르고 싶다. 헛되이 현실적인 영원을 나는 원하고 싶지 않다.[250]

그런데 왜 '사비시이(애처로운)'한 마음으로 아오야마 묘지를 찾았나. 글 말미에 필자는 "아리시마의 도피처가 죽음이 아니고 사랑이었으면, 끝까지 그 사랑에 의하여 지금껏 살아주었다면 이 쓸쓸한 공동묘지에는 찾아오지 않았을 것인데!"라고 썼다. 현실의 영원에 기대지 않은 삶을 살아주었기에 내 마음과 같았고, 그래서 동병상련의 마음으로 여기를 찾아왔다는 것이다. 허무의 동지, 절망의 동지이기 때문이라는 말이다.

② 고독을 노래한 도쿠도미 로카(德富健太郎, 盧花居士): 자본주의 변태와 싸우는 고독자

필자는 이어서 인간의 고독 문제를 끝없이 설파한 노화(盧花)거사의 무덤도 찾았다. 필자는 노화거사인 도쿠도미 겐타로[251]의 『불여귀』, 『사출기』, 『죽음의 그늘에서』 등의 작품을 좋아했다.

---

250) 路星, 상동, 『三千里』(7-5), 1935년 6월 1일, 228~229쪽.
251) 도쿠도미겐타로(德富健太郎) 일명 도쿠도미 로카(德富 盧花)는 1868년 10월 25일~1927년 9월18일 구마모토 현 출신으로 동지사, 구마모토공립기숙학교, 오오예 학교 등에서 수학. 1885년 영국 감리교에서 세례를 받고, 同志社에 입학하였고, 1888년 구마모토 영어학교 교사가 되었다. 1889년 형이 세운 民友社에 입사하였고, 국민신문과 國民之友에서 번역 평론 등 수행. 1894년 톨스토이(1897), 不如歸(1898~1899), 자연과 인생(1900) 추억의 기록(1901) 등을 발표함. 1902년에는 黑潮社 창립, 黑潮 발행, 1919년 세계일주 후 1920년 귀국하여 아내인 아이꼬(愛子)와 공동저작으로 일본에서 일본으로 제1권을 폈고, 제4권은 그가 사망한 후 1928년에 간행되었다.

인생은 자연과 함께 살고 땅에 버려지면 자연으로 돌아가고 마는 것. 그 생명은 순간에 지나지 않는다. 추억도 애석함도 필경 자아적인 것 죽은 자에겐 아무 것도 주는 것이 없다. 인간은 기수(奇數)로부터 우수(偶數)로 또 복수(複數)가 되고 나중엔 산산이 흩어져서 그만 단수(單數)가 되고 만다. 감정적 세계에서는 인생이 영원히 단수라고는 도저히 믿을 수 없다. 영원히 고독한 것이다.[252]

<그림 18> 도쿠도미 로카와 흑조 표지(출처:네이버블로그 https://m.blog.naver.com/japanliter/140027128310

허무와 절망 그리고 죽음의 메시지와 동무 삼으려던 필자. 그렇다면 그러한 허무와 절망의 근원은 무엇인가. 혹 자본주의 사회에서 비롯된 소외를 말하는 것인가. 아니면 인간의 원초적인 고독성에 대해 성찰인가. 여기서 필자는 도쿠도미(盧花)야 말로 '상업주의 지배를 받는 오늘, 도도한 현대를 풍미하는 자본주의의 변태적 풍경, 그 풍조'에 투쟁하면서 인간의 고독을 고민하였다고 평가하였다. 바로 그 점이 그가 머나먼 도쿄에 와서 그를 찾는 이유라는 것이다.

로화는 근대 일본이 낳은 우아한 거장 중 하나인 줄 안다. 메이지, 다이쇼, 쇼와 시대를 통하여 그에게 필적할 학식과 기혼(氣魂), 순정을 가진 재주꾼[才人]은 아무리 살펴보아도 쉽게 떠오르지 않는다. 현대 유행작가들은 어쩐지 세속의 무리[幇間]로 밖에 보이지 않는다. 예술과 문예까지도 상업주의 지배를 받게 된 오늘날이다. 도도히 현대를 풍미하는 자본주의의 변태적 풍경 그 풍조를 바라볼 때, 나 역시 존재를 달리한 진실한 인간의 고독에 대하여 통절히 느끼지 않을 수 없다.[253]

---

252) 路星, 「東京文人墓」, 『三千里』(7-5), 1935년 6월 1일, 229쪽.
253) 路星, 상동, 『三千里』(7-5), 1935년 6월 1일, 229쪽.

무덤을 보면서 필자는 '이 세상은 기만이다. 이 인생도 한바탕(一場)의 환영(幻影)과 같으니! 그래도 우리는 불쾌한 환영과 쾌적한 환영을 분간할 만한 이성을 가져야만 한다.'라고 하였다. 그러면서 자본주의 모순에 투쟁하고자 했던 도쿠도미가 왜 그토록 인간의 고독 문제를 고민했는지 되새겼다.

역사적인 견지에서 본다면 감성적 영역의 실상을 이해하는 일은 쉽지만 않으나, 당대 지식인이라는 실존 속에서 본다면 당대 자신들이 가진 고립감을 잘 대변해준다. 그것은 상실과 콩고물에 관한 것이었다. 즉, 하나는 자신의 신념이나 희망, 삶의 혁신을 발산할 곳이 상실된 지식인, 모든 것을 독점한 일본인 지식인의 오만 속에서 살면서, 콩고물이라도 얻으려면 한없이 비굴해져야 하는 그 현실의 무거움이 자연스럽게 절망, 죽음, 고독과 같은 용어와 친밀해지게 된 역학이 아닐까 하는 것이다.

> 자신의 고독한 성격에 우는 것도 친히 말할 동무도 없고 사랑해 줄 사람도 없음을 슬퍼하는 것. 그것은 거짓 없는 진실한 인간의 자연스러운 모양이다. 누구나 다 사람은 실의(失意)할 때 자기운명의 과정을 돌아보며, 반대로 득의(得意)할 때 그도 저도 운명의 지배를 잊고 마는 것. 다행도 불행도 운명의 포말과 연속한다. 한 인간이 자기 생활을 좀 분명히 해 보려고 하면 거기엔 고독함이 있는 것. 나도 너도 서로 다 무엇에나 불만을 느끼면서도 억지로라도 감정을 만족시키려고 애쓰는 것. 바로 이것이 한(恨)많은 우리 인생이다.[254]

로화(盧花)의 글에서는 1930년대 중반 허무와 고독으로 굶어 죽기 직전인 조선인의 현실을 잘 보여준다. 조선총독부나 제국주의자는 아무도 '넣어 주지 않는' 외로운 조선인 지식인들에게 너희 조선인들도 자신만의 역할(그것이 옳은 것이든 그른 것이든)이 있고, 너희들도 존재의 이유가 있다는 동기부여를 심어준다면, 너무나 손쉽게 제국의 목표에 이들을 앞세우거나 활용할

---

254) 路星, 상동, 『三千里』(7-5), 1935년 6월 1일, 229쪽.

수 있다는 것이다. 그래서 허무와 절망과 죽음과 고독이 넘쳐나는 1930년대 초반의 조선인은 금방 '무운장구(武運長久)', '결전(決戰)', '대동아의 중핵(中核)' 등의 선전에 쉽사리 현혹될 수 있었고, '조선인의 역할론'이 커지는 침략 전쟁하에서 총독부의 동원논리에 손쉽게 활용될 수 있는 중요한 내적 동력이 된 것이다.

2. 미주 투어와 '자유': 자유를 향한 열망이 우리를 자유케 하리라.

1) 미국: 자유를 잃은 민족이 자유의 본고장에 오니 서글프다.

(1) 자립의 벌판이 없는 쓰라린 조선을 돌아보다: 감리교 목사 임영빈의 미국

① 하와이에서 자유를 느끼다.

임영빈[255]은 1926년 3월 28일에 하와이 호놀룰루에 도착하였다. 밴더빌트 대학에 입학하기 위하여 가는 길이었다. 하와이에 있는 회관에 도착하면서 필자는 이렇게 말했다.

눌림과 얽매임만 받던 내 감각에 이상히 비치는 것이 한두가지가 아니다. 이것이 자유의 나라에 기생하는 모든 것이 모두 누리는 것인가 생각할 때 일면 가상하여 보이기

---

255) 임영빈(任英彬, 1900. 2. 15 ~ 1990. 3. 3)은 소설가이고 호는 석계(石溪). 별명은 춘풍(春風)이다. 황해도 금천군 마장굴에서 한학자의 아들로 태어났고, 1926년 미국에 건너가 밴더빌트대학에서 수학하다가 남감리교대학(SMU)으로 옮겨 비교문학을 공부하였다. 귀국 후 이태원교회(1934~1937)·홍제원교회(1937~1939)에서 목회하는 한편, 총리원 교육국 간사(1935~1940)로 일하면서 <감리회보>를 주필하였다. 이후 조선기독교서회 편집부 간사(1940~1942)·감리교신학교 교수(1942~1945)·대한기독교연합회 총무(1946~1947)·대한기독교교육협회 총무(1947~1949)·대한성서공회 총무(1949~1966)를 역임하였으며, 1946년 이후 1966년 은퇴할 때까지 아현교회 소속으로 파송되었다. 만년에 미국의 샌프란시스코에서 자녀들과 함께 지내다가 1990년 3월 3일 뉴욕에서 별세하였다.(기독교대한감리회 역사기록검색서비스

도 하고 혹은 구슬프게 보이기도 한다.[256]

여기서 특히 '눌림과 얽매임만 받던 나'라는 표현에서 알 수 있듯이 조선에서 받던 차별 혹은 여행 중 받았던 불편이라는 중의적 의미겠지만, 그동안 자신을 '얽매게 했던 것'에서 벗어났다는 행복감만큼은 풍부하게 표현하고 있다.

이역만리 머나먼 하와이에 와서 조선의 소식을 전하면서 느끼는 필자의 감회는 '차마 말할 수 없는 심경'그 자체였다. 1902년부터 정착하여 온갖 고생을 다 하면서 터전을 일군 동포들의 삶을 바라보면서 필자는 여전히 고통 속에 사는 조선인 농민(꼭 농민이라고 하지 않았지만, 박노인의 농장에서 느낀 감정이므로)의 비참한 형편을 말하기 어려웠을 것이다. 그만큼 조선 농촌이 비참했던 사실은 당대 미국을 방문할 정도의 유산층에게도 심각한 조선의 현상황이라는 자각은 분명히 드러나 보인다.

> 저녁은 민찬호(閔燦鎬) 목사 댁에서 먹고 예배당에서 열리는 환영회에 갔습니다. 우리가 말할 차례에 홍(洪)군은 고국(조선)의 쓰라린 사정을 이야기하였습니다. 듣는 이들은 눈살을 찌푸리고 한숨을 쉬었습니다. 나보고도 말하라고 했지만 남의 덕을 보는 것에 그치고 싶어서 하지 않았습니다.(밑줄은 저자)[257]

홍군이 말한 것은 조선의 안타까운 현실이었다. 아마도 산미증식계획 등으로 농민들이 땅을 빼앗기고, 만주로 유랑한다는 둥, 혹은 토막민이 도시에 넘쳐나고, 빈농 프롤레타리아들이 허드렛일이라도 찾으려 새벽을 잊고 사는 조선의 모습을 그렸을 것이다. 이에 동지회와 국민회원 간의 깊은 상쟁으로 깊은 상처를 받은 현지 주민들이 또다시 홍군의 입을 통해서 조선의 비참한 현실을 전해 들었을 때 느낄 쓰라린 마음이 절절히 느껴진다.

---

256) 任英彬, 「호놀룰루의 하로, 渡米「스케취」」, 『東光』(5), 1926년 9월 1일, 41~42쪽.
257) 任英彬, 상동, 『東光』(5), 1926년 9월 1일, 42쪽.

그래선지 남의 덕을 보는 심정으로 더이상 필자 자신은 비참한 조선의 사정을 전하고 싶지 않았던 것은 아닐까. 아울러, 잡지 검열로 인해 제대로 당시 사정을 글로 옮기지 못한 정황도 뚜렷이 보인다. 하와이 교민들이 미국 정부와 또는 일본영사관으로부터 당하는 차별감도 제대로 싣지 못하고 있었을 뿐만 아니라, 그들의 '눈살을 찡그리게 하고, 한숨을 쉬는' 대목에서 '자신의 삶과 조선의 현실이 어찌 그렇게 같은 것인지!'라는 동병상련의 아픔을 짐작할 수 있게 한다.

② 샌프란시스코 이민국에서, 자유의 나라라고 믿었건만⋯

자유의 나라라고 믿었던 미국. 그런데 가보니 쓸데없는 법도를 만들어놓고 사람을 피곤하게 한다는 느낌을 시종 피력하고 있다. 미국식 법치(法治)에 대한 나름의 적응력이 미약했던 조선인의 현실이 절절히 이해되는 대목이다. 자유를 편의로 생각하고 있던 당시 조선인의 인식이 미국의 법치주의적 자유와 충돌하였고 이에 깊은 실망감과 불편감을 호소하였다.

> (1926년) 4월 5일이었다. 아침 일찍 샌프란시스코 항 부근에 닿았습니다. 이민국으로 가니 마니 분분할 때 10시 좀 지나서 이민관이 와서 검사했습니다. 우리 차례가 되었을 때 우리 세 사람은 모조리 이민국으로 가야 할 상황이었습니다. 미국 학교 입학 허가증이 모두 시간이 지난 것이라 학교에 문의한 뒤에 상륙허가 여부를 결정하겠다고 했습니다. 이튿날(4월 6일)은 비가 쏟아지는데 세관공무원의 짐검사를 받았고, 나룻배를 탔습니다. 우리 일행은 일본인까지 총 12인이외다. 에이, 사람 사는 나라에 와서 사람이 좀 들어가는데, 이리 까다롭게 굴께 뭐람!258)

이렇게 이민국에서 홍역을 치른 필자는 원래의 목적인 조선인 국민회를 찾았다. 그 과정에서 '당신은 코리안인가?'라고 묻는 짐차 기사의 말에 코리

---

258) 任英彬, 「移民局行次(스케취)」(6), 『東光』(6), 1926년 10월 1일, 26쪽.

안이라고 불러주는 것에 감사하고는 그 차를 탔는데, 도대체 이 미국 짐차 기사는 25분이면 도착할 거리를 이리저리 돌아다니다 1시간 만에야 국민회 셋집 앞에 데려다 주었다.259) 또한 차를 타는데 어떤 미국인 남자가 와서 도와주더니 서비스 요금을 청구하길래 당황했다는 이야기도 했다.260)

이런 일련의 해프닝을 통해서 필자는 '민주주의의 미국이라는 곳이 알고 보니 이렇게 속임수에 능한 자들이 있구나.'하는 사실을 깨달았다고 한다. 특히 미국식 '팁' 문화를 제대로 모르던 필자로서는 미국에서의 서비스 행위가 가지는 의미를 제대로 이해할 수 없었던 것은 예나 지금이나 마찬가지였다.

따라서 하와이를 비롯하여 여기까지 온 임영빈의 미국관을 정리하면, 기본적으로 민주주의의 나라라고 하는 미국이 알고 보면 속임수가 판을 치고, 쓸데없는 규칙을 만들어 여러 가지로 외국인을 번거롭게 하는 별로 내키지 않는 나라 혹은 이유 없이 돈을 갈취하는 서비스 문화를 가진 나라라는 이미지이다.

그러면서 광활한 미국의 대지와 벌판을 보면서 소유자가 경계표식만 하고 아무것도 경작하거나 활용하지 않는 더 넓은 땅을 부러워하였고, 그 벌판에서 물끄러미 자신을 바라보는 말이 자기보다 더 자유로운 듯하다는 감상을 내놓았다.

해가 땅에서 뜨고 땅으로 진다는 말은 랴오뚱(遼東) 들판에서만 하는 말인 줄 알았더니 여기도 그렇다. 어쩌나 넓은지 그 넓은 벌판을 어느 욕심쟁이가 기껏 철강으로 막았어도 그것보다 더 많은 땅이 남아있다. 톨스토이가 '사람이 얼마나 땅을 간절히 바라는가?'라고 한 말이 생각난다....(중략)...문득 흔들리는 차에서 내 몸을 깨달으니 못난 고기덩이 속에 있는 불쌍한 나를 물끄러미 보는 말 한 마리가 히히힝 우니 아마도 자유가 제게만 있는 듯 생각하나 보다.261)

---

259) 任英彬, 「짐자동차에 실려서」, 『東光』(7), 1926년 11월 1일, 49쪽.
260) 任英彬, 「美國의 汽車旅行」, 『東光』(11), 1927년 3월 5일, 48쪽.
261) 任英彬, 「美國의 汽車旅行」, 『東光』(11), 1927년 3월 5일, 48쪽.

비록 미국에 왔고, 나름 행세하는 조선인이지만 진정한 자유와 경제적 자립의 벌판이 없는 한낱 조선인인 자신을 돌아보면서 깊은 회한과 아픔의 감상을 내놓고 있다. 더더욱 조선의 농업 현실을 생각하면 저 넓은 광야에 절절한 부러움을 느꼈다.

그러다 식당칸에서는 경제적인 한계와 조선과 다른 식사예절 때문에 더더욱 위축되었다.262) 사실은 꿀떡 소리를 참으려 한 것도 이유지만, 한끼 2원 30전(1달러 15센트)나 하는 식사 비용에 무척 놀란 결과였다. 2원 30전이면 당시 쌀 한 가마니가 10원 정도 하던 시절이라 최소 2말 반을 살 수 있는 큰 돈이었다. 무척 놀란 듯 다시는 식사하지 않을 것이라 결심하였다. 목이 말랐지만 우물쭈물하다 자동판매기를 사용하는 미국인을 보고서 따라하니 겨우 갈증을 해소할 수 있었다. 그러면서 한탄했다. "미국서는 물먹기에도 1시 15분씩 걸리며, 문명을 누릴 줄 모르는 놈에게는 문명이 도리어 결박이다."라고.

필자는 감당할 수 없는 미국 문명 앞에서 한없이 촌뜨기, 열등인이라는 자괴감을 이기지 못하였다. 그리고 그런 마음을 더욱 키운 것은 아마도 감당할 수 없는 넓은 땅을 보았을 때였고, 땅 한 자투리에 울고불고하는 불우한 조선의 현실을 돌아보았을 것이다.

③ 미국 생활을 조선과 비교하면

필자는 1927년 2월 5일 미국 생활에서 어려움을 겪었던 몇 가지 내용을 『동광』에 기고하였다. 그중 가장 어려운 점은 역시 영어를 제대로 할 줄 모른다는 점이었다.

---

262) "행여 실수할까봐 겁나서 남의 눈치를 보면서 식사하였다. 물도 먹고 싶은데, 조선[本國]에서 누군가에게 들었던 것처럼 물 먹을 때 꿀떡 소리를 내면 안 된다고 하여 조심하다 보니 결국 못 먹었다."(任英彬, 「美國의 汽車旅行」, 『東光』(11), 1927년 3월 5일, 49쪽.)

글을 쓰더라도 얕은 수작만 쓰고 의견을 발표하여도 추상적으로만 하는 것이 큰 낭패입니다. 도무지 과학적 훈련이 없어서 쩔쩔매고 있습니다. 한 줄 글을 쓰려고 해도 몇 가지 책에 살펴야 하는데, 풍문으로 어림치고 들은 것도 가장 아는 듯 쓰는 것은 여기서는 통하지 않습니다. 제가 교회 역사를 배우는데 그 논문 쓸 때 이런 것이 큰 방해거리였습니다. 조선에서는 기억만 하면 그만인데, 여기서는 과학적 판단을 담은 논문을 써야 하니 힘이 듭니다. 본래 비과학적 나라에서 비과학적으로 자라나서 그런지 고통이 말도 못합니다.[263]

영어 능력의 부족은 단순하게 생활상의 어려움을 주는 것뿐만 아니라 자신이 수행하는 학업에서 제대로 과학적 판단을 하고, 글쓰는 데도 장애를 준다는 점이고, 여기에 조선에서 통하던 암기 위주의 공부 버릇은 그런 고통을 가중했다는 것이었다.

두 번째 사례로는 역시 조선에서 하는 양반 행실로는 여기서 제대로 살기 어렵다는 것이다.

조선 쌍놈은 여기선 양반이고 여기서 쌍놈은 조선 양반이외다. 조선에서는 책이나 읽고 조용히 방구석에 있으면서 부드럽게 지내야 양반행세인데, 여기서는 떠들기도 잘하고 놀기도 잘하고 구경도 잘 다녀야 양반행세가 됩니다. 감옥 생활이외다.[264]

세 번째는, 조선인이라는 존재감이 없다는 것이었다.

차이니스냐 재패니스냐 하고 묻지 코리안이냐고 묻는 사람 없습니다. 생각하면 한심하외다. 그런 판국에도 서로들 잘났다고 다투니 우습기도 하고 애타기도 합니다.[265]

여러 민족이 사는 미국에서 조선인으로서 위상도 제대로 세우지 못하는 상황에서 국민회니 동지회니 하여 서로 다투는 모습을 보면서 무척 한심하

---

263) 林英彬, 「美國와서 보는 朝鮮」, 『東光』(12), 1927년 4월 1일, 44쪽.
264) 林英彬, 상동, 『東光』(12), 1927년 4월 1일, 45쪽.
265) 林英彬, 상동, 『東光』(12), 1927년 4월 1일, 46쪽.

다는 지적이다. 그러니 선교사들이 종종 조선을 멸시하는 말을 하는 것도 일면 이해가 된다는 것이다.

네 번째로는 글로벌한 이해력과 인지 능력이 없다는 것이다.

> 외국인 대접을 잘 하십시요. Humanism의 가장 큰 싹인 까닭입니다. 할 수 있으면 연회도 가끔 열어서 그들을 위로하세요. 이것이 조선을 세계에 홍보하는 데도 큰 도움이 됩니다...(중략)...눈앞의 것을 속이려 들지 말고 원대한 장래의 일을 속이려 드세요.[266]

필자는 휴머니즘이라는 표현을 쓰면서 외국인과의 갈등을 잘 해결할 필요가 있고, 특히 세계인들에게 조선인들의 우의를 알리는 활동을 해야 하는 점을 강조하고 있다. 그러면서 조선인들의 가장 큰 문제로 자꾸 남을 속이는 태도와 잘 사과하지 않는 태도를 비판하였다. 이른바 가난이 거짓을 부르고, 부족이 갈등을 즐기게 한다는 비판이었다.

(2) 네 사람의 미국 이야기: 자유롭고 풍요하다.

○ 만지기 부끄러운 자신의 손을 쳐다보다: 박인덕의 필라델피아 자유종

<그림 19>
박인덕(출처: 위키백과)

유관순의 스승이자, 훗날 친일파로 이름을 높였던 박인덕은 이때 미국 여행을 하고 특별히 필라델피아 독립관에 소장된 자유종에 관한 감상을 『별건곤』에 기고하였다. 왜 하필이면 자유종에 대한 것인가 하는 의문은 그녀의 글을 보면 금방 이해가 된다. 글 곳곳에 나타난 자유를 향한 동경과 염원은 다른 기행문과 마찬가지로 당대 조선인 지식인들이 얼마나 자유를 갈망하고 있는지 대변한다고 해도 과언이 아닐 정도

---

266) 林英彬, 상동, 『東光』(12), 1927년 4월 1일, 47쪽.

이다. 다만 검열로 인해 대놓고 주장을 할 수 없었을 뿐이었다.

> 자유종(自由鐘)! 자유종! 얼마나 듣기에 반가운 이름이며 부르기에 귀한 이름인
> 가....(중략)...필라델피아에 이른다. 제일 처음으로 인도하는 데가 독립관이라는 몹시
> 낡은 건물이었다. 집은 비록 몹시 낡았으나 들어가니 귀하고 아름다운 자유종만은 어떤
> 여행객에게나 말못할 무거운 감상을 주는 듯하다. 지금으로부터 100여 년 전 자유종은
> 높다란 종각에 매달렸을 것이었으나 내가 갔을 때의 자유종은 자유를 잃어버린 것같이
> 낡은 집안에 쓸쓸히 그 큰 몸뚱이를 들여놓고 있었다. 표면에 색인 문구 '온 세상 전 인류
> 에게 자유를 광포하여라.'는 여전히 잘 보이게 써 있었지만 소리는 낼 줄 모르는 반벙어
> 리! 길이로 가로로 길게 금이 나 있었다.[267]

필자는 미국이 독립하여 자유의 선언을 하는 날에 울었던 자유종에 대해
특별한 감정이입을 하였다. 지금은 파괴되어 '얼핏 보기에 몹시도 가련한 자
유를 잃은 자유종'이지만 몸체에 새긴 문구처럼 온 세상과 전 인류에 자유를
알리는 정신은 영원하다고 하면서 1930년 새해 아침 뉴욕에서 울리는 자유
종 소리를 떠올렸다. 그러면서 자신과 같은 조선인이 얼마나 간절히 자유를
염원하는지 간접적으로 표현하고자 하였다. 특히 "이 종은 자기 임무를 다했
으며, 사명을 다했다."라는 대목은 자유종이 사명을 다해 박물관에 퇴장된
모습과 1919년 3·1운동이 좌절된 이후 조선의 자유와 해방이 아니라 일본과
협력을 택하는 삶으로 돌아서려는 자신의 모습을 묘하게 겹치게 했다.

그래선지 "그제야 반벙어리가 되던, 자기의 큰 몸뚱이가 부서져서 가루가
되던 그는 애닯게 생각하지 않는 듯하다."고 하고, "얼마 전까지 유리장에 보
관되어 있었으나 사람들이 역사가 깃든 그 큰 몸뚱이를 만져보려는 까닭에
거기서 꺼냈다."고 했다. 필자는 '자유종을 꼭 만져보고 싶은 생각을 가졌다.
그러나 어쩐지 가서 만지기 주저하였다.'고 했다. 일말의 양심에 가책을 느낀
것을 보여준다. 그리고 자유종의 허망한 퇴장에 대해서 "그 몸뚱이가 너무나

---

267) 朴仁德, 「美國自由鐘閣 訪問記」, 『三千里』(5-3), 1933년 3월 1일, 46~47쪽.

크고 위대해 보였던 까닭인지는 몰라도! 내 가슴은 거저 텅 빈 것 같기도 하고 또 꽉 막힌 듯했다."고 하여 이제 사라진 독립정신에 대한 회한을 부가하고 있다. 요컨대, 숨길 수 없는 훼절에 대한 자기번뇌라고 하겠다.

○ 미국인의 강렬한 자유의 갈망을 보다: **김승옥(金升玉)의 뉴욕**

독립운동 경험이 있는 김승옥[268]이 처음 미국을 대하는 조선인의 마음은 그들의 자유를 위한 투쟁과 그들의 기적적인 발전력, 팽창력에 대한 경의였다. 특히 뉴욕은 식민지였고, 영국의 압제에 저항하면서 자유민국을 만들었다는 사실은 흥분의 대상이었다.

> 아아 뉴욕이라고 다시금 부릅니다! 회고하니 거금 300여년 전 영국의 속령 식민지가 되고 말았다. 그러나 조국의 전제적인 학정은 점점 이주민이 자유의 심기를 도발하게 하였다. 마침내 조국의 비도(非道) 악정(惡政)에 반항하여 창칼을 들어서 신대륙의 자유 민국을 건설하였다.[269]

일우는 또한 뉴욕에서 자유의 여신상을 보면서, 미국이 자본주의 황금만능이라는 비판조차도 감내할 만큼 심장을 뛰게 하고, 나의 두뇌에서는 이성이 깨었다고 했다. 그것은 거대한 나라 미국보다도 자유 정신을 보여주고 가르치는 위대한 자유 여신상에 큰 존경심이 생겼던 것이다.

---

268) 일우(一愚) 김승옥은 1889년 전라북도 고창군에서 태어났다. 어려서 한학을 공부 하였다. 1919년 당시 고창면(高敞面)에서 농업에 종사하며 면서기로 재직하였다. 1919년 3월 21일에 열린 고창시위를 주동하여, 1919년 5월 3일 광주지방법원 정 읍지청에서 보안법 및 출판법 위반으로 징역 1년 6개월 형을 선고받았다. 출옥 후 1921년에는 고창노동친목회에 하였고 1922년부터는 고창청년회에서 활약하여 1926년부터 1929년까지 회장을 역임하였다. 이 글은 아마도 출옥한 다음 고창청 년회 활동을 하는 도중 미국을 방문하면서 작성한 듯하다.
269) 一愚, 「世界一週 山 넘고 물 건너」(7), 『開闢』(26), 1922년 7월 10일, 92~93쪽.

아하! 황금문! 황금을 주든 황금을 가지든 자유 여신의 은혜로구나! 개인도 자유에 깨고 자유에 살면 주는 덕을 베풀 수도 있고 세력을 가질 수 있다. 하물며 단체로서야. 그 자유 여신을 정치와 종교적 정신의 상징으로 삼는 미국의 위대함을 존경하기보다 그 정신의 상징인 자유의 미인(자체)을 사랑하고 싶고 존경하는 싶은 감정으로 가슴이 뛰었다.[270]

자유의 여신이 만든 미국보다 자유의 여신 그 자체가 사랑스럽다는 말은 그런 미국을 맹목적으로 팔로우하기보다 자유의 여신이 추구하는 그 자체로의 가치 즉, 자유, 평화를 제대로 사랑하겠다는 뜻이었다. 단순한 부러움의 갈망이 아니라 추구하고자 하는 가치의 갈망이라는 점에서 자유를 갈망하는 조선인의 기대를 반영한 것이다. 총독부로선 이런 방식의 글이 대단히 위험스러울 것으로 예상된다.

이러한 일우의 입장과 대비되는 글이 있다. 김창세는 미국의 이런 자유와 평등 그리고 발전력에 대한 조망 대신 폭력적이고, 차별적인 미국의 속사정을 전달하기에 여념이 없었다.

싸움해도 미국인은 걸핏하면 주먹다짐을 하지만 영국인은 입으로 잡아먹을 듯이 다툽니다(평화적으로 한다). 런던은 모든 것이 경제적으로 되었습니다. 지하철도 하나만 보아도 굴이 좁고 차칸이 적으며 승강대를 겨우 사람 몇 줄만 서도록 했습니다. 그러나 속도라던지 다른 서비스는 큰 것을 좋아해서 크게만 만드는 미국보다 못한 것이 없습니다. 런던 시외로 가 보면 한 치 되는 땅도 놀지 않고 다 일구어서 곡식이나 꽃을 심습니다. 런던은 집이 뉴욕같이 높고 낮음이 없고, 평균이라서 보기 좋습니다.[271]

걸핏하면 주먹다짐을 하는 미국인과 달리 경제적이면서, 차량의 속도, 서비스, 건물 하나같이 미국같이 위압적이지 않고 평균하여 보기 좋다는 생각은 바로 영국에 빗대어 미국이라는 나라가 가지는 '상놈의 근성'에 대한 비

---

270) 一愚, 「世界一週 山 넘고 물 건너」(8), 『開闢』(26), 1922년 8월 1일
271) 김창세, 「생각과는 딴판인 영국의 사람과 말, 순자, 상인, 뿌이, 간호부, 런던, 디하철도, 상점, 야외, 유로파 遊覽感想 其一」, 『東光』(2), 1926년 6월 1일, 11쪽).

아냥이었다. 변호사 허헌도 미국인의 심성은 '정직하지만 과장이 많고 친절하다,'고 평가하였다.[272] 보는 여행자마다 미국인의 심성(心性)은 다양하기만 했다.

○ 여기사는 조선인은 뭔가 다르다: **변호사 허헌의 하와이와 워싱턴**

<그림 20> 허헌(출처: 위키백과)

변호사 허헌[273]은 1926년 5월 30일 조선을 출발했다. 일본에서는 6월 9일 요코하마를 떠났기에 서울에서부터 열흘 정도 걸린 셈이다. 요코하마를 떠나면서 허헌은 '여기서 뿌린 그 많은 조선인의 눈물이 생각'했다고 했다. 아미도 20여 년 전에 미국 이민 길을 떠났던 조선인들을 생각한 모양이다. 떠나면서 '나의 여행 동기라든지 목적은 여기서 말씀할 필요가 없겠지요.'라고 했는데,[274] 기행문에서 추측할 수 있듯이 샌프란시스코 국민회와 『신한민보』 계통 및 홍사단 계통의 민족운동 인사들과 교유하러 나갔던 것이다. 그러면서 외국의 정치, 경제사상 등은 여기서 논하지 않을 것이고, 그냥 놀라웠던 것이나 동포 이야기로 대신하겠다고 했다.

필자가 도착할 당시(1926년 6월 29일) 하와이에는 조선인 약 7천 명이 거

---

272) 許憲, 「東西 十二諸國을 보고와서」, 『別乾坤』(7), 1927년 7월 1일, 44쪽.
273) 허헌은 한성중학교, 보성전문학교 등을 거쳐 일본에 유학, 메이지 대학 법과에서 학사 학위를 받았다. 1907년에는 대한제국 제1회 변호사 시험에 합격하였고, 일본에서도 변호사 자격을 취득했다. 그 뒤 독립운동가들의 변호와 노동자들의 고용 문제, 임금 인상 문제 등을 무료로 변론하였으며 1924년 보성전문학교 교장 취임과 조선인변호사 회장을 겸임 동아일보 사장직무대행등 각종 사회활동하였다. 1926년 6개월 동안 세계일주 여행 간것으로 유명하며, 이듬해 1927년에는 신간회 단체 주요간부로 활동하였다. 1943년 일제강점기 말기에는 단파방송 밀청사건에 연루되어 2년간 옥고를 치루기도 했다.
274) 許憲, 「世界一週紀行」, 『三千里』(1), 1929년 6월 12일, 7쪽.

주하였다. '주권이 미국에 있기는 하나 우리 사람들은 토지소유권이나 시민권도 가지고 있어서 생활이 풍유(豊裕)할 뿐만 아니라 사회적으로도 타국인에 비해 우세한 지위를 가졌다.'[275]는 즐거운 소식을 전했다. 그곳에서 허헌은 교민단과 청년회와 교회당 등에서 고국 소식도 전하고, '우리의 일'(아마도 민족운동)에 대해서 연설도 하였다고 여겨진다. 그러면서 여기에다 당시 교민단이나 청년회 및 교회당에서 행하였던 연설 내용이나 거기서 겪었던 수많은 사연들에 대해선 "하고 싶은 말이 산같이 많으면서도 아무 말도 못하는 것이 참으로 슬프다."고 하여 검열에 걸릴 만한 내용은 회피하였다.

10여 년 후인 1937년에 원양학인(遠洋學人)이 하와이를 방문하였다. 이때 '하와이의 조선인은 1,800명으로 대부분은 개발회사를 따라 이주한 지 36년 정도 되었고, 미국 여성과 결혼하거나 혼혈아를 낳기도 하며, 2세들이 벌써 20세, 30세나 되어 상업과 농업을 운영한다.'고 알리고 있다. 그사이 목회자도 서양인에서 조선인으로 바뀌어 서울에서 파송된 목사가 담임목사를 맡기도 했으며, 조선인 학교에서도 약 200여 명의 어린이가 교육을 받는 상황이라고 했다. 별도의 코리안타운은 없지만 "생활 정도도 높고 교육도 또한 질서 있게 받는 이가 많다."고 전한다.[276] 이처럼 1920년대 이후 하와이 동포들의 생활은 나날이 좋아지고 있었고, 이런 경제적 밑바탕에서 임시정부나 독립운동단체의 든든한 경제적 기반이 되었다.

필자는 시카고에서 대규모 논농사를 하는 조선인들을 만났다. 이들 중에서 함남 정평에서 온 김모의 경우 조선에서 오랫동안 논농사를 해오던 경험을 살려 미국식 첨단 기계를 활용하여 조방적인 광작(廣作) 농업을 수행하였다고 전했다.

---

275) 許憲, 상동, 『三千里』(1), 1929년 6월 12일, 8쪽.
276) 遠洋學人, 「太平洋孤島布哇에」, 『三千里』(9-1), 1937년 1월 1일, 117쪽.

농작은 대개 논농사다. 그것은 재미국 동양인의 식료가 되며, 서양인도 가끔 '카레라이스'를 해서 먹기에 쌀을 구한다. 그런데 여기 개발회사에 함남 정평에 살던 김씨가 들어가서 농사짓기를 하여 일시에 백여만 원을 벌어서 쌀대왕(白米大王)이라는 그 이름이 미국에 쨍쨍 울린 거농(巨農)이 있었다. 그러다 그만 제1차세계대전이 끝난 뒤 3, 4년 지나서 더 크게 하려다 그해의 유명한 가뭄으로 실패한 이가 있다. 그 외에도 조선사람으로 상당히 큰 농작을 하는 분이 많다.[277]

이처럼 농사로 치부한 조선인들이 당시 증가하고 있었다. 미국에서 논농사는 조선인만의 틈새시장 역할을 하고 있었다는 것이다.

워싱턴 D.C에서 미국 대통령을 만났다. '풍채는 윌슨처럼 멋지지 않았으나 경쾌하면서도, 중후한 맛이 있었다.'고 했고, '악수할 때에 힘을 얼마나 세게 주던지 그것도 모두 동양에서 멀리 온 손님에 대한 특별한 친근의 표시를 표한 것'이라고 긍정적으로 해석하였다. 미국 의회에서는 일본과 달리 방청권이 없어도 자유롭게 방청할 수 있음에 감격하였다. 또한 하원보다 상원이 외교, 전쟁, 비준 등을 주무하면서 그곳에 세계의 이목을 모은다고 했다.[278]

<그림 21> 허헌이 봤던 나단헤일 동상(출처: 구글 이미지)

<그림 22> 워싱턴 기념비출처: 위키피아

---

277) 許憲, 「世界一週紀行」, 『三千里』(2), 1929년 9월 1일, 23쪽.
278) 許憲, 「世界一週紀行」, 『三千里』(2), 1929년 9월 1일, 25쪽.

특별한 파레시아를 드러내지 않았으나, 월슨대통령에 대한 기억은 뚜렷했다는 것이 주목된다. 월슨처럼 민족자결을 외쳐줄 미국 대통령이길 기원하는 마음일지도 모른다. 그렇지만 뚜렷한 감상은 드러내지 않았다. 오히려 필자에게 특별한 인상을 준 곳이 바로 조지 워싱턴 기념탑279)과 나단 헤일(네이선 헤일)280) 동상이었다. 왜 그 많은 미국의 영웅 중에서 이들인가. 식민지 아래서 해방전쟁에 참여할 수 없는 처지의 자신을 돌아보고 대리만족하고 싶은 마음으로도 보인다.

뉴욕 시청 부근에 있는 나단 헤일 동상을 보았다. 이 동상에는 미국 독립전쟁 때에 미군의 밀정이라고 해서 영군에게 잡혀서 최후를 마칠 때 부르짖은 유명한 그의 명구 I regret that have only one life to lose for my Country(1776. 9. 22)가 적혀 있는데, 그 뜻을 번역하면 '나는 내 나라에 바치는 목숨을 오직 하나밖에 가지지 못한 것을 원통하게 생각한다.'였다. 이 동상은 실로 전 미국 민중의 정신을 항상 긴장시키는 효과를 가졌다.281)

그러면서 필자는 "이 나라 민중의 기질이라든지 노농 러시아와 양극에서 세계 문화를 풍미하는 '아메리카니즘'을 보았으나 대개 시사와 정치와 관련되므로 『삼천리』에서는 말씀드릴 자유가 없어서 그냥 지내가기로 한다."고 했다.282) 표현의 자유를 허락치 않는 총독부를 완곡하게 비판하면서, 제대로

---

279) 워싱턴 기념비는 워싱턴 국립추모협회(1838 창립)가 건립을 추진한 것으로, 1848~84년에 국민들의 기부금과 연방 예산으로 세워져서 1885년에 준공했다.
280) 나단 헤일 (Nathan Hale)은 미국독립전쟁에 참전한 대륙군 병사로서, 코네티컷에서 자랐고 예일 대학을 졸업했다. 교사였으나 독립전쟁 이후 중위로 참전하여 보스턴과 뉴욕에서 근무했다. 이후 정보를 수집하기 위해 영국 전선을 지원했고, 결국 영국군에 잡히자 조지 워싱턴의 밀정임을 인정했다. 이에 영국군 윌리엄 하우 장군은 다음날 교수형에 처했다.
281) 許憲,「世界一週紀行」,『三千里』(2), 1929년 9월 1일, 42쪽.
282) "미국에 여러 달 머무는 사이에 …(중략)…목이 쉬게 연설도 수십 차례를 했고 그 반대로 내가 저곳 명사를 일부러 찾아서 손목을 붙잡고 열렬히 협의한 일도 많사오나 그것을 여기에 적지 않는다고 해서 여러분께서 상상까지 못할 리 있으랴."

글을 올리지 못하는 안타까움을 간곡하게 전하고 있다.

○ 비교되는 시선: **허헌과 고려범의 샌프란시스코**

① 허헌이 본 샌프란시스코

허헌은 왜 미국행을 했는지 스스로 말하지 않았지만 그가 생각하는 미국은 황금의 나라, 물질문명 지상의 나라, 자본주의 최고봉의 나라, 여자의 나라, 향락의 나라, 자동차의 나라였다. 분명하게 자본주의의 본고장이라는 확고한 이해를 바탕으로 한 여행이었던 것은 분명하다.

허헌에 따르면 당시 샌프란시스코의 조선인은 총 200명 정도인데, "서양인 못지않게 대규모 공장을 경영도 하며 상점을 경영"하고, 정치, 경제, 문학 등 각 방면의 유학생이나 노동자로서 이발소와 세탁소 및 고용인 등으로 활동하는 사람이 많았다고 한다.[283]

> 그곳 △△회 총회장이며 ○○민보 사장인 백일규(白一奎)가 선실까지 마중 나왔는데, 남들이 말하는 모양으로 그는 안창호파였다. 그래선지 처음에는 다소 냉담한 태도를 보이더니 차츰 온화하고도 신뢰할 만한 좋은 분임을 스스로 깨닫게 하더라.[284]

필자가 이곳에 도착하여 만난 사람들은 특수문자를 써가면서 숨겼지만 샌프란시스코 조선인 국민회 혹은 흥사단 계통에서 발간하는 『신한민보』사람이 분명하다. 『신한민보』는 1909년 2월 10일 미국 샌프란시스코의 교민단체인 국민회(國民會; 훗날 대한인국민회)의 기관지로 창간되었다. 당시 국민회는 하와이의 교포단체인 한민합성협회와 공립협회가 통합하여 1909년 2

(許憲, 「世界一週紀行(第三信), 復活하는 愛蘭과 英吉利의 姿態」, 『三千里』(3), 1929년 11월 13일, 15쪽.)
283) 許憲, 「世界一週紀行」, 『三千里』(2), 1929년 9월 1일, 22쪽.
284) 許憲, 상동, 『三千里』(2), 1929년 9월 1일, 22쪽.

월 발족하였다. 1922년에는『신한민보』도 휴간을 거듭하고 있었는데, 이즈음 허헌이 도착한 것으로 보인다. 이후 1937년 3월 4일부터 4면에 영문기사를 게재하여 미국에서 자라난 자녀들의 구독 편의를 제공하였다.

필자의 샌프란시스코 기행에서 유독 눈에 띄는 대목이 바로 영국의 식민지로부터 해방하려고 분투하는 미국 민중의 장렬한 활동을 회고하는 부분이었다.

> 우리는 샌프란시스코항(桑港)이란 북아메리카의 관문에 서서 '청원의 때는 이미 지났다. 우리에게 자유를 달라 그렇지 않으면…'하고 부르짖었던 1775년 3월 이 나라 민중의 장렬한 그 활동을 회고하는 것은 당연한 의무리라. 그 위에 또 식민지인 미국에서 본국인 영국상품 배척운동을 일으켜 매년 237만 파운드 수입하던 것이 일거에 163만 파운드로 떨어졌다. 이어서 동인도회사의 차 하역을 거부한 일(보스턴차 사건)과 관련하여 인지판매 사건과 대륙회의 등 온갖 역사적 비장한 기억도 첨가하여 좋은 것이나 최후에 의장 존 핸콕[285]을 선두로 한 13주 대표 56명이 서명하던 그 옛날의 어느 광경은 누구나 와서 보고 가야 한다.[286]

허헌은 미국 독립의 역사를 돌아보면서, 1919년 당시 조선에서 있었던 두 가지 독립노선의 대립을 생각한 듯하다. 하나는 기독교 계통이 주장한 독립청원 주장이고, 하나는 천도교 계통에서 주장한 독립선언 주장이 엇갈렸던 기억, 혹은 나아가 이승만의 독립청원 주장과 임시정부의 절대독립론 고수 등으로 사분오열된 조선 독립운동의 역사를 회고했을 것이다. 압제에 맞서 일치단결하고, 희생을 마다하지 않았던 미국, 반면 산산히 분열된 조선. 서로 다른 독립

---

285) 존 핸콕(John Hancock, 1737. 1. 23~1793.10.8)은 미국 독립 전쟁의 지도자이자 정치가이다. 제2차 대륙회의 및 연합회의 의장을 맡았고 초대 매사추세츠 주지사를 역임했다. 미국 독립선언서에 가장 먼저 서명한 인물이다. 서명 중에서 존 핸콕의 서명이 가장 컸기 때문에 미국에서는 '존 핸콕'(John Hancock)이라는 말이 '서명'(Signature)이라는 관용어로 사용된다.(위키백과)
286) 許憲,「世界一週紀行」,『三千里』(2), 1929년 9월 1일, 22쪽.

운동의 모습을 보면서 필자는 존 핸콕이나 현명한 13개 북미 식민지의 대표가 보인 '단합된 독립의지'가 얼마나 중요한 것인지 새삼 느낀 듯하다.

② 고려범이 본 샌프란시스코

고려범이 말하는 샌프란시스코는 미국의 큰 항구요 대도시이지만 특히 술 취한 무뢰한들이 득시글한 소굴이었다. 얼마나 술을 잘 마셔대던지 '세계 유일의 금주(禁酒) 국가였을 때도 샌프란시스코에는 어디나 술이 많았고 거리 거리에는 무지막지한 주정뱅이들이 떼로 몰려다닌다.'고 할 정도였으며,'자동차 교통사고의 85%는 음주 운전 때문'이라고 했다.

> 산 백어(白魚)를 확대경으로 본 것 같은 양키 아가씨의 다리, 날씬날씬 날아갈 듯한 궁둥이짓에 정신을 잃고, 모아 두었던 금전을 망실하는 것도 하나의 비극이고, 더우기 어떤 때는 반드시 길 중앙을 걸어가는 것이 최상책이니 돌덩이 같은 주먹으로 뺨을 맞고 무뢰한에게 시달리는 것이 이 항구의 명물이다.[287]

그러면서 샌프란시스코항은 다른 항구와 달리 '해향(海鄉)의 넘치는 정취'라고는 찾을 수 없고, '벌레가 우는 소리조차 들리지 않는다.'라고 하였다. 그만큼 미국의 항구 중에서 금은화 운반 차량마다 기관총을 세우고 경계하면서 이동하듯이 깡패들이 날뛰는 무법의 범죄도시라는 인상이 강하였다.

이처럼 앞서 허헌에게 샌프란시스코는 조국 해방과 민족 자주로 가는 노둣돌 같은 이미지였던 반면, 고려범은 썩은 자본주의에서 돋아나는 악의 꽃과 폭력 그리고 슬프게 산화하는 어린 조선 여성 매춘부의 아픔이 어린 곳이라는 시선으로 응시하고 있다. 조국을 생각하는 사람이라면 어디를 더 눈여겨봐야 하는지 생각하게 하는 대목이다.

---

287) 高麗帆,「女, 世界의 港口獵 奇案內」,『別乾坤』(66), 1933년 9월 1일, 22쪽.

(3) 미국의 민족주의는 흥미롭고, 자본주의는 역겹다: **허정숙의 미국**

<그림 23> 허정숙
(출처: 위키백과)

허정숙은 아버지 허헌과 함께 미국 여행을 했고, 작성한 기행문(1927년 11월 26일)을 『삼천리』에 기고하였다. 사회주의 성향의 인물이지만 여전히 다른 기행자와 마찬가지로 '미국은 자원이 풍부하고, 기계문명이 발달하며, 웅대한 건축이 많은 나라라는 생각'은 일반이었다. 그러나 이런 웅대함, 대단함은 바로 돈의 힘 때문이라고 하였다.

돈! 돈의 힘이 아니면 유지할 수 없는 것이 이 나라이외다. 자본주의 문명의 발달이 세계의 여러 자본주의 국가를 낳았지만 미국은 그중 제일 대표적 국가이다. 이것은 이 나라를 밟기 전에 다 들은 바이지만은 실지로 이 나라에 가서 그 생활에 접촉하고 보면 참으로 자본주의 국가라는 것이 이런 것이고 그 사람들이 이런 것이라는 감상이 저절로 난다....(중략)...돈! 돈의 힘으로 무엇이나 하고자 하는 사업을 다한 그들에게는 '돈 이것으로 세상에 못 하는 것이 무엇 있으리'라는 생각으로 매일 매시 생각해내는 온갖 일은 다 시험해보는 것이다.[288]

필자는 이처럼 미국에서 살면서 다소간에 자본주의 문명의 발호로 두통을 앓지 않을 수 없다고 하고, 미국인들은 돈이면 다 된다는 신념으로 '매일매일 모든 일을 다 돈 되는 일로 시험해보는 것을 생활화하고 있다.'고 소개하였다. '자본주의의 생활화'에 대한 이해는 미국에 대한 기존의 민족주의적 기행자의 인식과는 다른 모습이다. 민족주의 경향의 기행자들은 주로 자유와 독립의 역사에 관심을 가진 반면, 좌파적인 견지를 가진 기행자들은 살벌한 자

---

288) 許貞琡, 「울 줄 아는 人形의 女子國, 北米印象記」, 『別乾坤』(10), 1927년 12월 20일. 75쪽.

본주의 국가에서 빗어지는 금권만능에 대해 우려하고 거기서 비롯된 각종 억압과 고통 및 온갖 폐해에 관심을 보였다. 특히 필자는 후자의 미국관을 잘 보여준다.

그런데 이러한 돈이면 다 되는 세상이라선지 그들이 만드는 창의성에도 관심을 가졌다. 자본이 주는 욕망이 남이 못했던 일, 이상한 일도 하게 하는 것이라면서, 이런 자본주의 사상이 좋은 방면으로 나아가면 이처럼 좋을 것인데, 실제로는 장점보다는 단점이나 폐해가 적지 않다는 것이다. 결국 폐해가 있더라도 이런 사회에서는 '이것을 돈! 돈이란 것으로 가린다.'고 보았다. 그렇기에 돈 되는 일만 하고, 예술도 없고, 사회운동도 취약한 사회라는 것이다.

이런 상황에도 암암리에 사회운동이 진행되고 있고, 부정한 자본주의 국가를 타도하려는 기세를 가지고 있다고 했다.

> 이 나라에도 사회운동이란게 있습니다. 물론 지금은 대두할만한 세력이 없지만 암암리에 자라나는 세력은 언젠가 부정한 돈의 국가를 XX할 기세를 가질 것으로 봅니다. 어느 나라나 자본주의로 가면 그 주의를 옹호할만한 이론과 구실이 있는데, 미국처럼 철저한 곳은 없을 것입니다.[289]

한편, 필자는 미국 여성을 '조금도 부족한 점이 없는 완전한 인형'으로 표현하면서, 일본 여자가 인형과 같지만 정작 미국 여자는 일본보다 더욱 인형 같다고 했다. 다만, 일본 인형은 '울 줄 모르는 인형'이지만 그래도 미국 여자 인형은 스스로 자기 목소리를 낼 줄 아는 즉, '울 줄 아는 인형'인 것이 차이라고 하였다. 이렇게 될 수 있는 것은 자본주의가 생명 있는 인형을 제조하는 힘까지 있기 때문이라고 진단하였다. 그런 돈이라면 얼른 삼키는 인형은 미국이외에는 찾을 수 없다고도 했다.[290]

---

289) 許貞淑, 상동, 『別乾坤』(10), 1927년 12월 20일, 75쪽.
290) "米洲의 女子를 대할 때는 정말로 이것이 人形이다 하는 感이 들엇습니다. 日本의

그리하여 미국 여성의 가장 큰 특징으로 '돈을 잘 아는 것'이고, '이 돈의 나라는 인간인 여성을 돈(錢) 잘 아는 인형으로 제조하는 공장'이라고 하였다. 여성 인권에 대해서도 미국에서 말하는 인권론은 '가끔 의회에서 남자들의 희롱 대상이 되는 사실'이라고 하고, '이 나라의 여권은 인형에 비위 맞추는 한 수단에 불과하다.'고 비판하였다. 즉, 필자는 미국식 인권론이 결국 여성인권의 억압에서 비롯된 각종 위험을 제거하기 위한 안전장치에 불과하다고 평가하였다.

그런데 미국 노동자에 대한 평가는 뜻밖이다. 먼저, 미국에는 일거리가 많아서 게을러서 실업이 되어도 극한의 굶주림에 처할 염려가 없다고 하였다.

> 일자리 구하기가 쉬워서 노동만 하면 돈을 벌 수 있으니 타인처럼 자유로이 살 수 있습니다. 또 노동의 종류와 제도가 본국과 달라서 본국 노동자가 맛보는 노동의 피로나 심신의 고통은 없습니다. 그곳은 노동하는 이도 이곳 중산계급만큼 생활할 수 있습니다....(중략)...본국(조선)과 환경이 다른 까닭으로 본국에 비하야 낫다는 것이다. 또 그들의 환경이 자본주의제도의 국가이며 따라서 생활 정도가 높은 까닭으로 그 사상도 환경화하야 자본주의를 구가하게 되었습니다. 이것은 자연적 환경의 지배로 자본주의화한 것입니다. 그러므로 자본주의제도에 신음하는 우리와는 배치되는 사상을 가지고 있습니다....(중략)...한심한 느낌이 들 때도 있었으나, 경제적 압박으로 타국에서 방랑하며, 또 그 자본가들에게 사역을 당하는 무리라는 생각할 때에는 동정의 눈물과 함께 이 제도에 대한 증오를 다시금 느끼게 됩니다.[291]

인용문에서 본국이란 일본이 아니라 조선을 말한다. 어쨌든 재미동포는

人形은 흔들어도 울 줄 모르는 人形이지만은 米洲의 人形은 男子에게는 任意自在한 人形이면서도 亦是 感覺이 잇는 울 줄도 알고 動할 수도 잇는 人形이외다. 彫刻家의 만드는 人形은 生命이 없는 人形이지만은 資本主義文明은 生命잇는 人形을 製造하는 힘까지 잇는 것입니다. 이렇게 아름답고 生命잇는 人形, 돈이라면 얼는 삼키는 人形은 資本主義國家인 이 나라가 아니면 볼 수 업슬 것이외다."(許貞琡, 상동, 『別乾坤』(10), 1927년 12월 20일, 76쪽).

291) 許貞琡, 상동, 『別乾坤』(10), 1927년 12월 20일, 76~77쪽.

상대적으로 자본주의제도 아래서라도 '생활 수준이 높아서 사상도 환경화하여 자본주의를 노래[謳歌]'하고 있다고 하며, 같은 자본주의라도 환경적으로 자본주의화하지 못하고 강제로 이식된 조선의 가혹한 자본주의와 미국 자본주의는 질적으로 다르다고 보았다.

또한 생활은 나아도 여전히 이곳 조선인도 경제적으로 압박받는 존재라고 하면서, 조선인 사회 내부의 문제점도 지적하였다. 즉, 현재 표면적으로 갈등이 없는 듯하지만 실제로 조선인 사회는 3개파로 서로 분립하여 파쟁을 벌여서 동포사회를 어렵게 한다고 하였다. 이에 "파쟁은 내외(조선이나 이곳이나)가 마찬가지라는 생각이 들면 자못 가슴이 서늘하고 우리 장래가 허무한 듯하여 장탄식이 나온다고 하였다.292)

(4) 가슴 비우기, 보이는 것만 보기: **부산 사는 정월의 미국**

정월은 부산 동래 사람으로 1년 8개월간 미국을 여행하였고, 기행담은 『삼천리』에 기고하였다. 정월의 기행문을 보면 어쩌면 당대 대부분의 여행기에서 드러나는 '영혼 없는 세계일주'의 대표적인 모델을 보게 된다. 억압과 제국의 시대에 적응하기 위한 인텔리 여행자의 또 다른 생존법일까. 아니면 호사를 위한 레저를 자랑질하려는 것일 뿐일까. 필자는 첫 번째 여행지는 나이아가라 폭포였다. 역시 신비하고 멋진 광경이라는 말 이외는 감상이 없다. 다만, 백인과 인디언의 혼인을 주제로 한 활동사진을 감상하면서 자신의 느낌을 피력한 것이 있을 뿐이다.

사진은 모두 본토 인종의 원시 생활상태였다. 백인과 토인 추장의 딸과 혼인하여 사는 것이었다. 그들은 이렇게 말한다. 연애는 신의 불꽃이다. 모든 것을 미화하고 정화한다. 산문적인 우리에게 시(詩)를 준다....(중략)...연애를 체험한 사람이 아니면 참 인생

---

292) 許貞琡, 상동, 『別乾坤』(10), 1927년 12월 20일, 77쪽.

의 혼의 속을 드려다 보았다고 할 수 없다. 그 사람 자신이 인생을 존귀하게 살 수 없다. 아마 진실[眞]한 사랑은 영혼[靈]뿐만 아니오, 육체[肉] 뿐만도 아니라 영육(靈肉)사이에서 신과 인간 사이에 도래한다.[293]

아마도 영화가 사랑의 소중함, 자연의 원대함을 담았던 모양이다. 그러나 이런 특별한 사랑 이야기를 놓고도 필자에게서 백인과 인디언 간의 인종 갈등이나 역사적 아픔에 대한 고민은 찾아볼 수 없다. 시카고에서 특별한 개인적인 감상이 없이 투어를 마친 그는 곧바로 그랜드캐년 이어서, LA(羅府)(헐리우드, 요세미티 공원), 샌프란시스코 등을 거쳐서 하와이로 떠났다.

새로운 것을 보는 것에 대한 호기심과 감정은 있으나 그 이면과 역사를 반추하거나 그 가치를 바라보는 감성은 그다지 없었다. 한번 떠난 여행이라 신기한 것만 열심히 보았고, 아름다운 것을 느꼈고, 그리고 그것이 끝이었다. LA에 왜 저런 영화제작사가 있는지, 왜 샌프란시스코에 금문교가 있는지 도통 관심이 없었다. 다만, 그랜드캐년을 묘사하는 맛깔나는 묘사는 기억할 만했다.

스위스의 경색이 이쁘고 자그마하다면 미국 자연경색은 크고 잘 생겼다. 캐년은 협곡이라는 의미요. 층암과 깊이 1마일에 이르는 암석 단층은 마치 인도에 있는 피라밋과도 같아 천길 아래서[千仞底] 무수하게 솟아 올랐다[突立]. 그것이 석양에 비칠 자연으로 비춘 모습[影色] 같아 한번 봄에 매우 웅대하다. 계곡 아래[谷底]로 광선에 반사된 그림자[倒影]며, 콜로라도강이 은띠[銀紐]를 이루며 흐르는 미관 또한 형언하기 어렵다. 암석 자체가 아름답다. 광선에 따라 그 색이 청, 회, 황, 적으로 변한다. 그리하여 태양의 위엄과 자연의 형체를 확실하게 볼 수 있다. 인디언[土人]들은 이곳을 천국과 통하는 길이라고 한단다.[294]

293) 晶月, 「太平洋건너서-歐米遊記(續)-」, 『三千里』(6-9), 1934년 9월 1일, 163쪽.
294) 晶月, 상동, 『三千里』(6-9), 1934년 9월 1일, 164쪽).

이어서 필자는 하와이로 갔다. 여기서조차도 그는 왜 동포가 와있고, 어떤 일을 하며, 하와이 사람들은 무슨 생각을 하고 사는지 관심이 없다. 다만, 하와이에서 하와이 발견100주년 기념 제전 때 가라가우아왕이 건설한 이탈리아 플로렌스에서 제작한 가매하마 1세의 동상과 하와이 최후의 통일전쟁을 완수한 누아누파리 옛 전장을 방문하였다.[295] 그러면서 '악독한 정복자 추장이 전리품을 획득하고, 부녀자들을 잡아서 개선할 때 하늘이 노하여 하와이 화산이 분화했다.'는 일화를 소개하였다.

필자는 유난히 가메하마 왕조만큼은 꼼꼼히 옛 역사를 더듬었다. 하와이의 역사 속에서 가혹한 폭군 추장이 자행했던 악독한 행위는 결국 하늘의 벌을 받았다는 것을 말함으로써, 조선에서도 가혹한 일본인 지배자들이 자행하는 악독한 행위가 반드시 하늘의 처벌을 받게 될 것이라는 마음을 담았을지도 모른다. 필자는 요코하마를 통해서 도쿄로 돌아오면서 새삼 '집은 모두 블록같고, 도로는 더럽고 사람들은 허리가 새우등처럼 꼬부라지고 기운이 없어 보였다.'는 말로서 미국과 일본의 문명적 격차를 둘러서 표현했다.

이후 1주일간 도쿄에 머물면서 영친왕을 만났다. 이윽고 부산에 오니 1년 9개월 전에 보든 버섯 같은 집, 먼지 나는 길은 여전히 그대로다. 다만, 사람이 늙었을 뿐이라고 했다.[296] 어쩌면 조선이 여전히 먼지 나고, 버섯 같은 집처럼 낙후되었다고 하더라도 돌아온 자신은 이전의 자신이 아니라는 뜻을 애둘러 말한 것으로 읽힌다. 이런 모습을 볼 때, 필자는 사실 미국 여행에서 자연의 위대함만큼 근대화의 위대함을 체험했을 것이다. 하지만 무미건조하리만큼 '감동의 표현'을 자제한 듯한데, 미국에 비해 택도 없는 일본이 지배하는 먼지나는 조선에서 피력해봐야 이룰 수 있는 것이 없다는 자조감같은 것으로도 보인다.

---

295) 晶月, 상동, 『三千里』(6-9), 1934년 9월 1일, 168쪽.
296) 晶月, 상동, 『三千里』(6-9), 1934년 9월 1일, 169쪽.

(5) 중국인 거리는 죄악의 소굴이다: **한철주의 미국 차이나타운**

유길준이『서유견문』에서 이례적으로 재미 중국인들의 불결한 모습에 흥분하였던 것처럼 수십 년이 지난 다음 조선인 한철주의 여행에서도 "미국의 차이나타운이라 하면 모두 죄악의 마굴로 안다."라면서 변함없이 냄새나고, 시끄럽고, 번잡스러우며, 제대로 된 상품을 구비한 상점이 없는 낙후된 지역으로 차이나타운을 묘사하고 있다.[297] 좁은 뒷골목에는 '아편대(臺)가 있는 점포가 10여 곳'이나 된다고 하면서 '시코, 골패, 튀천, 주사위, 빠까빼' 등의 여러 가지 방식의 도박판이 있으며 다만, 백인을 제외하고 유색인종(지나인, 일본인, 필리핀인, 흑인)의 입장만 허락되고 있다고 했다.[298]

필자가 가장 한심스러워 한 것은 부자도 아닌 중국인들이 매달 겨우 수십 원의 임금밖에 못받아 안 입고 안 먹고 하면서 모은 돈을 가지고 와서는 도박장에서 하루아침에 몽땅 탕진하는 모습이었다. 당시 조선인들은 중국인들이 ①불결하고 냄새난다는 점. ②아편에 환장한다는 점. ③ 도박에 미쳤다는 점 등을 들면서 혐오하게 되었고, 이런 생각이 모여서 점차 '중국인 멸시론'으로 확장되었다.

그러면서 필자는 중국인들이 도박이나 아편에 미치는 이유를 중국인이 사는 열악한 현실에서 찾고자 했고, 중국인의 말을 빌려서 "월급으로는 평생 저축해도 큰돈을 만질 수 없으니 5년간 저축한 것을 한번 잃어도 그 또한 운

---

297) "뉴욕의 지나인(중국인) 거리는 호기(好奇)의 남녀 손님이 매일 밤 온다…(중략)… 번창한 큰길을 전차로 한참 가다가 내려서 컴컴한 뒷골목으로 들어갔더니 벌써 코에 중국인 냄새가 나기에 여기가 지나거리[支那街]인 줄 깨달았다. 깡깡이[胡弓] 소리가 들리자 좌우편 침침한데서 의자에 걸터앉은 사람들이 모두 지나인(支那人)들이다."(韓鐵舟,「世界 各處에서 본 그짓말 갓티, 奇怪한 公開賭博場 이약이」,『別乾坤』(8), 1927년 8월 17일, 134쪽.)

298) "여러 해 (도박에) 경험이 있는 자들은 아직도 100, 200개가 있는 것을 벌써 눈으로들 세고, '2다!' '3이다!' 하고 괴성을 지르는데 눈빛은 더욱 빛나서 보기에 무서워진다. 결판나면 잃은 자는 팔을 뽐으며 아쉬워하고, 얻은 자는 돈세기에 골몰한다."(韓鐵舟, 상동,『別乾坤』(8), 1927년 8월 17일,134~135쪽.)

명이라. 그냥 5년 전으로 돌아간 셈 치면 그만이라고 하고, 그렇게 하지 아니하면 큰돈 생길 일이 없다."고 하였다.[299] 즉, 필자는 중국인들의 이러한 행위를 아직은 '중국인=야만'으로 보지 않았다. 오히려 너무 생활이 어려우니 일확천금을 꿈꾸는 현실에서 어쩔 수 없이 이런 문화가 발생한 것이라는 생각이다. 그리고 대륙적인 기질도 이러한 '한탕주의'를 더욱 촉진하는 계기가 되었다 하였다.

> 우공이산(愚叟移山)이란 옛말과 같이 시간과 노력을 문제 삼지 않고 목적을 위해 전진하니 어찌하면 결국에는 될 듯도 싶다. 비록 어리석은 자의 소견이라도 대륙적이다. 소국이나 섬나라에서 탄생한 사람은 어리석기도 이같이 철저할 수 없다고 생각한다. 만리장성과 대운하도 이러한 대륙적 기품이 아니면 이뤄지지 못했을 것이다.[300]

사실 도박은 중국인만의 전유물이 아니며, 백인들도 각종 자기만의 방식 즉, 야구 경기라든가, 복싱 경기 혹은 경마 등에서 큰 도박판을 연다고 했다. 그러면서 백인들도 「도박금지령」에도 불구하고 자신들만의 방식으로 그런 도박에 몰두하고 있다는 것이다. 결국 필자는 이 글을 통해서 차이나타운의 지저분한 도박이나 아편 행위가 미국 사회에서 그다지 특별한 일이 아님을 전하고 싶었다. 선진국이든 후진국이든 자기만의 도박과 마약 행위가 있는 것이고, 그런 탐욕과 향락은 어디나 비슷한 모습으로 나타난다는 것이다. 그리고 그것은 야만에서 온 것이 아니라 돈 욕심에서 비롯된 것임을 분명히 하였다.

2) 남미: 그들은 가난한 이유가 있었다. 도박, 빈곤, 범죄…

(1) 남미의 도박은 거국일치이지만, 신사적이다: 한철주의 남미

---

299) 韓鐵舟, 상동, 『別乾坤』(8), 1927년 8월 17일, 135~136쪽.
300) 韓鐵舟, 「世界 各處에서 본 그짓말 갓티, 奇怪한 公開賭博場 이약이」, 『別乾坤』 (8), 1927년 8월 17일, 135~136쪽.

일제강점기에 남미를 여행하고 감상을 남긴 인물은 그다지 많지 않지만, 그나마 남긴 몇 사람은 한결같이 '도박과 타락(범죄) 그리고 가난(빈곤)'이라는 주제로 이해하고 있었다. 1920년대까지 약 20년 동안 전 세계를 누볐던 한철주가 여기서 가장 인상적으로 본 것은 역시 도박(賭博)이었다.

> 남미의 도박은 거의 거국일치(擧國一致) 같다. 정부는 수입 부족으로 매주마다 발표하는 채표(彩票)와 2주마다 발표하는 채표를 연일 발행하니 매일 추첨하고 발표한다. 채표 발매 전문업자도 있고 연초점, 반찬가게, 엿장수 같은 행상, 고학생 등 모든 사람이 이익을 얻으려고 열심히 분담하여 팔러 다닌다.[301]

거기에는 정부가 주도하여 재정 수입을 위하여 채표라는 것을 하는데, 판매금 중에서 정부가 25%를 먹고, 나머지로 잡비나 당첨금으로 준다고 했다. 이에 필자는 국가가 나서서 국민에게 사행심을 조장하는 모습을 우려하면서 도대체 이러면서 어떻게 국민교육을 할 수 있는지 우려하였다. 또한 정부가 경마에도 손대는 것도 고발하였다.

> 정부는 금액의 4분의 1을 빼고 4분의 3만 잡비와 할증금으로 준다. 남미인들은 국민의 의무로 생각하는지 신문처럼 매일 구입하는 사람이 많다. 정부가 이렇게 국민에게 사행심을 조장하면서 학교의 『수신(修身)』 수업에서는 뭐라고 가르치는지 모르겠다. 그 외 봄, 가을이면 매일 경마를 한다. 경마는 물론 경기라든지 마정(馬政)상 마필 개량 목적이 아니라 경마회사로부터 납세를 목적하는 것이니 큰 재원이다.[302]

정부가 경마(競馬)회사에 특혜를 주고 납세하게 하여 재정수입으로 삼고 있다는 것인데, 이러한 도박이 양성화된 결과 국민의 일상이 되었다는 것이다. 하지만 돈을 과도하게 뿌리면서 하는 거대도박은 거의 없으며, 자신의 구미에

---

301) 韓鐵舟, 상동, 『別乾坤』(8), 1927년 8월 17일, 138쪽.
302) 韓鐵舟, 상동, 『別乾坤』(8), 1927년 8월 17일, 139쪽.

맞게 적당히 즐기는 경향이 강하다고 하였다. 평화스럽고, 언쟁이 없는 '신사적인 도박문화'에 나름 감동받은 모습이었다.303)

(2) 미항 속에 숨은 빈곤과 범죄: 마드로스 홍운봉의 리우항

아메리고 베스풋치가 '1월의 강'이라고 이름한 리오항에 도착한 홍운봉은 이 항구를 '입체적인 선과 색채, 느낌[感]을 더하여 이탈리아 르네상스식 건축물과 빈랑수(檳榔樹)로 가로수를 이룬 아름다운 항'이라고 묘사하였다. 하지만 그런 외적인 아름다움의 뒤에는 살인자, 무뢰배, 매춘부가 가득한 악마의 도시[魔都]가 숨어 있다고 했다. 기독교가 들어왔으나 "인민에게 행복을 늘이지 못하고 범죄자를 구원치도 못한다."고 하며 여기 번성한 기독교가 이 지역의 불안 해소에 아무런 기여를 못한다고 하였다.

한편, 호텔에서 쉴 때 노크하면서 들어오는 젊은 미인이 있었다고 한다. '이역만리에서 향수가 가슴을 막아 잠 못 이룰 때 미인의 자유로운 위안을 받으면 불쾌할 자 없다.'고 하면서 그러다 자칫하면 '부당한 서비스 요금을 청구받게 되고, 이를 거절하면 여자의 정부 즉 기둥서방이 나타나서 권총을 쏘는 등 무척 위험하게 된다.'고 하였다.304)

이어서 필자는 이곳 빈민굴을 보면서, 차라리 '질병자 부락'이라고 부르는

---

303) "도박과 음주와 女色에 쟁투는 반드시 함께 다니며, 이러한 지방의 경찰은 심히 바쁠 것인데, 모나코에 감옥이 없는 것은 평화로운 것이 아니라 범인을 다 벌금으로 조치하는 까닭이거니와 산토스에서난 도박장 부근에서 경찰[巡査]을 본적이 없을 뿐만 아니라 하급자들의 도박에도 언쟁을 듣지 못한 것은 참으로 놀라[感心]운 일이다."(韓鐵舟, 상동, 『別乾坤』(8), 1927년 8월 17일, 139쪽.)
304) "리오의 호텔은 일류, 이류를 막론하고, 그런 종류의 여자들이 모인 근거지다. 만일 손님이 부당한 서비스료를 거절한다면 계집의 보디가드[情夫]가 용인하지 않는다. 그놈은 최후의 막장에서 장갑을 벗어 던진다(이 말은 권총을 발사한다는 말이다). 이곳에서는 신사적 태도는 통용되지 않는다. 피스톨을 먼저 발사하는 자가 이긴다. 그것이 리오이다."(洪雲峯, 「各國 港口의 獵奇行, 南米 「리오港」」, 『三千里』(7-2), 1935년 2월 1일, 147쪽.)

것이 낫다고 하면서 주민들은 빈곤하고, 대다수가 매독과 낭창으로 차마 눈 뜨고 보지 못할 형편이며, 온몸은 붓고 여기저기 고름이 흐르며 살은 노출되어 파리떼가 습격한다고 했다. 파리가 많이 사는 변소(화장실)도 실은 가옥 주변을 파서 아무나 대소변을 보는 공동변소나 다름없으며, 오물이 태양볕에 발효하여 불결함은 말할 것도 없고, 악취는 행인의 코를 막는다는 것이다. 그래선지 아이들은 영양실조로 발육이 늦고, 혈색이 없는 사람들의 얼굴이 마치 '조선 명태'같다고 했다.[305]

이런 빈곤과 질병 그리고 매춘이 만연한 리오에는 그럼에도 사회적인 시설이나 병원이 있기는 하지만 가난한 사람들에 대한 시료는 제대로 이뤄지기 않는 실정이라고 했다.

> 환자에게 대우는 물론이고 의사들의 행동이 매우 의심스럽다. 예를 들면 매독환자에게 606호인지 수은을 넣은 것인지 모를 주사를 함부로 주어서 죽은 자도 많고, 죽을 뻔하다 살아난 사람도 많다.[306]

필자가 이렇게 남미의 빈민굴과 매춘굴, 그리고 의료사각지대의 존재를 왜 굳이 장황하게 소개한 것일까. 어쩌면 필자는 당시 조선의 모습과 별반 다를 것 없는 그들의 삶을 보면서, 혹시 우리 조선의 헐벗은 삶과 어찌 그리 닮았는지 소개하려 한 것은 아닐까 한다. 당시 조선도 대도시나 일본인 도시를 제외하는 의료사각지대가 많았고, 각종 민간 치료법이 왕성했으며, 딸을 재산 취급하여 요정에 팔아넘기는 일이 허다하였다. 리오와 조선이 뭐가 그리 달랐을까.

---

305) 洪雲峯, 상동, 『三千里』(7-2), 1935년 2월 1일, 147쪽.
306) 洪雲峯, 상동, 『三千里』(7-2), 1935년 2월 1일, 148쪽.

3. 유럽 다크투어와 '근대': 영광에 취하지 말고 현실을 직시하자.

(1) 현재를 직시하라: 독일 유학생이자 박정양 아들 박승철의 유럽이야기

○ 북유럽: 현재를 중시하라.

① 있는 그대로의 유럽을 보다.

1910년대 유럽에서 방랑하던 이광수가 서양인과 만나면서 가장 먼저 취한 행동은 고개부터 푹 숙이는 일이었다. 이광수는 자신이 가진 어떤 자부심과도 상관없이 자신의 행색과 모습부터 서양인과 비교하여 참으로 '열등자'라는 수치심을 이기지 못하였다. 서양인은 정복자이고, 통치자라는 경외감으로 가득하고, 핏기없는 자신들의 모습에 너무나 처량한 마음이 들었다.

> 길거리에서 진짜 서양인을 만나면 나는 그간의 자부심은 어느새 사라지고 등골에 진땀이 흘러 나도 모르게 고개를 푹 숙인다. 서양인의 옷이라고 반드시 나보다 나은 것은 아니며, 내 옷 입은 꼴이 반드시 서양인보다 정갈하지 않은 것도 아닌데 자연히 서양인은 부귀한 기상이 있고, 나는 바들바들 서양인의 흉내 내려는 불쌍한 가난뱅이 기상이 있는 듯해서, 부끄러운 마음이 저절로 생긴다. 나는 아무런 목적도 없고 사업도 없는 여행객이고, 그들은 공사다망하여 분주한 사람이니, 이것만 봐도 내가 수치스런 마음인 것이 마땅하다고 생각된다....(중략)...그들은 과연 정복자요, 통치자 지위에 서서 도처에서 활보하니 그들 이마의 주름과 머리의 센 터럭도 다 무슨 투쟁 흔적이거나 중대한 의미가 있는 듯하여 자연스레 자세히 보게 된다. 그러다 구석에 쭈그리고 앉은 얼굴에 핏기없는 우리 일행을 보니, 참으로 처량한 마음[心思]이라 저절로 고개를 돌렸다.[307]

그러다 1920년대를 지나면서 유럽을 여행하는 조선인 여행자들은 그런 영문모를 열등의식에서 조금씩 벗어나 객관적으로 그들의 참상과 아픔을 이해하고, 우리만큼 그들도 아픈 역사와 현실에서 신음하고 있다는 사실을 알

---

307) 이광수(1915.3), 「海參威로서」, 『청춘』(6), 79~81쪽.(김미영, 2015, 「1910년대 이광수의 해외체험 연구」, 『인문논총』(72-2), 서울대학교 인문학연구원, 315쪽에서 재인용)

게 된다. 1930년대에는 오히려 서구제국주의 아래 신음하는 전통 없고 근본 없는 서양인이라는 이미지를 키워가는 분위기이다.

이 기행문을 쓴 박승철(1897~)은, 한말 주미공사 박정양(朴定陽)의 아들로서, 와세다대학에서 사학을 전공하였다. 1922년 김준연과 함께 베를린대학에서 유학하였다.308) 필자가 유학할 그때 유럽의 조선인 유학생은 10명 남짓, 1925년경에는 70여 명이었다고 한다.309)

이 글은 1923년 4월 11일경 작성한 듯하다. 당시 필자의 첫 번째 방문국은 핀란드였다. 이곳을 본 첫인상은 '불결하고 불규칙한 도시들이 있는 곳'이었고 특히 농촌은 초가집이 즐비하고 전토가 황무지화된 것이 가장 많은 곳으로 유럽 열국 중에 가장 가난한 나라라고 평가하였다.

석탄이 없는 핀란드(芬蘭國)는 기차 기관차에까지 참나무 장작을 때면서 기차를 운전한다. 값비싼 영국 석탄을 살 수 없는 석탄 없고, 돈 없는 핀란드는 현대 열국의 존폐에 분기점이 되는 공업국 노릇하기는 극히 어렵다. 기차운전도 제대로 못하지만 침대차에는 파리와 빈대가 왕성하다.310)

그렇지만 "북유럽을 구경하는 길에 러시아로부터 자주권을 찾아서 독립국 노릇하는 북국 핀란드(芬蘭)을 보는 것도 흥미가 있으리라."311)고 하여 한때 약소국의 자주화 문제에 유난히 관심이 큰 1920년대 지식인의 이념을 잘 보여준다.

필자가 특별히 주목한 것은 핀란드 여성들의 모습이었다. 핀란드는 인구는 비교적 적으나 어디를 가든지 남성보다는 여성 사무원이 많고, 이들이 창

308) http://bannampark.org/bbs/zboard.php?id=bannam&no=90 반남박씨 대종회 홈페이지
309) 在英國 朴勝喆, 在英國 朴勝喆, 「倫敦求景」, 『개벽』(56), 1925년 2월 1일.
310) 朴勝喆, 「그림을 보는 듯 십흔 北歐의 風景」, 『開闢』(44), 1924년 2월 1일, 35~36쪽.
311) 在獨逸 朴勝喆, 「北歐列國見聞記」, 『開闢』(43), 1924년 1월 1일, 61쪽.

가에 앉아서 영어나 독어로 고객을 만나는 모습에 싱그러워했고, 은행에만 그러한 것이 아니라 전차에도 부녀자들이 차장 노릇을 하는 모습에도 무척 놀라워 하였다.[312] 필자는 아마도 바이킹 시절에 남성들이 식량과 물자를 약탈하고자 배를 타고 나갔을 때, 여성들이 적극적으로 집안과 사회 생활을 책임져야 하는 것에서 연원하지 않았나 추측하였다.

② 폴란드도 조선만큼이나 열강의 침략에 시달렸다.

폴란드의 현실도 마찬가지였다. 필자는 이광수가 그토록 우울해하였던 유럽에서 이제는 우리 조선만큼 어렵고 힘든 나라도 즐비하다는 사실을 확인하였다. 그러면서 이러한 황폐함의 뒤에는 제1차 세계대전이 있었다는 사실. 특히 독일군이 이 지역을 점령하고 군기를 제조하면서 집집마다 문고리 장식을 빼가고, 군인을 위하여 개를 깡그리 잡아먹는 등 온갖 수탈을 당하는 바람에 더욱 빈곤해졌다고 한다.[313] 이처럼 필자는 주변 열강들의 침탈에 시달리는 폴란드를 보면서 차마 옛 대한제국의 모습을 떠올리는 글을 함께 담지는 못했으나 제국의 침탈에 왜소해진 폴란드의 아픔이 꼭 옛 조선의 그것과 닮았다는 생각은 분명히 한 듯하다.

> 박물관이며 극장이며 여러 시설이 있으나 훌륭한 것은 없으며, 도로, 교량은 대다수 러시아인이 만들었고, 그중 긴 다리 하나는 제1차 세계대전 당시 러시아군이 독일군에게 패퇴할 때 폭탄으로 파괴한 흔적이 그대로 남아있습니다. 농촌에 가보면 그 빈곤함이 유럽천지에 이런 곳이 다 있나 하는 의심이 들 정도입니다. 초가집이 즐비하며 미간지 등으로 모든 것이 유럽에서도 후진국 행색입니다....(중략)...폴란드가 빈약한 것은 오늘날 우리가 처음 본 것이 아닙니다. 빈약한지 무척 오래되었습니다.[314]

---

312) 朴勝喆,「그림을 보는 듯 십흔 北歐의 風景」,『開闢』(44), 1924년 2월 1일, 35쪽.
313) 在獨逸 朴勝喆,「波蘭·和蘭·白耳義를 旅行하고서」,『開闢』(36), 1923년 6월 1일, 39쪽.)
314) 在獨逸 朴勝喆, 상동,『開闢』(36), 1923년 6월 1일, 39쪽.

근대주의자 혹은 실력양성론을 견지하는 박승철과 같은 조선인의 경우 이런 다크투어에서 일반적으로 표현하는 방식이 '내인론(內因論)=자책론'이다. 모든 것은 외부의 침략보다 내부의 부정적 요인이 원인이었다는 논리이다. 마치 조선왕조가 부패하고 능력이 없어서 제국주의 일본의 침략에 질 수밖에 없다는 논리인데, 폴란드의 빈곤을 보는 눈도 단지 러시아의 침략만이 아니라 오래전부터 폴란드가 내적으로 무능해서 그리되었다는 생각을 하고 있다. '내인론=자책론'은 그럴듯한 말이지만 멸망의 원인을 내부 문제로 돌려서 결국 침략자의 야욕이나 목적을 은폐하는데 부지불식간 기여하는 논리가 되는 법이다. 약소국이 아무리 커도 대제국의 힘을 따라갈 수 없는 제국주의 시기라는 고려가 없는 피상적인 인식이다.

③ 네델란드와 벨기에: 힘없는 우리도 네델란드처럼 풍요로워지길…

필자는 온화한 봄날 3월 하순 네델란드로 갔다. 필자가 주목한 것은 강한 육·해군도 없으며 거대한 대포도 없음에도 영국, 프랑스, 독일, 미국 등과 다른 방식으로 세계에서 유명한 나라가 되었나 하는 점이었다. 이는 마치 조선은 왜 네델란드와 같은 발전을 하지 못했는지에 대한 해답을 묻는 것과 같았다. 그리고 스스로 답을 찾았던 바, 필자가 보기에 네델란드의 풍요는 제방과 풍차 그리고 교량 건설 등에서 시작 되었다고 보았다.

> 네델란드는 지형이 해면보다 낮다. 그러므로 바닷물을 막기 위하여 제방을 잘 만들었다. 큰 도시에도 가옥 하부는 물속에 잠겼으며 지질이 전부 초석(砂石)이라서 어떤 집은 찌그러진 것이 많다. 암스테르담은 무수한 섬들이 250여 개의 교량으로 연결되었다.[315]

이런 구조에서 네델란드에서는 "모든 것이 풍성하고, 빈궁한 독일에 비하면 별천지 같으며, 여기선 흑빵조차도 볼 수 없고, (다들 겪는 경제) 공황도

---

315) 在獨逸 朴勝喆, 상동, 『開闢』(36), 1923년 6월 1일, 40~41쪽.

없다."고 하였다. 그러면서 조선의 현실과도 비교하였다. 필자는 조선의 종로와도 비교하되 "(네델란드의) 야시장을 구경하고 (서울) 종로 야시장을 생각한다."면서 호객행위나 그 중에도 음식점에 노동자들이 많이 모여서 같이 밥 먹는 것이 무척 유사하다고 했다. 그 외 노점도 만들지 않은 채 모퉁이에 서서 구두 한 켤레씩 들고 팔려고 소리 지르는 것도 가소롭더이다."316)라고 하여 종로 야시장 풍경과 비슷한 모습에 흥미로워했다.

필자는 네델란드인이 풍차와 교량 만들기를 통하여 바다보다 낮은 지형을 옥토로 바꾸어 다른 나라 이상으로 훌륭한 국토를 이루고 활발한 경제공동체를 이루면서 가장 풍요로운 나라를 이루었다고 평가하였다. 역시 종래 실력주의가 주로 부국강병을 중심으로 생각한 것이라면, 박승철은 국민의 성실과 기술로 만들어진 삶의 풍요를 부강의 진정한 힘이라 여겼다. 즉, 네델란드가 가장 열악한 환경에서 그 스스로 무릉도원을 만들어 간 것 자체가 비록 군사력은 없어도 영국, 프랑스 등과 어깨를 나란히 할 수 있는 힘이라 본 것이다.

필자의 '네델란드 바라기'는 해수욕장 투어에서도 등장하였다.

쉐베닝겐(Scheveningen)은 헤이그시에서 전차로 약 30분되는 거리의 해수욕장이다. 이 해수욕장은 유럽에서 유명하다. 여관, 카페, 기타 설비가 다 되어있고 바다에는 묘하게 만든 음악당이 있어서 그곳과 육지와 긴 다리로 연결되었다. 다리 좌우에는 유리창이 있어 바닷바람을 막는다. 야간에는 수천개 전등으로 불야성을 만든다. 이 만큼 설비를 하고 여름에 해수욕하려면 상당한 비용이 들 것이다. 나는 또 이렇게 생각하였다. 우리는 언제나 이런 것 가지게 되나? 아니 하나만 아니라 몇 개라도 경치 좋은 동해안에 우리 손으로 해수욕장을 만들어 우리도 누리고 더불어 해수욕 좋아하는 유럽사람들 불러보면 어떨까.317)

우리 조선도 이런 해수욕장을 만들어 조선인이나 외국인이 즐기게 하자는

---

316) 在獨逸 朴勝喆, 상동, 『開闢』(36), 1923년 6월 1일, 41쪽.
317) 在獨逸 朴勝喆, 상동, 『開闢』(36), 1923년 6월 1일, 42~43쪽.

말은 국민이 풍요로운 세상을 만들자는 것이고, 결국 필자가 꿈꾸는 미래란 독립도 독립이지만 무엇보다 국민의 삶이 유럽처럼 풍요로워 지는 사회를 말하는 것이었다.

필자는 앞서 폴란드를 보면서 제국의 침탈에 왜소해진 폴란드의 아픔이 꼭 옛 조선의 그것과 닮았다고 여겼다. 하지만 폴란드에 이어서 네델란드에 가서 만국평화회의장을 참관하면서 당대로는 절대 금기여야 했던 말들을 지면에 조심스럽게 남겼다. 필자는 "헤이그는 만국평화회의로 조선 사람의 뇌리에 있다"라고 하면서 이준(李儁) 열사의 할복 순국에 대해서 "오늘날 내 자신을 생각해 보더라도 뜨거운 눈물이 흐를 뿐이다."고 하여 깊은 고마움과 존경심을 드러내었다. 그러면서 지금 하늘 나라에 있는 이준이 품고 있을 조국에 대한 사랑을 이렇게 묘사하였다.

> 이준의 고혼(孤魂)이 있어서 지금 네델란드 공중에서 우리를 내려 본다면 얼마나 반가울까. 특히 우리가 만국평화회의관 앞에 서서 경건한 마음으로 그의 큰 뜻을 추모할 적에 그가 잠시라도 육신을 가질 수 있다면 아마도 우리 손을 꼭 잡고 먼저 고국(조선)의 근황을 물었을 것이다. 그러면 우리는 자세한 이야기하고 서로 목놓아 통곡했을 것이다. 이준의 고독한 혼[孤魂]은 네델란드 하늘에서 방황하면서도 조국을 위해 애통해 할 줄 믿나이다.[318]

고국의 소식을 알면 얼마나 이준 열사의 영혼이 통곡할 것인가. 어쩌면 이런 표현은 이준 열사의 통한을 불러서 필자 자신의 식민지 현실에 대한 깊은 불만을 대신하려 한 것이었다. 당시 이런 글이 게재된 것만도 무척 이례적으로 보인다. 그러면서 필자는 이런 이준 열사의 고혼을 위로할 이가 이렇게 없는 현실이 너무나 안타까웠고, 자신조차 그 일을 하지 못하는 것이 괴로웠다.

필자는 이준을 애국자라는 거창한 선양 즉, '영웅 만들기'보다 진실을 말해

---

318) 在獨逸 朴勝喆, 상동, 『開闢』(36), 1923년 6월 1일, 41~42쪽

야 하는데도 말할 수 없는 어이없는 현실에 대한 자탄과 비애를 우선 표현하였고, 열심히 살았던 어느 인간에 대한 경의조차 표현할 수 없는 현실을 무척 괴로워했다.

④ 유럽국은 왜 서로 갈등하며, 약소국은 어떻게 살아남는가?

필자는 당대 유럽에 대해서 '인류애에 기초하여 해결하는 것이 급무인데도 베르사이유 조약 이후 열국 관계에는 백가지 귀신[百鬼]이 암행하는 듯, 서로 사정을 몰래 첩보하는데 여념이 없고, 포성은 언제 어디서 날지 몰라 평안히 잠들지 못하는 상황'이라고 평가했다.

> 오늘날 누가 세계의 영원 평화를 보장하리오. 예수가 탄생하여 인류애를 말씀하고 세계평화를 주창한 지 이미 근 2,000年이며, 인류가 그 도를 듣고 사모하였으며 특히 유럽인들이 그 도리를 위하여 무수히 피를 흘렸지만, 오늘날 세계도 다툼이 그치지 않고, 인류적 양심의 발동이란 눈 씻고 찾으려 해도 볼 수 없다. 이후 세계 지도의 색채는 몇 번이나 변할 것인지 누가 예측하리. 참으로 문제 중의 문제다. 요점은 뭐냐. 인심의 고루에 있다. 인습에 매인 것 때문이라 하겠다.[319]

필자는 베르사이유 조약이 체결되었으나 각국이 서로 온갖 방법으로 국제평화를 해치는 음모를 꾸미고 있으며, 틈만 나면 전쟁을 준비한다고 보았고, 서구는 기만과 음모 그 자체라는 것이다. 말로는 기독교 정신을 외치고, 자유, 평등, 박애를 외치는 민주주의를 말하면서도 실제 각국 위정자들은 이런 인류애의 구체적 표상을 제대로 지키고 각성하려는 노력은 추호도 하지 않는다고 생각했다. 이에 인류 양심의 발동이 없으니 세계에서 침략의 일상은 끊임없고, 이는 결국 '옛날 버릇 즉, 인습(因襲)에 매인 고루한 인심' 때문이라고 하였다.

유난히 필자는 '인습'이 조선의 멸망을 불렀고, 세계적 갈등을 불렀다고 하

---

319) 在獨逸 朴勝喆, 상동, 『開闢』(36), 1923년 6월 1일, 45쪽.

면서, '내인론＝자책론'의 핵심이 마치 인습에 있음을 주장하곤 한다. 인습으로 인해 변화하려는 의지가 상실되고 나라도 망했다는 것이다. 그렇기에 앞으로 변화의 주체는 바로 나 자신이고, 우리나라 그 자체라는 논리였다. 필자가 말하는 인습은 '못난 자신＝못난 우리'였으며, 자본주의의 모순이나, 사회 갈등의 동인이 무엇인지 따지기보다 '자기 성실, 자수 자강의 부족' 등이 우리의 비극을 불렀다고 생각하였다. 이는 당대 어설픈 지식인들이 '도덕 경제에 성공한다면 세계평화가 올 것'이라고 믿는 순진한 모습과도 흡사 닮았다.

'도덕경제론'과 '내인론＝자성론'은 이처럼 이해방식이 동일하였다. 필자는 현 세상이 약육강식의 시대라고 여기면서도 착하게 살면 세상은 밝아질 것이라는 뜻 모를 낙관으로 모든 것을 설명하고자 했다. 물론 우리 조선이 본래부터 힘을 기르고 자수자강한다면 달라질 수도 있겠지만, 그런 왜곡된 인습론이나 도덕경제론의 범위에서 낭만적인 해결책을 구한다면 그 해결은 요원한 것이었다. 여기서 필자는 힘을 기르는 방법을 이렇게 설명하였다.

> 언제 조선사람 손으로 배를 이끌고 여기 와서 각종 물산을 매매하며 우리의 선박을 부두에서 찾을 수 있을지 생각하였다. 이렇게 생각하니 우리 앞날이 참으로 딱합디다. 그러면 우리에게는 이것이 불가능한가 하면 그런 것이 아니라 우리에게는 기초가 없으니 매사 순서대로 되지 않습니다. 기초를 단단히 하면 무엇이 무서우며 무엇이 어려우리까. 우리 운동의 중심은 기초를 놓는 데 있으며, 순서를 어기지 않는 데 있습니다.[320]

즉, '기초'가 든든해야 한다는 지적이다. 필자는 독일, 폴란드, 핀란드, 네델란드, 벨기에 그 모든 나라가 고초를 겪었다고 해도 조선만큼은 아니라고 하였다.[321] 그러므로 우리 조선인들은 모든 면에서 기초를 닦고, 순서를 잘

---

320) 在獨逸 朴勝喆, 상동, 『開闢』(36), 1923년 6월 1일, 46쪽.

321) "독일은 물론이고 어떠한 나라든지 조선 만큼 국빈민약(國貧民弱)한 나라는 어디에도 찾을래야 찾을 수 없습니다. 폴란드가 아무리 분할되고 부흥되어 신접살이 하더라도 조선보다 낫고, 네델란드가 서해 모래 위에서 열강에게 눌려서 무기력

지켜서 자수자강하는 길밖에 없다는 사실을 극력 주장하였다. 그러면서 그 모델을 네델란드에서 찾으려고 했다. 부국강병이 아니더라도 성실과 집요한 기술능력으로 열등과 빈곤을 이겨낼 수 있다고 믿었다.

⑤ 북구 여행의 시작, 덴마크의 농업 투어

1924년 1월 필자는 『개벽』에 '북유럽열국견문기'를 발표하였다. 여행 목적은 제1차 세계대전에도 그다지 큰 피해가 없었던 덴마크, 스웨덴, 노르웨이 등 스칸디나비아 열국을 관찰하고픈 마음이었다.[322]

먼저 필자는 1923년(추정) 8월 31일에 베를린에서 네델란드 암스테르담으로 직행하는 열차를 탔다. 가는 길에 독일 농부들이 학리(學理)를 응용하고 기계를 이용하여 선진화되어 발동기로 짚단을 쌓는 것을 보고 '조선농업이 얼마나 유치하며, 원시적인지 한탄하였다.'[323] 이처럼 필자는 아름다운 것을

하더라도 조선보다 나으며, 벨기에가 세계대전 전에 영세중립국으로 세계와 아무 교섭이 없었으나 대전을 치른 후 대단히 피폐했다 하더라도 조선보다 낫습니다. 폴란드는 인구가 조선보다 월등히 많고 네델란드, 벨기에는 절반도 못 됩니다. 그러나 열강 틈에 끼여 창피는 면하고 지냅니다."(在獨逸 朴勝喆, 상동, 『開闢』(36), 1923년 6월 1일, 46쪽).

322) "그곳에 가면 우리가 그림에서나 보든 서양을 보리라고 생각하여서 였다. 금일의 구주대륙은 피폐하게 되어 전날 시설하였던 유적만 남았나니 이것이 중부유럽만 그런 것이 아니라 동부유럽인 폴란드가 그러하고 서유럽인 네델란드, 벨기에가 그러하다. 제1차 세계대전의 참화는 교전국 간에만 미친 것이 아니라, 중립국에도 미쳤다. 그러나 대륙을 조금 떠난 스칸디나비아 반도 열국에는 그렇치 않으니, 서양다운 서양을 먼저 구경하리라고 생각하였다."(在獨逸 朴勝喆, 「北歐列國見聞記」, 『開闢』(43), 1924년 1월 1일, 61쪽.)

323) "독일도 前日에는 모든 것이 조왓지마는 戰後에 그리되엿든 것 갓다. 그러나 今日은 가난뱅이중에 상가난뱅이만 모혀사는 것 갓다."在獨逸 朴勝喆, 상동, 『開闢』(43), 1924년 1월 1일, 62쪽. 이때는 이랬지만 나중에 허헌은 "독일은 듣던 바대로 모든 것이 규모적입디다. 독일사람 처럼 정직하고 진취성 많은 민족은 세계에 다시 없을 것입니다. 그 나라 사람들은 무엇이든 한다고 하면 못하는 것이 없습니다. 길거리에서 침 한방울, 담배꽁초 하나를 보지 못했습니다.(許憲, 「東西 十二 諸國을 보고와서」, 『別乾坤』(7), 1927년 7월 1일, 46쪽.)라고 하여 몇 년 사이 크게

보면 조선도 더 아름다운 길이 뭘까 생각하고, 과학기술의 발달을 보면 조선에도 그런 것이 있기를 바랐다. 문제는 그런 발전이 '나의 성숙'에서 온다는 도덕적 관점에 머물고 있었기에 조선의 젊은이들에게 동의를 받지 못하였다. 도대체 가진 자들이 세계를 돌면서 느끼는 감상이 '결국 우리가 못나서 망했다.'는 결론이라면, 우리같이 없는 사람들은 세계도 돌지 못할 뿐만 아니라 우리가 못나서 이리 가난할 수밖에 없다는 것을 인정해야만 하는 것이었다. 그러므로 '내인론=자성론'은 결국 부르주아적 세계관에 머문 사고일 뿐이라는 비판을 면치못하였고, 많은 젊은이들이 사회주의로 경도되는 계기를 열었다.

한편, 필자는 네델란드의 어느 박물관에서 조선산 전시물이 있는지 엿보았다.

> 박물관에 가서 북구(인)민의 습속의 변화를 보고 중국, 일본, 인도 등 여러나라 관련 진열품을 봤는데, 조선 것을 한 가지도 없어서 우리 일행은 매우 섭섭히 여겼다. 이렇게 보니 구미 사람과 우리와의 교섭이 너무도 없었던 것을 한심하게 여겼다.324)

진열품이 없는 것은 교류가 부족해서 그렇다는 것이다. 이 말은 맞는 말이지만, 참 당연하고도 무책임한 말이기도 했다. 즉, 필자는 당시 세계가 너나없이 시장을 넓이고 교류를 확대하여 국부민강을 시도하는데, 우리 조선의 엘리트들은 그만큼 세상의 움직임에 둔했다는 말이다. 일면 솔직한 자성의 모습이다. 그래도 외형적 교류 이상의 분석은 없다. 예를 들어 시장확충의 방법은 무엇인지. 자본은 어떻게 모아야 하는지, 현상적인 교류 부족에 대한 이해 이상으로 상세하고 치밀한 계획의 필요성은 발견하지 못했다. 이처럼 현상만의 원인을 탐구하다 보면 모든 것이 도덕적 결론에 도달하기 쉽다. 능력

변모한 독일을 증언하였다.
324) 在獨逸 朴勝喆, 상동, 『開闢』(43), 1924년 1월 1일, 63쪽.

이 없어서, 혹은 성실하지 못했기에 등등, 아니나 다를까 필자는 코펜하겐에서 러시아혁명 당시 살아남은 러시아 황제의 모후가 이곳에서 여생을 보냈다는 사실을 알았다.

자동차가 해안에 잇는 어떤 조그만 별장을 지날 때 안내인이 말하기를 이곳에 러시아 황제의 어머니가 있다고 한다. 생각해 보자. 러시아 황제는 어떤 사람인가. 사람몸(人身)으로는 가장 많은 부귀를 누린 사람이다. 유라시아 양 대륙에 광대한 판도와 막강한 육군과 세계열강의 제실 중에서 일류 부호라는 칭호를 듣고 무수한 이민족을 통치하여 조금도 부족함이 없던 니콜라이 2세로서 하루아침에 반민(反民)에게 참살을 당하야 황제의 위엄(皇威)은 보잘것없어지고 그 노모후는 코펜하겐시에서 여생을 보전하게 되었다. 세계대전 이후 3대 제국이 무너졌는데 러시아 황실과 같이 참화를 당한 황실은 없었으니 이로 보면 부귀는 봄꿈 같은 것이다.[325]

필자는 이러한 일화를 통해서 '부귀는 춘몽과 같다.'는 도덕적 결론에 도달한다. 왜 러시아에서 혁명이 났는지, 니콜라이 2세가 왜 참살을 당했는지 이해하는 것보다는 부귀공명의 끝없음에 통탄하고 말았다.

한편, 필자는 덴마크가 농업을 위주로 하는 조선과 비슷하여 공기도 좋고, 공장도 없으나 민부(民富)가 약하다고 했다. 공업부진 때문이라는 것이다.

(아르후스로 가는 길) 그저 끝없는 평원광야뿐이다. 우리 조선사람도 땅의 힘[농사]로 살아가지만 덴마크도 그것을 믿고 살아간다. 그 땅을 파고 곡식을 심어 먹고, 그 땅에서 나는 목초를 먹여 기른 소나 양의 우유를 먹고 지내는 것이 덴마크인이다. 그들은 거대한 공업품을 만들어서 팔 줄 모르니 공장도 없고 따라서 연로에 굴뚝[煙筒] 하나도 보지 못하였다. 공기는 깨끗하고 얼굴에 꺼멍이 묻지 않겠지만 국민의 주머니는 늘 비어있다. 근대 대도시의 번영은 시비[是非]를 막론하고 공업발달에 있으며, 소위 세계열강의 부강도 역시 공업 입국에 있나니, 실로 공업의 성쇄는 국가 흥망의 표준이 되는 것이다.[326]

---

325) 在獨逸 朴勝喆, 상동, 『開闢』(43), 1924년 1월 1일, 63~64쪽.
326) 在獨逸 朴勝喆, 상동, 『開闢』(43), 1924년 1월 1일, 64쪽.

필자는 공업의 번성이야말로 국가의 흥망을 말하는 표준인데 덴마크와 조선은 그렇지 못하다는 사실을 돌려서 말한다. 이는 조선에서 산미증식계획이니 하면서 소극적으로 공업정책을 추진하고 대신 중농주의 정책을 강화하는 데 대한 일반 조선인의 불만을 대변하는 말이기도 하다. 여기서 필자는 멀리서 조선의 산미증식계획이 수많은 상대적 과잉인구를 양산하고 만주로 일본으로 조선인을 이산시키는 원인인 것을 잘 알고 있었던 것같다.

⑥ 스웨덴의 괴텐부르크 박람회 투어: 상공업 중심 근대화가 필요하다.

스웨덴 괴텐부르크에서 개최되는 박람회를 보면서, 필자는 서울과 비슷한 산중(山中) 도시인 여기서 관광객이 400만 명에 달했다고 하면서 1914년 일본 도쿄에서 열린 다이쇼(大正) 박람회보다 훨씬 규모가 큰 것에 무척 놀랐다. 특히

<그림 24> 1914년 개최된 도쿄의 다이쇼 박람회장

스웨덴의 제철산업과 그것을 기반으로 성장한 기관차며, 공성포(攻城砲) 등에 대해서 큰 관심을 보인 필자는 이런 것들이 '부국강병의 표준'이라고 소개하면서 조선에서도 공업발달에 따른 부강 혹은 공업 중심 실력양성이 절실하다는 것을 내비쳤다.

스웨덴은 덴마크와 달라서 제법인 공장들이 있다. 진열품 중에는 무수한 공업품이 많으니 가령 현대 국가의 부강을 말하는 태산덩이 같은 기관차와 하늘[上天]을 찌를 만한 공성포며 특히 유일의 제철공장인 듯한 S, K, F의 각종 철물이 많이 눈에 띈다. 나는 공성포와 기관차를 자세히 보고 이렇게 생각하였다. 기관차는 순 러시아식이므로 중부유럽에서도 보지도 못하던 것이다. 아마 이것이 기관차로는 크다고 하겠고 공성포는 인력으로 쏘는 것이 아니라 전기장치로 자유자재 쏘게 되나니 두 가지가 다 인지(人智)로 만든 것이다. 다만 하나는 수만 명의 생명을 안전히 하고 또 하나는 수만 명의 생명을 박탈하니, 이 두 가지를 가리켜서 세상 사람들은 국가부강의 표준이라 한다.[327]

필자가 이 글을 쓰는 시점에 당대 조선총독부는 여전히 '비공업화 노선'에 기반하여 소극적 공업정책을 추진하던 시기였다.[328] 이에 스웨덴의 공업생산에 대한 관심은 역으로 산미증식계획 등 총독부의 중농주의 농정에 대한 반감의 표현이었다. 또한 상공업 기반의 근대화를 주장하는 조선인 부르주아 계급의 물산장려운동 이념과의 연관성도 보여주는 대목이다.

○ 남부 유럽: 영광에 취한 빈곤 국가들

① 스위스에서 찾은 애국과 충성의 아이콘들

필자는 1921년 4월 9일 베를린을 떠나 스위스-이탈리아-그리스-튀르키예-불가리아, 유고슬라비아, 헝가리-오스트리아-체코슬로바키아 등을 여행하고 독일 국경을 넘어 5월 27일에 돌아왔으니 총 9개국 49일간의 여정이었다.

먼저, 루체른을 방문했다. 스위스인 별장보다는 영국인 미국인 별장이 많다고 하였고, 그 근처에 있는 구리 사자상은 얼굴을 찡그리고 눈에는 눈물을 흘리고 있다고 하면서 프랑스대혁명 때 스위스 근위대 사졸들이 몰살을 당한 것을 기념한 것이라고 했다. 한편, 빌헬름 텔은 '스위스의 애국자이며, 스위스 우표에도 이 사람 사진이 있다.'고도 소개 하였다.[329]

왜 하필 이 두 개의 동상에 관심을 둔 것일까. 아마도 루체른 별장을 죄다 영국, 미국인이 소유한 현실을 대칭하면서 열강이 지배하고, 약소국이 희생

---

327) 在獨逸 朴勝喆, 상동, 『開闢』(43), 1924년 1월 1일, 67~68쪽.
328) 김인호, 2021, 『조선총독부의 공업정책』, 동북아역사재단, 청아, 110~119쪽.
329) 獨逸에서 朴勝喆, 「南歐·빨칸 半島·其他 列國을 歷遊하고」, 『開闢』(52), 1924년 10월 1일, 89~90쪽.

되는 세계 현실에 대한 필자의 연민을 대신하려는 마음으로 여겨진다. 스위스의 근위대, 빌헬름 텔이라는 애국과 충성의 아이콘을 통하여 어쩌면 약소국이었던 옛 조선에 대한 회고와 아쉬움을 피력하려는 것으로 보인다. 특히 빌헬름텔의 동상에서는 조선이라는 약소국이 갖추어야 할 생존조건들, 예를 들어 알프스의 강인함, 주변국가를 다룰 줄 아는 중립성, 국민국가의 표상인 애국심과 충성 등과 같은 미덕을 떠올리려는 것은 아닐까 한다.

필자가 만약 '자연 상태에서 인간이 자유의지로 의지로 평화를 협약함으로써 국가가 만들어졌다.'는 루소를 알았다면 다양한 스위스의 문화유산을 통해서 조선의 현실과 관련한 더욱 심도 있는 고민이 가능했을 것이다. 그리고 필자는 제네비가 루소의 출생지라는 사실은 물론 칼빈의 종교개혁지라는 사실도 알고 있었다.[330] 하지만 필자는 루소의 집을 방문하기도 했지만 그저 유명한 사상가라는 정도로만 이해할 뿐 조선 사회를 해석하는데 어떤 의미가 있는지 고민이 보이지 않는다. 국제연맹도 사실은 임시정부를 비롯하여 독립운동가들이 조선의 독립을 청원하거나 지원을 요청했던 중요한 국제기구였다. 힘을 기르자고 주장하고 공업화에 관심을 기울였지만 정작 민주주의나 자본주의적 토대 마련을 위한 제 방편에 대한 깊은 고민의 흔적이 없었다. 전형적인 계몽적인 언술에 침윤된 빈한한 유럽 유학생의 모습이었다.

② 이탈리아에서 조선의 척박함을 투영하다.

이탈리아에서는 조선과 비슷한 자연환경에 주목하였다. 즉, 이탈리아를 묘사하는 대목에서 조선의 환경에 대한 자신의 입장이 잘 드러나 있다.

이곳을 벗어나니 여기가 이탈리아다. 그러나 국경이 되어 그런지 산천이 보잘것없고, 촌락 역시 보잘것없었다. 산악이 험준할 뿐. 삼림이 없으니 이것이 살풍경(殺風景)이

---

330) 獨逸에서 朴勝喆, 상동, 『開闢』(52), 1924년 10월 1일, 91쪽.

다. 이곳뿐만 아니라 이탈리아의 어디든 민둥산[赤山]으로 독일처럼 울창하지 않다. 이탈리아나 조선이나 마찬가지다, 비는 적고 찌는 듯한 더위만 있다. 길에 먼지는 풀 풀 나는데 담 옆에 심은 복숭아꽃은 만발하여 춘절을 자랑하며 남선북차(南船北車)하 는 여객의 눈을 즐겁게도 한다. 이탈리아의 먼지는 말도 말라, 그리스나 조선이나 마 찬가지다.[331]

이탈리아의 자연환경이 조선의 그것과 유사하며, 무척 열악하다는 평가이 다. '유럽이나 조선이나'라는 감정은 확실히 1910년대 이광수가 보았던 서양 에 대한 무조건적 동경(憧憬)과는 다른 감상법이었다. 유럽의 땅은 더 이상 '탈아(脫亞)의 본향'이 아니고, 적어도 '조선이나 유럽이나 결국은…'이라는 생각으로 변화한 것을 보여준다. 즉, 유럽은 제1차 세계대전으로, 조선은 식 민지 지배로 라고 하는 동병상련한 이해방식에서 비롯된 것은 아닐까 한다.

이어서 밀라노 대성당을 찾았다.

이탈리아 각 도시에는 다 있다. 대리석으로 지은 성당 내부는 얼마나 넓은지 이 끝에 서 저 끝에 사람이 보이지 않을 정도(4만 명을 입장시킬 만큼 넓음)이다, 옛사람은 이렇 게 장엄한 것을 좋아하였나 보다. 이렇게 해야 무슨 신비가 감춰져 있는 듯 생각한 모양 이다. 독일 쾰른에 있는 성당도 꽤 큰 것이지만 이것에 비하면 작아 보인다. 첨탑에 올라 보면 밀라노시가 눈 아래로 보이며 그 높은 집들이 상자 같으며, 사람 다니는 것이 어찌 적은지 개미가 다니는 것 같다.[332]

필자는 밀라노가 이탈리아의 2번째 도시이지만 '그리 굉장치 못하며, 독일 각 도시에 비하면 건축물이라든가 시가가 아무것도 아니다.'라고 하면서 '성당 앞 광장은 복잡하지만 다른 지역은 한산하고, 지저분하며, 도대체가 구식도시' 라고 평가하였다. 당시 필자가 얼마나 번지르르한 전근대성(겉만 화려하고, 속

---

331) 獨逸에서 朴勝喆, 상동, 『開闢』(52), 1924년 10월 1일, 92쪽.
332) 獨逸에서 朴勝喆, 상동, 『開闢』(52), 1924년 10월 1일, 93쪽.

은 지저분한 감성을 유발하는 것)에 적개심을 가졌는지 보여주는 대목이다.

전통 문화 그 자체의 위대함을 살피기보다 그것을 둘러싼 지저분한 낡은 거리의 전근대성, 국민들의 고립성, 무기력성에 더 관심을 두는 모양새이다. 이것을 조선 사회에 적용해보면, 전통사회가 남긴 그 수많은 전통과 문화적 전승을 폄훼하고, 그러면서 새롭고, 깨끗하고, 정돈된 근대적인 것(=일본적인 것)을 희구하는 태도와 같은 것이다. 필자는 아무리 훌륭한 유럽의 문화유산도 현재의 이용후생만큼은 못하며, '낡고 말았다.'라는 감상 이상으로 진전하지 않았다.

베니스에서도 마찬가지였다. 필자에게 그저 지저분한 곳이다.

이곳은 바로 물나라 베니스라는 곳이다. 자동차도 없고 전차도 없다, 교통기관이라고는 증기선과 소운하로 다니는 곤도라(小舟)뿐이다. 도시라야 또한 고도시요, 지저분하기 짝이 없다. 그러나 성마가[聖馬可] 성당 앞은 꽤 질번질번하다.333)

로마와 바티칸에 가서도 현실에 영향을 주지 못하는 과거의 화려함에 대해서 비웃고 있었다. 과거의 영광이란 그저 뜬구름과 같은 것이라는 생각.

로마[羅馬]에 도착하였다. 첫걸음으로 성베드로성당에 갔다....(중략)...교황청은 겉으로 보기에 훌륭한 것은 없다. 그러나 당시 한낱 승려로서 제왕의 출척(黜陟)을 임의로 하였고 그 권력이 유럽을 넘어 세계에 미쳤으나 오늘날은 일부 종교상 세력이 있을 뿐이요, 정치상에는 아무런 세력이 없어졌으니 고금의 차이가 이렇게 크다.334)

로마시에서 필자가 느낀 감상은 오랜 역사의 고장이라 당대에는 화려했지만 오늘날에는 폐허만 남았고, 풀만 무성하며, 현재는 그저 '먼지나고 덥고

---

333) 獨逸에서 朴勝喆, 상동, 『開闢』(52), 1924년 10월 1일, 94쪽.
334) 獨逸에서 朴勝喆, 상동, 『開闢』(52), 1924년 10월 1일, 95~96쪽.

불결한 도시'일 뿐이라는 것이었다.

> 로마의 창설은 기원전 753년경이었다. 그때 중심지는 현재와 달라 동남편이었다. 지금 남은 것은 주춧돌[柱礎]과 한 길이 넘는 석주뿐이다. 여러 신을 섬기던 사원도 석주 몇 개와 터만 남았고, 연기장이며 곡마장도 폐허만 남았다. 유태인을 잡아다 지은 연극장도 4, 5만 명이 들어갈 만하다고 했지만 오늘날에는 튼튼히 지었던 벽돌담만 남았고 그 유명한 로마식 목욕탕도 폐허에 풀만 무성할 뿐이다....(중략)...로마인은 성곽이며 개천도 잘 만들었다. 오늘날에는 그것이 무용지물이 되었으나 지난날 북방 야만족들을 방어하는데 상당한 보장이 되었으리라. 왕궁도 보잘 것 없고 공원 하나는 잘 만들었다. 시가지가 구식 일뿐더러 깨끗하지도 못하고, 그때가 4월 하순인데 의외로 날씨가 무척 더웠다. 그뿐이랴. 먼지는 풀풀나고 한번 외출하였다가 오면 옷은 쌀장사의 갓처럼 되고 만다.[335]

시가지는 구식이고, 옛 왕궁도 보잘 것 없으며, 날씨가 너무 더우며, 먼지가 너무 많아서 한번 외출하면 의복이 크게 더러워졌다고 하였다. 그러면서 "60만 인구의 로마는 이탈리아 수도지만 이 먼지 나고 덥고 불결한 도시에서 천년 이전의 일과 관련된 모든 고적을 5일간씩이나 보고 나니 내 자신이 현대인 같지 않게 생각된다."고 하였다. 이어서 먼지보다 더 무서운 것이 소매치기라고 하면서 이탈리아 경찰이 있어도 제대로 역할을 하지 못한다고 했다.

나폴리에서도 그의 시선은 뒷골목 혹은 먼지, 빨래 등에 쏠렸다.

> 나폴리 경치는 참으로 좋다. 70만이나 되는 인구를 가졌고, 이탈리아 첫째가는 도시라 한다. 구식도시인 것과 불결한 것과 먼지 나는 것은 로마와 백중지세이다. 더구나 좁디좁은 새 골목에 빨래를 너는 것은 너무도 보기 싫다....(중략)...이렇게 좋은 경치를 보고 싶지 않을 이탈리아인은 없을 것이다. 이렇게 좋게 만든 해안에서 얼마 가지 않으니 빈민촌이 나왔다. 사는 모양이 참혹하다. 두 간(間)가량 되는 토방에 침대를 놓고는 식당[飮食間]이며, 상점 물건까지 벌여 놓았다. 의복은 말할 것도 없고 대낮에도 방 안이 깜깜해서 얼굴이 서로 보이지 않을 지경이다.[336]

---

335) 獨逸에서 朴勝喆, 상동, 『開闢』(52), 1924년 10월 1일, 96~97쪽.

다른 지역의 투어와는 달리 유난히 이탈리아에서 더럽고, 참혹한 삶들을 들추면서 불편한 기색을 보인다.

필자에게 과거란 그저 옛날의 일로서 과거일 뿐 오늘날 그 모든 것은 허무하고, 고립되었으며, 가난이 득실한 황폐한 땅으로 변했다고 했다. 그저 외롭게 옛 영화의 잔재들만 채워진 모습이라는 것이다. 다시 말해 위대한 과거일지언정 현실에 아무런 영향을 주지 못하는 과거라는 것이다.

그렇게 된 이유는 이탈리아인의 국민적 고립성과 무기력증에서 찾았다. 현재를 제대로 구현하지 못하는 무능이 강고한 이상 아무리 훌륭한 과거의 영광이나 문화재가 있더라도 그저 허무할 뿐이라는 것이다.

다음은 폼페이였다. 필자는 폼페이 박물관에서 지진으로 돌같이 굳어서 죽은 시신이나 계란, 주석장식, 그리스 신전, 노천연극장, 목욕탕, 수도, 수레가 다니던 도로 등을 관람했다.

> 로마에 살던 사람이나 이곳에 살던 사람이나 모두 돌을 잘 사용했고, 벽돌로 집을 지을 줄 알았다. 그들도 벌써 3, 4층되는 집을 지을 줄 알았다. 이탈리아에서 대리석이 그리 귀해 보이지 않지만 각처에서 고금의 건축물을 막론하고 몇 길이나 되는 통기둥도 만들었다. 그들은 사원 앞에 장터를 만들었고 동문(東門) 밖에서 부모를 장사하였으며 인도와 차도를 만들었고 시가지를 잘 정제하였다.[337]

필자는 반나절 동안 '참으로 머리가 아프도록 근 2000년 전 고적에 파묻혀 있었다.'고 하였으나 그 시절 '건축물을 잘도 만들었다.'는 감상 이외 달리 진보한 것은 없었다. 필자는 일반적인 관광객처럼 과거 영화를 심층적으로 보려는 성의는 보이지 않았다. 자세히 보지는 않고, 과거를 피상적으로 해석했는데, 여기서도 필자에게 중요한 것은 지금의 폼페이고, 지금의 로마였다.

---

336) 獨逸에서 朴勝喆, 상동,『開闢』(52), 1924년 10월 1일, 98쪽.
337) 獨逸에서 朴勝喆, 상동,『開闢』(52), 1924년 10월 1일, 99쪽.

먼지 나는 현실이 그 엄청난 과거 이야기보다 중요하였다.

③ 그리스 투어, 무척 가난하고 지저분한 유럽같지 않은 유럽

남부유럽을 보는 필자의 '낙후론'적 시각은 한결같이 그리스에서도 적용되었다. 전차, 기차나 공장과 같은 시설, 그리고 항구 등 근대적 성취가 제대로 되었는지 여부가 판단의 근거였다. 과거의 황홀한 영광은 감상의 대상이 아니었다.

> (그리스는) 개항지라야 보잘 것 없고 집이라야 양철로 덮은 2층집뿐이며, 산야(山野)라고 해야 풀 한 포기 없는 먼지 풀풀 나는 황무지[赤土]뿐이다. 이 나라에는 기차도 없고 전차도 없으며, 신식 교통기관이라야 자동차밖에 없으며, 목장이나 농업으로 살고 조그마한 공장 하나도 자기 손으로 할 줄 몰라 외국인 기사의 손을 빌린다.[338]

'척박한 현실 속에서 할 줄 아는 것이 아무것도 없다.'는 인상. 마치 조선의 현주소를 두고 한 말처럼 들린다. 개항장인 피로이스 항구도 마찬가지였다. 참으로 지저분하고, 우리 개항장인 인천도 이럴 것인데, 살아보지 못해서 차마 비판을 할 수 없다고 했다.[339]

특히 아테네는 더더욱 '낙후'의 대명사였다. 필자는 아테네 기행에서 (A)처럼 먼지가 많고 빈대로 그득 한 더러운 환경의 식당과 여관 그리고 바위뿐이고 척박하며, 먼지로 가득한 환경에 유난히 구두닦이가 많은 것과 같은 척박한 현실 이야기로 서두를 장식하였다. 그리고 (B)처럼 그리스에는 거지가

---

338) 獨逸에서 朴勝喆, 상동, 『開闢』(52), 1924년 10월 1일, 100쪽.

339) "피로이스항 지저분한 것 말도 말라. 저쪽 해안으로 가면 하얀 백사장, 푸른 바다로 멋진 곳도 없지 않지만, 시가지는 어쩌면 그렇게 상하이나 홍콩과 백중지세인지. 인천항은 경성서 머지않은 항구이니 이보다 얼마나 멋진지 알 수 없다. 인천을 보지 못한 내가 그 비교를 어찌 할 수 있으리. 서울서 나고, 서울서 자란 내가 인천을 못 보고 그리스 이야기하는 것도 우스운 일이다."(朴勝喆, 「希臘.土耳其.墺地利를 보던 實記」, 『開闢』(53), 1924년 11월 1일, 44쪽).

많은 것 한마디로 너무 더럽고 볼 것이 없고, (C)처럼 옛날은 비록 유럽 문명의 원천이지만 오늘날은 다른 나라로부터 배워야 할 정도로 우리가 배울 것이 없다는 점을 부각한다.

(A) 아테네(雅典) 여관은 도처 만원이다. 이날 밤 빈대의 문안을 받았다. 음식점에서도 역시 빈대를 보았다. 유럽 각국을 다녔지만 빈대는 여기서 처음 본다. 이태리 황무지에서 나는 먼지는 말도 말아라. 아테네시는 삼면이 산으로 둘러 있는데, 바위와 흙뿐이요, 눈을 씻고 보아도 풀 한 포기 없다. 길가에는 나무 하나 없고 모랫바닥에선 먼지로 눈을 못 뜨니 외출 한 번 하면 구두는 밀가루 섬에 빠진 듯하다. 그래서 구두닦이 영업은 할 만하다. 어느 모퉁이, 어느 골목을 가든지 구두를 닦는 사람이다.[340]

(B) 이탈리아에는 거지가 많다고 하지만 여기는 더 심하다. 그리스(아테네)에는 어찌나 많은지 일러서 이루 헤아릴 수 없다. 배를 기다리느라 아테네서 1주일 체류하는 동안 낮에는 더위, 밤에는 빈대로 큰 곤경을 치렀다.[341]

(C) 아테네시는 보잘것없고, 볼만한 것은 아크로폴리스 고적(古蹟) 뿐이다. 옛 그리스 문명이 빛난 것을 누가 모르나. 그러나 이것이 오늘 빛나는 것만 못하고, 옛날의 부강이 오늘의 부강만 못하니, 이 원칙에 떨어진 그리스가 후진국보다 못한 것은 말할 것도 없다. 유럽문명의 원천이 그리스에서 시작되었어도 오늘날 그리스는 후진열국에게서도 배워야 한다.[342]

이러한 낙후성에 더하여 필자는 이들이 단구갈안(短軀葛眼)으로 북방인에 비해 왜소하고, 활동력이 떨어진다는 우생학적 판단도 추가하였다.

요컨대, 필자는 이렇게 그리스, 이탈리아 등 옛 그레코·로만의 위대한 문명지를 보면서도 오늘날 해당 지역의 환경과 삶의 질이 추락한 이유에 늘 관심을 기울였다. 즉, 필자는 아무리 옛 문명이 빛나도 오늘날 빛나는 것만 못

---

340) 朴勝喆, 상동, 『開闢』(53), 1924년 11월 1일, 44쪽.
341) 朴勝喆, 상동, 『開闢』(53), 1924년 11월 1일, 46쪽.
342) 朴勝喆, 상동, 『開闢』(53), 1924년 11월 1일, 44~45쪽.

하고, 전날의 부강도 오늘의 부강(富强)만 못하다는 집요한 근대주의적 세례에 노출된 흔적이 농후하다. 필자에게서 '빈국의 자존심이나 옛 영광은 부질없다.'는 것이고, 오직 오늘날 가지고 있는 힘 여부가 진정한 문명의 평가 대상이라 생각하고 있었다.

④ 알바니아: 조선과 유사한 알바니아의 고통, 강대국들의 독선과 오만을 비판하다.

필자는 알바니아를 여행하면서 1917년 튀르키예에서 독립했으나 그리스와 세르비아의 간섭 더불어 이탈리아의 간섭으로 갖은 고초를 겪으며, 안으로는 종교 갈등으로 어려움에 처한 사정을 소개했다.[343] 필자는 알바니아의 현실을 통해서 '약육강식의 세계 현실'을 강조하였고, 제1차 대전의 결과물로 나타난 베르사이유 체제에 대해서도 비판하였다. 이것으로는 결코 평화가 오지 않을 것이라는 확신이었다. 실제로 역사가 그랬다.

> 오늘날 전쟁이 없으리라 여기는 것은 몽상이다. 베르사이유 평화조약이 유럽 평화를 보장할 수 없다. 유럽의 역사를 읽어 보라. 전쟁 후 평화조약이 있었고, 평화조약이 있은 다음에는 전쟁이 있으니, 평화조약이 전쟁을 방지할 수 없고, 전쟁을 잠시 멈추게 하는 효능밖에 없다.[344]

왜 발생했는지 평가도 예리하다. 필자는 베르사이유 체제가 15개의 열강이 만든 세력 균형의 산물이고, 조약에 불평을 가진 나라가 대체로 알바니아

---

343) "온갖 압박에도 약소국 알바니아는 감히 말도 못하고, 말이 독립이지 이탈리아의 간섭이 너무 심하고 이 역시 분하지만 감히 이탈리아에 반항할 수 없는 실정이다, 최근 발생한 애국당[國粹黨]의 난도 그것을 말한다."(獨逸에서 朴勝喆,「南歐·빨칸 半島·其他 列國을 歷遊하고」,『開闢』(52), 1924년 10월 1일, 100~101쪽.)

344) 獨逸에서 朴勝喆,「南歐·빨칸 半島·其他 列國을 歷遊하고」,『開闢』(52), 1924년 10월 1일, 101쪽.

와 같은 약소국가라는 사실을 지적한다. 즉, 베르사이유 체제는 힘 있는 자들의 야합이고, 그들만의 평화였지, 약소국은 거기서 제외되었다 입장이다. 그러면서 현 세계의 정세를 이렇게 평가하였다.

세계의 평화를 바라지 말라. 그것은 숲에서 고기를 잡는 것[緣木求魚]과 같다. 유럽의 현세를 보라. 기이한 괴물[奇禽怪獸]이 모여서는 검은 포대기[黑褓]로 덮어 놓은 것과 무엇이 다르랴. 포대기를 걷어 보아라. 무엇이 나오나? 나도 남의 이야기처럼 하지만 우리의 과거가 그러하였고 현재가 그렇지 않은가? 알바니아인인 그 청년이나, 조선인인 나나 그 사정과 그 경우가 무엇이 다르랴. 유럽전쟁이 있으려면 발칸반도의 어느 약소국이든지 다시 그 도화선이 되리라. 마치 아이 싸움이 어른 싸움이 되듯 사욕(利慾)에만 밝은 강대국들이 좌시하지 않으리(밑줄은 저자).345)

알바니아 청년이나 조선인인 자신이 이러한 괴물들이 판을 벌인 세계사에 동질한 처지에 놓여 있다는 것이다. 현 세상은 철저한 약육강식 사회이며, 힘이 없으면 그런 강대국들의 놀이판에서 희생될 수밖에 없다고 했다. 당시 조선에서도 평화조약에 대한 호기심이 컸다. 미국 대통령 윌슨이 주창한 민족자결주의에 대한 기대가 커진 상황에서 조선인 독립운동가들은 이 기회에 조선의 독립을 통하여 새로운 평화체제의 일원이 되려는 의지를 불태우기도 했다.346) 하지만 박승철 같은 여행가는 그런 사고가 그저 연목구어이고, 평화란 기만적인 구호에 불과하다는 사실을 이미 잘 알고 있었다.

⑤ 튀르키예 이스탄불 투어
필자는 콘스탄티노플(현 이스탄불)이 튀르키예(土耳其) 수중에 머문 이유를 흥미롭게 설명한다. 필자는 열강들이 모두 이곳을 탐냈다고 하고, 그 누구도

---

345) 獨逸에서 朴勝喆, 상동, 『開闢』(52), 1924년 10월 1일, 100~101쪽.
346) 김상태 편역, 윤치호 저, 2002, 『윤치호일기』, 역사비평사, 1919년 6월 26일 목요일, 122쪽.

가질 수 없는 절묘한 상황이 뛰르키에 땅으로 남게 되었다는 것이다. 물론 지중해 각 섬을 모두 그리스에 양여하고 반대급부로 보존한 사실은 알지 못했다.

> 콘스탄티노플 항구에 도착하니,...(중략)...비교적 아테네보다 독일어가 많이 통한다. 전일 독일 황제의 3B정책[347]의 영향일 것이다. 콘스탄티노플은 이전 터키 제국의 수도였다. 공화국이 된 후 앙카라가 수도이다. 터키 제국의 옛 명성은 말할 것도 없고 19세기 초엽 이후 유럽 열강이 노골적으로 콘스탄티노플 점령을 계획하였다. 하지만 터키가 실력이 있어서 가진 것이 아니라 나도 가질 수 없고 너도 가질 수 없으니 차라리 터키가 보존하는 게 최선이라고 한 데서 그리 된 것이다.[348]

이 말은 조선도 중국도 일본도 서로 가질 수 없는 지역이 될 수 있도록 실력을 갖췄어야 한다는 일종의 '회한(悔恨)의 파레시아'였다. 필자는 이곳 콘스탄티노플도 아테네나 베니스처럼 무척 불결한 도시라고 했다.

필자는 한때 문명국이 주는 겉치레를 무척 혐오하였다. 이탈리아, 그리스, 콘스탄티노플, 여기에 중국이나 전통 조선까지. 옛 영화에 취해 근대를 잊은 나라라면서 망종(亡種)으로 취급하였고, 오늘날의 모든 불행도 스스로 어느 하나 이루지 못한 잘못으로 돌리려는 이른바 '내인론＝자책론＝인습론'에 심취해 있었다. 제국의 침략이나 야욕에 대한 비판은 대단히 소극적이었다.

여기에 콘스탄티노플의 불결함과 비정돈 혹은 실업자 문제도 옛 영광에 취해 오늘의 변화를 저버린 결과물로 이해하였다. 그러면서 자신이 보았던 깔끔했던 도쿄를 떠올리고 그것과 비교하였다.

> 시가지가 불결한 것은 아테네나 마찬가지며 호객하는 상인은 베니스 또한 마찬가지

---

347) 비스마르크 실각 이후 독일 황제의 제국주의적 근동 정책. 베를린·비잔티움(이스탄불)·바그다드를 연결하는 철도를 부설하여, 발칸에서 소아시아를 거쳐 페르시아만에 이르는 지역을 경제적·군사적으로 이용하려 하였다. 영국의 3C 정책과 충돌하였고 제1차 세계대전의 원인 중 하나가 되었다.(위키백과)
348) 朴勝喆, 상동, 『開闢』(53), 1924년 11월 1일, 47쪽.

다. 시가지 뒤편에 가면 나무로 지은 집이 있다. 이것을 볼 때 도쿄 생활을 회상한다. 목
제층옥만 있는 것이 아니라 독일 시가지처럼 주택이 높지도 않고 비루하지도 않아[不
高不卑] 정돈된 곳도 있다. 그러나 일반적으로 독일에 따르지 못한다. 이 큰 도시에 공
장 하나 없으니 실업자가 많은 것은 상상 이상이며 붉은 모자[赤帽]의 실업자들이 길모
퉁이에 서서 일거리 찾는 모습을 자주 볼 수 있다.[349]

앞서 정월이 미국여행을 하고 일본의 도시들이 왜소하고 볼품없다고 딴지
를 건 것과는 무척 대비되는 시선이다.

한편, 콘스탄티노플에서는 성소피아 성당을 보았다. 당시 필자도 이슬람
교도와 기독교도 간의 불화라는 프레임으로 이 성당의 역사를 돌아보았다.

<그림 25> 성소피아성당
땀흘리는 기둥

소피아 교당은 그중 큰 교당이다. 이 교당은 처음 비
잔틴인이 지은 것으로 다신(多神)을 섬겼고, 다음 동로
마제국 시대에는 예수교 교당이 되었으며 다음에는 이
슬람교(回回) 교당이 되었다. 교당의 끝에 있는 대리석
기둥에 구멍이 있는데, 거기에 손가락을 넣어 돌리면 눈
물이 나니 이것이 곧 예수의 눈물이라고 한다. 이것은 회
교도와 예수교도가 서로 불화해서 만든 말이다. 그 외 차
편 중간 기둥 상부에 손자국이 있으니 이것이 1453년 마
호메트 2세의 손자국이라고 한다. 이것도 진실인지 여겨
지지 않는다. 두 길이 넘는 그 꼭대기에 아무리 말 위[馬
上]라고 해도 손이 닿았을 리 없으며 500년 지난 오늘에
손자국이 남아있으리라고 전혀 생각지 못했다.[350]

아마도 1921년 필자가 본 것은 오늘날 성소피아 성당의 '땀 흘리는 기둥'
을 말하는 듯하다. 오늘날에는 여기에 손가락을 넣고 한바퀴 돌리면 소원이
이뤄진다는 생각으로 여행객의 즐거움을 주는 곳이 되고 있지만, 필자가 여

349) 朴勝喆, 상동, 『開闢』(53), 1924년 11월 1일, 47쪽.
350) 朴勝喆, 상동, 『開闢』(53), 1924년 11월 1일, 48쪽.

행하던 당시 거기를 돌리면 눈물이 나며 그것이 예수님이 회교도에 의하여 유린당한 자신의 성전을 안타까워하는 흘리는 눈물이라고 여겼다.

또 하나 흥미로운 것은 박승철이 여행을 다니던 당시에도 조선민족과 튀르키예 민족이 무척 유대가 깊다는 사실을 알고 있었다는 점이다. 보통 한국인들은 튀르키예와의 형제의식이 마치 6·25전쟁에 참전하여 용인지역에서 전멸했던 역사적 경험에서 온 줄 안다. 하지만 1920년대 튀르키예를 여행한 박승철은 "대체로 토이기인(土耳其人)은 우리와 유사[近似]하게 생겼다. 부녀자들은 더욱 조선의 부녀자들과 흡사하다."351)라고 함으로써 당대에도 종족적 혹은 문화적으로 양 지역이 유사한 사실을 인지하고 있었던 것같다.

⑥ 불가리아 소피아 투어: 세상은 그렇게 먹고 먹히는 것이다.

발칸 제국을 후진국으로 봤던 필자는 불가리아 수도 소피아에서도 '시가지는 보잘것없고 좁은데 사람은 북적거리며, 대학이나 박물관은 무척 초라하다.'고 평가하였다. 국립박물관에서는 튀르키예인에게 학살당한 불가리아인에 대한 기록에도 유난히 관심을 보였다.

> 그중 눈에 띄는 것은 얼마나 많은 불가리아인이 터어키인에게 학살당하였는지 보여주는 그림 두장이다. 하나는 터키인이 불가리아인을 잡아다 눈동자를 빼는 것과 또 하나는 아기[幼弱]들을 잡아다 사람들 앞에서 학살하는 그림이다. 우리가 그림을 봐도 사지가 떨리는데, 불가리아인이 보면 얼마나 피가 끓을까.352)

필자는 "아무리 생각해 보아도 인류사회에서 강자가 약자를 먹는 것이 가짜도[僞道]지만 알지도 못하는 사이에 국가나 개인이 약육강식되는 것이 사회진화며, 인류생활의 표어가 되고 말았다."고 하였다. 왜 그렇게 필자가 지

---

351) 朴勝喆, 상동, 『開闢』(53), 1924년 11월 1일, 48~49쪽.
352) 朴勝喆, 상동, 『開闢』(53), 1924년 11월 1일, 50쪽

속적으로 '내인론＝자성론＝인습론'같은 자기반성에 빠져있었던지 이해할
수 있게 하는 대목이다. 어쩌면 이것은 당대 유럽 유학생들에게서 자주 느껴
지는 바, 서구의 침략성보다 서구문화의 진보를 높게 평가하려는 사회진화
론적 사고의 부산물이 아닐까 한다.

⑦ 헝가리와 오스트리아 투어; 여기는 너무 아름다워서 서울의 후진성이 밉다.

발칸을 보는 필자의 주된 시선은 '후진성'이다. 발전 여력이 없는 이 지역
은 늘 불결하고, 정돈되지 않으며, 초가와 농업지대로 가득한 후진 지대라는
생각이다. 당대로는 선진지역이었던 독일을 돌아본 필자는 늘 독일과 비교
하거나 일본 도쿄와 비교하여 여전히 근대화를 완성하지 못한 이 지역을 차
가운 근대주의적인 시선으로 폄훼하였다.

> 발칸의 여러 나라는 아직도 후진이라 제각각 수도 외 몇 도시를 만드는데 전력하는
> 것같으며 여전히 여력은 보이지 않는다. 조선철도의 연로에서 보는 듯 초가와 논뿐이
> 다. 초가가 많기로 유명한 곳이 터키 경내이다. 작년 정월에 폴란드(波蘭)에 갔을 때 초
> 가집을 보고 유럽에서 참으로 희한한 일이라 했더니 오늘 발칸반도 여러 나라에서 초가
> 집을 보게 되니 유럽도 다 독일과 같지 않은 줄 알겠다.[353]

그러나 이러한 인식은 부다페스트만큼은 적용되지 않았다. 거대한 도시로
왕궁터나 의회당 등의 장엄함은 당대 유럽 각국 중에서 단연 제일로 평가하
였다. 모든 것은 독일과 비교해서 그렇다는 말이다.

> 부다페스트에서는 중부 유럽의 도시를 보는 듯하다. 독일 도시에 비하야 조금도 손
> 색이 없다. 시가지 중앙으로 다뉴브강이 흐르고 우편 언덕에 전날의 왕궁이 높이 솟았
> 다. 그 언덕 위에 오르면 전체 광경을 감상할 수 있으며, 좌편 강변에 의회당이 이목을 끌
> 다고 하니 이것은 영국의회당을 본떠서 지은 것이라 한다.[354]

---

353) 朴勝喆, 상동, 『開闢』(53), 1924년 11월 1일, 49~50쪽

필자는 왜 약소국이 수탈당해야 하고, 유럽의 열강은 욱일승천하는지에 대한 근본적인 질문이 없었다. 물론 친일파 혹은 근대주의자들도 나름의 식민지 침탈에 대한 저항감이 있었다. 윤치호라고 해서 예외가 아니었다.

영국은 인도인의 이익이 아니라 영국인들의 이익을 도모하고자 인도를 차지하고 있을 뿐이었다 인간의 본성은 세계 어디서나 다 똑같다. 다르기를 기대한다는 건 순전히 망상에 불과하다. 그래서 언제나 약하고 호전적이지 못한 국가가 강대국 대신 욕을 먹고 곤경을 당하게 마련이다.[355]

식민지 모국은 약탈적이고, 피지배 민족을 힘들게 한다는 사실을 잘 알았던 윤치호였다. 그러면서 조선이 일본에게 당하는 비참함도 우리가 약하고 호전적이지 못한 것 때문이며, 그런 것이 없으니 조선은 스스로 자립하거나 독립할 자격이 없다는 것이다. 친일인사 혹은 근대주의자들이 조선과 같은 식민지를 보는 '독특한 인식법'이자 압박받는 식민지 인사로서의 '자기변민'이라고 할 수도 있었다. 나아가 과거에 안주한 채 과거의 영광에만 머물러 있는 고리타분한 조선의 옛 지식인을 생각하면서 고뇌한 흔적이기도 했다. 어느 경우든 식민지에 대한 연민은 있었으나 적극적인 해방의 의지로 발돋움하지 않았다. 그저 운명이러니 믿었을 뿐이다. 대신 그들이 만들어 낸 카페, 맥주, 도시미관, 장엄한 건축물 등을 발전의 지표로 삼았고, 서울과 비교하여 한없이 부러운 시선을 보내고 있었다.

다뉴브강 위에는 여러 철교가 있지만 그중 엘리사벤드 다리[356]는 튼튼히 잘도 놓았

354) 朴勝喆, 상동, 『開闢』(53), 1924년 11월 1일, 52쪽.
355) 『윤치호 일기』, 1934년 6월 18일 월요일, 330쪽.
356) 엘리자베트 아말리에 오이게니 인 바이에른 공작(Elisabeth Amalie Eugenie, Herzogin in Bayern, 1837년 12월 24일 ~ 1898년 9월 10일)는 오스트리아-헝가리 제국 프란츠 요제프 1세(Franz Joseph I)의 황후이다.

고 크기도 크며 보기도 매우 좋다. 이런 것들을 가졌는데 유럽 열강에 끼어서 국가 노릇 하는데 무슨 부족이 있으랴. 다뉴브강 좌편 카페들도 잘 만들었다. 주머니에 카페 한 잔 값이라도 있으면 그냥 지나치지 못한다....(중략)...나는 서울을 잠간 생각하였다. 성내 에서 한강철교로 뱃놀이나 달맞이 하려면 먼저 먼지를 뒤집어쓰고 파리들에게 득실거 리는데, 기껏 보고 온다는 것이 강변 백사장에 덤불이 우거진 곳이나 게딱지 같은 초가집 들뿐이다. 다뉴브강변과는 비교할 수 없는 차등이 있다.[357]

헝가리 수도를 보고 나니 서울과 비교가 된 듯하다. 필자는 이렇게 깨끗하 고 장엄한 부다페스트에 비해 서울은 먼지가 자욱하고 파리 떼가 넘쳐나는 초라한 초가들을 즐비한 곳이었다.

한편, 필자가 보는 오스트리아는 한때 잘 나가던 유럽의 강대국이었지만 제1차 세계대전 이후 각 지역이 독립하여 '지금 영토는 조선에 비해 절반도 안 되고 인구는 1/3에 불과한 발칸의 작은 나라로 전락한 약소국'이었다.[358] 이렇게 위축된 연원을 보면, 나폴레옹 전쟁 이후 민주사상이 퍼지고, 유럽에 서 약소국가가 자유운동을 일으키고 강대국이 이를 진압하여 점차 부국강병 을 이루게 되면서, 패권이 비엔나를 떠나게 되었다는 것이다.

여기서 발견할 수 있는 필자의 파레시아는 '오스트리아라는 대국도 이렇 게 시대의 흐름을 거역하다가는 결국 소국으로 전락한다.'는 것이었다. 우리 조선도 과거의 영광이나 유교 질서에 너무 속박되어 때를 놓치고, 길을 잃게 되면 더 큰 비극을 당할 것이라는 교훈을 일깨우고자 한 것이기도 하다.

---

357) 朴勝喆,「希臘.土耳其.墺地利를 보던 實記」,『開闢』(53), 1924년 11월 1일, 53쪽.
358) "밤늦게야 墺地利國(오스트리아) 首府 維也納(비엔나)에 다엇다. <53> 墺地利 도 大戰이 끗나기 전까지는 歐羅巴에서 한목을 보았지마는 大戰이 끗나자 墺地利 匈牙利 제국은 오뉴월 토담 문어지듯 하야 버렷다. 이 영토도 독립 저 영토도 독 립하며, 이 나라도 南便을 조곰 떼여 가고 저 나라도 東便을 조곰 떼여 가서 지금 은 前日의 융성은 어대로 가고 빨칸 小弱國들이나 별로 틀릴 것이 업다."(朴勝喆, 「希臘.土耳其.墺地利를 보던 實記」,『開闢』(53), 1924년 11월 1일, 55쪽).

⑧ 독일 투어: 독일 선거후나 조선왕조나 '수탈에 기반한 일장춘몽의 역사'이다

박승철은 1920년대 전반 한때 유럽 거주 조선인 유학생은 70여 명에 달했고, 그중 60여 명이 독일에서 공부하며, 상대적으로 영국에는 3, 4명에 불과하다고 했다. 1925년 당시 총 50명이 체류한다고 하는데, 독일이 40명, 영국이 6명, 오스트리아 3명, 스위스 2명 등이었다.[359] 이런 차이를 보인 이유는 역시 학비 문제였다. 필자가 머물던 당시 독일은 일면 다른 발칸의 유럽에 비해선 비할 바 없이 선진화되었으면서도 경제적으로 무척 어려운 처지였는데, 베를린만 보아도 "한 집 건너 걸인이 있다고 하며, 파운드가 폭등하고, 물가가 급상승하며, 1파운드에 160억 마르크에 달하는 등 극심한 인플레이션에 직면했다."고 전한다.[360] 그런데도 외국인 유학생들에게 학비를 면제하고 있었다.

독일에 도착하자 필자는 곧바로 하이델베르크 성을 올랐다.

> 이 옛 도시는 전일 팔쓰 선거후국의 수도다....(중략)...궁성이야 보잘것없다. 포탄의 참화를 당한 궁성은 처참할 뿐이다. 당시에는 엄청난 건축물이었고, 술창고에는 30만 병의 술통이 있었다고 하니, 그 술통 위에서 20여 명이 무도를 할 수 있었다고 한다. 당시 선거후는 이 술통에 술을 붓고는 가무를 갖추어 요일순월(堯日舜月)하였다.[361]

성을 둘러보면서 필자는 "앞뜰에는 풀이 그윽하고 큰 기둥 큰 대들보[高柱大樑]만 있을 뿐이니 전날의 임금 생활이 일장춘몽 아니고 무엇이리."라고 술회하였다. 술이나 마시고, 안일했고, 변화에 민감하지 못했던 선거후 시절과 자신이 살았던 조선왕조의 옛일이 서로 다르지 않았다고 생각한 듯하

---

359) 在英國 朴勝喆, 「倫敦求景」, 『개벽』(56), 1925년 2월 1일.

360) 朴勝喆, 「그림을 보는 듯 십흔 北歐의 風景」, 『開闢』(44), 1924년 2월 1일, 37쪽.

361) 獨逸에서 朴勝喆, 「南歐·빨칸 半島·其他 列國을 歷遊하고」, 『開闢』(52), 1924년 10월 1일, 87~88쪽.

다. 술창고 이야기를 통하여 그들의 유희가 결국은 각지의 상납과 수탈을 기반으로 한 것임을 되새겼다. 이는 선거후나 조선왕조가 결국은 동일한 루트를 통하여 허무한 오늘을 맞이할 수밖에 없었다는 사실을 말하려는 것이었다.

이와 관련하여 필자는 1923년 10월 16일 자신의 북유럽 여행에서 느낀 감상을 다음과 같이 정리하였다.

이번 여행으로 여비는 여기서 5개월이나 쓸 학비가 들었으나 견문의 가치로 말하면 이곳에서 5개월 지내는 것보다 나았다. 가장 북쪽으로 북위 61도까지 가보았으니 서울에 비하면 약 23도나 북쪽이다. 하지만 추위는 그리 심하지 않았다. 스웨덴, 덴마크, 노르웨이, 핀란드 등 4나라를 합해야 인구가 약 1,500만 명이다. 그러나 조선보다 적은 인구임에도 온갖 일을 우리보다 잘 처리하고 다른 많은 일에도 우리보다 백배 천배 나은 것을 보면 기가 막히고 한숨만 나온다. 우리도 저들을 따르기가 불가능한 것은 아니다, 장애가 있고 곤란이 있을 뿐이다.[362]

필자에게 오늘의 힘은 그들의 과거의 영광 이상으로 높은 평가 대상이었다. 실제로 런던 국립박물관에서 고려자기가 진열된 것을 보았지만 필자는 아무런 감정과 평가도 내지 않았다.[363] 그 상태로는 아무런 감흥이 없었던 것이다.

필자는 문화재보다도 왜 영국은 부강한가? 어떻게 그런 강국이 되었는가? 와 같은 현재진행형의 질문을 선호하였다. 영국뿐 아니라 모든 나라에서 그 나라를 판단하는 기준이 되었다. 유럽 여행을 결산하는 기행문에서도 그는 유럽의 패권국인 독일과 영국의 공업국이었고, 옛 패권국인 오스트리아는 공업국이었으나 제1차 대전으로 공업국에서 추락하면서 패권을 상실했다고 진단했다.

---

362) 朴勝喆, 「그림을 보는 듯 십혼 北歐의 風景」, 『開闢』(44), 1924년 2월 1일, 37쪽.
363) 在英國 朴勝喆, 「倫敦求景」, 『開闢』(56), 1925년 2월 1일, 66~67쪽.

유럽에서 공업국을 헤아려 보면 독일과 영국이다. 대전 이전에는 오스트리아도 준(準) 공업국이었으나 전후에 영토가 사분오열된 결과 유지되지 못하였다. 영국과 독일 이 두 공업국 외에는 거의 농업국이거나 상업국이다. 가령 스위스나 이탈리아가 농상업국이며 발칸반도 여러나라들이 일제히 농업국이며 큰 공장 하나 없이 순연히 지방에 의지하여 오곡을 심고 가축을 길러서 이것들로 생활의 방편을 삼는다.[364]

즉, 옛 문화재보다는 현재 문명을, 현재 문명 중에서도 공업 능력을 강대 국화 혹은 패권국화하는 가장 큰 열쇠라고 판단하고, 옛 찬란한 문명의 진정 한 계승자는 그러한 현재의 힘을 발휘하고 장악한 나라라는 사실을 분명히 각인하고자 하였다.

물론 변호사 허헌도 서구의 공업 능력에는 높은 찬탄을 한 적이 있다.

제일 경탄한 것은 다른 무엇보다도 기계공업이었다. 미국이나 독일 같은 데는 정말 놀랍다. 어쩌면 화학, 전력, 기계공업이 그렇게 발달하였는지. 그런 세계적인 기계공장 을 보고 경탄하지 않을 수 없다.[365]

이에 '공업 능력이 뛰어난 것은 물어 무엇하며, 비록 영국이 정치 외교로 세계에 인심을 잃었지만 정직하고, 친절한 국민성으로 그 부강을 이어간다.' 고 하여 부강함에 민도의 역할을 특별히 강조하기도 했다. 반대로 필자에게 는 이들 국가의 도시 시설이 오히려 그러한 문명 수준의 바로미터였다. "도 시 시설로 보아 독일을 따를 나라가 드물다. 영국을 제외하고 러시아나 스페 인이나 포르투갈 등 삼국도 독일에 따르지 못할 것이다."[366]라고 하여 독일 의 위상을 높이 평가하였다. 물론 베를린에서 거주한 경험 때문인지, 필자는 독일적인 것에 다양한 반응을 보였다. 뛰어난 공업국이지만 물가가 높고, 불

---

364) 朴勝喆,「希臘.土耳其.墺地利를 보던 實記」,『開闢』(53), 1924년 11월 1일, 57~58쪽.
365) 許憲,「東西 十二諸國을 보고와서」,『別乾坤』(7), 1927년 7월 1일, 44쪽.
366) 朴勝喆, 상동,『開闢』(53), 1924년 11월 1일, 58쪽.

친절하다는 것이었다. 그래도 유럽 사회를 보는 눈은 분명했다. 그것은 제국주의의 힘 아래 핍박받는 약소국의 현실을 동정하면서도 힘이야말로 가장 중요한 국가 유지의 동력이라는 인식이었다. 그러지 못한 나라는 농업국이나 상업국으로 국가적 동력이 부족한 부류로 취급될 뿐이었다.

○ 영국: 런던에는 있는 민주주의가 조선에는 없다.

① 영국인은 관대하다.

필자는 1927년 『별건곤』에 영국에서 조선인이 본받고 싶은 일들을 기고하였다.[367]

> 1. 보수적이지만 진취적 기상이 보이고 점진적이다.
> 2. 매사 질서정연하다.
> 3. 가정생활을 선호한다.
> 4. 외국인에 관대하다.

그러면서 특별히 '외국인에 관대(寬大)하다.'는 부분에 이렇게 설명하였다.

> 언제나 설움을 받는 사람은 동양인이다. 유럽에 가나 미주에 가나 동양인 하면, 열등한 사람인 줄 아는 이 천지에서 더구나 조선인이라면 더 심하다. 이렇게 도처에서 푸대접을 받다가 영국에 가면, 상상도 못할 것이 있다. 영국인은 황인종이나 흑인종이나 어떠한 인종에게도 표면에 나타나게는 천대를 하지 않고 관대하다. 구미로 다니는 동양인들에게 물어보면 역시 영국인의 관대에 감사를 한다. 독일인은 부모가 자녀에게 동양인을 보면 욕하라고 가르치다시피 하는데 영국인은 자녀가 동양인을 보고 '동양인이다.'라고 하면 그런 말을 못하게 한다. '동양인', '동양인'그러면 혹여 동양인이 무안해할까봐 그리한다고 한다.[368]

---

367) 朴勝喆, 「우리가 外國에서 보고 가장 驚嘆한 것, 새朝鮮 사람의 본밧고 십흔 일들, 英國에서 四大驚嘆」, 『別乾坤』(7), 1927년 7월 1일, 53쪽.

필자는 여기서 영국이 정치 경제적인 측면에서의 부강함을 넘어 생활과 정서, 철학 방면에서도 구라파 그 어느 나라보다 훌륭한 덕성을 가진 훌륭한 나라라는 사실을 강조한다. 영국이 사람에 관대한 것은 바로 실력이나 능력이 있어서 그런 것이고, 반대로 독일이 빡빡한 것은 경제적인 여유가 없어서 그렇다는 생각이었다. 이처럼 근대화된 서구 친화적 사고는 서구의 침략성을 맹목적으로 바로보게 하는 기회가 되고 있었다.

② 조선에 민주주의 운동이 없음을 한탄하다.

국회의원을 선출하지 않는 조선, 필자는 과연 영국의 국회의사당을 보고 무슨 생각을 하였을까.

수십 층 건물이 없는 런던에서 템즈강변에 하늘을 찌를 기세로 솟은 의사당 고탑은 세계를 굽어보며 만민의 고락을 쥐는 듯하다. 의사당에서 영제국을 만들었으며 6대주 5색 인종을 통치하나니, 그러므로 이 높은 탑에 국기가 날리는 날에는 모든 세계 위정자의 이목은 이곳으로 몰린다. 의사당은 비록 돌로 만들었지만 영국인에게는 황금으로 만든 듯할 것이며, 영국인의 자랑거리일 것이다.[369]

헝가리에서도 의사당을 보았으되 전혀 그 안에서 이뤄지는 민주주의의 가치나 민족적 결정에 대한 아무런 감상이 없었다. 하지만 런던에서는 영제국을 만들고 6대주를 호령한 영국식 의회주의의 '힘'에 주목하였다. 이는 역설적으로 조선에는 '만민의 고락을 쥔' 의사당이 왜 없는지에 대한 고뇌이자 일방적인 총독 정치에 대한 불평의 일단은 아닐까 한다.

필자는 이런 영국의 부강을 '박람회'라는 아이콘으로 설명하였다.

---

368) 朴勝喆, 상동, 『別乾坤』(7), 1927년 7월 1일, 54쪽.
369) 在英國 朴勝喆, 「倫敦求景」, 『開闢』(56), 1925년 2월 1일, 65쪽.

웸블리 박람회를 구경하니 이것이 영국의 국위를 말하는 것이며, 또한 세계의 축소형이다. 현대과학을 응용해서 내놓은 산품을 보이는 공업관과 기술력이 얼마나 좋은지 보이는 기계관. 이 두 가지가 박람회의 중심이다. 공업관에서는 거대한 기계를 사용해서 순식간에 수백 수천의 국수자루[麵包]를 만들고 일용품을 없는 것 없이 생산하는 것을 보여준다. 기계관에서는 기관에 장치한 대포는 물론 영국인의 생명이라 할 만한 조선술을 보여주거나 현대 생활에서 하루도 없으면 안 될 전기기계의 진보 및 그외 현대 교통기관인 자동차와 비행기 등이 진열되었다.[370]

필자는 선진국 영국에서 고급기술, 기계의 발전상을 확인하는 것으로 제국의 부강을 이해하려 했다. 도시에 있는 상가도 영국의 부강함을 보여주는 단서라고 했으며, 식민지에서 오는 그 많은 물건들이 영국인을 위하여 수입되고 소비된다고 했다.[371]

그럼 영국 식민지에 대해선 어떻게 생각하고 있을까.

출품관들을 보니 영국인은 자기네 일상생활에 식민지가 얼마나 필요한지 안다. 가령 식민지 중에서 가장 긴요한 황금과 목축업으로 해서 생기는 양모, 식료품 또는 각종 고급 목재를 가지고 오는 곳이 대양주(오세아니아)다. 만약 영국이 대양주를 잃는 날이면 영국은 쇠망하리라. 대양주뿐만 아니라 남아프리카도 중요한 곳임을 기억해야 한다.[372]

식민지는 식민지 모국이 필요로 하는 긴요한 물자를 제공하는 곳이라는 생각이다. 영국의 위대한 근대문명은 '식민지의 협력'이 필요한 것이고, 그런 상호주의가 식민모국과 식민지를 살찌우게 한다고 생각하였다. 그렇다면 조선도 일본으로부터 '소중한 식민지'로 여겨지고 있다는 판단일까. 어쩌면 당위적으로 일본본토와 조선도 영연방처럼 그래야 한다고 생각했을 것이, 검열 때문인지 직접적인 언급은 없었다.

---

370) 在英國 朴勝喆, 상동, 『開闢』(56), 1925년 2월 1일, 67쪽.
371) 在英國 朴勝喆, 상동, 『開闢』(56), 1925년 2월 1일, 68쪽.
372) 在英國 朴勝喆, 상동, 『開闢』(56), 1925년 2월 1일, 67~68쪽.

한편, 필자는 제1차대전 종전기념 행사장을 방문한 적이 있다. 이 행사는 연합국측에서 거행하는 것으로, 전사자를 추도하는 의미와 더불어 '산 자로서 승리를 축하하는 의미도 있다.'고 했다. 여기서 필자는 유독 무도회와 유흥이 많은 것에 놀랐고, 이른 아침부터 기념탑이 있는 의사당 근처에서 수십만 명이 운집한 모습에도 놀란 듯하다. 그러면서 나름 '유럽의 불안한 미래'에 대해서 깊은 우려를 표하고 있다.

> 내 옆에 서 있던 어떤 노부인은 목놓아 운다. 이 광경을 볼 적에 애처로웠고, 저들은 왜 전쟁을 하는지 생각해 보았다. 무서운 난관이 있는 듯하다. 저렇게 비통해하던 사람도 내일 당장 동원령이 떨어지면 다시 아버지나 남편이나 아들을 죽이고 상하게 할 것이다....(중략)...동양의 화근은 중국에 있고 서양의 동란은 발칸반도에서 일어난다. 지금 생기는 모든 현상을 가지고 생각하면, 속담에 5, 6월 더부살이 혼자 걱정하는 셈으로 세계는 점점 불안해 보인다.[373]

이미 1925년 『런던 타임즈』는 독일이 재무장할 것을 예측하고 조만간 새로운 전쟁이 발생할 것을 예측하였다. 그 근거로 필자는 세계가 다시 군비경쟁으로 나아가는 것을 꼽았다. 제1차 세계대전이 끝난 지 6년도 채 되지 않은 시점에 이곳을 여행하는 조선인의 눈에도 유럽은 지극히 전쟁 직전의 불안정한 정세가 보였다. 필자의 예측대로 1930년대 이후 유럽은 새로운 전쟁을 향해 달려가고 있었다.

(2) 전쟁의 참화에 모든 것이 파괴된 유럽을 만나다:
의학박사 김창세의 유럽 다크투어

① 영국인은 참으로 경제적이다.

김창세(金昌世)는 1926년 5월 9일에 영국 런던에 도착하였다. 그곳에서

---

373) 在英國 朴勝喆, 상동, 『開闢』(56), 1925년 2월 1일, 70쪽.

지내면서 필자는 영국과 영국사람은 참으로 '경제적'이라는 표현으로 그들을 묘사하고 있다.

> 싸우더라도 미국사람은 걸핏하면 권투를 하지만 영국사람은 입으로 잡아먹을 듯 다투면서도 손은 쓰지 않습니다. 런던에서는 모든 것이 경제적으로 이뤄졌습니다. 지하철도 하나만 보아도 굴이 좁고 차칸이 적으며 승강대를 겨우 사람 몇 줄 서게 만들어졌습니다. 그러나 차의 속도라던지 다른 서비스는 큰 것을 좋아하여 크게 만드는 미국보다 못한 것이 없습니다. 런던 시외로 가보면 한 치정도 땅이라도 허비하는 것이 없고 다 일구어서 곡식을 심거나 꽃을 심습니다.[374]

아마도 이런 생각이 든 것은 미국에 있다가 갑자기 좁은 유럽에 와서 각종 건물이나 시설의 공간배치를 보면서 협소하다고 느낀 결과라 할 수 있는데, 필자는 이것을 영국인이 '경제적' 다시 말해 알뜰한 성품이기 때문에 그렇다고 단정짓고 있다.

② 프랑스 판테온에서 전쟁이 준 비극을 생각하다.

김창세의 프랑스 여행은 유난히 제1차대전을 비롯한 옛 전쟁에서 죽어갔던 수많은 유럽인의 희생을 되돌아보는 그야말로 전쟁 다크투어였다. 프랑스에 오면서 필자의 첫마디가 도처에 여자나 아이들 혹은 노인들이 많다고 하여 수많은 젊은 남성들이 죽었다는 사실을 연상하게 한다. 지나가다가 만나는 외국 사람은 대체로 유태인, 폴란드인이라고 하였다.

> 가끔 젊은이를 만나면 그것은 프랑스사람이 아니요, 외국 사람(유대, 폴란드)이외다. 지나간 유로파 대전쟁에서 죽은 사람이 140만 명이요, 부상한 사람이 60만, 병신된 사람이 80만이라고 합니다.[375]

---

374) 김창세, 「생각과는 딴판인 영국의 사람과 말, 순자, 상인, 뽀이, 간호부, 런던, 디하철도, 상점, 야외, 유로파 遊覽感想 其一」, 『東光』(2), 1926년 6월 1일, 11쪽.

<그림 26> 프랑스 판테온 출처:
http://bonamin.tistory.com/11

필자에게 판테온이란 그런 프랑스의 다크한 역사를 웅변하는 곳이었다. 이곳을 방문한 필자는 여기에 안치된 무덤 중에서 특별하게 1914년에 죽은 사회주의자 장 조레스[Jean Jaurès](1859~1914)를 주목하였다.376) 그는 1904년에 『유마니테』를 창간하여 지속적으로 평화주의를 제창했으나, 제1차 세계대전 직전에 국수주의자에게 암살당했다. 『사회주의적 프랑스혁명사』의 저자로 유명하다. 판테온에서 장 조레스를 유독 떠올린 것도 참혹하게 파괴된 유럽의 비극을 보면서, 이를 막으려 애썼던 노력에 대한 경의의 일종이었다.

이처럼 필자는 피폐한 인간 삶의 고민을 휴먼 차원에서 이해하려는데 더 많은 시선을 할애하였다. 판테온의 장 조레스에서 전쟁을 막으려 했던 노력을 보았던 것처럼 개선문에서는 무명용사의 무덤을 통해 자식 읽은 늙은 할머니들의 아픔을 되새기려 했다.377)

이후 이창섭도 1926년경 판테옹을 방문하였다. 그는 판테온이 본래 사원에서 출발하여 프랑스혁명 시기에 위대한 시민의 유골을 매장하는 분묘로

375) 김창세,「『파리』와『베르사이으』 프랑스 구경, 유로바 遊覽感想 其二」, 『東光』(4), 1926년 8월 1일, 20쪽.

376) "판테온은 루이 15세가 초석을 놓은 집으로 프랑스의 명망가들의 무덤이 있습니다. 그 중 흥미를 끄는 것은 1914년에 전쟁 기분에 흥분된 군중에게 죽임을 당한 사회주의자 지인 죠레쓰의 무덤이외다."(김창세, 상동, 『東光』(4), 1926년 8월 1일, 22쪽).

377) "1810년에 이탈리 전쟁에 이긴 나폴레옹 황제가 그 승전을 기념하려고 큰 돈을 들여서 지은 개선문은 당시 대장들의 이름도 있지만 지금은 그보다 그 밑에 있는 무덤이 이목을 끕니다. 전쟁 때 죽은 무명 병정들의 무덤입니다."(김창세, 상동, 『東光』(4), 1926년 8월 1일, 22~23쪽).

되었다고 하였고, 마치 조선의 장충단(奬忠壇)과 유사하다고 비견하였다.[378] 이창섭은 1926년 7월 17일에 귀국하여 이듬해부터 열정적으로 민족운동에 참가하였고, 훗날 임전보국단의 일원으로 친일파가 되었다. 김창세가 주로 무명용사와 사회개혁의 조레스와 같은 인물을 주로 조명한 반면, 이창섭은 유난히 장충단, 애국 등의 관점에서 보고자 했다. 그것은 이후 격렬한 민족운동 참여하는데 일정한 역할을 한 것으로 보인다. 물론 임전보국단에서 과도한 애국주의를 주장한 것도 그런 성향과 관계한다고 본다.

한편, 김창세는 다른 여행객들이 베르사이유에서 루이 14세를 기리고, 아름다운 정원과 로코코 건물에 매료되는 것과 달리, 보불전쟁 이후 독일제국 건국식이 열린 의미와 제1차 세계대전 이후 평화조약이 체결된 점에 관심을 집중하였다.[379] 그 일환으로 제1차대전으로 폐허가 된 지역을 여행하기로 마음 먹었다.

필자는 베르사이유 인근에는 제1차 대전으로 '전멸된 촌이 길가에 수두룩하고, 수리가 미진한 채 무너진 가옥이 여기저기 남아있으며, 산의 나무는 죽어서 밑동만 까맣고, 아직도 풀 한 포기 나지 않는 곳이 있다.'고 전한다. 또한 파괴된 장갑차, 헬멧, 탄피 등이 그동안 청소를 많이 했을 법 한데도 아직도 여기저기서 부스러진 것, 헬멧이나 탄환 껍데기가 7년 동안 쓸어 낸 오늘에도 남아있더라는 것이다. 이는 김창세가 여행할 당시에도 여전히 제1차 대전으로 입은 피해가 복구되지 않은 어려운 사정이었음을 보여준다.

---

378) 李晶燮,「世界一週寫眞畵報(20), 巴里의 奬忠壇 팡테옹」,『東光』(33), 1932년 5월 1일, 44쪽.
379) "베르사이유를 갔습니다…(중략)…보불전쟁(1871) 끝에 프랑스가 알사스, 로렌을 잃는 조약에 도장찍고, 도이치 제국의 건국식을 행한 곳도 바로 이 자리요. 대전쟁 뒤에 도이치가 연합군의 가혹한 평화조약에 도장을 찍은 곳도 바로 이 칸이다."(김창세, 상동,『東光』(4), 1926년 8월 1일, 25쪽.)

③ 네델란드와 덴마크: 친절하고 예절이 있는 좋은 나라

필자가 네델란드에서 가장 먼저 도착한 곳은 헤이그였고, 대한제국 시기 고종의 밀사 이준에 대한 이야기를 하고 싶었을런지도 모른다. 하지만 헤이그의 아름답고, 깨끗한 풍광에 대한 설명만 내놓을 뿐, 정작 헤이그 밀사 사건에 대해선 '한국 밀사가 분사한 곳'이라고 간단히 정리하고 말았다. 단지 동함이 많았다는 말로 아쉬움을 대신했다.[380]

한편, 필자는 또한 네델란드 사람은 "무척 친절하여 외국인이라고 둘러싸고 보거나 손가락질 하는 법이 없다."고 했다. 여성들의 활약이 많은 곳이기도 하다고 했는데, 이곳 여성은 나름의 역할이 많고, 장유유서(長幼有序)와 같은 쓸데없는 도덕, 윤리보다 서로 평등하며 차별하지 않고, 노인들도 각자 자기 역할을 한다는 것이다. 다른 나라에 비해 후한 예절과 인심에 크게 감동을 받은 듯하다.

네델란드와 마찬가지로 덴마크라는 곳도 (A)처럼 예절있고, 친절하고, 인심이 후하다는 평가에 입이 마른다.

(A) 코펜하겐! 덴마크라는 흥미로운 조그만 나라의 조그만 서울! 나에게 가장 좋은 인상을 준 「코펜하겐」은 예절 있고 친절하고 인심 후한 곳[381]

(B) 남녀노소 이상한 물건이 왔다고 따라다니는 일은 절대 없고, 눈으로 힐끗힐끗 보거나 뚫어지게 보는 일도 없으니 그들의 예절을 알 수 있습니다. 기차에서 내려 길을 물으니 60이나 되어 뵈는 노인이 경례하더니 의료원까지 데려가 줍니다.[382]

(C) 병원 뜰에 나서면 수백 명의 환자가 누워있으나 그들도 이상한 동양 사람을 호기심어린 눈으로 보는 일이 없습니다. 거기서 며칠 묵어서 떠나려고 하니 의사와 간호부

---

380) 김창세, 상동, 『東光』(5) 1926년 9월 1일, 24쪽.)
381) 金昌世, 「덴막을 지나 덕국으로, 歐羅巴遊覽記中에서」, 『東光』(6), 1926년 10월 1일, 32쪽.
382) 金昌世, 상동, 『東光』(6), 1926년 10월 1일, 32~33쪽.

들이 차에서 먹으라고 점심을 싸서 억지로 맡기는 것이 고국의 인심과 같다고 하였고 또 다들 정거장에 나와 전송하는 것이 서양 같지 않고 동양처럼 후한 감상을 줍다.[383]

그러면서 (B)처럼 의료원에서 보듯이 서로를 간섭하지 않고, 기차 공무원들도 고객을 대하는 예절이 뛰어나며, 노인들도 나름의 자기 역할을 잘 수행하고 있다는 평가이다. 즉, 서구적인 합리주의를 직접 목격하고 경탄하는 장면이다. (C)에서는 동양인이라고 차별하지 않으며, 점심까지 가져다 주는 훌륭한 배려와 후한 인심에 감격하고 있다. 즉, 필자의 시선에는 서구의 번영에 깔린 제국주의적인 힘의 역학(공업력, 군사력)에 대한 인지력에 더하여 그런 번영을 이끈 서구적 합리주의나 관용, 후의, 박애 등에 대해서도 관심이 컸다.

문제는 그러한 것이 국민성이나 서구적인 것으로 볼 뿐 자본주의적인 훈련과정에서 생성된 '근대적 예절체계'라는 데까지 이해가 나아가지 못했다. 즉, 서구적인 것에 대한 감동은 있으나 그러한 도덕이 출현하게 한 역사적 사회적 조건에 대한 탐구는 무척 제한적이라는 것이다. 그러니 그러한 서구에 대한 호의(好意)는 필요에 따라 언제나 적의(敵意)로 바뀌기 쉬웠다. 이는 조선인들의 서구적인 것에 대한 이해가 아직은 계몽이나 홍보에 많이 기대고 있다는 의미이기도 하다.

④ 독일 투어: 다시 웅비하는 독일을 목격하다.

네델란드와 덴마크는 외국인 차별이 없었지만 독일에서는 거리에만 나가면 "「얍시」(일본사람)"라고 하면서 아이들이 따라붙었다. 그러면서 필자는 실로 베를린에서 동양인에 대한 멸시가 가장 심하다고 전했다. 그 이유로 "전쟁 후에 동양 사람이 돈을 흔히 쓰고 뽐내고 다니다가 마르크가 올라가서 그러지 못하게 된 것"에서 원인을 찾고 있다. 하지만 자세히 보면, 일본이 연

---

383) 金昌世, 상동, 『東光』(6), 1926년 10월 1일, 33쪽.

합군의 일원이 되어 전승국이 되고 산둥반도 등 독일의 이권을 많이 빼앗아 간 것에 대한 불만도 포함된 듯하다.

홍미로운 것은 필자가 독일과 프랑스의 현재를 보기에, '전승국인 프랑스는 파괴되고 헐벗은 상황인데, 오히려 패전국인 독일은 더 부유하여 독일이 전승한 것 같다.'고 한 대목이다.[384] 필자가 여행할 당시는 전쟁 후 7년 정도 지났을 뿐인데, 독일이 다시 힘차게 부흥하는 모습을 본 듯하다.

(3) 고난의 역사를 안은 아일랜드는 불사조이다:
변호사 허헌의 아일랜드 다크투어

① 역사가 남긴 상흔은 아직도 아일랜드를 아프게 한다.

변호사 허헌은 1926년 6월 9일 요코하마를 떠나서 미국여행을 마치고 1927년 초 아일랜드에 도착하였다. 이어서, 영국, 네델란드를 거처 벨기에서 약소민족회의를 참관하고 프랑스, 스위스, 오스트리아, 독일, 폴란드, 러시아등지에서 약 50일 동안 여행하였다. 그리고 마침내 1927년 5월 10일에 조선에 도착하였다. 총 12개국 여비는 약 12,000원(6천 달러) 정도 사용했다고 한다.[385]

<그림 27> 1929년경의 허헌

필자의 기행담을 보면 미국여행에서는 무척 활기차고, 화려하고, 멋지고, 행복했던 기억, 조선인들의 부유한 삶을 확인하면서 오는 즐거움을 한껏 느꼈지만 유럽에서는 정반대로 그야말로 다크한 감상이 절로 나올 정도였다.

---

384) "「뻘린」 사람들은 「파리」 사람들보다도 다 부대하고 기름진 것이 도저히 전쟁이 패한 긔운이 업고 비교하자면 도리어 파리가 전패하고 「뻘린」인 전승한 것 갓슴니다." (金昌世, 상동, 『東光』(6), 1926년 10월 1일, 33쪽.)
385) 許憲, 「東西 十二諸國을 보고와서 『別乾坤』(7), 1927년 7월 1일, 44쪽.

6월 22일 남부 아일랜드(愛蘭)의 유명한 항구 퀸스타운에 도착하였다. 태평양을 건널 때 그 배 사무장이 저기는 '몇 년 전 다다넬호 기선이 빙산에 부딪쳐서 침몰한 곳'이며, '영·불 연합함대가 제1차 세계대전 때 독일 잠수함 때문에 격침된 곳'이라 설명하니 실로 소름이 끼쳤다. 아무 근심 없이 양양이 흐르는 바다에서 온갖 두려운 비극이 일어났다고 생각하니, 우리 배가 지금 지나가는 이 바다 밑에 수많은 생령(生靈)들이 아직 통곡할 것이라 보여 머리가 서늘해진다.[386]

1920년대 말인데도 조선인의 눈에는 여전히 남아있는 제1차 세계대전으로 피폐해진 유럽에 대한 연민이나 파괴의 감상이 짙게 드리워져 있었다. 그래선지 열심히 전쟁의 상흔과 싸우는 유럽 각지의 현장을 증언하려고 했다. 앞서 박승철, 김창세 등도 그런 전하려고 한 바 있었다. 아마도 조선인 여행자들 사이에는 원인은 달라도 유럽이나 조선이나 참 한심한 현실이라는 동병상련의 정서가 있었던 것같다.

아일랜드에서는 제1차 세계대전의 상흔과 더불어 영국의 식민지 지배에 따른 고난을 설명하는데 많은 지면을 할애하였다. 두 개의 압박 속에서 신음하는 신생자치국 아일랜드의 현실을 예의 간파하려 했던 것이다.

내가 지금 도착한 퀸스타운항으로 말하면 속칭 황후촌(皇后村)이라 하여 얼마 전까지도 찬연하고 훌륭한 도시였다. 그런데 수백년 이래 영국령이 되어 끊임없이 일어나는 전쟁 때문에 말할 수 없이 황폐해졌다. 곳곳에 총탄 세례를 받은 건물과 파손된 도로는 처참한 느낌을 갖게 한다....(중략)...민가의 건물 중에 미국에서 보던 멋진 그런 것은 하나도 없다. 대단한 참상이라는 말은 이를 이름이다. 그래도 요즈음 자유국이 되어 신정부 손으로 부흥사업이 크게 일어난다. 길가마다 새 가로수가 식재되고 또한 시구개정(市區改正)도 이뤄지며, 오가는 아일래드인의 얼굴에도 희망과 정열의 빛이 떠오른다. 나는 이 모양을 보고 먼지속에서 날개를 털고 일어나는 불사조를 생각하였다. 아일랜드와 아일랜드 민족을 보고 죽지 않은 새를 연상하는 것은 어쩐지 옳은 것 같다.[387]

---

386) 許憲, 「世界一週紀行(第三信), 復活하는 愛蘭과 英吉利의 姿態」, 『三千里』(3), 1929년 11월 13일, 15쪽.

자유국 단계에 머물러 있는 아일랜드지만 신정부에 의해서 부흥 노력이 이어지고, 꿋꿋하게 재건되어 가는 데 깊은 '동지(同志) 의식'을 보여주는 내용이다. 필자의 마음을 한번 들여다보면, 자유국이라도 되니 저렇게 부흥 노력이 이어지는데, 완전한 식민지 조선의 현실은 얼마나 암담한 것인가를 역설적으로 표현한 듯하다. 또한 아일랜드 민족을 보고 죽지 않은 새를 연상한 것은 실은 조선 민족도 '죽지 않는 민족'임을 말하려는 의도를 담은 것은 아닐까. 맥스웨이니와 최익현의 단식을 소개한 것 또한 양 지역의 현실이 무척 닮아 있음을 보여주기 위한 장치로 보인다.

한 달 전쯤 영국에 수감되어 있던 맥스웨이니라는 어느 아일랜드 시장이 영국의 불의(不義)에 맞서 단식하다가 끝내 죽었다. 14년 전 일본인에 의해 쓰시마섬에 유배되었던 최익현이라는 저명한 유학자가...(중략)...단식하다가 죽었다. 아일랜드인이 조선인을 모방한 것인가. 영국이 일본을 모방한 것인가.[388]

당대 친일파 윤치호조차도 영국과 아일랜드와의 관계를 일본과 조선의 관계와 등치시켜서 설명할 정도였다. 그만큼 친일 인사조차도 일본인이 민족적으로 차별하는 것에는 깊은 실망을 느끼고, 이에 대한 적극적인 대응을 작심하던 시절이었다. 아무리 일제강점기라도 친일민족주의자든 항일민족운동가든 적어도 민족차별에 대해선 그 어떤 명분으로도 대단히 혐오하는 점에는 공통점이 있었다.

② 킹스타운에서 인천항을 생각하다.
이윽고 필자는 북아일랜드에 있는 킹스타운(황제촌)항구를 방문하였다. 아일랜드 자유국을 떠받치는 경제적인 힘에 대한 기대감을 표하는 대목이

---

387) 許憲, 상동, 『三千里』(3), 1929년 11월 13일, 15쪽.
388) 『윤치호 일기』, 1920년 11월 30일 화요일, 203쪽.

다. 킹스타운과 퀸스타운 등 두 개의 항구가 양쪽에서 아일랜드의 문명과 경제를 지탱한다는 것인데, 마치 조선의 인천항과 같은 역할이라고 보았다.[389] 그냥 단순한 비교가 아니라 아일랜드의 부흥과 조선의 발전 방향이 크게 다르지 않다는 점을 보여주려는 대목으로 여겨진다.

조선도 식민지 모국이 섬나라로 인접해 있고, 아일랜드도 그러하며, 지속적으로 영국인의 동화정책에 신음하고 있었다는 동질성에 주목하고 있는 듯하다. 필자는 이처럼 기행문 내내 아일랜드의 현 모습을 통하여 조선의 미래를 보고 싶어 했다. 예를 들어 필자는 자신이 미국 여행 중 아일랜드가 자유국이라는 지위라도 있기로 당당히 영국영사관을 대신해서 자신의 영사관에서 조선인인 자신의 민원을 해결해주고 있다고 감동해 한 것이 그 단적인 사례이다.[390]

> 뉴욕에는 영국 총영사관 외에 당당한 아일랜드 총영사관이 있어서 아일랜드인에 대한 것은 전부 그곳에서 처리하고 있는데 자유국이 된 뒤 영국 외교관들도 아일랜드의

---

389) "이곳은 北部愛蘭의 名港□요 또 종전의 황후촌이라는 것이 南部 아일랜드에 있는 항구로 되어 이 두 항구가 장구 모양으로 양쪽에 벌려져 있으면서 愛蘭自由國의 文明과 온갖 국가경제를 대부분 呑吐한다 하더이다. 여기서 기차로 愛蘭 서울인 「떠부린」市를 바로 들어갈 터이니 겨우 차로 40분만 가면 된다고 하니 마치 우리 서울과 인천항의 관계와 흡사하다 할 것이다."(許憲, 상동, 『三千里』(3), 1929년 11월 13일, 16쪽.)

390) 그런데 나는 이번 世界一週 旅行에 愛蘭에 몹시 置重하였스니만치 美國잇슬 때에 벌서 愛蘭旅行의 만흔 便宜를 가졌으니 卽 내가 아메리카 「픽스킬」 피서지에서 어학공부를 하고 있을 때 수십만 재미 아일랜드인을 거느리고 있으면서 신펜黨 뉴욕주 총지부장으로 있는 M博士를 가까이 알게 되어 氏로부터 「떼벨라」氏에게 친절하게 소개하는 장문의 편지를 지녔었고 또 뉴욕에 이르러 「빗세이」 즉 여행권의 사증을 얻으려고 愛蘭總領事舘에 가서 總領事를 만났을 때에도 벌써 내 말을 들었었던 것인지 기다리고 있었던 것처럼 愛蘭事情을 속속드리 잘 說明해 주며 그 외에 愛蘭政界의 여러 名士에게 紹介해주는 글발을 하여 주어서 또한 지내게 되었으니 이것은 愛蘭에 처음 여행하는 나에게는 實로 큰 所獲이 아니라 할 수 없었나이다.(許憲, 상동, 『三千里』(3), 1929년 11월 13일, 16쪽).

외교에 대해 손가락 하나 간섭하지 않고 있다. 아일랜드는 실로 자유롭다. 지배를 벗어나 이제는 명실상부 독립되어 있었다.[391)

아직은 완전 독립은 아니지만 명실상부하게 자유로운 상태에 있다는 점에 무척 부러움이 넘친다. 자칫 조선자치론자에 힘을 싣는 발언이 될 수도 있더라도 아일랜드 자유국이 주는 자유라도 갈구하던 당시 조선인 지식인의 목마름이 절절히 드러난다.

아일랜드 수도 더블린에서 상원을 방문했는데, 때마침 거기서는 영국군의 중국 출병에 대한 아일랜드의 지원 문제를 논의하고 있었다. 당시 중국에는 난징사건, 제남사변 등 일본군이 침략 중이었고, 영국도 출병하려는 상황이었다. 이에 아일랜드 상원은 중국 파견되는 영국 육전대 수천 명에 대한 군량과 군함 등을 지원할 것인지 논의하였다. 그런데 이 자리서 아일랜드 의회는 군사비 지출을 거부하였다.[392) 거부 이유는 중국에는 현재 아일랜드 국민이 7명 밖에 없기에 무용한 지출이라는 것이었다. 필자는 자신이 영국의 중국 출병에 대해 어떻게 생각하는지 기행문에다 쓰지 않았다. 아마도 총독부의 검열을 걱정한 이유로 보이는데, 여기서 주목되는 것은 필자가 일본군의 중국 침략에 대해서 열강들이 좌시하지 않는다는 현장 소식을 전하려 한 것은 분명해 보인다.

나는 상·하 의원들과 회담할 기회가 있을 때 그분들이 '중국 사람이냐?'라고 묻길래 솔직하게 '중국인이 아니다. 조선인으로 조선은 중국과 순치의 관계에 있다.'고 하였더니 '그런가!'하며 기뻐하면서 지금 아일랜드는 신흥하는 중이며 중국에 기대와 원조를 아끼지 않겠다고 이야기했다.[393)

391) 許憲, 상동, 『三千里』(3), 1929년 11월 13일, 16쪽.
392) 許憲, 상동, 『三千里』(3), 1929년 11월 13일, 17쪽.
393) 許憲, 상동, 『三千里』(3), 1929년 11월 13일, 18쪽.

필자는 이런 해프닝 속에서도 조심스럽게 '중국과 조선은 순치(脣齒)의 관계' 즉, 입술과 이의 관계라고 하면서 서로 깊은 우호관계였다는 사실을 말했다. 이 말은 일본의 중국 침략에 대해서 '중국과 조선은 공동의 피해자'라는 입장을 드러내려는 의도라 여긴다. 대단히 민감한 문제였으나 아주 간결하게 총독부의 검열을 넘길 수 있는 참으로 묘한 '절충의 필력(筆力)'이었다. 다시 말해 중국과 조선은 순치(脣齒) 관계라는 말로 일본인을 자극하지 않고도 조선해방의 필요성을 간접적으로 피력한 셈이다.

(4) 친일파 인도인 타고르가 밉다:
고고학자 도유호의 프랑크푸르트 다크투어

① 프랑크푸르트(佛郎府)에 나타난 타고르, 개똥철학만 말하는구나.

이 기행문은 도유호[394]가 독일의 프랑크푸르트에 있을 때의 경험이다. 당시 인도 시성(詩聖) 타고르[395]가 거기서 강연을 했는데, 필자는 '거의 죽어가

---

394) 도유호(1905~1882?)는 함경남도 함흥 출신으로 그는 함흥 영생학교, 휘문고등보통학교, 경성(京城)고등상업학교를 졸업한 다음 중국의 연경(燕京)대학을 중퇴하고 독일 프랑크푸르트대학을 거쳐 1935년 6월 28일 오스트리아 비엔나 대학에서 "문화적 관련성으로 본 조선사의 문제"라는 논문으로 철학박사 학위를 받았다. 학위를 받은 후에는 비엔나 학파에서 추구하였던 문화사적 방법론에 대해 공부하였고, 1935년부터 선사학연구소에 관여했는데, 식민지 상황의 조국이 처한 현실적인 민족문제의 근본적인 탐구를 위한 것이었다.(전경수(2018.6), 「식민지 지식인에 대한 제국일본의 감시와 착취, 都宥浩의 경우」, 『근대서지』 제17호, 근대서지학회, 478쪽) 해방 이후 한국 최초의 고고학 개론서인 『조선 원시 고고학』을 저술하였고, 1940년대 후반부터 1960년대 중반까지 북한 고고학을 주도적으로 이끌었다.

395) 라빈드라나트 타고르(1861년 5월 7일 ~ 1941년 8월 7일)은 인도의 시인 겸 철학자이다. 인도 콜카타에서 출생하여 영국 런던대학교 유니버시티칼리지런던(Universiy Collge London: UCL)에 유학하여, 법학과 문학을 전공하였다. 1913년 아시아에서 처음으로 노벨 문학상을 수상했다. 방글라데시의 국가와 인도의 국가를 작사·작곡하였으며, 그가 시를 짓고 직접 곡까지 붙인 노래들은 로빈드로 송기트(Rabindra Sangit)라고 하여 방글라데시와 인도 서벵골주를 아우르는 벵골어권

는 목소리로 뭐라고 하는데, 3마르크짜리 좌석에 있는 나로선 참으로 알아듣기 어려웠다.'고 하면서 자세히 들고 보니 '자기 저서 『생의 실현』을 다시 읽은 것 이상도 이하도 아니다.'라고 혹평하였다.

<그림 28> 도유호 박사 출전: https://blog.naver.com/dhwhdgjs1 1/80201499379

'우주 조화의 표현인 예술'을 곱씹어 운운합니다. 청중은 이게 별 소식이라고 손뼉을 칩니다. 남들이 흥이 나서 야단이면 나도 까닭 없이 흥이 나서 손뼉을 쳤습니다. 치고 나니 싱겁기도 하였습니다.396)

관념적이고, 초현실적 사고를 역겨워하던 20대 초반의 도유호 모습이었다. 필자는 타고르의 강연을 들어봐도 도통 타고르가 시성이라고 추앙받고, 위인으로 대접받는 이유 그리고 그를 보려고 여관이 인산인해를 이루는 이유를 알 수 없었다. 너무나 재미없는 강연도 그렇고, 타고르의 철학은 '거룩한 말씀'이지만 "그야말로 유한계급 철학"일뿐인데, 당대 위인이라는 소문에 즉자적으로 반응하여 너나없이 이유 없이 추종하는 그런 부화뇌동에 답답해 하였다.

타고르가 숙박하는 프랑크푸르트 여관에는 당분간 1박에 20마르크 이하 객실이 없다고 합니다. 위인이 자는 집에서 자면 위인은 못 되더라도 위인 흉내나 내보게 되리라고 군색하지 않은 마나님네 서방님네는 까닭 없이 이 집으로 드나듭니다. 위인이 하시는 말씀은 모두 그럴 듯 합니다. 위인이 하는 일은 모두 훌륭합니다. 위인의 목소리는 가장 거룩합니다. 위인의 방귀는 남 달리 고소합니다. 위인 아니 성인(聖人) 타고르는 가장 거룩한 말씀을 하십니다. 그의 마음이 놓인 곳은 보통사람[凡人]의 발을 옮겨놓기에는 너무나 깨끗합니다. 이런 거룩한 곳에 노니는 성인의 입에 새어 나오는 소리니 거룩하

에서 지금도 널리 불리고 있다. 그는 간디 '마하트마(위대한 영혼)'라는 이름을 지어 주었다.(위키백과).

396) 都有浩, 「苦憫의 獨逸에서, 타고翁의 訪獨」, 『東光』(21), 1931년 5월 1일, 50쪽.

기야 두말할 것 있습니까.[397]

필자는 타고르가 "우주조화의 표현이 예술이라고 하는 엉터리 말씀을 나 같은 무식쟁이[無學輩]로선 엉터리로밖에 안 들리지만 엉터리도 성인의 입에서 나온 엉터리라서 냄새가 다른 것이 당연하다."고 하는가 하면 "엉터리를 교묘하게 구운 것(진짜인양 만드는 것)은 결국 예술가의 장난"이라면서 타고르의 논리는 엉터리이고, 실체적인 미에 접근하는데 오히려 방해된다고 하였다. 그러면서 '미(美)란 결국 실체를 실체대로 인식하려는 순간 미의 존재는 파괴된다는 것, 다시 말해, 미의 이해는 일률적일 수 없고, 거룩한 것일 수 없다.'고 하였다.

고고학을 전공한 필자는 실재로서 확인 가능한 진실에 더 큰 관심이 있었고, 그러다 보니 보이지 않은 세계에 대해선 무척 냉소적일 수밖에 없었다. 정묘한 예술적 가치로 직접 사물의 현실을 이해하는데 활용할 때는 오히려 큰 착오가 발생할 수 있다는 사실을 통하여 타고르의 관념 철학을 비판하고 있었다.

> 이 천재라는 나래로 날아다니는 자(즉, 타고르)는 예술이란 분야에서는 가장 대중의 시선을 받습니다. 가장 대중성[포퓰래리티]이 있습니다. 그러나 거친 무학쟁이인 저는 예술상 능력은 인류 능력 중에서 가장 원시적 능력이라고 생각합니다. 예술은 인류의 가장 정화(精華)된 정신 활동입니다. 그러나 예술을 통한 사물의 이해는 가장 정밀하지 못합니다. 얼떨떨하게 어느 실체에 근사한 것을 만들어 그 실체에 접근하려는 것입니다. 정신 활동의 발전코스에서 역사적 고찰을 시험할 때 우리가 보는 인류의 능력은 이 얼떨떨한 이해에서 좀 더 정확한 이해로 옮긴다는 것입니다.[398]

이상은 예술의 정신 활동에 대한 필자의 역사학적 혹은 진화론적 이해의 일

---

397) 都宥浩, 상동, 『東光』(21), 1931년 5월 1일, 51쪽.
398) 都宥浩, 상동, 『東光』(21), 1931년 5월 1일, 52쪽.

단이었다. 실제로 필자의 학문이 언제부터 사회주의적 성향으로 변했는지는 논쟁의 여지가 있고, 일부에서는 월북 이전까지는 그렇지 않았다고 한다. 하지만 이미 이 시점에도 적극 진화론적인 예술관을 드러낸 것은 사실인 듯하다.[399)

어쨌든 필자는 예술적인 정신 활동은 유인원들에게도 존재하는 만큼 인류 이전부터 전승된 것이라고 하고, 유인원도 인류만큼 예술혼이 있다고 말했다. 그러므로 예술적 견지를 그대로 사물에 투영한다는 것 다시 말해 "예술가의 요술은 인간의 치밀한 정신 능력을 진전(進展)의 앞자리에서 뒷자리로 밀어서 원시상태에 돌리는 막걸리 대접을 하는 셈"이라고 지적하였다.[400) 이 말은 인간의 발전을 원시(原始)로 회귀시키는 예술가들의 요술에 취하면 그때는 대단히 뭐라도 나올 것 같고 생길 것 같지만 그 요술에서 깨고 나면, 숙취만 남는다는 말이었다.

② 독일인이 말하는 독일인에 대한 불만

필자는 독일인 자체에 대한 불만과 자부심을 잘 드러내는 어느 청년(치과 의료용 기계제조회사의 사무원)을 만났다. 거기서 독일에 대해서 많은 깨우침을 얻은 듯하다. 그 청년이 첫 번째로 지적한 독일인의 단점이 바로 '자기 나라도 좋은 것이 많은데, 유난히 외제 물품 특히 미국산 물품에 정신없이 몰두한다.'는 것이었다.[401) 특히 자신이 몸 담고 있는 치과용 기구만 보더라도

---

399) 도유호가 학문적인 사회주의 성향을 드러낸 시점에 관해서는 전경수(2018.6), 「식민지 지식인에 대한 제국일본의 감시와 착취, 都宥浩의 경우」, 『근대서지』 (17), 근대서지학회, 476쪽 참조.

400) "그런데 이 요술이 능한 자는 天才의 나래를 달게 됩니다. 詩聖 타고-의 권하는 『막걸리』에 醉한 나의 精神能力도 그런고로 天才의 나래를 달고 날아다니는 그를 처다보고 놀라기를 마지 아니 하였습니다. 술이 깬 뒤에 생각하면 싱겁기 끝이 없습니다. 그러나 이 막걸리를 안 마시고는 목이 말라서 못 견딥니다. 엉터리인 줄 알면서도 엉터리에 혹하는 나의 짓도 이러고 보니 無理는 아닙니다. 하고 보니 엉터리도 묘하게 구을리면 天才가 됩니다."(都宥浩, 상동, 『東光』(21), 1931년 5월 1일, 52쪽.)

264 제국을 향한 미몽, 근대 조선인의 해외 투어와 열망의 파레시아

독일제가 좋으나 금방 저렴한 일본 제품이나 미국 제품을 선호한다고 하면서 독일인의 입장에서 보아도 무척 애국심이 빈약하다고 했다. 이 말에서 필자는 독일이 처한 가장 큰 문제는 미국식 문화가 지배하는 것이라고 거들었다.

> 독일제 마크가 상품시장에서 행세하던 시대는 지나갔습니다. 지금은 미국제 마크의 코웃음 소리가 이 구석 저 구석에서 들립니다. 그뿐 아니라 미국인 투자가 독일에는 거대하다고 합니다. 미국제 마크는 안 붙더라도 독일제 마크 밑에서 행세하는 미국상품이 또 수없이 있습니다. 미국 세력은 상품시장에만 한한 것이 아니옵니다. 남는 것 없이 헛웃음만으로 어벙벙하게 문질러 버리는 미국식 유머가 독일에 성행합니다. 행복한 대단원에 앉은 채 침 흘리는 미국식 영화는 민중이 가장 즐겨합니다.[402]

이 말은 필자가 독일 유학 시절부터 이미 반(反)자본주의, 반미(反美)적인 사회주의 인식을 견지한 것을 보여준다. 미국식 자본주의가 전통의 유럽을 강하게 지배하는 현실을 심각하게 우려하고 있었다. 필자는 독일인이 '미국식' 혹은 '미제(美製)'에 몰두하는 이유를 제1차 세계대전과 연관지어 설명하려고 하였다. 즉, 패전 이후 어마어마한 인플레 속에서 우중충하고 음울한 기운이 이렇게 미국식 문화 혹은 미제 상품에 탐닉하게 만들었다는 것이다. 그러면서 '요부난(妖婦難)'을 이야기하였다.

> 대전의 참극을 겪은 독일사람들, 인플레이션에 혼 줄이 난 독일사람들은 음울하고 침침한 기분일랑 반사적으로 피하려 듭니다. 영화계에 한 가지 또 이채를 띠고 있는 것은 미국 정탐소설을 독일화한 발성사진입니다. 그밖에 비극적 결말을 내용으로 한 사진 중에는 『에밀, 야닝』식의 요부난을 재료로 한 것이 많습니다....(중략)...그 뒤로 비극이란 거의 이런 요부난을 재료로 하였습니다....(중략)...독일 사람들이 미국식 해피엔딩의 영화를 즐겨 하는 것은 전후의 불가피한 추세일 뿐 아니라 그것이 영화본질 상 가장 정당한 것이 아닌가 합니다.[403]

---

401) 都宥浩, 상동, 『東光』(21), 1931년 5월 1일, 52쪽.
402) 都宥浩, 상동, 『東光』(21), 1931년 5월 1일, 53쪽.

필자는 이처럼 요부난의 영화가 증가한 것은 여성 인텔리겐차가 증가한 것과 같은 이른바 과도기적 사회변화상을 보여주는 것과 관련이 있다고 생각했다. 영화 중에는 노농 러시아의 선전극 예를 들어 『청표급행(青標急行, Der hlaue Express)』이라든가, 중국 무산자에 관련한 것이 많았는데, 이 또한 '오락'이자 '심신 위안의 수단'이라고 진단하였다.

③ 독일 사회민주당의 참담한 현실, 이래서 노동자계급의 해방이 가능할까?

필자는 독일에서 유난히 많은 탄광 사고에 관심을 보였다. 보통의 사회주의자 같았다면 이러한 탄광 사고는 인재(人災)로 보고, 자본가의 욕심이 지나치거나 국가주의적인 목표에 강요받은 결과, 안전장치가 미흡했고, 이윤 동기로 인해서 노동자 보호가 제대로 이뤄지지 않았다는 논조로 설명했을 것이다. 하지만 필자는 그렇게 설명하지 않았다.

> 금년 독일에는 끔찍한 탄갱 참사가 세 번이나 있었다. 첫째는 하우스도르프, 둘째는 알쓰도르프, 셋째는 마이바흐에서 참극이 일어났는데, 마이바흐 참사는 알쓰도르프에서 참사가 일어난 지 불과 2~3일 후에 생겼다. <u>하우스도르프 탄광 참사는 그야말로 사나운 자연의 장난이었다.</u>...(중략)...그것이 이번 석탄광을 뚫고 있던 인간의 힘이 부치자 독기는 사납게 터져 나왔다. 깊은 땅속에 들어가서 개미 모양으로 아물거리며 이리 찍고 저리 찍고 하던 수백명의 광부들은 한꺼번에 독살당하였다(밑줄은 필자).[404]

즉, 필자는 이런 탄광의 붕괴를 자본가 탐욕의 결과로 보지 않고, 오히려 '자연의 장난'이라 평가하고 있다. 이는 아직 필자가 사회주의 인식에 완전히 빠져들지 않은 사정을 보여준다. 이런 기조는 당시 독일의 대규모 실업 사태를 보는 시선에서도 등장한다. 당시 필자는 지인인 롬멜이 실업하게 된 전모

---

403) 都宥浩, 상동, 『東光』(21), 1931년 5월 1일, 53~54쪽.
404) 都宥浩, 상동, 『東光』(21), 1931년 5월 1일, 54쪽.

를 들을 기회가 있었다.

　　롬멜이 다니는 아들러 자전거 공장에서는 그 외 200여 명의 직공에게 실업(失業)선고(정리해고)를 내렸다. 그중 23년간 근무한 분도 있다. 실업이 시작되는 날짜는 앞으로 일주일 후. 23년간 근무한 분도 일주일 후면 아들러에 출입하지 못한다. 또 한 가지는 이 23년간 근무한 분도 퇴직위로금을 한 푼도 못 받는다는 것. 퇴직이라니 말이 좀 점잖다. 직공 퇴직은 퇴직도 못된 퇴직금 여부야 말할 것 있을까….(중략)…전에는 실업 후 보험금 지불 기한이 1년이더니 지금은 6개월로 축소되었다. 나날이 늘어가는 실업군을 이루다 어찌할 도리가 없는 까닭이다. 이번 실업 통보를 받고 롬멜은 1주일 후부터 실업보험국으로 이틀에 한 번씩 부름을 받는다. 그가 받는 보험금은 1주일에 23마르크이다. 이것으로 호구하기가 곤란하다. 게다가 그것도 6개월밖에 못 받는다….(중략)…공장에서는 어린 직공을 원한다. 나이 많은 직공들은 이 공장이 바라는 바에 적당하지 않은 자라고 하여, 뒤로 밀려 나오는 소위 산업예비군에게서 모조리 공격당한다.[405)]

　　필자는 실업의 이유를 깊이 있게 따져 묻지도 않았다. '어쩔 수 없는 실업난'이라는 관점에서 자본의 불균등발전론이나 과소수요론 등 자본가의 독점이익을 향한 욕망이 빚어낸 참극이라는 관점은 아직 보이지 않았다. 다만, 회사가 망했는데, 이들을 구제하는 사회적 보장기구가 제대로 작동하지 않는 사실에는 무척 우려하고 있었다. 물론 필자의 생각에서 자본주의 모순이나 자본가의 횡포에 대한 비판의식이 전혀 없는 것은 아니다. 필자는 이렇게 실업자가 대량으로 나온 것은 공장주들이 임금이 값싼 유년공을 원한 결과라고 했다. 즉, 필자는 미숙련노동력을 증가시키는 문제는 공장의 기계화와 상대적 잉여 확장을 꾀하려는 자본가들의 자본주의적 잉여 착취 과정에서 비롯되었다는 사실은 분명히 알고 있었다.
　　아울러 이러한 상황에 대응하는 독일사회민주당의 대책에 대해서도 무척 비판적이다. 이 말은 독일 사회민주당이 스스로를 진정한 노동자계급이라 하

---

405) 都宥浩, 상동, 『東光』(21), 1931년 5월 1일, 54쪽.

면서도 넉넉지 못한 가정살림에 혼취한 무리들이 대거 모인 조직 즉, 사회주의 지향성보다 가족주의적이고, 쁘띠(소)부르주아적이고 개량주의적 성격이 농후한 조직이라는 비판이다.[406] 다시 말해 공산주의의 투쟁성은 없고, '룸펜 무산자당' 혹은 '양반 무산자당'정도로 욕먹기에 족한 조직이라는 것이다.

공산주의에는 언제나 적개심을 가지고 있습니다. 그들은 독일의 공산주의자들은 정당한 무산자가 아니라 룸펜 무산자 무리라고 합니다. 무산자로 처신하는 그들도 룸펜무산자라면 업수이 여깁니다. 그들은 이를테면 무산자에서는 양반(兩班)무산자 격입니다. 그러나 이런 양반무산자 중에는 실업이라는 방망이에 맞아서 룸펜층으로 떨어지는 분들이 나날이 늘어갑니다.[407]

필자는 이들 사회민주당은 자본주의 기본모순에 저항하는 사회주의 무산자당이 아니라 당에서 받는 월급에 생명을 달고 있을 뿐인 룸펜무산자라고 했다. 이들 '양반(兩班)무산자'들은 사회민주당을 팔아서 입에 풀칠하는 현실이며, 그러니 실업사태가 와도 무기력한 대응밖에 하지 못하여 결국 삶을 더더욱 위험하게 만든다고 하였다. 이에 적극적으로 이러한 개량주의와의 투쟁이 필요하다고도 하였다.

이런 점에서 본다면 그는 분명한 사회주의자였다. 앞서도 말했지만 '도유호가 언제부터 사회주의자였는지는 확실하지 않다.'[408]는 주장도 있으나, 적어도 이상의 비판을 종합하면, 이 글을 쓰기 이전인 1930년 이전에 이미 사회주의에 깊이 심취하기 시작한 듯하다.

---

406) "S·P·D(사회민주당)과 같은 처지에 있는 노동자가 다수를 차지합니다. S·P·D는 자본주의에 반항심을 가지면서도 일방으로 넉넉지 못한 가정살림에 혼취한 무리에게는 무척 매력이 있다. 사회민주당(에쓰페떼) 신봉자들은 그들 자신을 늘 진정한 사회주의자라고 부릅니다."(都宥浩, 상동, 『東光』(21), 1931년 5월 1일, 54쪽).
407) 都宥浩, 상동, 『東光』(21), 1931년 5월 1일, 55쪽.
408) 전경수(2018.6), 「식민지 지식인에 대한 제국일본의 감시와 착취, 都宥浩의 경우」, 『근대서지』(17), 근대서지학회, 476쪽.

(5) 외롭고 어두운 유럽: 의학박사 정석태의 유럽 여행

○ 의료인의 시선으로 본 프랑스

① 근대적 매너와 충돌하다.

정석태는 경성의학전문 출신으로 1924년에는 독일로 유학하여 의학박사학위를 취득하였다. 유학 직전인 1923년 10월 3일부터 마르세이유를 시작으로 프랑스를 여행하였다. 거기서 야릇한 활동사진과 엿보기 문화를 접하고는 아직 한참 젊은 피가 끓던 필자 자신도 민망한 듯 애써 거드름을 피우기도 하고, 고향과 비교하여 불편한 것들 혹은 이상한 별스러운 것에 접근해보려는 열정을 드러내기도 했다.[409] 사실 공포, 자존심, 불안감 이런 것들은 무지에서 출발하는 법이다. 당시 조선인들은 용감하게 해외 여행에 나섰지만 정작 그 나라 언어 공부나 문화적 숙련이 안 된 상태에서 서양인과 마주해야 했다.

특히 언어적 불통은 큰 문제였고, 해소할 수 없는 서구 문명에 갈증을 유발했으며, 자칫 서구 문화에 대한 오해를 발생시키기도 했다. 예를 들어 프랑스 파리의 호텔에서는 화장실 변기가 왜 방 안에 있는지, 목욕 중인데도 굳이 호텔종업원이 방문하는지. 또는 교환식 전화기 사용법 등 생소한 문화적 충격에 놀라고 경악하기도 했다. 이 중 흥미로운 해석이 바로 화장실이다. 조선에도 방안에서 쓰는 요강이 있는 것처럼 여기도 있다는 것이었다.[410]

낯선 것을 마주하는 본능적인 마음의 텃세라고 할까. 새로운 문명적 절차를 이수해야 하는 후진국 청년의 귀찮음으로 피곤해했다. 필자는 호텔 매너

---

409) "이러한 이상한 것이 있다고 소개하고 싶지만, 우리 동양의 현상으로는 도덕과 기타 풍기 상으로 절대 이를 공개치 못할 사실에 속하니 참으로 유감됨이 한두가지가 아니다."(鄭錫泰,「洋行中 雜觀雜感」,『別乾坤』(1), 1926년 11월 1일, 67쪽.)

410) "걱정거리가 하나 생겼다…(중략)…자다가 소변을 하기 위하여 변소를 찾아보니 어디에 있는지 어찌 알리오. 혼자서 사면팔방으로 오줌자리를 강구하던 중에 침상 옆에 전등을 넣어놓는 상아래 우리 조선 요강과 같은 그릇이 있다."(鄭錫泰, 상동,『別乾坤』(1), 1926년 11월 1일, 71쪽).

를 지키는 과정에서 맹목적으로 지켜야 하는 문명적 삶의 복잡함과 조선인의 전통적인 여유로움을 비교하면서 그래도 김치가 좋아라는 애향심 형태의 자존심으로 신기한 삶을 귀찮게 바라보고 있었다.[411] 특히 주거공간인 호텔 이외에도 레스토랑에서 느끼는 낯선 마음도 만만치 않았다.

> 음식을 맛나게 먹는 동안에 저편 한구석에서 무슨 사고가 난 모양이다. 알고 보니 흑인종 4~5명이 역시 여기서 식사하는데, 미국인들이 주인에게 저 흑인이 식사 중인 자리를 내달라고 하였다. 흑인 몇몇이 식당에 와서 좋은 좌석을 차지하고 즐겁게 먹는 것을 보고, 자기 딴에는 본국(미국)서는 인종차별로 흑인은 출입도 못하는데, 여기선 首席을 점령하게 놀고 있는 것을 보니 양키 특유의 삘이 꼬여서, 주인한테 가서 흑인 자리를 내놓으라고 한 모양이다.[412]

토종 조선인 정석태는 이런 미국인들의 처사에 무척 분노하였다. '아무리 흑인이라도 사람이니 감정이 없을 수 없는데, 수모를 당한 흑인들은 신사답게 오히려 쾌히 자리를 내주고 돈을 지불하고 나갔고, 그 직후 탄원서와 진정서를 법원에 냈다.'고 하면서, '흑인이 나간 뒤로서는 의기양양한 미국인들이 세계가 마치 자기것인양 거침없이 노는 것을 보니 참으로 구역질난다.'고 격분해 하였다. 마치 필자 자신이 조선에서 당했던 차별 같은 모욕을 느꼈던 것같다.

그런데 프랑스 정부는 이 사건 이후 즉각 레스토랑 영업을 중지시켰다. 이유는 '프랑스는 프랑스인만의 프랑스가 아니요, 프랑스를 사랑하는 모든 사람의 나라'라는 것이었다. 그래서 필자는 "프랑스는 참으로 사랑스럽다. 정이 든다. 나도 할 수만 있으면 이곳에서 일평생을 지내고 싶다. 내 사랑을 받

---

411) "닥치는 사실마다 귀치안(귀찮)을 뿐이다. 이리하여서야 서양이 좆타할 사람은 하나도 업슬 것이다. 혼자 세수를 맛치고 안저 생각을 하여 보니 어이도 업고 또는 일로부러 엇더케나 지나노 하는 걱정 뿐이다."(鄭錫泰, 상동, 『別乾坤』(1), 1926년 11월 1일, 72쪽).

412) 鄭錫泰, 상동, 『別乾坤』(1), 1926년 11월 1일, 74~75쪽.

는 프랑스야!"라면서 감격해 하였다.

> 프랑스는 프랑스인의 프랑스가 아니요. 프랑스를 사랑하는 사람은 인종 문제는 어떠하였던 누구나 다 자기 나라로 생각하라는 것이다. 보아라. 세상아! 너희들이 잘난 것이 무엇이뇨? 프랑스는 이러한 정신으로서 이처럼 우리는 이러한 야만의 일을 하지 않는다. 따라서 프랑스를 사랑하는 이는 누구든지 사랑한다고 하여 드디어 식당까지 폐업시켜서 세상 사람들을 경계하도록 하니 내 마음조차 상쾌하였다.[413]

이런 사건으로 프랑스식 보편가치에 대한 존경심은 무르익었고, 차별을 철폐하고 인간의 존엄성을 지키는 프랑스는 일평생 살고 싶은 사랑의 프랑스가 가슴에 다가오게 되었다. 근대주의자였던 정석태가 정치적인 입담은 거의 하지 않지만 적어도 '차별에 대한 혐오감'만큼은 지극했다. 사실 당시 민족차별 문제는 친일이든 민족적이든 식민지시기를 살아가는 조선인들이 가장 혐오하는 것이었다. 이러한 풍조는 조선인 일반의 정서였고, 그런 관념이 일반화되면서, 해방 이후 자본주의적 발전과정 속에서도 차별 극복을 위한 민주적 변혁에는 여야를 막론하고 지속적으로 이해일치를 이뤄가는 중요한 근간이 되었다.

대체로 타 여행자들도 프랑스의 평등정신에는 이구동성으로 높은 평가를 주었다. 중외일보 논설위원이었던 이정섭(李晶燮, 창씨명 미야모토 아키쇼 宮本晶燮)[414]도 젊은 시절 프랑스를 여행하면서 프랑스인의 차별없는 교육

---

413) 鄭錫泰, 상동,『別乾坤』(1), 1926년 11월 1일, 75쪽.

414) 이정섭은 함경남도 함흥군 주서면 출신으로 보성중학교 졸업 후 1927년에는 신간회 발기인이자『중외일보』논설위원이 되었다. 1928년 2월 27일자 '아일랜드 기행문'으로 필화 사건을 입어『보안법』,『신문지법』위반 혐의로 기소되었고 1928년 3월 1일부터 연재가 중단되었다. 당시 조선총독부에서는 이정섭이 아일랜드의 독립운동 지도자인 에이먼 데 벌레라와의 인터뷰를 통해 조선의 독립운동을 고취한 사실을 문제로 삼았다. 이 사건으로 이정섭은 징역 6개월, 집행유예 2년을 선고받았다. 유럽 유학생으로 늘 총독부는 이정섭을 경계하고 있었던 것이

정신에 매료되었다.

본인이 현재 생활하는 사회제도 아래서는 초월한 천부(天賦)의 소질이 있어도 집이 빈한하여 겨우 소학이나 중학을 마치는데 만족하여, 충분히 소질을 발휘하지 못하고 개천 가운데 백옥(白玉)이 되고 마는 애석한 일이 많다. 개인을 위하여 얼마나 통탄할 것이며 사회를 위하여 얼마나 손해인가. 불란서의 사회제도는 물론 자본가적이나 소질만 우월하면 어느 정도쯤 그네들을 위하여 기회가 있도록 교육제도가 되어있다.[415]

그러면서 프랑스의 국립고등사범학교 사례를 들었다. 이 학교에서는 매년 30~40명 내외를 뽑는데, 지원자는 수천 명에 달하는데, 그 이유는 '합격자의 경우 정부가 3년간 먹여주는 까닭'이라는 것이다. 이처럼 프랑스인 등 서양인은 재사(才士)나 천재(天才)를 존경하며 진리에 항복하는 경향이라면서 천재나 명교수가 대부분 이곳 고등사범 출신이라고 소개하였다. 어쩌면 조선인 고등교육에 무관심한 총독부 시정에 대한 불만의 일단을 담은 것은 아닐까 한다.

② **나폴레옹 무덤과 메치니코프의 무덤을 참관하다.**

첫날 여행은 나폴레옹 무덤과 개선문이었다. 여기서 정석태는 "마치 죽은 호랑이 뼈만 보아도 무섭다는 마음으로 이를 볼 때 그의 일생의 역사가 머리 속에 나타난다."고 했다. 명불허전이라는 말이다.

고, 민족운동에 본격적으로 참여하자 기행문을 가지고 탄압하기 시작한 것이었다. 지속적인 감시와 탄압 속에서 민족 현실의 미약함에 자포자기한 이정섭은 점차 전향 성향을 보이기 시작하였다. 1941년 10월 22일에는 조선임전보국단 평의원, 1945년 6월 9일에는 조선언론보국회 평의원으로 선임되었다. 1945년 6월 14일에는 조선언론보국회 주최로 열린 언론총진격대회 연사로 활동했다. 이런 이유로 친일반민족행위진상규명위원회가 발표한 친일반민족행위 705인 명단에 포함되었다.

415) 李晶燮, 「우리가 外國에서 보고 가장 驚嘆한 것, 새朝鮮 사람의 본밧고 십혼 일들, 내가 佛國에서 본 二大驚嘆」, 『別乾坤』(7), 1927년 7월 1일, 57쪽.

개선문 말은 이미 많이 들었고 그 장한 바는 미리 짐작하고 있었으나 막상 당하고 보니 그 웅장함을 칭송하지 않을 수 없다....(중략)...영국 황제 조오지 5세가 제1차 세계대전 평화조약 조인 후 즉, 1918년 11월 28일 파리 방문을 환영하는 의미로서 1870년 이래 폐쇄했던 것을 개방하였다.[416)

글의 맥락으로 보아 정석태는 조선에서부터 나폴레옹의 일대기를 공부해서 알았던 것처럼 보인다. 필자가 청년 시절이던 1910년대에는 무성영화의 인기가 만만치 않았다. 1903년에 동대문 밖 경성전기회사 창고의 한 귀퉁이에서 영·미연초회사의 담배광고용으로 돌리기 시작한 활동사진은 1910년대 와서는 제법 좋은 극영화까지 수입하여 상영하는 수준에까지 이르렀다. 무성영화이긴 했지만 「나폴레옹 일대기」가 소개되었고, 교과서 등에도 나폴레옹이 나왔다.[417) 당시 총독부로서도 조선인들에게 나폴레옹의 역사를 교육하려 한 정황이 있다. 이는 1912년에 '나폴레옹 민법'을 토대로 제정된 「조선민사령」이 공포되었던 것과 관련된다.

이 법령은 일본이 주도적으로 조선에서 근대적 법적 관계를 명문화하고, 전근대적 수탈과 착취에 노출되었던 조선인을 근대적인 법적 체계로 보호할 수 있게 되었다는 사실을 광고하는데 효과가 컸다. 즉, 식민지 착취법인 「조선민사령」이 뿌리 내리게 하는데 나폴레옹의 자유주의 정신을 활용하겠다는 의미도 포함된 것이다. 이에 지속적으로 조선인들에게 나폴레옹의 일대기에 대한 소개와 교육이 이어졌던 것이고, 그 영향으로 정석태가 프랑스에 가서 가장 먼저 나폴레옹 무덤부터 참관하게 된 동력은 아닐까 한다.

한편, 의학도였던 필자로선 의학계의 세계적인 공로자인 파스퇴르와 메치니코프 무덤을 찾았다.

---

416) 의학박사 鄭錫泰, 「보는 것마다 세계진물 佛蘭西巴里求景 -洋行中雜觀雜感」, 『別乾坤』(2), 1926년 12월 1일, 42쪽.
417) 국사편찬위원회, 1997, 『신편한국사(51)-민족문화수호와 발전』. 365쪽.

메치니코프 해골이 아직도 (파스퇴르) 도서실 한켠을 차지하고 있는데, 그의 내력을 들어보면 메치니코프가 임종하면서 자기가 사망한 후 자기 해골을 파스퇴르 도서실에 장치하여 달라고 유언하여 지금 이처럼 된 것이다.[418]

자신을 '영원한 후배'라고 묘사했듯이 필자는 나폴레옹이나 메치니코프 등이 정치적 편향이나 목적을 떠나 인류 보편의 가치를 지키고, 보호하고 발전시킨 공로에 깊은 경의를 표하고 있다. 이는 1920년대 조선인 지식인들이 점차 종래 기대와 열망에 부응한 판단보다 현상의 상식과 이해에 기초한 판단에 더 큰 비중을 두기 시작했다는 의미이기도 했다. 독립이나 해방같은것 말고도 주변에서 소중히 다뤄야 할 중요한 것이 많이 생겼다는 의미이다. 당위보다 현실에 더 큰 방점을 두는 지성의 출현을 예고한 것이었다.

③ 정조대(貞操帶)를 통해서 본 프랑스의 부부윤리

청년인 필자는 파리대학 박물관에서 정조대를 보았다.[419] 필자가 젊은 남성이라는 특성도 있지만 조선 풍습과 너무나 차이 나는 전통이라는 점에서 충분히 놀랄만한 유물이었다. 이에 대해서 필자는 "참으로 우리 동양 도덕 견지에서 보기 드문 바이고 듣기에도 처음"이라고 하면서, 이는 "얼마나 부부의 해방이 없었으며, 자유, 서로 신뢰하지 않는지 역력히 보여 준다."고 평가했다. 문물은 서구적인 것이 선진적이지만 그래도 인류 도덕은 동양적인 우리가 선진적이라는 '나름의 자부심'이었다.

필자는 젊었으니 당연히 여성에 대한 호기심은 컸을 것이다. 파리를 여행

---

418) 의학박사 鄭錫泰, 앞의 글, 『別乾坤』(2), 1926년 12월 1일, 45~46쪽.
419) "프랑스는 이상한 것도 많은 나라지…(중략)…이른바 '정조대'라는 여자의 정조 자물쇠가 두 가지나 놓여 있다…(중략)…나폴레옹 시대부터 사용된 바이더니 중간에 쓰지 않게 되었다고 한다. 이는 전쟁나가거나 상인이 자기 애첩을 남겨두고 멀리 떠날 때 부재중 정조를 잃을까봐 어띄(자물쇠)를 채우고 열쇠는 자기가 가지고 떠나 정조에 안심됨을 위하여 만든 것이라 한다."(의학박사 鄭錫泰, 상동, 『別乾坤』(2), 1926년 12월 1일, 41~42쪽.)

하면서 동양 청년과 프랑스 여성이 사랑하면서 거리를 다니는 모습을 발견한다. 의외로 중국인 청년이 프랑스 여성과 동거하는 경우가 많다는 소식을 듣게 된다.

오래된 일이지만 세계대전으로 프랑스 남자의 전사자로 많아 남성이 줄어 여자들은 자기 몸을 의탁할 곳이 없어서 이처럼 인종이 다른 사람과도 서슴지 않고 일생을 맡기는 바라고 한다. 즉 그들의 내면생활도 고통의 정도가 얼마나 큰 것인지 짐작할 수 있다.[420]

그리고 그것을 프랑스여성이 겪어야 할 비장한 역사와 결부시켜 설명하려고 했다. 전쟁으로 사라진 프랑스 남자를 대신하여 그 자리를 채운 동양인이라는 관점이다.

한편, 필자는 프랑스의 카페를 보면서 '다양한 상호 작용의 공간'으로 이해하였다. 호텔에서 느낀 반감보다 훨씬 서양 문명의 본질을 성찰하려는 모습이다.

카페라면 단순히 우리가 알기는 들어가서 카페 한 잔이나 먹고 나오는 줄로 알 것이다. 그러나 이는 우리의 활용이 적은 생각뿐이요 저 사람들은 실로 이 카페점을 응용하는 자 참으로 많다. 간단히 말하자면 카페점에서는 잠시 휴게소요, 담화소요, 대합소요, 밀회소다. 어떠한 방면 사람들이라도 자기 뜻대로 응용할 수가 있다.[421]

지하철도 마찬가지였다.[422] 문명의 이기가 주는 그 편리함에 경탄하고 있다.

---

420) 의학박사 鄭錫泰, 상동, 『別乾坤』(2), 1926년 12월 1일, 45쪽.
421) 鄭錫泰, 「洋行中 雜觀雜感」, 『別乾坤』(1), 1926년 11월 1일, 73~74쪽.
422) "지하철도 즉 「메드로」라는 이름(一名)을 가지고 있는데 이것을 타고 땅속으로 다니는 승객이 지하로 다니는 통행객의 2배나 된다고 하며, 편의를 주며 그것이 四通五達이 되어 巴里 중관인 「세이뉴」大河 아래까지 서로 교통한다고 한다. 등급은 1, 2등이 잇고 적어도 2분간에 3차씩은 떠나는 모양인데 速하고 요금이 싼

필자는 에펠탑을 보면서 제1차 세계대전 당시 독일 황제가 '파죽지세로 파리까지 진격하여 제일 먼저 에펠탑에다 걸려고 무려 수백 평에 달하는 국기를 미리 제작해두었다.'는 일화를 소개하였다. 그러면서 에펠탑은 역시 세계대전 당시 독일 침략자들이 겨냥한 주요한 목표가 될 정도로 프랑스인의 자존심으로서 그 위상이 크다는 것이다.

사실 에펠탑은 귀스타브 에펠(Gustave Eiffel)이 1889년 프랑스혁명 100주년을 기념하여 개최된 파리박람회를 위해 세운 구조물이었다. 박람회에 오는 사람들이 주변을 잘 볼 수 있게 하기 위한 것이었는데, 박람회가 끝나면 철거하기로 했다. 조성할 당시 에밀졸라, 모파상, 구노 등 수많은 프랑스 문인 예술가들이 파리를 망치는 흉물이라면서 경멸하였으나, 만국박람회 이후 대중들의 큰 인기를 얻게 되고, 마침내 파리의 랜드마크가 되어 프랑스의 자존심으로 급부상하였다. 필자는 굳이 이 자리에서 에펠탑 수난사를 들먹인 것일까. 앞서 박승철은 유럽 문명을 보면서 옛 전통이란 공허한 허상이고 오직 믿을 것은 현재의 힘뿐이라고 했다. 하지만 의학도 정석태는 전통에 대한 자부심이 주는 근대적 의미도 높이 평가하는 모습이다. 즉, 문화적 자존심이 상실되면 민족적 동력이 얼마나 심각하게 상실되는지 말하고자 한 것이다. 이처럼 유럽의 전통문화에 대해 박승철과 정석태는 전혀 다른 각도에서 그 가치를 진단하고 있었다. 그러면서 정석태와 같이 전통이 근대화의 힘이 될 수 있다는 생각은 근대주의 세력의 분화 가운데 비타협 그룹의 형성에 중요한 이론적 근거가 된 고 있었다.

○ **프랑스 베르덩 여행: 약하지만 잘 싸운 것이 프랑스만이랴···**

① 프랑스군은 독일보다 약하지만 잘 싸워서 나라를 지켰다.

연고로 얼마나 편리한지."(의학박사 鄭錫泰, 「보는 것마다 세계진물 佛蘭西巴里求景 -洋行中雜觀雜感」, 『別乾坤』(2), 1926년 12월 1일, 43쪽.)

1924년 11월 11일은 프랑스에서 휴전조약이 체결된 지 만 6년 되는 이른 바 '평화기념의 날'이었다. 필자는 이날 거리에서 열리는 평화축제를 관람하고 이튿날 옛 서부전선의 격전지인 베르덩을 방문했다. 베르덩 전투는 제1차 세계대전 중 서부전선에서 독일 제국군과 프랑스 제3공화국의 프랑스군 간에 전투로서 전쟁의 향방을 가르는 중요한 전투였다. 마른 전투, 솜 전투와 더불어 제1차 세계대전 중 가장 유명한 전투 중 하나였다.

이 전투는 근대적 소모전의 시초이자 참호전의 양상을 나타내며 공격자인 독일, 방어자인 프랑스 양측 모두에게 상상을 초월하는 살육전이 전개되었다. 당시 독일·오스트리아 동맹군은 '벨당(베르덩)'을 함락하고자 1915년부터 맹렬한 공격을 가하였고, 영국·프랑스연합군은 역시 결사항전하면서 결국 독일군 중 33만 명, 프랑스군 역시 30만 명 가량 여기서 전사했다고 한다.[423] 필자가 여행할 당시는 전투지 주변의 수십만 평에 그렇게 전사한 70만 명의 전사자 묘소가 조성되었다. 필자는 이곳에서 죽은 이들에 대한 깊은 연민과 소슬함을 느꼈다.

> 나 역시 감개무량으로 구슬픈 생각하기에 돌아갈 길을 잃은 듯 황야에 고요히 섰을 뿐이었고 70만의 영혼들은 이 풍진 세상을 잊어버린 듯이 고요히 잠들고 있을 뿐이다. 사방에는 어두운 막이 닥치기 시작한다. 서리 찬 하늘에는 높다랗게 반달이 걸리어 고독하게 교교한 빛을 내리고 있으며 황야에서 우는 까마귀는 갈 바를 알지 못하고 지저귈 뿐이다.[424]

실제로 베르덩 전투는 근대적 참호전의 시초로 유명하였다. 18세기 산업혁명 이후 종래 칼과 활 중심에서 총과 포로 무기가 기계화하면서 종래 고지전·수성전보다 기계화학전에 대비한 참호전이 더욱 요긴한 전투방식이 되었다.

---

423) 鄭錫泰, 「屍體의 「벨당」, 歐洲大戰의 古戰場 紀行」, 『三千里』(8), 1930년 9월 1일, 40~41쪽.
424) 鄭錫泰, 상동, 『三千里』(8), 1930년 9월 1일, 57쪽.

몇 년 전 미국의 어떤 부호가 유람차로 이곳을 와 보고 개인 자금으로 보존공사에 착수하여 '총검의 기념탑'을 만들었다고 하는데, 아직도 그들이 최후의 일각까지 두 손에 굳게 쥐어진 총검이 지상에 노출한 그대로 있어서 보는 이의 가슴을 서늘케 하였다. 물론 이 총검을 따라 땅을 파보면 용사들이 죽는 순간까지 분전하던 자태가 그대로 드러나는 것을 볼 수 있다. 나는 알 수 없는 감개에 쌓여서 저절로 머리가 숙여졌으며 그들의 영혼에 묵도해 마지않았다.[425]

필자는 베르덩 전투지에 남은 실타래와 같이 엮인 참호와 철조망을 보면서 거기서 생활하면서 전투 시간과 생명의 선택을 기다리던 젊은 군인들의 애환을 그려보기도 하고, 그들의 순수한 애국심에 경의도 표하였다. 특히 참호전은 "몇 해를 두고 낮과 밤을 구별치 못하던 이 토굴 속에서 수십만 군인들은 사랑스러운 가족과 부모형제를 고향에 두고 제국주의의 까닭 모를 (전쟁으로) 희생되었다."[426]고 하면서 실제로 제1차 세계대전이 약 4년여를 진행하는 동안 1914년 개전 당시 파놓은 참호 바깥으로 전진해봤자 몇백 미터 정도에 불과할 정도로 전선은 정체되었지만 죽거나 사상한 사람은 수 천만 명에 달하는 등 참으로 비인간적인 전투방식이라고 비판하였다.

② 내가 여긴 온 이유는 조선도 그랬다는 것을 회고하려 함이다.

어쨌든 이러한 참호전의 참혹성을 고발하는 것이 이 글의 본 목적이 아닐 것이다. 실제로 정석태가 이곳을 방문한 이유는 표면적으로는 평화기념일을 맞아서 개인적으로 가지고 있는 '첩첩한 잡념'을 잊고 외로움을 잠시 잊기 위한 것이었다.

1924년 11월 11일. 이날은 묻지 않아도 저 살육과 혼돈으로 만국을 뒤덮은 세계대전이 끝나서 휴전조약이 체결된 뒤 만 6년을 맞이하는 평화기념의 날이다....(중략)...첩첩한

---

425) 鄭錫泰, 상동, 『三千里』(8), 1930년 9월 1일, 41쪽.
426) 鄭錫泰, 상동, 『三千里』(8), 1930년 9월 1일, 41쪽.

잡념이 내 고요한 머리를 어지럽히고 있을 때 벌써 나는 파리로부터 서부 전전지 베르덩으로 줄달음치는 기차를 타고 추억의 실마리를 풀고 앉았으니...(중략)...열차 속에는 물론 많은 승객이 있었지만 그래도 나는 고독했다.(동양인으로는 혼자인 고로).”427)

그러면서도 프랑스 군인들의 멸사봉공 정신에 대한 관심도 필자를 이곳으로 이끈 힘이었다.

나는 그들이 이와 같이 비참하게도 나라를 위하여 용감하게도 싸웠다는 기개에 감동[感]하여 손을 내민 즉, 그들은 만리 너머에서 온 이 동양인에게 따뜻한 악수를 하더라. 이처럼 전쟁이 준 제물인 상이용사[廢兵]가 곳곳에 서서 안내하는 것이 그 얼마나 여행객의 마음을 소슬하게 하는지 한줄기 눈물을 떨구게 한다.428)

이 대목에서 필자가 전혀 자신과는 상관없는 죽음에게도 눈물을 흘리는 진짜 이유가 궁금하다. 왜 하필 우울하고 적적한 유학생 생활 중인 필자가 프랑스인의 결사 항전을 기억하고 기념하는 이곳을 배회하는가이다.

유의하여 볼 점은 필자가 프랑스라는 약자가 강한 나라인 독일과 저항하였다는 점을 본 것이다. 일말 자신이 살았던 약한 조선을 떠올리고, 조국의 독립을 위하여 분투했던 옛 조선인들과 이들 베르덩의 프랑스 군인 모습이 서로 통한다는 생각, 다시 말해 이들과 동병상련 혹은 동질감을 느낀 결과가 아닐까 한다.

납골당에 경의를 표하고 나와서 어느 곳에 이르니 용감스러운 사자상[獅子創物]이 여지없이 깨져 넘어져 있었다. 이것은 독일군이 프랑스 땅을 마지막으로 밟아본 지점임을 표시함이요. 프랑스군이 용감하게도 독일군을 방어한 의미이다. 프랑스는 독일군을 얼마나 무섭길래 사나운 사자[猛獅]에 비유하였을까. 사나운 사자를 이 자리에서 때려 죽였다는 의미로 본다면 재삼 호기심이 생긴다.429)

---

427) 鄭錫泰, 상동, 『三千里』(8), 1930년 9월 1일, 40쪽.
428) 鄭錫泰, 상동, 『三千里』(8), 1930년 9월 1일, 41쪽.

약하지만 잘 싸운 프랑스. 약해서 그냥 무너져버린 조선의 3.1운동. 허약한 대한제국과 무한 희생의 의병들, 독립군들 등등. 약자가 결사항전한 베르덩은 그러한 약자만의 고통을 위로하고 치유하기 너무나 좋은 공간이었다. 그래서 필자는 자신의 쓸쓸함과 고독을 빗대어 이곳에 온 것은 아닐까 한다. 하지만 이런 인식은 1930년대 이후 일본의 군국주의화에 따라 독일과의 동맹, 1억 국민 옥쇄, 총후(후방) 폭탄 등의 구호가 난만하고 집단자살이 애국혼으로 찬사를 받게된 상황과 비교하면 참으로 격세지감(隔世之感)이다.

벨기에 전적지를 지나면서 느끼는 감정도 베르덩에서 느끼던 그 감정과 별반 다를 것이 없었다.

> 아직도 높은 산과 넓은 들에는 한없이 비참한 자취가 머물러 있어서 지나가는 만리 여객의 동정[同情]을 부른다. 그때 참화를 당한 작은 나라 벨기에는 얼마나 하늘 보고 통곡하고 땅을 보고 호소하는[叫天號地] 애원(哀怨)을 부르짖었으랴. 이 생각 저 생각이 머리를 떠오르매, 한없는 느낌만 사람을 괴롭게 한다.430)

청년 정석태의 눈에 프랑스든 벨기에든 제1차 세계대전에 따라 독일에 파괴당한 두 지역은 '규천호지(叫天號地)'하며 슬픈 원망을 부르짖는 땅이었다. 필자가 이같이 깊은 연민을 느끼는 것은 약한 나라 조선의 처참함과 너무나 유사하다는 감정이입의 결과일 것이다.

○ 독일: '황태자 첫사랑'그리고 난 참 외로웠다.

① 쓸쓸한 여행, 고독한 여행자

이렇게 필자는 파괴된 프랑스와 벨기에를 돌아보면서 동병상련했지만

---

429) 鄭錫泰, 상동, 『三千里』(8), 1930년 9월 1일, 57쪽.
430) 醫學博士 鄭錫泰, 「獨逸伯林의 첫生活, 巴里로부터 伯林에」, 『別乾坤』(5), 1927년 3월 1일, 119~120쪽.

정작 공부는 독일에서 하였다. 필자는 1924년 독일 쾰른에 도착하여 라인 강을 보고 "옛날에 부르던 로렐라이 노래가 이 강이었구나 생각할 때, 마치 고향 온 것같이 기쁘기도 하고, 반갑기 그지 없었다."431)고 하였다.

하지만 반가움은 잠시였고, 늘 그의 여정은 쓸쓸함, 황량함이 지배하였다. 만리타향에서 언어도 제대로 통하지 않은 곳에 사는 그 자체가 힘들었던 것이다. 사실 고독한 독일 유학을 온 그에게 모든 것이 생소했고, 늘 긴장해야 했던 시간이었다. 애타고 속 타는 시간들. 낯선 시선들을 감내해야 하는 상황에서 심한 변비와 두통은 어김없이 다가왔다.

> 이곳까지 오느라 고생도 많이 하고 참 속도 많이 썩었다. 물론 정신조차 가다듬지 못하여 방안 한구석에 놓인 가방을 볼 적에, 저 가방도 역시 고생이었던지 기운 하나 없이 느른해 보인다. 어찌하였던 가방 너도 지독히 먼 곳까지 끌려왔거니 생각이 들었다. 며칠을 두고 변소를 가지 않았다. 그리고 보니 프랑스 파리에서 변소에 가고는 아직도 뒤를 보지 않은 셈이다. 이렇게 오랫동안 변비가 계속되는 것은 의학상으로는 도저히 용납되지 못할 조건이 아닌가? 이리 생각 때문인지 머리가 무겁고 두통도 나며 몸이 매우 괴로워진다.432)

무엇보다도 마음껏 내달릴 수 없는 고독이 필자를 억누르는 상황. 그리고 자신의 목표를 이루기 위해서 견뎌야 할 앞으로의 시간이 유럽의 모든 것들을 쓸쓸하고 고독한 눈빛으로 바라보게 하는 원인이었다. 얼마나 외로움을 탔는지 이곳 독일 생활은 "과거 일본서도 5~6년 생활해봤지만 여기 생활에 비하면 외로웠던 축도 아니다."라고 하였고, 특히 "말도 변변히 통하지 않고, 풍속과 습관이 몹시도 다른 곳이라서 누군가의 도움이 절실하다."는 것이었다.433)

이처럼 언어 소통 문제는 유학과정에서 무척 어려운 과제였다. 당시 나혜

---

431) 醫學博士 鄭錫泰, 상동, 『別乾坤』(5), 1927년 3월 1일, 120쪽.
432) 醫學博士 鄭錫泰, 상동, 『別乾坤』(5), 1927년 3월 1일, 120쪽.
433) 醫學博士 鄭錫泰, 상동, 『別乾坤』(5), 1927년 3월 1일, 121쪽.

석, 허헌 등 대부분의 유럽 여행객들은 언어소통 문제가 새로운 깨달음을 방해하는 중요한 원인으로 파악하였다. 전문 서적을 볼 수 없는 한계, 상대방과의 의사소통의 한계 그러면서 그 한계를 이기기 위하여 지필을 가지고 다니면서 필담을 나누면서 위기를 극복하려는 적극적 대책들. 오늘날 유학생들이 겪는 언어불통의 애로를 필자는 그 시절에도 똑같이 겪고 있었다.

> 나도 도쿄에서 독일까지 오면서 한편으로 특별한 교수를 받아 가면서 독일어를 배우려고 애도 써보고, 전문 서적은 능히 볼 수 있다는 작은 자신감도 있고, 열에 한마디라도 알아들을 줄 굳게 믿었다....(중략)...지금 어디를 가든 지필(紙筆)을 가지고 다닌다. 심지어 길거리서 길을 묻거나, 물품을 살 때에도 번번이 분주하게 종이를 꺼낸다.[434]

또 하나의 걱정은 학비(學費)였다. 조선에서 올 때 250원이면 충분하다고 여겼으나 실제로 30~40% 이상 더 들었다. 그런데 독일이라서 가난한 유학생을 우대하거나 도와주려는 주인의 연민이 있을 줄 알았지만 솔직함으로 인해 오히려 가난뱅이 유학생이라서 냉대를 받는 현실에서 깊은 독일 사회의 가난한 자를 무시하는 국민성에 크게 실망하면서 "아무 것도 모르는 온유한 맘으로는 도저히 이런 사회에서는 견딜 수 없는 바"라고 하였다.[435] 서구식 자본주의의 논리와 국민훈련을 전혀 받지 않은 조선인의 윤리적이고 도덕주의적 세계관으로선 도저히 이해할 수 없는 냉대였다.

② 하이델베르크에서 느낀 '황태자의 첫사랑'

하이델베르크에 간 정석태는 1899년 마이어 퓌르스터가 발표한 중편 소설『황태자의 첫사랑』에 큰 감동을 받았다. 하이델베르그로 유학 온 황태자 칼 하인리히가 여관집 딸인 겟데를 사랑했고 서로 신분의 차이로 인해서 좌

---

434) 醫學博士 鄭錫泰, 상동, 『別乾坤』(5), 1927년 3월 1일, 122쪽.
435) 醫學博士 鄭錫泰, 상동, 『別乾坤』(5), 1927년 3월 1일, 123쪽.

절과 아픔을 겪게 되는 슬픈 이야기이다. 이 소설은 1927년 에른스트 루비치(Ernst Lubitsch)가 감독하여 「The Student Prince in Old Heidelberg, 1927」라는 이름으로 출품(주연은 라몬 노바로, 노마 쉬어러)되었는데, 무슨 사연인지 실제 개봉은 확인되지 않는다. 우리나라에는 리차드 소프 감독이 연출한 「황태자의 첫사랑」이 1954년에 개봉되었다. [436]

　필자가 정리한 『황태자의 첫사랑』 줄거리는 다음과 같다.

<그림 29> 1927년판 미국영화,
황태자의 첫사랑 포스터 출전:
다음영화)

　왕위를 계승할 젊은 왕자가 하이델베르크 대학에 유학 왔습니다. 그 왕자가 하숙하고 있던 집의 딸로 어여쁜 겟데 라는 처녀가 있었습니다. 왕자는 그를 사랑하였습니다. 겟데도 왕자를 사랑하였습니다. 모든 지위 명망 계급을 떠나서 두 젊은이는 아리따운 행복에 취했습니다....(중략)...그러니 장차 왕이 될 분이 비천한 집 하숙의 따님을 아내로 삼자니 될 말입니까. 마침내 왕의 궁정에서 알게 되고 왕자를 소환하였습니다. 아니 돌아가자는 것을 억지로 이끌고 갔습니다. 그때의 장면은 누구나 웁니다. 궁정으로 돌아간 왕자는 얼마 지나지 않아 왕이 되었습니다. 그러나 왕관과 찬란한 옥좌, 화려한 정원, 은촉대 보물 등 모든 것이 다 귀찮았습니다. 모든 것이 무의미하였습니다. 사랑하는 이를 왕자의 이목에는 보아도 보고 싶은 것이 없고, 들어도 아름다운 것이 없었습니다. 그는 우울과 한숨으로 허구한 날을 보냈습니다. 그러다가 하루는 미행으로 왕궁을 벗어나서 옛날에 그립던 하이델베르크로 옵니다. 옛날에 소리 높여 교가도 부르고 술도 마시던 터전으로 옵니다. 그러나 아~ 모든 것은 갔습니다. 옛날의 학우는 모두 가버렸고 교정에는 가을풀(秋草)만 어지럽습니다. 그는 생각으로 하숙으로 달려 갔습니다. 그러나 거기에는 겟데의 아리따운 모양은 이미 없었습니다. 모든 것이 변하

436) 鄭錫泰, 「예술의 都城 차저, 하이델벨히 回想」, 『三千里』(5-10), 1933년 10월 1
　　일, 61쪽.

였습니다. 청춘은 소리 없는 수레를 타고 멀리 지나가 버린 것이었습니다. 왕자는 엘레지를 부르며 헛되이 교정으로 하숙방으로 돌아다닙니다.[437]

원래 필자의 의도는 알 수 없지만, 당시 조선에 돌아와서 의원을 개업하던 차였고, 회고 속에서 하이델베르크 대학의 젊은이들이 보여준 자유분방함과 신분을 넘는 사랑 등에 대한 깊은 향수를 들춘 것이다. 당시 조선은 아직도 민족차별과 더불어 '텃세'라는 전근대성이 복잡하게 얽히고 합리성이 배제된 현실 생활 속에서 변화의 가능성은 요원하게만 느껴졌을 것이다. 황태자와 평민 여성이 신분을 넘어 사랑했다는 것은 어쩌면 조선인들의 변화하고 싶고, 또 상승하고 싶은 내면의 욕구를 대리만족하게 한 것일 수도 있다.

③ 독일에서 배운 일본의 속임수

정석태가 독일에서 가장 놀라웠던 경험을 꼽으라는 기자의 요청에 철저하게 지켜지는 규칙생활과 합리적인 봉급제도였다.[438] 정확한 시간에 개폐점하는 상점이나, 오수(午睡)를 위하여 12시부터 오후 1시 30분까지 임시폐점하는 일은 놀라운 것이었다. 필자는 이과 출신답게 그러한 낮잠이 가능한 사회에 대한 찬탄과 더불어 낮잠이 주는 효율성에 대해서도 각인하고 있었다. 그러면서 "우리 조선에서는 낮잠을 한 흉사(凶事)로 알지 않습니까.[439]"라고 하면서 당시 유행하던『민족개조론』적인 풍조에 일침을 날리기도 했다.

사실 조선인이 낮잠을 자주 즐기고, 늦잠을 잔다는 등의 이유로 조선사람은 부지런하지 못하며, 그래서 일본보다 근대화에 뒤처진 것이라는 논리는 당시 조선인들이 귀에 닳도록 들었던 상식 아닌 상식이었다. 그리고 이것은

---

437) 鄭錫泰, 「예술의 都城 차저, 하이델벨히 回想」, 『三千里』(5-10), 1933년 10월 1일, 62쪽.
438) 鄭錫泰, 「우리가 外國에서 보고 가장 驚嘆한 것, 새朝鮮 사람의 본밧고 십흔 일들, 獨逸에서 본 세가지 驚嘆」, 『別乾坤』(7), 1927년 7월 1일, 48~49쪽.
439) 鄭錫泰, 상동, 『別乾坤』(7), 1927년 7월 1일, 49쪽.

식민지 지배의 정당성이나 조선의 정체(停滯)를 증명하는 주요한 지표로 여겨지고 있었다. 윤치호조차 이런 패습을 인정한 위에 조선인의 각고의 노력과 일본 따라잡기 등의 노력이 선행되어야 일본인들에게서 받는 민족적 멸시를 이겨낼 수 있다고 하였다.

> 우리 조선인들이 경제적·지적 측면에서 일본인을 따라잡지 못한다면 일본인의 모욕적인 언행은 결코 중단되지 않을 것이다. 일본인들의 우월주의를 가장 빠르고 확실하게 치료하는 방법은 다름 아니라 조선인들이 싸우는 법을 확실하게 배우는 것이다.[440]

이런 상식에 대응하여 정석태는 독일인들의 점심시간의 오수(午睡)가 오히려 일의 능률을 올리는 수단이 된다는 사실을 적시하였다. 이것으로 과학적 견지에서 개조 대상이 되버린 조선인 낮잠 문화가 합리성이 있음을 보여주고자 한 것이다.

> 지방을 따라 다소간 다르겠지만 12시부터 오후 1시 반까지 주간에 임시로 문닫는 일이 많습니다. 점심을 먹고는 또 한참 늘어지게 낮잠을 잡니다. 얼핏 생각하면 퍽 한가한 생활이라 할 수 있지만, 사실인즉. 정신상 육체상 결코 무익한 일이 아니라고 합니다. 나도 이것을 몇 번 시험했더니 나중은 습관이 되어서 안 자면 머리가 무거워 일을 할 수 없습니다.[441]

한편, 필자는 독신인 점원과 기혼자, 그리고 가족 부양자에 대한 별단(別單)의 봉급제도가 관청이나 일반회사에서도 지켜지는 것에 무척 놀라고 있다. 필자는 조선에서도 관청이나 회사에서 일정한 월급을 주고, 그 이력과 수완에 따른 성과급을 더하여 주는 것이 있지만, 독일에서는 다른 것이 또 있다는 것이다.

---

440) 『윤치호 일기』, 1933년 5월 2일 화요일, 310쪽.
441) 鄭錫泰, 상동, 『別乾坤』(7), 1927년 7월 1일, 49쪽.

어떤 상점에 30원급의 점원이 있는데 그가 결혼(娶妻)하게 되면 그 점주는 1인의 생활에 대한 비례로 가봉을 해줍니다. 그러다가 만약 자녀를 낳으면 자녀에게도 가봉(加俸)을 해 줍니다. 독신 점원이 결혼하거나 아이를 낳으면 30원이 60원, 80원으로 올라갑니다.[442]

오늘날의 가족수당이나 결혼수당보다 훨씬 진보적인 임금구조였다. 물론 필자는 이런 제도로 인해서 일반 상점의 경우 임금압박을 감당할 수 없어서 고임금자가 되면 해고하는 등의 부작용이 따른다고 하였다.[443] 그래도 이러한 임금구조에 대한 관심을 뚜렷하게 피력한 것은 앞서 조선인의 늦잠에 대한 비판을 반박한 것처럼, 당시 극심한 저임금에 내몰린 조선인 노동자들도 독일과 같은 합리적인 임금구조 아래서 근로할 수 있어야 한다는 문제의식도 포함한 듯하다.

○ 이탈리아: **병인박해, 조선 위정자의 잘못을 돌아보다.**

1925년에 로마 가톨릭은 동서양 각국에서 포교상황을 정리한 대규모 박람회와 '순교자 100년 기념 제례'를 개최했다. 정석태는 이를 관람하고자 로마를 방문했다. 그로선 가톨릭에서 이런 행사를 하는 것, 무엇보다 성베드로 성당에서 개최되는 박람회에 조선관이 개설되었다는 점에 무척 흔쾌해 했다. 이 대목도 앞서 박승철이 박람회 조선관에 출품된 조선의 문화재에 무관심을 보인 것과 무척 대조적이다.

그곳에는 중국관, 일본관, 말레이반도관, 필리핀관, 인디아관과 또 조선관이 있었다.

---

442) 鄭錫泰, 상동, 『別乾坤』(7), 1927년 7월 1일, 49~50쪽.
443) "그런데 이것이 큰 회사나 관청 같은데서는 별 영향이 업겟지만 사설상점 같은데서는 경비상 도저히 감당할 수가 없는 경우도 만습니다. 그래서 취처했다가 해고 당하는 일도 만코 생자하얏다가 해고당하는 일도 만안서 별 희비극으로 만히 보게 됩니다."(鄭錫泰, 상동, 『別乾坤』(7), 1927년 7월 1일, 50쪽).

이탈리아 말을 모르는 관계로 그 발음이 조선관인지 또는 코리안관인지 분간할 수 없었으나 어쨌든 내부에 가보니 조선의 지도를 비롯하여 평양과 경성의 큰 시가지 사진이 걸려있고, 또 서울 명동 소재 뾰족탑인 천주교당의 작은 모형이 놓여 있었다. 그 좌우에는 조선의 풍속, 습관을 알려주는 수염 나고 팔자걸음 걷는 풍채 좋은 조선사람이 실물크기[等身大形]로 진열되어 있었다. 또 저고리, 치마, 옥관자(玉冠子), 도포, 돋보기, 안경집, 장고, 가야금, 피리, 나막신, 짚신, 담뱃대 등 일상생활 모든 기구가 정연하게 놓여 있어서 놀라지 않을 수 없다.『사기(史記)』에서 보던 남신부, 박신부 등 (흥선)대원군의 손에 평양 대동강변과 서울 명동에서 학살을 당했던 그 순교자의 사진 수십 장이 걸려 있고 가장 주목을 끄는 사실로는 로마와 무슨 수호조약이나 선교자유의 허가를 주었음인지 태황제 즉 광무황제(光武皇帝; 고종)의 친필을 기록한 문서들이 진열되어 있었다.[444]

필자가 주목한 전시물은 역시 천주교 박해 사진이었다. 필자는 천주교회가 미개 지방에서 포교하는데 어려움을 겪었듯이 대원군 집정기 극단적인 천주교 박해로 인해 상당한 고통을 당했을 것으로 보고, 흥선대원군의 야만적인 천주교 탄압에 대해 거센 비난을 쏟았다.

이것을 통하여 수만 리 먼 땅인 조선에서조차 이렇듯 포교에 진력한 것을 표시함이니 비교도인 내가 보기에도 그 순교자들의 공적에 참으로 눈물겹다. 하물며 같은 가톨릭 교도라면 얼마나 감개무량할 것인가....(중략)...말레이반도 같은 미개 지방의 포교에도 무척 참람한 역사가 숨겨져 있을지 모른다. 하지만 대원군 집정 당시의 조선에서의 포교도 그들 자신으로 볼 때 상당한 참람한 역사라 아니할 수 없다. 우리들도 근대사를 펼쳐 볼 때 당시 집정자의 극단적 미치광이 행동에 전율을 금치 못하며 내외국인의 순교자가 팔도에 20여 만명을 헤아렸다고 하는 소리를 들었다.[445]

당대 사회주의자 혹은 민족주의 좌파 진영에서 병인양요나 박해는 제국주의 침략에 맞서는 전쟁이었고, 천주교도의 배신으로 결국 러시아 방어대책이

---

444) 鄭錫泰,「伊太利, 殉教者 百年紀念大祭禮盛觀, 基督舊教의 盛大한 紀念祭 光景」,
『三千里』(6), 1930년 5월 1일, 16쪽.
445) 鄭錫泰, 상동,『三千里』(6), 1930년 5월 1일, 16쪽.

어려워지자 천주교 탄압으로 나아갔다고 보는 것과는 전혀 다른 이해 방식이었다. 즉, 조선을 미개 지방으로 등치시키고, 대원군의 천주교 탄압을 어마어마한 생명을 죽인 '극단적인 집권자의 미친행동'정도로 파악함으로써 천주교 박해가 오로지 미개한 조선정부의 잘못이라는 등식을 선명하게 하였다. 앞서 조선의 전통에 대한 나름의 합리성과 자부심을 설파하던 필자가 갑자기 병인양요에 등장한 조선조정의 야만성을 질타하고 나선 것은 예사롭지 않다. 어쩌면 필자가 당시 조선의 전통을 높이 평가하는 양심이 있다 하더라도 그동안 지속적으로 유포되던 '조선조정무능론=조선멸망당연론'에 여전히 벗어나지 못한 당대 지식인의 면모를 보여주는 듯하다. 이로 인해 전통에 대한 자부심과 조선조정에 대한 자조감이 묘하게 공존하는 어색한 모습이 나타나고 있었다.

(6) 로마교황면회기, 용감한 조선의 젊은이: **의학박사 이갑수**

『우생』제1호(1934. 9)에 실린 이갑수446)의 「세계적 우생운동」은 독일 나치스의 우생정책에 대한 그의 관심과 지지를 보여주는 글로 주목할 만하다. 이 글에서 필자는, 첫째로 적자생존하는 자연계(생물계)와 달리 인간계에서는 부적자(不適者)가 생존한다고 전제했다. 도덕과 종교가 발달하여 허약하다는 이유로 이미 출생한 사람을 죽이지 않으며 의학과 과학이 발달하여 죽을 사람도 살아남아 자녀를 낳기 때문에, 인간의 체질은 점점 악화·퇴보되어 왔다는 것이다. 이른바 '역도태(逆淘汰)'이론이다.

베를린 대학 졸업 후 독일에서 머물며 우생학적 이해를 증진하던 필자는

---

446) 이갑수는 1920년 경성의학전문학교를 졸업하고 유학길에 올랐고, 1924년 베를린 대 의학과를 졸업했다. 이후 1년의 수련의를 거쳐 1926년 1월에 귀국했다. 베를린 대를 정식 졸업한 최초의 조선인이었다. 전공은 내과로 서울 수송동에 이갑수내과 의원을 개업했다. 1933년 9월에는 조선우생협회가 발족하자 총무이사로 활동하였고, 1934년 기관지『우생』을 창간할 때 편집인 겸 발행인이었다.(이정선, 「이갑수(李甲秀), 「세계적 우생운동」」,『개념과 소통』(18), 2016.12, 327~328쪽).

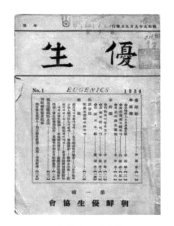

<그림 30> 『우생』
창간호(이정선, 앞의 논문, 2016,
327쪽)

돌연 1925년 4월 중순에 이탈리아로 여행을
떠났고, 로마교황청을 방문하여 교황을 배알
하였다.[447] 어쩌면 그가 종교가 인류의 역도
태에 미치는 영향을 보려 한 것인지는 아직
알 수 없지만 가톨릭 교도가 아닌데도 굳이
만나고자 한 것은 그러한 우성학적 이념이 무
척 성장하였고, 교황과의 면담에 대한 열정을
키운 것으로 추정한다.

일단 결심을 하고 출발한 필자에게 닥친
첫 번째 고민은 역시 언어적 소통이었다.[448]
운좋게 어느 신사의 도움을 받았는데, 이번에
는 '메탈'을 가지고 왔는지 물어서 당황하였

다. 그로선 메탈이 뭔지 전혀 몰랐다.[449] 이렇게 언어도 통하지 않고, 천주교
에 대해서 전혀 모르던 이갑수가 메탈이나 소개자도 없이 오로지 우성학적
인 관심만으로 교황을 면담한 것은 대단한 배짱의 소유자임을 보이는 대목이
다. 무서운 근위병의 제지를 받으면서 휘황찬란한 방으로 들어간 필자는 "정
신이 어지러울[眩慌] 만큼 염라대왕 궁전에 잡힌 듯 비몽사몽하고, 실로 비인
간적인 세상에 온 듯한 느낌이었다."고 회고하였다. 그러다 기다리다 보니 교
황과 면회가 늦어지고 점차 불평이 생겼다고 한다.

그때 심중에 불평이 버럭 생기며, 대체 법황이라는 양반은 어떤 지위에 있는 사람이

---

447) 李甲秀, 「羅馬法皇面會記」, 『別乾坤』(37), 1931년 2월 1일, 105쪽.
448) "이 사람 저 사람의게 무러보와야 혹은 묵묵부답 혹은 요령부득의 이태리말로 답
지함으로 아모 방향을 알수 없는지라 그러나 나는 그 복잡한 人山의 틈을 억지로
비기고 압흐로 나아갔다."(李甲秀, 「羅馬法皇面會記」, 『別乾坤』(37), 1931년 2월
1일, 107쪽).
449) 李甲秀, 상동, 『別乾坤』(37), 1931년 2월 1일, 108쪽.

라서 사람으로서 사람보기가 이처럼 어려운가? 또는 내가 무슨 목적으로 이런 고생해 가며 법황을 면회하려고 하나?[450]

젊은 이갑수가 천주교인도 아니면서 왜 어렵사리 교황을 만나려고 했을까. 일단 기행문에서 유추한다면 아마도 "세계사적인 에피소드와 엄청난 권위를 가진 교황을 직접 만나서 살아 있는 권위의 실상을 알고 싶었다."는 이유였을 것인데, 그보다는 그의 우생학적 고민을 가톨릭 수장에게서 확인하려는 마음이 우선이 아니었을까 한다.

우여곡절 끝에 필자가 바라본 교황은 "신장이 그리 크지도 적지도 않으며 조금 비만하고도 위풍이 늠름한 체격에 용모는 극히 온후준걸해 보이는 60세정도 노인"이었다. 그리고 대화는 간단하게 의례적인 수준에서 끝났다.

(법황) 코리언 당신은 가톨릭 신자입니까?
(필자) 그렇습니다.(만일 아니라고 하면 즉석에 퇴장을 당할 것이었다)
(법황) 그러면 당신나라에 가톨릭 신자가 많으며 교회의 사원도 있습니까?
(필자) 네! 많이 있습니다.
(법황) 나는 멀고 먼 나라에서 오신 당신을 보니 대단 기쁩니다.[451]

이어서 교황의 설교를 들었고, 은제 메달 선물을 받고 법황청을 나섰다. 짧은 대화에서 교황의 마음을 온전히 알 수 없었지만, 적어도 종교적인 신비에 갇힌 살아 있는 권위의 실체를 이해하는데 나름대로 도움은 되었을 것이다. 앞서도 말했지만 1910년대 춘원 이광수는 서양인만 보아도 어색하고 두려워서 고개를 숙였다고 했다. 그런데 이제 1930년대의 필자는 주체적인 결심으로 가톨릭 수장인 교황과 직접 면담하고 자신의 목적을 말할 용기를 낼수 있었다. 그 만큼 새로운 근대적 세계인으로서 젊은 조선인이 등장하고 있

---

450) 李甲秀, 상동, 『別乾坤』(37), 1931년 2월 1일, 111쪽.
451) 李甲秀, 상동, 『別乾坤』(37), 1931년 2월 1일, 113쪽.

다는 말이다. 두려움이 걷히면서 비합리적인 세계질서에 대한 혐오감도 과학적인 외피를 가지게 되었다. 이처럼 교황면담기는 새로운 근대적 호기심을 탑재한 조선인 대두를 알리는 신호탄이라 묘사해도 과언은 아닐 것이다.

(7) 아름다운 유럽, 얄미운 열강: **서양화가 나혜석의 유럽**

○ 스위스: **스위스처럼 우리 조선도 개발하자.**

① 여성운동에 눈을 뜬 나혜석, 제네바에서 영친왕 이은과 만나다.

1920년대 나혜석[452]은 늘 고민하던 몇 가지 문제가 있었다. 아마도 1927년경 영국의 여성참정권운동가 집에서 하숙하던 그 시절 더욱 깊어진 문제의식인지 모른다. 그것은 ①사람은 어떻게 살아야 잘 사나? ②남녀간 어떻게 살아야 평화스럽게 사나? ③여자의 지위는 어떠한 것인가? ④그림의 요점이 무어인가? 등이다.[453] 이런 궁극적인 물음을 찾아 헤매면서 나혜석은 구라파를 동경하고 구라파 사람의 생활을 동경하였다.

1927년 7월 초 시베리아 횡단열차를 타고 나혜석은 모스크바를 거쳐서 폴란드로 갔다. 모스크바에서 가난과 선동 그리고 반외세 분위기를 보면서 아무런 감상도 등장시키지 않았다. 폴란드에서 인상은 '서양화초가 무진장으로 피어서 이만해도 서양 냄새가 충분히 나는 것 같고 내 몸이 이제야 서양에 들어온 것 같은 생각이 들었다.'고 하였다.[454] 7월 19일 파리에 도착하여 안재홍과 이종우의 출영을 받았다.[455] 이어서 7월 27일 스위스로 넘어갔다.

---

452) 나혜석(羅蕙錫,1896년 4월 28일 ~ 1948년 12월 10일) 경기도 수원에서 용인군수를 지냈던 나기정과 최씨의 사이에서 4남매 중 셋째로 태어났다. 수원 삼일소학당과 서울 진명여학교를 졸업한 후, 일본의 여자미술전문학교에 유학하여 서양화를 전공하였다. 귀국 후 정신여학교의 미술교사를 지내기도 했고, 김일엽과 함께 잡지『신여자(新女子)』를 창간, 발행하기도 했다.

453) 羅蕙錫, 「쏘비엣露西亞行, 歐米遊記의 其一」, 『三千里』(4-12), 1932년 12월 1일, 61쪽.

454) 羅蕙錫, 상동, 『三千里』(4-12), 1932년 12월 1일, 47쪽.

<그림 31> 1927년 7월 말
제네바에서 조선총독
사이토마코토 부부와 영친왕
부부가 골프를 치면서
기념촬영한 장면(출처:
https://m.blog.naver.com/011gil
but/220191612928)

멋진 제네바 풍광에 취한 필자는 거기서 영친왕 이은(李垠) 부부를 만났다. 영친왕은 고종의 일곱째 아들이며, 어머니는 귀비 엄씨였다. 1900년(광무 4) 8월 영왕에, 1907년(융희 1년, 순종 원년) 황태자에 책봉되었다. 1907년 12월 이토 히로부미[伊藤博文] 통감에 의해 유학이라는 명목으로 일본에 인질로 잡혀갔다. 1920년 일본의 흡수정책에 따라 일본 왕족 나시모토노미야[梨本宮]의 딸 마사코[方子]와 정략결혼을 했다. 1926년 순종이 죽자 형식상으로 왕위계승자가 되어 이왕이라고 불렸다. 1927년에는 세계 일주를 하고 있었다. 그러던 차, 7월 말 스위스 제네바에서 군축회의가 열렸고, 이곳에서 조선총독 사이토 마코토와 나혜석 부부도 만났다.

필자는 제네바 군축회의 당시 사이토(齊藤) 총독이 영친왕을 위한 만찬장에서 영친왕 이은과 만났다. 거기에는 사이토 이외에 군축회의 각 수석 차석 전권 및 대사, 공사 및 칙임관 등이 참가하였고, 남편이 외교관 신분이었으므로 부부동반으로 참가한 것이다. 그 자리서 영친왕은 필자에게 그림을 그려달라고 부탁했다.[456]

정석태도 로마 여행에서 그랬고, 허헌도 그랬듯이, 나혜석도 제네바에서 수많은 외교관들과 함께 만찬을 하였다. 그녀 역시 언어적인 문제가 소통의 가장 큰 어려움이었다.

---

455) 羅蕙錫, 상동, 『三千里』(4-12), 1932년 12월 1일, 47쪽.
456) 羅蕙錫, 「伯林과 巴里」, 『三千里』(5-3), 1933년 3월 1일, 39~40쪽.

이런 좌석에 어학을 능통하였으면 유익할 소개가 많으련만 큰 유감이었다. 어학이란 잘하면 도리어 결점이 드러나나, 못하면 귀엽게 보아주는 수가 있다. 그리하여 맞으면 다행이오, 맞지 않으면 웃음이 되어 도리어 애교가 되고 만다. 참 무식한 것이 한이 된다.[457]

프랑스에서도 마찬가지였다. 늘 언어는 여행의 발목을 잡는 것이었다.[458] 언어적인 어려움에도 불구하고 필자는 후지하라 부부와 함께 군축회의 총회에 참석하였다. 필자는 당시 총회장의 긴장 넘치는 장면을 다음과 같이 묘사했다.

회의가 파열되리라는 등 공기는 긴장되고 있었다. 회의장은 어느 호텔 식당이라 매우 좁았으며 방청객은 입추의 여지가 없이 꽉 찼다. 의장인 미국 전권대사가 취지를 말한 후 영국 전권대사가 연설하였고 이어서 아일랜드 대표가 반대연설을 했으며, 일본전권대사 및 미국전권대사 연설이 있었고, 서로 인사한 후 회의는 파열되고 말았다.[459]

특히 눈에 띄는 부분은 역시 영국과 아일랜드 대표간의 격론이었다. 조선인 나혜석의 눈에 식민모국 영국과 겨우 자유국이 된 아일랜드 대표간의 논쟁은 무척 인상적이었고, 그것이 회담 파열의 원인인 듯 지목하고 있다. 조선 대표와 일본 대표가 그렇게 국사를 놓고 자신의 주장을 하는 모습을 혹시 떠올린 것은 아닐까.

② 강원도도 스위스처럼 관광지로 만들자.

이렇게 군축회의까지 방청했던 나혜석은 8월 12일에 제네바를 떠났다. 이후 융프라우 등지를 여행하였고, 스위스는 관광 국가라고 하면서 관광수입

---

457) 羅蕙錫, 상동, 『三千里』(5-3), 1933년 3월 1일, 40쪽.)
458) "본래 巴里는 무어슬 배우러온 것 갓흔 感이 잇서 별로 구경할 맛이 업고 속히 주소를 정하고 불편한 佛語를 준비하려고 하였다."(羅蕙錫, 상동, 『三千里』(5-3), 1933년 3월 1일, 42쪽).
459) 羅蕙錫, 상동, 『三千里』(5-3), 1933년 3월 1일, 41쪽.

으로 부유한 모습을 보면서, 조선의 강원도 등지(함경도 포함)에는 삼방약수, 석왕사, 명사십리 해수욕장, 내외금강절승지 등 절승지가 많으니 이렇게 경색 좋은 곳을 개발하여 세계적인 피서지로 만들 필요가 있다고 주장하였다.

> 스위스는 큰 나라 사이에 있어서 정치상으로나 군사상 그다지 할 일이 없으니 천은(天恩)을 입은 자연경색을 이용하야 그것이 수입의 대부분이 된다고 한다. 우리나라에도 강원도 일대를 세계적 피서지를 만들 필요가 절실하다. 동양인은 물론이요. 동양에 있는 즉 상하이, 베이징, 텐진 등지에 있는 서양인을 끌어올 필요가 있다. 그들은 매년 거액을 들여서 스위스로 피서를 간다. 강원도에 삼방약수(三防藥水)가 있고 석왕사(釋王寺)가 있으며 명사십리 해수욕장이 있고, 내외금강절승지(內外金剛絶勝地)가 있으니 이렇게 구비한 곳은 세계상 다시 없을 것이다.[460]

일반적인 소개 같지만, 조선이 스위스와 같은 평온하고 경관이 좋은 나라로 거듭났으면 하는 염원이 읽히는 대목이다.[461] 스위스의 미술과 관해선 전문가다운 평가를 내린다. 아직 색감이 성숙하지 못하고 풍경화 일색이라는 점을 비판하고 있는데, 그러면서 우리 조선의 미술도 참으로 부끄러운 것이 많다고 할지라도 소국민(小國民) 정황은 아니라고 자평하고 있다.[462] 이처럼

---

460) 羅蕙錫, 상동,『三千里』(5-3), 1933년 3월 1일, 41쪽.

461) "瑞西首府 베룬에 도착하니 오후 7시경이다. 이거시 베룬 명소 중 하나이다. 國議會事堂이다…(중략)…瑞西는 立憲共和國으로 上下兩院이 잇서 上院은 44인이오 下院은 普選에 의하야 198인 의원이 잇스며 대통령은 매년 선거하게 되고 국가의 중대 사건은 국민투표로 결정하게 된다."(羅蕙錫, 상동,『三千里』(5-3), 1933년 3월 1일, 41쪽).

462) "진열한 點數가 上下層에 약 900점이나 되는 것은 하여간 小國民으로서의 노력을 볼 수 있다. 작품년대는 16세기말로부터 現代에 至하기까지나 그 이상이 확실치 못하고 색채가 농후치 못하였다마는 가진 자연이 佳麗한지라 풍경화가 많았고, 絶勝地가 많았다. 近代畵 中에는 아직 성숙치 못하나마 마치스 그림 영향을 받은 것이 많다. 大作品도 4, 5개 있으며 古代織物도 있었다. 우리 것은 무엇시든지 부끄럽지 않은 것이 없으나 小國民 정황은 비교할 수없다." (羅蕙錫, 상동,『三千里』(5-3), 1933년 3월 1일, 42쪽).

1920년대 새로운 지식인들은 점차 우리 것에 대한 존중과 자부심을 키워가고 있었다. 더이상 춘원 이광수나 박승철이 언급하던 '불우한 전통의 조선론'은 아니었다. 어쩌면 이런 자부심 확대는 1920년대 이후 일부 부르주아계급의 경제적 성취의 결과이기도 하지만 지속적으로 일제가 조장한 '조선문화폄훼론'에 저항한 민족전통연구의 결과 때문이라고 할 수 있다. 1920년대 이후 '조선문화멸시론'은 거의 사라지고 있었다. 바야흐로 조선인은 조금씩 아시아일등문화론을 제기하면서 국학연구에 몰두하면서 '조선문화다시보기' 현상을 확산시켰다. 다만 불행하게도 이러한 경향을 총독부는 교묘히 활용하여 선만일여, 내선일체, 아시아일등국민론으로 왜곡하기 시작하였다.

○ 프랑스: **음침하지만 아름답고 예술의 도시 파리**

① 파리는 음침하지만, 알고 보면 아름다운 예술의 도시이다.

나혜석은 당시 프랑스 여성들의 의복 색을 보면서 하나같이 흑색을 많고, 날씨조차 어두침침하여 누가 화려한 파리라고 했는지 참으로 음침하다고 비꼬았다. 하지만 진정한 파리의 화려함은 '오래오래 두고 보아야 조금씩 알게 된다.'고 하였다.[463] 이런 느낌은 몇 년 전에 파리에 와 있던 정석태에게서도 나타난다.

닥치는 사실마다 귀찮을 뿐이다. 이리하여서야 서양이 좋다고 할 사람은 하나도 없을 것이다. 혼자 세수를 마치고 앉아서 생각해 보니 어이도 없고, 이로부터 어떻게 지내나 하는 걱정뿐이다.[464]

---

[463] "파리라면 누구든지 화려한 곳으로 연상하게 된다. 그러나 파리에 처음 도착할 때는 누구든지 예상 밖인 것에 놀라지 않을 수 없을 것이다. 우선 날씨가 어두침침한 것과 여자의 의복이 흑색을 만히 사용한 것을 볼 때 첫 인상은 화려-한 巴里라는 것보다 음침한 파리라고 아니할 수 없다.(羅惠錫, 「꽃의 巴里行, 歐米巡遊記 續」 『三千里』(5-4), 1933년 4월 1일, 80쪽).

[464] 鄭錫泰, 「洋行中 雜觀雜感」, 『別乾坤』(1), 1926년 11월 1일, 72쪽.

유학 온 청년 정석태가 느꼈을 고독과 마찬가지로 파리로 여행한 나혜석은 남편이 9월부터 베를린으로 출장가는 동안, 남편도 없는 고독한 상황에서 언어 문제를 비롯하여 최린과의 염문설 등 여러 면에서 곤욕을 치르고 있었다. 다만, 청년 정석태가 주로 프랑스인의 인격과 친절에 방점을 찍은 반면, 나혜석은 예술가답게 아름다운 도시계획과 건물의 미 등에 관심을 두었다.

파리는 개선문(에투왈 즉, 별(星)이란 의미)을 중심하고 별처럼 길이 뻗어있다. 건물은 삼각형으로 되어 자못 아름답다. 길모퉁이 집 벽에는 반드시 동네 이름이 있어서 길 찾기에도 좋고, 누구나 한 발만 잘못 디디면 방향이 전혀 달라진다. 어디를 가든지 도로 좌우에는 가로수(並木)가 있고 중앙은 차마도(車馬道; 전차길)로 목침만한 나무가 깔려있고 좌우에는 인도가 있고 거기에는 매 블록[每間]마다 하나씩 수도(水道)가 설치되어 있어서 아침마다 물을 뽑아 길을 씻어 내려서 유리같이 만든다. 중앙에는 역사적 인물의 동상이나 금상 혹은 신상의 분수대[神像噴水器]가 있어 중심점을 잡는 것이 마치 그림 구도와 같다....(중략)...시가지 중앙의 공원 언덕에서 보면 파리 시가지는 삼림으로 둘러쌓여있다. 룩삼불 공원 내에는 역대 유명한 황후와 여성 시인들의 조각이 나열하고 있으며 남녀 나체의 조각으로 유명한 것이 많이 있다. 그 조각 형상 여부에 따라 화단을 만들어 놓아서 마치 미술관을 돌아보는 느낌이 생긴다.[465]

당시 필자는 아름다운 도시, 화려한 조각 형상을 보면서 어두운 파리 느낌을 애써 지워가고 있었다. 정석태처럼 파리 지하철에도 큰 감동을 받았다. 특히 센강 아래로 지하철이 다닌다는 사실이 무척 놀라워 했다.[466] 그러면서 황폐한 조선과 달리 프랑스에는 "수목은 가지가 꼿꼿하여 굴곡이 없으니 조선과 같이 황풍(荒風)이 없는 까닭이다. 위도(緯度)가 한대지대 가까이에 있는 까닭인지 나뭇잎이 선연(鮮緣)하고 엽화(葉和)하여 해충이 없다."[467]라고 하였다.

---

465) 羅惠錫,「꽃의 巴里行, 歐米巡遊記 續」『三千里』(5-4), 1933년 4월 1일, 80쪽.
466) 羅惠錫,「꽃의 巴里行, 歐米巡遊記 續」『三千里』(5-4), 1933년 4월 1일, 80쪽.
467) 羅惠錫,「西洋藝術과 裸體美, 歐美 一週記 續」,『三千里』(5-10), 1933년 10월 1일, 67쪽.

<그림 32> 1900년 만국박람회
포스터(위키백과)

필자는 파리에서 의미 있는 예술품으로 본 성당으로는 ①로마네스크풍의 성데니 성당(St Denis)[468] ②판데옹 인근 성에디메듀 성당(St. Etiemedu), ③성 술빅 성당(St. Salpice), ④나폴레옹이 승리한 의미로 건설한 그리스식 건물인 마돌린 성당 등을 들었다. 또한 건물로는 ①프랑스 사전을 만든 아카데미 프린세스[漢林學院], ②나폴레옹이 1805년 대전승기념(大戰勝記念)으로 세운 개선문, ③루이 16세의 단두대가 있었던 콩코드 광장, ④ 1900년 만국박람회장이었던 그랑드 루드 파리와 쁘띠 파리, 뻴라니스 공동묘지 그리고 베르사이유 궁전 등을 들었다. 그중 콩코드 광장에 대해선 다음과 같이 묘사하였다.

우리가 흔히 듣던 불야성, 즉 그것이 바로 콩코드이니 세계에 제일 화려한 광장이다. 여기 루이 16세의 단두대가 있었고 중앙에는 나폴레옹이 가져온 이집트 비석[埃及碑]이 중천(沖天)을 찌를 듯이 서 있다. 검은 동여신(銅女神)들이 받치고 있는 분수가 있고 주위에는 각 지방을 대표한 조각이 있으며 앞에는 센강이 흐르고 정면에는 마돌린 성당이 있으며, 오른쪽으론 루불 궁전이 보인다. 좌편으론 개선문이 보이고 그 상젤리제 거리는 자동차가 좌로 우로 가고 하면서 마치 옷감 짜듯이 혼잡하여 아름다움의 극치에 달하고 있다. 어느 하나라도 루이 왕조의 영향이 없는 것이 없다.[469]

여기서 나폴레옹이 가져온 이집트 비석이란 방첨탑 즉, 오벨리스크를 지칭하는 듯하다. 모든 프랑스의 역사와 문화가 이곳을 애워싸면서 펼쳐져 있

---

468) 羅惠錫, 상동, 『三千里』(5-10), 1933년 10월 1일, 65쪽.
469) 羅惠錫, 상동, 『三千里』(5-10), 1933년 10월 1일, 66쪽.

다는 것이다. 여기서 필자는 루이 14세 시대 위대한 프랑스 문명에 대한 예찬을 쏟아내고 있다. 필자에게 왜 프랑스 문화는 이토록 간절하고 아름다운 것이었을까. 물랑루즈 공연을 본 필자는 "나는 그리스식 육체미에 취하지 않을 수 없으며 또한 이 시대 동판화 영향을 많이 받은 원근법과 색채와 초점을 취한 구도법에 눈을 뗄 수 없었다."고 하면서, 역시 "프랑스는 화려하고, 노골적이고, 배경, 색채, 인물, 의상이 모두 예술적인 것으로 세계에 자랑할 만하다."고 평가하였다.[470] 동양인의 정서에선 자칫 환락, 퇴폐로 보일 수 있는 프랑스식 공연문화에 대한 적극적인 예술로서의 평가였다. 특히 몽마르트 언덕에서는 프랑스 문화가 자유와 예술, 활발하면서 유쾌한 것이라는 사실에 깊은 인상을 받은 듯하다. 이상을 볼때 필자는 프랑스 문화의 활달함과 유쾌함에 특별한 관심이 있어 보인다. 그만큼 조선은 우울하고 어두운 세상이었고, 그 안에서 여자로 사는 것은 더더욱 아득한 고통이었다. 프랑스처럼 훨훨 날고 자유롭고 싶은 마음이 그 모든 프랑스 문화에 대한 필자의 맹목을 더하게 만든 듯하다.

> 몽마르트(자유의 市라는 의미)를 가보면 환락의 파리 분위기를 충분히 맛볼 수 있다. 루이 왕조로부터 교양을 받은 예술적 기분이 보편화 되면서 조금도 비열함이 없고 미술적 감흥이 있어서 유쾌하다. 경쾌한 미인들이 부단히 왕래하는 이곳을 보고야 파리는 화려한 곳이라 아니할 수 없게 된다.[471]

이전에 정석태도 나폴레옹묘부터 방문했다. 하지만 나혜석은 판테온과 에펠탑, 베르사이유 궁전을 먼저 보았고, 나중에 나폴레옹묘를 방문했다. 정석태가 역사적인 곳을 좋아했다면 역시 나혜석은 예술성이 큰 건물이나 건조물에 관심이 컸다.

---

470) 羅惠錫, 「꽃의 巴里行, 歐米巡遊記 續」 『三千里』(5-4), 1933년 4월 1일, 81쪽.
471) 羅惠錫, 상동, 『三千里』(5-4), 1933년 4월 1일, 81쪽..

다음은 필자의 베르사이유 궁전에 대한 감상이다.

루이 14세 시대는 예술의 융성시대였고, 그 예술적 혼은 프랑스인의 뼈끝까지 박혀 있다. 2억 수천만원을 들여서 건설한 이 화려한 궁전은 지금 공개되어 있다. 내부 장식은 독일 네델란드, 스페인에게 승리한 의미를 더했고, 루이 14세를 민족의 존엄자[至高者], 예술과학의 보호자로 추앙한다. 그중 거울방은 유명하다.[472]

예술적 측면에서 베르사이유 궁전을 해석하고, 루이 14세의 예술혼을 되새기는 모습이 역력하다. 물론 전쟁으로 부상당한 사람을 위하여 루이 14세가 건축한 앙발리드와 더불어 나폴레옹 묘소도 다녀왔다. 나폴레옹 묘소에서는 "내가(나폴레옹) 죽고 난 다음 파리의 중앙에 묻히기 소원하니 이는 내가 사랑하는 프랑스와 프랑스인을 떠나지 않으려 함이라."[473]는 유서에 감동하기도 했다. 예술가적 순수함이 지배하였다. 이에 1927년 제네바 군축회담에서 사이토 총독과 마주하고, 영친왕과 함께한 나혜석에게 과연 민족혼이란 무엇이며, 예술혼이란 무엇인지 여전히 의문스럽기만 하다.

<그림 33> 세잔의 <병과 사과바구니가 있는 정물> 출처:
ttps://www.artinsight.co.kr/news/view.php ?no=54553

한편, 서양화가답게 필자는 루부르 미술관에 소장한 유명한 그림을 하나 하나 소개했고, 19세기 말에 등장한 인상파 미술에 대해선 지대한 관심을 보였다. 거기서 세잔의 그림 능금(「병과 사과바구니가 있는 정물」인 듯)과 카루다노룸(Château Noir, 사토 노르), 모네, 에두아르 마네등의 작품을 보았다.

472) 羅惠錫,「西洋藝術과 裸體美, 歐美 一週記 續」,『三千里』(5-10), 1933년 10월 1일, 67쪽.
473) 羅惠錫,「꽃의 巴里行, 歐米巡遊記 續」『三千里』(5-4), 1933년 4월 1일, 82쪽.

룩삼불 미술관에서도 인상파의 3대 거장인 세잔, 고흐, 고갱을 비롯하여 모네, 마네, 카미유 피사로 등의 명작을 감상하였다. 그런데 개별적인 감상은 보여주지 않았다.

② 프랑스인은 이런 사람들이다.

필자는 다른 프랑스 여행자들이 주로 카페에서 음료를 마시고 여유를 즐기고 평안한 시간을 보낸다는 묘사와는 달리, 거기서 발생하는 인간의 상호관계, 인종의 교류, 친구와 사교 등 유럽인들의 사교에 주목하였다.

<그림 34> 세잔의 <사토 노르>

시내에는 한집 걸러서 카페가 있으니 피곤한 몸을 쉬일 때나 머리를 쉬일 때 이 카페에 들어가 차 한잔 따라놓고 반나절도 소일할 수 있나니 혹은 밀회장소로도 이용하고 혹은 책을 읽거나 편지를 쓰거나 친구와 이야기하거나 사교 기관처럼 되어있다. 일반 유럽인의 성격은 동적(動的)이어서 잠시라도 가만히 있지 못하고 또한 사교적이라서 곁에 사람이 없이는 못견딘다. 또한 댄스홀은 여자들의 걸음걸이조차도 마치 춤추는 것 같다는 말도 있거니와 물론 누구하고 댄싱하지 못하는 사람이 없다. 차 한 잔만 사들고 앉으면 남들 추는 춤은 실컷 볼 수 있고 자기도 마음대로 출 수 있다.[474]

댄스홀에서는 국민들이 춤을 출 줄 알아서 차 한잔하면서 춤추는 자유를 누리는 것에 무척 부러움을 느꼈다. 또한 댄스는 무척 건강에 좋고, 행복한 놀이로서 프랑스인이라면 못하는 사람이 없다고 할 정도였다. 이처럼 필자는 다른 여행자들이 주로 댄스홀의 환락에 주목하여 부정적인 시선을 보인

---

474) 羅惠錫, 「西洋藝術과 裸體美, 歐美 一週記 續」, 『三千里』(5-10), 1933년 10월 1일, 66~67쪽.

것과는 달리 자유와 해방과 기쁨이라는 언술로 그것을 이해하려 했다.

그렇지만 필자에게서 프랑스는 늘 아름답고, 경쾌하고 멋진 곳만은 아니었다.

> 옛부터 프랑스는 중앙집권의 나라 일국의 번화 문명에 집중되어 파리를 제외하고는 국내에 변변한 도시가 없다. 파리에서 한 발만 내놓아도 빈약하고 눈뜨고 못볼 풍경(殺風景)이니 건전한 문명 건전한 국가라고 말할 수 없다. 오직 물가가 싸고 인심이 평등, 자유이며 시설이 화려함으로 모여드는 외국인의 향락장이 되고 있다.[475]

앞서 물가가 싸고, 인심은 평등와 자유를 외친다는 긍정적 이해였고, 지방문화가 없고, 외국인의 향락장이라는 평가는 부정적 이해였다.

○ 독일: **합리적이고 계획적인 삶에 매료되다.**

1927년 12월 20일 필자는 파리에서 베를린으로 이동하였다. 베를린에서 겪은 크리스마스 풍습은 무척 생소하였다.

> 크리스마스가 가까우니 곳곳에서 소나무, 참나무를 꺾어 팔고 있다. 이날 저녁에 베를린에서 제일 큰 중앙회당으로 구경갔다. 당내를 장식한 크리스마스 트리, 남녀 코러스의 청아한 찬미 소리에 쌓인 몸은 행복스러웠다. 이날은 정월을 겸한 축일이라 선물이 많이 오가고 식탁은 큰 잔치를 베풀 듯하며, 술을 서로 권하며 마음껏 논다. 주인 여인은 죽은 남편 생각을 하고 운다. 인정은 동서양이 다를 것이 없다.[476]

섣달그믐의 풍경도 흥미롭기만 했다.

> 식탁에 많은 음식을 차려놓고 앉았다가 밤 12시가 되면 축배를 나누며, 각 예배당에

---

475) 羅惠錫, 상동, 『三千里』(5-10), 1933년 10월 1일, 67쪽.
476) 羅蕙錫, 「伯林에서 倫敦까지, 歐美遊記의 續」, 『三千里』(5-9), 1933년 9월 1일, 83쪽.

서는 종소리가 나고 유리창으로는 색종이를 던져서 이집 창에서 저집 창까지 걸친다. 누구를 만나든 신년 축하 인사를 한다. 그 뒤에 모두 길거리에 나가서 춤을 추던지 카페에서 차를 마시든지, 이상한 모자나 괴이한 의복을 입고서 왔다 갔다 하는 자, 허리라도 부러질듯 깔깔 웃는 여자, 남자가 여자를 좇아다니면서 입 맞추려고 하니(이날 밤은 누구에게든지 입맞출 수 있다.) 여자는 꼬챙이 찌르는 소리를 내면서 달아나는 광경으로 대혼잡을 이루며 도로에는 사람이 빽빽하게 왕래하고 길바닥은 수많은 색종이 조각이 발에 차인다.[477]

필자가 『삼천리』에 <나의 이혼 고백기>를 쓰고 난 다음에 작성한 기행문이라서 그런지, 이렇게 가족 간 우의가 넘치는 독일 크리스마스와 송구영신의 문화에 더더욱 깊은 연민을 담아내는 듯하다.

이상 여행을 마치면서 필자는 독일인에 대해서 다음과 같이 평가하였다.

독일인은 이상주의적이고 충실 친절하며 강한 명예심이 있고, 원기 있는 활동성이 있으며, 견인불발(堅忍不拔)의 의사(意思)와 조직적 계획적인 성질이 있고, 자기희생의 마음[心]이 있으며, 강한 의무감과 복종심이 있다.[478]

독일에서 유학한 정석태는 더없이 고독하다고 생각했던 그곳에서 나혜석은 오히려 독일인들의 따뜻한 문화를 보면서, 그들이 가진 '이상주의, 충실, 친절, 명예심, 활동성, 조직성, 계획성, 자기희생, 강한 의무감, 복종심' 등을 발견하였고, 이로서 독일인의 저력을 재삼 확인할 수 있었던 것같다. 이렇게 열거된 미덕을 자세히 보면 자신이 핍박받는 조선에서 찾아볼 수 없는 덕목들이었다. 어쩌면 근대적 미덕이 제거된 조선에서 산다는 비극이 무엇인지 하나하나 읊는 덕목에서 절절히 확인할 수 있을지도 모른다. 말로는 독립, 해방, 근대, 민족을 떠드는 가부장들에게 던지고 싶은 비수이기도 했을 것이다.

---

477) 羅蕙錫, 상동, 『三千里』(5-9), 1933년 9월 1일, 83~84쪽.
478) 羅蕙錫, 상동, 『三千里』(5-9), 1933년 9월 1일, 84쪽.

○ 영국: **우연히 여성 인권과 참정권의 필요성을 배우다.**

① 런던은 낡고, 정돈되지 않고, 계급으로 나뉜 도시다.

1927년 7월 1일 런던에 도착하였다. 독일에서 따뜻함을 느낀 것과 달리 런던의 첫인상은 그다지 좋지 않았다.

<그림 35> 빅토리아 알버트 박물관
(출처: 위키백과)

런던 건물은 퇴락한 회색 벽돌집이 많고, 옛 도시인만큼 정돈이 되지 아니하여, 집은 되는대로 아무렇게나 꾹꾹 박아놓은 것 같다. 시가지는 계급에 따라 상업 중심, 정치 중심, 공업·농업 중심, 부자·빈자 중심부 등으로 구별되어 있다. 도로는 전부 캐나다에서 가져온 토목으로 깔고 시내에는 전차가 없고 시외에만 있으며 2층버스는 무수히 왕래하고 지하철도도 있다. 시민은 700만. 주택은 모두 별장 방식으로 지었고, 정원이 없는 집이 없다. 식민지에서 빼앗아 온 것으로 시가지 시설이 모두 풍부하다. 곳곳에 공동변소가 지하실에 설치되어 있다....(중략)....이 공원 아래는 전부 잔디라서 남녀 청년들이 서로 끼고 드러누워 있는 모습이 마치 누에 잠자는 것 같다. 통행인은 별로 놀라는 일도 없이 너는 너요 나는 나라는 태도로 지나가고 만다. 일요일에는 유명한 야외연설이 있으니 청중은 평정하고, 이지적으로 비판하는데, 흥분하지 않는다.[479]

낡은 건물, 정돈되지 않는 도심, 계급으로 나뉜 동네, 식민지에서 빼낸 자재로 만든 풍요 등. 아마도 영국에 대한 선입견이 작동한 듯하다. 보지도 않고 영국을 잘 알 수 없는 일이었다. 다만 영국인의 개인주의적인 생활 태도와 감정적이지 않고 평정하고 이지적인 행동양식에는 크게 관심을 보였다. 그러면서 종합적으로 영국인의 품성에 대해서 이렇게 설명하였다.

---

479) 羅蕙錫, 상동, 『三千里』(5-9), 1933년 9월 1일, 84쪽.

영국인은 말이 적고 침착하며, 고상하고 자제력이 많다. 규칙적이고 강한 의사와 활동력이 있으며 강고한 의지와 분투하는 정신을 가지고 외부에 대해 자기를 긍정하고 타인에게 굴복하는 것을 좋아하지 아니하며, 공리공상을 즐기지 아니하고 언제든지 실제적 이익 그것도 자기 이익뿐만 아니라 공공의 이익을 중하게 생각한다.[480]

한편, 필자는 빅토리아 앤 알버트 박물관(Victoria & Albert museum)를 탐방하였다. 여기서 필자는 풍경화의 시조이자, 19세기 프랑스 인상파 미술에 큰 영향을 준 콘스탄불의 그림을 배우고자 몇 차례 가서 그림을 모사하기도 했다.[481] 이외에도 브리티쉬 뮤지엄, 내셔널 갤러리 등도 관심의 대상이었다. 특히 네셔널 갤러리에서는 엄청난 미술품 소장능력에 감탄하였다.[482]

한편, 필자는 영국에서 체류하는 중 결혼도 하지 않고 홀로 사는 어떤 할머니로부터 영어를 배웠다.

런던에 체류하는 동안 영어를 배우고자 여선생 하나를 정했다. 60여 세 된 처녀로 어느 소학교 교사요, 독신인 원기 있는 좋은 할머니였다. 팡크허스트 여자참정권운동자연맹회의 회원이오. 당시 시위 운동 때 간부였다. 지금도 여자의 권리주장만을 내놓으면 열심이다. 그는 이러한 말을 한다. "여자는 좋은 의복을 입고 맛있는 음식을 먹는 것

---

480) 羅蕙錫, 상동, 『三千里』(5-9), 1933년 9월 1일, 86쪽.
481) "삑토리아 알바트(빅토리아 알버트) 뮤젬. 이 뮤젬은 여황 및 여왕남편(皇婿)의 위세와 여덕을 기념하기 위하야 건설한 것이다. 소품이 많았고, 주의할 것은 풍경화의 시조로 프랑스 19세기 인상파에게 큰영향을 끼치고 미술사상 저명한 지위를 가진 콘스탄불의 작품이다. 光線의 방향과 구도와 색채가 활기있었다. 콘스탄불 그림을 모사[코피]하기 위하야 여러 차례 다녀왔다."(羅蕙錫, 상동, 『三千里』(5-9), 1933년 9월 1일, 85쪽).
482) "이 미술관은 프랑스 루브르 미술관[畵廊]만큼 크다. 역대의 이탈리아 미술이 많고, 현대 작품이 많이 수집되어 있다. 그중에 라파엘로[라푸아엘]의 마돈나, 렘브란트[렌부란드]의 老婆, 다빈치[따부인치]의 嚴窟中의 處女, 반다이크의 頭巾의 老人, 산오스다드의 化學者, 지시안(티티안)의 森林中 희롱, 고야의 處女도 있고 그레코(구레고)의 肖像畵, 틴토레트(진도렛도)의 그림도 많았다."(羅蕙錫, 상동, 『三千里』(5-9), 1933년 9월 1일, 85쪽).

을 절제(節調)하고 은행에 저금하라. 이는 여자의 권리를 찾는 첫 번째 조목이 된다." 이 말이 늘 잊히지 않으며, 이런 영국 여성 선각자를 존경하지 않을 수 없다.[483]

그리고 할머니로부터 여성 인권에 대해서도 많은 것을 배운 듯하다. 필자가 귀국 후 적극적으로 여성 인권과 권리를 주창하고, 주체적인 삶을 요구하면서 유교적 가부장 사회의 차별과 냉대에 저항하는 운동을 벌인 것도 아마도 이 할머니의 영향이 커 보인다.

○ 네델란드 헤이그: **그들의 상업주의적인 행동에 몸서리치다.**

필자는 네델란드를 보면서 '먼저 물이 있고 다음에 육지가 있으며 거기 사람이 살며, 배 위에서 평원을 보면 평원이 훨씬 낮아 보여 물이 넘칠 듯한 스릴[危感]'을 느낀다면서도 반대로 그들의 생활방식에는 무척 비판적이었다.

> 나막신 소리를 내는 소년들이 나와서는 사진을 찍으라고 성화를 부린다. 사진을 찍으면 손을 내밀어 돈을 내라고 하고 가지고 돌아간다. 풍속이 참 상업적[商賣的]이고 영국과 미국인들이 다니면서 버르장머리를 가르치려고 드는 것이 바로 이것이었다. 그들의 생활제도는 극히 원시적이고, 누추하다. 창문은 옛날의 나무창을 그대로 사용하고 있고, 침실은 골방에 넓적하게 침상을 놓고는 문을 닫는다.[484]

생활방식은 좁고, 냄새나며, 상업주의적이라는 것이다. 또한 헤이그에서는 '네델란드의 수도이거니와 조선인이라면 잊을 수 없는 만국평화회의가 있던 곳'이라고 하면서 평화회의장까지 방문하기도 하였다. 이준 열사의 무덤도 수소문했다.

---

483) 羅蕙錫, 상동, 『三千里』(5-9), 1933년 9월 1일, 86쪽.
484) 羅惠錫, 「西洋藝術과 裸體美, 歐美 一週記 續」, 『三千里』(5-10), 1933년 10월 1일, 65쪽.

헤이그에서 개최된 만국평화회의에 출석했던 이준이 당회 석상에서 분사(憤死)한 곳이다. 이상한 고동이 생기며 그의 외로운 혼(孤魂)이 우리를 만나자 눈물짓는[含淚] 듯한 느낌이 생겼다. 그의 산소를 물었으나 아는 사람이 없어서 찾지 못하고 다만 서울에 계신 그의 부인과 따님에게 그림엽서를 기념으로 보냈을 뿐이다.[485]

필자가 느낀 '이상한 고동'은 역시 대한제국의 멸망을 마지막까지 막고자 한 열사에 대한 경의(敬意)였고, 독립이 좌절되고 식민지로 전락한 안타까운 현실에 대한 괴로움도 담은 듯하다. 물론 제네바에서 비운의 황태자인 영친왕 부부를 만났던 기억에서 비롯된 아쉬움도 더해질 것이다. 그러면서 총독부에 협력하고 있는 부부의 현재 모습에 대한 회한도 반영하리라 여겨진다. 어쨌든 '협력과 회한'이라는 복합적인 감정이 이준 열사에 대한 연민으로 피력되고 있었다.

○ 스페인: 고야와 스페인의 고난의 삶 왠지 나와 닮았다.

① 왠지 스페인은 우리와 닮았다.

1927년 8월 25일 스페인으로 여행을 떠났다. 나혜석은 성세바스찬에서 투우를 보고는 '유순하고 정직하고 건실한 소가 기묘한 사람의 기술에 놀림을 받아 최후를 마쳤다.'[486]고 하고, 그래서인지 '스페인 반도가 마치 소처럼 생겼고, 바다로 둘러싸인 이유로 주변 침략도 잦았다.'고 하였다. 즉, 쓸데없는 짓(투우)을 하다가 당한 복수(열강의 침략)라는 비아냥이 잘 드러나지 않는 나혜석의 파레시아였다. 필자 또한 당대 근대주의자들의 입장과 마찬가지로 모든 약소국의 쇠잔은 외부의 침략보다 내부의 방종이나 무능에 기인한 것이라는 입장을 그대로 견지하고 있음을 보여준다.

한편, 스페인은 다른 유럽에서는 볼 수 없는 '아직도 원시적 기분이 들고

---

485) 羅惠錫, 상동, 『三千里』(5-10), 1933년 10월 1일, 65쪽.
486) 羅蕙錫, 「열정의 서반아행(세계일주기 속)」, 『三千里』(6-5), 1934년 5월 1일, 129쪽.

도로에는 흙먼지가 많아서 유럽에선 볼 수 없었던 동양적 색채가 있다.'고 하면서 마차도 많고 노동자가 많으며 거지도 많다고 했다. 특히 극장 주변을 묘사한 대목에서는 조선의 정감이 어려있다.

> 밤에 극장을 찾아갔다. 극장 근처에는 너절한 사람이 많았고 곽 위에 놓고 파는 행상인도 무수히 많았다. 마치 조선의 전라도나 경상도 같았다. 극장문이 열리니 서로 앞다투어 악을 쓰면서 떠밀고 야단이다. 다른 유럽에선 보지 못한 것으로 유아들을 데리고 와서는 울고 짜고 한다.[487]

그러면서 조선 사회와 너무 닮은 원시적인 풍경에 살며시 미소를 짓는다. 이로서 그동안 영국, 프랑스 등지에서 받았던 열등감을 이곳 스페인에서 해소할 수 있었다. '만만한 스페인'을 만나서 마음의 여유가 생기니 스페인 여성에게도 호기심이 생겼다.

> 스페인 부녀자들은 머리에 모자를 쓰지 않고 흑색의 망사를 쓴다. 머리가 검고 키가 적으며 얼굴이 둥글고 푸근하며 검고도 열정 있는 눈이 검은 망사 속으로 으슥 비치어 보이는 것이 참으로 말할 수 없이 아름다웠다. 스페인 여자는 반드시 사랑의 복수를 한다는 전설도 들은 바도 있기로 더욱 유심히 보았다.[488]

필자는 아름다움, 사랑의 복수, 열정, 검은 눈, 둥근 얼굴 모두가 동양적인 이미지와 유사한 것에서 친근감을 느꼈다. 특별히 여성들의 복수심이 강한 점을 거론한 것도 그동안 이들이 당했던 모욕과 차별에 대한 스페인 여성들의 저항감을 등장시킨 것이다. 어쩌면 조선에서 필자를 모욕한 당대 남성 문인에 대한 격한 감정을 대신 스페인 여성을 통하여 드러내고 싶었을 지도 모른다.

---

487) 羅蕙錫, 상동, 『三千里』(6-5), 1934년 5월 1일, 130쪽.
488) 羅蕙錫, 상동, 『三千里』(6-5), 1934년 5월 1일, 129쪽.

② 고야의 삶이 어쩐지 나랑 닮았다.

필자는 스페인 예술이 가진 다양성에 주목하였다. 이에 '스페인 예술은 매우 많고 다양하니[多數多樣] 이는 지리상으로나 모든 관계상 여러 종류가 침략해온[侵入] 까닭이다.'라고 하였다. 수많은 외침이 이러한 다양성을 이끌었다는 것이고, 그러면서 '스페인 그림은 강하고도 매혹적이고, 형용할 수 없이 신비로운 것'으로 평가하였다. 그러면서 필자가 주목한 화가는 고야였다. 그는 사람까지 죽이고, 별 짓을 다하며 성장했던 고야의 복잡한 인생사를 꿰고 있었다.

그러면서 고야의 미술은 조상으로부터 이어받은 원시적 순수성을 담고 있다고 하고, 어려운 가운데서도 무수한 명작을 남긴 인물로 존경하였다. 흥미롭게도 고야의 미술가 삶에서 필자 자신의 가능성을 물었다. 고야와 나혜석, 어디서 접점이 있다는 것인가.

> 고야는 수천년전 스페인 조상이 가졌던 원시적 순수성과 환상이 현대에서도 주장할 만한 것이라는 사실을 잘 보여준다. 우리는 그런 식의 오리지널을 인정할 수 없으나 스페인 회화만큼은 역사적 계통이 확실하다고 단언한다....(중략)...고야의 걸작은 무수히 많다. 나는 고야의 묘를 보고 그 걸작을 보면서 이상(理想)이 커졌다. 부러웠고 또한 나도 가능성이 있을 듯 생각하였다. 처음이자 또한 최후로 보는 내 발길은 좀처럼 떨어지지 않았다. 내가 이같이 감흥한 것은 전후로 처음이다.[489]

이 글이 나오던 시점이 「나의 이혼고백기」로 인해서 가부장적인 남성 논객들과 심각한 언쟁을 벌이던 시점이었다. 생활은 더욱 궁핍해서 잡지에 글 내는 것만으로 먹고 살았다. 이렇듯 풍상을 겪는 필자 자신과 온갖 고생을 하면서도 나름의 그림 세계를 이뤄낸 고야의 삶을 서로 연결짓는 것은 결코 우

---

489) 羅蕙錫, 「熱情의 西班牙行(世界一周記 續)」, 『三千里』(6-5), 1934년 5월 1일, 129~130쪽.

연이 아니었다.

그리고 필자는 이런 고야의 삶에서 큰 위로를 받은 것같다. 필자는 이런 고야의 그림을 일본인들이 3년 동안 모사를 하려 했지만 헛수고였다고 하면서 고야의 그림이야말로 '종래 회화에 대한 도전이요. 신시대의 새벽종[曉鐘]'이라면서 "화랑 중앙에서나 조용히 사방을 보면 일종 장엄 정숙한 감이 생기며, 우리의 마음은 현세에서 멀리 떠나 전혀 별세계로 끌고 간다."면서 그의 그림을 높이 추앙하였다.

만약 필자가 역사학자였다면 고야가 나폴레옹과 연계하여 스페인을 배신한 사실을 주목했겠지만 역시 나혜석은 미술가였다. 필자는 갇힌 시대적 폐쇄성을 깨치고 새로운 지평을 열어가기 위해 투쟁하는 고야의 예술가적 혼을 더 높이 평가하고 있었다. 왜냐하면 자신이 머무는 조선은 너무도 갇혀 버린 사회요, 여성 선각자들에게는 모진 박해의 공간이었기 때문이었다. 그래서 엘 그레코의 그림에도 그런 아픔이 투영되었다.

> 엘 그레코는 우리가 사는 세계의 인물과 사물을 그리지 아니하였다. 사람의 영(靈)을 그렸다. 그래서 그레코의 그림은 육안으로 알 수 없고 마음으로 감상해야 한다. 그는 흑색을 많이 썼다. 크레코는 고야보다 200년 전에 나서 미켈란젤로와 라파엘로의 전설을 첫 번째로 깨뜨렸다.[490]

육안으로는 알 수 없는 세상을 그렸다는 엘 그레코의 그림이 말하고자 하는 것은 자신이 살고자 하는 세상을 보통의 조선 남성들은 제대로 알지 못한다는 말과도 같았다. 자신의 깊은 내면을 봐주는 조선인이 없다는 고독감이 엘 그레코의 그림에 더욱 감흥하게 만들었다. 필자는 그런 아픔에 직면하여 미켈란젤로로 대변되는 높은 벽을 스스로 깨어버린 엘 그레코의 노력을 떠올렸다. 마침내 엘 그레코가 이 벽을 넘어 자신만의 화풍을 개척할 수 있었던

---

490) 羅蕙錫, 상동, 『三千里』(6-5), 1934년 5월 1일, 131쪽.

것을 기쁘게 바라보았다.

필자의 프라도 미술관 사랑은 유난하였다.

미술관 안에 발을 들여놓을 때 과도한 기대로 인하여 심장은 뛰었다. 가벼운 충동이
내 몸에 파급되었다. 만약 귀재인 벨라스케스, 고야, 그레코, 비에라 외 허다한 명장과
걸작을 놓치고서 스페인은 무엇을 가지고 자랑하려는고. 정면으로 들어가면 긴 방이 보
인다. 좌편에는 이탈리아실이 있어서 라파엘로 그림('성가족'으로 보임)과 다빈치의 죠
곤다가 있다. 고대 그림 진열실은 지하에 있고, 정면에는 스페인이 낳은 천재들의 작품
이 있다. 벨라스케스의 궁전생활,...(중략)...엘 그레코의 신비적 그림, 고야의 피 흘리는
전쟁화 모두 옛 시대의 생활기록이나 현재 우리와 같은 마음을 가졌고, 고통을 받았으
며, 감격하며 삶을 영위해왔다.[491]

수많은 대가의 대작들을 열거하면서 옛날 생활기록이 오늘날 우리와 같은
마음을 가졌고, 같은 고통을 받으면서, 또 감격하면서 오늘에 이르렀다고 하
였다. 즉, 필자는 조선인과 비슷한 삶을 살아왔던 스페인 화가들에게 은근한
동병상련을 전하였다. 그러면서 이혼 후 불우한 자신의 삶도 반드시 고야의
재기와 엘 그레코의 투지처럼 반드시 고난을 이기고 승리하리라는 각오를
굳게 다지는 듯하다.

○ 이탈리아: 혼자 가본 미술관

① 밀라노와 베니스에서

필자는 1928년 3월 23일에 이탈리아 미술을 감상하러 출발하였다. 모든
미술의 출발점이 이탈리아라는 마음을 가지고.

이탈리아는 미술의 나라. 고대 로마시대부터 17세기까지 세계적 명성을 가졌다. 15
세기 전후 문예부흥기에 이탈리아 미술은 건축, 조각을 비롯하여 특히 회화는 전무후무

---

491) 羅蕙錫, 「熱情의 西班牙行(世界一周記 續)」, 『三千里』(6-5), 1934년 5월 1일, 131쪽.

비교할 바 없는 융성의 시대였던 것은 누구나 다 안다. 르네상스기의 이탈리아 회화는 인간 능력의 절정을 보여준다. 그러므로 미술사적으로만큼은 한 장을 점한 것이 이탈리아 르네상스 회화요, 세계적 제작품으로 보장해 있는 것이 그때 회화요, 역대의 유명 화가들이 그때 회화의 영향을 크게 받았으며, 지금 화가들이 이탈리아를 찾아가는 것이 모두 그때 그림을 보기 위함이다.[492]

　　스페인에서도 여성의 모습에 관심이 컸던 필자는 밀라노에서도 이탈리아 여성의 모습에 주목하였다. "안색이 붉고 윤곽이 정확하지 않으며 표정이 순진한 듯하고 모발은 진흑색이 많다. 부녀자들은 다산하여 12~13형제는 보통이라 한다."는 등 이탈리아 여성의 다산, 순수 등의 모습에, 또한 운하의 도시이자 물의 도시인 베니스에서는 숄을 걸친 이탈리아 여성의 동양적 특성에 관심을 보였다. 따뜻하고 무난한 여자로서 삶에 대한 동경이 묻어나는 모습이었다.

　　밀라노 대성당(Duams)에서는 성 바돌로매(S.Bartolomea) 묘비와 석관 조각에 크게 감동하였고, 이어서 '사의 찬미'를 불러 히트한 조선의 윤심덕(尹心悳)이 그토록 공연하고 싶었던 새크라 극장(Secra)에 가서 오페라를 감상하였다. 그러면서 '오페라 배경이며 출연진의 의상, 표정, 가곡, 음성 등 나로서는 파리에서나 베를린에서 보지 못한 엄연한 것을 보았고, 거기 앉아서 그것을 보는 나는 무한히 행복스러웠다.'고 회고하였다.

　　브레라 미술관에서는 각 작품에 재밌는 평가를 덧붙였다.[493]

492) 羅惠錫, 「伊太利美術館」, 『三千里』(6-11), 1934년 11월 1일, 169쪽.
493) 羅惠錫, 상동, 『三千里』(6-11), 1934년 11월 1일, 171~172쪽.

<그림 36> 루이니의
장미원의 성모Madonna del
Roseto 1510年頃(출처:
위키피아 재팬)

<그림 37> 안드레아
만데나(Mantegua)의 「예수의
屍體와 聖女들」 서기
1501년경. 오늘날 명은 '죽은
예수 그리스도', Andrea
Mantegna's 'The Death
Christ'.(출처: 서울신문)

<그림 38> 레오나르도
다빈치의 구주 (출처:
행로난)

○ 루이니의 「장미원의 성모」: 그림은 작고 온화한 감정과 심오한 매력이 풍부하다. 농후한 색 사이로 떠오르는 복숭아색. 사람의 마음을 끌지 않고는 그치지 않는다. 성모의 아름다움을 부인의 미로 표현했는데, 라파엘로나 티니안에게는 보지 못한 아름다움이다.

○ 레오나르도 다빈치의 「구주(救主; 살바도로 문디)」: 본디 작가가 불분명하였는데 여러 감상가의 평가로 다빈치의 작품으로 확정되었다. 이 그림은 예수가 인간에 대한 비애(悲哀)와 구세에 대한 고민(苦悶)의 표정을 잘 나타냈다. 미술관에서 특별히 헝겊 뚜껑을 덮어 놓았다. 그만큼 작가나 작품에 대하여 경의를 표한 듯하다.

○ 만데냐의 「예수의 시신과 성녀들」: 이것을 주목하는 이유는 예수를 덮은 하얀 포백[白布]의 복잡한 주름과 예수의 시신을 측면에서 그린 것이다. 이 그림을 측면에서 보면, 길게 누운 듯하[長臥] 기묘한 모습이다. 두 손을 무겁게 늘어트리고, 그 옆에서 애통해하는 성녀들의 표정을 보면 따라서 눈물이 날 듯하다.

○ 벨리니의 「신앙(피에타)」: 그는 베니스파의 대가이다. 성모마리아가 예수[基督]의 시체를 껴안고 슬퍼하는 그림이다. 이 그림을 그리려던 화가가 많았지만 벨리니와 같이 성모의 비애 감정을 잘 표현한 사람이 드물다고 한다.

○ 라파엘로의「성모의 결혼」: 예루살렘의 다각형 궁륭사원(穹窿寺院)을 배경으로 신부 마리아와 신랑 요셉이 대면하며, 그 가운데 성직자가 서서 두 사람 손을 잡게 하며 요셉이 처녀에게 반지를 끼우려 하고 있다. 마리아를 둘러싼 처녀들은 미망의 표정이 충만하고, 요셉쪽에 있던 거절당한 구혼 청년들은 절망의 고통을 못 이겨서 막대기를 꺾거나, 차마 볼 수 없어 고개를 돌리는 자가 있다. 여러 개 가지(枝)는 부러지고 한 가지만 요셉으로 인해 꽃이 피었다. 이처럼 요셉과 마리아는 대중들 앞에서 법률상 정식 결혼식을 거행하였다.

<그림 39> 라파엘로, 「성모의 결혼」(출처: 서울신문)

<그림 40> 도제 궁전(출처: 다음백과)

<그림 41> 지오반니 벨리니의 <초상>(출처: 위키아트)

<그림 42> 지오반니 벨리니의 「신앙(피에타)」 (출처: 구글)

베니스를 본 필자는 '전체적으로 묘지를 표류하는 음습한 신비의 냄새를 느꼈다.'고 평가하였다. '정원도 없고, 일광도 없고, 며칠은 살아도 영원히 살기에는 너무나 불안한 도시'라는 것이다. 이탈리아에서 음습함을 느낀다는 것은 선험적으로 이탈리아는 조선과 같은 반도국가이고, 사람들도 비슷한 성향을 가졌으리라는 동질감을 기대했지만 정작 와서 보니 그런 정서와는 거리가 멀다는 뜻으로도 보인다. 도제궁정(Palace of The Doges)에 가서 그곳 미술관에 걸린 르네상스 시기의 그림들을 감상하였다. 도제 궁전에는 틴톨레토의 「천국의 영광」을 보고 감격하였다. 오늘날은 대회의장에 걸렸는데, 나혜석은 당시에는 천정화였다고 했다.[494]

<그림 43> 브레라미술관 전경
(출전: 서울신문)

그림 44 도제궁전 제1회의실에 있는 폭 22미터 규모의
틴토레토의 「천국의 영광」
출처: https://blog.naver.com/artephile/222409279321

② 유럽이란 여성해방의 공간이고, 조선 여성이 알아야 할 자유평등의 산실이다.

필자는 "유럽을 돌아다닌 후 남편은 정치관이 생기고 나는 인생관이 정돈되었다."[495]라고 했는데, 여행을 통하여 자유와 평등의 가치관과 여성의 참다운 해방에 대한 자각을 하게 되었다는 말처럼 들린다.

---

494) 羅惠錫,「伊太利美術館」,『三千里』(6-11), 1934년 11월 1일, 173쪽.
495) 離婚告白狀, 靑邱氏에게 羅蕙錫,「歐米漫遊」,『三千里』(6-8), 1934년 8월 1일, 88쪽.

부부간에 어떻게 하면 화합하며 살 수 있을까. 한 개성과 다른 개성 합친 이상 자기만을 고집할 수 없는 것이다. 구미의 여자들 지위는 어떤가. 구미의 일반정신은 큰 것보다 적은 것을 존중합니다. 강한 것보다 약한 것을 도와줍니다. 어느 회합에서든 여자없이는 중심점이 없고, 기분이 조화되지 못합니다. 한 사회의 주인공이요. 한 가정의 여왕이요. 한 개인의 주체입니다. 그것은 소위 크고 강한 남자가 옹호해서 뿐만 아니라 여자 자체가 그만큼 위대한 매력을 가졌고, 신비성을 가진 것입니다. 그러므로 새삼 평등과 자유를 요구하는 것이 아니라 본래부터 평등과 자유가 있었던 것입니다. 우리 동양 여자는 그것을 자각하지 못한 것이외다. 우리 여성은 위대한 힘을 가졌고, 신비성을 가졌습니다. 문명해지면 해질수록 그 문명을 지배할 자는 오직 우리 여성들입니다.[496]

허정숙은 '여성이 웃을 줄 아는 물건 취급'을 받는 미국 자본주의의 폐해를 신랄하게 비판했지만 나혜석은 달랐다. '유럽 여성은 자신이 곧 주인'이라는 것이다. 두 사람 모두 같은 '탈아'적 사고였으나 나혜석은 전혀 다른 각도에서 유럽 여성의 삶을 이상화하였다. 상당한 미화에도 불구하고 유럽적인 여성상이 내면화되었고, 조선 여성의 미래 모습으로 생각하며 동경하였다. 그리고 그 수준조차 이뤄질 수 없는 현실에 대한 좌절감도 그만큼 컸던 것같다.

(8) 독재자는 낭만을 수단화한다: 맑시스트 이순택의 이탈리아 다크투어

교토제국대학에서 수학한 사회주의자 이순택은 1930년부터 세계를 유람한 다음 1933년에 귀국하여 『삼천리』에 자신의 여행기를 연재하였다. 여기에는 필자가 이탈리아 여행에서 느낀 파레시아가 녹아있는데, 폼페이를 비롯하여, 로마 시내 유적지, 베드로 성당 등을 돌면서 자신의 감상보다 현지 유적의 소개를 중심으로 기행문을 작성하였다. 필자가 유독 관심을 둔 것은 폼페이 도시구조를 비롯하여 유적지 내부에 있는 건물의 구조와 양식이었다.

특별히 나의 흥미를 끄는 것이 큰 건물인 재판소와 공동변소와 공동욕장과 세관, 공

---

496) 離婚告白狀, 靑邱氏에게 羅蕙錫, 상동, 『三千里』(6-8), 1934년 8월 1일, 88쪽.

동묘지, 노천극장 등의 설비가 완전하다는 점이다. 2,000년 전의 도시가 이렇게 완전했을지 생각하니 오늘 인류의 발달은 차라리 지지부진하다고 탄식하지 않을 수 없다.[497]

맑스주의자로서 고대 이후 문명의 진보가 느껴지지 않는다는 사고는 이례적이다. 고대문명 이후 인류가 걸었던 길을 정체(停滯)로 보는 자체가 역사를 민중 계급의 끝없는 계급투쟁과 해방의 여정으로 생각하는 유물론적 사고에 걸맞지 않기 때문이다.

필자는 콜로세움을 방문했다.

콜로세움(Colosseo)은 원형극장 또는 투기장인데 어떤 때는 역투장(力鬪場)으로, 어느 때는 포대로도 이용되었다. 그러나 한 가지 잊을 수 없는 일은 이것이 옛날 기독교도의 대학살장이었던 점이다. 유명 무명의 성도들이 잔학한 로마 군왕 때문에 생명이 이 투기장의 이슬로 사라진 수가 그 얼마냐.[498]

기독교도의 수난이 로마 귀족이나 지배계급의 구조적인 문제점이 아니라 로마 황제의 탐욕에 따른 참극이라는 이해 방식도 흥미롭다. 이 또한 유물론적 사고와는 거리가 있어 보인다.

이어서 필자는 세계대전에서 희생된 무명 용사의 위령소가 있는 에마뉴엘 2세의 기념각 즉, '이탈리아통일국립기념각'을 방문하였다. 바로 옆에 뭇솔리니 사무실이 있었다. 그래서 필자는 가리발디 동상 앞에서 휴식하는 한 이탈리아 청년에게 가리발디가 왜 유명한지 물었다.

가리발디라는 말은 이탈리아의 자유 통일이라는 말과 같다고 하면서 웃는다. 나는

---

497) 在羅馬 李順鐸, 「예술의 都城 차저, 폼페이의 廢墟여!」, 『三千里』(5-10), 1933년 10월 1일, 60쪽.
498) 在羅馬 李順鐸, 상동, 『三千里』(5-10), 1933년 10월 1일, 60쪽.

웃으면서 오늘의 뭇솔리니는 제2의 가리발디가 되겠나 물었다. 그러자 '아니다. 뭇솔리니는 가리발디 이상이다.'라면서 따라 웃더라.[499]

필자는 이런 모습을 보면서, 역시 이렇게 웅장하게 만든 각종 기념관이 결국은 과거의 영화를 선양하는 것에 그치지 않고, 궁극적으로 후대에 무형의 정신적 훈련과 영향을 선사하게 되는 것임을 피력하였다. 필자는 뭇솔리니의 대중 동원력이 이렇게 옛 전통에 대한 희구와 회상과 같은 낭만적 방법에 기반한다는 점을 말하고 싶었다.

(9) 프랑스 각지의 숨은 이야기: 조선이 배워야 할 그들의 문화와 아픔

○ 걱정을 잊고 젊음이 역동한다: 파리대학 김연금(김옥엽)의 파리축제

이 글을 쓸 때 필자는 당시 파리대학 대학생이었다. 본명은 김연금. 프랑스에는 여러가지 축제가 있지만 그 중 프랑스혁명축제는 프랑스 혁명의 도화선이 되었던 1789년 바스티유감옥을 습격한 날을 기념하면서 시작되었다 매년 7월 13~15일 사흘 동안 프랑스 전 지역에서 거행되는데, 그 중 파리에서 하는 축제가 가장 대표적이고, 대규모였다. 그래서 필자는 명칭이 프랑스축제라기보다는 파리축제로 알려졌다고 한다.

프랑스의 7월이라면 마치 고국 조선에선 보릿단을 거두고 말복(末伏) 놀이를 하는 절기다. 이에 포도밭에 송글송글 달린 포도도 거둬들이고 보리 베기도 마치고 날씨는 여름도 아니요, 가을도 아닌, 덥지도 춥지도 않은 계절에서 이러한 명절이 아닐지라도 한번 놀고 싶은 것은 사람의 상정이다. 거기에 프랑스 건국의 날이요 자유와 평등과 행복의 상징인 삼색 깃발을 높이 날리는 이날. 어찌 피가 많고 눈물 많은 프랑스 인민들이 가만히 있으리.[500]

---

499) 在羅馬 李順鐸, 상동, 『三千里』(5-10), 1933년 10월 1일, 61쪽.
500) 巴里大學 金蓮金, 「내가 본 巴里祭」, 『三千里』(6-9), 1934년 9월 1일, 98쪽.

필자는 이날이 바스티유감옥을 습격한 프랑스 국민의 봉기일이라는 표현을 쓰지 않았다. 대신 프랑스가 건국된 날로 이해하면서 혁명과 자유를 쟁취한 기념일에 마음껏 노는 프랑스 젊은이를 무척 부러워하였다. 평양의 단오놀이와 함흥의 추석놀이를 합친 듯한 파리축제라는 표현에서 계급과 신분의 시름을 잊었던 옛날 우리 민속놀이를 떠올렸던 것 같다. 그러니 '이날만큼은 아무리 가난하고 변변찮은 직업을 가진 사람도 연미복과 윤이 나는 구두를 신고 거리로 나온다.'고 하였다. 필자가 부러웠던 것은 남녀노소가 그날 만큼은 무엇을 해야 하고, 무엇을 이뤄야 하는지를 고민하지 않고, 신분과 계급의 금줄을 넘어서 흥분의 도가니가 되는 그것이었다. 필자도 향그러운 살 냄새, 땀 냄새가 나는 대학생들과 함께 밤새 춤추었다고 하였다. 조선의 혁명 운동도 그런 축제로 이어져야 했다는 듯이…

○ 겉은 아름답지만 속은 타락했다: 선장 홍운봉의 프랑스 마르세이유

마르세이유는 당시에도 에로 영화와 창기(倡妓)들로 유명하였다. 선장 홍운봉은 그곳이 생긴 연원을 알 수 없다고 하면서 마르세이유가 무역항이기 때문에 그런 문화가 생겼으리라 추측할 뿐이다. 당시 마르세이유 영화는 드나드는 선박 승무원이면 보지 않는 사람이 없을 정도였고, 가격도 무척 비쌌다. 주로 매음가 2층에서 문을 잠그고 관람하였다고 한다. 거기서 상영되는 영화는 '다른 곳에서는 전혀 볼 수 없는 진기한 영화'였고, '흥행물로 공개되지 않았다.'고 하였다. 필자는 그 어디서도 볼 수 없던 영화 한 장면을 이렇게 묘사한다.

한 아름이 넘는 올리브 나무 위에서 두 명의 젊은 처녀가 과일을 딴다. 아름답고 순한 처녀다. 한 청년이 지내가다가 처녀들을 보고 무슨 말을 건넨다. 처녀는 낮은 가지로 내려와서는 여자의 쥬-부(가슴)를 들면서 농을 건넨다. 여자들은 남자를 향해 뛰어내리고, 부드러운 잔디밭에 누워 마음껏 키스와 포옹을 한 다음 3명의 남녀는 드디어 금단의 열

매를 먹는다.[501]

이런 프랑스의 환락가 내용을 『삼천리』에다 실었다는 것도 의아한데, 서구적인 포르노 혹은 에로 영화를 하나의 예술 장르로 인정한다는 것인지 아니면 이러한 원초적인 욕망을 담은 서구 영화의 부도덕성과 비윤리성을 꼬집기 위한 것인지 분명하지 않다.

> 쟁쟁한 음조로 프랑스어, 영어로 애교를 부리며 경쾌한 스텝으로 우리에게 뛰어와서 안긴다. 마지막 나온 여자는 피아노 커버를 벗기고 건반[뽕뽕鍵]을 두드리기 시작한다. 영어를 못하는 여자들은 우리가 만약 프랑스어로 응대하면 기름종이[油紙] 불붙인 것 같이 전혀 알지 못하게 뒤섞는다. 말의 속도를 조절치 않으면 알지 못한다. 댄스에는 실력이 없는 우리들은 계집들의 달달한 말에 저항할 용기도 없이 스텝을 밟기 시작한다.[502]

이렇게 에로 영화가 끝나면 여성들이 나와서 손님인 남성들의 파트너가 되어 함께 춤을 춘다. 그러면서 스크린 뒤에 있는 매음방으로 함께 입장한다고 했다.

한편, 필자는 일본어로 '아나타'라는 말을 잘하는 길거리의 스트립걸과 만났다.

> 그녀 이름은 유진(Eugenie)이다. 숙모와 둘이 사는데 매일 재봉공장에 통근하여 돈을 벌지만 숙모 약값을 대기 어려워서 나쁜 줄 알지만 이런 천한 일을 한다고 한다. 유진은 눈물을 흘리며 말한다. 다음 방에는 괴로운 기침 소리가 때때로 들려온다. 나는 가진 프랑스 돈 전부를 유진의 손에 쥐어주고 나왔다.[503]

---

501) 洪雲峰,「各國港口의 獵奇行 佛國馬耳塞港」,『三千里』(7-5), 1935년 6월 1일, 245쪽.
502) 洪雲峰, 상동,『三千里』(7-5), 1935년 6월 1일, 245쪽.
503) 洪雲峰, 상동,『三千里』(7-5), 1935년 6월 1일, 247쪽.

필자는 유진과 같은 여성이 거기로 빠져든 것은 물론 돈벌이를 위한 것이지만, 그것보다는 삶의 지속을 위한 불가피한 선택인 점을 강조한다. 그런 문화를 향유하던 선원으로서 그간의 행태에 대한 양심의 가책인지, 아니면 일본어로 표현해서 긁어낼 만큼 일본인들의 매춘행태에 대한 불만을 은유한 것인지 확인할 수 없다. 다만, 필자로서 해결책을 찾을 이유가 없었지만 이런 성적인 수요에 뛰어든 여성들의 비극은 결코 정상적인 사회에서 온 것은 아니라는 사실은 분명히 주지하는 듯했다. 당시 조선에는 마르세이유의 창기보다 더 비참하게 아버지의 손에 이끌려오거나 포부의 손에 잡혀서 영문모르게 성매매를 강요당하는 수많은 비극이 있었다. 아마도 그런 조선의 비극적 상황을 염두에 두면서 프랑스의 그것과 비교하려고 한 것은 아닐까 한다.

○ 두 개의 역설: **삼청학인의 베르사이유와 잔다크 기념비**

프랑스에 온 지 10년이 넘었다고 하고 기고한 날을 감안해 보면, 삼청학인 (三淸學人)은 1920년대 중반즈음 프랑스에 가서 지내다가 1935년경에 귀국한 인물로 추정된다. 이런 필자가 프랑스 여행에서 가장 인상적인 곳으로 지목한 것이 잔다크 기념패와 베르사이유 궁전이었다.

필자는 베르사이유 궁전을 "보불전쟁(1870년 7월 19일 ~ 1871년 5월 10일) 이래 독일 민족에게 극도의 모욕을 당한 곳이자, 프랑스대혁명의 씨를 심던 곳"이라고 하면서,504) "역사는 극히 공정한 것이어서 최대 야욕자에게는 최대 비극을 주고 만다."는 교훈을 얻게 한다고 하였다. 즉, 압제와 강권으로 이뤄진 문화는 결국 자기에게 칼이 되어 돌아온다는 것이다. 그러면서 이런 오욕의 역사와 대비하여 필자는 충의의 역사로서 잔다크기념패를 소개한다.

잔다크 기념패는 프랑스 모든 도시 모든 곳에도 있으며,505) 영국군에게 패

---

504) 三淸學人, 「쨘다크 紀念牌를 보고 생각나든 일」, 『三千里』(8-2), 1936년 2월 1일, 67쪽.

해 프랑스가 멸망의 위기에 처했을 때 잔다크가 의용군을 조직하여 전선에
나감으로써 국민에게 애국심을 고양시키고, 사분오열되었던 프랑스의 각지
제후의 단결을 끌어내서 결국 영국을 물리칠 수 있었다는 것이다.

오늘 날 잔다크가 없었다면 프랑스 민족은 민족적 일치라는 애국심이 존재할 리 심히
의심스럽다. 이렇듯 위대한 잔다크 기념상이 오늘날 프랑스 국민의 경모 대상이 되고, 연
중행사로 기념하는 의식[式典]을 하는 것은 훌륭하다. 어찌 우연한 일이랴!506)

너무나 잘 아는 잔다크 이야기에 더하여 필자는 결정적인 한마디를 남겼
다. "이 어찌 우연한 일이랴!" 잔다크를 기념하는 식전에 자신이 온 것은 결
코 우연이 아니라는 말인데, 이는 잔다크가 프랑스의 전 민족의 단결을 끌어
내었듯이 조선도 누군가 그렇게 단결을 이끌어 냈으면 하는 간절함을 담은
'외마디'였다.

(10) 대단한 일본의 대접받는 조선인이 되자: **친일파 박영철의 블라디보스톡**

대단한 친일파였던 박영철(1879.2.2.~1939.3.10)507)은 1919년 8월 26일

---

505) 三淸學人, 상동, 『三千里』(8-2), 1936년 2월 1일, 67~68쪽.
506) 三淸學人, 상동, 『三千里』(8-2), 1936년 2월 1일, 68쪽.
507) 박영철은 1903년 일본 육군사관학교 졸업후 러일전쟁에 종군하였고, 1908년 6월
부터 한국주차헌병대에 파견되어 1911년 기병참령이 되었다. 1912년 8월 전북
익산군수. 1916년 전북지방토지조사위원회 임시위원 및 1918년 함경북도 참여
관이 되었다. 1921년 전라북도 참여관, 1925년 강원도지사. 1926년 함경북도 지
사로 임명되었다. 1929년 조선박람회 평의원·이사, 조선사회사업회 이사. 1930년
에는 경성방송국 이사, 조선미곡창고주식회사 이사, 1931년 조선상업은행 은행
장. 1933년 6월 중추원 참의가 되어 사망할 때까지 역임하였다. 1934년에는 조선
국방의회연합회 상임이사, 1935년 북선제지 감사, 1936년 조선산업경제조사회
위원, 조선중공업회사 중역 등을 맡았다. 1938년 시국대책조사회 위원, 국민정신
총동원조선연맹 이사 등을 시국대응전선사상보국연맹 총무 등을 맡았다. 국민정
신총동원조선연맹 순회강연반의 연사. 1939년 경성부 육군병지원자후원회 이사

함경도 참여관 신분으로 블라디보스톡(海蔘威)에 입항하였고, 이후 빡빡한 일정을 끝내고 8월 30일에 함북 종성(鍾城)으로 귀착하였다. 이 글은 그로부터 20년 후인 1938년 10월에 『삼천리』에 기고한 것이다. 20년이나 지나서 기고한 자세한 이유는 알 수 없지만 바야흐로 소일전쟁이 예측되는 상황에서 옛날 러시아 방문의 기억을 떠올려서 조선인들의 염전(厭戰)의식을 미연에 저지하려는 의도가 아닐까 추측해본다.

<그림 45 박영철>
(출전: 전북의 소리)

친일 거물이라서 1910년대 말이라도 당시 일정은 휘황찬란하였다. 도착해서는 일본인이 경영하는 야마토(大和) 여관에서 머물렀고, 8월 27일부터 기도(木藤) 통역관을 대동하고 일본 총영사관, 군사령부 헌병대 등을 방문하였다. 친일파 여경휘(呂景輝)가 제공한 자동차를 타고 시가지를 돌고, 요정에서 향응을 받았다. 이어서 교외의 풍광, 시중의 야경 및 극장, 무도장 등을 순람하였다. 이어서 28일에는 옛 지인인 이제정 대위 등과 증기선을 타고 포렴(浦鹽)반도, 추서견(推書堅)반도, 누식기(婁植汽) 반도 등 각 요새를 둘러보았다. 그러면서 러시아 속에서도 일본군의 위세가 참으로 대단하다고 자랑하였다.

평소는 감시원이 엄중하게 금하여 러시아인도 해당 장관이 인솔한 부대 중의 사졸 이외는 출입하지 못한다. 그러다 연합군이 점령한 후 일본군 사령관의 허가증만 있으면 무난히 출입할 수 있다. 그런데 요새의 설비는 대부분 철폐되었다.[508]

당시 도착했을 때 신한촌(新韓村)을 중심으로 3.1운동이 이었다. 하지만

및 한강수력전기회사 중역으로 활동하였다(위키백과).
508) 朴榮喆, 「海蔘威에 단여와서」, 『三千里』(10-10), 1938년 10월 1일, 44쪽.

박영철은 전혀 관심이 없었다. 오히려 독립운동가라는 사람들은 '세상을 개탄하는 자'라고 표현할 뿐이었다.[509] 그런 친일파 박영철이라도 이 지역 조선인의 교육열에 대해선 무척 높게 평가한다.

조선인의 교육 상태는 일반 러시아인의 교육보다도 우수하다. 갈궁하(遏弓河) 유역의 코삭크촌에 사는 조선인 중 문자를 모르는 사람은 하나도 없다. 도처 조선인촌락에는 반드시 1, 2개의 학교가 있고, 유아원도 있다....(중략)...러시아 정부는 별도로 학교를 세우려 아니하고 다만 이미 세운 학교를 원조할 뿐이다. 여자학교는 2개교 있을 뿐, 그 외는 다 남녀공학이다. 넉넉하지 않은 조선인일지라도 아이들 교육만큼은 무척 열정적으로 지원하고 있으며, 조선인 아이들도 모두 열심히 공부하고, 조선인 교원도 많다.[510]

다만, 러시아정교를 포함하여 기독교의 조선인 포교와 교육에 대해 무척 우려하는 모습이다. 그리고 조선인학교 중 예수교의 통제를 받는 것은 3개교에 불과하고, 그 외는 조선인이 발기한 학교들이라 하여 그나마 안심하고 있다. 왜 기독교 학교에 대한 우려가 컸을까. 사실 1919년 3·1운동 당시 기독교가 주도적인 역할을 한 것이 주지의 사실이고, 여기에는 기독교 선교사들이 서구와 연결하여 식민지 지배를 견제하는 역할을 하던 차였다. 총독부는 이런 입장에서 포교하는데 다양한 「포교규칙」을 적용하여 다양한 방식으로 기독교 통제를 시도하였다. 3·1운동 이후 일본 하라 수상이 영어가 유창한 사이토를 조선총독에 임명하고, 식민지 통치에 비판적인 기독교 선교사에 대한 철저한 회유정책을 추진한 것도 바로 그런 이유때문이었다.

사이토 총독은 부임하자 학무국에다 종교과를 신설하여 기독교인을 공무

---

509) "시의 북단 구릉상에 新韓村이 있었다. (조선 사람 거주하는데) 시가의 차도에는 切石을 깔았고, 인도는 부석(敷石)으로 축조되어서 완전하고도 견고하였다. 조선인은 우수리 부근 지방에 약 31만명이 있다고 하고, 그 중 露國에 귀화한 자로 육군장교 및 관공리 등이 있고 상공업 및 뜻을 잃고 세상을 개탄하는 자도 또한 적지 않다."(朴榮喆, 상동, 『三千里』(10-10), 1938년 10월 1일, 45쪽).

510) 朴榮喆, 상동, 『三千里』(10-10), 1938년 10월 1일, 46쪽.

원으로 보임하여 기독교 포교를 지원하고, 그동안 거리를 두었던 선교사들을 대거 관저에 초청하여 회유하였다. 또한 「포교규칙」을 개정하여 포교소 설치를 허가제에서 신고제로 하여 포교 자유를 보장하는가 하면, 비록 범칙하더라도 벌금을 내는 선에서 그치게 하였다.

이러한 선교사 회유정책이 효과를 거두면서 선교사들도 총독부와 밀월 관계를 맺게 되고, 조선인에게는 '정교분리(政敎分離)'를 강조하는 설교를 통하여 항일의지를 약화시켰다. 바야흐로 항일적인 선교사들이 급거 식민통치에 협력적인 선교사로 변화를 시작한 것이다. 박영철이 이렇게 기독교에 대해서 비판적이었던 것은 바로 아직 기독교에 대한 통제가 강력했던 시절이었기 때문이다.

이런 상황인데도 박영철 같은 친일 인사들은 천지분간 없이 총독부의 앵무새가 되어 러시아 기독교의 불합리성을 고발하는 등 '러시아에 대한 불신(不信)'을 드러내었다. 이에 필자는 '조선인들이 아무리 기독교로 전교하면서 러시아에 귀화한다고 해도 실제로는 이름뿐인 기독교인이 될 뿐이다.'라고 애써 조선인에 대한 기독교 포교를 평가절하하였다.

> 러시아 종교단체는 조선인에게 예수교를 보급하고자 교회당을 조선인 부락에 건축하고 포교한다. 신도가 증가하면 보조를 주고 교회와 전도소를 설립하여 조선인 교육에 주의한다. 조선인 중 예수교 신도는 대부분 러시아로 귀화하는데 이것은 러시아 원조를 받기 위함이다. 한때 러시아는 조선인을 국외로 추방한다는 유언비어가 창궐했는데 이때 세례받고 예수교에 들어간 자가 많았다. 그러나 명목일 뿐이요, 실제로는 조금도 다름이 없었다.[511]

무늬만 예수교인이라는 것이다. 오로지 러시아에 살기 위하여 '러시아어도 모르고 성서의 의미도 해독하지 못하는' 조선인이 많았다고 하면서, 결혼

---

511) 朴榮喆, 상동, 『三千里』(10-10), 1938년 10월 1일, 46쪽.

식은 교회에서 하더라도 장례는 유교식으로 한다고도 했다. 혹 기독교식 장례를 하긴 하지만 선교사가 돌아가면 다시 불교식으로 한다고 했다. 그만큼 러시아에 살기 위해 '구색 갖추기' 차원에서 기독교를 활용하고 있다는 지적이다. 그러니 1910년 당시 연해주의 조선인 기독교 신자는 남자 5,955인, 여자 4,284인이었는데, 그중 교회에 출석하는 자는 남자 2,011인, 여자 906인에 불과하다고 꼬집었다. 박영철이 비록 제2의 일본인이라 할 정도로 친일파였으나, 이례적으로 연해주 조선인 동포에게는 후한 인정을 보이는 것은, 역시 기독교가 매개된 러시아의 민족차별에 대한 불신과 적대감을 부각하려는 의도라 할 수 있다.

③ 조선총독부가 조선인을 개조했듯이 연해주 총독부도 그랬어야 했다.

박영철은 조선인에 대한 차별과 예수교 포교 문제를 필두로 러시아의 정책이 총독에 따라 시시때때로 변하는 사실에 무척 분노하였다.

> 러시아 정책은 의연히 주된 골자[主見]가 없다. 연해주 총독은 각각 자의대로 혹은 조선인을 비상히 압박하고 혹은 회유책을 쓰는 등 총독 경질을 통하여 조선인에 대한 정책도 또한 변경되었다.[512]

이런 상황에서도 조선인이 러시아에 귀화하는 것은 무엇보다 그곳 조선인이 일취월장 발전하는 조선의 사정을 잘 모른다는 점과 더불어 연해주 총독이 일관성 없는 정책으로 민족차별이 지속되는 등의 사정을 들었다. 특히 러시아 외무성이 "조선인의 성질은 이상한 습관이 있고, 또 함부로 토지를 점령하여 큰 이익을 꾀한다는 두가지 폐해가 있다(1912년 자료)."라는 자료를 인용하면서 이처럼 러시아 행정당국이 "조선인의 선량한 성질을 활용하거나 조선인의 생활 감독을 하지 않으면서" 함부로 취급하니 이런 문제가 생겼다

---

512) 朴榮喆, 상동, 『三千里』(10-10), 1938년 10월 1일, 47쪽.

고 비판하였다. 여기서 흥미로운 것은 박영철이 조선인의 풍습을 '야만적 풍습'이라 인정한 대목이다.

조선인은 35년 이전부터 귀화를 희망하고 있었다. 그러므로 일찌기 조선인이 안전하게 경작하도록 하여 그 생활을 안정시켰던들 <u>그 야만적 풍습</u>은 벌써 변화하여 선량한 농민이 되었을 것이다.(밑줄은 저자)[513]

조선인에 대한 러시아의 적절한 행정조치가 없어서 여전히 '야만적인 폐해와 습성'을 가지고 거주한다는 말이다. 친일 세력이 가지는 '민족개조론'적 사고가 여기서도 여실히 등장한다. 이 말은 조선총독부가 조선인을 개조하듯이, 연해주 총독부도 조선인을 잘 개조시켰어야 한다는 논리였다. 여기서 적절한 행정조치란 '귀화'와 '개조'였다는 것은 두말할 것도 없다.

4. 중국 투어와 '동병상련(同病相憐)': 문화적 존경과 정치적 무능의 대비를 통한 중국과 동병상련하기

(1) 실력도 없으면서 마음만으로 오는 조선인이 많다: 석호 권태용의 중국 시찰기

① 칭타오 이야기: 너무 비인도적인 사업만 하는 조선인들이여 각성하라!

1920년 4월 말 스스로 돈 없고 능력이 없지만 중국 고전에 심취하여 무작정 중국대륙을 여행하고는 결국 죽을병에 걸려서 귀국했다는 권태용의 기행담이다. 자세히 보면 각지 영사관에서 후원하였고, 형사들이 다양한 도움을 주었다는 것에서 당국의 지원을 받은 시찰 여행인 것으로 추정된다. 필자의 이번 시찰은 한결같이 주제가 그곳 조선인의 비참하고, 낙후된 삶에 대한 것이었다.

---

513) 朴榮喆, 「海蔘威에 단여와서」, 『三千里』(10-10), 1938년 10월 1일, 47쪽.

첫 번째 시찰지는 칭타오였다. 이곳에서는 자신이 만난 어느 술집 여성의 사연을 소개하였다. 술집에서 아름다운 조선인 여성 종업원을 본 필자는 '보통 주부로 가정을 지키면서 자신과 같은 조국의 동량을 키워야 할 여인이 여기서 온갖 비인도적인 대우를 견디면서 비참하게 산다.'하였다. 그러면서 과연 이런 희생이 값어치 있는 것인지 되물었다.[514]

필자는 중국에 사는 조선인들이 너무 '비인도적인 사업'을 하거나 그런 사업에 고용되어 고통당하고 있다고 보았다. 그러면서 해외 조선인들은 대체로 '비인도적인 폭행적 사업' 이외에는 찾아볼 수 없을 정도라는 하며, 그저 일확천금에 눈이 멀어서 마음만 믿고 아무런 실력도 없이 여기 와서 고향에서 보내는 돈만 축낸다고 하였다. 앞으로 조선사람은 요리집, 술집, 매춘 등 '비인도적인 사업'을 하려고 해외로 나서지 말고, 정말 인도적인 인의(仁義)와 정도(正道)를 걷는 마음으로 나라 마다의 특산물을 교역하는 건전한 사업을 영위하라는 당부의 말을 하고 싶었다.[515]

② 지난(霽南) 이야기: 동원도리의 춘몽을 깨지 못한 비참한 조선인

5월 1일 필자는 지난에 도착하였다. 역에 도착하니 조선인 박모 형사와 두 명의 경찰이 '깊은 의미가 있다는 듯이' 보호를 명분으로 호텔까지 호송하였다고 한다. 이러한 조사와 단속을 시도하는 경찰에 대해 '초행자인 내 생각에는 너무나 감사합다.'라는 말로 비꼬았다. 비록 관변이 지원하는 시찰여행이지만 생각만큼 자유롭지 못했다는 점을 말함이었다.

---

514) 「石湖 權泰用寄書 中國旅行紀(제1회, 全3回)」, 『동아일보』, 1920년 7월 11일.
515) "이같이 요리집하는 사람에게 말하오니 절대로 이런 업종에 종사하지 말라는 말은 아닙니다. 조금 개량하야 비인도를 감행하는 자로 각성하여 인의(人義)와 정도(正道)로 돌아오기를 바라며, 천부(天賦)의 인성(人性), 정도(正道)와 내자신의 양심으로 대륙의 특산물이나 '천산물'등 허다한 사업이 있지 않은가요?"(상동, 『동아일보』, 1920년 7월 11일.)

무척 크고 광대한 산둥에서 정정당당 사업에 착수한 우리 조선사람은 불과 자본금 2만원짜리 봉래양행(鳳來洋行) 한 곳뿐이다. 이것으로 볼 때 우리 조선사람의 해외 활동력이 얼마나 빈약하고 가련한지 알게 되었다. 자본과 실력이 있는 유지들이여! 심히 고려할지어다.516)

그러면서 필자는 지난에 사는 조선인 현실을 보면서 '4천 년 역사 동쪽 정원에서 크던 복숭아나무, 오얏나무가 봄 꿈을 채 알지 못하니 결국 어떻게 되었나?'라고 했듯이 조선이 4천년의 역사를 가지고도 '시대의 변화에 능동적으로 대응하지 못해서 오늘날 식민지 신세, 비참한 삶을 살게 된 것이 아닌가.'라고 탄식하였다. 필자는 이처럼 조선의 멸망과 민족적 무능을 연관지우면서 설명하고자 했다. 이는 이번 시찰이 가지는 '정치성'을 반영한다. 필자는 조선이 망한 것은 제대로 기업을 하고, 산업을 육성하며, 외국과 교역하지 않고, 비도덕적이고, 한심한 유일(愉逸)로 세월을 보냈던 것에서 시작되었다고 정의한다. 이런 생각이 축적되면서 총독부의 통치가 수탈이 아니라 시혜라는 생각으로 이어지고, 결국 조선멸망당연론, 조선인무능론, 민족개조론 등의 이념을 확장하는 길을 열게 되는 것이었다.

③ 상하이 이야기: 나는 가공되지 않은 진짜 동포들의 삶을 알고 싶다.
필자는 '어떤 수사나 목적으로 쓰인 각종의 해외 동포 이야기'가 많다고 하고, 그런 것은 이미 각색되어서 제대로 진실을 밝히지 못한다고 했다. 그러면서 상하이의 진짜 모습을 확인하고 싶다고 했다.

무릇 상하이에 거류하시는 우리 조선동포는 무슨 사업을 운영하는지, 그 내용을 아무리 애써 알려고 하여도 알 수 없어요. 과거와 현재와 미래는 생각지도 아니하시고 아마 조선에서 신문잡지에 나오는 화려한 겉치레만 보고 애써 없는 돈을 탈탈 털어서 반

---

516)「石湖 權泰用寄書 中國旅行紀(제2회, 全3回)」,『동아일보』, 1920년 7월 12일.

쯤 허영기[半虛榮의 狂]에 미쳐서 오신 모양입니다. 이런 분들이 처음부터 자발적 정신으로 충분한 신망을 가지고 군은 결심으로 왔다면, 상하이는 동양 제일의 명지(明地)이니 여기만 오면 정치가로도 성공하고, 사상에도, 기타 실업(實業) 방면에서도 만금을 손에 쥐었을 것입니다. 그런데 일확천금의 뜻과 마음으로 도항하였지만 백문이 불여일견, 들어와 관찰해보면 그런 한 마음 큰 뜻이 다 일장춘몽으로 돌아갈 뿐입니다.[517]

필자는 상하이에 사는 많은 조선인이 '사천 년간 고루거각에서 봄 꿈을 깨지 못한 사람'으로 생각하였고, 그저 준비나 실력도 없이 뜻이나 욕심만 믿고 상하이에 온다면 결국 그것은 춘몽으로 끝나고 말 것이라는 경고를 하였다. 그러면서 상하이의 조선인 대부분이 고향으로부터 온 돈을 까먹고 자신의 웅지만 내세우다 몰락하는 가련한 존재로 묘사하였다. 필자는 해외 조선인들이 가져야 할 가장 중요한 덕목으로 역시 '상당한 실력과 포부를 튼튼한 정신에 발휘하는 것'이라고 여겼다. 그런 조선인은 적고(九牛一毛), 대부분은 비인도적인 사업에 뛰어들거나 마음만 앞세우다가 망하고 만다고 하였다.

필자의 이 말이 가지는 의미는 무엇인가. 1920년 상하이의 상황이라면 대한민국 임시정부가 한창 열심히 활동하던 시기였고, 이러한 때 많은 조선인이 독립과 같은 '허황된 마음'으로 상하이에 온 사실을 '비도덕적인 속셈'과 결부하여 비판하려는 의도라 할 것이다. 비인도 사업에 종사하는 것은 그냥 술집, 작부만이 아니라 독립운동가들의 무위도식(無爲徒食)도 포함한 것으로 이곳 상하이에는 생산적이지 못한 일을 하는 조선인이 너무나 많다는 것을 보여주려고 했다.

④ 하얼빈 이야기: 이번 일본군의 시베리아 출병은 경제적 성취이다.
필자는 홍콩을 거쳐서 하얼빈의 어느 제주공장을 방문하였다.

---

517) 「石湖 權泰用寄書 中國旅行紀(제2회, 全3回)」, 『동아일보』 1920년 7월 12일.

하얼빈에서 오늘까지 우리 조선인은 물론 일본인도 별로 신기한 사업이 없었다. 그러던 중 대전 후 러시아혁명 이래 일시 과격파의 세력으로 인해 전(全)러시아 특히 시베리아 방면에서는 전혀 질서를 유지하기 어려운 시기였다. 그러다 일본 출병 후 일본 및 중국이 협력해서 그 지방에서 북만주 특산의 콩을 응용하여 장래가 촉망되는 큰 주조업을 일으켰다. 이외에도 제분, 요업, 철공, 기타 풍부한 사업을 시시각각 신설하였다. 이에 동양척식회사는 하얼빈에서 남으로 50리 정도 떨어진 '아치아'에 큰 공장을 세워 좋은 성적을 내는 듯하다. 하얼빈은 장래 일대 대주조업 단지가 될 듯하다는 것이 '내'생각인 바, 이번의 시베리아 출병은 정치적 의미보다 경제적 의미가 더 각별하다고 본다.[518]

여기서 필자는 이번 시베리아 출병으로 인해서 일본인의 자본투자가 증가하여 오히려 조선인과 일본인의 경제적 성취가 있을 것이라는 추정을 하고 있다. 제국의 침략성을 교묘히 경제전 성격으로 위장하면서 조선인의 틈새 시장을 도모하는 모습이다. 이미 1920년대의 친일세력은 이렇듯 일본의 대륙침략에 편승하여 콩고물이라도 챙기려는 의지로 충만한 상황이었다.

(2) 조선인이 조선을 더 폄훼하더라: **강남매화랑의 남중국 다크투어**

① 멍청한 조선인 독립운동가와 멍청한 중국인 조선바라기

강남매화랑(江南賣畵廊)이 누구인지 자세한 것은 알 수 없지만 성이 장(張)씨인 것은 분명하다.[519] 아마도 1910년대 중국 소주에 거주하던 조선인 지식인인 듯하다. 필자의 글에는 1920년대까지 조선인들의 기행에서 '중국인을 보는 일반의 시각'이 고스란히 담겨있다. 물론 기본 정서는 '조·중의 동병상련(同病相憐)'이었지만 실제로는 '중국은 참 불쌍한 나라'라는 이미지이다.

당시 총독부는 중국이 얼마나 낙후되었는지 각종 매체를 통하여 열심히 선전하던 시기였다. 이것은 조선인들이 일본의 지배로 인해 중국과는 다르

---

518) 「石湖 權泰用寄書 中國旅行紀(제3회, 全3回)」, 『동아일보』 1920년 7월 13일.
519) 대화 내용에서 "張君 알겠소?"라는 글이 있어 성이 장씨인 것으로 보인다.(江南賣畵廊, 「上海로부터 金陵까지」, 『開闢』(6), 1920년 12월 1일, 123쪽.)

게 참된 근대화를 이루었다고 하여, 일본의 지배를 마치 '천행(天幸)'으로 믿게 하려는 의도도 포함하였다. 하지만 총독부의 의도와 달리, 당시까지도 조선인들의 중국 인식은 여전히 그들의 우수한 문화적 소산에 대한 존경과 더불어 중국인이 열강에 당하는 현실에 대한 '동병상련'의 감성이었다.

그런데 이러한 총독부의 '중국 멸시' 선전이 심화되면서 그동안의 '동병상련'하려는 마음도 점차 무디어졌다. 중국인들은 옛날에는 우수했지만 이제는 무능하고 못났다는 이미지가 유포되기 시작하였다. 그러면서 윤치호가 흘린 말처럼 중국은 침략으로 비참해진 것이 아니라 모든 불행의 원인이 그들 안에 있다는 주장이 확산되었다.

> 중국인들은 이 세상에서 가장 비(非)애국적인 민족이다. 그들은 공동의 적에 맞서 연합전선을 결성하지는 못할망정 동족간 전투와 살육에 여념이 없다. 사정이 이러함에도 그들은 미국이나 국제연맹이 일본에 저항하고 있는 자기를 도와주길 기대한다. 지금 중국인들은 조선 옛 황제(고종을 말하는 듯)의 전철을 그대로 답습하고 있다.[520]

독립전선 일부에서는 오히려 친일 세력이 '중국 멸시론'을 펴서 외연을 확장하는 와중에도 고리타분하게 '중화론적 세계관에 입각한 항일전'을 꾀하는 경우가 있었고, 필자는 예의 그런 낙후된 생각에 대해서도 일침을 놓고 있다. 필자는 여행 당시 쑤저우(蘇州)에 사는 창강(滄江) 김택영(1850~1927)과 만난 적이 있었다.

김택영은 고종 시기 중추원 서기관 등을 역임하였고, 『문헌비고(文獻備考)』를 찬집하기도 했으며, 정3품 통정대부까지 올랐으나, 을사늑약으로 중국에 망명한 인물이었다. 장강[揚子江] 하류 난퉁[南通]에서 출판소를 차렸고, 이승만 등과 함께 중화민국 정부에 우리나라 독립 지원 요청서를 보내기도 했다. 이른바 우국지사요, 독립운동가였다. 하지만 역사인식에서는 일

---

520) 『윤치호 일기』, 1934년 1월 8일, 322쪽.

부 문제가 있었다.

필자는 물었다. 김택영의 『조선역대소사』를 보면, 단군신화는 무척 황당하며, 원래 조선이라는 것은 기자조선 이전의 것을 따져 물을 필요도 없다고 한 점. 그리고 오직 기자 때 와서 조선의 역사가 생겼으며, 조선이 중국의 봉지(封地)가 되지 않을 이유가 없다고 한 점에 대해 따졌다.

> 나는 묻기를 왜 그러냐고 했다. 그[김택영]가 말하되 원래 조선은 기자(箕子) 이전을 따져서 말할 가치가 없소 오직 기자 때 와서 역사라는 것이 생겼다는 것이다. 그래서 기자를 기원으로 잡는 동시에 불가불 중원의 봉지(封地)가 되었던 것은 사실이라고 한다.[521]

그러자 필자는 화를 내면서 김택영에게 '영감은 중국 영감입니다. 다시 조선의 혼이 아주 사라져 버렸네요.'라면서, 무엇무엇 물을 것도 없이 그저 허수하게 작별하고 여관으로 돌아왔다고 했다. 엄청난 분노를 감추는 듯한 대목이다. 더구나 김택영의 글에는 임나일본부설을 인용하면서 『일본서기』에 나오는 삼한정벌설을 옹호하는 듯한 내용이 있었다고 한다. 이와 관련하여 필자는 여기선 말하지 않았지만 도저히 독립운동가 김택영의 글로 믿을 수 없다고 여겼다.

한번은 진링(金陵)으로 가면서 어느 중국인 학생과 만났다. 그 학생은'나는 귀국(조선) 사람을 매우 사랑하오'라면서 처음에는 좋은 대화가 오고 갔다. 조선인들은 자신들과 마찬가지로 억압받는 민족이라는 것이다. 그러다 갑자기 중국 학생이 조선과 중국과의 관계를 '속(屬)'으로 표현하고 누천년 조선과 중국이 형제의 우의처럼 지냈으나 지금에 와서 중국과 소원해졌다고 하였다.

> (나) 우리는 4천 년 역사가 있고 2천만의 민중이 있으니 이것만으로 보아도 고유한 풍

---

521) 江南賣畵廊, 「上海로부터 金陵까지」, 『開闢』(6), 1920년 12월 1일, 126쪽.)

속 습관이 있고 고유한 문화예술이 있습니다.

(그) 그런데 귀국이 일직 우리나라(弊國; 중국)의 속방[屬]인 바 되어 서로 형제의 우의처럼 지내어 오던 것은 사실이 아닙니까? 왜 지금와서 이렇게 몰라보게 되었으니 참시운 변천이야말로 이루 헤아릴 수 없소이다.

(나) 형제의 우의를 가지고 서로 친밀히 지내어 왔다는 것은 좋은 말씀이오만 속(屬)이라는 말은 그때 귀국 천자라는 이와 우리의 임금이 서로 실가적(室家的) 교제를 한 것에 지나지 못하였소. 지금 와서 왜 그런 말을 하나요? 귀국이 지금 공화국이 되어 모든 옛 풍경을 일필로 말살하고 민국 원년으로부터 개국 기원을 잡고 내려온 지 벌써 9개 성상이지 않습니까. 그때 그 속(屬)이라고 쓴 것은 귀국 황가의 사관[史氏]이 과장한 글[濫墨]인 듯하오.

(그) 의미 있게 한 말이 아니니 용서하여 주세요.[522]

필자의 주장은 2가지로 정리된다. 하나는 '우리는 2천만 민중에 4천년 역사를 가진 고유한 풍속 습관을 가진 나라'라는 것. 또 하나는 '중국에 속한 바'라는 것은 천자와 조선 임금 간의 실가(室家, 가정)적 관계일 뿐 조선은 엄연히 중국과 다른 나라인데 이미 민국이 된 지가 언제인데 아직도 그런 생각을 가지는지 엄중하게 반문하였다.

'중국혼'에 빠진 독립운동가, 조선의 중국예속론에 빠진 조선바라기 청년. 둘 다 조선을 사랑한다고 하면서도 정작 조선을 폄훼하거나 조선을 멸시하는데 주저하지 않는다고 생각하였다.

어쨌든 필자는 중국은 침략을 받는 동병상련의 나라라는 연민과 더불어 조선은 중국과는 다른 조선의 독자적인 발전을 해온 문화민족이라는 생각을 굳건히 지키고 있었다. 그리고 그런 사고의 이면에는 차별극복의 논리가 있었다. 즉, '구분 없는 세계', '차별 없는 민족'이라는 지향점에서 평화적으로 교류 공존하는 길이 가장 이상적인 국제 관계라는 인식이었다.

---

522) 江南賣畫廊, 상동, 『開闢』(6), 1920년 12월 1일, 121쪽.

국가와 국가의 구분이 없이 민족과 민족의 차별이 없이 서로 의사를 교환함으로써 즐거움[安樂]을 삼고 서로 이념[主義]을 소통[共通]함을 행복으로 삼아서 서로 친목하고 서로 도움[扶持]이 우리의 절대적 의무로 압시다....(중략)...그리하여 우리와 이념[主義]이 같은 이는 누구라도 악수하고, 우리와 이상이 같은 이는 누구든지 친교(親交)해야 하는 것은 여러분도 동감하겠지요? 나는 지금 나의 고향 사정을 일일이 말할 수 없으니 여러분이 나의 고충이나마 들어보시려면 제가 이 고충에 모든 것을 글로 작성해 놓을 것입니다.[523]

1920년에 기고한 글인데도 민족과 민족의 구분을 없이 하자는 주장은 3·1운동 당시 조선에 민족주의가 얼마나 강력하게 자리잡았는지 엿보게 해준다. 그러면서 목끝까지 차오르는 '나의 고향 사정'에 대한 생각을 끝내 피력하지 못했다. 필자의 문맥을 따라가 보면 역시 조선인을 차별하는 현실에 대한 분노와 비판을 애써 감추려 한 태도가 느껴진다.

② 조선인이 더 조선을 무시하는 현실에 개탄하다.

한편, 필자는 진링에서 수주(秀州)중학교 교장 대리 중국인 심(沈)아무개와 대화를 나눌 기회가 있었다. 중국인 심모는 자기 학교에 조선인 심씨가 다녔다고 한다. 그 조선인 심씨는 상투를 틀고 학교에 나오는데, 더럽고, 땀내가 물신하고, 먼지투성이라 보기 싫었다고 했다.

(심교장) 아직도 조선 사람인데 머리카락을 자르지 않은 사람이 있어요? 나는 우리 지방에 지금까지 꽁치 꼬리를 남겨둔 동포를 보면 매양 인도인의 망국 종족이라 말해요. 인도인은 무엇이 그리 아까워서 아직도 머리를 그대로 하나요? 조선인의 상투를 보니 거의 인도인 같아요. 그것 좀 없애면 어떻습니까?[524]

---

523) 江南賣畵廊, 상동, 『開闢』(6), 1920년 12월 1일, 122쪽.
524) 江南賣畵廊, 상동, 『開闢』(6), 1920년 12월 1일, 122쪽.

중국인 심교장에 따르면, 함경도 출신의 그 더러운 조선인 심씨는 조상을 찾아서 여기까지 왔다고 한다. 조선 성씨도 대부분 중국에서 건너간 것이고, 자신도 중국 자싱(嘉興)에서 기원하였으며, 중국과 조선은 동족이며, 자신도 한문이나 유교를 믿는다고 하고 백립(白笠)을 썼다고 한다. 심교장의 더러운 조선인 상투쟁이 유학자를 목격담을 정리하면, ① 왜 조선인은 아직도 옛날 풍속을 가지고 더럽게 지내는가? ② 유학자인양하며 중국과 조선은 동족이라고 하고, 왜 여전히 모화(慕華)에 빠져 있는가 등이었다.

필자는 이 말을 듣고 '자기 집안의 나쁜 풍속을 스스로 선전한 그놈이야말로 참으로 어이가 없다.'고 하였고, "어떤 외국인이 우리의 더럽고도 구역질 나는 온갖 나쁜 풍속을 사진으로 찍어서 자기 나라에 소개하는 것을 보았는데, 이 조선인 심씨도 사진으로 모자라서 실물까지 출품하였다."고 비판하였다. 이외에도 우리 풍속의 치부를 널리 선전하는 선교사나 외국인의 왜곡된 행동도 성토하였다.

선교사들이 조선의 나쁜 풍속을 책자로 만들어 외국에 선전한다는데,…(중략)…'아! 조선은 참 별것들만 모여 사는구나. 짐승은 아니겠지? 물거나 차거나 하지는 않겠지? 그거 한 번 모아서 20세기 박물학 지식의 한 표본으로 만들었다.'라고 어느 평북 선천으로 파송나온 선교사가 강론 중 이런 말을 했다고 한다. 우리 동포에게 좋지 않은 풍속도 없지 않겠다. 하지만 그것을 일일이 모아서 책까지 만들어 (알리면) 참으로 그렇겠다고 생각할 수도 있고, 바늘 같은 말이 바위같이 되고, 좁쌀같은 일이 밤알같이도 될 수도 있을 것이다.[525]

필자는 '더러운 심씨의 폐습(弊習)'이나 선교사들의 망동(妄動)은 결국 우리 풍속을 부정적인 것으로 만들고, 이를 널리 알려서 '우리 민족＝열등 민족'임을 전 세계에 선전하는 일이라고 여겼다. 그러므로 우리 민족 문화에 대한 공정한 이해를 구하는 홍보가 중요하다는 점을 강조하였다. 그런데 이런

---

525) 江南賣畵廊, 상동, 『開闢』(6), 1920년 12월 1일, 124쪽.

필자의 인식을 자세히 보면 우리가 가진 악습이 널리 알려지는 점에 대해선 불편하지만 정작 그런 풍속을 해소하기 위한 노력이나 고민 등은 보이지 않는다. '치부(恥部)'이니 가리고 싶고, 가리고 싶으니 말하거나 보기도 싫었다. 또한 기독교 선교사들의 망동도 알고 보면, 조선의 악습을 세상에 알려서 공론화하고 철폐하는 동력을 만들어내자는 고민을 읽지 못하고 있었다. 문제는 가린다고 해결될 문제가 아니었다는 점을 알아야 했다는 것이다.

(3) 민족적 자각을 말하다: 골수 사회주의자 양명(梁明)의 만리장성

이 글은 1922년 5월 23일 골수 사회주의자였던 양명(梁明, 1902~?)[526]이 만리장성 등 중국을 여행하고 돌아오는 경의선(京義線) 기차에서 작성한 것이다. 여기서 필자는 만리장성을 보면서 자신의 순환사관(循環史觀)이 깃든

---

[526] 양명은 1919년 3월 부산공립상업학교를 졸업하고, 1919년 중국으로 건너가 베이징대학 문과에서 수학했다. 이때 만리장성을 다녀오고 이 기행문을 작성한 듯하다. 그는 1925년 1월 베이징에서 결성된 혁명사(革命社)에 가입하고 잡지 『혁명』 발행에 참여했다. 1925년 8월 귀국해 『조선일보』 정치부 기자로 근무하면서 조선공산당에 입당하였다. 1926년 3월에 레닌주의동맹(Leninist League) 결성에 참여하였으며, 12월에는 조선공산당 제2차 대회에서 중앙위원 후보로 선임되었다. 또한 고광수(高光洙)의 뒤를 이어 고려공산청년회 책임비서가 되었다. 1928년 2월 25일에 있었던 조선공산당 제3차 당대회에서 중앙위원으로 선출되었고(2월당), 같은 달, 제3차 조선공산당 검거 사건 때는 상하이로 망명하여 홍남표(洪南杓)가 책임비서였던 상하이 야체이카 위원이 되었다. 1928년 6월 코민테른 6차 대회의 대표로 파견되었고, 11월 3일에는 코민테른 조선위원회에 2월당 제1 대표로 참가하여 12월테제 초안[양명초안]을 작성하는데 기여했다.(임경석, 2022.3, 「코민테른 1928년 12월 결정초안과 조선대표단」, 『역사학보』(253), 241쪽.) 그는 여기서 조선의 현정세를 농업혁명을 중심으로 한 반제국주의 부르주아혁명론을 제시하였고, 일면 조선 부르주아들의 변절 및 자치주의화하는 문제를 심각히 우려하였다.(동 246쪽) 1929년 4월 이른바 'ML당'(3차 조선공산당) 간부들과 블라디보스토크에 모여 당 재건 방침을 협의했다. 5월에는 길림(吉林)에서 열린 조공재조직대회에서 중앙위원으로 선임되었다. 1931년 12월부터 1932년 8월 15일까지 동방노력자공산대학에서 연구원으로 근무했다.

중국문명론을 이야기했다. 즉, "진시황이 불로장생을 꿈꾸며, 영원히 그 영광을 누릴 것으로 생각했지만 결국 코 크고 눈 노란 서양인의 구경거리가 되었다."는 것이다. 중국 문명의 추락을 비아냥한 것인데, 그러면서 "세상의 모든 것은 그 자리에 있지 않고 순환하고 음양이 뒤바뀔 수 있다."고 하였다. "그러니 지금 오만한 서양인들이 향유하고 있는 지금의 권력과 문명수준이 언제고 지속되리라는 보장이 없다."고 하면서 결국 세상이란 낮과 밤이 바뀌는 것처럼 흥망성쇠가 서로 순환하는 것이 천지의 이치라고 했다. 모든 나라가 이러한 순환의 역사를 반복할 것이라고도 하였다.

소위 문명을 한다는 영국인이나 프랑스인이 인도인이나 이집트인을 대할 때 자기네는 특별히 고상한 민족이므로 영원히 저 야만 민족과 같아질 날이 없을 것이니, 천지개벽 때부터 문명을 이루어 천지가 없어질 때까지 문명한 민족으로 지낼 것처럼 생각하고는 인도인이나 이집트인을 무한 학대하고 있다. 하지만 그네들은 2천년 전 인도와 이집트 민족에게서 이러한 학대를 받던 야만 민족이었고 또 장래에 이러한 시대가 돌아오리라.'는 것을 그 누가 부인하리오.[527]

여기서 양명은 스스로 '자유인의 후손인 노예의 조선인아!'라고 추정되는 표현까지 쓰면서 그러니 우리 조선도 현재의 이 불운함이 영원할 것이라고 보지 말라고 위로했다.

벗이여! 이러한 생각을 할 때마다 항상 속에서 북받쳐 오르는 것은 우리 동포의 현상이오니 1300년 전에 천문대(경주 첨성대)를 싸우고 700년 전에 활자를 발명하던 우리의 조상님을 생각하고 지금의 우리 사회를 돌아볼 때와 부여, 고구려의 옛일과 우리의 현상을 비교해 볼 때 아! 그 누구라서 눈이 캄캄하고 온몸이 떨리는 회포를 금할 수 있겠는가? 이 글을 쓸 때 바이런의 영혼[靈]이 나를 노리어 보고 '자유의 후손인 노예의 〇〇人

---

527) 梁明,「만리長城 어구에서 (內蒙古 旅行記의 一節)」,『開闢』(40), 1923년 10월 1일, 95쪽.

III. 제국을 배우자. 337

아!'라고 꾸짖는 것 같다.528)

여기서 낙관적 사회주의자와 비관적 근대주의자가 극명하게 대립되는 어느 한 지점을 발견할 수 있다. 양명과 같은 사회주의자는 과거 화려했던 우리의 전통에 대한 깊은 애정을 표하고, 이런 영광을 재건하기 위하여 나름의 순환적 역사 인식을 보여준다.

> 현재 부하고 강하다고 자만할 수도 없으며, 빈하고 약하다고 낙심할 필요도 없다는 것은 이 몇 가지만으로도 충분히 이해할 수 있지 않을까. 따라서 우리는 현재 약하고 빈하더라도 결코 실망할 필요는 없다. 동시에 철저한 자각으로 노력해야 하는 것만은 알아야 한다. 그렇게 못하는 민족은 홋가이도의 아이누나 타이완의 생번(生番)처럼 점점 적어지다가 영원히 이 세상에서 사라지고 말 것이다.529)

앞서의 박승철과 같은 근대주의자는 이탈리아나 그리스 등 수 많은 나라들이 허망한 옛 명성에 취해서 이후 아무런 발전을 이루지 못하면서 참극을 빚었던 사실을 말하면서, 마치 조선도 옛 영화에 눈이 멀어 우리 안의 전통이 가진 잔혹성이나 야만성을 제대로 해결하거나 성장동력을 구현하지 못한 점을 안타까워하였다.530) 반(反)민족 세력이 주로 전통에 대한 부정을 보인 것과 대조적으로 민족 세력은 전통에 대한 상당한 낙관이 존재하였다. 어쩌면 민족사학자 박은식의 '혼백론(魂魄論)'도 결국은 전통에 대한 낙관에서 발로된 것이라고 할 수 있다.

그런데 그런 분명한 선에도 불구하고 여전히 양명은 멸망하고 쇠잔한 대부분 나라는 나름의 이유가 있으니, 민족적인 자각이 없어서 그렇다고 하고, 그것을 통하여 거대한 문명의 순환 대열에 동참할 필요가 있다고 주장하였다.

---

528) 梁明, 상동, 『開闢』(40), 1923년 10월 1일, 95쪽.
529) 梁明, 상동, 『開闢』(40), 1923년 10월 1일, 96쪽.
530) 朴勝喆, 「希臘. 土耳其. 墺地利를 보던 實記」, 『開闢』(53), 1924년 11월 1일, 44~45쪽.

'낮과 밤이 서로 바뀌는 것처럼 성쇠가 서로 순환하는 것은 천지의 정한 이치이니 우리가 이렇게 된 것도 어쩔 수 없는 일'이라 하면서 그저 단념하면 우리의 서러움은 사라지게 되는 건가요? 세계 최고의 문명국이던 인도, 이집트, 중국의 현실을 보고 서방 유일의 전제국으로 프랑스, 투르키(튀르키예), 헝가리 등 국민운동에 항상 황제파[帝政派]를 돕던 러시아의 모습을 돌아볼 때, 우리는 이 순환법칙을 충분히 확인할 수 있다.[531]

이렇게 1920년대 민족적 지식인들은 '문명의 순환'이라는 낙관론적 이해를 바탕으로 일면 망해버린 조선(인)의 부활을 꿈꾸자는 위안을 논리로 제공하면서도 한편으로는 적자생존의 시기에 실력을 길러서 반드시 권력의 순환, 세계 문명의 순환 대열에 우리 조선인도 동참해야 한다는 근대주의적인 입장을 동시에 보이고 있었다. 이러한 입장은 일면 위안과 각오의 논리였으나 민족적 자각이라는 수사에서 보듯이 근대주의자들이 말한바, 우리 사회가 또는 우리 민족이 그동안 정체되거나 후진적이었다는 주장을 일부 용인하고 있다는 점도 주목된다.

1930년대 전향한 사회주의자이자 『매일신보』 편집국장 이익상도 만리장성을 보면서 이렇게 말했다.

만리장성이 중국 한족(漢族)에게 평화의 꿈을 얼마나 이루게 하였나. 재앙이 작은 담장[蕭牆]에서 일어난 줄 모르고 헛되이 오랑캐나 막으려 만리성을 쌓았다는 조롱을 받았다. 장성은 쓸모없는 장물(長物)이 될 뿐이었다. 정신이 부패한 군졸에게는 장성도 없고 하늘이 만든 요새도 없고 문명의 이기(利器)도 없다. 다만 그들에게는 치욕에도 스스로 감내하는 생의 열렬한 충동과 집착만이 있을 뿐이다. 만주 도처에서 얻은 것이 있다면 생은 사에서 사는 생에서 서로 얻는다는, 추상적 어구를 구체적으로 사실화시킨 것 그것이다.[532]

결국 양명이 민족적 자각을 말한 것과 마찬가지로 친일파 이익상도 올바

---

531) 梁明, 앞의 글, 『開闢』(40), 1923년 10월 1일, 95쪽.
532) 이익상, 「천하장관의 만리장성」, 『매일신보』, 1933년 9월 28일.

른 자각만이 만리장성보다 큰 힘을 만들게 했다고 한다. 민족주의자든 친일파든 민족적 자각에서 문제 해결의 시초를 발견하는 태도는 당시로서 바른 판단에 기초한 것일까.

당시 조선인 일각에서 '식민지 지배는 싫다. 하지만 식민지가 된 것은 세계사적으로 우리의 부족과 미개함에서 출발한 것'이라 사고 했는데, 이는 묘하게도 당대 사회주의자나 민족주의자 혹은 근대주의자를 막론하고 품었던 공통된 교집합(접점)이었다. 역사적 견지에서 왜 일제강점기 민족주의 세력의 변절이 그리 빈번했는지 돌아본다면 그러한 '접점'이 영향을 미친 것이 사실이다. 완전한 민족주의자로 살기가 너무나 어려운 정세였기 때문이었다.

이런 생각은 당대 이광수의 『민족개조론』 방식의 이해를 대변하는 동시에 3·1운동 실패에 따른 '반성'이기도 했다. 조선인은 뭔가 부족하다는 생각, 그래서 자각하고 개선하고, 바꾸어야 한다는 생각이 힘을 얻으면서 독립보다는 개선에, 해방보다는 자치로 그 마음이 옮겨가기 시작하였다. 위로와 각오에 기여하던 사고가 점차 개량과 자치의 사고로 전환하기 시작했다는 것이다.

> 벗이여! 생각이 이에 이르매 나는 '우리에게 철저한 민족적 자각이 있는지.' '우리의 노력이 우리의 모든 건설 사업을 이루는데 부족한 것은 없는지'라고 반문하지 않을 수 없고, 동시에 심한 공포로 전신이 떨립니다.[533]

중요한 것은 '민족적 자각'이라는 말은 여전히 그 자체의 추상성을 극복하지 못했다는 것이다. 민족적인 것을 버리는 것이 민족적 자각이라는 말로 들리던 시기였다. 강남매화랑이 그렇게 발끈했던 상투쟁이 심씨 이야기처럼 자존심에 난 상처를 위로하는 이상의 방법론을 보여주지 못한 것이다. 무엇을 새로 건설하자는 것인지 여전히 모호하였다. '민족적 자각'만큼 두리뭉실한 방법론도 찾기 힘든 것이지만, 그만한 대안도 찾기 어려웠던 시절이기도 했다.

---

533) 梁明, 앞의 글, 『開闢』(40), 1923년 10월 1일, 97쪽.

(4) 민중의 마음을 얻는 자! 중국을 차지하리라:
류서의 베이징 난커우전적 다크투어

<그림 46> 펑위샹 (출처:
https://blog.naver.com/mirejet/
220132569243)

필자 류서(柳絮)가 본명인지 아니면 필명인지 알 수 없다. 어쨌든 그는 1926년 11월 말, 몇 달 전 국민군이 크게 패한 난커우전역(南口戰蹟)에서 용감하게 싸운 펑위샹군(서북군=국민군)의 모습을 회고하려고 방문하였다. 그리고 돌아와서 1926년 12월 11일 『동광』에 투고하면서 간절한 마음으로 국민군이 승리하여 불쌍한 중국 민중들을 참혹한 삶에서 해방시켜 주길 기원하였다.[534]

당시 난커우를 방어하던 국민군 소속 펑위샹(馮玉祥)은 1924년 베이징에서 정변을 일으켜서 베이징 정부를 전복시킨 인물이다. 1926년 5월 18일 펑위샹군이 산시군을 선제공격하고 장쭤린(張作霖)의 봉군과 둥꽝(東光)의 직군이 산시군에 가세함으로서 이른바 '직봉풍 전쟁'이 발발하였다. 여기에 남쪽에서는 펑위샹에 호응한 장제스의 국민정부군이 출동해 우패이푸(吳佩孚)를 공격하였다. 약 4개월 동안이나 지속된 전투로 봉군은 무려 3개 사단이 전사하였다.

국민군의 패전이었으나 이 싸움에서 펑위샹군(국민군=서북군)은 명성을 높였다고 한다.

지금은 참호[戰壕]만 남고 모든 설비는 봉군(奉軍)이 점령하자 다 철저한 고로 다만 그 설비의 개요만을 파괴된 물건 부스러기를 통하여 짐작할 뿐이다. 참호 앞에는 전기선이 늘어져 있다. 중요한 참호나 치료소는 모두 시멘트가 칠해져 있다. 참호로 사용된 것 같은 기동[基東] 등은 모두 철로를 가져다 사용했는데, 지금은 다 철도국에

---

534) 柳絮, 「燕京郊外雜觀, 東洋史上에 稀有한 南口戰蹟」, 『東光』 (11), 1927년 3월 5일, 40쪽.

<그림 47> 우패이푸
(출전: 나무위키)

서 파가서 볼 수 없다. 봉군이 이렇게 견고한 방어선 앞으로 총공격을 내릴 때 국민군 1명이 봉군 32명까지 방어했다고 한다.[535]

결국 7월 19일 베이징 서북부 만리장성의 요충지인 난커우에서 우패이푸와 장종창이 지휘하는 봉군-직군 연합군 10만 명이 국민군에 맹공을 가하여 8월 14일 봉군 제10군이 난커우를 점령하였다. 이튿날에는 연경(베이징)을 점령하였다. 옌시산(閻錫山)의 샨시군도 국민군을 격파하고 수위 엔성을 장악하였고, 이제 펑위샨군은 완전히 참패하여 깐수성(甘肅省)으로 후퇴하면서 국민군의 베이징 진입은 무산되었다. 필자는 국민군이 물러난 지역 모습을 다음과 같이 묘사하였다.

난커우 정거장에서 동쪽으로 8리를 가면 후위촌(虎峪村)이 있다....(중략)...그곳으로 가는 지대는 또한 전쟁이 참 격렬하였다. 우리는 여기서 지나면서 참호에 아직도 남은 구식 대포 2문을 보았다. 국민군이 버리고 간 것이리라....(중략)...(참호) 옆을 지나며 무기를 팔러 다니는 아이에게서 러시아식 보병총 대검을 동전 몇푼 주고 샀다. 아마 이것도 국민군의 것이겠다. 어떤 참호를 가 보니 그 안엔 찢어진 성경(신약전서)이 있고 많은 탄환이 여기저기 널려 있었다. 틀림없이 찬송가를 부르며 병영 안에서 예배를 본 기독교군이라는 서북군의 유류품이 분명하다.[536]

당시 서북군이 군비로 사용한 돈이 250만 원에 달한다고 하는데, 전투가 끝나고 우패이푸도 상금으로 2만 원을 내놓고서 무려 20만 원을 덜컥 내놓아 장쭤린은 참전 장병들을 위로하고 봉군의 무력을 과시했다.

---

535) 柳絮, 상동, 『東光』 (11), 1927년 3월 5일, 38쪽.
536) 柳絮, 상동, 『東光』 (11), 1927년 3월 5일, 38쪽.

필자는 장쮜린 군대가 어떻게 펑위샨군을 이길 수 있었던지 이렇게 설명하였다.

> 난커우(南口)의 방어선이 견고한 것은 중국의 자고이래 전쟁의 가장 위대한 공정으로 볼 수 있다. 일본인의 말에 의하면 러일전쟁 당시 러시아인의 뤼순[旅順] 방어선도 난커우만큼은 견고하지 못했다고 한다. 또 전해 들은 이야기에 따르면 난커우 전선을 봉군의 힘만으로 파괴하지 못하여 전쟁은 점점 펑텐군에게 불리해졌다. 그러다 어느 나라가 정밀한 대포를 공급하는 바람에 결국 국민군이 후퇴하지 않을 수 없게 만든 포탄의 위협을 받았다. 봉군은 처음에 과거 전쟁과 같이 보병을 선봉으로 하고 뒤에 포병이 옹호하는 방략을 쓰다가 참호에서 발사하는 기관총탄에 수없이 죽어서 어쩔 수 없이 포병이 선봉이 되고 원거리에서 대포로 참호를 파괴하고, 보병은 뒤에 있다가 앞으로 돌진하였다고 한다.[537]

전통적인 보병 돌격방식이 아니라 포병이 먼저 기선을 제압하고 적을 초전박살 낸 다음 보병이 뒤처리하는 전법으로 승리했다는 것이다. 그러면서 최고 격전지였던 호욕촌(虎峪村)에서 국민군이 보여준 신사적 행동에 대해 높이 평가하였다.

> 진군(奉軍)은 후위촌을 빼앗으려고 전력을 다하였다. 이곳 농민들에 의하면 국민군은 여기에 있다가 후퇴할 적에 농민소유의 호미 한 개도 가져간 것이 없었는데, 봉군이 점령할 때는 말, 당나귀, 농구 등을 말끔 강탈하고, 심지어 부녀까지 강간하였다고 한다. 본시 약탈과 강간은 패퇴하는 군인들이 주로 하는 불법 행동이다. 그러나 봉군은 도리어 개선한 사람들인데, 오히려 심하였다. 그리하여 일반 백성의 심리를 살펴보면 국민군 측으로 아주 기우는 것을 환히 볼 수 있다.[538]

요컨대, 필자는 국민군이 중국 민중의 마음을 얻고 있으며, 그것은 봉군이

---

537) 柳絮, 상동, 『東光』(11), 1927년 3월 5일, 39쪽.
538) 柳絮, 상동, 『東光』(11), 1927년 3월 5일, 40쪽.

가는 곳마다 약탈과 악행으로 인심을 잃은 반면, 국민군은 철저히 농민의 재산과 삶을 지키려 노력했다는 차이, 이런 '도덕적 차이'가 결국 대세를 반전시키는 힘이 될 것이라 믿고 있었다. 전쟁에서 '도덕적 결론'은 전투에 승리한 쪽의 명분을 더해 주는 것으로 활용되지만, 여기서는 패전하면서도 명분상으로 승리했다는 입장을 도출하고 있다. 왜 류서는 국민군의 승리가 더 도덕적이라고 본 것일까. 그만큼 내전을 일삼는 군벌 군대의 반민주, 반민족적 행태에 대한 불만이 컸다는 점과 격동을 이겨낼 통일된 중국 정부가 절실하다는 필자의 염원이 강력히 투영됐기 때문은 아닐까 한다.

(5) 한때 여기까지 조선의 힘이 뻗었다: **혜성의 베이징 다크투어**

해성은 1927년 봄 방학 당시 텐진(天津) 베이양(北洋)대학에서 지질 여행단 30여 명을 모아서 난커우(南口) 및 거용관(巨庸關) 지역을 답사하였다. 거기서 다양한 문화적 자취와 지질 유형을 확인하고 특히 산성에 올라가서는 돌절구를 발견하였다. 이 돌절구가 백의민족 즉 '우리 조선인들의 문화라는 소리'도 들었다.[539] 한때 이곳 베이징 빠타링(八達嶺) 근처까지도 우리 조상의 옛터라고 하면서 옛날에는 이렇게 강했던 우리 민족이 지금은 어쩌다가 이렇게 영락하고 말았는지 개탄하였다.

> 여기도 옛날 우리 조상의 옛터라는 사실을 알 때, 아! 우리 조상은 이렇게 강하고 용맹하였거늘 우리는 왜 이리 약한가? 우리 조상은 삼천리 금수강산과 700리 요동벌판도 만족지 못하여 여기까지 와서 무공을 세웠거늘 우리는 (7자 삭제) 굶주림에 통곡하니 실로 고금을 비교하는 마음에 한 움큼의 눈물을 참지 못하겠다. 계월향을 죽으라 한 이야기에 감동한 어느 교장의 연설이 생각난다.[540]

---

539) 海星,「明陵遊感-朱元璋의 五百年 迷夢, 銷夏特輯 涼味萬斛」,『東光』(16), 1927년 8월 5일, 11쪽.
540) 海星, 상동,『東光』(16), 1927년 8월 5일, 11쪽.

그러면서 흥미롭게도 임진왜란 당시 평양의 기생으로 김경서(金景瑞, 1564~1624)와 힘을 합쳐서 평양성의 적장을 암살하고 남겨진 채 자결한 계월향(桂月香, ?~1592)을 이야기한다. 실제로 베이징에서 옛 조선인 흔적이 발견되었다고 해서 조선이 베이징을 점령한 증거라고 할 고고학적 결과는 없다. 하지만 1920년대 후반이라면 아직 '대동아(大東亞)' 의식이 고양되지 않은 상황임에도 조선인들의 뇌리에는 이러한 중원을 차지했던 옛 조상들의 과거에 대한 낭만적 기억이 형성되고 있었다. 이런 생각은 어쩌면 개항기 이후 바람앞에 등불이었던 조선이라는 나라를 돌아보면서 느껴야 했던 국수주의적 사고의 귀결이라 할 수 있다. 하지만 1920년대 시점에 이미 이러한 국수주의적 민족사학의 큰 틀을 가지고 직접 중국을 방문하고 연구하는 인텔리는 그다지 많지 않았다. 그럼에도 필자는 그러한 '만주 땅, 중국 땅은 우리 땅'이라는 영토 민족주의와 힘의 역사에 대한 간절한 회구가 등장한다.

필자는 도착한 다음 날 아침 개천 옆으로 굴곡한 참호와 전적을 보면서 밍링(明陵)으로 갔다.[541] 이 유적지는 1926년 5월 18일부터 여기 난커우(南口)에서 있었던 국민군과 봉군간의 전쟁으로 생긴 것이었다. 필자는 왜 하필 밍링인가. 밍링은 명나라 황제의 능을 통칭한다. 그중 성조 영락제의 무덤이 가장 유명하고, 인근에 12명의 황제능이 있다.

필자는 명나라가 임진왜란때 우리에게 도움을 주었고, 이에 조선도 명의 구원에 보답하고자 누르하치의 손길을 거부하게 되면서 병자호란이라는 화란을 당하게 되었다고 생각하였다. 이 말은 명나라야말로 조선이 큰 욕을 당할 원인을 제공한 나라라는 것이다.[542] 여기서 필자는 명나라와의 의리란

---

541) 海星, 상동, 『東光』(16), 1927년 8월 5일, 12쪽.
542) "중국은 어떤 왕조를 막론하고 반도와 밀접한 관계가 있지만, 명나라는 특별히 깊은 관계가 있다. 임진왜란에 우리 조정의 청원에 응하여 큰 군대로서 도운 것이 바로 명나라이며, 은혜의 나라를 찬탈한 자라고 하여 누루하치(愛親覺羅)가 요구하는 합종(合從)을 거절하다가 병자호란에 엄청난 치욕을 받음도 명나라 때문이다."(海星, 상동, 『東光』(16), 1927년 8월 5일, 12쪽.)

'구차한 명리'일 뿐이라는 생각을 전한다.

> 능 위에는 수백 년 된 측백나무(柏樹)가 자욱한 숲을 이루어 바람에 찌걱거릴 때마다 최후를 맞아 부르르 떠는 듯 비참하게 보인다....(중략)...세릉 앞에 태감(太監; 환관의 우두머리) 왕승은(王承恩)의 무덤이 있으니 이자성(李自成)이 베이징을 공파함에 조상의 유업을 상실한 것에 비분하여 애처와 애녀를 자신의 손으로 죽이고 경산(景山, 神武門 뒤)에서 목을 매어 죽은 세종(世宗)을 따라 순국하였다. 그래서 후세 사람들이 그 충심을 생각하여 세릉 앞에 묻었다고 한다. 왕왕 국가와 인민의 중한 임무를 받아서 장상이 되었다가 구차한 명리를 탐하여 조국과 동포를 적에게 팔아 일신의 양화를 구하는 비루한 무리는 왕씨를 보면 부끄러움이 없지 못할 것이다. 망국의 임금이라서 그런지 이 능은 특히 적고 보잘 것 없으나 역사상 관계로 여행객의 발길이 끊이지 않는다(밑줄 저자).[543]

즉, 국가간의 의리란 알고 보면 국가와 인민의 삶을 생각한 것이기보다 왕가 자신의 영화를 영속하기 위한 또다른 위장술이라는 입장이다. 실제로 호국불교라는 애국적 담론이 알고 보니 왕실의 보호와 귀족의 기득권 유지를 위한 명리였다고 이해하려는 것과 같은 맥락이다.

옛 황제의 능이 주는 처량함, 황량함은 일반적인 정서이기에 굳이 의미를 더할 필요는 없으나, 필자는 세릉(世陵) 앞에 있는 왕승은 무덤 이야기를 통하여 명의 멸망사를 조선의 멸망사와 연계하여 설명하려 하였다. 이른바 '타산지석의 파레시아'였다. 이러한 부끄러움은 명나라만이 아니고 조선의 멸망과정에서 보여주었던 매국 세력들에 대한 비판도 포함한다. 그것은 베이징의 돌절구에서 조선 민족의 유구한 전통을 말하는 사람이라면 충분히 왕승은 고사에서 조선왕조를 팔아넘긴 망령된 매국노들에 대한 적개심을 담지 않을 수 없었을 것이다.

필자가 주목한 것은 또하나 '중국인의 불친절'이었다. 필자가 귀로에 길을

---

543) 海星, 상동, 『東光』(16), 1927년 8월 5일, 12쪽.

물었더니 촌민들 대부분이 길 안내를 거부하거나 상관 말라는 대답만 받았다.

이 귀한 지면을 실없는 이야기로 채우는 것은 우리 농촌 동포들은 이같이 하지 말아 달라는 부탁 때문이다. 이것으로써 국민 문명 수준을 측량하는 연고이다. 유럽으로부터 야만이라는 별칭을 듣던 러시아 농민도 길을 모르면 자기 하던 일을 멈추고 자세히 알려준다. 적은 일로써 남에게 정(情)도 없다는 소리를 듣지 말자는 말이다.[544]

필자는 이렇게 사람을 외면하고 박대하는 것 다시 말해 쇄국이나 외치고, 자기 것만 외치면서 외국 문물을 멀리하는 태도는 결국 서구로부터 여전히 야만적이라는 소리를 듣는 꼬투리가 될 뿐이라고 했다. 필자의 뇌리에는 위대한 옛 고구려, 고조선이라는 대제국의 영광스런 기억을 떠올리는 것만큼 근대를 살아가는데 필요한 자질 즉 민족의 개조가 필요하다는 생각이 있었다. 가장 민족주의적인 생각이 가장 근대주의적인 생각과 결합하고 있었다는 점에서 바로 이런 생각이 1920년대 조선 지성계의 현주소였다. 온몸으로 헌신한 사회주의자들을 제외하고 대부분의 지성인은 이런 근대와 민족의 기로에서 경계를 넘나들던 시기였던 것이다.

(6) 중국의 옛 영광을 보는 두 가지 시선

○ 지금 중국은 멸시하지만 옛 중국은 영화롭다: 의학박사 이갑수의 만수산

이갑수와 최창수는 각각 만수산과 보타산(普陀山)을 여행하면서 중국의 옛 문화재와 그 영광에 대해서 감상을 남겼다. 그리고 두 필자의 중국문화 인식은 멸시와 경모라는 갈림길에서 극명하게 달랐다.

먼저, 독일에서 의학박사 학위를 받은 이갑수는 1930년 10월 10일 중국 만수산(萬壽山)을 여행하면서 '물 위에도 만수산전각이요, 수중에도 만수산

---

544) 海星, 상동, 『東光』(16), 1927년 8월 5일, 13쪽.

전각'이라면서 그 아름다움을 '중국 민족의 영원한 자랑거리'라고 하였고, '베르사이유 궁전이나 상수시 궁전 등 어느 궁전과도 비교할 수 없는 동아(東 亞) 대국의 대표적인 명승고적'이라고 하였다. 그러면서 동아시아인으로서 자부심이 느껴진다고 했다. 또한 이 궁전은 '4억 창생의 고혈(膏血)'[545]이지 만 그것은 선과 악으로 논할 것이 아니요. 서태후의 공적만큼은 폄훼하지 말 라고도 했다.

> 만약 서태후의 혼령이...(중략)...오늘날 이런 자랑스러움이 (본래) 자기의 것이라며 오만을 그치지 않을 것인가[傲慢不己]?. 그렇지 않으면 자기 한 몸을 위하여 억만 인의 고혈을 짠 것에 부끄러움을 그치지 않을 것인가[慚愧不己]? 천추만 년이나 두고 자랑 거리인 동아 대국의 대표적 명승구적이니 만큼 서태후 공적이 적지 않다고 하겠다.[546]

왜 필자는 당대 조선인들의 '중국 멸시' 분위기 가운데서 유독 중국 문화재 에 대해선 그토록 깊이 감탄하고 있었을까. 일단 그의 의도는 '당대 중국은 그 옛날 중국과 달리 여전히 무능하고 피폐한 낡은 제국이다.'라는 멸시관과 그래도 이런 만수산전각을 지을만큼 과거는 위대했다는 선명한 대비를 보여 주려는 듯하다.

이런 인식은 '전통=위대, 현재=초라'라는 대비를 통하여 중국의 개화 혹 은 근대화 필요성이 절실한 사정을 드러내려는 의도가 포함되었다. 하지만 필자는 그런 일방적인 중국멸시보다 이런 문화를 만들어내는 중국이 여전히 동아시아에서 의미 있는 역할을 할 수 있으리라 기대하는 모습이 보인다. 이 런 기대감은 어쩌면 일본에 대한 적개심의 크기와 비례하는 듯하다.

---

545) 醫學博士 李甲秀, 「遺跡巡禮 西太后와 萬壽山」, 『三千里』(10), 1930년 11월 1일, 49쪽.
546) 醫學博士 李甲秀, 상동, 『三千里』(10), 1930년 11월 1일, 49쪽.

○혁명이 이뤄지면 보타산은 사라지리라: **상하이 최창규의 보타산**

<그림 48>
최창규(『동아일보』, 1939년
11월 1일)

아주 찌는 듯한 여름 아마도 1931년 8월 3일 중국문학가 최창규는 저장성(浙江省)의 보타산(普陀山)을 방문하였고, 기행담을 『동광』에 기고하였다. 당시 필자의 중국 여행기는 『동아일보』(1931년 8월 23일부터 10월 20일까지 총 34회 연재)에도 연재되었는데, 거기서 중국 여행의 목적을 이렇게 정리하였다.

(1931년) 3월 20일 밤 나는 온주(溫州)라는 영국배에 올라 3월 21일 상하이에 도착. 첫 번째 여행지로 장강(長江)을 택한 것은 장강이 중국 중부의 대동맥이며, 또 고대 중국문학의 메카이고, 더불어 절기가 알맞아 첫 중국 여행지로 적절했다. 당초 여행계획이 시국의 불안과 교통의 장애로 여의치 못했으나 내가 보고 싶고, 듣고 싶은 것이 중국의 정치, 경제, 산업, 운수 등이라기보다 오직 한 사람의 조선 청년으로서 중국 5억 대중의 움직임을 내 눈으로 실제 한번 보는 것이며, 아울러 1개 중국 문학도인 나로서 고대중국 문학적 유적을 닥치는 대로 흥미롭게 한번 보자는 것이었다.[547]

3월 20일에 왔다고 하니 8월이면 객고가 깊었고, 날도 매우 더운 한 여름이었다. '맹렬한 더위를 피하려는 목적'이라는 여행 이유처럼 실제로 더웠고, 일면 자신의 여행은 별로 큰 의미 두지 않은 가벼운 여행이라는 마음을 전하려는 것이기도 했다. 나아가 앞으로 전개될 가혹한 중국 비판을 미리 물타기 하려는 작가로서의 글쓰기 전략도 느껴진다.

보타산까지 상하이에서 만 20시간 배를 타야 했다. 필자는 불결한 음식물

---

547) 崔昌圭, 「長江萬里」, 『동아일보』, 1931년 8월 23일.

과 화장실 그리고 저녁에는 모기가 들끓고 마작하는 소리로 절간인지 알 수 없을 정도로 소란하다는 인상을 글 첫머리에 달았다.

본래 보타산은 보타(普陀) 즉 관음보살의 산이라는 뜻이고, 보타낙가산의 줄인 말이다. 이에 강원도 양양의 낙산사가 바로 거기서 따온 것이다. 오랫동안 조선인들은 관음보살에 대한 신앙이 돈독했고, 이참에 필자도 관음신앙의 본고장이라고 하는 보타산을 유람하고 싶었을 것이다.

중국 5대 시대의 양(梁)나라 정명(貞明) 2년(916년)에 일본 스님 혜악(慧鍔)이 오대산(五臺山)에서 관음상을 하나 얻어 일본으로 가려고 닝보(寧波)에서 배를 타고 이 섬을 지났는데, 배가 이곳에 꽉 붙어서 떠나지 못했다. 혹시 용왕이 배에 실은 물건을 원하여 그런가 해서 배의 물건을 다 바다로 던졌어도 배는 떠나지 못했다. 그래서 필시 관음이 이곳에 머무르고 싶은가보다 여겨 관음을 육지로 옮겨 모셨는데, 이에 배는 그대로 떠났다. 그때 이 섬에 살든 장(張) 아무개라는 자가 자기 집에 모셔놓고 '가고 싶지 않으신 관음보살님[不肯去觀音]'이라고 이름을 붙인 것이 보타사의 시초라 한다.[548]

보타산 관음사는 이후 송나라 신종(神宗)(1080년) 때 개축되어 보타관음사라고 불렀고, 이후 여러 차례 화재와 노략질을 당하였다. 필자가 유람한 1931년은 보제사(普濟寺), 법우사(法雨寺), 혜제사(慧濟寺) 등 큰 사찰 3개소, 작은 사찰 72개소 기타 암자 등 총 200여 개 절이 있었다고 한다. 그중 보제사는 수백 명의 승려가 머무는 큰 사찰로서 보타산의 중심이었다.

이곳을 답사한 필자는 처음부터 엄청난 비판을 쏟아낸다.

지나침은 미치지 못함만 못하다는 한탄을 금치 못할 정도로 대소 사찰의 생존경쟁이 첨예화되어 있다....(중략)...최대한도로 신도 혹은 여행객의 주머니를 털기 위하여 향공양[供香], 금전공양[納錢], 물질공양[獻物] 외에도 방문한 사실을 기념할 정도밖에

---

548) 上海 崔昌圭, 「南中國耽奇旅行, 二百寺刹의 大村落인 普陀山」, 『東光』(30), 1932년 1월 25일, 58쪽.

되지 않는 절도장[寺印] 한번 찍어주고도 돈을 받는다. 기타 '모화축도(募化築道)'니 '모화금장(募化金裝)'이니 하면서 절 입구의 길을 만들어달라, 불상의 도금을 해달라 등등 선남선녀의 명예심을 유혹한다. 돈을 많이 들여서 제를 올리도록 하는 동시에 금품을 크게 헌납하게 하는 것은 물론이다.[549]

이들 사찰이 물욕에 사로잡혀 너나없이 신자들을 모으고, 돈벌이 하는 경쟁에 몰두하고 있다는 것이다.

그러면서 보제사 문 앞에 포진한 수백 명의 걸승(乞僧)을 역겨운 눈으로 바라보았다.

대소 사찰의 걸승은 걸승을 낳는다. 이들 한 명에게 동전 한 푼씩 줘도 적지 않은 액수이다. 그런데도 은전(銀錢)을 주는 선녀도 있고 최고 기록으로 1원짜리 지폐를 뿌리는 선남도 있다. 길바닥에 우두커니 서 있기만 하면 동전도 들어오고 은전도 들어오는 이상, 구태여 힘든 벌이 할 것 없이 그저 가사적삼[圓頂緇衣] 한 자락을 유일한 자본으로 삼아 입으로 나무아미타불 관세음보살만 외면 그만인 극락세계에 이를 수 있다. 결국 걸승은 걸승을 낳아 적어도 보타산 수천 승려 중 주지 혹은 극소수 승려를 제외한 대다수는 걸승이 되고 만다.[550]

필자의 눈에 걸승은 무위도식하는 이들일뿐이었다. 현세 사원이 중생의 시주나 경제적 기반이 없이 운영될 수 없다는 사실을 모르는 바 아니었던 필자가 왜 군이 이런 사원 경제의 난맥을 건드리면서 비판을 이어가는 걸까. 그것은 부처님의 진실한 가르침은 뒷전이고, 대법당의 천정에 붙은 거미줄은 거둘 생각도 없는 보타산의 진풍경을 알리려는 의도로 보인다.

필자는 이곳의 절은 "부처님을 위해 지었다고 하기보다 관람객을 모시기 위해 지은 것이다. 따라서 법당은 여관이 되었다."고 할 정도였다. 그러면서

---

549) 上海 崔昌圭, 상동, 『東光』(30), 1932년 1월 25일, 59쪽.
550) 上海 崔昌圭, 상동, 『東光』(30), 1932년 1월 25일, 59쪽.

이런 모습은 "조선에서도 볼 수 없지 않지만 여기선 상상 밖으로 세속화하였다."라고 하였다. 세속의 이해에만 몰두하는 관음 본찰에 대한 깊은 실망감의 반영이었다.

> 사후 극락보다 우선 현세의 극락을 맛보겠다는 소원이 가장 크다. 역시 불교도 중국화한 것이니, 현재의 중국 불교가 가장 공고한 기반을 가진 소이가 여기 있다. 실업(失業)시대 중의 난센스가 아닌 이상 또 감옥에 들어갈 일이 너무나 많은 이 세상에서, 자기방을 잠그고 스스로 갇혀서 그것으로 먹고사는 수는 여기가 아니고는 못 볼 구경이다.[551]

필자는 중국인이 내세보다 현세 극락을 더 바라고 있으니 불교도 그러한 중국인의 욕망을 따라 그리 변화했다고 본다. 현세 극락을 위한 불교가 되다 보니 앞에서 보는 것처럼 상상 이상의 세속화가 진행되고, 부처님 대신 보살님들이 절의 주인이 되어 버렸다는 것이다.

그러면서 필자는 부처님 대신 물신(物神)이 우선되는 보타사에서 과연 수도사는 어떤 존재인지 자문하였다.

> 특별한 수도승이 있어서 밖에서 문을 잠그고 방 속에 독거해서 외부와 접촉하지 않고 불경 삼매(三昧)로 몇 년을 보낸다고 한다. 물론 밥그릇을 넣을 만큼의 문구멍이 있고, 그 구멍으로 면회도 하고 접객도 한다. 시작한 지 3년이 된 자도 있고, 5년이 된 자도 있는데, 앞으로도 몇 년 더 있겠다고 한다. 먹는 것은 그 절에서 주기도 하고 또 자비라고도 하나 결국 온 손님의 선심(善心)으로 연명하는 것이 사실이다.[552]

필자는 이들이 진정한 구도(求道)보다는 뭔가 돈벌이 통로라고 생각하기에 이런 수도행위를 한다는 판단이다. 그러니 '물심(物心)이 불심(佛心)을 앞서고 결국 권력을 향한 욕망도 커지는 것이 당연하다.'고 보았다. 실제로 보타산

---

551) 上海 崔昌圭, 상동, 『東光』(30), 1932년 1월 25일, 61쪽.
552) 上海 崔昌圭, 상동, 『東光』(30), 1932년 1월 25일, 60~61쪽.

<그림 49> 보타산西方庵의 觀音跳(
『東光』(30), 1932년 1월 25일)

의 관음신앙은 이들 사찰이 주변에서 정치 경제 등 각 방면에서 권력을 누리는 기반이 되고 있었다. 대도시마다 보제사의 말사나 연락 사찰을 두어 이곳으로 권력 확장을 꾀한다고 했다.

현재 보타산은 승려 천지다. 섬내의 정치, 경제, 치안, 교육 모두가 큰 사찰의 통치하에 있다. 뿐만아니라 상하이, 영파, 항저우 등 대도시에는 말사[直屬寺] 내지 연락 사찰이 있어 세력이 확대되고 있다....(중략)...결국 보타산은 소위 불지(佛地)다. 대도시가 가까우며 아울러 장쑤성(江蘇省)과 저장성의 부유한 신도가 많은 관계로 앞으로도 생명이 오래갈 것이다. 만일에 오직 불지만으로 보타산이라면 중국에겐 오직 백해무익이다. 중국혁명이 완성 통일되는 날 보타산의 존재는 말소될 것이다.[553]

정리하면, 이들 보타산은 백해무익한 불교 패거리이며, 내세의 부처님을 버리고 현세극락을 쫓는 부자들의 염원에 기생하는 무위도식의 승려들이 더더욱 많아지고 조직적으로 재생산되는 공간이라는 것이다. 앞서 이갑수가 고혈을 짜더라도 위대한 문화유산은 영원하다고 본 것과는 반대로 중국문학가 최창규는 문화유산에 기대어 민중의 고혈을 짜고, 쓸데없고, 무위도식하는 암담한 세속 불교는 반드시 혁명으로 소멸시켜야 한다는 신념을 보여준다.

이런 중국문화와 중국인을 향한 조선인의 대조적인 시각은 1930년대 이후 점차 위대한 전통의 중국 문명의 계승자는 더 이상 중국인이 아니라는 생각으로 확장되었다. 중국은 이제 조선인이 나서서 계몽해야 할 대상이라는 믿음이 커졌다. 중국멸시론과 더불어 중국계몽론이 조선인의 마음에 자리 잡기 시작한 것이다.

---

553) 上海 崔昌圭, 상동, 『東光』(30), 1932년 1월 25일, 61쪽.

(7) 위대한 영광의 중국, 장제스가 망쳐놓았다:
주요한의 남방·중국 다크투어

① 난징의 어려운 살림살이 이야기

이 글은 주요한(朱耀翰)[554]이 『동아일보』에 재직한 당시인 1927년경 중국을 여행하고 작성한 것으로 보인다. 필자는 난징(南京)이 쑨원 이후 수도로 역할을 한 점을 강조하고, 북벌후 다시 수도가 된 난징의 현재를 이른바 3무(無)라고 하여 길이 없고, 물이 없고, 방도 없는 비참한 모습으로 전달하였다.[555]

　　없다 없다 하여도 물론 제일 없는 것은 돈이겠지요. 돈이 없기에 국민정부 수석 이하 고귀대관들도 웅덩이에 고인 물을 먹어야 할 판입니다. 양양한 양자강이 있지만 수도 설치가 아직 재정 문제로 착수를 시작도 못했으니, 여름이면 삼월 큰 가뭄이라 우물물까지 바짝 마르는 생열지옥을 너나없이 맛보게 될 것입니다. [556]

---

554) 주요한은 1900년 평양에서 출생했고, 개신교 목사였던 주공삼(朱孔三)의 맏아들이었다. 1918년 일본에서 학교를 다녔고, 1919년 도쿄 제1고등학교를 졸업했다. 1919년 2월호 『창조(創造)』에 산문시 「불놀이」를 발표하며 등단했다. 1919년 5월 상하이로 넘어가 8월 대한민국임시정부 기관지 『독립』의 편집을 맡았다. 1920년 2월에는 흥사단에 입단했다. 1920년 9월 상하이 후장대학[滬江大學] 공업화학과에 입학했으며, 1924년 10월부터 1936년 6월까지 문예지 『조선문단』의 동인으로 활동했다. 1926년 5월 발간된 수양동우회(修養同友會)의 기관지 『東光』의 편집인 겸 발행인 1927년 7월 『동아일보』 학예부장, 평양지국장, 편집국장 등을 역임했다. 이 글을 쓴 후 주요한은 1932년 9월 『조선일보』 편집국장과 전무, 1934년 6월에는 수양동우회 이사장이 되었다. 1937년 6월 수양동우회사건으로 검거되었고, 1938년 11월 수양동우회사건 예심 보석 출소 기간 중 전향을 선언했다. 이후 친일 활동에 들어가 수양동우회를 대표해 종로서에 국방헌금 4,000원을 헌납하였고, 1941년 9월 조선임전보국단 발족 때 경성지부 발기인으로 활동했다. 1943년 4월 조선문인보국회의 이사 겸 시부(詩部) 회장 및 1944년 4월 조선문인보국회 평의원, 9월 국민동원총진회 발기인 및 상무이사를 맡았다. 1945년 대화동맹(大和同盟) 결성 준비위원을 맡는 등 친일 조선인의 전형으로 삶을 이어갔다.
555) 朱耀翰, 「中國의 新首都 南京을 보고 온 이약이」, 『別乾坤』(18), 1929년 1월 1일, 35쪽.
556) 朱耀翰, 상동, 『別乾坤』(18), 1929년 1월 1일, 36쪽.

사실 필자가 이렇게 지적한 것은 그냥 보이는 대로 느낀 대로 적은 글은 아니라, 다분 정치적 의미를 포함하고 있다는 점에서 왜 이런 글을 쓰게 된 것인지 탐문할 필요가 있다. 즉, 중국이 이렇게 힘든 것은 현 중국 국민정부가 대단히 부패하고, 무능력하기 때문이며, 장제스 때문에 국가재정이 파탄이 나고 국민의 삶이 피폐했으므로 결국 일본군이 개입할 수밖에 없다는 결론을 도출하려는 의도가 내포된 것이었다.

주택 문제도 마찬가지 생각이었다. '난징이 수도가 되는 바람에 새 관료, 옛 관료할 것없이 들어온 사람이 수천이요. 구직자들도 엄청난 집세가 하루에 몇 배씩 등귀'하는 실정이라고 했다. 게다가 쓸데없이 신작로 낸다고 수천 호씩 헐어서 문제를 더 크게 만든다는 것이었다. 물론 없어진 것 말고도 기생이나 마작이나 점술집 등이 없어진 것도 새로운 난징의 모습이라고 했다. 대신 많아진 것도 세 가지가 있으니 자동차, 군인, 간판 등이라고 하였다. 모든 판단은 하나로 통했다. 중국의 문제는 장제스가 해결할 수 없다는 것 그것이었다.

② 장제스, 호한민, 펑위샨에 대한 대한 평가

필자는 장제스, 호한민, 펑위샨 등의 중국 국민정부 요인에 대해서도 나름 평가하였다. 대단히 우호적인 평가였다. 먼저, 장제스.

> 군인 출신이기에 항상 엄격하고 진지한 태도이다. 그러나 부하를 대하거나 손님을 대할 때 일부러 저런다고 할 만큼 겸양하고 정중하다. 예민하고도 열정적인 그의 깡 마른 얼굴[瘦面]은 호걸상을 가진 펑위샨과 좋은 대조가 된다.[557]

훗날 대한민국의 독립에 큰 공로를 세웠다고 하여 건국훈장 대통령장을 추서받았던 후한민(胡漢民, 1879. 12.9~ 1936.5.12.)에 대해선 당내 최고의

---

557) 朱耀翰, 상동, 『別乾坤』(18), 1929년 1월 1일, 36쪽.

이론가로서 해박한 인품과 지식을 가졌다고 평가하고, 그의 삼민주의(三民主義) 이론의 특성을 다음과 같이 정리하였다.

교사가 제자에게 향하는 것 같이 해석 설명을 하지 않고는 못 견디는 성품이라고 스스로 자백한 것처럼 후한민의 해박한 지식과 심오한 연구는 국민당 이론가로서 단연 제1인자가 되게 하였다. 『삼민주의의 연결성[連環性]』을 발표하여 민족주의가 민권, 민생을 근본으로 하지 않으면 제국주의가 되고 민권주의가 민생, 민족을 배경으로 하지 않으면 허위적 민주주의가 되며, 민생주의가 민족, 민권을 근본으로 하지 않으면 자본주의가 된다고 주장하였다.[558]

<그림 50> 호한민 (위키백과)

한편, 우치휘(吳儺暉), 카이얀페이(蔡元培)을 "험담자들이 혼용노후(昏庸老朽, 쓸모없는 늙은이)라고 하고, 왕징웨이(汪精衛), 첸공보(陳公博)는 부박소년(浮簿少年, 부박한 애송이)라고 한다."고 소개하였다. 이처럼 난징이 야단법석이 된 것은 장제스의 탓이라고 하면서도 필자는 중국이 국민당 중심으로 통합되어 가는 모습을 무척 긍정하고 있다. 그런 중국을 이끌어가는 지도자에 대해서도 대단히 우호적이다.

'국민정부기념주간'에서 장제스의 주창으로 오백 명 직원이 총리 유촉을 낭독할 때였다. '나 극력 국민혁명을 수행한지 무릇 40년(余致力國民革命凡四十年)…'이라고 장제스가 읽으면 일동은 '그 목적은 우리 중국의 자유와 평등이다(其目的在求中國之自由平等)…'라고 화답하였다. 앞에는 쑨원(孫中山) 영정이 묵묵히 일동을 내려다보고 있다. 나도 유촉을 읽으려고 입을 벌려 보았지만 목이 꽉 막히어 소리가 나오지 않았다. 만드는 중인 중산묘(中山墓)의 큰 돌계단 아래 묵묵히 서서 멀리 난징성을 바라볼 때, 여관의

---

558) 朱耀翰, 상동, 『別乾坤』(18), 1929년 1월 1일, 37쪽.

어두운 등잔 밑에서 국민당 청년 투사와 담화할 때 그 밖에도 기억에 깊이 박힌 인상은 여러 가지이다.[559]

이 글 서두에서 필자는 국민정부로 인해 난징성이 아수라장이 된 상황을 국민정부의 무능이라고 폄훼하면서도, 여기선 국민정부 요인에 대한 가슴 절절하게 우호적인 필력을 다했을까. 어쩌면 조선인 지식인에게 북벌과 난징정부는 중국의 자유와 평등 구현에 심혈을 다한 위대한 지도자들이었다. 아직은 9·18사변 이전이었고, 특히 쑨원이 일본 유학을 하고 중국의 국부가 된 상황에서 국민정부를 그다지 나쁘게 평가할 이유가 없었다. 거기에 그들의 독립 혁명정신을 생각하면서 비판하면서도 일면 부러운 중국 국민정부 요인에 대한 복잡하고 이중적인 조선인 지식인의 심경을 보여준다.

③ 금릉성 다크 투어

1920년대 난징투어 당시 보였던 국민정부와 중국에 대한 따뜻한 마음은 1930년대가 되면 냉정해지고, 중국의 어두운 부분에 대한 추적의 고삐를 죄기 시작한다. 먼저, 필자는 진링성(金陵城) 동남에 있는 개천인 진준(秦准)에서 '야밤에 진준 근처 술집에 머물다(夜泊秦准近酒家)'라는 노래를 떠올리고. 이어서 '밤에 보면 안개가 차가운 물을 안으니 달이 모래를 비춘다(煙籠寒水月龍沙)'라면서 운치 넘치는 광경을 떠올렸지만 '낮이 되어 자세히 보니 시커먼 하수도에 불과하다.'[560]고 실망감을 토로했다. 노래와 달리 실제는 그렇게 낭만적이지 않고 지독히 더럽고 불쾌하다는 말이다. 이러한 표현은 중국에 대한 그간의 '더러우나 경이로운 나라'에서 이제 '그냥 더러운 나라'로 투시 방법이 달라진 사실을 보여준다.

---

559) 朱耀翰, 상동, 『別乾坤』(18), 1929년 1월 1일, 37쪽.
560) 朱耀翰, 「예술의 都城 차저, 金陵月夜의 畵舫」, 『三千里』(5-10), 1933년 10월 1일, 58쪽.

중국에 대한 불편한 마음은 도토리 따는 곳으로 변한 명효릉과 다 무너져 버린 진링성 모습을 보면서 더욱 고조되었다.

> 명 효릉(明孝陵)은 자금산 중턱에 있어 주토(朱土)를 바른 사당의 바람벽을 먼 경치로 볼 수 있고, 문로(門路)에는 문무관과 코끼리, 말, 낙타 모습의 석상들이 둘러있다. 능 뒤에는 도토리가 많아 여인들이 줍기에 바쁘고 능 위에 올라서면 성내가 훤히 들여다보인다. 성은 반 이상 초토화되었다. 동북부를 점령한 명나라 고궁터는 석문 한 개만 남기고 전부 폐허가 되었다.[561]

옛 영화의 추락과 새로운 국민정부의 진출이라는 변화 속에서, 필자는 12 동천(洞天), 연자기(燕子磯)가 마치 자살하기 좋고, 낚시하기 좋은 인양 묘사하였다. 이는 새로운 변화로 떨러 나갈 수많은 구시대 인물들에 대한 연민의 표상이었다.

> 중로에 12동천이 있는데...(중략)...조선인도 지나갔다는 표시로 판대기에 한국모모(韓國某某)라고 묵서된 것을 보았다. 연자기는 마을 이름이 되어 점포도 약간 있고, 촌 뒤로 바위를 올라가면 양자강변 따라 한 무더기 바위가 돌출했으니 낮은 곳에서는 낚시하기 좋고, 높은 곳은 자살하기 좋다.[562]

필자는 남중국 사람들의 중요한 특징으로 ①저급한 하층민의 생활수준, ②찻집 사랑, ③상호부조의 비밀결사 등 세 가지를 꼽았다.[563] ①은 하루 생활비가 겨우 10전 이내로 무척 어려운 생활을 한다는 특징, ②는 그런 어려운 생활을 하면서도 노동을 하고 난 하루의 피로를 다루(茶樓)라는 마치 조선의 선술집과 같은 곳에 모여 찻값으로 3~4전 정도 내면서 즐긴다는 것. ③은

---

561) 朱耀翰, 상동,『三千里』(5-10), 1933년 10월 1일, 58쪽.
562) 朱耀翰, 상동,『三千里』(5-10), 1933년 10월 1일, 58~59쪽.
563) 朱耀翰,「우리가 外國에서 보고 가장 驚嘆한 것, 새朝鮮 사람의 본밧고 십흔 일들, 中國에서 본 세가지 驚嘆」,『別乾坤』(7), 1927년 7월 1일, 55쪽.

필자 자신은 모르지만 풍문과 풍설로 많이 알려져 있는 내용이라고 하였다.

이처럼 1920년대 주요한 같은 조선인 지식인이 보는 중국인은 무척 가난하고, 아직 덜 깨어 있고, 무리 지어 값싸게 즐기고, 없는 살림이라도 열심히 돕는 사람들이었다. 여기서 중국처럼 되면 대단히 삶이 고달파지는 것이고, 사대적인 중국을 섬기느라 그동안 조선이 부유하지 못했던 것도 이런 중국인들의 습속 때문이라고 했다. 그러므로 중국인처럼 되지 않으려면 조선인은 개조되어야 하고, 실력을 양성해야 하며, 부유해져야 한다는 생각이었다.

(8) 그 안에 우리의 독립운동가들이 있었다:
친일 언론인 홍양명의 양자강 다크투어

① 서구로 인해 헐벗은 상하이를 보다.

아직 완전히 전향하지 않은 필자 홍양명[564]. 필자는『조선일보』기자 시절 양자강 유역 및 상하이를 방문하고 기행문을 썼는데, 전반적으로 중국이 당하고 있는 제국주의 침략에 분노하면서, 특히 열강의 침략과 외국인의 이질적 문화가 집어삼키고 '변체국가화'한 상하이에 대해 연민 어린 시선을 던

---

564) 홍양명(洪陽明, 일본식 이름: 시라카와 요시노리(白川義則), 1906년 ~ ?)은 본관은 남양이고, 호(號)는 산남(山南)·양명(洋溟). 본적은 서울특별시 종로구 명륜동이었다. 일제강점기 친일 사회주의 계열의 언론인으로, 창씨개명 이전 이름은 홍순기(洪淳起)였다. 경성 중앙고등보통학교를 중퇴하고, 1929년 일본 와세다대 영어영문학과를 졸업했다. 재학중 1927년 3월 도쿄에서 사회주의 단체인 제3전선사(第三戰線社)를 조직하고 기관지『제3전선(第三戰線)』을 발행하는 한편 조선프롤레타리아예술가동맹(KAPF) 결성에도 참여했다. 1928년 4월 제4차 조선공산당 사건에 연루되어 치안유지법 위반혐의로 체포되었고, 징역 3년형을 선고 받았다. 1931년부터 1937년까지 조선일보 정치부와 편집부 기자, 외신부장, 논설위원을 역임했으며 1932년 8월 조선문필가협회 창립 발기인으로 참여했다. 1938년 이후『만선일보』정치부장 겸 경제부장, 편집국장을 역임했으며 1941년 8월 26일에서 1944년 2월 29일가지까지 매일신보 新京 지사장을 역임했다. 출전: 위키피아

졌다. 왜냐하면 중국이 서구에 의해 갈기갈기 찢겨진 상황에 대한 깊은 동정은 일면 순수한 마음에서 나온 것이겠지만, 이것을 일본제국주의자들이 활용할 때는 상당한 폭력성을 내포하게 되는 법이다. 아직은 사회주의자로서 전향하지 않은 상태에서 반제국주의적인 시선으로 연민의 중국을 바라본다는 점을 유의할 필요가 있다. 다시말해 이런 사고를 곧바로 친일성으로 연결할 수 없다는 것이다.

그런데 당시 세계대공황 아래서 일본은 긴축(緊縮)이 필요했고, 두꺼운 열강의 블록경제의 장벽을 넘어야 하는 상황이었다. 그러니 일본은 그나마 숨통을 틔울 중국 시장을 지속적으로 독점하는 서구열강에 대한 적개심이 날로 커졌고, 이제 종래와 같이 무조건 서구를 따겠다는 '탈아론(脫亞論)적 세계관'은 약화되는 대신, 서구 지배 아래서 아시아를 해방해야 한다는 '공영권론(共榮圈論)'이 힘을 얻어갔다. 이 점에서 반(反)서구제국주의를 주창하던 사회주의자들의 전향이 확대되었다.

1931년 9월 18일 일본은 만주 펑텐에서 9·18사변을 도발하였고, 미구에 서구제국주의 국가와 일전을 다퉈도 하등 이상하지 않을 심각한 환경이 조성되었다. 이런 환경에서 홍양명은 양자강 투어를 통하여 서구에 짓밟힌 양자강 주변 인민에 대한 깊은 연민을 토로하였다.

> 일체를 함유하고 일체를 포용하고 일체를 판별하지 않으며 공평하게 관대하게 모든 것을 품안에 안아서 묵묵하게 유유하게 흘러가는 양자강! 중원의 기름진 땅을 스치고 4억의 인민에게 빼앗은 각종 물자[堆廢物]를 수송하는 양자강! 그야말로 중원의 대동맥이며 큰 배설관이며 혼돈한 중국사회의 상징이다."565)

이어서 「황포강」이라는 글에서는 상하이라는 중국의 허파가, 악성 제국주의 균(菌)들의 침투로 인해서 호흡에 큰 어려움 겪는다고 하면서 온갖 깃발

---

565) 洪陽明, 「楊子江畔에 서서」, 『三千里』(15), 1931년 5월 1일, 9쪽.

을 단 열강들의 배가 황포강을 가득 매운다고 하였다.566) 황포탄(와이탄)에
서 난징로를 여행할 때 인도인, 영국인, 미국인, 베트남인 등 많은 사람들이
'훈훈한 동물성 체취'를 흘리면서 오간다고 하였다. 황포차의 무질서한 경쟁
도 더하여 중국 스스로 통제할 능력이 없으니 결국 저런 열강의 지배 아래서
신음하고 있다는 것이다.

난징로에서는 "능청맞고 코 높은 상하이의 특권계급인 영국인, 장난 잘 치
고 만용이 넘치는 아메리카 해군, 교만한 프랑스인, 너절한 러시아인, 욕심 사
나운 유태인, 양키 흉내 내는 필리핀인, 인도인, 베트남인, 일본인 등 각양각
색의 말 다르고 행색이 다른 인간들이 '양키화한 다수 인간이나 동양풍 그대
로의 무수한 보수적 무리에 섞여서 혼연한 인종전람회를 이룬다."고 하였다.
이에 상하이를 '코스모폴리탄의 도회'라든지 '세계의 변형', 혹은 '축도'라고
부를 만하며, '지구의 축소판이자 동양의 런던'이라고도 불릴만하다고 했다.

그러나 이런 다양한 인종들은 서로 협력, 교류로 공영하지 않고 각자 국가
의 위력과 획득한 이권, 그리고 그들을 보호하는 군대, 군함, 국가권력을 배
경으로 하여 경쟁하고 있다는 것이다. 그러니 지금 상하이에서는 그런 개개
인의 인종을 통하여 각국의 힘이 작동한다는 점에서 '극단의 국가적 개인주
의자들의 집합된 도시'라고 평가하였다.567)

실제로 필자는 상하이 거리에서 미국인, 러시아인의 무도한 행위를 어느
누구도 제지할 수 없는 모습에 분노를 감추지 못했다. (A)는 미국인들이 군인
의 명예도 없이 길에서 술수정하는 이야기이고, (B)는 러시아인들의 극단적
인 향락주의의 실상을 보여준다. 왜 그들 코쟁이들은 조선에서 일본인이 그
런 짓을 하듯이, 상하이에 와서도 방약무도한지 물었다. 그리고 이 질문은 미
구에 서구제국주의에 대한 적개심과 일본의 공영권 논리에 흡착되는 중요한

---

566) 洪陽明, 상동, 『三千里』(15), 1931년 5월 1일, 9~10쪽.
567) 洪陽明, 상동, 『三千里』(15), 1931년 5월 1일, 10쪽.

전향의 계기를 여는 문제제기였다.

(A) 프랑스 조계의 중심 사페이루(霞飛路)에서 어느 날 오후 3시경 만취한 미국 해군 두 녀석이 길에서 술주정을 한다. 부근에는 만여 명이나 되는 백계러시아인이 사는 거류지인 만큼 인사불성이 되도록 취해서 옷에 흙을 묻히고, 길가에 드러누웠다가 일어났다가, 닥치는 대로 발길질하고 뒷발로 차고 만용을 부리는 아메리칸 솔저를 놀림감으로 삼아 수백명의 러시아인들이 둘러섰다. 「두락코, 아메리깐스끼(술주정뱅이 아메리카놈)」 등으로 매도하는 소리를 내는 사람도 있었다....(중략)...한 무리의 미군이 또 보기만 하고 지나간다. 또 한 장교도 보기만 하고 그냥 간다. 어이없는 무관심에 크게 놀랐다.[568]

(B) 희망도, 이상도, 생활원리도 없는 백계 러시아인들이 찰나의 만족을 구하는 단말마적 생활은 나날이 더해 간다. 그러면서도 일방 일간신문을 3종이나 가진 것은 기적이다.[569]

그러니 상하이는 '요마(妖魔)의 도시'가 되었고, '도시의 밤에는 그 모습이 적나라하며, 백 가지 귀신이 돌아다니는 거대한 파노라마가 연출되는 것으로 사회악이 그 어디보다 심각하게 연출된다.'고 평가했다. 그러면서 동양의 파리나 시카고라고 해도 될 만큼 향락, 범죄가 극단에 이르고 있다고도 하였다.

이처럼 필자는 상하이의 화려함, 다양함 뒤에 숨은 국가주의적인 힘의 논리와 거기서 파생된 사회악의 확산을 예의 주시하고 있었다.

상하이는 또한 주권 통제란 점으로 보아서는 완연히 하나의 국가이다. 상하이가 중국 영토의 일부는 분명하지만 각국 조계는 전혀 정치적 경제적으로 중국 국가통치의 장외(場外)에 있으니 프랑스 조계는 말할 것도 없고 조계 면적의 대부분을 점하는 공동 조계조차도 정치적으로는 공동조계 공부국이라는 국제적 통제의 통치기관 아래에 있는 일종의 소규모의 변체국가(變體國家)로서 중국에 대해 정치학상의 말로 말하자면

---

568) 洪陽明, 상동, 『三千里』(15), 1931년 5월 1일, 12쪽.
569) 洪陽明, 상동, 『三千里』(15), 1931년 5월 1일, 13쪽.

Imperium in Imperio의 지위를 점유하고 있다.[570]

즉, 상하이는 '무소불위의 제국을 등에 업은 외국인들이 횡행하는 그야말로 중국 속의 또 다른 국가 즉 변체국가'라고 했다. 특히 각국 조계는 텍사스 혹인 공화국(Imperium)처럼 중국인의 통치권이 미치지 못한 외방의 또 다른 소규모 변체국가라고 하고, 이들 변체국가는 제국의 힘을 대행하면서 중국인에 대하여 온갖 영향력을 확대하니 당장 사라지지 않을 존재라는 것이다.

그러면서 변체국가에 있는 공원에서 활약하는 조선인 혁명가들을 일깨웠다.

> Liberte(자유) Egalite(평등) Fraternite(박애)의 3가지 표어를 상징하는 삼색기를 날리는 프랑스 조계 공원이므로 여기 조선의 피 끓는 청년과 역사, 오랜 선구자들의 발자욱이 수천 수만개 찍힌 그야말로 조선인과 깊은 관계에 있는 공원이다. 물론 지금도 그러하다. 프랑스 조계의 조선 거류민은 현재 약 900명인데, 공원의 잔디밭에 드러누워 두어 시간만 있으면 조선동포 한 두명은 반드시 만난다....(중략)...단 프랑스 조계에서도 코뮤니스트에게는 박애(Fraternite)란 없다.[571]

마치 이곳에서 전개될 윤봉길(尹奉吉, 1908~1932)이나 원심창(元心昌, 1906~1971)의 투탄 의거를 미리 예언하는 듯한 말을 한 대목이 주목된다. 당시 프랑스 공원에서 항상 조선인 독립운동가들의 접선이나 회합이 빈번했던 사정을 말해준다. '프랑스 조계에서도 코뮤니스트에게는 박애(Fraternite)가 없다.'는 말은 여기서도 예외없이 공산주의자와의 갈등이 존재한다는 것이고, 도무지 그들에게 박애란 없다는 말은 '프랑스인들이 다원주의, 자유주의 등을 주장하지만 정작 사회주의자들에게는 관용이 없다.'는 표현을 애둘러 말한 것이라 할 수 있다.

---

570) 洪陽明, 상동,『三千里』(15), 1931년 5월 1일, 11쪽.
571) 洪陽明, 상동,『三千里』(15), 1931년 5월 1일, 11쪽.

전체적으로 필자는 중국 속의 또 다른 열강을 발견하면서 그들 외국인 집단인 조계가 보여주는 무도(無道)함를 비판하면서도, 일면 그 안에 피끓는 청년들이 조선독립을 위하여 활동하는 사실도 소개하고 싶었다.

이어서 주시경의 제자로서, 국어학자이자 훗날 조선독립동맹 위원장이었던 김두봉이 교장인 조선인 인성학교를 소개한다.

<그림 51> 김두봉
(출처: 위키백과)

인성학교(仁成學校)는 조선 거류동포의 자제들을 가르키는 소학교이다. 학생 70여인. 해외에서 더욱이 동양에서 가장 유럽화[歐化]한 대도시에서 성장한 아이들인 만큼 행색[毛色]과 모든 것이 대단히 쾌활하고 이쁘다. 교장은 조선의 굴지하는 조선어학자 김두봉(金枓奉, 1889. 2.16~1960.4.4.(?))572)이다. 상하이의 특수한 직업인 외국인 전차회사의 버스 검표원[車票監督]으로 다니는 60여 명의 동포, 버스회사의 감독으로 다니는 60여 명 동포, 버스회사의 차장으로 다니는 50여 명 동포의 힘으로 유지되고 있다.573)

필자는 부르주아가 아닌 기층 조선인들의 십시일반으로 자금을 모아서 학교를 운영한다는 점에 특히 감동하였다.

한편, 필자는 상하이 조선인 직업군 중에 댄스홀을 경영하는 조선인, 특히 유대인과 합작하여 경영하는 댄스홀이나 댄서로 활약하는 조선여성을 무척 신기해한다.

---

572) 김두봉(金枓奉)은 한말 한글학자 주시경의 수제자. 일제강점기 대한민국 임시정부에서 활동하고, 1935년 김규식, 김원봉 등과 함께 민족혁명당을 창당 조직하였다. 1940년 이후 화북 조선독립동맹의 주석을 역임했으며, 광복 후 1948년 4월의 남북협상에 참여하였고 북한의 인민위원회 상임위원장, 국가수반 등을 역임했다. 한글 사전인 『조선말본』과 『깁더 조선말본』의 저자였으며, 『말모이』의 공저자였다.

573) 洪陽明, 앞의 글, 『三千里』(15), 1931년 5월 1일, 12쪽.

공공연한 아편굴, 도박, 매음굴, 밤길 무수한 매음부[野雞], 개싸움[競犬], 무도회
[舞跳] 등, 이 요마의 도시 상하이의 암흑면...(중략)...그중의 제일로 대중적인 댄스홀
에는 조선인이 경영하는 것이 셋이나 있다. 홍장로(虹江路)에 있는 카페 비너스, 카페 에
덴, 카페 박카스 중 전자는 유태인과 조선인인 조세프 에드워드 리드(이곳 출생으로 서
양에서 성장하야 조선말이 서투르다)의 공동경영이다. 수십 명의 조선, 일본, 러시아, 중
국 댄서와 필리핀 악대와 수백 명을 수용하는 대규모다....(중략)...이러한 광란의 거리
이곳저곳에서 흘러와서 허리 놀리고 발 놀리는 댄서 등으로 유명한[狂進] 조선 여자는
놀랍게도 30명에 달한다. 카페 비너스에 5명, 뉴 바빌리온이라는 댄스홀에는 한때 조선
극장의 꽃[花形]이라는 이월화(李月華)[574]가 댄서로 있다.[575]

당시 주목받던 배우 이월화가 여기서 댄서로 활동할 정도로 대규모 댄스
홀이라는 것이다. 필자는 이러한 문화를 소개한 의도는 그냥 신기해서만이
아니라 서구제국주의 국가에 의해 퇴폐한 곳임을 강조하면서, 찰라의 만족
을 위해 절제되지 못한 음악과 소음에 광란의 율동을 기계적으로 반복하는
요마의 도시에 대한 경계심을 던지려는 것이라고 하였다. 조선인만의 비극
이 아니라 중국민족이 왜 쇠락하는지를 이러한 '퇴폐'에서 찾고자 한 것이다.
문제는 이러한 '중국필망론'이 긍정적인 방향으로 나가기보다 일본의 대륙
침략에 정당성을 심는 수단으로 활용될 수 있다는 점이다. 아니나 다를까 '상
하이사변'[576]이 발발하자 필자는 부라보를 외쳤다.

---

574) 이월화(1903~1933) 본명은 이정숙. 서울 출신으로 이화학당에 다니다가 신파극
　　단 신극좌(新劇座) 여배우로 등단하였다. 1922년 윤백남(尹白南)이 이끌던 민중극
　　단에 가입하여 여배우로서 각광을 받았다. 1923년 토월회가 등장하자 토월회 주
　　연여배우로 발탁되었다. 토월회 대표 박승희(朴勝喜)와의 애정문제로 연극계를
　　떠나 영화배우로 전신하였다. 영화 <월하(月下)의 맹세>·<해(海)의 비곡(悲
　　曲)> 등의 주연배우로 일약 스타가 되었다. 이후 영화사와 갈등으로 잠시 상해에
　　왔을 때 이곳에서 일한 것으로 보인다. 일시 귀국하여 어머니의 병간호를 하고,
　　다시 상해로 가던 중 1933년 일본 모지(門司)에서 갑자기 심장마비로 죽었다.
575) 洪陽明, 앞의 글, 『三千里』(15), 1931년 5월 1일, 13쪽.
576) 상하이 사변(第一次上海事變)은 1932년 1월 28일에 상하이 국제 공동조계 주변에
　　서 일어났던 중화민국과 일본 제국의 군사적 충돌이다.

부라보! 상하이! 상하이! 상하이는 전란과 공포의 항구가 되었다. 암운에 젖은 황포강(黃浦江) 위에서 불안에 쌓인 대상하이(大上海)의 영상이 농무와 탁류와 함께 나의 시야에서 사라진 지 이틀만에 강렬한 빙과 소리가 화려한 베일로서 교착된 이 동서문화의 혼혈도시는 돌연히 총과 칼이 평화로운 도회지의 단꿈을 깨치고 힘과 전율이 일체가 되어 지배하는 공포의 도시가 되었다.[577]

사회주의자인 필자는 중국이 그토록 공포스런 침략을 받고 있는데도 흥분을 감추지 못하는 것일까. 여기에는 중국인에 당하고 사는 조선인에 대한 연민에서 출발한 반중(反中) 감정, 더럽고 불결한 중국인에 대한 모멸감 혹은 사대주의로 1000년의 낭비를 조장한 옛 중국왕조에 대한 분노 등 수많은 이유가 있었고, 이런 생각이 점차 필자의 '전향'을 부채질하는 역할을 했을 것이다. 이런 중국과 달리 일본이 해주는 것이 너무 크고 아름다워 보였던 것이다.

② **생각이 달라지다.**

상하이 번영의 이유에 대해서 홍양명은 다음 세 가지 요소를 중시하였다. 첫째는 위지(位地), 둘째는 전란과의 거리, 셋째는 외국인에 의한 치안질서였다. 그리고 필자는 특별히 셋째의 의미를 중시하였다.

상하이는 조계 공부국(租界工部局)에 의해 질서가 유지되고 있으므로 생명 재산의 안전이 확보되어 전체 중국의 대재산가는 자본을 이곳에 집중하는 경향이 있다. 예를 들면 정치가들도 최후의 안전한 주택지를 이곳으로 하여 소위 요인 중 사택을 이곳에 두지 않는 자가 거의 없다. 외국인으로 남중국 방면에 대한 경영투자의 중심을 이곳에 두는 이유도 안전성에 있으므로 상하이에서 치외법권을 철폐하자고 주장하는 것도 바로 그 이유 때문이다.[578]

---

577) 洪陽明, 「動亂의 都市 上海의 푸로필」, 『三千里』(4-3), 1932년 03월 1일, 32쪽.
578) 洪陽明, 상동, 『三千里』(4-3), 1932년 03월 1일, 34쪽.

그런데 종전의 글(洪陽明, 「楊子江畔에 서서」, 『삼천리』(15), 1931년 5월 1일)과 달라진 것은 종래에는 상하이에서 제국주의적 침략이 주는 문제점, 서양인들의 무례를 성토하는데 집중한 글이었다면, 이제는 중국 자체의 혼란과 무질서 그리고 국민정부의 무능 등을 집중적으로 주목하고 있다는 점이다.

<그림 52> 미국 성공회가 세운 상하이 성요한 대학 <이미지 출전: https://shanghaicrab.tistory.com/16157684>

상하이는 경제적, 정치적으로 중국 중심일 뿐아니라 문화적으로 중심이 되고 말았으니, 역대 중국의 혼란은 교육과 문화를 황폐하게 만들었다. 하지만 외국인에 의하여 질서가 유지되는 상하이에서도 교육도 비교적 완전히 시행되고 있으니 특히 문화의 중심이었던 베이징이 국민정부의 난징 천도 이래 쇠락한 데 비례하여 상하이는 더욱 그 중심적 역할이 커졌다. 그러나 아직도 중국인 경영의 학교는 경비 기타관계로 내용이 불충실한 것이 많고 외국인 경영의 것은 잘 구비된 듯하니 미국 성공회[淳禮敎派]에서 경영하는 성요한(聖約翰)대학과 후장(滬江)대학 같은 미국계 대학과 프랑스 색슨교회의 경영인 후단대학이나 독일계의 동지(同濟)대학 등은 일본 관립대학에 비해서도 손색이 없는 설비를 가지고 있다.[579]

사실 중국인들은 오히려 서구 기독교 계통에서 세운 대학에 대해 좋지 않은 마음이었고, 이에 각 중국정부도 교육권을 회수하는 등 적대 정책을 전개했다. 그런 면에서 일본과는 통할 수 있었는데, 정작 일본과 조선은 반서구에서 반중국적인 사고로 돌변하였고, 특히 1932년 1월 28일 상하이 국제 공동 조계 주변에서 일어났던 중일 양군이 충돌하여 발생한 상하이사변으로 반일 및 반중의식이 고조되고 있었다. 이는 반(反)서구적 태도와 상관없이 중국인들의 무능을 강조하면서 대륙침략의 정당성을 높이려는 일본의 국가적 요구가 은연 중 배어든 움직임이기도 했다.

---

579) 洪陽明, 상동, 『三千里』(4-3), 1932년 03월 1일, 35쪽.

(9) 동남아를 장악하는 중국인들이 무섭고 두렵다: 한철주의 동남아 투어

① 타이완(臺灣)과 홍콩: 무섭고 더럽다.

필자는 일제강점기(1920년대)에 조선인으로 보기 드물게 세계일주를 한 인물이다. 한때 동남아를 가고자 타이완해협을 지날 때 필자는 무척 심각한 위협을 느꼈다고 했다. 해협 수평선상에서 중국인들의 범선인 정크선(戎克)을 보았던 모양인데, 이들 선박은 평소 어로를 하다가 조난선만 보면 해적선으로 돌변한다고 하였다. 그래선지 혹시 자신이 탄 배가 고장을 일으킬까 두려웠던 것이다.580) 이렇듯 중국 어민들이 해적이 된다고 가짜뉴스이고, 뜬소문에 기초한 근거없고 우연한 공포일지 모른다. 하지만 평소 유포되고 있던 중국에 대한 멸시관을 해적이라는 방식으로 재구성한 것은 아닐까 한다.

필자가 홍콩을 들렀을 때 일이다. 일찍이 1914년경 진암(眞菴) 이병헌(李炳憲)581)이 홍콩을 다녀온 적이 있는데, 그때 빅토리아 여왕의 동상을 보고 아연실색했다고 한다. 이 동상은 1896년에 빅토리아 여왕 재위 60주년을 기념하여 홍콩 정부가 만든 것인데, 이병헌은 동양에선 대체로 여성 권력자들이 욕을 많이 먹는데, 어떻게 서양은 저리 존경받는지 놀라워했다는 것이다.

---

580) "수평선에는 범선에 함대가 진을 친 듯같다가 가만히 보니 정크선(中國木船)이다. 이 어선은 평상시에는 어업을 하다 조난선을 보면 해적선으로 변한다니 업수히 볼 수 없는 배다…(중략)…난파 정크선 선체가 보일 적마다 당시 참상을 연상하면 몸서리가 친다!"(韓鐵舟,「海洋博物館, 世界周航記」,『別乾坤』(31), 1930년 8월 1일, 167쪽).

581) 이병헌(1870~1940) 경상남도 함양 출신. 본관은 합천(陜川). 호는 진암(眞菴)·백운산인(白雲山人). 곽종석(郭鍾錫)의 문인이다. 1903년 서울에서 강유위의 변법설(變法說)과 세계정세에 관한 서적을 읽고 개화사상으로 전환하였다. 1914년 중국에 건너가 캉유웨이를 처음 만났고, 이후 1925년까지 다섯 번을 방문하며 그의 지도와 영향 아래 공교(孔敎) 사상가로 활동하였고, 공교운동을 전개하였다. 1926년 이후로는 공교 사상의 경학적 기초를 정비하는 데 힘썼으며,「역사교리착종담」,「오족당봉유교론」등을 저술하였다.(한국민족문화대백과)

시중에는 돌아가신 빅토리아 여황(維多利亞女皇)의 동상이 있는데 생각건대 60년 동안의 성위(聲威)가 전 세계에 떨쳤으나 아직도 사그라지지 않았다. 동양에서는 여주(女主)로 홍한다는 것은 들어본 적이 없고, 세간에서는 여태후(呂太后)나 무측천(武則天)을 경계하였다. 그러나 서양에서 영주는 빅토리아를 첫 순위로 하니, 이것은 동서양의 반대적인 비례이고 전제 입헌의 다른 점과 크게 벗어나지 않는다. 이것에 도달하는 자는 천하의 연고에 대해 말할 수 있다.[582]

그러면서 영국의 입헌주의야말로 그와 같은 반전을 이뤄낸 근본적 힘이라 하였다. 흥미로운 해석이었다. 여성의 힘이 아니라 시스템의 힘이라는 뜻이다.

1924년과 1928년에는 개성인삼조합 초대 조합장이었던 개성의 실업가 손봉상(孫鳳祥)도 홍콩을 방문했다.

홍콩은 바다 위의 이름 없는 푸른 산봉우리에 불과했지만 오늘날과 같은 번성함이 있게 되었으니, 그렇다면 사물은 알려짐과 알려지지 않음이 있는 것인가, 아니면 지역에 홍함과 망함의 구분이 있음인가. 만약에 그것을 다른 나라에게 떼어 넘겨주어서 남의 손을 빌려 이룬 것이라 하더라도 나로서는 미심쩍은 것이 풀리지 않았다.[583]

손봉상은 먼저, 한촌(寒村)이었던 식민지 홍콩이 오늘날 왜 그토록 번영햇는지 도무지 이해할 수 없었다. 남의 손을 빌려서 번성하는 것도 번영인지 되물었다. 실업가인 손봉상보다 유학자인 이병헌이 오히려 그 차이를 더 잘 알았던 것 같다.

어쨌든 홍콩은 계속 눈부신 발전을 이뤘다. 10여년 후 필자 한철주는 왜 홍콩이 경제적으로 번영하는지 알았다. 홍콩이 협소한 무역 도시이며, '수 척의 쌈판[小渡船]과 정크선[戎克]을 헤치고 항구에 정박하자 행상인이 구름처

---

582) 공성구 등, 『향대기람(香臺紀覽)』 서문, 1928.(최해연, 2019, 「20세기 초 조선인의 중국 여행기록에 나타난 서양문화 인식」, 『洌上古典研究』(67), 열상고전연구회, 437쪽에서 재인용).

583) 李炳憲, 『中華遊記』, 1914년 4월 29일.(최해연, 상동, 430쪽에서 재인용).

럼 모여들었고, 졸지에 시장이 만들어졌고, 쌈판에 오른 상인이 수백 명이었다.'584)고 한 것처럼 식민지 홍콩이 식민지 조선이 누리지 못하는 입헌주의와 시장경제의 힘으로 이러한 번영을 이루었다고 하였다. 이처럼 사회 시스템의 진보가 국부와 연결된다는 생각까지 나아간 것은 커다란 사상적 진보였다.

② 원주민들은 비주류이다. 조선처럼.

한철주는 '동서양 교통의 목구멍'이라는 싱가포르에서 은행은 모두 서양인이, 상업이나 농원은 전부 중국인이 장악하고 있는 사실을 발견했다. 특히 원주민[토인(土人)]에 대해선 '역할은 없고, 노동도 좀 하는 모양이나 극소수'라고 하면서 대부분 육지보다 수변에서 산다고 하였다. 이 말은 아무래도 토인이 이 땅의 주인이라도 모든 재화를 서양인과 중국인에 빼앗긴 채 물가에서 무력하고도 가난하게 사는 모습을 지적한 것이다. 마치 조선에서도 스스로 주인이면서도 비주류가 되어 살아가는 조선인들의 모습이 이들과 묘하게 통하는 듯 보였을 지도 모른다.

한편, 인도 캘커타에서는 노숙자에 대한 대책을 무척 인상적으로 보고 있다. 현관마다 노숙자들이 살고 있는데 전혀 금지하지 않는 것과 강변도로에서 이슬람교도들이 목욕하고, 노래하는 모습에 무척 놀랐다고 하였다.585) 이런 행태는 영국식 민주주의의 선한 영향력에 따른 것이라면서 무척 호감있게 평가하였다.

필자는 이어서 남아프리카공화국까지 갔다. 더반에서는 그곳 동양인이 무척 배척을 받고 있다고 하면서 서양인의 멸시 아래 신음하지만 '일본에서 발명된 인력거'를 보면서 일본적인 것과 가까이 있다는 것만으로도 위로를 받는다고 하였다. 그만큼 백인들의 인종차별이 가혹하다는 것이다. 희망봉에

---

584) 韓鐵舟,「海洋博物館, 世界周航記」,『別乾坤』(31), 1930년 8월 1일, 167쪽.
585) 韓鐵舟, 상동,『別乾坤』(31), 1930년 8월 1일, 169쪽.

서는 동양항로 개척 당시 선원들이 가족에게 안부를 전하기 위하여 기발하게 활용했던 우물에 대해 이야기했다. 아마도 어려움을 헤치면서 오늘날의 번영을 이룬 서양인들의 위대한 도전정신을 배우자는 늬앙스로 보인다.[586)

케이프타운 박물관에서는 아프리카 각 인종의 표본과, 동식물의 화석, 큰 운석 등 진귀한 것이 많았다고 하면서 세실이 했던 유명한 유언 "So little done, so much to do.(할 일은 많은 데 한 일은 적다.)"를 떠올렸다. 어쩌면 서양인들의 다양한 수집품을 보면서, 해야할 일이 이토록 많은 이 세상에서 일본의 속박 아래서 움직이지 못하는 조선인의 현실을 생각한 것은 아닐지…

5. 만주 투어와 '개발': 한심한 나라는 당해도 싸다.

(1) 내가 무엇을 하는지 나도 헷갈린다:
진주 정종호의『매일신보』남만주 시찰기

1917년 4월 15일부터『매일신보』가 주최하는 남만주 시찰단에 참가한 진주 거주의 정종호는 압록강을 건너면서 고국산천이 마치 지나간 진시황이나 명태조 주원장의 이야기처럼 아득한 옛날이 되었다는 감상을 남겼다. 망국의 아픔이 느껴진다는 뜻처럼 보인다. 그만큼 한일합방 이후 망국의 세월에 대한 회한이 적지 않았다는 말이기도 하다. 그렇다고 일제의 무단통치를 부정하거나 비판하는 것은 아니었다. 그냥 회한일 뿐이었다.

오호라 치란흥망(治亂興亡)은 만년 전부터도 그래왔고, 진시황의 만리장성도 빈터만 남았으며, 명태조의 큰 위업도 허공의 새 울음뿐이거늘, 이에 고국산천(우리 조선)은「이들 나라」즉, 진나라나 명나라처럼 되었다고 알린다. 철교를 통하여 압록강을 넘으니.[587)

---

586) 韓鐵舟, 상동,『別乾坤』(31), 1930년 8월 1일, 170쪽.
587) 晉州 鄭琮鎬,「남만시찰기(상)」,『매일신보』, 1917년 6월 21일.

하얼빈역에서 필자는 안중근에 의해 사살된 이토 히로부미를 돌아보면서 '당시 일을 추억하니 감회를 금하기 어려워, 묵묵히 수행(數行)의 눈물로 천고의 위인을 조문한다.'588)고 하여 이토 히로부미를 천고의 위인으로 묘사하고 진심 어린 애도를 표하였다. 망국의 한과 이토 히로부미의 추모 중에서 어느 것이 필자의 진심인가.

필자는 펑톈을 본다는 사실에 상당한 기대를 걸었다. 그러나 정작 보고나니 그곳에서 극한의 빈부격차와 황량함만 발견하였다. 대부분의 만주인이 이토록 빈부격차가 심하고 마치 원시인처럼 야생시대를 벗어나지 못한 사실에 놀랐고, 그중 재만 조선인의 참상은 너무나 충격적이었다.

> 황야에 일개 도시를 이뤘으며, 만한(滿漢)양족이 서로 잡거하여 고루거각에서 극히 사치한 생활을 하는 자도 적지 않으나, 대부분은 부진하여 먹을거리[水草]를 따라 동으로 가고 서로 가는 야생시대를 면하지 못하고 있다....(중략)...일찍이 고향을 떠나서 타향에서 신사업을 경영하는 삼십만의 우리 조선인 동포는 온갖 어려움을 무릅쓰고 큰 무대에서 큰 모험을 시작하여 왕왕 성공한 자도 있었다. 그러나 이주민들은 극빈자로서 아무런 자본도 없이 빈손으로 오는 사람이 많다. 그러니 활동하는 것이 모험적이다. 마치 병사가 무기를 휴대치 아니하고 전선에 서는 것과 같아서 아무런 성공도 기대할 수 없다. 오늘날에도 그런 가련한 생활을 하면서 제국일본의 도움을 기대하는 자 적지 않다.589)

필자는 재만 조선인의 생활을 언급하면서 '가련한 생활을 하는 조선인이 일본제국의 후원을 절실하게 기대한다.'는 흥미로운 발견을 전하고 있다. 이는 당대 조선인들의 빈곤이 주는 힘겨운 현실을 반영한 것이면서도 왜 그들이 친일 밀정(密偵)이 되고, 마적이 되거나 독립군이 되는지. 나아가 전향과 변절 혹은 혁명가로의 길을 걷는지 보여주는 단서일 것이다.

이어서 필자는 잉거우(營口) 거쳐서 다롄(大連)으로 이동하였다. 그곳 감

---

588) 진주 정종호, 「남만시찰기(하)」, 『매일신보』, 1917년 6월 23일.
589) 晉州 鄭琮鎬, 「남만시찰기(상)」, 『매일신보』, 1917년 6월 21일.

상은 극찬 그 자체였다.

> 이곳은 원래 동양 굴지의 양항(良港)이라. 수만 개 전등과 가스등은 불야성이고 전신 및 전화선은 거미줄같으며, 각 회사, 은행, 학교, 상점 등은 거대한 건물이 별을 뿌린 듯 [星羅碁布] 번화하고, 수천 톤 이상의 거함(巨艦) 대선(大船)이 접안하여 무역이 활발하며, 전차, 마차, 자동차 등은 종횡하고, 인도나 차도의 구분이 분명하며, 수양버들은 봄 빛이 농후하고 바닷물은 거울 같으니 명승지 풍경과 극렬한 생활은 남만주 도시 중 제일이다.590)

1920년대 이후 다른 여행자들은 '겉은 화려해도 문명이 닿지 못한 이면의 세계는 아편과 매음으로 얼룩진다.'591)고 하였다. 매음과 아편 문제를 만주인 멸시의 물적 증거로 이용한 것이다. 하지만, 1910년대 시찰단 정종호에게는 그런 시선은 아직 발견할 수 없다. 시찰단이란 주어진 시간에 다롄 중심거리라는 극치의 공간만 확인할 뿐이었다. '수박겉핥기' 시찰은 결국 일본이나 만주나 실제 모습과 거리가 먼 보이고 싶은 곳만 볼 뿐이었다.

(2) 만주는 볼수록 한심스럽고 더럽다: 조선인 여행자들 다수

1920년대 이후 조선인 여행자들이 느끼던 만주는 한결같이 너무나 불결하고, 가난하고 낙후된 곳이었다. 그러므로 문명국에 들어온 조선인은 가서 이들을 교화해야 한다며, 만주란 그저 앞으로 조선이나 일본에 의해서 문명화해야 할 객체라는 사실을 증거하려고 하였다.

(박춘파) 춘파는 1923년 5월경 만주를 여행한 듯하다. 5월 19일에 만주 안동 [현 단동]에 도착하자 일본영사관의 도움을 받고 거나하게 점심을 얻어먹은 후 온갖 만주 조선인 관련 브리핑을 들었다. 거리에 나서니 그의 눈에 일본 국

---

590) 晉州 鄭琮鎬, 「남만시찰기(상)」, 『매일신보』, 1917년 6월 21일.
591) 이익상, 「매득(買得)이 있대는 노천시장(만주기행6)」, 『매일신보』, 1933년 8월 31일.

가기관은 도움과 안식의 공간이지만, 시가지는 '구역질이 날 정도로 추잡하고, 냄새나고, 먼지 나고 코 막고 눈 가리우고 야단날 정도'로 불편하였다. 춘파에게 만주의 첫인상은 이처럼 '더러움' 그 자체였다.

> 아. 구역질이 날 만큼 추잡하다. 쓰레기, 하수구가 구불구불[曲折], 울퉁불퉁[凹凸] 게다가 좁고[狹窄] 냄새나고 먼지 나니, 코 막고 눈 가리고 야단이다. 그러나 건물은 견고웅장하다. 길가 음식점은 참 더럽기도 하다. 파리와 먼지가 음식물은 말고 가게 사람[店人]들까지 둘러싸서 보이지 않으니, 더 할 말이 무엇이리.[592]

이런 형국이니 그곳을 순찰하는 순경조차도 아무것도 하지 않고, 우두커니 허수아비같이 서 있을 뿐이니 참으로 무능해 보였고, 만주란 가까이할수록 이렇게 한심한 느낌이 든다고 했다.

(이운곡) 그는 만주의 어느 길거리 골동품상 앞에서 참으로 낙후된 중국의 현실을 이렇게 꼬집는다.

> 벌써 몇 시간 동안 차창 밖으로 동네 하나, 강 하나, 집 하나, 사람 하나 보이지 않는다. 하늘과 땅, 집, 나무, 모두가 회색의 전체주의…(중략)…모든 미는 옛적에 있다는 중국, 좀 좋아 보이는 건 옛날 것이고, 현대의 것이란 알뜰한 넝마뿐이다. 때가 새까맣게 묻은 손, 이 위에 때가 찌든 목, 마치 흑인종. 역시 볼 만한 것은 수박씨를 교묘히 까는 솜씨의 번들번들 포마드 범벅을 한 흑의(黑衣). 재떨이 두 개.[593]

거리에서 볼 수 있는 것 중 좋은 것은 모두 옛날 것이고, 현대의 것은 넝마뿐이라고 했다. 그만큼 현재 중국은 '회색의 전체주의'로서 한심하고 보잘것없는 골동품 사회라는 것이다.

---

592) 春坡, 「一千里 國境으로 다시 妙香山까지」, 『開闢』(38), 1923년 8월 1일, 55~56쪽.
593) 이운곡, 「만주의 인상」, 『문장』(5), 1939, 6, 171쪽(차혜영, 2009, 「동아시아 지역 표상의 시간·지리학」, 『한국근대문학』(20), 한국근대문학회, 130쪽에서 재인용)

(김홍일) 그는 만주인들이 알콜, 담배 등 각성제를 너무 좋아하는 것을 보면서 미개인이라고 불렀다.594) 그리고 만주의 더러움을 비교할 때는 일본과 대조하여 그 수준을 가늠한다고 했다.

(불평생) 그도 창춘(신경, 長春)에서 목격한 이야기를 전한다.

거기서 중국과 일본 양국 여인의 젖먹이는 일을 비교해 보았다. 중국아이의 옷감은 비단이지만 얼굴에는 때가 잔뜩 끼었으며 일본아이 옷은 무명이나마 깨끗이 씻어 입힌 것이며 기저귀를 5~6개나 번갈아 갈아주어 오줌 한 방울 새지 않는다. 그러나 중국여인은 수건인지 기저귀인지 아이 밑구멍도 씻고 코도 씻어준다. 더구나 젖먹일 때 일본여인은 주변을 살피고 살짝 젖부리를 내어 한번 짜서 젖부리를 씻고 아이에 물린다. 그런데 중국여인은 아이가 젖먹으려 하면 때려주면서 먹인다. 그리고 긴 담배를 물고 연기를 내품으니 아이는 연기를 삼켜 연신 기침을 캑캑한다. 일본남성은『문예잡지』5월호를 보고, 중국남자는『삼국지(三國志)』를 본다. 이 책은 오래되어도 너무 오래되었다. 중국이 반식민지(半殖民地)가 되어 일본의 압박을 받는 것이 우연한 일이 아니다.595)

너무나 차이가 나는 육아법. 게다가 필자는 중국인과 일본인이 책을 읽어도 일본인은 현재를 알고 인간을 고민하는『문예잡지』를, 중국인은 옛 영광과 영웅만을 기리는『삼국지』를 읽고 있다는 점을 극명하게 대조하였다. 이렇게 사니 일본의 반(半)식민지가 되어 사는 것이 참으로 당연하다는 결론이다. 여기서 필자가 왜 이토록 만주인의 불결함을 강조하는지 그 의도가 엿보인다. 하나는 너무나 만주의 중국인으로부터 받은 멸시에 대한 보복이었고, 또 하나는 만주인의 불결한 삶을 통하여 조선은 그나마 낫다는 안도감이었다.

(송도만인) 이런 '만주=불결'이라는 생각은 만주국이 건설되고 일본이 영

---

594) "어린 아이들까지도 피워 문 후에 연방 침을 토하면서 빨고 있다. 미개인일수록 알콜과 니코친(니코틴)등 독물을 기호한다더니 이 사실을 가장 잘 설명한다."(김홍일, 「北滿奧地旅行記」(3), 『동아일보』, 1925년 10월 8일. 3면.)

595) 불평생, 「一週旅行記(1) 海港에서 上海까지」, 『時代日報』, 1925년 6월 8일.(주효뢰, 앞의 논문, 362쪽).

향을 미치는 만주가 되자, 크게 변하고 있다. 1935년경 송도만인(松島灣人)의 기행담이다.

실로 신징은 돈 많은 도시외다. 날마다 수십 호씩 2~3층 양옥이 늘어나도 주택난은 조금도 완화되는 기색이 없다. 10만 내외 도시에 카페만이 40여 개소. 그 외 식당, 요리점 같은 집들만 길에 위치한다....(중략)...싱징역에 내리면 코를 거슬리는 것은 말똥 냄새다. 그곳 마차가 도대체 몇천 대인지 넓은 길 위에 황색면포를 깐 듯 무너져서 접혀 있는 것이 말똥이외다.[596]

이제는 '만주는 돈 많은 곳'이라는 이미지로 탈바꿈하고 있었다. 하지만 여전히 말똥으로 대변되는 불결함은 시정할 수 없다고 했다.

(안용순) 1940년경 쓴 글이다. 돈은 많지만 불결한 만주에서 이제는 깔끔하고 멋진 신징으로 변화했다는 것을 감동적으로 전한다.

그칠 줄 모르게 뻗어 있는 도로는 어디나 다 에스컬레이터가 설치되어 마치 마른 잔디 벌판에 검은 융단을 깔아놓은 듯하다. 간선도로의 중요한 교차점은 전부 로터리가 만들어져 있고, 전신, 전등선은 전부 지하 케이블로 되었다. 건설한 것을 보니 신흥국가로서 위대한 노력의 결정이 아닐 수 없다. 한마디로 말해서 싱징은 그 이름처럼 새롭고 맑고 웅대하다.[597]

필자는 과거의 불결한 만주가 돈을 벌고, 더 멋진 인프라로 탈바꿈한 것에 감동하고 있는데, 그 이면에는 일본의 역할이 컸다는 점을 더하려는 의도도

---

596) 松島灣人, 「내가 본 滿洲國 新京!—과연 新京은 우리에게 무엇을 주나?」, 『호남평론』(1-1), 1935년 4월 20일(조은주(2013-2), 「일제말기 만주의 식민지 도시 신경(新京)의 알레고리적 표현과 그 의미- 유진오의 「신경」을 중심으로」 『서정시학』(23), 계간 서정시학, 308쪽에서 재인용).
597) 안용순, 「北滿巡旅記」, 『조선일보』, 1940.2.28.~3.2.(조은주, 상동, 307쪽에서 재인용).

엿보인다.

(한철주) 그는 중국인의 도박에 대해서 이렇게 설명한다.

중국인의 도박 사랑은 남녀노소나 빈부 여부와 상관없이 선천적 기품같이 좋아하며 방법도 교묘하고 크게 발달하였다. 그들의 가정을 보더라도 주인이 벌이하러 나아간 뒤 아내는 집안사람이나 이웃을 모아놓고 하루종일 골패를 한다. 주인은 주인대로 친구들과 만나면 금전을 태우든 안 태우든 놀음, 투전 혹은 기타 도박을 즐긴다. 아이들도 모여서 노는데, 돈치기, 주사위 던지기 등 도박 범주를 벗어나지 않는다. 하다못해 사탕이나 과일을 살 때 그냥 사는 것보다 1전을 태우고 알을 굴려서 요행을 바란다. 그래서 5리 어치 물건을 받아도 아이는 불만스런 얼굴 없이 평온하게 돌아간다. 그러므로 중국인에게 도박은 그들의 신앙과 같으며, 그 결과는 곧 신의 뜻이라면서 감수하는 듯하다.[598]

이런 중국인의 일상적인 도박 중독에 대해서 중국 정부는 영업금지 등의 제스처를 쓰곤 있지만 정작 재정이 어려워지면 아편흡연소나 공중도박장도 허가하고 과세하는 정책을 쓴다고 했다. 중국정부가 그 모양이니 각지 조계(租界)에서도 수익을 위하여 정부가 하는 짓을 그대로 따라한다는 것이다.

(3) 힘을 기르자. 세상이 바뀌었다: 천도교인들의 재만 조선인 이야기

○ 재만 조선인은 침략적 자본주의 박해로 고통받는다:

ㅅㅅ생의 남만 다크투어

1920년대 만주를 다녀온 사람들의 일반적인 생각일지 모르지만, 만주가 불결하고 무능한 인종들이 산다는 '만주 멸시관'은 당시 기행문에서 빠짐없이 나오는 단골 매뉴이다. '만주멸시론'은 일차적으로 만주침략을 위한 일본 제국주의자들의 선무 작업의 일환이었다. 그들은 만주에서 일어난 각종 독

---

598) 韓鐵舟, 「世界 各處에서 본 그짓말 갓티, 奇怪한 公開賭博場 이약이」, 『別乾坤』
　　　(8), 1927년 8월 17일, 133~134쪽.

림군 항쟁과 각종 참변을 보면 대개가 마적, 폭력배, 음모단 등 항일 세력의 준동에 의한 것이므로 이들때문에 결국 만주는 낙후되고 불결한 땅으로 전락했다는 가짜뉴스를 지속적으로 유포하였다. ㅅㅅ生의 남만 여행기도 그런 생각에서 크게 벗어나지 못했다.

ㅅㅅ生은 1919년경 처음 남만주로 여행을 한 듯하다. 1924년 2월에 다시 남만을 여행했다. 필자는 천도교 신자로 보이는데, 여행 중 천도교 종리사인 김응식(金應植), 교인 홍영식(洪永植) 등과 만나서 도움을 받고 '나의 심신을 이끌어 한울나라로 들어가게 하는 감동이 있었다.'고 할 정도로 감격하였다.

하지만 그곳 동포의 비참한 생활을 목격하면서 무척 괴로워한다.

> 일주일 만에 우리는 다시 지린성(吉林城)에 들어갔다, 나는 남만주 지방에 표류하는 우리 동포를 생각하며 헤아릴 수 없는 많은 눈물을 흘렸으며 어떤 경우는 '이것이 다 우리 동포랴!'하고 털어버리고 싶을 때도 있었다. 그럴수록 내 마음은 더욱더 아파진다.[599]

필자는 이렇게 재만 동포사회가 어려워진 근원을 조선에서의 '침략적 자본주의의 박해'에서 찾았다. 이를 피해 동포들이 이주하였고, 남부여대(男負女戴)하고 이곳 남만주로 희망을 안고 이주했건만 현실은 결코 녹록치 않았다는 것이다. 물론 여기서 잘하면, '기후, 지질 모든 것이 농작에 알맞아 2~3배 수확을 얻을 수 있다고도 하지만, 지역에서 세력을 쥔 중국인의 갑질로 인해 조선인은 제대로 기 한번 펴지 못한다는 것이다.

> 중국인 세력에 눌리고 기운에 밀리어 어쩔 수 없이 밤낮 고생이다. 그들의 입에는 쌀밥이 들어가지 못하다. 그들은 중국집 한 칸을 빌려 몇 집 식구가 모여 산다. 이것이 우리가 경부선, 경의선 철로 연변에서 아침저녁으로 모든 일생의 원한과 분노를 가슴에 가득 품고 의지할 것 없이 쫓겨오는 우리 동포들이다![600]

---

599) ㅅㅅ生, 「南滿을 단녀와서」, 『開闢』(49), 1924년 7월 1일, 92쪽.
600) ㅅㅅ生, 상동, 『開闢』(49), 1924년 7월 1일, 92쪽.

이러한 동포사회의 아픔은 비단 경제적인 것만 아니고, 더 무서운 정신적으로도 "괴로움[懊惱], 고민, 우울증 등으로 마치 망망대해에서 길 잃은[未辨] 어부같다."고도 하였다.

이에 당시 조선인 동포의 현실을 다음 세 가지로 진단하였다. ① 현재 조선인 동포들이 가난한 것은 각 단체가 실력이 없기 때문이다.601) ② 조선인 동포 대부분 고립분산이므로 단결하거나 상호부조를 하기 힘들다.602) ③ 국가적 지원이 없다603)는 등이었다. 해결책은 다음과 같다.

① 많은 사람이 합자해서 상당한 토지를 매수하여 공동경작하기, 자금이 없이 매년 유리하는 동포들을 구제하는 대책 강구하기.
② 모범 시설 만들기.604)

이렇게 하면 자연스럽게 새로운 조선인 촌락으로서, 자립적인 부락이 만들어지고, 또 자치적인 생활을 영위할 수 있게 될 것이라고 했다. 그러면서 필자는 현재의 가난과 우울 심리를 이기려면 "각자 편견을 버리고 일종의 중심사상을 만들어야 한다."고 하였다. 아마도 천도교 사상인 듯하다. 이에 현

---

601) "첫재는 各個體의 實力缺乏이니 自己의 資金도 업고 常識도 없는사람으로 문득 言語 風俗이 迥殊한 異族과 接觸하게 됨을 짜라 처음으로 欺侮와 損害를 受할 것은 자못 避치 못할 일이다, 짜라서 翌年의 慘苦는 免치 못하는 것이다."(ㅅㅅ생, 「남만을 단녀와서」, 『개벽』(49), 1924년 7월 1일, 94쪽).
602) "둘재는 社會的 生活의 缺陷이니 우리 農民은 大概 十里에 한집 五十里에 한집 쏘 百里에만큼 한집, 이렇게 各散分離하야 相愛互助하는 機緣을 엇지못하는 것이다, 이러한지라 識見이 固陋하며 事理에 暗昧하야 自然, 그 無情한 中國人의 侵害를 抵禦할 수 업시된다."(ㅅㅅ생, 상동, 『개벽』(49), 1924년 7월 1일, 94쪽).
603) "그것은 國家的 後援이 없는 것이니 이것이 없는 國民으로 外國에서 生活을 圖謀하는데는 形言할수없는 怨痛이 짜라단긴다, 우리들의 生命, 財産은 오로지 우리들 各個가 自保自護하는 外에는 아무런 道理가 없는 것이다. 이것이 우리가 中國人들과의 均等한 發展을 策할수 없는 最大의 缺陷이다." (ㅅㅅ생, 상동, 『개벽』(49), 1924년 7월 1일, 94쪽).
604) ㅅㅅ생, 상동, 『개벽』(49), 1924년 7월 1일, 95~96쪽.

재의 고난은 조선인의 낡은 생각 때문이며, 낡은 생각을 버리고 새로운 생각과 주체성을 가진다면 능히 지금의 가난과 우울에서 벗어날 수 있다고 했다. 가난과 우울이 자본주의의 폐해라고 알면서도 이를 시정하는 근본 방향을 세우기보다 고통받는 사람들이 스스로 자강불식(自彊不息)하고, 실력양성해야 한다는 주장이었다.

이처럼 박춘파든, ㅅㅅ生이든 1920년대 실력양성론에 입각하여 동포의 가난과 우울을 극복하는 길을 강조하였다. 제국주의 혹은 자본주의의 폐해에 저항하는 것이 아니라 모든 것을 자신이 부족한 탓으로 돌리고, 자수자강하여 실력을 양성하는 길이 해결책이라는 것이다. 그러니 필경 실력양성에 필요한 각종 지원을 위하여 일본의 적극적인 협력을 기대할 수밖에 없는 방향으로 나아갔다.

○ 독립운동의 현장 정의부 소식: **천도교 지도자 이돈화의 남만 다크투어**

① 푸순에서 노동자의 고혈을 짜는 자본가들을 생각하다.

이 기행문은 이돈화(李敦化, 1884~?)[605]가 1925년 5월 20일부터 싱징(興京)의 지인 초청으로 가족과 함께 남만주를 돌아본 뒤 작성한 것이다. 당시 만주는 조선보다 시차가 1시간 빨랐다. 5월 21일 푸순에 도착한 필자는 현지에서 온갖 향락에 젖은 자본가들과 가혹한 노동조건 아래서 신음하는 노동자 실상을 목격하였다.

---

605) 이돈화는 1903년 천도교에 입교한 뒤 1904년 천도교의 민회운동단체인 진보회 평의원을 맡았다. 1910년 천도교월보사 사원으로 근무하였고, 1920년 천도교청년회를 조직하는 데 주도적으로 참여하였고, 『開闢』(開闢)을 창간한 뒤 1926년 폐간될 때까지 주간·편집인을 역임하였다. 1923년 천도교청년회를 확대 개편한 천도교청년당 상무위원이 된 후 1927년 중앙집행위원으로 선출되었다. 1925년 『조선농민』지 편집 겸 발행인이 되었고, 1932년까지 조선농민사 이사로 활동하였다. 1926년부터 1945년까지 『신인간』지의 발행인 및 편집인을 맡았다.

수천명의 중국인 갱부들이 웃통을 벗고, 철도에 매달리고 승강기로 오르내리는 모습이 참으로 위험하고 가련해 보인다. 그러나 그들 임금은 하루 고작 5~60전. 오늘날 사회가 얼마나 결함투성이인지 체험하며, 노동문제라는 것이 무엇인지 실증하려 한다면, 반드시 이 광경과 실제로 접촉해야 한다. 푸순[撫順] 바닥에 이층, 삼층, 사층 구름을 찌를 듯한 큰 건물이며, 그 가운데 앉아서 맛난것[珍味] 먹고 미인을 안고 가무를 즐기는 저들은 이들 수천 명 노동자의 피땀으로 이룬 잉여가치를 착취하는 무리가 아니고 무엇인가.[606]

즉, 자본가의 잉여가치 착취로 인해 가혹한 노동자의 삶이 만들어졌다는 비판이었다. 필자의 푸순 경제 분석은 칼맑스의 『자본론』에 나오는 노동가치설을 바탕하여 자본가들이 필요노동 이상의 잉여노동에 기반한 잉여가치를 전유하면서 노동자의 고혈을 짠다는 이해였다. 이처럼 필자는 사회주의, 민족주의 혹은 근대화론 등 다양한 지적 흐름을 나름대로 열심히 습득하고 현실에 대한 다양하고 현실적인 평가를 내리고 있다.

그러나 결정적으로 일본인들이 주장하는 '만주불결론', '중국멸시론', '중국인탐욕론' 등 이데올로기를 수용하면서 중국(인)을 조직적으로 폄훼하는 성향도 없지 않았다. 훗날 필자의 '전향'은 중국에 대한 깊은 불신이 나름 영향을 주었다고 해도 과언이 아니다. 왜 필자는 그토록 중국을 불신했을까.

첫째, 필자는 중국인들이 뼈속 깊이 조선인을 무시하는 마음이 있다는 이유였다.

마차만 그런 것이 아니요. 마부의 행동도 마차보다 더 심하다. 내가 조선옷을 입고 중국말을 모른다고 여겼는지, 놈들은 알아들을 수 없는 말로 「끼울이」「끼울이」하고 비웃는 빛이 역력하다....(중략)...어쩐지 좀 불안합니다. 조선에서 듣기를, 만주에는 마적이 많이 출몰한다는 데, 갈 길은 갈 수밖에 없다.[607]

---

606) 興京에서 李敦化, 「南滿洲行(第一信)」, 『開闢』(61), 1925년 7월 1일, 107쪽.
607) 興京에서 李敦化, 상동, 『開闢』(61), 1925년 7월 1일, 108쪽.

필자는 중국인 마부가 자신을 '카오리', '카오리'하면서 비하하는 모습을 직접 경험하면서 마적이 출몰하니 이런 모욕을 받고 속임을 당해도 울며 겨자먹기로 타고 가야 한다는 비애를 털어놓았다.

그러면서 또 하나의 에피소드를 소개한다. 또 마부 이야기다.

> 마부와 같이 배는 고파도 먹기 싫은 밥덩이를 두어 번 집어 먹노라니, 마부 중에서 청천벽력같은 꾸지람 소리가 난다. 식사예절이 잘못되었다고 야단이다. 조선의 습관은 독상(獨床)이기 때문에, 먹던 짠지 조각을 도루 상에 놓았다가 먹는 버릇이 있어서 무의식 중에 그 버릇이 나온 것이다. 건너편 상에서도 벽력같은 소리가 난다. 나와 동행하는 상투쟁이 동포가, 5~6세 되는 딸년을 데리고 가던 길인데, 여비가 부족하여, 밥을 1상만 시켰고, 딸한테 밥 한 숟가락을 먹이다가 종업원한테 들켜서 봉변을 당한 것이다. 중국인 주인은 자기 밥을 남 주면 주인에게 손해라고 하여 엄금한다. 마치 감옥 죄수가 밥을 서로 나눠 먹지 못하는 법칙과 같다. 돈, 돈, 돈, 돈이면 그만이다.[608]

씻을 수 없는 모욕감을 준 사례였다. 좀처럼 중국인들에게 정을 줄 수 없는 일반적인 이유가 실제로 여기에 있었다. 중국인들이 조선인을 멸시하는 것이 이때가 처음이 아니었다. 이런 오랜 모욕감이 청일전쟁 당시 조선인들은 일본군에게는 후하고 청군에게는 인색한 결과를 낳았다. 청일전쟁에서 일본이 승리하는데도 그런 감정이 큰 역할을 했다.

두 번째는 역시 불결한 생활이었다. 불결도 그냥 불결이 아니라 말똥이 주방의 음식과 섞여 있을 정도이고 마당이나 자리 위나 먼지가 우열을 가리기 힘들 정도라는 것이다. 게다가 사용하던 이불은 현순백결(懸鶉百結) 즉, 수십 곳 누더기로 만들어진 것이라고 했다.[609]

---

608) 興京에서 李敦化, 상동, 『開闢』(61), 1925년 7월 1일, 109쪽.
609) "不潔이라니 말이 나가야 不潔 不不潔을 말하지요. 馬場의 말똥이 주방의 음식과 결혼이 되어 있고, 마당 먼지가 자리 위의 먼지와 접문을 하고 있습니다. 게다가 노전 자리는, 열조각 스무조각으로, 懸鶉百結도 오히려 誇張이 아닙니다."(興京에서 李敦化, 상동, 『開闢』(61), 1925년 7월 1일, 109쪽.)

이처럼 필자는 중국인이 자주 그리고 능란하게 조선인을 기만하며, 늘 더럽고 불결하다는 생각을 자신의 경험을 통해 증명하려고 했다. 그런데 대부분 조선[內地]에서 들었던 풍문도 작용하고 있었다. 즉, 만주에 가면 마적이 득실거린다든가, 너무나 더럽다든가, 신뢰할 수 없다는 것 등의 풍문인데, 한번 각인된 불신은 무엇을 하든 중국인들의 무능과 괴팍함과 불친절을 예상하는 기폭제가 되었다.

세 번째는 중국은 비인간적인 미신이 판치는 곳이기에 참 야만스럽다는 것이었다. 필자의 목격담에 따르면 중국인들은 어린아이 시체를 훼손하는 것을 풍습으로 삼고, 개가 시신을 뜯어도 놀이 취급한다고 경악하였다. 또 마차이다.

> 마차에서 보노라니 길바닥에 나이가 4~5세 정도인 어린아이 시체가 절반 정도 잘려진 채 있었다. 마부들은 좋은 구경이 났다고 주절거린다. 웃고 떠든다. 알고 보니 이것은 중국인의 악습에서 나온 못된 버릇이다....(중략)...더욱이 용서치 못할 악습은, 7세 이하 어린이가 죽으면 거적에 싸서 나무 위에 달아 둔다. 그런즉 솔개 같은 새들이 그 시체를 차고 달아나다가 무거워 땅에 떨어트리면, 개떼들이 와서 이제는 내 차례라고 서로 물고 뜯는다. 지금 본 이 아이 시체도 그 결과라 한다. 아! 미신이란 것은 이렇게 혹독하다.[610]

그러나 이런 야만적 취급은 개항기 일본인이 조선의 풍습을 보면서도 그대로 적용되었다. 『일본인의 조선정탐록 조선잡기』를 보면 조선에는 남편이 아내를 상시로 매춘을 시킨다고 하면서 기방의 기둥서방이 그런 자라고 하면서 그 야만성을 지적하였다. 또한 경상도 지역에서 시신은 나무에 걸어두고 나중에 살이 다 썩어서 사라지면 뼈만 추려서 장사지내는 골장제가 진행되는 풍습이 있다고 하면서 너무 잔혹한 미신이라고 비판했다.[611] 이처럼 개

---

610) 興京에서 李敦化, 상동, 『開闢』(61), 1925년 7월 1일, 109쪽.
611) 혼마규스케 저, 최혜주 역, 2008, 『일본인의 조선정탐록 조선잡기』, 김영사, 78쪽(처를 손님에게 내어놓는다), 157쪽(시신의 매다는 풍속).

항기 일본인이 조선인에 대한 야만적인 취급과 마찬가지로 1920년대 조선인들은 만주에서 일본인이 조선인 풍습에서 느끼던 그대로의 감정을 만주인들을 상대로 피력하였다. 일본인에게 받은 모욕을 이제는 중국인에게 되갚음한 격이다.

결국, 필자는 일본의 문명주의와 근대화 노선에 공명하면서 자연스럽게 '중국멸시론'에 접근하였다. 중국을 무시할만한 힘을 가진 일본이 점점 긍정적으로 보였던 것이다. 이는 훗날 철저히 일본의 침략전쟁을 지지하면서 1937년 '조선신궁 국위선양 기원제 준비' 발기인, 1939년부터 1940년까지 국민정신총동원천도교연맹 이사, 1940년부터 1944년까지 국민총력천도교연맹 평의원을 맡은 것도 이러한 '중국멸시론적 인식의 축적'과 깊은 관계가 있다고 본다.

네 번째는 중국 군인을 비롯한 관헌의 횡포가 극심하다는 것이다. 정의부 등 조선독립운동 단체는 늘 이들 중국 군벌이나 중국 군인들이 자행하는 횡포에 시달렸고, 우리 독립군의 무기를 탈취하려고 중국군의 적대 행위는 그치지 않는다고 했다.

> 그런데 제일 질색이 되는 일이 하나 있다고 한다. 그(정의부 요원)는 중국 군인의 횡포라고 합니다. 원래 정의부 군사부에서는 아무쪼록 중국인에게 환심을 사려고 하나, 저들 중국군은 도무지 돈밖에 모르는 무리라서 돈을 위해선 어떤 일도 감행한다고 한다. 그래서 중국군이 누누히 OO(정의부)군을 습격해서 교전을 벌인다. 저들 중국군이 습격하는 이유는 딴 것이 없고, 오직 OO(정의부)軍의 무기를 탈취할 목적이다.[612]

이런 안하무인(眼下無人)식 갈취나 상납을 요구하는 것은 중국군만 아니라 일반 관헌도 마찬가지라고 한다. 돈만 있으면 죄인도 방면되고, 돈 없으면 구류되는 등, 마치 대한제국 시기의 폐정과 흡사하다고 하였다.[613]

---

612) 興京에서 李敦化, 상동, 『開闢』(61), 1925년 7월 1일, 114쪽.

② 싱징 링가(陵街) 다크투어

필자는 링가를 방문하여 초기 청나라 시기 성곽을 살펴보고, 옛 청나라 누르하치 이야기를 담은 영화를 보았다.

> 링가 대공원은 고금에 변함이 없건만 누르하치 시대의 영화는 어디에 있는가? 아서라 말아라, 인생은 무상이다. 무상은 고(苦)이다. 고(苦)는 창조이다. 인생은 낙(樂)으로 미래를 창조하는 것이 아니라. 고(苦)로서 장래를 개척하는 것이다. 왕소군(王昭君)은 고(苦)로 성공한 미인이다. 만일 당시 왕소군이 그냥 한나라 궁에서 일개 첩으로 늙어 죽었다면 후세 뉘라서 그의 이름을 알 수 있으며, 그 사정을 동정하리오.[614]

이곳에서 필자는 스스로 조선인의 나아갈 길에 대해서 자문자답하였다. 즉, 고통이 모이면 반드시 언젠가 다시 질적으로 도약하여 창조적인 단계로 나아간다는 생각이 그것이었다. 왕소군(王昭君)을 굳이 말한 것은 그러한 희생이 고행으로 끝나지 않고 끝내 중국을 도탄에서 구했듯이, 현재 고행 중인 우리 조선인도 언젠가는 창조적인 경지까지 도달할 것이라고 하였다. 어느 면에서는 잉여가치 전유라는 사회주의적인 독서력이 보이기도 하고, 일면 일본식 근대주의적 해석이 자주 등장하기도 하고, 나아가 고행을 통한 천국 건설이라는 종교적 교훈을 주장하기도 하는 등 무척 해박하게 조선인의 미래를 모색하고 있다.

그리고 아직은 일본에 대한 적대감도 남아있는 듯하다. 이는 언술 속에서 조선인과 일본인의 대립 관계로 파악하고 해당지역 조선인 동포가 일본인의

---

613) "中國은 중국군인의 일이 그러할 뿐 아니라, 중국관청의 행사가 또한 그러하다 합니다. 돈만 있으면 중죄인이라도 無罪放免이 될 수 있고, 없으면 일시 拘留짜리라도 몇달 고생이 예사라 합니다. 한번 訟事에 官營代書料가 6-7圓이 들고, 시간이 幾日이라도 허비가 되며…완연히 舊韓國時代의 弊政과 恰似하다 합니다. 아니, 그 이상으로 沒廉恥라 합니다.(興京에서 李敦化, 상동,『開闢』(61), 1925년 7월 1일, 114쪽).

614) 興京에서 李敦化, 상동,『開闢』(61), 1925년 7월 1일, 112쪽.

위세를 피해서 온 존재라는 인식에서도 잘 드러난다.

> 싱징(興京)이란 곳은, 지도로 보면, 남쪽은 푸순과 환런(桓仁)이오 동쪽은 콴디엔(寬
> 甸)현이오 북쪽은 통화(通化)현, 루허(柳河)현이 접합니다. 실로 남만주 북부의 중심이
> 지요. 지세가 이러니 이곳은 일본인의 세력이 미치지 못하고, 그에 따라 조선인의 이주
> 가 많습니다. 싱징 부근에만 약 4,000호의 동포가 있다고 합니다.[615]

아니나 다를까. 필자는 싱징에서 독립운동 단체인 정의부를 방문하였다.
정의부는 1924년 11월 전만통일의회주비회에 참가했던 대한통의부·군정서·
광정단(匡正團)·의우단(義友團)·지린주민회·노동친목회·변론자치회·고본계
(固本契) 등 대표가 모여서 조직한 독립운동연합체였다. 지린성 루허현에 본
부를 두었고 1925년 3월 중앙위원회를 조직하여, 중앙행정위원장 이탁, 민
사위원장 현정경, 선전 이종건, 재무 김이대, 군사 지청천, 법무 이진산, 학무
김용대, 교통 윤덕보, 생계 오동진, 외교 김동삼 등을 임명하였다.

필자는 이런 중앙위원회 조직한 지 2개월 정도 지난 5월 말경에 방문한 듯
하다. 이 시점에 정의부 간부 이상룡이 대한민국 임시정부의 국무령(國務領)
으로 선임되었다. 이에 임시정부 산하로 재편하는 여부를 놓고 중앙행정위
원회와 중앙의회가 대립하기도 했다.

> 누구든지 싱징(興京)에 가서 처음 느끼는 일은 그곳이 OO단(독립단)의 근거지란 것입
> 니다. 거금 4년 전에는 이상 제 단체가 군정서, 광복군총영, 독립단, 통군부 등으로 분립되
> 었는데, 시대 추이로 통의부라는 기관으로 통일되었고, 많은 활동을 계속하다가 최근 더
> 욱 철저하게 통일하기 위하여 정의부(正義府)가 생겼다 합니다.[616]

총독부의 검열을 받아야 하는 잡지에 정의부라는 실명까지 공개하면서 실

---

615) 興京에서 李敦化, 상동, 『開闢』(61), 1925년 7월 1일, 112쪽.
616) 興京에서 李敦化, 상동, 『開闢』(61), 1925년 7월 1일, 113쪽.

상을 알린 점은 무척 이례적이다. 그렇다면 필자가 지면을 빌어서 정의부가 어떤 단체인지 자세히 설명한 이유는 무엇일까. 필자는 정의부가 인민들이 선거로 직접 지도자를 뽑는 단체라는 점을 특히 강조하였다.[617] 그러면서 정의부는 온건 단체이니 유명 인물들과 자본가들이 많이 와서 정의부의 자치를 도와달라는 것이었다.

> 만주에 계신 동포들이 조선내륙[內地]의 형제에게 간절히 바라는 것이 있습니다. 다른 것이 아니라 그저 행동하는[有爲] 인사나 자본가들이 많이 들어와 달라는 것입니다 …(중략)…이제는 정의부의 정책도 변경되었을 뿐만 아니라 불량분자도 다 정리하였고, 정의부의 경계(警戒)도 좋아져서 확실히 안전해졌으니 이제 조선 동포들을 어디든 환영하여 내외가 문화적인 연락, 상업적 연락을 취하려 한다고 합니다.[618]

당시 조선총독부도 3·1운동 이후 조선내 도회, 면회 등 '유사' 지방자치체를 설치하고 외형적으로나마 민주적 지방자치를 실험하는 등의 제스처를 쓰고 있던 시점이었다. 따라서 정의부의 자치활동은 총독부의 시정과 유대감이 있는 기사로 취급될 수 있었다. 이런 빈틈을 비집고 정의부 이야기가 조선총독부의 검열을 통과할 수 있었다. 아울러 필자가 여기 소개한 내용은 '정의부가 기존의 항일(抗日) 정책을 수정하여 온건한 자치 조직으로 거듭나는 중이니, 조선 내 유지들의 많은 지원과 협조를 바란다.'것이었다. 따라서 총독부는 글에서 투쟁성이 없는 '순수자치조직화' 하겠다는 뉘앙스로 '전향'의 가능성을 알리는 모습을 보고 기고를 허가한 것일지도 모른다.

---

617) "人選 방법은 百家長은 百家의 추천으로 되고, 總管은 그 區城의 대표가 선거하게 되며 正義府 위원은 별도 의원선거구가 있어서, 一區 一議員이 선출되어, 무기명 투표로 위원 전부를 선거케 하는 제도이며, 위원장은 위원들의 互選으로 된다." (興京에서 李敦化, 상동, 『開闢』(61), 1925년 7월 1일, 114쪽).
618) 興京에서 李敦化, 상동, 『開闢』(61), 1925년 7월 1일, 115쪽.

③ 왕칭 및 산위안푸 여행

싱징에 이어서 왕칭으로 떠날 즈음 필자는 왜 자신을 그토록 동포들이 환대하였는지 생각했다. 아마도 고향 조선에 대한 깊은 그리움이 원인이라 보았고 이들 이주 조선인들은 타향에서 살다 보니 특별히 '내 나라'라는 감정이 키워진 것이라고 여겼다. 여기서 필자의 묘한 워딩이 나온다.

> 형제들이 나를 환영하는 이유는 다른 게 아니다. 조선내륙에서 일부러 온 동포형제와의 의(義)를 표한 것이다. 나를 환영하는 것이 아니라 조선내지 동포를 환영하는 것이다. 천리타향에서 고향 사람[故人]을 만났다는 감상이 아니라 만리타국에서 고국을 그리워하는 감상에서 나온 일이다. 실로 감개무량한 여러 가지 의미가 포함한 환영이다. 동포 중에는 대부분 먹을 것을 구하여 들어간 농민이지만, 타향에 가보니 특히 생각나는 것이 내 나라라는 감정이 특별하게 증폭되었다. 게다가 일부러 큰 뜻을 품고 멀리 압록강을 건넌 형제들도 적지 않아 그들의 어조와 노래 중에는 대부분이 「바람이 소소하구나. 이수가 차도다(風蕭蕭兮易水寒)」의 연조강개(燕趙慷慨)의 뜻을 품고 있다.[619]

큰 뜻을 품고 압록강을 건넌 형제들 즉, 조국의 독립을 위하여 온 조선인의 마음을 <바람은 소소하고, 역수의 바람의 차다>라고 하면서 진시황을 죽이려고 떠나는 비장한 형가의 마음에 비견하였다. 아직 전향하지 않은 순수한 민족주의 종교지도자의 내심이 드러난다.

왕칭에는 1925년 6월 1일 도착하였다. 처음 인사하는 중국학생복을 입은 조선 학생들을 보면서 설움에 복받쳤다.

> 왕칭문(旺淸門)에 갔다. 중국학생복을 입은 100여 명의 어린이가 10리나 되는 먼 곳까지 마중을 나왔다. 중국옷에 조선 말을 쓰는 어린 동생들의 마중을 받고 나는 무엇이라 말할 수 없는 서러움이 돋아서 아무 말도 없이 왕칭문 조선촌을 들어섰다.[620]

---

619) 李敦化, 「南滿洲行(第二信)」, 『開闢』(62), 1925년 8월 1일, 89쪽. 내용중 연조강개란, 중국 연나라, 조나라에 협객이 많아서 진나라 침략에 크게 비분강개를 하였다는 뜻으로, 전국시대 말 형가가 진왕을 죽이려고 이수를 건넜을 때 한 말이다.

필자는 늘 그랬듯이 여기서도 그간 자신이 품었던 '만주혐오관'을 말과 관련된 마차나 마적 등의 행태를 활용하여 설명하고자 했다. 특히 마적단을 중심으로 이들이 얼마나 극악무도한 것인지, 얼마나 금전을 탐내고, 인명 해치기를 주저하지 않는지 장황하게 설명하였다.

> 만주의 마적이란 대담한 놈들이다. 관군 복장을 하고 시가지에 당당히 출입하다가 미리 정탐해 둔 만나면 권총[六穴炮]를 겨냥하면서 위협하여 잡아간다. 마적에게 잡혀가면 반드시 몸값을 내지 않으면 안 된다. 만일 기한을 넘기면 처음에는 귀를 베어서 가족에게 보내고 그래도 안 내면 팔, 발을 베어 보낸다고 한다. 참으로 폭악스런 형벌이다.[621]

그런데 조선인에겐 아무런 침해를 가하지 않으며, 그 이유는 뺏을 돈이 없기 때문이라고 하였다. 오히려 조선인에게 무서운 것은 "마적이 아니요. 관군"이라고 했고 관군은 마적에서 신분을 바꾼 자들이 많아 마적만큼 돈을 밝힌다고 했다.

④ 뤼허현의 정의부 본부 투어, 독립운동을 감추고 자치본부라 소개하다.
필자 자신이 "남만주 조선인의 중심 세력이 모인 곳"이라 한 샨위안포(三源浦)의 정의부 본부에 도착하였다. 총독부의 검열이 격심한 상황이라서 정의부 조직을 표현할 때는 독립, 조직, 기지 등의 표현은 사용하지 않았다. 그냥 남만주(조선인) 자치본부라고 부르고, '사회'라는 이름으로 통칭하여 조선인의 순수한 자치조직임을 보여주고자 했다.[622] 그러면서 그곳을 '사회'라고

---

620) 李敦化, 상동, 『開闢』(62), 1925년 8월 1일, 90쪽.
621) 李敦化, 상동, 『開闢』(62), 1925년 8월 1일, 90쪽.
622) "샨위안포(三源浦)는 뤼허현(柳河縣) 소속이다. 샨위안포라는 말을 들으면 이상한 감상과 긴장된 기분이 듭니다. 남만주 자치본부가 이 부근에 있기 때문이다."(李敦化, 상동, 『開闢』(62), 1925년 8월 1일, 91쪽).

부른다고 했다. 그렇게 해서 이들 각 단체들이 독립운동 조직임을 엄폐하면서도 그들의 동정을 전할 수 있겠다고 여긴 모양이다. 이 시점에서 '작년까지도 여러 단체가 논의에 있던 것을 지금 와서는 완전한 통일기관이 된 것'이라고 하여 바야흐르 각지 만주 지역의 독립운동 단체들이 온전히 통합한 사실을 알려준다.

필자는 정의부의 독립운동 전략이나 내용을 알릴 수 없는 상황에서, 정의부가 조선인들을 괴롭히는 각종 협잡군, 도박군, 아편장사 등을 퇴치함으로써 선량한 조선인 농민을 보호하는데 큰 노고를 치르고 있다는 사실을 전하였다.

> 본래 남만주 자치제로 말하면 삼일운동 이전까지는 살림살이가 되어 오다가 삼일운동이 일어나자 크게 토벌을 받았다, 그에 따라 조선내류나 남만주 각 도회에 흩어져 있던 협잡꾼, 도박꾼, 아편장사 같은 무리들이 이를 틈타 들어왔다. 그래서 순수한 농민에게는 적지않은 해악을 주었다....(중략)...남만주 자치제도는 무한한 노고를 써 가면서 그것을 퇴치하였다. 지금에 와서는 모든 것이 안전하게 되었기에 주민은 자치적 사회를 짓게 되고 사회는 주민의 향상발전에 힘껏 노력하는 중이다.[623]

자치본부는 경제정책으로 공농제와 재정정책으로 호계제를 사용하여 지역자치를 전개하고 있다고 하였다. 공농제는 옛 주나라 정전법(井田法)과 같이 100호 사는 동네 혹은 몇 10호를 합하여 공전(公田) 일일경[1日耕]을 만들고 10호가 함께 이 땅을 경작하여 자치체에 보내는 방법이었다. 호계제(戶鷄制)는 매호마다 닭 한 마리를 내도록 하여 그 돈을 몇 년간 축적하여 주식제도를 만들고, 중국인 토지를 영구 매수하여 조선인에게 영구 거주[永居]하도록 할 計劃이었다.

요컨대, 이렇게 정의부를 사상이나 정치적 측면에서 접근하지 않고, 조선인

---

623) 李敦化, 상동, 『開闢』(62), 1925년 8월 1일, 91쪽.

보호라는 치안 봉사 측면에 방점을 두고 소개한 것은 일경에게 정의부가 독립운동 조직이 아니라 자치조직이라는 사실을 각인시키려 한 것으로 보인다.

(4) 아편 먹는 만주인: **무위생의 아편굴 다크투어**

무위생은 만주 안동 옛 시가지에 있는 어느 아편굴을 찾았다. 당시 만주 아편굴이 소문으로 유명했기에 조선인이라면 누구든 가보고 싶어 했다. 그래서 '취했을 뿐 아니라 대체 아편굴이란 어떤 것인지 한번 구경하고 싶은 호기심도 없지 않았던 자신으로선 그야말로 절호의 기회'였다.

> 이곳저곳 침대 비슷한 것 위에 달걀 크기의 작은 본체를 씌운 등불을 중앙에다 신위
> (神位)처럼 놓고, 좌우양편에 사람이 누웠다. 침상이 쭉 놓였는데 아편쟁이 몇 명이 있
> 다. 어떤 친구들은 아편대를 조그마한 등불에다 대고 맹렬하게 뿌지락 소리를 내며 연
> 기를 들이키는 데 마치 굶주린 짐승이 고기덩이를 삼키려는 탐욕과 다름없다. 그저 움
> 직이지 않고 연기만 퍽퍽 빨아서 그대로 삼키고 만다. 마치 죽어가는 생명이나 구해 주
> 는 듯이 게걸스런 돼지 모양으로 삼킨다.[624]

그래서 실제로 자신도 한번 아편의 맛을 보았다. 아편의 맛은 이랬다. "맨처음 빨 때는 냄새가 별로 더니 한 모금 두 모금 빠는 동안 차차 맛이 구수해진다."고 하면서 흡입 후 느낀 감정을 다음과 같이 정리하였다.

> 취한 술은 어디로 도망치고 몸이 노곤해지는 것이 드러눕고만 싶다. 드러눕기만 하
> 면 모든 것이 모두 꿈 같다. 쓸쓸히 지나갈 뿐이다. 그보다도 온갖 것이 정지하고 무위 속
> 에 앉았다는 표현이 적당할 듯하다. 이런 심경을 얻고자 세상에서 귀하다는 모든 것을
> 헌신짝처럼 버리고 이곳으로 모여들었나 보다.[625]

---

624) 無爲生, 「아편을 먹는다」, 『東光』(30), 1932년 1월 25일, 73쪽.
625) 無爲生, 상동, 『東光』(30), 1932년 1월 25일, 74쪽.

필자는 아편을 하면 '무위의 정관' 즉, 온갖 운동과 시간이 정지하는 무위 속으로 빠져든다는 느낌이라고 고백하였다. 이윽고 아편굴을 가보고 싶다는 호기심과 호기심 충족 후에는 깨어날 때 다양한 증상들을 느끼면서 그것이 가지는 일종의 '도덕적 결함'을 일깨운다. 즉, 스스로 '죄지은 사람'이라 했듯이, 도덕적 결함을 만회하려는 도덕적 결론으로 나아간다. 실제로 다음 기회에 또 김군이 아편굴 체험을 해보자 할 때는 '과정의 희열보다 결과로서 발생한 구토가 역겹다.'는 이유로 단호히 거절하였다. 하지만 여기에는 중요한 무위생의 파레시아가 담겨있다.

> 죄지은 사람 모양으로 우리는 그곳을 조심 벗어나서 큰길로 나와 곧 택시[洋車]를 잡아타고 신의주를 가자고 했다. 날도 추웠건만 별로 추운 줄 몰랐다. 나는 안동현 명물 중 하나인 아편굴을 구경한 덕에 택시 위에서 한바탕 구역질을 하지 않을 수 없었던 것은 죄에 대한 벌은 아니련만 하여간에 재미없는 일이다.[626]

모든 부정적인 것을 스스로 토해버렸다는 것으로 자신을 정당화하지만 적어도 무위생의 아편굴 체험은 당대 조선인들이 얼마나 중국 만주의 아편에 관심이 컸는지 잘 보여준다.

(5) 9·18사변으로 조선인 동포의 처우가 나아지리라:
재만동포위문사 서정희의 만주 시찰

9·18사변이 발발한 1931년 9월 18일 한밤 중에 서울 시내에는 호외를 돌리는 방울소리가 난만했다. 당시 서정희[627]는 신간회 해소 이후 자신이 생각하

---

626) 無爲生, 상동, 『東光』(30), 1932년 1월 25일, 74쪽.
627) 서정희(호 농천(農泉), 묵재(默齋))는 1876년에 포천 출신으로 1896년 6월 독립협회에 가입했고, 1906년 1월 이완용을 비롯한 을사오적 암살을 계획하였다. 같은 해 대한협회 광주지회를 조직하였으며, 1907년 2월 권중현 암살미수 사건에 연루되어 진도(珍島)에 5년간 유배되었다. 1915년 2월 만주로 망명, 돌아와 1919년 3

<그림 53> 일제 주요감시대상 인물카드 서정희 59세인 1934년 대구감옥(ⓒ국사편찬위원회)

던 신간회 해소 반대가 먹혀들지 않았던 현실에 무척 불만이 있었던 것같다. 호외를 받으니 '만주에 사변(9.18사변)이 있다.'는 급보였고, '일본 군대가 자국의 권익을 보장하려고 자위적 차원에서 펑텐(奉天)을 점령하였다.'는 것이다. 서정희는 먼저 패배한 중국 패잔병들이 살인 방화, 약탈하여, 지나는 곳마다 모두 초토화된 비참한 사정을 전하였다.

사회주의자였던 그여서 그랬는지, 중국 군벌 장쉐량이 통치하는 만주군벌군에 대한 인상은 그다지 좋지 않았다. 그래선지 패잔병에 의해서 조선인들이 크게 피해를 보지 않을까 우려하였다.

사변(만주사변)으로 중국인 패잔병은 펑텐 또는 지린에서 자기 부대를 퇴각시키는 도중에 우리 동포의 주거하는 촌락을 보거나 흰옷만 보면 살육하기를 마다않고, 방화, 약탈, 강X 등도 그치지 않는다.[628]

월 광주에서 시위를 주도하다 검거되어 광주지방법원에서 2년형을 언도받았다. 출옥한 후 조선노동공제회 광주지회 집행위원장, 1923년 4월에는 광주소작인연합회 결성하였고, 이후 전라노농연맹, 남선노농동맹 결성을 주도하였다. 1923년 4월 조선노농총동맹 중앙상무집행위원이 되었다. 북풍회의 집행위원이 되었다. 1925년 7월 을축대장마에서는 조선기근구제회 중앙부 위원을 역임했으며, 1925년 조선공산당에 입당하였다. 12월에 검거되어 1926년 6월 보석으로 풀려났다. 1927년 11월 조선공산당 사건으로 다시 구속되었고, 1928년 2월 출옥하여 조선농민총동맹 중앙위원이 되었다. 1930년 11월 신간회 중앙상무집행위원 및 조직부장에 선정되었다. 이후 신간회 해소론이 대두되자 해소론에 반대하였다. 1931년 11월 만주동포문제협의회의 위문사(慰問使)로 만주 각지의 14개 피난동포 수용소를 방문, 국내 동포의 위문품을 전달하기도 하였는데, 본 기행문은 이때의 기행을 기록한 것이다(한국민족문화대백과).

이에 '우리 동포가 만주에 이주한 지 백년이고 그간 중국인에 공헌한 것이 막대한 데도 이렇게도 잔혹하게 대하는 것은 피가 도는 인류로서 상상하기 어려운 일'이라 하여 깊은 불만을 피력하였다.[629] 이런 생각으로 필자는 '9·18 사변의 급보를 듣고는 만주에 거주하는 동포의 안위를 걱정하던 중 참화가 실제로 동포에게 미친 것을 알게 되어 황급히 각계각층으로 만주조난동포문제협의회를 조직하고 위문품을 모아서 위문하기고 했다.'고 하였다.[630]

당시 서정희는 협의회에서 만주조난동포위문사 사무를 맡았다. 그리하여 1931년 11월 6일 펑텐에 도착하여 협의회 임시사무소를 설치하고 조난 각지 실황을 조사하며 위문품을 분배하였다. 11월 10일부터 펑텐 수용소를 비롯하야 푸순(撫順), 신타이츠(新臺子), 테링 (鐵嶺), 카이위안(開原), 스핑자(四平街), 쟁자툰(鄭家屯), 공주링(公主嶺), 창춘(長春), 하얼빈(哈爾賓), 지린(吉林), 잉커우(營口), 칭위엔(靑原), 안둥(安東) 등 14개소 수용소를 방문하고 위문품 의류와 금품을 분배하였다. 거기서 서정희는 만주 동포들의 당시 삶에 대해서 이렇게 정리하고 있다.

> 만주에서 사는 (동포들의) 형편은...(중략)...흉년에는 농가부채[農償]를 지고, 갚지 못하여 계속 그곳에서 생활하지 못하고, 부채는 갚았지만 1년 동안 사는 관계상 중국인 과 자주 불화하기도 하며, 장구히 생활을 계속하려고 하거나 하는 듯하면 (중국인) 지주 는 소작료를 가중하고, 기타 과세도 모두 가중하여 (결국 조선인은) 생활을 계속할 수 없 다....(중략)...농사를 잘지어 수중에 돈이 들어오기도 하지만 저축할 도리가 없다고 한 다. 토지나 가옥을 매입하여 산업에 기초를 확립할 수 없기에 많지 않은 돈을 가지면 제 정신 아닌[志氣未定] 부류가 중국인과 도박이나 혹 술관이나 벌어서 결국 낭비해 버린 다. 그리하여 근본적으로 생활의 기초를 세울 수 없다. 이들 생활은 근본적으로 표류 생 활이다. 그런데다가 금번 사변이 발생하니 우리 동포 생활은 참화에 빠질 따름이다.[631]

628) 在滿同胞協議會 慰問使 徐廷禧, 「滿洲 遭難同胞를 보고 와서」, 『三千里』(4-1), 1932년 1월 1일, 85쪽.
629) 在滿同胞協議會 慰問使 徐廷禧, 상동, 『三千里』(4-1), 1932년 1월 1일, 85쪽.
630) 在滿同胞協議會 慰問使 徐廷禧, 상동, 『三千里』(4-1), 1932년 1월 1일, 85쪽.

풍년이면 풍년, 흉년이면 흉년 그 어떤 상황이든지 중국인들의 농간이나 지주들의 탐학으로 인해 퇴로가 없는 삶을 살아오고 있다는 것이다. 서정희의 눈에 9·18사변은 새로운 조선농민의 희망이었다. 중국인 패잔병이라도 만나면 다들 식겁을 하고 목숨을 부지하려고 숨을 죽여야 하는 딱한 형편이라는 것이었다.

조선공산당에도 참가했던 사회주의자 서정희의 눈에도 만주에서 중국인과 지주에 당하고 있는 조선인의 비참한 삶이 고통스러웠다. 계급보다 먼저 민족적인 감정이 판단의 우선으로 자리 잡은 것이다. 신간회 해소를 반대한 사회주의자로서 결코 완전한 공상적 기계적 사회주의자는 아니었다. 그에게 9·18사변은 민족 문제를 심도 있게 돌아볼 중요한 계기였던 것이다.

> 패잔병의 쇄도를 들고 업고 지고 끌고 안고서 들을 건널 때 패잔병이 길 앞에 있기에 오가도 못하고 사흘 밤을 들판에서 지내는데 그 밤은 마침 달 밝은 밤이었다. 어른들은 나무그늘을 의지해서 몸을 감추고 어린아이들은 들의 구덩이에 누이고 수수깡으로 그 위를 가리고 숨도 쉬지 않고 있는데, 패잔병이 그 앞으로 지나간다. 그 시간이 긴대도 그 아이가 울지 않은 까닭에 간신히 화를 면하고 살았다고 한다. 이런 말을 들을 때에 가슴이 매었다.[632]

필자 자신이 겪은 일은 아닌 듯하지만, 이런 방식의 '패잔병＝잔혹한 살육자'라는 이미지는 은연중 혐중(嫌中) 사고를 촉발하고, 그 의식은 눈사람처럼 커져갔다. 그러면서 '우리 재만동포는 만주에서 퇴각할 길도 없다.'고 한탄하면서 만주에서 생활이 이토록 중국인들에 의해서 어려운 상황이라면 이번 9·18사변이 그런 생활을 반전할 수 있는 좋은 계기가 될 것이라고 전망하였다.[633]

---

631) 在滿同胞協議會 慰問使 徐廷禧, 상동,『三千里』(4-1), 1932년 1월 1일, 86쪽.
632) 在滿同胞協議會 慰問使 徐廷禧, 상동,『三千里』(4-1), 1932년 1월 1일, 82쪽.
633) "금번 사변을 오히려 우리 동포들에게 준 어떤 교훈으로 삼고 중국인을 감정으로

(6) 핍박받은 조선인, 일본이라도 도와야 산다:

중국 국민군 참전 김의신의 만주 다크투어

① 룽징의 당찬 일본인과 핍박받는 조선인

김의신에 대해서 알려진 바가 거의 없는데, 당시 중국특명전권공사인 요시자와 겐기치(芳澤謙吉)가 외무대신인 시데하라 기주로(幣原喜重郞)에 보낸 기밀 제123호 <북경 천진 부근 재주 조선인의 상황 보고서 진달의 건>을 보면, 1925년 당시 국민군 제2군 학생 제1대에서 활동하던 인물로 소개된다. 이 부대는 허난(河南) 군무사의(軍務事宜) 독판(督辦)인 후징기(胡景翼) 수하에서 활동하였다고 한다.[634] 국민군 산하에서 학생부대로 종군할 전후로 만주를 방문한 것으로 추정된다.

<표 9> 김의신 관련 기록

룽징(龍井)에 온 지 7개월째인 어느 해 4월 25일 필자는 룽징을 떠나 방랑 길에 올랐다. 자신이 본 '룽징은 십 년 전만 해도 20호에 불과하던 한촌(寒村)'이었고, 여행 당시는 '인구 2만이 넘는 도시'로 성장하여 상업, 문화, 정치 기타 각 방면의 중심이

대하지 말고 더욱 친선을 도모하야 만주의 중국인과 우리 재만동포 간에 게재한 살풍경이 평화기로 전환케 하는 것이…(중략)…가장 善美한 방침이 된다고 자신한다."(在滿同胞協議會 慰問使 徐廷禧, 상동,『三千里』(4-1), 1932년 1월 1일, 82쪽).

634) 機密 제123호「北京 天津附近在住 朝鮮人의 狀況 報告書 進達의 件朝鮮人에 대한 施政關係雜件 一般의 部3」발신: 芳澤謙吉(支那特命全權公使), 1925년 3월 20일, 수신: 幣原喜重郞(外務大臣))

되었다고 했다. 성장 동기는 '매년 증가하는 조선인 백의유랑단(白衣流浪群)' 덕분이며, 살기가 힘들어 조선에서 유랑한 사람들이 만든 것이 바로 '대룡징(大龍井)'이라는 것이다.[635] 그러니 여기는 큰 공장 하나도 없고, 양모공장이 있어도 수공업 수준이라 공업국의 상품시장에 불과하며 상품의 90% 이상이 일본산이라고 했다.[636]

이곳에도 일본인 기구가 있는데, 이들에 대해서 필자는 한마디로 '만주에 부식된 일본의 노력'이라고 묘사하였다.

> 정거장 앞에 우뚝 솟아있는 붉은 벽돌집은 철도공사의 사무실이요. 시가지 중앙에 충천할 듯이 높이 서 있는 흰돌집은 일본총영사관이다. 매일 아침 잔잔한 새벽 공기에 파동을 일으키는 종 소리를 내는 곳은 일본 조동종 별원으로 영원무궁 잘살게 해달라는 염불하는 듯한 종소리이며, 국제통신을 위한 전신국은 일본인이 경영하고 있다. 이것만 보아도 만주에 부식된 일본의 노력을 엿볼 수 있다.[637]

필자는 이들 일본인은 비록 소수지만 이렇게 조선인이 많은 곳에서도 전혀 기가 죽지 않고 강인한 모습으로 살아간다고 하고, 자칫 이들로 인해 위축감조차 생기는 듯하다고 하였다.

필자는 쥬즈지에(局子街)를 거처서 한때 조선인 독립운동거점인 주룽핑(九龍坪＝依蘭溝 중심), 빠이차오거우(百草溝) 등을 돌았다. 여기서 필자가 가장 충격적으로 목격했던 것은 바로 중국인의 조선인 학대 문제였다.

> 빠이차오구를 지나 무단촌 이북부터는 조선인이 퍽 회소하다. 다니는 것은 모두 중국인이다. 길을 물어도 잘 알려주지 않는다. 조선인이라고 업신여겨서 손가락질을 하면서 카오리빵즈라고 멸시하는 말만 한다. 작은 꺼렌놈(작은 고려놈)이라고도 하는데 가

635) 金義信, 「大滿洲踏破記」, 『別乾坤』(26), 1930년 2월 1일, 132쪽.
636) 金義信, 상동, 『別乾坤』(26), 1930년 2월 1일, 131쪽.
637) 金義信, 상동, 『別乾坤』(26), 1930년 2월 1일, 132쪽.

슴 터지는 듯한 쓰라림을 느낀다.[638]

1930년을 전후하여 조선인과 중국인의 관계가 크게 악화되었다. 왜냐하면 당시 일본은 조선인과 일본인에게 만주 개척을 홍보하면서 이주를 권하였고, 실제로 일본의 후광을 입은 조선인들이 만주로 대거 이주하였다. 일본은 이들 이주 조선인을 통하여 대륙침략의 발판을 만들고자 하였다.

이런 이유로 1930년쯤 급격히 중국인의 조선인에 대한 인심이 악화되고 마침내 1931년 7월 2일 만주 지린성 창춘시 관성구의 싼싱바오(三姓堡)에 있는 만보산 지역에서 물문제로 조선인과 중국인 농민 간에 충돌이 발생하였다. 이를 핑계로 하여 일본은 9·18사변을 도발하였다. 극도로 험악한 분위기에서 카오리빵즈(고려 방망이), 소커렌(아마도 작은 조선놈이라) 등의 혐오어는 그런 침략 앞잡이 조선인에 대한 중국인의 불만을 대신하는 말이기도 했다.

중국인의 고약한 말투에 화가 난 필자는 샤오칭즈에서 일어난 험악했던 사연도 소개한다.

> 샤오칭즈는 동만주의 끝이다. 이 부근에는 조선인이 별로 살지 않는다. 몇해전에는 두어집이 농사하느라고 소청자(샤오칭즈)에 살았는데 중국인에게 며느리 빼앗기고 그냥 어디로인지 가버렸다고 한다. 소청자 시가지에는 한집이 사는데 형편을 보니 잘 수는 없다.[639]

중국인의 등쌀에 며느리까지 빼앗기고 결국 쫓겨 난 조선인 사연이다. 1920년대 주로 더러운 만주인으로 시작된 만주인에 대한 혐오는 1930년대에 들자 이렇게 모욕적이고 무례하고, 윤리적이지 못한 중국인과 만주인이라는 이미지가 굳어지면서 더더욱 원망과 혐오의 대상이 되고 있었다.

---

638) 金義信,「大滿洲踏破記」,『別乾坤』(26), 1930년 2월 1일, 133쪽.
639) 金義信, 상동,『別乾坤』(26), 1930년 2월 1일,133쪽.

샤오칭즈부터는 밀림이라 마적이 자주 출몰한다는 소식을 들었는데, 그러다 실제로 마적과 만났다.

> 가다가 산막이 있다. 한 40리마다 산막이 있기는 하나 그 경영자는 대부분 마적이거나 마적과 연결된 사람이다. 산막 중에도 고개 위 불당(佛堂) 앞에 산막은 사람죽이기로 유명하다....(중략)...고개를 거의 내려와서 뒤를 돌아다보니 중국군복을 입은 사람들이 온다. 얼마 지나서 소리를 친다. 뒤를 돌아서 자세히 보니 장총을 거누고 달려든다. 어쩔 수 없이 가만히 서 있었다. 마적이었다. 처음에는 어쩔 줄 몰랐다. 일을 당하고 보니 무서운 생각은 사라지고 어서 그들이 돌아가길 바랄 뿐이었다. 그들은 두말없이 웃으면서 몸을 들춰본다. 아무리 들춰도 돈이 없으니 사서 가지고 오던 떡을 빼앗아 갔다.[640]

필자는 본래 이곳은 사람이 다닐 수 없었으나 러일전쟁 당시 제정 러시아가 공격로를 열고자 이곳 밀림을 정리하고 길을 내는 바람에 사람이 다닐 수 있게 되었다고 했다.[641] 마적 소식을 전한 것은 그만큼 만주가 무법천지임을 보이려는 것이고, 중국인 혐오심에 더하여 마적공포를 부각하여 반드시 청산되어야 할 만주의 현상이라는 이미지를 은연중 키우고 있다. 이런 생각은 감광지의 햇빛처럼 한쪽으로 몰리면서 새로운 기대감을 부풀게 했다. 중국인에게 당하고 살아야 하는 조선인들의 한탄을 치유하기 위해서라도 조속히 문명 일본군이 이 지역을 해방시켜야 한다는 생각이었다. 더이상 중국인에 대한 동병상련의 연민은 존재하지 않는 상황이 되고 만 것이다.

---

640) 金義信, 상동, 『別乾坤』(26), 1930년 2월 1일, 134쪽.
641) "120리나 되는 밀림 속으로 사람이 다니기 시작한지는 러일전쟁 이후라고 한다. 제정 러시아에서는 『우수리 철도』로 육군을 동원시켜서 일부 부대는 하얼빈, 장춘(長春)을 거처 조선 평북으로 공격을 개시하고 일부 부대는 老爺領으로부터 百草溝 龍井村을 거처 咸北會寧을 直衝할 계획으로 老爺領을 닥고 多數軍隊를 進出케하는 동시에 武器와 軍糧 其他 一切의 군수품을 운반하기 위하야 나무를 비어 짠 것이 春風秋雨 二十有餘星霜을 지난 오날까지 남아 있어서 길 걷는 사람으로 하야금 당시의 悲風慘雨를 聯想케 하다."(金義信, 상동, 『別乾坤』(26), 1930년 2월 1일, 133쪽).

③ 샤오칭즈 다크투어; 팔려 간 조선인 여인 이야기

마적과 만난 다음 고개를 넘으니 중국인 마을이 있었다. 중국인 집에 잘 수 없었던 필자는 조선인 집에 머물기로 했다. 그런데 두 집밖에 없었고, 한 집은 그나마 좁아서 잘 수 없고, 한 집은 남편이 없이 혼자 사는 20살 정도의 아내만 있는 집이었다. 거기서 머물 수 있을지 물었다. 그러자 그 여인은 안 된다고 했다. 겨우겨우 설득하여 머물기로 했고, 그것을 기화로 여인의 사연 을 듣게 된다.

> 10년 전의 일입니다. 본래 함북 무산(茂山)에서 살았는데 아버지는 상업에 실패하여 조선에서는 살 수 없어 간도(間島)로 가다가 얼다오구(二道溝)에서 무엇을 산다고 하면서 헤어졌고 어머니와 언니와 나 등 세식구는 마차를 탄 채 샨다오구를 향하였습니다. 아무리 돌아보아도 아버지는 오지 않았습니다....(중략)...이튿날 저녁에야 중국인 마부가 내리라해서 우리 큰집인 줄 알고 반가워서 내렸는데, 조선사람 사는 마을 같아 보이지 않았습니다. 이상하다고 생각하며 방에 들어가니 전부 중국인뿐입니다. 그때서야 그놈한테 속은 것을 알았고, 세 식구는 엎드려서 울기만 하였습니다....(중략)...이튿날 아침에 눈을 떠보니 중국놈 품에 안겨서 있었습니다. 그래 일어나니 중국놈도 일어나면서 자기와 같이 가면 어머니와 언니를 만날 수 있다고 해서 밥먹고 같이 떠났습니다. 밤낮 산길로 한 닷새 가니 중국 마을이 있었어요. 어떤 집을 자기 집이라면서 데리고 들어갔습니다. 그곳에 어머니와 언니가 있을 리가 있겠어요? 그놈과 철없을 때부터 6년 동안 같이 살다가 어느 해 2월에 도망쳤습니다. 도망치다가 그만 잡혀서 나흘 동안 옷을 벌거벗겨서 지독한 매질을 당했습니다. 그것도 부족하던지 부젓가락으로 전신을 지졌습니다. 기절하고 또 기절하고 몇번이고 기절했습니다. 그런지 한 1개월 후 지금 나와 같이 사는 중국인에게 팔려서 그 사람과 지금까지 삽니다. 조선인을 보면 속으로는 반가우면서도 이야기도 못해요. 자기가 없는 사이에 조선사람을 재우면 안 된다고 해서 아까 당신이 자고 가고 싶다고 했을 때 거절한 것입니다....(중략)...말을 채 하기 전에 흐느껴 울기 시작한다.[642]

---

642) 金義信, 상동, 『別乾坤』(26), 1930년 2월 1일, 134~135쪽.

이런 사연을 알고 이튿날 문을 나서려니 비분강개한 마음을 억누를 길이 없었다. 필자가 가면서 보니 그 여인은 자기가 보이지 않을 때까지 바라보며 대문 앞에 서 있는 것을 알았다. 그것을 보고 무척 마음 상하였다.

> 이억만리를 전전하며 이국인에게 삶(生)을 유린당한 가여운 그녀! 미지의 나라에서 부모 동생은 납치당하고 구름을 바라보고 한숨 지으며 달이 뜨면 눈물 흘리는 애타는 그 광경! 과연 저와 같이 불행에 우는 동포는 몇 사람이나 될 것인가?[643]

필자는 이렇게 아주 정밀하게 그 여인의 사연을 담아 『별건곤』에 기고하였다. 이 글은 적어도 식자층에게 재만 조선인의 비참한 삶이 중국인의 기만과 협잡 그리고 폭력에 기초한 것이라는 생각을 심기에 충분하였다. 재만 중국인에 대한 적개심이 확대가 다가올 만보산사건과 9·18사변의 중요한 원인이 될 것이라는 사실은 아무도 몰랐을 것이다. 물론 김의신처럼 독립운동가들에게는 이런 사실은 조선을 독립시켜야 하는 이유이자, 일본이 조선인을 제대로 보호할 수 없는 당위성이었다.

당시 하얼빈으로 간 춘해(春海)도 그런 조선인의 삶을 목격하였다.

> 조금 더 가면 각 나라 사람의 공동묘지가 있다....(중략)...조선인 공동묘지도 한편에 있기에 나는 한참이나 정신을 놓고서 바라보았다....(중략)...따뜻한 고국을 떠나 고생 살이하다가 멀고 먼 이런 외딴 벌판에 주인 없는 무덤 속에 묻힌 동포의 정경[情景]을 생각할 때 끝없는 슬픔을 느꼈다.[644]

그러나 이런 정서는 회색지대 거주하는 조선인들에게 전혀 다른 결과를

---

643) 金義信, 상동, 『別乾坤』(26), 1930년 2월 1일, 135쪽.
644) 춘해(春海), 「만주여행기」, 『조선문단』(12), 1925년 12월호(춘해는 조선문단 발행인 방인근으로 추정한다. 허경진·강혜종, 「근대 조선인의 만주 기행문 생성공간」, 253쪽에서 재인용).

초래했다. 당시 총독부는 이런 참상을 활용하여 대륙침략에 활용하였다. 이제 회색지대에서는 이런 사연이 '휴머니즘'과 같은 인류애나 동포애 혹은 민족해방운동의 근거로 이해하지 못하고 오히려 일본이 어서 빨리 고통받는 만주로 진출해서 핍박받는 조선인을 해방시켜 줄 것을 기대하는 방향으로 나아갔다. 이제 자연스레 총독부의 시정을 지지하고 순응하는 수순으로 나아갔다. 9·18사변이 도래하자, 이것은 침략이 아니라 조선인 보호를 위한 자위조치로 인식되었다. 비록 민족주의자라도 그런 생각을 떨치기 힘들었을 것이다.

④ 닝구타 동경성 이야기

필자는 옛 발해의 상경용천부(上京龍泉府)였던 동경성(東京城)에서도 거의 중국화하고 있는 조선인의 생활상을 목격하는 한편, 그곳 주민으로부터 조선인이 많이 살고, 즐겁게 생활한다는 소식을 들었다.[645] 샤오칭즈에서 고통받던 조선인 여성의 사연을 듣고 울적했던 필자 마음은 한결 평안해졌다. 하지만 그곳은 9·18사변 후 지청천(池靑天, 1888~1957)이 지휘하는 한국독립당군과 중국호로부대가 연합하여 일본군을 무찌르던 동경성전투의 현장이었다.

일본의 만주침략의 음모를 미리 알았던 것인지, 필자는 새로운 만주 개척의 기수가 된 일본인 '요정'의 위용을 비아냥거리듯 소개하였다. 근대적 발전보다는 근대적 퇴폐를 주도하는 일본인의 개척단에 대한 '묘한 경멸(輕蔑)'이 개입된 대목이다.

---

645) "이곳부터는 조선인의 생활방식은 순중국식이다. 밥상도 중국식! 젓가락도 중국식! 의복도 중국 의복! 주택도 중국식! 말까지도 중국말을 상용한다! 동경성에는 조선사람이 많이 산다. 학교도 재미나게 간다. 이곳 교원들은 참으로 휴가같은 것은 없을 것 같다. 낮에는 학교에서 가르치고 밤이면 부인농민야학을 하며 순회촌회 기타 일체를 지도한다."(金義信, 상동, 『別乾坤』(26), 1930년 2월 1일, 135쪽).

(닝구타에 왔다) 일본의 만몽(滿蒙)정책은 참 위대하다. 개척 척후대인 유명한 낭자군은 보루[陣疊]를 공고히 하고 있다. 대규모 일본인 요정이 그것이다. 닝안(寧安)현 정부 심판청(재판소) 각 중·소학교가 있고, 상점에도 라디오 축음기가 늘 노래한다.[646]

<그림 56> 발해 상경용천부(동경성)

닝구타에서 3일간을 묵고 하이린(海林)으로 갔다. 그리고 필자가 이 글을 쓸 당시 청산리 대첩의 영웅인 김좌진이 그곳에서 암살당했다. 또한 이곳은 중동철도(中東線)가 지나는 교통의 요지였다. 필자는 당시 '제정 러시아가 철도 부설권을 가지고 공사하다가 중국인의 반대로 공사를 중지하자 군대를 출동시켜서 근처 살던 중국인을 대대적으로 희생'시켰던 사건이라고 소개하였다. 이렇게 갑자기 소련의 비인도적 행위를 한껏 소개한 것은 아무래도 머지 않아 닥칠 소련의 침략을 생각하고 있었기 때문은 아닐까 한다. 실제로 1930년대 후반 일본은 소련의 남진을 예상하고 소련과 일전을 겨루는 소·일전쟁을 전망하였다. 이른바 '장고봉 사건'과 '노몬한 사건'은 그런 전면 전쟁의 전조였다. 하지만 양국의 갈등 국면은 노몬한 사건 이후 일소 불가침조약 체결로 일단락되었고 전국(戰局)은 동남아 식민지를 놓고 벌이는 미·일전쟁 즉 태평양전쟁으로 귀결되었다.

(7) 만주국에게 기대한다: 전향한 사회주의자 김경재의 북만주

① 간도출병 당시도, 9·18사변 후에도 나는 만주에 있었다.

김경재는 1899년 황주에서 태어나 1910년대 후반부터 국내에서 일제에 저

---

646) 金義信, 상동, 『別乾坤』(26), 1930년 2월 1일, 135쪽.

항하다가 상하이로 망명했고, 『독립신문』, 『신한공론』 등에서 활동한 후 상하이에서 사회주의자로 변신하였다. 귀국한 후 사회주의 단체인 화요회의 중진이 되었고, 고려공산청년회를 거쳐 조선공산당에 입당하였으며, 이후 '제2차 조선공산당탄압 사건'으로 투옥되었다. 출옥 이후 사회주의 노선을 포기하면서 조선독립이라는 관심에서 멀어졌고, 1932년 4월 27일부터 만주 지역을 답사하면서 새롭게 변신한 모습으로 기행문을 작성하여 『삼천리』에 기고하였다.

1932년 4월 30일 밤에 필자는 간도 룽징(龍井)에 도착하였다. 이번이 1920년 일본군의 간도출병 당시에도 만주에서 동포들의 참상을 목격한 데 이은 두 번째 방문이었다. 방문목적도 9·18사변과 때를 맞추어 간도 소식이 궁금해서 였다.[647]

두만강을 건너기 위해선 철도를 타야 했는데, 거기서 만주로 넘어가는 일본군을 발견하게 된다. 왠지 모를 자부심이랄까. 조선 동포의 참상을 보러 간 것이 아니라 중국에서 위엄을 떨치는 일본군의 위용을 보러 간 듯 격한 감정을 쏟았다.[648] 1920년대의 기행문이 주로 동포의 아픔을 고발하는 사례가 많았다면 이제는 일본군의 위대한 정복과 그 콩고물에 대한 이야기가 증가하는 형국이었다.

필자가 만주에 머물던 시기에 룽징을 들른 또 다른 조선인이 김기림(金起林, 1908~?)이다. 당시 간도에는 동포들의 고난만큼이나 사회주의 폭동이 확산되고 있었고, 온갖 종류의 방랑객과 수많은 동포의 뼈아픈 사연으로 넘

---

647) "간도로 출병은 벌써 두 번째이다. 지금의 간도는 위험한 곳[危地]이다. 살풍경이다. 그러한 것을 알면서도 제1차 출병 당시 그 광경을 본 나는 두번째 출병과 그 경향이 또한 보고 싶었다. 만주 문제에 대해 나는 평소부터 관심을 가지고 있던 사람이었다. 더욱이 昨秋 만주사변 이후의 滿洲 문제는 세인의 긴장과 흥미를 집중했다."(金璟載, 「動亂의 間島에서」, 『三千里』(4-6), 1932년 5월 15일, 10쪽.)

648) "天圖鐵道에 오루면서 먼저 눈에 띄우는 것은 일본 군인의 위엄이엿다. 철도수호라 하야 정차장 마당 일본군인이 擔銃하고 섯고 객차안에도 일등실은 전부 군인과 영사관 순사로 채웟다."(金璟載, 상동, 『三千里』(4-6), 1932년 5월 15일, 10쪽.)

처났다. 당시 그곳을 기행하던 김기림은 이렇게 표현했다.

언덕 위에 평탄한 넓은 곳. 뭇 풀이 우거진 그 아래는 이 도시에 들어왔다가 목숨을 잃은 수없는 이름 모를 사람들의 무덤이 누워있다. 그리고 그들의 속한 인종과 계급과 방면(方面)의 다종다양을 표시하는 각종의 묘표와 십자가. 첫 어구에 일찍이 백계 러시아시대(白露時代)에 영사로 왔다가 세상이 바뀌자 실의하고 여기서는 망명 중에 목숨을 잃은 기상학자 두도위코푸[불명(不明)]의 허무와 같이 희고 큰 십자가...(중략)...산상(山上) 묘지의 묘표들 같이 룽징이 포용하는 시민의 외연(外延)도 그렇게 다양하다. 그리고 불투명한 시가의 공간에 부침(浮沈)하는 얼굴들은 날마다 그 얼굴이 그 얼굴은 아니다. 나라에 쫓긴 망명자-탈주자-파산자-백계러시아인의 영양(令孃)들-실업군-그리고 공산주의자, 마지막으로 밀정...(중략)...평범한 수평선상에 돌기한(어느 사람들의 어법을 빌면) 모두 불온한 인종이 난거하는 특수지대다.[649]

실제로 이 글이 공간된 지 얼마 지나지 않아 간도에서 5·30사건이 발생하였다. 이런 상황에서 김경재는 한때 일본군에 의한 동포의 참상을 보면서 가슴 아팠을 것이나 이제는 일본군의 위용에 감격하고 중국인이 가할 동포에 대한 보복을 걱정하고 있었다.

중국 땅이라고 하나 차창에서 보이는 촌락은 전부가 조선사람의 부락이다. 집집마다 일장기가 높이 달려있다. 간간이 보이는 중국인의 집에도 일장기가 나부낀다. 만주국기와 일장기를 교차한 집도 있다....(중략)...룽징에서 먼저 눈에 띄는 것은 日軍來了 春風洋洋 日軍來了瑞氣煥發 日軍來了東邊泰安 등의 표어가 바람벽에 붙은 것이요. 서슬 시퍼런 포고문 등이었다.[650]

마을마다 걸린 이 표어는 '일본군이 오니 춘풍이 양양하고, 일본군이 오니

---

649) 金起林, 「間島紀行」, 『조선일보』, 1930년 6월 13~26일(「근대 조선인의 만주 기행문 생성공간」251쪽에서 재인용)
650) 金璟載, 「動亂의 間島에서」, 『三千里』(4-6), 1932년 5월 15일, 10쪽.

동변이 태평하며, 일본군이 오니 상서로운 기운이 품품'이라는 뜻이다. 조선인 친일조직인 민생단(民生團)이 주도하여 일본군의 만주 입성을 축하한다는 현수막이었다. 이것을 본 중국인들이 가질 조선인에 대한 적개심은 적지 않았을 터이다. 필자도 그것을 우려하는 눈치였다.

② 민생단은 조선인의 전폭적 지지를 받는 조직이 아니다.
김경재는 민생단이 그곳 조선인의 큰 지지를 받지 못한다고 했다.

> 박석윤은 민생단의 표면에 나서지는 않았으나 민생단이 출생한 것은 온전히 그의 노력이다. 박두영(朴斗榮)이 단장으로 취임한 것도 박석윤이 꾸민 것이다....(중략)...지난 2월 15일에 룽징촌 공회당에서 창립총회가 개최되니 출석 325인이고 결석 893인이었다. 그러나 천도교 종리원장 이인구(李麟求)가 의장을 맡으면서 회의는 그대로 진행되었다. 부의장 전성호는 일찍이 주즈지에(局子街)에서 자치촉진회를 조직한 친중파의 한 사람이었다고 공언하는 인간이고 서기인 정광민도 천도교인이다. 박석윤의 지도하에서 회의는 일사천리로 진행되어 그 실시정강을 만장일치 가결하였다.651)

필자에 따르면 창립된 민생단의 이사(理事)들은 특정 종교단체의 인물이었다고 한다. 특히 천도교 북간도 종리원 소속의 이인구, 정광민, 원중섭(元重涉), 유재균(劉載均) 등이 그들이었고, 민생단을 실질적으로 주도하고 있다고 했다. 기독교측에서는 장석함(張錫咸), 홍석찬(洪錫燦) 등이 참가하였고, 천주교에서는 김연(金演)이 참가했다고 한다. 민생단 설립 이유를 보자.

> 우리 40만이 사는 간도 안에 불행히 여러 가지 우리의 평화스러운 생활을 근본적으로 파괴하려는 <u>불량한 무리</u>가 횡행하여 각처에서 양민을 죽이며 집에 불을 놓으며 재물을 강탈하는 등 치안을 극도로 문란시켜 필경 일본군의 출동을 보게 되었다(9·18사변을 말함; 저자). 이미 군부에서도 선포한 바가 있었거니와 이번에 일본군이 간도에 출동

---

651) 金璟載, 상동, 『三千里』(4-6), 1932년 5월 15일, 11쪽.

한 것은 온전히 간도 지방의 치안을 유지하며 양민을 보호하려는 뜻 이외에 다른 것이 없음을 우리가 깊이 믿는 바이다....(중략)...이와 같은 절박한 시기에 함부로 <u>일부 불량배의 그릇된 선동에 빠져서 쓸데없는 행동을 하는</u> 자가 있다면 이것은 자기 일신을 망할 뿐 아니라 죄 없는 일반 동포에게 막대한 손실을 끼친다.(밑줄은 저자)[652]

민생단이 보는 일본군의 만주진출은 "간도 지방의 치안을 유지하며 양민을 보호하려는 것 이외 타의가 없는 것"이었다. 만주 지역 조선인 사회를 파괴하는 불량배를 처단하기 위하여 일본군이 왔다는 굳은 신념에 휩싸여 있을 뿐 9·18사변 자체가 중국에 대한 제국주의적 침략이라는 사실은 전혀 깨닫지 못하고 있었다.

실제로 일본군도 9·18사변 도발은 만보산사건으로 중국인이 조선인을 공격한 데 대한 대응조치라는 명분을 내걸었다. 이렇게 일본은 조·중 양 국민의 갈등을 활용하여 전쟁을 일으킴으로써, '조선인이 만든 전쟁' 혹은 '중국인이 조장한 전쟁'이라는 이미지를 덧씌우려고 하였다.

이런 조작에 현혹된 조선인들이 자위조직이라는 명분으로 민생단을 설립하였고, 이 조직으로 인해서 이후 수많은 보복과 학살이 반복되면서 조·중 갈등은 심화되었고, 수많은 독립운동가들이 '반(反)민생단 투쟁'으로 희생을 당하였다. 일본의 침략전쟁에 철없는 천도교인 등 몇몇 조선인들이 자기 미래도 자각하지 못한 채 이렇게 일본의 꼭두각시가 되어 함부로 움직이고 있었다.

이미 일본의 의도를 간파한 김경재는 이러한 천도교 세력이 중심이 된 민생단의 입장을 대단히 우려하는 마음으로 지켜보았다. 정족수가 되지도 않았는데 밀어붙여서 창립했다는 등의 폭로는 그러한 입장을 잘 보여준다. 창립 당시 민생단원 수는 길림 719명, 허룽현(和龍) 283명, 혼춘현 151명, 왕청(汪淸)현 36명 등 1,200명 정도에 달하였다. 민생단은 공산당이나 한국독립당, 김좌진 등과도 대립했지만, 정작 같은 친일 기관인 조선인 민회와도 반목

---

652) 金璟載, 상동, 『三千里』(4-6), 1932년 5월 15일, 11쪽.

을 거듭했다.

민생단과 대립된 세력은 현재 간도에서 X族XX同盟(민족해방동맹), 공산당, 이청천
(李青天, 한국독립당 계열) 일파, 김좌진 일파가 있고 그 외에 각지에 조선인 민회라는 것
이 있어서 민생단과 대립하고 있으니 그는 민생단이나 민회가 같이 영사관의 전위 기관
이므로 같은 주인 아래서 부려지는 데도 서로 반목하는 것이나 마찬가지 의미이다.[653]

이처럼 1932년의 김경재는 아직은 민생단을 꺼림직한 눈으로 보고 있었
다. 그러나 이후 그의 행적은 철저히 일본의 아시아주의에 입각한 만주국 지
지와 친일계몽운동으로 이어졌다.

③ 간도에 간 것은 만주여행 아니다. 두 번째의 만주

필자는 1936년 1월경 다시 만주 지역을 돈 감회를 『삼천리』에 기고하였
다. 글 쓴 시점이 만주여행 2개월째라고 했으니, 1935년 12월경 여행한 것으
로 추정된다. 그중 1개월은 간도에서, 1개월은 장춘 즉 싱징(新京)에서 보냈
고, 다시 간도로 돌아왔다. 필자가 싱징에 머물 당시 송도만인(松島灣人)도
방문하였고 소감을 기행문으로 올렸다. 한때 냄새나고 가난하고 불결한 만
주, 그런 곳의 수도인 장춘을 보면서 일본군 치하에서 환락경으로 급게 바뀐
변화에 짐짓 놀라기도 했다.

싱징(新京)은 돈 많은 도시다. 날마다 이삼층 양옥이 수십 채 늘어나도 주택난은 조금
도 완화될 기색이 없다. 10만 도시에 카페만도 40여개소. 그외 식당이나 요리점 같은 집만
길거리에 위치한다. 그러고 느는 것이 이런 집들뿐이며 소비되는 것이 이런 곳뿐이다....
(중략)...이 황금의 도시! 환락경의 도시! 이것이 과연 우리에게 주는 것이 무엇일까.[654]

---

653) 金璟載, 상동, 『三千里』(4-6), 1932년 5월 15일, 11쪽.
654) 松島灣人, 「내가 본 滿洲國 新京!-과연 新京은 우리에게 무엇을 주나?」, 『호남평론』
　　(1-1), 1935년 4월 20일.(조은주, 2013, 앞의 글, 『한국민족문화』(48), 9쪽에서 재

어쨌든 김경재는 이번 여행을 '13년 만에 다시 만주 땅을 밟는다.'라고 했는데, 13년 전인 1924년에 했던 여행에 대해서 '20대의 열정에 타는 청년으로 온갖 고생에도 불구하고 만주에서 시베리아 남중국에서 막연한 희망을 품고 동분서주하던 시절이고, 그런 희망으로 살던 때가 가장 행복스러운 시간'이라 회고하였다.

압박받는 노동계급에 대한 인류애적 연민과 자본주의가 주는 무한경쟁에 내몰려 생존권 이하로 내팽개쳐진 인민을 위하여 투쟁하고자 했던 한때의 사회주의자 김경재. 그 후 세월이 흘러 다시 만주를 갔고, 이제보니 그때의 만주는 사라지고, 만주국이 탄생하여 새로운 기운을 느끼게 된 것이다. 어쩌면 친일분자로 전향한 데서 더한층 그런 변화가 실감있게 다가왔을 듯하다. 그래선지 너무나 자연스럽게 조선인의 생존을 위해선 적극적으로 자본과 능력의 경쟁에 뛰어들어야 한다는 근대주의적 세계관을 주장하는데 전혀 양심의 흔들림이 없는 모양이다.

> 현대인의 생활에는 두 가지 요소가 있다. 하나는 자본이요. 하나는 지식이다. 요컨대 생존경쟁이란 다른 것이 아니요, 자본과 자본의 경쟁이요, 지식과 지식의 경쟁이니, 자본이 있고 그것이 많은 사람은 우월한 생활을 할 수 있다. 또 지식이 있고 그것이 풍부한 사람이 승리자가 된다. 돈 없고 아는 것 없는 조선인은 생존경쟁에 뒤지지 않을 수 없으니 간도에 왔다기로 별수 없는 것이다.[655]

젊은 시절 가난하고 힘든 동포의 삶을 개선하기 위해 혁명을 꿈꾸었다면 지금 전향한 김경재는 '투먼(圖們)에서 옌지(延吉)로 향하는 도중에서 게딱지 같은 동포의 주택을 바라다보면서 '그 해결을 위해선 불가피하게 경쟁과 능력 본위의 세상으로 가야한다고 믿었다.

인용).
655) 金璟載, 「滄茫한 北滿洲」, 『三千里』(8-2), 1936년 2월 1일, 46쪽.

간도는 오지이다. 이렇게 풍치 없는 처녀지[裸地]에 조선인이 40만이나 살고 있다. 누구나 조선인을 말하면 먼저 그 경제생활의 여유 없음을 말한다. 조선인의 생업이 농업이요. 조선의 농촌이 여지없이 되고 있다는 것은 누구나 부인하지 못할 사실이다.[656]

가난이 원수이고, 가난이 친일을 만들었다는 생각은 당시 일부 조선인만의 생각이 아니었다. 사회주의자들이나 민족운동가들도 목구멍이 포도청이고, 생존하기 위하여 이곳 만주로 밀려오던 시절이었다. 강서(江西)적색노조운동에 참여했던 소설가 박영준도 생존을 위하여 어쩔 수 없이 친일단체에라도 취직하고자 1938년에 만주로 갔다는 사연을 자전소설에 남기던 시절이었다.

(적색노조운동으로 피체된 후) 유치장을 나온 후 3년 동안 영수(박영준에 해당하는 소설속 인물 ; 저자)는 취직 운동을 했지만, 끝내 취직을 하지 못했다. 그때 만주의 친일 단체인 H회에서 조선인을 쓴다는 말을 듣고 만주로 왔다. 오직 목숨을 살리기 위해서였다. 특히 불온분자로 블랙리스트에 올라있는 그로서는 어찌할 수 없는 일이다. 할아버지와 아버지를 생각할 여유가 없었다. 그래서 영수는 이름까지 일본식으로 기노시타(木下)라 고쳤고, 직장에서 집으로 돌아오면 유카다나 단젱(일본 겨울옷)을 입고 게다를 신는 생활을 하지 않을 수 없었다.[657]

필자는 이처럼 '만주 동포들이 생존하고자 여기까지 왔는데' 정작 이들의 삶을 고달프게 하는 것은 무엇일지 고민하였고, 그 이유를 다음과 같이 설명하였다.
앞서 이돈화는 중국인들의 집요한 속임수와 갑질 등 외적 요인을 무척 강조한데 반해, 필자는 첫째, 우리의 무지와 낮은 이해력에 방점을 두었다.

---

656) 金璟載, 상동, 『三千里』(8-2), 1936년 2월 1일, 47쪽.
657) 박영준, 「전사시대」『현대문학』(135), 1966.3, 38쪽.(김종욱,2019, 「박영준의 만주 체험과 귀환소설」, 『한국현대문학연구』(58), 한국현대문학회, 355쪽에서 재인용.

첫째는 우리는 자본주의 경제에 대한 이해력을 전연히 갖지 못하였던 까닭이다. 기차가 놓이고 전신 전화가 통하고 공장이 세워지고 항구가 열리고 하는데 우리는 그저 자작(自作) 자급(自給) 정신에서 벗어나지 못했다. 나의 땅에 내가 소용되는 곡식을 심어서 내가 먹고 나의 가족만 먹으면 그만이라고 생각했다.[658]

자본주의 마인드가 없어서, 새로운 수익을 창출할 줄 모르고 자본을 축적할 줄도 모르며, 그저 자급자족 가족 먹이기에 전념할 뿐이라는 '정체(停滯)된 삶'에서 그 원인을 찾고 있었다. 즉, 당시 조선인은 농업에만 힘쓰고 있고, 농촌이 원료공급지에 머물고 있으며, 수입은 도시는 상품생산자들이 다 가져가는 형편이라는 것이다. 그러니 농촌에서만 버는 것으로는 지극히 적고, 특히 만주국의 자본주의적 변화를 읽어내지 못한 채 시대에 뒤떨어진 생각에 머물고 있는 것도 그런 가난을 지속하게 된 중요한 원인이라는 진단이었다.[659]

둘째, 교통 발달로 전통적인 지역 경제 중심지와 경제단위가 와해되었다는 지적이다.

교통기관의 발달은 종래의 농촌이 가지고 있던 모든 유리한 조건을 하나도 남기지 않게 되었다. 그 결과 종래 주막이나 가리(街里), 역참 등의 지위가 사라졌고, 기타 은행이나 금융조합 같은 새 경제조직을 대표하는 금융기관이 생기는 비례로 그의 조직과 활용방법을 이해 못하는 조선인은 오히려 그로 인해서 받는 영향이 컸다.[660]

이렇듯 자본주의에 대한 무지와 근대적 기구에 대한 부적응 상황이 조선

---

658) 金璟載, 상동, 『三千里』(8-2), 1936년 2월 1일, 47쪽.
659) "조선인은 그 생활의 기초를 농업에 두었는데 그 농업이 수지가 맞지 않아서 농업 경제가 기울어지고 있다는 것은 깊이 생각할 일이다. (略-원문) 그러나 만주국도 이제는 근대자본주의 국가로 형태를 갖추려고 발전하고 있으니 거기에 대한 이해력이 부족하고 자금이 없는 우리는 만주에서도 간도에서도, 살아가기 괴롭다."(金璟載, 상동, 『三千里』(8-2), 1936년 2월 1일, 48쪽.)
660) 金璟載, 상동, 『三千里』(8-2), 1936년 2월 1일, 48쪽.

인의 삶을 더욱 어렵게 한다는 것이다. 그러면서 아직 만주의 조선인 사회는 주막이나 가리(街里), 역참 등의 전통적 경제단위가 활발하고, 공장생산품의 침투가 더디지만 조만간 오사카 대공장의 상품이 만주의 조선인 사회를 석권하게 될 것이며, 그러면 더더욱 '생활양식이 바뀌고 생활난에 쪼들리는 날이 또한 오게 될 것'이라고 예측하였다.

사회주의자였던 경험이 있어서인지 자본주의의 농촌 침투와 빈곤의 재생산이라는 분석은 정확하고도 예리하다. 문제는 그러한 참상을 이겨낼 방법이었다. 김경재는 한때 자신이 그토록 저주스럽게 바라보던 일본인들이 조선인의 가난을 밀어내주고, 조선인을 인격적으로 압박하던 중국인의 횡포를 막아주는 위로자로 인식되기 시작했다.

필자는 "룽징(龍井)은 간도 조선인의 중심지, 옌지시(延吉市)는 중국인의 중심지였는데, 특히 9·18사변(만주사변) 이후, 경도선(京圖線; 신징~투먼)이 개통되면서 옌지가 간도성 성도가 되니 룽징은 교통 및 정치의 거점을 상실하게 되었다."고 하였다. 즉, 옌지는 9·18사변 이후 일본인에 힘입어 활기를 띤 도시라는 것이며, 이에 "신흥 기분에 충만해 있다. 새로 이뤄지는 관청이 있고 도로공사에 분주하고 시가지에는 대패, 망치, 톱소리가 울린다."라고 하였다. 이것은 전향자 김경재에게 일본 자본주의의 진출이 곧 만주 발전의 원동력이라는 믿음이 얼마나 철저했는지 보여주는 대목이다.

④ 만주국 재정이 위험하다. 못 믿을 만주국, 차라리 조선에 투자하라.

필자는 현재 만주국은 별로 생산하는 것이 없는데 나라의 돈이 곳곳에서 새고 있다고 비판하였다.

> 만주국은 오족협화(五族協和)라고 해도 일본계인 이들은 샐러리맨이나 상인을 막론하고 재산이 여유가 생기면 환전해서 돈을 본국으로 보내고 있으며, 만주계인 그들은 또한 산해관 이남(중국 본토)으로 가지고 가려 하니 만주 발전에 큰 암초이다.[661]

나아가 만주국에서 기이하게 치안 공무원이 비대하게 행정, 산업, 교육 공무원에 비해 많은 현상에 주목하였다. 이에 치안 방면에 막대한 재정이 소요되는 바, 장기적으로 만주국의 재정을 어렵게 할 것으로 예측하였다.

> 현재 만주국 재정에 비해 관리 수가 엄청 많다....(중략)...만주에서 치안공작은 가장 급한 일이니 이제 오지(奧地)를 빼고 농촌에서도 농경에 종사할 수 있는 것은 전시 상태의 해소로 봐야 한다. 그러나 만주국 치안은 언제나 만주국과 일본이 공동 책임인데, 그렇게 하려면 현재처럼 2중 3중으로 관리가 많이 채용되어야 한다. 경비가 큰 난관이다.[662]

이런 만주국의 재정 불안은 결국 일본의 부담으로 전가될 것이라면서 이에 불안한 치안은 여전한 상태에서 재정지출은 날이 갈수록 만주국 운영에 어려움으로 작용할 것이라고 예측하였다. 액면으로 보면 만주국 현상을 우려하는 고언일 수 있지만, 사실 이런 만주국 비판은 당대 조선인 경제론자들이 생각하는 조선이 참여하는 동아공동체론을 철저히 무시하면서 일본본토가 만주국 중심의 산업개발을 추진한 것에 대한 우려이기도 했다.

다시 말해, 지금 조선에다 돈을 투자해서 산업화를 해야 한다는 것이 당시 우가키 총독의 지론이었고, 그래서 조선에 투자해야 하는데, 일본본토는 자꾸 「만주국산업개발5개년 계획」이니 하면서 만주국에 대량의 투자를 기획하고 있었다. 이런 상황에서 만주국 투자는 '밑 빠진 독에 물 붓기'니 조선의 공업화에 투자하는 것이 훨씬 좋을 것이라는 의미를 담고 있었다. 조선경제의 진로에 대해서 뭔가 아는 지식인으로서 주장하는 '불안한 만주국론'은 다른 의미에서는 '조선경제생존론'이었다.

---

661) 金璟載, 상동, 『三千里』(8-2), 1936년 2월 1일, 48쪽.
662) 金璟載, 상동, 『三千里』(8-2), 1936년 2월 1일, 48쪽.

⑤ 아직 룽징의 민족 교육은 살아 있다.

조선인 경제론자라고 해도 과언이 아닐 정도로 만주경제에 대한 예리한 분석을 돋보인 필자는 룽징 경제의 주도권을 쥔 그룹이 '개성상인'들이라는 흥미로운 목격담을 내놓고 있다.

신개척지에는 개성(開城)의 그들이 성공하고 있나니 룽징에도 대규모의 기관은 전부가 그들의 손에서 운용되고 있다.[663]

그러면서 다른 정치, 경제적 주도권은 옌지에 빼앗겼지만 적어도 교육만큼은 여전히 룽징의 자랑으로 잘 완비되어 있다고 하였다. 특히 기독교계 은진(恩津)중학교나 일본계 광명(光明)학원 이외에 특별히 동흥(東興)중학교는 순전한 조선인 손으로 이뤄진 학교라면서 주목하였다. 1936년 현재 창립 16년째로 600여 명의 졸업생을 내었다고 하고, 이들이 농촌이나 시가지에서 뿌리를 박지 않는 곳이 없다고 할 정도라 하였다. 이처럼 조선인 학교에 관심이 큰 것은 그의 친일적 이데올로기에도 불구하고 자본주의에 잘 적응하여 결국 조선인만으로도 자율적인 자본주의 발전을 성취할 수 있다는 신념을 반영한 것이다.

⑥ 사회주의의 좌편향이 싫었으나 아직 사회주의에 대한 미련이 남았다.

1932년 전향을 택한 필자는 일본군의 대륙침략에 따른 당시 북만주 항일세력의 동향에 관심을 보였다. 특히 마잔산(馬占山)과 왕더린(王德林)의 항일전쟁에 주목하였는데, 왕더린에 대해선 이렇게 소개하였다.

왕더린은 주즈지에(局子街)에 있는 일개 영장(營長)으로 간도에 있는 중국인은 그를 신(神)으로 알고 있다. 왕더린은 하느님에게 택함을 받은 사람[人子]으로 반듯이 하느

---

663) 金璟載, 상동, 『三千里』(8-2), 1936년 2월 1일, 49쪽.

님은 왕더린을 도와 대성하게 하고야 만다고 한다. 그만큼 왕더린의 인기는 간도 중국인에게 만점이다.(664)

한편, 그는 항일 농민조직에도 주목하였다. 필자가 조사한 바에 따르면 "대도회(大刀會)는 농민 집단"으로, 지리성(直隸省) 농민이 자위로 무기를 들면서 시작되었다고 하며, 지금 전 중국에 걸쳐서 세력이 만연한데, 일종의 미신적 집단인 동시에 종교집단과 같은 성격을 이라고 평가하였다.(665)

그런데 이러한 항일운동의 경향을 소개하면서도 정작 사회주의자들의 항일 행적은 비교적 소략하게 썼다. 아마도 검열을 의식한 듯하다.

> 간도 농촌은 공산화[赤化]되고 있다. 간도 정세를 알려면 룽징(龍井), 국자가(局子街), 혼춘(琿春) 등 도시를 보는 것이 아니고 농촌에 가봐야 한다. 간도 농민은 비록 몸에 남루를 걸쳤으나 그들은 맑스를 말하고 트로츠키의 그릇된 정견을 비판한다. 소비조합이란 어떤 것이고 세계 대세는 이렇다고 말하다.(666)

간도 동포들이 가난하지만 '의식 있는 대중'으로 변화하고 있다는 암시이기도 하고, 자신의 전향이 어쩔 수 없는 현실에서 이뤄졌다는 변명의 일부인 듯도 하다. 룽징에서는 당시 자신의 환영회에서 창기들이 불러준 아리랑 노래를 들으면서 공산주의 운동이 여기서 얼마나 강력하게 진행되고 있는지 추측하기도 했다.

---

664) 金璟載, 「最近의 北滿情勢, 動亂의 間島에서」, 『三千里』(4-8), 1932년 7월 1일, 27쪽.
665) "그들은 언제나 일정한 주문을 왼다. 그러면 총알이 옷에 박히지 못하고 칼날로 베이지 않는다고 한다. 대포가 날고 총알이 비오듯 하지만 그들은 주문을 외면서 청룡도를 들고 적진을 습격한다. 백두산 일대를 근거지로 하고 신출귀몰한 동작으로 일본군에게 큰 괴로움을 주고 있다. '나는 죽지 않는다. 주문을 외고 있으니'라는 신념 아래서 활동하느니만큼 그가 특별히 용감하고 대담하며 만일 동지가 총에 맞아서 넘어지고 칼에 죽는 것을 보고도 겁내지 않고 도리어 신앙이 부족한 까닭이라고 한다."(金璟載, 상동, 『三千里』(4-8), 1932년 7월 1일, 27쪽.)
666) 金璟載, 상동, 『三千里』(4-8), 1932년 7월 1일, 27쪽.

지금 나는 작부[唱妓]가 부르던 노래를 기억하지는 못하나 그 요지는 이렇다. "XX 당의 출몰이 잦으니 영사관의 오토바이가 달린다. 아리랑 아리랑 아라리요 아리랑 고개를 넘어간다. 동*滿의 검은 구름(黑雲)이 XX하니 동포의 XX가 근심 걱정이로다. 아리 랑 아리랑 아라리요 아리랑 고개를 넘어간다.667)

이런 노래를 들으면서 필자는 아무말도 못하고 웃었다고 한다. 그러면서 "이렇게 간도에 발을 들여다 놓으면서 울적한 마음과 불안과 공포가 때때로 나를 침습하였다."하였는데, 이미 점점 멀어지고 있는 사회주의 운동과의 절 연과정에서 느껴지는 일말의 미련으로 보인다.

어느 날 룽징의 어느 여관에서 당시 민생단 창립총회 회장이자 북간도 천도 교 종리원장인 이인구와 만났다. 당시 이런 만남으로 그가 점차 만주 사정과 깊이 관계하게 되고 결국 친일파로 전락하는 계기가 되지 않았나 추정된다.

그는 6, 7년 전에 김찬(金燦)668)의 소개로 알았던 이인구(李麟求)669)였다. 그때 나는

---

667) 金璟載, 상동, 『三千里』(4-8), 1932년 7월 1일, 27쪽.
668) 김찬(1994~? 본명 김낙준(金洛俊), 이명 권일수(權一秀), 수암(水岩), 서여림(徐如 林), 황기룡(黃起龍)은 일제강점기 조선공산당 창립 중앙집행위원을 지낸 사회주 의 운동가이자 민족유일당운동에 참여한 독립운동가이다.1923년 고려총국 내지 부에 가담하여 활동하였다. 1924년 2월 신흥청년동맹 집행위원장, 4월 조선청년 총동맹 중앙집행위원, 11월 화요회 상무집행위원을 지냈으며, 1926년 조선공산 당 임시상하이부 책임자였다. 8·15광복 후에는 1947년 3월 이극로(李克魯)를 위 원장으로 한 민주주의독립전선 결성에 조봉암 등과 함께 참여해 총무부장에 선임 되었다. 5월 중간파 미소공위대책 각정당사회단체협의회 결성에 참여해 총무부 장에 선임되었다. 1950년 제2대 국회의원 선거에 용산 갑구에 입후보하였다가 '북로당 남반부 정치위원회사건'에 연루되어 불구속 기소되었다.(『한국민족문화 대백과』)
669) 이인구(李麟求)는 1922년 룽징(龍井) 대성중학(大虎中學)·동흥중학(東興中學) 학 생들과 함께 사회주의 연구단체 광명회를 결성하고 지도했다. 이 무렵 동흥중학 교사를 지냈다. 『시대일보』 룽징지국을 경영했다. 1926년 1월 룽징에서 동만청 년총연맹을 결성하고 회장이 되었으며 2월 간도여자청년회 결성을 지원했다. 그 해 조선공산당 만주총국에 입당했으나 당내 화요파 공산주의자들과의 파벌대립

『조선지광(朝鮮之光)』에 있었고, 이 잡지사가 화요회(火曜會)와 연락하고 있었다고 하여 이성태(李星泰)가 극히 그를 미워하던 시기였다. 이인구가 북간도로 가면서『조선지광』에다 사고를 쳤고, 말썽거리가 생긴 일이 있다. 그 관계로 이인구와 나와의 만남은 한번 대면한 것에 지나지 않지만 기억은 깊다. 그 후 풍문으로 이인구가 천도교 북간도 종리원의 중진으로 활약한다는 소식을 들었으나 기약 없는 자리에서 만나서 퍽 반가웠다.[670]

그러면서 시인 강경애와 모윤숙을 만나서 간도 사정에 대해서 깊은 이야기를 나누었다.

강(姜)씨도 모(毛)씨도 간도에 큰 관심을 가지진 않은 모양이다. 앞으로 일이 많을 곳이 간도요. 여러 가지 이 환경과 조건은 간도에서 더욱더욱 진실하고 정예의 일꾼이 필요로 되지 않을까. 인문의 계발은 정치나 경제만이 아니다. 예술도 그 중대한 역할의 하나인 것이다.[671]

대화 중에 필자는 적극적으로 만주 지역에 생길 새로운 정부(만주국)에 대한 희망과 조선인의 계몽적 역할에 큰 기대감을 피력하고 있었다.

이처럼 북만주 여행 내내 필자는 전향과 회한이라는 갈등과 번민의 나날을 보낸 것 같다. 펑텐의 베이링에서 느낀 감상에서도 이런 감정은 잘 드러난다.

위인의 자취가 그리워 모처럼 고적이라고 찾아가면 거기에는 황량한 풀이 길길이 나있고, 집은 퇴퇴(退頹)하였으며 다만 몇 사람의 안내자가 그림엽서를 사라고 보챈다. 펑텐(奉天)의 베이링(北陵)에 가면 찻그릇을 들고나오는 중국인이 있다. 그는 베이링을 팔

으로 인해 겨울에 탈당했다. 1927년 7월 상하이파(上海派) 공산주의자들과 함께 재만조선공산주의자단체를 결성했다. 9·18사변 이후 변절하여 천도교 북간도 종리원장으로 친일 조직 민생단 건설을 주도하여 창립총회에서 회장직을 맡았다. (『노동자의 책』 http://www.laborsbook.org/)

670) 金璟載, 상동, 『三千里』(4-8), 1932년 7월 1일, 27쪽.
671) 金璟載, 상동, 『三千里』(4-8), 1932년 7월 1일, 27쪽.

<그림 57> 시인 강경애

아먹고 사는 늙은이다. 예배당 문간에 포막(布幕)을 치고 천국에 들어가는 입장권을 파는 자가 있다. 그때 벌써 예수(耶蘇)는 빛을 잃었다. 예배당 문을 두 발로 걷어차고 나오면서 쿼바디스, 쿼바디스가 오늘의 현상이 아닌가.[672]

왜 하필 쿼바디스였을까. 필자는 당시 기독교회가 하나님의 진의와 복음을 전하는 곳이 아니라 천국가는 유료 기차표를 파는 곳으로 전락하여 초심을 상실했다고 비판한다. 이는 마치 초심을 잃어 가는 맑시즘, 사회주의 운동에 대한 실망감을 대신한 것일지도 모른다. 즉, '현실의 사회주의여! 어디로 가시나이까!' 하면서 정작 어렵고 힘든 동포들의 아픈 현실을 놔두고 어디로 가는지 다시 물었던 것이다.

집시족이 유랑하는 것을 보고 비웃을 자가 누구리. 영양 부족에 얼굴에는 혈색이 없고 허리는 굽고 희망과 원망도 모르고 이 산비탈에서 저 산비탈로 배회하고 있는 그들의 생활 상태...(중략)...노래도 모르고 웃음도 모르고 그저 침울하여 서로 물고 차고 하는 이 꼴을 보느냐. 그들의 가는 곳이 어디인가. 쿼바디스.[673]

이러한 표현속에서 좌익소아병에 걸리고, 정치투쟁 일변도로 전락해버린 당대 사회주의에 대한 실망과 염증 그리고 혐오가 읽힌다. 예수님의 뜻이 사라지고 영리주의화한 교회에 빗대듯이 두만강 다리를 건너 돌아오면서 보였던 눈앞의 광경은 역시 영양부족으로 혈색없고, 허리굽고 희망과 구원도 모르고 산비탈을 헤매는 조선의 동포 모습이었다. 이런 사회주의의 정치적 좌편향에 대한 불만이 쌓이면서 결국은 그를 쿼바디스가 아니라 돌아오지 못

---

672) 金璟載, 상동, 『三千里』(4-8), 1932년 7월 1일, 28쪽.
673) 金璟載, 상동, 『三千里』(4-8), 1932년 7월 1일, 23쪽.

할 친일의 길로 나서게 하고 말았다.

그러면서 일본의 만주침략이 가지는 정당성과 통쾌함을 이렇게 설명하였다.

장쮜린(張作霖)이 만주(東三省)의 왕 노릇하며 앉아서 중원 일대를 호령하니 장쮜린의 세력 아래 무수한 군소세력이 생겼다. 그들은 권력도 가지고 부자도 되고 하여 아무런 세력의 배경을 못 가진 무산자의 등을 쳐서 공장주도 되고 지주도 되고 벽돌집을 짓게 되었고, 벼슬도 하게 되었다. 그런데, 작년 가을에 발생한 일·중간 충돌(만주사변)은 장쮜량 정권이 근저로부터 무너지고 일본 그늘 아래서 새로운 세력에 의한 신정권이 탄생하였다. (중국) 관내로 피난 가는 중국의 토호가 무리지어 나오는데 그들은 벽돌집을 버리고 창고에 쌓여있던 곡식은 다 사라지고, 겨우 생명이나 붙잡고 나온다.[674]

군벌 장쒜량(張學良) 정권과 결탁하여 무산자의 등골을 빼먹고, 지주가 되고 부르주아가 되고 있던 중국인 토호들의 몰락 모습을 보게 되니 일본군의 만주 진출이 너무나 적시성이 있고, 거기서 발생할 새로운 정권이 너무나도 기대된다는 말이다.

이렇게 만주를 여행한 이후 김경재의 관심은 일본을 중심으로 한 '아시아주의'로 나아갔고, 1935년 말에는 급기야 만주로 이주하여 본격적으로 만주국 지지 발언과 재만 조선인을 대상으로 한 계몽운동에 진력하게 되었다. 1940년에는 일본군 촉탁으로 상하이로 이주하였는데, 여기서 김경재는 흥사단 원동 위원부를 해산하는 공작을 벌였고, 상하이 계림회(鷄林會)라는 친일 조직의 위원으로 활동하면서 대동아공작에 진력하였다. 『상하이시보』사장을 역임하면서 중국난징정부의 '화평건국(和平建國)'운동을 선전하는가 하면 조선말방송으로 재중 조선인들에게 '동아신질서'를 홍보하는 등 적극적인 친일 언론 활동도 펼쳐 나갔다.[675]

---

674) 金璟載, 상동, 『三千里』(4-8), 1932년 7월 1일, 23쪽.
675) 金鑛永(2015.12), 「일제강점기 金璟載의사회주의 운동과 친일활동」, 서강대 사학과 석사학위 논문, 5쪽.

(8) 일본에 큰 코 다친 중국, 조선인의 무장을 허하라:

경성트로이카 사회주의자 임원근의 남만주 다크투어

① 재만 조선인의 빈곤한 삶과 어느 젊은 여성의 눈물

<그림 58> 임원근
(출전: 나무위키)

고려공산청년회 및 공산주의 그룹 화요회의 간부였던 임원근(1899. 3.4~1963.5.18)[676] 1930년 1월 출옥한 다음 열심히 신간회 운동에 참여했으나 좌익들의 신간회 해소 책동에 불만을 품었고, 이에 1931년 2월『신천지』에 신간회 해소를 반대하는 글을 내고, 사회주의와도 결별하였다. 이후 1932년 10월 6일 만주로 여행을 떠났고, 10월 11일 여행기를『삼천리』에 기고하였다.

경성역(서울역)에서 만주행 기차를 타면서 필자가 인상적으로 본 것은 바로 수갑을 들고 졸고 있는 경관이었다. 거기서 필자는 몇 년 전(1928년)「치안유지법」위반 혐의로 체포될 때 자신을 호송하던 경관들의 모습이 떠올렸다. 과거 몸담았던 사회주의 운동에 대한 회한이었다.

세월이 빠르다. 이미 8년 전 먼 옛일이 되었다. 무위(無爲)로 전전하는 인생으로 나 자신 살아온 여정은 비록 그동안만 해도 너무나 많은 눈물과 웃음을 지어내었다.[677]

---

676) 임원근은 1899년 경기도 개성 출신으로 변호사 허헌이 장인이고, 아내가 허정숙이었다. 오꾸라방직에서 운영했던 경성의 선린상고를 졸업하고, 일본 게이요(慶應)의숙에서 수학하였다. 1920년 10월 중국 상하이로 망명하였다. 1921년 5월, 안병찬(安秉瓚)이 설립한 사회주의연구소를 다녔고, 고려공산당 이르쿠츠크파 상하이지부에서 고려청년회의 위원이 되었다. 1922년 1월 모스크바에서 개최된 극동인민대표대회에 김규식·여운형 등과 참석하였고, 4월 2일 김단야·박헌영과 함께 귀국하던 중 체포되어 신의주지방법원에서 1년 6월을 선고받았고, 1924년 1월에 출옥하였다. 1925년 4월 박헌영, 김단야 등과『조선일보』기자로 활동했고, 고려공산청년회를 조직하였다. 화요회 간부로 활동하다 1925년 12월 4일 재차 경찰에 체포되었고, 1928년 2월 21일에도「치안유지법」위반으로 체포되었다(2월당), (한국민족문화대백과사전).

지금은 사회주의 운동과 결별하였지만, 돌아보면 자신이 추구했던 운동은 각별한 의미가 있는 것이었고, 우여곡절이 있었지만 오로지 나 자신만을 위한 것이 아니라 우리 공동생활체를 위한 진보적인 노력이었던 것을 돌이킨 듯하다.

필자는 아내 허정숙이 사회주의자이자 『비판』의 발행인이던 송봉우(宋奉瑀, 1900~?)와 바람이 난 사실을 옥중에서 듣고도 가슴 찢어지는 고통을 인내해야 했다. 그리고 이혼과정에서 자애로운 장인이었던 변호사 허헌과 인연이 끊어지는 것에 무척 가슴 아파했다.

이번 여행은 허정숙과의 결별 후 홀로 떠나는 여행이었다. 그런데 기차 안에서 곡절이 있어 보이는 어떤 여성을 보게 된다. 24~25세 정도로 보이는 여성이었다. 협수룩한 머리 맵시. 거친 손길, 값싼 인견치마 및 적삼, 검버섯이 생길만한 햇볕에 그을린 검은 얼굴, 거짓을 모르는 천진한 그의 표정 등을 고려하면 직감[直覺的]으로 농촌 여성이라 여겼다. 대관절 그녀가 가는 곳은 어디인가? 무엇 때문에 저토록 실망과 비애에 잠겨 있는가? 생각하면서 자세히 보니 인육장사(포주)에게 끌려가는 불쌍한 여성이었다.

> 그녀 옆에는 40세가량의 허름한 양복쟁이 두 사람이 마주 앉았다. 그들은 그녀와 아무런 인연도 없는 것처럼 시종 그 여자에 대한 일언반구의 수작도 없었다....(중략)...나는 그 두 사람이 모두 평양 상점의 인육(人肉) 장사라는 것을 알았다....(중략)...눈물과 한숨이 뭉친듯한 그녀는 '자! 이놈들아. 마음대로 잡아 먹어라!'고 하듯이 그대로 천금 같은 귀중한 몸을 맡기고는 자리를 피하려고 하지 않았다.[678]

필자는 젊은 여성이 늙은 어머니의 주린 배를 채우고, 어린 동생 장가보내고, 초가삼간의 무너진 토담을 새로 세우기 위하여 '인육(人肉)시장'으로 나

---

677) 安東縣에서 林元根, 상동, 『三千里』(4-2), 1932년 12월 1일, 33쪽.
678) 安東縣에서 林元根, 상동, 『三千里』(4-2), 1932년 12월 1일, 34쪽.

가는 중인 듯 생각했다. 비정한 인력송출회사의 꾀임이나 사탕발림에 빠져 만주로 내몰려서 화류계로 팔려 가는 조선 여성의 비참한 모습을 상상한 것이다. 그들이 힘들게 살고, 그들이 기만당하고 살며, 늘 중국인들에 의해 생명의 위협을 당하고 사는 모습을 보면서 그 문제를 우선 해결하는 것이 당면 과제라는 사실을 절실히 깨닫고 있었다. 그리고 그것을 해결해 줄 힘에 대한 갈급함이 자신의 번뇌를 키우고 있었다. '말로만 하는 것들! 차라리, 일본의 힘이라도 빌려라!' 그런 마음이 들기에 충분한 조건이 만들어지고 있었다.

② 가난한 '국경의 딸'을 보는 비애

만주 안동현에서 필자는 세관 풍경에 깊은 인상을 받았다. '조선에서 건너 올 땐 그다지 심하지 않으나 조선으로 들어갈 때 세관의 감시란 지독하여 인력거를 비롯하여 자전거, 보행인 그 누구도 모두 세관 앞에서 일단 정지하고 일일이 검사를 받았다.'고 한다. 그래서 '흰옷 입은 사람', 즉 조선인은 그들만의 특권처럼 생각했다는 것이다. 이것은 사실 9·18사변(만주사변) 이후 만주 변경에서 빚어진 모습이었다. 일본이 만주를 지배하게 되면서 조선이나 일본으로 들어가려는 중국인도 급증하였고, 중국인에 대한 경멸은 더욱 심해졌다. 즉, '짱꼬로(= 일본도로 목을 치면 중국인 목이 데굴데굴(코로코로)하고 떨어져 나간다.)'이야기와 같은 쓸모없는 우월의식이 조선인의 아류제국적 교만을 부추기고 있었다.

하지만 관념적 세계의 우월에도 불구하고, 국경 지역 조선인의 삶은 여전히 극빈하였다. 생계를 위하여 안동(安東; 현 단동)에서 사탕을 사서 신의주에서 파는 나름의 '원격지 무역'이 두드러졌다. 이들 조선인은 월경하는 인력거를 타고 가서 '사탕 1근을 안동현에서 사서 신의주에 가서 팔면 2전의 수익'이 있었고, 매일 그 수익을 위해 열심히 이것을 옮겨 팔았다.

철교까지의 약간 도중에서 흰옷 입은 사람네의 젊은 따님이 조그마한 마분지 봉지를 손에 들고 나에게 간청하였다. 그것은 한 근정도 '눈깔사탕'이다....(중략)...신의주에 거주하는 빈민층 조선인 다수가 그러한 수단으로 생계를 도모한다....(중략)...가련한 소녀여! 국경의 따님이여 외국품의 밀수입은 국가의 법률이 금하는 부정한 행위지만 그대가 가지고 오는 사탕 1근은 법률이 허락하는 휴대품이다. 이제 아침과 낮에는 그대의 늙은 어머니와 젊은 언니가 치마와 품에 넣어오다가 큰 봉변을 당하였다. 그대는 불행히 나를 만나 마라톤 용사가 되었단 말인가.[679]

그렇게 해서 '가령 한 집안 세 식구가 하루 10회만 안동과 신의주 사이를 왕복하면 하루 60전 정도 이익이 나온다.'고 했다. 문제는 세관에서 이들 조선인을 엄격히 통제했다는 점이다. 사탕 1근에 가족의 생계가 좌우되는 절박한 가난의 현장에서 국경을 넘나들면서 세관의 눈과 싸워야 하는 어린아이와 그 가족의 곡절을 보면서 이렇게 아픈 현실을 시(詩)인 듯, 감상문인 듯 이렇게 써내려가고 있다.

장구의 범선은 대륙의 바람을 잔뜩 싣고 압록강 물결을 헤치고 달려간다. 천년 묵은 장백산 처녀림은 목 매달린 송장이 되어서 서로서로 몸뎅이를 부여잡고 흐르는 물결을 따라 선부(船夫)의 노래에 춤을 춘다. 다리 위에서 강 위로 스치는 바람이 울고, 강 옆에 서 있는 공장 굴뚝에선 뗏목(筏)귀신이 운다.[680]

신의주 어느 가족의 이야기를 장백산 처녀림이 벌목되어 압록강에 송장처럼 목이 매달려서 흐르는 물을 따라서 떠내려가고 있는 수탈상으로 표현하였다. 그러면서 압록강에서 떠내려가는 시신(尸身) 같은 나무 귀신들이 강변의 공장 굴뚝에서 뭉게뭉게 귀신처럼 통곡한다고 하였다. 그만큼 참혹한 국경지대의 아픔과 쓰라림. 그것이 어느 가족만의 고통이 아니라 이곳 모든 곳이 일

---

679) 安東縣에서 林元根, 상동, 『三千里』(4-2), 1932년 12월 1일, 35쪽.
680) 安東縣에서 林元根, 상동, 『三千里』(4-2), 1932년 12월 1일, 35쪽.

본인과 자본가의 욕망으로 타들어 가고 병들어가는 현실을 비꼰 것이었다.

③ 뻔뻔한 중국인, 전쟁은 일본인이 그들의 콧대를 꺾었다.

9·18사변 직후라 필자는 당시 중국사람과 10년 전의 중국사람을 대비하곤
했다. 최근 몇 년간 중국인들은 더한층 조선인에 대한 우월감을 드러내고 조
선인을 무시한다는 사실을 알리고 싶은 모양이었다.

> 10년 전에 보던 중국사람의 허리는 그대로 굽었다. 그리고 의연하게 소매가 손등을
> 덮었다. 순경과 군인의 복장에서는 뚫린 구멍에서 솜뭉치가 비죽비죽 나온다. 대관절
> 그 사람들은 최근에 와서 무엇을 믿고 그렇게 우월감이 커졌는지. 나는 참말로 그들의
> 비겁한 국민성에 웃지 않을 수 없다.[681]

이상 필자의 언급에서 흥미로운 것은 9·18사변을 그렇게 비겁하고 교만한
중국인을 '제대로 혼내주는 계기'라고 여기는 대목이다. 일본의 대륙침략 야
욕을 정밀하게 살피기보다 당장 중국인에게 차별당하는 조선인에 대한 연민
이 앞선 것은 친일파뿐만 아니라 독립운동진영에게도 적지 않게 등장하는
내용이다. 그렇게 조선인에게는 차별적이던 중국인들이 일본인에 대해선 그
렇게 꼬리를 내리고 아양을 떠는 모습에 속이 무척 매스꺼웠다.

> 나는 어떤 모직물 가게 앞에서 발길을 멈추었다. 마치 박물관 표본 같은 한 '되사람
> (중국인)이 나오더니 '이것 보오. 무엇을 샀어?'하면서 아주 거만한 태도로 말을 건넨다.
> 나는 아주 유쾌하지 않은 얼굴로 아무런 대답을 하지 않았다. 그는 별안간 흔연히 웃으
> 며 나를 붙들려 했다. 나는 이것저것 구경하였다. 그리는 동안에 상점 내의 만주국인들
> 은 누가 묻지도 않은 말을 자기들끼리 주고받으면서 '당신 일본인이야?' 등등 온갖 아부
> 를 하며 따라다녔다. '바보! 그게 말이라고!'하고 나와 버렸다.[682]

---

681) 安東縣에서 林元根, 상동, 『三千里』(4-2), 1932년 12월 1일, 35쪽.
682) 安東縣에서 林元根, 상동, 『三千里』(4-2), 1932년 12월 1일, 35~36쪽.

필자는 일본 유학생답게 유창한 일본어로 일본인에게 유독 아부하려는 중국인의 교만과 기만을 응징하려 하였다. 조선의 독립을 꿈꾸던 좌파 공산주의자조차 중국인의 교만하고 야비한 이중 행동만큼은 참을 수 없었다.

> 안둥(安東)현 거리거리에는 <경축! 타도악(惡)군벌기념일>이라는 포스터가 이곳저곳 붙어 있었다. 오늘 아침에는 어디로 출동하는 듯한 일본군과 만주국 군인의 차량과 인원 행렬이 있었다. 양군의 콘트라스트들은 비교 대상이 못되었다. 나는 어떤 서양잡지에서 중국을 시찰한 사람의 말로서 중국군을 "They are nothing but miserable creatures all poor faded and ill clad"라고 기록한 것을 보았다. 물론 잘 입지 못하고, 잘 먹지 못하는 것이 결코 그들의 죄도 아니며 비난거리도 아니다. 그러나 대체로 그들 밀리타리 디시플린[군사정책]은 코럽트[부패]하다. 정의에 빛나는 의협심이나 군률을 지키는 군인정신 등은 아무리 살펴도 그들 머리속에 담겨 있지 않는 것같다. <u>만주 중국에서의 일본군인은 The strongest.</u>[683]

한편, 필자는 중국군은 '불쌍한 피조물일 뿐'이라는 서양잡지의 글을 인용하면서 군벌정치는 부패하며, 아무리 살펴도 중국 군인은 의협심도 없고, 군율도 없으며 군인답지 못하다고 평가하였다.

이처럼 필자는 9·18사변(만주사변)으로 중국인이 비열하게 일본인에게 고개를 숙이면서 조선인에게는 위세를 떠는 이중성에 극히 치를 떨고 있었다. 당시 해외에서 일본의 침략야욕을 간파하고 있던 임시정부나 지청천의 한국독립당, 고이허의 조선혁명당 등 독립운동조직을 제외하고 대부분 조선인 지식인들은 9·18사변이 조선인의 삶에 그다지 나쁜 영향을 주지 않고, 못된 중국인을 혼내줄 좋은 기회로 생각하고 있었던 것이다. 그만큼 식민지 현실은 민족문제, 계급문제, 국가문제로 복잡하게 얽혀 있었다.

---

683) 安東縣에서 林元根, 상동, 『三千里』(4-2), 1932년 12월 1일, 36쪽.

④ 삼엄한 펑텐을 가다.

임원근은 이윽고 펑텐[현 심양]으로 떠났다. 옛날 같으면 거기로 수학여행을 갔을 터인데, 지금은 그렇지 못하다고도 아쉬워 했다. 왜냐하면 9·18사변으로 이 지역이 상당히 위험해졌기 때문이라는 것이다. 이에 '가능한 안전을 위하여 기관차와 거리를 멀리하고자 제일 끝에서 두번째 객차에 몸을 맡겼다.'고 할 정도였다.[684] 당시 기차는 치안상의 위험을 예감하고 모든 커튼은 내려졌으며, 실내 조명도(照度)는 낮았다. 칸마다 무장한 일본군, 경관, 헌병이 앉아서 불의의 사건에 대비하는 삼엄한 분위기가 연출되고 있었다.[685]

그런 중에 특히 중국인은 중요한 감시대상이었고, 일본군은 중국인 승객을 일일이 수색하면서 행선지와 여행 목적을 물었고, 휴대품까지 검색하였다.[686] 필자는 조선인이라서 중국인과 별반 다르지 않았다고도 했다. 필자도 이미 며칠 전 경의선을 타고 가면서 이들 중국인처럼 엄격한 조사를 받은 적이 있었던 것이다. 일면에서는 중국인과 조선인 간의 갈등과 조선인 보호가 우선이라는 생각을 하면서도 은연중 중국인과 조선인은 일본인에게서 공동의 차별을 받는 존재라는 생각을 하고 있었다. 대단히 '이중적인 중국관'이었다.

필자는 기존의 중국과 일본간 협약 가운데 조선인을 옥죄는 극히 나쁜 세 가지 협약이 있다고 했다. 첫째는 1909년 9월 4일에 체결된 「간도협약」, 둘째는 1915년 5월 25일에 체결된 「남만주 및 동부 내몽고에 관한 조약 및 교환공문」, 셋째는 1925년 7월 8일에 체결된 이른바 「미쓰야 협정(三矢協定)」이란 것이었다. 이제 만주국이 성립되었으므로 기존의 세 가지 협정은 반드시

---

684) 奉天에서 林元根, 「滿洲國과 朝鮮人將來, 滿洲國紀行」, 『三千里』(5-1), 1933년 1월 1일, 52쪽.

685) 奉天에서 林元根, 상동, 『三千里』(5-1), 1933년 1월 1일, 52~53쪽.

686) "나는 수일 전 安東까지의 京義線 車中에서 이동경찰의 손에서 그갓흔 일을 당하였다. 이제 目前에서 中國人의 被搜索 광경을 바라보는 나의 심사는 彼岸의 불을 바라보는 類의 것이 아니엇다."(奉天에서 林元根, 상동, 『三千里』(5-1), 1933년 1월 1일, 53쪽.)

철폐되어야 하고, 만주국의 내정이 정돈됨에 따라 제반 제도와 신법률의 적용이 필요하다고 역설하였다.[687] 조선에 불리한 협정을 즉각 개정하도록 촉구한 것이다.

한편, 협화회(協和會)는 만주국 성립 이후 만주에서 일본의 대륙침략을 미화하고 지원하기 위하여 만들어진 각 민족별 연합단체였다. 임원근은 지면을 통하여 과연 협화회가 무엇을 하는 조직이며, 실질적으로 조선인들의 정치적 의사를 반영한 조직인지 자세히 소개했다.

필자가 보는 협화회는 만주에서의 조선인 단일정당 성격을 가지고 있는 조직 혹은 재만동포의 안위를 염려하면서 만든 조직이라는 이미지였다. 필자가 소개한 협화회 강령[688]은 다음과 같다.

1. 왕도(王道)의 실현을 목적으로 하고 군벌전제의 여독(餘毒)을 배제함.
2. 농정을 진흥하고 산업 개혁에 치중하여 국민공존의 보장을 바라고 공산주의의 파괴와 자본주의 독점을 배척함.
3. 예교(禮敎)를 존중하야 천명을 향락하고 민족협화와 국제 돈목(敦睦)을 도모함.

강령상으로는 본회의 활동이 정치 운동이 아니라고 했지만 ①군벌(軍閥) 배제 ②반공 및 반독점 정책 ③예교(禮敎) 존중과 민족 협화 등을 내건 점은 정치적 주장이었다. 필자도 요강이나 요령이 '한결같이 정치적 성질을 떠난 것이 없으며 경제정책이란 것은 본래부터 정치의 그것과는 분리할 수 없다.'고 평가하였다. 협화(協和)라고 하면서 총 42명인 이사회에서 조선인 이사는 오직 윤상필 뿐이었다는 것은 큰 불만이었다.

그들은 만주국 건국선언 중의 '만주국 인민은 종족 종교를 불문하고 범 국가의 평등한

---

687) 奉天에서 林元根, 상동, 『三千里』(5-1), 1933년 1월 1일, 56쪽.
688) 奉天에서 林元根, 상동, 『三千里』(5-1), 1933년 1월 1일, 54쪽.

보호를 받음'이라는 문구를 인용하면서 앞에서 명시된 것처럼 범 만주국인은 만주민족이나 몽골 민족이나 한족(漢族)이나 일본민족이나, 조선민족이나 피부가 흰[白晳] 민족이나 동등의 대우와 보호을 받는 것은 물론이요, 당연히 얻을 권리도 보장되어 있다.[689]

흥미로운 것은 '전국의 애국자여! 악수하라!'는 협화회 팜플렛에 나오는 민족별 구호인데, 한족계 국민에게는 '배타주의를 근본부터 청산하라!'는 구호가. 조선계 국민에게는 '종래의 원한을 망각하라!'는 구호가 있어 만보산 사건 등으로 조·중 양국민 사이에 불거진 갈등을 봉합하려는 의도가 읽힌다.

⑤ 재만 조선인의 무장을 허락하라.
필자는 당장 만주 조선인들에게 닥친 화급한 과제가 '당장 그들의 목에 찔린 칼날과 가슴을 뚫고 나가는 총알을 막는 것'이라고 하면서, 현재 오지에 거주하는 재만 조선인은 형용할 수 없는 '수난의 상황'에 처했다고 설명하였다.

> 아무리 일본군의 토벌대가 있고 경관의 보호가 있을지라도 그것은 비교적 철도 연선과 근거리에 있는 이야기요. 교통이 불편한 오지에서 이곳 몇 사람 저곳 몇 사람 방식의 소농경영[點居農耕]을 하는 조선인에게는 도저히 신속하게 구원의 손길이 닿기 어렵다. 그러므로 그들은 뜻하지 않게 하루아침에 무참하게 정체를 알 수 없는 중국인의 독수에 희생을 당한다.[690]

필자의 경우, 9·18사변도 폭압적인 중국인의 착취와 위협 아래서 목숨이 위험에 처한 조선인을 보호하려는 것이었지만, 정작 일본인이 없는 지역에서 조선인 보호를 어떻게 할 것인지 무척 우려하는 모습이었다. 그런 생각이 모이다 보니 자연스럽게 일본군의 만주 진출은 조선인 보호를 위한 필요불가결한 조치라는 입장을 피력하면서도 뭔가 조선인만의 조치가 있어야 한다

---

689) 奉天에서 林元根, 상동, 『三千里』(5-1), 1933년 1월 1일, 54쪽.
690) 奉天에서 林元根, 상동, 『三千里』(5-1), 1933년 1월 1일, 55쪽.

는 현실적 고민도 더해지고 있었다. 이에 필자는 빈번하게 재만 조선인은 집결하여 '부락(部落) 생활'을 해야 하고, 가족 부대를 편성하는 등의 단일 촌락을 형성해야 한다는 집단적 안보 논리를 제안하기도 했다.[691] 믿을 것은 일본인데, 일본이 제 역할을 못하니 우리 조선인 자체적으로라도 우리 안보를 든든히 해야 한다는 논리였다. 조·중 연대의식이라고는 전혀 찾아볼 수 없는 극한의 '중국 불신'을 보여주는 대목이다.

특히 주목되는 것은 '자위를 위한 무장의 필요성'을 강조한 부분이다. 폭압적인 중국인의 침략에 대하여 조선인 부락도 자위권을 행사할 수 있어야 하는데, 문제는 일본군이 조선농민의 무장을 원하지 않는다는 점이었다. 이에 대해 필자는 조선 농민이 무장한다고 일본군에게 대적할 수 있을 만큼 대단한 무장이 아니므로 속히 자위를 위한 무기를 지급하라고 요구하였다.

일부 재만 조선인들은 이미 관동청 군(軍)당국과 여러 차례 사견(私見)을 교환했다. 그 결과 군당국도 어느 정도 필요성을 느끼고, 그들의 요구를 수긍하기도 하였다. 하지만 '조선인에게 무기를 휴대시킨다.'라는 것은 일반적 의미에서 중요한 것이므로 그다지 쉽게 해결될 가망이 없다. 다만 무기공급으로 일어날 만한 부작용을 우려한다는 것만으로는 아무런 문제가 되지 않을 것이다. 그까짓 훈련도 없는 몇만 명의 조선농민이 비록 총을 든다 해도 세련된 일본 정예에게 아무런 두려움이 되지 못할 것이다.[692]

필자가 보기에 재만 조선인 농민을 보호하는 치안 문제는 중요한 과제였고, 이에 수반하여 일본군도 이러한 불안을 해소할 수 있도록 적극 지원해야 한다는 것이었다. 그렇지 않다면 '미봉책이지만 기존 주재소 분포망을 확장하여 조

---

691) "'부락생활'이 절대필요하다. 만일 그들이 혹은 2백, 3백으로, 가족부대를 편성하여 한 개 촌락을 형성한다면 이른바 비적(匪賊)의 습격도 무리한 지주의 폭학도 그다지 쉽게(如反掌) 행사하지 못할 것이다."(奉天에서 林元根, 상동, 『三千里』(5-1), 1933년 1월 1일, 55쪽.)
692) 奉天에서 林元根, 상동, 『三千里』(5-1), 1933년 1월 1일, 55쪽.

선 농민이 이주한 곳에 무장경관이나 군인을 주둔하는 방안'도 제안하였다.

⑥ 조선인 피난민의 고통

이처럼 필자는 만주 여행을 통하여 9·18사변 이후에도 여전히 재만 조선인이 당하는 기만적인 삶과 찌는 듯한 가난에 대한 연민으로 재만 조선인의 현실을 보려고 하였다. 그중 조선인 피난민의 삶은 너무도 참혹하였다.

> 지금 펑텐성에 있는 피난민 수용소로는 「박격포공장터」 및 「산성자(山城子)」라는 두 곳이 있는데, 전자에 3,180명, 후자에 7,500명 등 총 만여 명이 수용되어 있다. 그들 생활비는 사실상 소문에서 듣던 대로 물경 1일 1인분 일금 5전으로, 그날그날 겨우 살아간다. 전자에 수용된 사람들은 펑텐 조선인민회가 담당하며 사무원과 의사 몇 사람을 두고는 현상유지 사무를 하고 있다. 후자는 직접 조선총독부 파견사무원이 나와서 관할한다.[693]

이런 참상 속에서 필자는 '그 현장에서 듣고 보니 그동안 별것 아니고 설마 하던 나의 생각[愚信]이 얼마나 어리석었는지 다시금 깨달았다.'고 실토하였다. 그나마 5전의 생활비도 3세 이상에게만 주고, 5인 가족이면 하루 25전을 받는데, 그 돈으로 지정 상인에게서 만주산 좁쌀을 사서 물 반 쌀 반을 섞어서 '미음'이나 '죽'도 겨우 만들 수 있다고 했다. 거기에는 오직 '생존'만 있을 뿐이라는 것이다. 이처럼 사회주의자의 전향은 모두가 일본의 무운장구와 천황폐하의 만수무강을 위한 것은 아니었다. 불쌍한 인민의 해방을 위해서 혁명을 구가했던 그 시절과 달리 불쌍한 인민의 삶의 질을 위하여 일본인의 힘이라도 빌려야 한다는 나름의 절박함이 있었다. 여기서 전향을 모두 반민족적이라고 표현하는 것은 당대의 현실을 너무 이론적으로 보는 시야라 할 수 있다. 일본인이 되고자 하는 전향과 일본인의 힘을 빌려서라도 조선동포의 삶을 낫게 하려는 전향은 구분해서 봐야 할 우리들의 책무가 여기에 있다.

---

693) 奉天에서 林元根, 상동, 『三千里』(5-1), 1933년 1월 1일, 56쪽.

(9) 오만한 것, 부러운 것, 재미난 것: 서양화가 나혜석의 만주국

어려운 살림살이에도 불구하고 나혜석은 1932년 6월 19일 오전 11시 부산에서 평톈행 열차를 탔다. 가는 곳마다 융숭한 대접은 받은 필자는 좀처럼 자신의 정치적 이해를 드러내는 일이 없었지만 '불령선인(不逞鮮人)'을 감시하고, 만철(滿洲鐵道) 소관에 속하는 사람이라는 자부심에 거만해진 순사들에게는 '누굴 믿고 저리 거만한지'라며 불만스럽게 독백하기도 했다.694) 만주 여행에서 무엇보다 필자의 마음을 격동하게 한 것이 바로 만주 여성의 삶이었다.

> 아침 9시쯤 일어나서 식구 몽땅 빵 한 조각과 차 한 잔으로 아침을 먹는다. 주부는 광주리를 옆구리에 끼고 시장으로 간다. 점심과 저녁에 필요한 식료품을 사서 점심을 준비한다. 대개는 소고기(牛肉)를 많이 쓴다. 12시로 오후 2시까지 식탁에 모여 앉아 진탕 점심을 먹는다. 부녀자들의 의복은 자기 손으로도 해 입지만 그보다도 상점에 내놓은 것을 많이 사서 입는다. 겨울에는 여름 의복 위에 외투만 걸치면 그만이다. 여름이면 다림질, 겨울이면 다듬이질로 평생을 허비하는 조선의 부인네들이 불쌍하다.695)

만주 여성의 삶이 조선인 여성보다 무척 편의한 점을 보면서 조선 여인의 삶을 허비하는 불필요 노동에 대한 불만을 드러내고 있다. 이혼 후 점점 어려워지는 자신의 삶과 연관하여 조선에서 여성으로 사는 고뇌가 유난히 컸던 시점의 이야기였다.

필자는 하얼빈에서 즐비한 극장이나 사진관 등을 보면서 이 지역이 번성한 것은 구경꾼이 될만한 '유한(有閑) 여성이 많기 때문이라는 이유'를 들었다.

---

694) "釜山서부터 新義州까지 매 정거장 백색 정복에 빨간 테두리의 정모를 쓴 순사가 1인 혹 2인씩 번적이는 칼을 잡고 소위 후레이센징(不逞鮮人)의 승차여부를 주목하고 있다. 안둥현서 창춘까지 누런 복장의 약간 붉은 기운의 누런 정모를 쓴 만철 순사가 권총 주머니를 혁대에 매고 서서 기차 연선이 만철관할이라는 자랑과 위엄을 보이고 있다."(羅蕙錫, 「쏘비엣露西亞行, 歐米遊記의 其一」, 『三千里』(4-12), 1932년 12월 1일, 61쪽).

695) 羅蕙錫, 상동, 『三千里』(4-12), 1932년 12월 1일, 62쪽.

<그림 59> 하얼빈역(출처: 『매일신보』, 1933.9.23.)

만주 여성은 불필요한 노동을 하지 않으니 이렇게 문화예술을 향유할 여유를 가질 수 있었다는 말이다. 아울러 하얼빈은 예술가로서 구경거리가 무척 많은 도시라고도 여겼다. 실제로 1930년대 조선인 문인이나 예술가들이 보는 하얼빈은 번성한 환락향의 이미지였고, 일탈하고 싶은 유혹의 도시였다.

> 카바레라는 것은 카페와 댄스홀 중간에 해당한 것으로써 흔히 지하실에 있고, 들어가는 지하실 문에는 댄스하는 그림과 "일본어가 가능한 미녀들이 있어요"라는 문구가 있다....(중략)...그 안에는 마치 도깨비불을 연상하게 하고 어지러운 밴드에 맞추어 한 창 목 아프게 불러 넘기는 중년 성악가의 애상곡이 사람 마음을 울렁이게 한다. 이렇게 마음부터 설레는 것은 꿈에서도 생각지도 못할 것을 눈앞에서 봤기 때문이었다.[696]

이런 여유와 행복이 없는 조선에서는 부녀자들이 '극한의 불필요 노동'에 내몰렸기에 도저히 극장, 사진 등에 참가할 여가를 낼 수 없으며, 그로 인해서 결국 오락기관도 발달할 수 없게 되었다고 진단한다. 그동안 많은 지식인들이 만주인들은 더럽고, 미개하다고 했지만 정작 그런 만주인들보다 조선의 여인들이 훨씬 가혹한 삶에 내몰려 있다는 것이다.[697]

---

696) 엄시우, 「哈爾賓의 外國情緒」, 『만선일보』, 1940년 5월 25~28일자(조민주, 앞의 논문, 『한국민족문화』(48), 15쪽에서 재인용).

697) "오락기관이 만히 생기는 원인은 구경군이 만허지는 거시다. 그러면 구경군중에는 남자보다 여자가 만흔 기슨 어느 사회를 물론하고 일반이다. 서양 各國의 오락

이런 생각을 하면서 필자는 즐겁게 인도 왕자 이야기와 영국 영화를 감상하고 돌아왔다. 그리고 어느 날 친구들과 공동묘지를 찾았는데, 하필 그곳을 찾았는지는 알 수 없으나 조선에서 진행되는 아주 복잡하고, 기나긴 상례와 비교하여 납골당이나 평지장과 같은 간편한 장의문화에 특별한 관심을 주는 듯하다.[698] 여성의 삶이 해방되어야 조선의 미래가 있다는 생각. 세계를 일주해 본 조선 여성이 생각하는 최종적인 조선의 미래상이었다.

(10) 일본이 도우면 천국, 그렇지 않으면 지옥이다:
『매일신보』 편집국장 이익상의 만주 기행

① 만주를 보는 두 개의 적대적 시선

총독부 기관지『매일신보』의 편집국장이었던 이익상(李益相)[699]은 1933

기관이 번창해지는 거슨 오직 其 婦女생활이 그만치 여유가 잇고 시간이 잇는거시다. 내가 전에 京城서 어느 극장압흘 지나면서 동행하든 친구에게 말한 때가 잇다. 극장 경영을 하랴면 근본문제 즉 朝鮮婦女生活을 急先務로 改良할 필요가 잇다고 實로 여자생활에 여유가 없는 사회에 오락기관이 繁榮할 수 없는 거시다."(羅蕙錫, 상동,『三千里』(4-12), 1932년 12월 1일, 62쪽.)

698) 羅蕙錫, 상동,『三千里』(4-12), 1932년 12월 1일, 63쪽.

699) 이익상은 1895년 5월 12일 전북 전주에서 태어났다. 보성고보를 졸업한 후 1922년 일본대학 사회과를 졸업하였다. 1920년『호남신문』사회부장을 거쳐서 1921년 5월『개벽』을 통해 문단에 등단하였다. 1923년『백조』의 동인 김기진(金基鎭)·박영희(朴英熙) 등과 파스큘라(PASKYULA)라는 문학단체를 만들었고, 신경향파 문학의 중심인물로 활동하였다. 1924년부터『조선일보』학예부장, 1925년에는 조선프롤레타리아예술동맹(KAPF)의 발기인으로 참여하고 KAPF의 기관지『문예운동』을 창간하는 데 앞장섰다. 1927년 1월 문인들과 함께 문예가협회를 조직하고 1927년 12월 신문사 학예부 기자였던 김기진(金基鎭)·안석주(安碩柱) 등과 함께 영화연구회 찬영회(讚映會)를 조직하였다. 1928년 3월 동아일보 학예부장으로 옮겼고, 1929년 5월 동양영화주식회사 발기인과 11월 조선어사전편찬회 발기인으로 참여하였다. 1930년 2월 동아일보사를 사직하고 전향하여 조선총독부 기관지인『매일신보』사사(司事)로 채용되었고, 편집국장(대리)이 되었다. 1935년 4월 19일 사망할 때까지『매일신보』편집국장으로 조선총독부의 식민통치정책을 선전하는 데 앞장섰다.

년 8월 24일부터 9월 28일까지 21편에 이르는 만주기행담을 『매일신보』에 연재하였다. 다른 여행자들이 만주는 더럽고, 무지한 지역으로 폄훼하던 모습과는 달리 필자는 주로 만주국의 눈부신 발전과 일본의 선한 의지, 그리고 조선총독부의 통치 실적을 선전하는 내용을 담았다.

첫 번째 여행지는 바로 관동주 주도(州都)인 다롄(大連)이었다. 필자는 당시 다롄시 주최로, 75만원 예산이 투하된 '만·몽(滿蒙)박람회'를 참관하였다. 그 기간에 '신문협회대회'에도 참가하였다. 다롄에 도착하자마자 (A)처럼 호화롭게 발전하는 도시 모습에 찬양을 퍼붓고, 희망의 메시지를 던졌다.

(A) 차 안에서 바라보아도 시가지는 과연 정돈되었고, 청결해 보인다. 건물 전부가 벽돌제가 아니면 콘크리트 문화식이다. 목조나 초가집은 하나도 발견할 수 없다. 동양에서 호화항으로 자처함도 그럴듯하다. 이곳을 (보면) 대개 거주하고픈 욕망을 일으킨다.[700]

(B) (西崗子)를 찾았다. 그곳 가장 어두운 곳에 노천시장이 있다. 서울의 설렁탕집을 연상하게 하는 무수한 음식점이 즐비하다. 코에 익지 않은 냄새, 눈에 익지 않은 어두컴컴한 빛, 이것이 만주 민중의 정조(情調)인가. 한심한 일이다. 매음굴, 아편관이 있다. 유두(油頭; 아편연기 피어오르는 머리), 분면(粉面; 분 바른 얼굴)의 시선으로 사람의 표정을 낚으려 한다. 아편의 냄새가 코를 찌른다. 인간지옥을 탈출하려는 노력으로 서강자의 노천시장을 보지 못한 것은 섭섭한 일이다.[701]

(C) 만철이 위탁경영한다고 했으나 아직도 일천한 까닭인지 차실이 불결하고 차체가 낡아서 고전적 취미라고 할런지 지나(중국) 냄새라고 할런지 유쾌한 여행을 원하는 사람의 기대를 저버리른 것이 적지 않다.[702]

---

700) 이익상, 「명불허전의 호화도시(만주기행4)」, 『매일신보』, 1933년 8월 27일.
701) 이익상, 「매득(買得)이 있대는 노천시장(만주기행6)」, 『매일신보』, 1933년 8월 31일.
702) 이익상, 「만주는 양류의 나라(만주기행 20)」, 『매일신보』, 1933년 9월 26일.

그런데 (B)처럼 만주국이 만든 이런 현대 도시의 이면에는 여전히 일본의 덕화가 미치지 못한 중국인, 만주인들의 동네가 있고, 여기는 도처에 아편관과 매음굴로 차마 방문조차 못할 정도로 타락한 인간지옥이 있다고 했다. 이처럼 중국인들이 만든 전통도시지역은 혹독할 만큼 야만적이고 타락했으며, 무기력한 곳이었다. 그리고 (C)처럼 중국인이 하던 것은 일본인이 위탁받아도 중국의 낡은 잔재로 인해 제대로 운영되지 못한다는 것이다.

필자는 이렇게 뚜렷한 비교를 통하여 일본이 이곳 관동주 지배의 정당성을 선전하고, 만주국 건국이 가지는 의미를 일깨우고자 했다. 그러니 당연히 만몽박람회도 찬양의 대상이었다. 필자는 만몽박람회의 목적이 '만몽(滿蒙)의 계몽'에 있다고 하면서 신흥 만주국을 위해서라도 의미있는 일이라고 했다. 그러면서 일본에게 덕화(德化)를 입은 곳은 곧 천당(天堂)이고, 그렇지 못한 곳 예를 들어 서강자의 노천시장은 인간지옥이라고 대비하였다. 그 일례로 중국인 노동자 합숙소인 벽산장(碧山莊)을 소개하였다.

> (벽산장은) 잡역부 1만여 명이 머무는 합숙처라서 누추함이 오죽할 것인가. 그러나 여기 수용된 양떼같은 쿠리(華工)들에게는 천당이요, 안식처이다. 고된 노역을 하기 위하여 생존하는 느낌이 있는 쿠리들은 매일 3~40전에서 1월 5~60전의 벌이를 주선하여 주는데 무한한 감사를 드린다....(중략)....여기는 가족을 거느릴 수 있으며, 여기서 노동쟁이니 무엇이니 하면서 떠드는 일은 절대로 없다고 한다. 생의 운용에 조직적으로 발동하지 못한 때 그 암담함도 오히려 광명이 되는 무서운 사실 앞에서 우리는 가만히 앉아 있을 수 없었다.[703]

이곳은 비루한 중국인이 일본과 만주국의 덕화를 받은 곳이기에 노동자의 천당이 되었다는 것이다. 계급갈등이 없어서 평안하고, 지배자에 대한 불만이 원천 봉쇄된 평화가 가져다 주는 따뜻함이야말로 바로 일본이 주는 덕화

---

703) 이익상, 「외양 조혼 화공수용소」, 『매일신보』, 1933년 8월 29일.

의 참모습이라는 것이다.

② 뤼순 러일전쟁 유적지 다크 투어

<그림 60> 러시아 장군이
노기장군과 정전협정을 체결한
수사영(水師營)과
전리품전시관(출처:『매일신보』,
1933. 9. 5.)

필자는 뤼순에 러시아군 설치한 동계관산 (東鷄冠山) 주변의 북(北)보루를 방문하여 러일전쟁 당시 있었던 '도의(道義) 황군'의 전투 미담을 회고하였다. 이곳 동계관산은 조선인 만주시찰단이 늘 방문하는 곳이었 다. 1917년 6월에 방문했던 진주의 정종호 도 "군국 이외의 아무것도 모르는 야마토(大和) 남아(男兒)가 아니면 누가 능히 막았을 것이며, 누가 능히 당해내리."라면서 일본군 의 승리를 높이 찬양했다.704)

필자가 방문했던 북보루는 콘크리트로 된 갱도나 참호가 거미줄같이 연결되어 있었고, 보루 밑에는 참호와 철조망이 벌려져 있어서 아무리 정예병이라도 점령하기 어려운 난공불락의 요새였다. 이에 일본군은 북보루를 점령하고자 갱도를 파들어갔는데, 러시아군도 이를 방해하려고 맞은 편에서 갱도를 파들어 갔다고 한다.

이때 갱도를 지키던 일본군 보초병은 온몸을 갱목(坑木)에다 묶고 최후의 저항을 시 도하였다. 서로 거리가 지척에 이르자 2차례 총공격을 감행하여 외벽의 '폐톤'을 폭파 하고 그때부터는 갱도에서는 보루쟁탈전이 '밀치기'처럼 전개되었다. 1척을 퇴각하다 2척을 얻고, 2척을 물러났다 3척을 얻어 마침내 최후에 승리하였다. 갱도 전투에서는 (러시아군과) 식량도 교환하고 전사자 유해도 서로 교환했다는 것은 일러전쟁사를 장 식하는 전쟁 미담이다.705)

---

704) 진주 정종호,「남만시찰기(중)」,『매일신보』, 1917년 6월 22일.

필자는 이런 난공불락의 요새를 용감한 일본군이 불퇴전의 노력으로 마침내 점령하였다는 사실을 전하면서도 황군은 러시아군과 식량교환이나 전사자 유해 교환 등으로 도의(道義)적 전쟁을 수행했던 도의적 군대라고 소개하였다.

이어서 필자는 러·일이 정전회담을 한 수사영을 찾았다. 이곳에서는 수세에 몰린 러시아 장군이 대추나무에 매어 둔 준마를 노기 장군에게 주면서 패장에게 준마가 무슨 소용이냐고 했다는 일화를 소개했다. 그러자 노기 장군도 이를 쾌히 승낙하였는데, 참된 무인다운 교감이라고 치켜세웠다. 마치 임진왜란 당시 이순신이 일본군과 싸웠지만 서로 예로서 대하여, 조선정부와 같은 쓸모없는 주종과는 다른 도의적 관계를 연출하였다는 '일본식 이순신관'과도 유사한 것이었다. 사실 이런 '도의 이순신론'은 알고보면 패악하고 귀자르고 코자르던 불의의 일본군이 사실은 이겨도 도의, 패매해도 도의에 살았다는 허구를 홍보하려는 그야말로'수단화된 미담'이었음은 두말 할 것 없다. 러시아와의 미담도 그런 차원이었다.

③ 만주에서 조선인의 삶을 생각하다.

친일 조선인에게 옛 고구려라는 나라는 어떤 였을까. 필자는 안산의 쇼와(昭和)제철소를 방문하고, 이곳은 연산 100만 톤으로 200년간 운영할 전도유망한 공업이라고 하면서, 난데없이 '고구려 전통'을 끌어왔다.

> 옛날 이곳에 광(鑛)을 파고 철을 제(製)하던 민족이 고구려 민족이 아니었더냐. 문헌상의 예비지식이 없음이 큰 유감이다.[706]

실제로 안산(鞍山) 광산은 철광 함유량이 40%밖에 되지 않는 빈철(鑛鐵)

---

705) 이익상, 「동계관산의 갱도전」, 『매일신보』, 1933년 9월 2일.
706) 이익상, 「소화제철소와 안산철광」, 『매일신보』, 1933년 9월 7일.

광산이었다. 당시 일본본토로서도 빈철에 대해선 그다지 관심이 없던 시절이었다. 빈철광이 의미를 가지게 된 것은 적어도 태평양전쟁 시기에 와서였다. 그동안 빈철광으로 만든 제철은 고급재로 사용하기 어려웠으나 자원이 고갈되는 상황에서 빈철조차도 절실히 필요해진 것 때문이었다.[707) 그러면서 필자는 애써 쇼와(昭和)제철소의 의미를 과대포장하고 고구려의 전통과 연결시키려 했다. 일본의 만주경영에 조선인도 그만큼 역할을 할 전통이나 준비가 되어있다는 내심을 뱉은 것이었다.

이렇게 만주에 연고를 가지고 열심히 조선인들이 활약하지만, 여전히 만주국에서는 조선인과 만주인 간의 차별이 시정되지 않고 있다고 하였다.

> 상업지(商埠地) 이외 지역을 가보면 얼마나 펑텐이 표리부동(表裏不同)한 도시인지 단번에 느끼게 된다. 더욱이 만주사변 이후에 군인강도(兵匪)와 마적(馬賊) 때문에 살길을 잃고 유리된 현재의 재만 조선동포가 모여 사는 서탑십간방(西塔10間房)은 국자 크기로 눈물을 흘리지 않으면 차마 볼 수 없을 정도다. 천당과 지옥 구별은 여기를 두고 말한다고나 할까. 그래도 만주인의 생활 근거는 얼마나 확실하고 특별한지는 성내에서의 그들 생활상태로 알 수 있다. 신흥만주국의 같은 국민으로서 어찌 이같이 불우한 처지에 빠졌는지 상식으로는 풀리지 않는 의문이다.[708)

당시 사회주의자 김태준도 9·18사변 이후에도 조선인의 삶은 나아지지 않았으며, 대신 그곳의 일본인과 일본군의 삶은 풍요로웠다고 하였다.[709) 마치 조선인을 위한 9·18사변이듯 선전했지만 정작 조선인에게 돌아온 것은 아무것도 없었다는 말이다. 더구나 전향자인 필자조차도 '선만일여(鮮滿一如)'라고 하여 만주인과 동등한 삶을 기대했지만 만주인에게는 확실한 삶이 보장된 반면, 차별받는 조선인의 삶은 지옥이 따로 없다고 하였다. 그만큼 재만조

---

707) 김인호, 『조선총독부의 공업정책』, 동북아역사재단, 2018, 486~487쪽.
708) 이익상, 「펑텐성의 신흥기분(11)」, 『매일신보』, 1933년 9월 8일.
709) 金台俊, 「奉天印象記」, 『三千里』(7-9). 1935년 10월 1일, 197쪽.

선인의 궁핍 문제는 사회주의자나 전향자나 공히 심각하게 여겼던 문제였고, 이를 해결 못하는 만주국 당국에 불만스러워 하고 있다. 또한 9·18사변이 마치 재만 조선인의 해방을 가져다 줄 것같은 총독부의 선전이 상당한 기만인지도 깨닫는 계기가 되었다.

<그림 61> 1933년 당시 펑톈 시내
(출처: 『매일신보』, 1933. 9. 8.)

④ 9 · 18사변 발발 과정을 왜곡하다.

필자는 장쉐량군 1만 2천명이 주둔하던 북대영(北大營)을 답사하면서 9·18사변 당일의 전적을 정리하였다. 정리 내용을 보면, 당대 조선인들이 9·18사변을 어떻게 이해하는지 잘 드러난다.

밤 10시경이다. 펑톈 교외에서 연습을 하던 독립수비 제2대대 제3중대의 척후병 6명이 만철(滿鐵) 선로를 남행하여 북대영 부근 약 500미터 지점에 도착하였다. 그때 돌연 후방에서 커다란 폭음이 들렸다. 척후대는 깜짝 놀라 폭음 나는 곳으로 돌아보니, 약간의 중국군이 북대영 쪽으로 도망하였고, 철도선은 폭파되어 있었다. 척후대는 도망하는 중국병을 추격하여 3명을 사살하고 전진하였다. 북대영 남방 고량(高粱)밭에서 약 500명의 중국군이 출현하여 척후대를 향하여 맹렬히 사격하면서 문관둔(文官屯) 분견대 쪽으로 남진하려고 했다. 척후 1명은 문관둔 중대장 가와지마(川島) 대위에게 급보를 쳤다. 가와지마 대위는 지체없이 응전맹습하자 중국군은 북대영 방면으로 도주하였다. 가와지마 대위는 양군 충돌 상황을 대대본부에 보고하는 동시에 북대영의 서북쪽으로 진격하였다. 악전고투 수십 분만에 병사(兵舍) 한 곳을 점령하고 서남쪽 정문도 점령하여 지나군의 퇴각로를 차단하였다. 이러한 충돌을 들은 당시 독립수비대 제2대대장 나가지마(長島) 중좌는 사정이 이런 이상 북대영의 12,000명의 군대가 대거 공격해오면 불과 600명의 독립수비대의 운명이 어찌될지 장담할 수 없다고 하면서 기선을 제압하려고 강력한 공세를 퍼부었다. 또한 각지 수비대에게 출동 명령을 내리고 관동군 사령부 및 기타 연해 각지 부대본부에 사실을 보고하는 한편, 북대영을 습격하였다. 그리하여 전 광석화로 북대영 왕이철(王以哲) 부대는 혼비백산 되었다.[710]

장쉐량 군대가 철도를 폭파하면서 9월 18일 개전이 시작되었다는 논리이다. 일단 흥미로운 것은 수색대가 장쉐량 부대 주둔지 근처(500미터)까지 수색했을 때 중국군이 철로를 폭파했다는 것이다. 굳이 장쉐량이 자기 부대 주둔지 근처에서 폭파를 단행할 이유가 없었다.

아울러 일본군 수비대 6명이 중국군 12,000명이 주둔한 지역 근처까지 가서 전투를 벌이고 중국군을 3명이나 전사시키고, 다시 500명과 전투를 벌였다는 것이다. 상식적으로 이해할 수 없는 전투 내용임에도 필자는 아무런 비판 없이 그대로 믿었다. 아니 믿어야 했다.

일본군 6명이 중국군 500명을 상대하고, 600명이 또 12,000명을 상대하여 전광석화처럼 승리한 사건으로 조작한다면 일본조야(日本朝野)나 국민들은 엄청난 대첩 소식에 행복해 할 것이고, 그것은 9·18사변이 초래할 국가적, 민족적 재난에 무감각해지는 결과를 가져올 것이기 때문이었다. 실제로 그렇게 승리를 조작함으로써 중국군이 얼마나 약체인지 보여주어, 진격하는 일본군의 사기를 올릴 수 있었다.

식민지 조선인에게도 일본군은 역시 강하다는 인상을 주어, 마치 만주에서 든든한 재만 조선인의 보호자가 될 수 있으리라는 기대감과 의존감을 높여주기에 충분하였다. 실제로 중국군이 '맹탕'이라는 설을 유포하면서 실제로 그런 중국군이라고 믿고 멸시하는 조선인이 증가하였다. 하지만 실제 정황은 그렇지 않았다. 만주 곳곳에서 중국군이 조선독립군과 연대하여 일본

---

710) 이익상, 「기억조차 새로운 북대영전적(12)」, 『매일신보』, 1933년 9월 9일.

군에 항전하면서 사변은 장기전으로 옮겨가고 있었다.

⑤ 이토 히로부미가 죽은 곳에서 느낀 친일파의 감상은…

하얼빈에 도착하자 시장의 환영을 받았는데, 하필이면 안중근이 이토 히로부미를 사살한 바로 그 자리였다.

> (환영사를 하려고) 시장이 선 곳이 왕년 이토 히로부미 공이 저격을 당하던 지점이라 한다. 그 장소를 일부러 찾아서 환영사를 드리는 시장의 의도[意肚]도 매우 심장(深長)하지 않은가. 금석(수昔)의 감(感)이 여러 사람의 얼굴에 나타나 보인다.[711]

1917년 6월에 남만시찰단 일원으로 방문했던 진주의 정종호도 이토가 저격당한 장소에 와서는 '당시 일을 추억하니 감회(感懷)를 금하기 어려워, 묵묵히 수행(數行)의 눈물로 천고(千古)의 위인에 조의를 표한다.'[712]고 하면서 깊은 애도를 표하였던 것과 비교하면, 상당히 절제된 듯하다. 정종호의 추억보다 훨씬 추모의 깊이가 덜해 보인다.

도대체 왜 중국인인 하얼빈 시장은 의미심장한 이 자리에서 환영사를 한 것일까. 어쩌면 러시아와 일본이 서로 협력하기로 했다가 대한제국 의병중장인 안중근에 의해서 좌절되었던 기억을 떠올리게 하여, 만주국과 일본은 다시는 그런 조선인들의 불필요한 개입을 용납하지 않겠다는 의지의 발로가 아닐까 한다. 왜냐하면, 당시 만주에서 조선인과 중국인간의 갈등이 심상치 않았다는 사정과도 관련된다.

친일 조선인은 중국인과의 경쟁에서 이기고자 일본을 등에 업고 안전농촌이니, 개척단 등의 방식으로 만주에 진출하는 상황이었고, 이런 퍼포먼스는 결국 그들 조선인에 대한 반감으로 나아가게 한 듯하다. 당시 항일 혁명운동

---

711) 이익상, 「감격의 도시 하얼빈(19)」, 『매일신보』, 1933년 9월 23일.
712) 진주 정종호, 「남만시찰기(하)」, 『매일신보』, 1917년 6월 23일.

진영에서도 민생단(民生團)이니 뭐니 하여 다수 조선인이 일제의 앞잡이 역할을 자처하고, 항일전선을 방해하는 집단으로 전락한 데 깊은 반감을 가지고 있었다. 친일파든 독립군이든 중국인에게 모두 위협적인 대상으로 멸시받던 상황이 조성된 것이다.

(11) 일본이 들어가면 좀더 나아지려나: 원세훈의 북만과 몽골 다크투어

① 도문의 거대한 변화, 삶은 나아지지 않았다.

본 여행기는 원세훈[713]이 1933년 여름 압록강을 건너 남만주 안동 펑텐 창춘(長春)과 북만주 하얼빈 등지를 여행한 다음 그리고 1934년 두만강을 건너서 북만주 닝구타(寧古塔)과 둥징성(東京城)에 이어서 하얼빈을 방문한 뒤 『삼천리』에 기고한 것이다. 이번 여행으로 옛날 1911년 동만으로 망명할 때 보았던 두만강을 20여 년만에 다시 건넜고 남다른 감회를 전한다.

> 나는 23년 전에 두만강을 한 번 건너 본 적이 있다. 그때 두만강은 망명길로 건너는 두만이며, '한번 가면 다시 돌아오지 못할' 두만강이었다. 그때 두만강을 한 번 넘은 뒤 18년이라는 장구한 시일을 이역에서 보내다가 결국 압록강을 건너 조선반도로 들어왔다.[714]

---

713) 원세훈의 1887년 함경남도 정평에서 태어났다. 1906년 서울에서 대동법률전문학교에 입학했고, 1911년 동만주로 망명하였고, 1915년 10월에는 대동학교를 설립하고, 철혈광복단을 조직하였다. 1917년에는 문창범, 이동휘 등과 전로한족회 중앙총회(全露韓族會中央總會)를 조직하였으며, 1919년에는 대한국민의회 부의장을 역임하였다. 1923년 국민대표회의에 노령한족대표로 참석하여 창조과 입장을 피력하였고, 다시 블라디보스톡에서 활동하였으나 1924년 3월 소련에서 추방되었다. 1924년 이후 베이징대학 노문과를 다니면서 독립당조직 준비를 하였다. 1926년 8월과 9월에 베이징에서 안창호 등과 한국독립유일당베이징촉성회를 결성했다. 1927년 일본 경찰에 잡힌 신채호 외 5인동지 구출운동을 전개하다가 붙잡혀 신의주형무소에서 2년간 복역하였다. 이후 『중앙시보』를 발행하였고 계몽운동을 전개하였다.
714) 元世勳, 「騷然한 北滿洲行, 松花江까지」, 『三千里』(7-1), 1935년 1월 1일, 68-2쪽.

<그림 62> 원세훈 (출처:
한국민족문화대백과사전)

문제는 정작 두만강이 어느 것인지 알 수 없었다는 것이다. 눈앞에 있는 실개천은 결코 아닐 것이고 열심히 찾아도 어딘지 알 수 없어서 경찰에게 물었더니 바로 앞 개천이라고 했다는 것이다. 이에 옛날과 달리 이제 자유롭게 왕래하게 되고, 기차도 전속력을 다니게 되니, 두만강이라고 얼른 긍정하기 어렵다고 하였다.[715]

한마디로 세상이 달라지니 보는 시야도 달라졌다는 말이다. 소 한 마리만 태워도 파선할 것만 같았던 옛날에는 두만강이 무척 커 보였지만 지금은 어마어마한 기차가 지나는 강이 되면서 그런 마음이 생겼다는 말이다. 망명 시절과 달라진 현실. 그 현실에서 조선독립에 대해서도 적잖은 고민을 했고, 그에 대한 생각도 달라졌다는 말이다. 당시 투먼에서 함경선과 경도선이 연결되는데, 경만주국 수도 장춘(신징)으로 가려면 함경선의 종착에서 내려서 경도선 차량으로 바꾸어 타야 했다.

두만강이 저리 작아졌다는 것. 그리고 백두산정계비에서 '동쪽은 도문, 서쪽은 압록(東爲圖們 西爲鴨綠)'이라 하여 도문강은 따로 있다면서 두만강이 실은 우리 국경이 아닐 수 있다는 생각을 하고 있었다. 그러면서 조선이 서쪽 대륙으로 뻗어가는 것을 방해한 세력에 대한 원망도 드러냈다.[716]

차표 검사를 하게 되었는데, 필자는 이례적으로 검사하는 차장의 복장과 체격을 보고 짓궂은 조롱을 이어간다.

---

715) "오직 자연계를 여지없이 정복하는 현대적 시설에 심취한 우리의 시야[眼界]가 옛 두만강은 큰 강이요 오늘은 아주 적은 개천이라고 볼만큼 관념의 착오를 불렀다"(元世勳, 상동, 『三千里』(7-1), 1935년 1월 1일, 68-3쪽).
716) 元世勳, 상동, 『三千里』(7-1), 1935년 1월 1일, 68-4쪽.

키는 5척5촌(165cm)정도지만 몸집은 24관(90kg)은 되어 보이고 나이로는 마흔 전후의 얼굴에는 돼지고기 많이 먹어서 그런지 기름기 번들번들한 훤칠한 하오짱꿀라[好掌櫃]'717)

필자가 군이 만주국 차장의 외모를 가지고 조롱하는지 이해할 수 없다. 하지만 자세히 보면 차장이 쓴 모자가 만주국 국기가 달렸다는 점이 포인트였다. 당시 신생한 만주국의 부실을 비웃거나 무시하는 표현이었다.

R군은 끔찍하다는 표정으로 '아~ 저 사람이 차장이네요. 복장도 이상하지만 체격이 더욱 가관(可觀)이고, 모자의 황색테는 무슨 의미인가요' 하고 만면에 웃음을 띄운다. 나도 함께 웃고는 저 황색테는 '황지5색(黃地五色)의 만주국 국기에서 나온 것입니다. 그리고 저 체격은 대륙성이지요.'하면서 웃는 바람에 차장도 자기를 가리키며 따라 웃는다.718)

만주국 투먼시에 도착해서는 어느 순사가 역전의 지게꾼을 오만불손한 태도로 대하는 것을 목격하였다. 지난날 만주국이 생기기 전에도 저러했다고 했다.

만주국 경찰이 지게꾼의 지게를 몇 빼앗아 내동댕이 치는 바람에 지게꾼들이 일시 물결 나누듯 사방으로 달음질치는 광경은 도착하자 처음 본 광경이다. 이 광경은 이역 생활 수십 년 동안 도처에서 눈물겹게 많이 보던 광경이다. 새로 독립된 만주국 투먼역에서도 또다시 볼 때 '저 광경이 언제나 없어질까?' 하는 부질없는 탄식을 하였다.719)

이처럼 필자는 만주국의 창건에도 불구하고 여전히 아무런 변화가 없는 모습에 아쉬워하고 있다. 다른 지식인들이 9·18사변 이후 재만 조선인에게 닥칠

---

717) 元世勳, 상동, 『三千里』(7-1), 1935년 1월 1일, 68-4쪽.
718) 元世勳, 상동, 『三千里』(7-1), 1935년 1월 1일, 69쪽.
719) 元世勳, 상동, 『三千里』(7-1), 1935년 1월 1일, 69쪽.

밝은 미래에 대한 희망을 노래하고 있을 때, 필자는 전혀 변하지 않는 만주국 모습에 깊은 실망을 하던 차였다. 필자는 '투먼시의 호구의 2/3 그리고 인구 80％가 조선인으로서, 조선사람의 투먼이라 할 정도였고, 나무 장사는 모조리 조선인이고, 생선 장사도 주로 조선인이며, 마치 '함경도 어시장의 광경을 연출할 정도'라고 했다. 그런데 투먼시에서 조선인들은 다수라는 분포에도 불구하고 도시를 주도할 처지는 전혀 아니라는 아쉬운 평가를 이어갔다.

<그림 63> 대두천 모습
(출전 https://baike.baidu.com/pic)

투먼시(圖們市)는 영토상 만주국의 투먼시이며 경영상 만철회사의 투먼시이다. 그뿐이랴! 현재에 건축된 가옥으로 논하면 전부가 만철회사의 기지로서 3등지이며 그밖에 임시로 건축한 토막 혹은 바락과 같은 것은 내년 봄 철거될 것이라고 한다. 그리 본다면 투먼시 장래 주인공을 지리적 혹은 인구상으로 조선사람이라 할지는 모르겠지만 (현재로선) 도저히 주인공 노릇을 할 만한 조건은 없다.[720]

필자의 기행문은 아주 묘하게 만주국의 현실을 풍자하고, 새로 흥기한 도문시를 비롯한 만주국의 대도시들이 조선인에겐 '빛 좋은 개살구'라는 사실을 여실히 보여준다.

투먼시도 원래 회막동이라는 아주 황량한 작은 촌락이었으나 만철(滿鐵)이 주도한 대륙간선철도 연결점이 되면서 120만의 대도시로 변모했다고 하였다. 도시는 커져도 시설은 전혀 나아진 것이 없으며, 거대도시화했더라도 내면적인 삶은 전혀 향상되지 않았다는 비판도 잊지 않았다.[721] 그냥 약간

---

720) 元世勳, 상동, 『三千里』(7-1), 1935년 1월 1일, 71쪽.
721) "도시의 시설로 논하여도 모든 것이 한 가지도 제대로 된 것이 없다. 그러므로 장래를 바라보고 투먼시라고 칭할지언정 현재 상태로는 '전보다 훨씬 발전되고 번

발전된 회막동 정도라는 말이다. 만주국 이후라도 도시 발전의 내실은 그다지 없다는 비판이다.

② 철도 건설에 대한 평가. 공사판과 군사시설 주변의 조선인 창녀들

<그림 64> 도녕선 공사장
마적단 습격(『동아일보』
1934년 4월 11일)

투먼은 도녕선(圖寧線; 투먼(圖們)-닝안(寧安) 간 철도) 철도공사로 매우 복잡한 상황이고, 인구가 급증하고 번창하다 보니 물자 공급이 원활하지 않아 물가가 등귀하고 있었다고 한다. 공사판에는 늘 따라다니는 '을(乙)종 음식점'도 있는데, 거기서 근무하는 조선인 창녀도 60명에 달한다고 한다. 일본인들의 대륙침략과 그에 수반한 공사장을 비롯하여 군사시설이나 토목공사장 주변에는 조선인 포주들이 운영하는 을종 음식점과 위안부들이 많이 있었다. 이들은 일부 회사나 조합 형태로 자본을 모아서 조선에서 여성을 꼬드겨서 데리고 왔다는 것이다. 또한 도령선 공사장에는 마적대나 공산당 세력이 침투가 잦아서 일본군이 엄히 감시하고 있었고, 그 주변 지역도 항일 세력을 토벌하기 위한 기병대가 항시 출동할 태세라는 것이다.

샤오샨청스(小山城子)에서도 공사장마다 여지없이 조선인 상점이나 일본인 여관 요리점 등이 진을 쳤다고 하며, 각종 출장소와 대리점, 인부와 창부가 한 그룹으로 얽힌 동네를 연출하고 있었다.[722] 9·18사변 이후 일본인들이

영한 회막동(灰幕洞)'정도로 부르는 것이 좋겠다."(元世勳, 상동, 『三千里』(7-1), 1935년 1월 1일, 71쪽).

722) "쌍하진(雙河鎭)에서 얼마 가지 않아 小山城子가 있는데 이곳은 도녕선의 정거장이 될 곳이라고 하며 현재에 벌써 정거장을 건축 중이다. 그리고 시가는 물론 신

대륙침략의 발판으로 삼는 철도 등 토목공사이며 어디나 이 기회에 또 한몫을 보려는 조선인들이 넘쳐나고 있다고 했다. 이 말은 일본의 9·18사변 도발즉, 대륙침략으로 이를 축재를 위한 절호의 기회로 보고 열심히 일본군영과 공사판을 전전하던 조선인이 급증했다는 것이다. 이들 중에는 조선인 상점이나 인부에 그치지 않고 경성방직 같은 조선인 대자본도 예외가 아니었으며, 위안소 자본도 적지 않았다.

중일전쟁은 축적의 또다른 기회였다. 당시 경성방직 사장 김연수의 회고문은 그런 정황을 잘 보여준다.

> 일본군이 파죽지세로 상하이와 난징 등지를 점령하자 그곳의 중국인 경영의 방직공장들이 거의 폐문 상태여서 직포난은 날로 격심해갔다. 이 무렵부터 만주에서 인기를 끌고 있던 불로초표 광목이 이번에는 화북 일대로 그 세력을 뻗쳐 경성방직은 크게 신장하게 되었다. 그것은 중국인들이 적대 국가인 일본제품을 기피하는 데서 생긴 현상이다. 이 뜻하지 않은 국제무대에서 각광을 받으면서부터 경성방직은 생산에 박차를 가하여 즐거운 비명을 올리고 있었다. 이대로 전진만 한다면 경성방직은 이제 한국의 경성방직이 아니라 동양의 경성방직이 되는 날도 그리 멀지 않을 것 같았다.[723]

얼다오허즈(二道河子)와 링베이(嶺北)의 상타이즈(三台子)에서도 마찬가지였다. 이곳도 철도공사로 생긴 도시였고, 장차 도녕선 정거장이 만들어질 곳이었다. 이처럼 철도 연변의 신흥 도시들은 물가 앙등과 시설 부족 등으로 생활상 불편이 컸으나 '산속이라도 상타이즈(三台子)에는 카페까지 있으니 그 광경을 가히 알만하다.'라고 할 정도로 번창하였다. 그러나 정규 공사를

홍 시가인데 만주 사람의 집보다 조선 사람의 집이 더 많이 건축되고 있다. 따라서 상점도 조선사람의 상점이 더 많으며 일본 사람의 여관과 요리점도 드문드문 보인다. 그리고 철도공사의 청부업조합의 출장소와 대리점과 인부와 창부는 이 연선시가의 특색이다."(元世勳, 「寧古塔과 東京城, 騷然한 北滿洲行」, 『三千里』 (7-3),1935년 3월 1일, 116쪽.)
723) 「원로기업인편 제1」, 1981, 『財界回顧』(1), 한국일보사, 94쪽.

제외한 각종 인부의 품삯은 무척 낮았고 그나마 제대로 받지 못하는 상황도 많았다고 한다.[724]

흥미로운 것은 일본의 침략에 반감이 컸던 필자조차 일본군이 만주를 점령하면서 '종전에는 토비(土匪)의 소굴이고, 교통 불편으로 사람 사는데 적당하지 못했다. 그런데 이제 자동차 타고 가면 몇백호씩 모여 살 만한 곳을 (얼핏) 보아도 여러 곳 발견하게 된다.'[725]고 하여 치안만 잘 형성된다면 만주는 살기 좋은 곳으로 변할 수 있다는 희망을 피력했다. 다시 말해, '9·18사변=대륙 침략과 수탈'이라는 아니라 '조선인에게 희망을 주는 일본의 만주 진출'이라는 생각이 자리하기 시작했다는 것이다.

한편, 원세훈이 보기에 닝구타(寧古塔)은 9·18사변 이후 경제적으로 몰락한 도시였다. 이후 중동(中東)철도가 반신불수가 되면서 각종 물화의 이합집산 기능이 사라지고 상업계가 러시아 혹은 중국 본토와 단절되면서 큰 타격을 받았다는 것이다.

> 그러므로 닝구타의 현상으로는 도녕철도의 개통이 하루라도 빨리 되기를 갈망하는 상태이다. 한갓 수입만 그러한 것이 아니라 수출도 또한 그러하여 콩깨묵[大豆粕]이 간도의 시장가격에 비하여 절반밖에 되지 않는 가장 큰 원인은 교통기관이 없어 수출이 안되기 때문이다....(중략)...도녕철도가 개통되고 중동철도의 현상이 개선된다면 닝구타 현재의 궁상(窮狀)과 비운을 벗어나게 되리라.[726]

이처럼 필자는 도녕선 개통이 주는 이점에 주목하였다. 다만 도녕철도가 중동철도와 접속되는 지점이 닝구타가 아니라 북으로 80리 더 간 모란강(牧丹江)역이고, 게다가 그 역은 '일본군 사단본부 소재지가 될 것'이기에 크게 좋아질 것이며, 그 반사이익으로 닝구타의 정치, 경제도 조금 나아질 것이라

---

724) 元世勳, 상동, 『三千里』(7-3),1935년 3월 1일, 117쪽.
725) 元世勳, 상동, 『三千里』(7-3),1935년 3월 1일, 118쪽.
726) 元世勳, 상동, 『三千里』(7-3),1935년 3월 1일, 120쪽.

전망하였다.

요컨대, 민족운동가 원세훈조차 '9·18사변=만주침략=대륙진출'이 아니라 만주사회의 새로운 지각변동을 추동할 '선한 영향력이라' 기대하고 있었다.

(12) 사변 이후 일본인은 잘사는데 왜 조선인은 고달픈가:
사회주의자 김태준의 펑텐

김태준[727]이 1935년에 만주 여행을 하였다. 여행 목적은 9·18사변 이후 근 3년만에 커다란 만주제국이 생긴 데 대한 호기심이라고 했다. 펑텐의 넓은 황원을 보면서 필자는 만주의 흑역사를 돌아본다. 과거에도 정치가 제대로 되지 않아, 생활이 곤핍하여 '어디 마적의 씨가 따로 존재하나'면서 너나 없이 마적이 되는 등 더럽고, 가난한 지역이었다는 생각을 떠올렸다.[728] 이런 생각은 1930년대 중반까지도 일반 조선인의 뇌리에 늘 자리하던 것이었다. 재만 동포에 대해서도 그런 만주인처럼 아편장사, 약장사, 색시장사, 일당 노동자 등 비참한 삶에 내몰린 채 생존한다고 여겼다.

> 무슨 양행(洋行)이니 무슨 회사[公司]니 하는 간판이 즐비하게 달린 양옥이 있다. 그중 약장사(실은 아편장사)가 가장 실속이 있다고 한다. 서탑 10간 방에 사는 수천 호(戶)의 조선동포[韓僑]도 약장사가 아니면 색시장사 그렇지 않으면 일당 노동자라고 한다.[729]

같은 사회주의자 출신으로 전향한 『매일신보』 편집국장 이익상도 만주국

---

727) 김태준은 1905년 평안북도 운산 출생으로 호는 천태산인(天台山人). 1926년 공립 이리농림학교를 졸업하고, 1931년 3월 경성제국대학 법문학부 문과를 졸업하였다. 그 해에 조윤제(趙潤濟)·이희승(李熙昇)·김재철(金在喆) 등과 더불어 조선어문학회(朝鮮語文學會)를 결성하였다.
728) 金台俊, 「奉天印象記」, 『三千里』(7-9). 1935년 10월 1일, 197쪽.
729) 金台俊, 상동, 『三千里』(7-9). 1935년 10월 1일, 197쪽.

에서 만주인은 생활 수준을 유지하는데 반해, 절대적 빈곤의 늪에 빠진 것은 오히려 조선인이라고 하고, 조선인에 대한 차별이 시정되지 못한 데 무척 유감을 표하고 있다.[730] 인용문에서 조선동포를 '한교(韓僑)'라고 부르는 점이 흥미로워 보인다. 종래 한(韓)이란 표현은 정한론(征韓論)에서도 보듯이 조선을 멸시하는 표현이었는데, 여기선 일본이 조선이라고 부른 것에 대한 반감을 담은 듯하다. 어쨌든 9·18사변 이후에도 조선인의 삶은 나아지기 고사하고 여전했으며, 대신 그곳 일본인과 군인의 삶은 풍요로웠다고 전했다.

> 값싼 마차를 타고 펑톈의 신구 시가지를 일주하였다. 순전히 일본인만 거주하는 신(新)시가지는 옛날보다 훨씬 활기 있어 보이고 번성해 보인다....(중략)...성내인 구시가의 중요 건물은 만주국의 어용이 된 곳이 많고 옛날에 비하여 일본인 거주자도 많다, 높기로 유명한 길순사방(吉順絲房)은 평야의 중앙에 있는 펑톈을 한눈에 볼 수 있게 한다.[731]

기본적으로 펑톈을 보는 필자의 시각은 자본주의의 진보적 양식을 보여주는 '일본적인 것'과 천년 대국이었던 '중국적 봉건 양식'을 적절하게 대조하는 방식으로 이뤄진다.[732] 즉, 이 두 방향의 삶이 교차하고 공존하면서 전개되는 공간이 바로 펑톈이라는 것이다. 무엇이 옳은가가 아니라 어느 쪽 삶이든 조선인들이나 중국인들에게 너무나 큰 아픔이라는 사실을 말하고 싶었다. 친일파 이익상조차도 펑톈은 군벌들이 자행하는 민중착취의 본고장이고, 진보적인 일본의 도움으로 크게 발달하고 있는 도시라는 인상을 힘주어 피력한다.

---

730) 이익상, 「펑톈성의 신흥기분」, 『매일신보』, 1933년 9월 8일.
731) 金台俊, 상동, 『三千里』(7-9). 1935년 10월 1일, 197쪽.
732) "펑톈에서 신구 시가지의 대조는 바로 일본과 중국의 국제적 풍물의 차이라 하겠다. 하나는 세계자본주의국가의 가장 진보된 양식을 보이고 하나는 몇 천년 대국의 봉건적 양식을 보인다. 하나는 세계적 진취적 공격적이고 하나는 특수적 보수적인 것이다."(金台俊, 상동, 『三千里』(7-9). 1935년 10월 1일, 197쪽.)

평톈은 청조(淸朝)의 발상지요, 안봉, 남북만철, 경봉제선의 교차점으로 남북만 대륙의 심장이다. 최근 삼십여 년간 장쉐량(張學良) 부자 기타 군벌이 궁극의 영화를 누리려하여 만주 민중의 고혈을 착취하던 흡반(吸盤) 중에도 가장 큰 곳이었다....(중략)...성밖은 신도시 계획이 착착 진행되어 현대적 도시미(都市美)가 보인다. 중앙광장을 중심으로 방사된 도로와 즐비한 큰 건축물이 새로운 기분을 유감없이 발휘한다.[733]

전향자(이익상)와 비전향자(김태준)이지만 만주국을 보는 눈은 중국 민중들이 아우성치고 고통당하는 공간이라는 점에서 동일하고, 만주국 건국 이후에도 여전히 조선인의 삶이 풍요로워지지 않았다고 여긴다는 점에서도 공통적이다. 무시당하는 조선인의 삶을 해방시키는 문제에 대해서 사회주의자 김태준은 혁명적 방법으로, 반면 친일파들은 일본의 힘을 빌리는 방법으로라도 해결하자는데 차이가 있을 뿐이었다.

김태준이 말한 것처럼 중국인들이 이권옥(利權屋)을 중심으로 조선인을 심하게 차별하고 있다는 사실은 친일파 박춘금(朴春琴, 1891~?)의 시찰담에서도 드러난다.

평톈에서는 먼저 제1로 관동군사령부를 방문하여 재만 조선인 보호 구제에 관하여 군부의 의견을 들었다. 군부에서도 이러한 문제는 신중히 연구조사 중이라고 하면서 사변 이래 평톈에서는 상당한 이권옥(利權屋)이 쇄도하고 있다. 군부로서도 만주 개척의 제일선에 둔 만주 개발의 중책이라는 견지에서 조선인에게 그러한 이권옥의 착취가 가해지는 것은 만주의 진전을 근본적으로 파괴하는 것이고,...(중략)...재만 조선인을 이전의 비참한 상황으로 돌아가게 하는 것이다.[734]

이에 적극적으로 이권옥(利權屋)이 조선인을 착취하지 못하도록 관동군 군부가 조치할 필요가 있다고 주장하였다. 이처럼 필자는 새롭게 만주국 건

---

733) 이익상, 상동, 『매일신보』, 1933년 9월 8일.
734) 「於釜山朴代議士滿洲視察談」, 『朝鮮時報』, 1932년 3월 13일, 朝鮮時報社.

국 이후 중국인의 조선인 착취를 해결하기 위하여 일본군이 나서야 한다는 생각은 같았다. 어쩌면 민족주의자나 친일파를 막론하고 이 시기 조선인 일반의 생각이라 보아도 무방할 듯하다.[735]

(13) 방랑 러시아 민족, 조선인과 닮았다: **송화강인의 하얼빈 부활절**

① 방랑민족의 쓸쓸함을 잊게 하는 부활제

1940년 4월 28일 송화강인은 하얼빈에서 예수의 부활을 기념한 부활절 축제를 보았다. 본문에는 나오지 않지만 아마도 러시아정교회에서 주최한 듯하다. 먼저 성당 모습에서 오랫동안 정성을 다했던 러시아인의 끈기를 보았고, 그런 정성에는 안주할 땅을 찾고자 하는 방랑민족의 정서가 담겨있다고 생각하였다.

> 러시아인은 인력과 경제력을 가지고 지은 무척 크고 화려한 사원이 있다. 그네들은 사원 하나 짓는데도 정재[淨財]를 모으고, 돈 범위 안에서 공사를 시작하며, 돈이 끊기면 몇 년이라도 쉬었다가, 제2차 정재가 모이면 공사를 계속, 몇 년이 걸리든 끈기 있게 하여, 마침내 저렇듯 훌륭한 사원을 건축하고 만다. 여기에도 안주할 땅을 가지지 못한 방랑민족 고유 성격이 보인다.[736]

하얼빈의 건축물에서 등장하는 방랑민족의 인상은 1933년에 방문한 이익

---

735) 이후 김태준은 사회주의 운동을 본격화하였고, 1939년 김삼룡(金三龍) 등과 함께 경성콤그룹에 가담하였으나 독서회 사건에 걸려 복역하다가 1941년 병보석이 되었다. 1944년 옌안[延安]으로 가서 돌아왔고, 광복 후 장안과 공산당에 대항한 조선공산당 재건준비위원회의 멤버가 되었다. 남로당 문교부장으로 있으면서『조선소설사』를 증보하려고 했으며, 1949년 11월 이주하(李舟河)·김삼룡·박우룡(朴雨龍) 등과 함께 좌익이라고 하여 서울 수색(水色)에서 처형되었다. (한국민족문화대백과)

736) 松花江人,「復活祭의 밤, -哈爾賓왔다가 露西亞名節을 보고-」,『三千里』(12-6), 1940년 6월 1일, 201쪽.

상의 글에도 등장한다.

하얼빈 야화(野花)! 평소 무척 정취가 있게 들리던 말이다. 이국적인 정조(情調)를 느끼게 되리라는 선입견보다 러시아인들의 낙천적인 방랑성향에는 의외의 연민이 미래를 회의(懷疑)하게 한다. 길거리에서 다정히 팔을 걸고 산책하는 남녀 모두 녹수(綠水)의 원앙새이다. 그들 다수는 백계 러시아 유랑민이다. 그러나 그들 얼굴에는 아무런 애수를 느낄 수 없는 것은 어쩌면 보는 사람의 둔감함 때문이라고 할까.[737]

송화강인이나 이익상은 만주 하얼빈 문화에 드러나는 이국적 성격이 그런 백계 러시아인들의 망국과 그 방랑 성향에서 비롯된 것으로 여겼다. 그리고 그들이 믿는 러시아 정교는 그들의 향수를 달래는 중요한 기구라고 했다.

사실 러시아인들은 다른 민족이나 국가와 달리 한번 고향을 떠나면 다시 고향으로 돌아갈 기약이 없었다. 러시아인을 방랑민족이라고 본 것도 전쟁이나 징역 등으로 한번 극동으로 이주하고 나면 너무나 멀어서 다시는 자신의 고향으로 돌아갈 수 없는 운명을 말하는 것이었다. 광대한 영토 속에 사는 러시아인의 쓸쓸함이 그런 하얼빈의 러시아 문명을 만들었다는 것이다.

부활제 때만은 역시 알지 못할 방랑민족 특유의 애수를 잊지 못하는 모양이다. 쫓겨온 그 옛날의 조국을 생각하고 끊을래야 끊을 수 없는 가족을 생각함에 눈물이 엉길 뿐이다.[738]

그러므로 필자가 보는 톨스토이의 '부활'도 마찬가지로 그냥 러브스토리가 아니라 한번 헤어지면 다시는 만날 수 없는 두 연인이 결단코 쉽지 않을 인연의 부활을 고대하면서 진정한 휴머니즘을 이룬다는 것이었다. 마찬가지로 시베리아로 떠나는 카츄샤와 네브리도프 백작의 이뤄질 수 없는 사랑이

---

737) 이익상, 「감격의 도시 하얼빈(19)」, 『매일신보』, 1933년 9월 23일.
738) 松花江人, 상동, 『三千里』(12-6), 1940년 6월 1일, 202쪽.

수많은 러시아인의 아픔을 대변한다는 사실에서 그 문학적 가치가 더 커진다는 생각이었다.

그래서 필자는 하얼빈의 부활절 축제가 모두에게 즐거운 것이고, 크리스마스보다 어쩌면 더 큰 행복을 준다고 하였다. 앞서와 같은 방랑민족으로서 아쉬움과 서글픔을 부활제를 통하여 즐겁고, 우아한 삶으로 승화한다는 것이다.

② 부활절을 앞두고는 결혼할 수 없는 금욕기[齋戒期]

부활제에 앞서 7주간은 금욕기[齋戒期]라고 하여 주변을 깨끗이 하고, 그간의 잘못을 참회하는 풍속이 있다고 했다. 이 행사는 크리스마스 직전에 하는 금욕기보다 더욱 엄하게 진행된다고 한다. 특히 이 기간에는 결혼이 불허되는데, 결혼 후에 오는 금욕기에는 '달걀, 우유, 버터 등을 포함하여 일체 육식(肉食)을 멀리 한다.'고 했다. 이런 풍속은 오로지 '청정 유지'라는 목적에서 기원했다고 하는데, 그렇게 결혼을 막았다가 부활절 때 결혼을 하면 더 큰 기쁨을 누리게 된다는 것이다. 7주간의 금욕기 중 가장 엄격한 것이 마지막 1주였다. 이 기간에는 비교적 금욕규율을 엄히 지키며, 교회에 가서 참회를 했다.

하얼빈의 러시아인들은 금욕기 직전에 사육제(謝肉祭)를 한다고 하였다. 이 기간은 실컷 마시고 논다. 그러면서 사육제 무도회가 여러 곳의 광장에서 열리는데, 새벽이 올 때까지 춤을 춘다고 했다. '부링'이라는 음식을 가지고 손님을 부르고, 화주(아마 보드카를 말하는 듯)를 필히 비치한다고 했다.[739] 경건한 금욕기를 앞두고 한번 거하게 즐기는 주간인 것이다. 필자는 이것도 방랑민족이 자기 삶을 수축과 이완을 반복하면서 삶의 활력소를 얻으려는 의도라고 진단하였다.

그리하여 부활절 밤이 되면 러시아인들은 집을 죄다 비우고 교회로 가서,

---

739) 松花江人, 상동, 『三千里』(12-6), 1940년 6월 1일, 203쪽.

자정이 되면 일제히 종을 울리는데, 종은 신부의 허락이 있으면 누구나 울릴 수 있다고 했다. 그들은 교회 안으로 다 들어가지 못한 채 한 손에 촛불을 들고, 경건한 얼굴로 축복기도를 드린다. 기도가 끝나면 그들은 환히 즐거운 얼굴로 귀가한다. 이때 비로소 식탁에 앉아, 붉은 포도주잔을 들고 '예수 다시 부활한다"'인류에게 행복이 있으라.'라는 축복을 외친다.740) 부활절날 꼭 식탁에 올리는 음식이 있는데, 하나는 꿀리치라는 빵과 빠스하(부활절)이라는 이름의 케이크이다. 이처럼 필자는 고향을 잃은 방랑 러시아 민족이 부활절 축제를 통해서 향수를 달래고 실향의 아픔을 이기듯이, 우리 조선인도 고향을 떠나 머나먼 이곳에서 방랑하고 있더라도, 러시아 부활절 축제같은 새로운 삶의 수축을 부단히 도모하여 비탄에서 떨쳐 일어나자고 주문하고 있었다. 어쩌면 필자를 비롯하여 이 시기 조선인이 담고자 하는 만주 기행담의 핵심은 거창한 독립이나 아시아주의가 아니라 조선인들이 비참한 삶에서 해방되는 특단의 대책이 무엇이고, 거기에 일본의 역할을 어디에 둘 것인지에 모아지고 있었다. 스스로 극복할 길을 찾을 것인지, 아니면 일본군의 도움을 받아야 할 것인지...불행하게도 실상은 후자에 더 무게가 실렸던 바. 이는 부정할 수 없는 역사적 사실이었다.

(14) 백계 러시아인과의 동병상련 나라 잃은 백성은 비참하다:
전향한 사회주의자 김경재의 싱징 러시안

① 어느 친일 민족주의자의 비탄: 나라 잃은 백성은 너무 비참하다.

만주국 수도 싱징(新京)에 도착한 김경재는 지금은 완전히 파괴되어 병영과 옛 동청철도클럽 건물만 덩그러니 있는 관청스(寬城子)를 방문하였다. 이곳 싱징(창춘)에서도 필자는 주민들이 처한 가난에 주목하였고, 특히 조선인의 가난에 가슴 아파하였다. 필자는 관청스가 이렇게 폐허가 된 것은 러·일전

---

740) 松花江人, 상동, 『三千里』(12-6), 1940년 6월 1일, 204쪽.

쟁 때문이라고 했다.

필자는 이 전쟁이 만주를 러시아와 영국이 남북으로 양분하려는 음모를 저지하고 대신 일본이 창춘을 기준으로 남=일본, 북=러시아로 양분하려는 의도에서 비롯되었다고 평가하였다. 이에 관청스는 러시아가 심혈을 기울였던 동만(東滿)철도의 종점으로 소련 시절까지도 '베이티에(北鐵)의 종착역으로서 일본, 러시아, 중국 등이 패권을 다투던 곳'이라고 했다. 그러다 만주국이 성립되면서 완전히 소련의 영향력에서 벗어나게 되어 '찬바람 부는 폐허의 도시'로 전락했다는 것이다.[741]

그리하여 '헐벗고 누추한 러시아인이 좋은 것 다 내어놓고, 토막 생활을 하고 있으며, 영양 부족으로 창백한 얼굴을 하면서 길거리를 방황하는 불쌍한 인종이 되었다는 것'이다. 왜 필자는 싱징까지 와서 '불쌍한 러시아인'이야기를 떠올렸을까.

> 백계 러시아인은 가려고 해도 갈 조국이 없다. 그래서 이제는 한낱 방랑군이 되어 오늘은 동, 내일은 서, 이렇게 유랑을 계속한다. 그래서 오늘은 관청스에서 보았으나 내일은 하얼빈에서 만나게 되고 다시 기일 후에는 상하이나 톈진(天津)에서 보게 될 것이다.[742]

이 지점에서 필자는 조심스럽게 말한다. '이곳 러시아인이 이토록 비참한 것은 바로 조국이 없기 때문'이라는 것이다. 이런 결론을 내기까지 필자는 그들이 쇠잔해진 이유를 너무나 조심스럽게 돌려서 말하고 있다.

> 나는 관청스 거리에서 그들 백계 러시아인이 쇠잔한 자취를 바라보면서 묵묵히 아무

---

741) "滿洲國이라는 새 국가가 형성되면서 長春의 일홈이 변하야서 新京으로 되고 그곳이 滿洲國의 首府가되고 北鐵이 소련의 손에서 완전히 떠나 나고 보니 露西亞人의 福地이든 寬城子는 그만 황락한 촌락이 되고 마럿다."(金璟載, 「新京有感」, 『三千里』(8-12), 1936년 12월 1일, 108쪽.)
742) 金璟載, 상동, 『三千里』(8-12), 1936년 12월 1일, 109쪽.

도 없는 길을 걷고 있는 그때가 좋다. 바른대로 말하면 결코 좋다는 것이 아니다. 내가 무엇을 생각하고 있는지 그것은 나도 모른다. 그저 아무 생각도 없이...(중략)...그대로 걷고 있는 것이 유쾌한 것도 아니요, 구태여 원하는 것도 아니나 매일 그렇게 하게 되고 또 그리하여야 마음이 흡족하다....(중략)...조국이 없는 그들은 사는 곳이 고향이다. 1917년에 쫓긴 그들은 고국이 있으나 아무리 그리워도 갈 수 없고 배경에 보호자를 갖지 못한 그들은 가는 곳마다 구박과 빈곤이 따른다.[743]

조국 없이 사는 절절한 번뇌. 필자는 이렇게 '백계 러시아인의 구차한 삶을 볼 때마다 내 생활의 현황을 보게 된다.'고 했다. 왜 모든 혁명운동이 식상(食傷)해서 전향해 놓고 그렇게 일본의 만주침략을 지지하더니, 갑자기 조국이 없이 사는 싱징의 러시아인을 떠올리는지 참으로 알 길이 없다. 어쩌면 변절과 전향의 지난 몇 년을 돌아보면서 뭔가 양심의 가책을 느낀 것일지도 모른다. 혹은 실제로 겉으로만 변절했지 양심은 살아서 이렇게 글이라도 남기려 했던 것일지도 모른다. 친일민족주의자가 가졌던 '양심과 회개의 파레시아'라고 해도 좋을지 모르겠다. 요컨대, 이 글은 어쩌면 일제강점기 그 어떤 다크투어리즘보다 다크한 투어였고, 양심의 가책이 만든 '번뇌의 파레시아'였다.

필자는 관청스에서 좀 떨어진 곳에 있는 백계 러시아인의 공동묘지를 찾았다. 여기서 대러시아 제국을 만들기 위하여 희생한 무수한 무명 용사를 떠올렸다.

> 지금 관청스 교외에 이름 없이 묻힌 저 무명의 무덤이 비록 보기 쓸쓸하고 해가 바뀌고 세상이 변해도 누구 하나 맞는 이 없는 가련한 빈 무덤[無主空墓]일망정 그들이 멀리 랴오둥(遼東)에 나가서 저렇게 죽엄이 되었기에 러시아는 대러시아국이 되고, 세계를 호령하는 강국이 되었다. 그렇게 생각하니 저들의 묘지가 너무나 황량하다. 무덤 앞에 꽂혀있는 십자가가 그들의 애달고 안타까운 심정을 대신 호소하는 듯하나 무지한 만주인은 그 십자가조차 땔감으로 찍어갔다.[744]

---

743) 金環載, 상동, 『三千里』(8-12), 1936년 12월 1일, 108쪽.
744) 金環載, 상동, 『三千里』(8-12), 1936년 12월 1일, 108쪽.

무명의 희생자들이 러시아를 대국으로 만들었지만 정작 저들의 십자가 비목은 무지한 만주국 사람들의 땔감으로 사용될 뿐이라는 감성. '누구를 위한 희생인가?'라고 묻는 대목에서, 필자가 옛날 사회주의자로서 혁명의 꿈을 꾸며 만주 일대를 누볐던 그 시절을 떠올리는 듯하다. 일본 제국을 위하여 아무리 대의를 가지고 싸운들 무명 용사의 결과는 저렇게 비참할 뿐이라는 비관적인 번뇌가 전면에 흐른다.

> 그들에게 경의를 표한다. 그들은 죽는 방식이 다르고 또는 공헌의 방법이 다르다 하더라도 멀리 이역에 나와서 가지가지 위험과 불안과 싸워가면서 조국의 번영과 발전을 위하야 분투하다가 그만 산천과 초목이 생소한 이역에서 종신하고 만 것이다....(중략)...그들은 무명의 국사(國士), 지사(志士). 그들의 무덤에는 찾는 이조차 희박하고 잡초만 우거졌다.745)

자칫 이런 글은 1940년대 친일조선인들이 일본을 조국으로 생각하고, 일본을 위하여 분투하고 희생하리라는 다짐의 글같지만 아직 중일전쟁이 일어나기 전의 글이기에 곧장 그런 심성과 연결하기 어렵다. 어쩌면 필자는 가난을 해결하고, '인민의 자유와 해방을 위하여 분투하면서 이역만리에서 죽었던 수많은 동지에 대한 그리움'을 관청스 러시아인 공동묘지에 묻힌 무명용사묘에서 찾으려는 것은 아닐까 한다. 전향한 사회주의자의 '살얼음'같은 회개의 글처럼 보인다.

② 관청스 동포의 삶, 가난해도 굶어도 아이들은 제대로 가르친다.
필자는 싱징의 가난한 조선인들이 너무나 고달프지만 '그들에게는 모험심이 있고 개척욕이 있고 방랑성향이 있어 아무리 만주의 오지(奧地)라도 동포가 살지 않은 곳이 없다.'고 하면서 꿋꿋하게 살아가는 조선인의 저력을 소개

---

745) 金璟載, 상동, 『三千里』(8-12), 1936년 12월 1일, 109쪽.

하려고 했다. 그중 인상적인 것이 그들의 교육열이었다.

> 그렇게 (어려운) 생활을 하면서도 조선인이 있는 곳에는 반드시 소학교가 있고 거기에는 의무적으로 밥을 굶어가면서 가르치고 있는 교원이 있다. 관청스에도 역시 동포의 손으로 경영하는 소학교가 있고 거기에는 200여 명의 학동이 있다. 교사(校舍)는 토막(土幕)이나 다름이 없고 비가 오면 위에서 새서 흐르고 아래서는 스며들고 모여서 교실 안에서는 개구리가 울고 바닥은 토간(土間) 그대로이니 겨울이 오면 선생이나 학생이 수족이 얼어서 가르칠 수도 없고 배울 수도 없는 그런 딱한 사정에 있다. 그래도 선생은 실망하지 않고 꾸준히 가르치고 있다.[746]

제대로 먹지도 입지도 못한 조선인들이 아무리 겉모습은 저러하더라도 '그들의 머리에 차고 넘치는 정신은 맑고 깨끗해서 누구에게나 부끄럼이 없으며, 그들 혈관에 흐르는 피는 희망에 뛰고 있다.'고 하였다. 그리고 낡은 소학교라도 '배우는 자 그대로 배우고, 가르치는 자는 그대로 웃고 가르치고 있다.'고 하여 조선인들의 뜨거운 교육열에 감격하였다.

친일민족주의자들이 '완전한 제2의 일본인을 지향한 친일조선인'과 다른 점은 그래도 '조선 민족은 희망이 있고, 민족차별은 철폐되어야 한다.'는 주장을 이어간 점이다. 친일파라도 조선 민족을 저질(低質)이나 야만으로 취급하고 개조하자는 '제2의 일본인'과 조선인은 그래도 희망이 있고, 구질구질하더라도 일본에게 배워서라도 가난만큼은 면하고, 삶의 질곡만큼은 이겨야 한다는 '친일민족주의자'들의 세계관은 구분될 필요가 있다. 확실히 필자의 글에는 민족주의적 발상이 곳곳에 숨어 있다. 그것이 한때 사회주의자였던 그의 자책에 의해서든 양심의 가책에 의해서든 민족의식이 나름 그의 세계관에 여전히 영향을 미친다는 것이다.

필자는 에필로그 삼아 조선의 눈[雪]과 만주의 눈을 비교하면서 '조선의

---

746) 金璟載, 상동, 『三千里』(8-12), 1936년 12월 1일, 110쪽.

눈은 만주의 눈보다 수분이 많아서 옷을 더럽히기 쉽다.'라고 했다. 이 말은 그만큼 조선의 현실은 복잡하고, 백설같이 맑은 만주의 눈길보다 걷는 것이 무척 어렵다는 의미였다.

> 조선에 눈이 내리면 그만 수분이 많아서 모습[形骸]이 크게 변[傷]하고 옷에 묻고 길을 더럽히면서 날씨가 추워지고 하건만 만주의 눈은 수분이 적어서 하늘에서 갖고 온 그대로 모습[形骸]를 유지하고 있으며, 곧 녹지 않으니 옷이 더러워지지 않는다. 그보다도 눈 오는 밤에 아무도 없는 길을 나 혼자 두터운 외투를 입고 털모자를 쓰고 터벅터벅 걸을 때의 즐거움이란 형언할 수가 없다. 나의 구둣발에 눈은 밟혀 아그극 바그극 소리를 내고 나의 커다란 그림자는 아무 말 없이 나를 따르고 있다.[747]

적어도 싱징에서 필자는 러시아인의 삶을 보면서 자신의 오욕된 삶을 회고하고, 참회까지는 아니더라도 과거 뜨거운 가슴으로 조국과 민중 해방을 위해 애쓰던 헌신의 시절을 떠올리기에 충분했다. 이제 동포의 자유와 해방이 혁명적 길이 아니더라도 올 것이라 믿었건만 몇 년 동안을 타진해본 결과, 여의치 않으리라는 사실을 자각하고는 암담한 현실에 깊은 양심의 가책을 느끼게 된 듯하다.

(15) 조선인 독립운동가들을 제거해야만 조선인 동포가 산다:
윤치호의 만주 위문

1931년에 발생한 만보산 사건으로 곤경에 처한 재만 조선인을 위문하고자 『조선일보』 사장 안재홍과 천도교 이종린 등은 함께 '만주동포위문사절단'을 꾸려서 만주를 방문했다. 1931년 7월 3일자 『윤치호 일기』를 보면 당시 만주 사정을 이렇게 설명한다.

---

747) 金璟載, 상동, 『三千里』(8-12), 1936년 12월 1일, 111쪽.

만주라고 불리는 전 지역이 고질적인 무정부 상태에 있는 게 사실이다. 부패한 관료층, 잔인한 마적, 짐승 같은 공산주의자들이 가난한 농민과 상인들에게서 돈을 뜯어내려고 앞다퉈 경쟁하는 곳에서 법을 준수하는 사람은 누구라도 안전하게 살 수 없다. 만주에는 조선인 농민들의 고혈을 빨아먹는 네 부류의 암적 존재들이 있다 중국인 관료, 중국인 마적, 조선인 볼셰비키 그리고 조선인 '애국자'들이다.748)

<그림 65> 재만동포위문 사절(1931) 출전: 김상태 편역, 윤치호 저, 2002, 『윤치호 일기(1916~1943)』, 역사비평사, 화보.

필자는 '네 가지 암적인 존재'로서 조선인 공산주의자 외에도 이른바 조선인 애국자도 포함하였다. 바꿔말해 김좌진 등 민족주의자들도 농민을 괴롭히는 암적 존재라고 인식이다. 그리고 이런 조선인 농민들의 곤궁함을 해결하기 위해서는 적극적으로 조선인 안전을 도모할 대책이 필요하며, 그 방법으로는 최남선의 매재인 박석윤과의 대화에서도 드러나듯이 일본군이 만주를 침략하는 일이었다.

당시 박석윤은 윤치호에게 간도에 사는 42만 조선인들의 복지를 위하여 공산주의자, 기독교인, 천도교인, 독립운동가, 친일파 등 모든 방면의 조선인이 단결한 민생단(民生團)을 결성하겠다고 했고, 이를 일본 군부와 정계 고위

748) 김상태 편역, 윤치호 저, 2002, 『윤치호 일기(1916~1943)』, 1931년 7월 3일(금), 역사비평사, 276쪽.

관료들을 비롯하여 우가키 총독도 지원할 것이라고 장담했다.[749] 그러자 윤치호는 1932년 2월 10일 『일기』에서 민생단보다 더 우선적으로 조선인을 보호하는 방법이 있으니, 그것이 바로 일본군이 만주를 진출하여 치안을 확보하는 일이라고 했다.

> 내 보기엔 박석윤은 민생단이라는 단체의 유일한 목적이 조선인이주민들의 안전을 보장하는 거라고 말했다. 그런데 만약에 일본의 만주 정책이 성공하다면 일본은 부패한 중국인 관헌들로부터, 짐승 같은 조선인 볼셰비키로부터, 이른바 조선인 독립운동가들과 중국인 마적으로부터 간도를 구해냄으로써 꼭 민생단의 도움이 아니더라도 얼마든지 조선인드의 안전을 책임질 수 있을 것이다. [750]

필자는 9·18사변으로 관동군이 만주를 석권하게 되자 일본군의 치안계획으로 재만 조선인이 보다 안전해질 것으로 생각하였다. 따라서 필자에게 조선인의 구제란 그런 어정쩡한 민생단 조직을 만들어 일본에 충성하면서 그 콩고물을 얻는 것보다는 농민수탈의 암적인 존재인 조선인 공산주의자와 민족주의자들을 근본적으로 제거할 일본군을 파견하는 일이라고 믿었다. 이는 친일민족주의자가 어떤 계기로 제2의 일본인으로 변화하는지 보여주는 중요한 단서였다. 그들은 더이상 조선인에게 걸 기대가 사라졌기 때문이었다. 민생단조차도 믿을 수 없는 바였다. 거는 기대가 완전히 상실될 때 그런 일이 발생하기 시작하였다.

---

749) 상동, 1932년 2월 8일(월), 294쪽.
750) 상동, 1932년 2월 10일(수), 294쪽.

Ⅳ. 제국을 이기자. 침략전쟁기 조선인 다크투어와 혐오와 협력의 파레시아

1. 침략전쟁기 미주·유럽 투어와 '혐오와 차별'

1) 미주 투어: **차별과 사치라는 이중 잣대**

(1) 친일 민족주의자들의 엉뚱한 내실론(內實論)과 차별극복론

○ 조상탓 하지마라: **입전보국단 박인덕(朴仁德)의 북미**

이 기행문은 박인덕[751]이 1935년에 도미하여 머물다 1937년 9월 귀국한 다음 작성한 것이다. 여행은 침략전쟁 시기 이전이지만 작성 시점이 침략전

---

751) 박인덕(1896.9.24~1980.4.30.) 평안남도 용강군 출신으로 이화학당에 입학하였고, 1916년 이화학당 교사로 근무하였다. 3·1운동 당시 만세시위운동 선동죄로 동료교사 신준려(申俊勵)와 함께 체포되어 서대문형무소에서 4개월간 투옥되었고, 이때 제자였던 유관순이 순국하였다. 석방 후 대한독립애국부인회 등에 참여했으나 12월에 다시 투옥되었고, 출옥 이후 1920년 7월 김운호와 결혼했고, 1921년부터 배화학당 교사로 근무하였다. 1923년에는 조선여자기독교절제회 회장을 맡아 금주·금주운동을 벌였고, 1927년 조지아주의 웨슬리안 대학에 입학해 이듬해 사회학 학사로 졸업했다. 다시 콜럼비아 대학 사범대에 입학했다. 1928년 2월 뉴욕에서 근화회(槿花會)가 설립될 때 김마리아·황에스더 등과 함께 발기인으로 참여했고, 북미유학생총회에서도 활동하였다. 1931년 10월 귀국하였고, 1933년에는 감리교 농촌부녀지도자수양소에서 활동하였고, 1935년 11월부터 1937년 9월까지 미국을 시찰하였다(위키백과).

쟁 시기였고, 이전과 변한 당시의 인식을 잘 보여준다. 박인덕은 자신이 미국에서 경험한 3가지 에피소드를 이렇게 소개한다.

첫 번째는 흑인인 브라운 여사가 흑인 교육의 불모지에서 이룬 교육 사업이었고,[752] 두 번째는 64세나 된 노인 대학생의 모습.[753] 그리고 세 번째는 비튠 여사가 하는 학교였다.[754] 이런 에피소드를 통하여 필자는 '각기 주인공들이 한결같이 환경을 탓하지 않았고, 자립하거나, 주체적으로 교육사업을 전개하고, 혹은 충실하게 아이들을 가르치는 모습'을 소개했다. 특히 미국의 훌륭한 교육은 '희생정신 위에 남에게 기대지 않고 똑바르게 자립과 자치를 이뤄가는 것'이라고 하면서 환경 탓, 조상 탓하지 말고 스스로 힘을 길러서 옳은 길로 갈 필요성을 강조하였다.

이런 필자의 생각을 겉으로만 보면 참으로 올바른 삶의 자세와 교육관을 보여주고 있다. 하지만 이런 필자의 주장을 자신의 행적과 견주면 전혀 다른 의미가 된다. 즉, 필자가 하고 싶은 말은 '이제 조선인들은 일본인이 주도하는 현실 환경을 비판하거나 탓하지 말고, 모든 것은 자신이 할 일이므로 열심

---

752) "브라운 여사를 공부시킨 사람은 백인인 파모 여사다. 브라운 여사는 파모 여사의 지시로 공부하며 성장해서 결혼했다.…(중략)…결혼에 실패한 그는 뜻을 고치고 어머니가 쫓겨난 남방에 가서 흑인 자녀를 교육하겠다고 결심하고 남방에 가서 뜻대로 하고자 했지만, 남의 집을 살아 푼푼이 얻는 돈 이외 나올 곳이 없었고, 일원 한 푼 도와주는 곳 없이 더구나 미국에서 흑인 여자가 학교를 운영하려니 얼마나 힘이 들었던지 여기서 말하지 않아도 알 일이다."(朴仁德, 「米洲 講演記-黑人學校와 偉大한 女人 敎育家」, 『三千里』(10-8), 1938년 8월 1일, 60쪽).

753) 朴仁德, 상동, 『三千里』(10-8), 1938년 8월 1일, 61쪽.

754) "어느 날 이분의 힘으로 한다는 학교에 갔다. 학생은 250명가량이고 역시 보통과, 중등과, 예과로 학교 건물이라든가 모든 설비와 학생들 의복은 남이 쓰다 버린 것을 주어서 쓴다는 것이다. 나는 그것을 보고 들으니 쓸쓸하지 않을 수 없었다. 그래도 비튠 여사는 조금도 낙망하지 않고 학생들에게, 네가 가서 일하는 곳은 항상 깨끗하고 아름답고 유쾌하고 화평하라」는 표어와 함께 노래하는 것과 웃는 것과 노동하는 것을 가르쳐 준다는 것이다."(朴仁德, 상동, 『三千里』(10-8), 1938년 8월 1일, 62쪽).

히 자신이 꿈꾸는 세상을 향해서 노력하라.'는 말이었다. '희생 없이 얻어지지 않으며, 우리가 부족해서 희생할 줄 몰라서, 도전하지 못해서 식민지인이 되었고, 이런 고초를 당하게 되었다.'는 말이다. 필자에게서 식민지 조선이 닥친 모든 문제는 일본제국주의가 만든 조건이나 환경에서 비롯된 것이 아니었다. 오로지 조선인 내면의 문제이며, 더이상 일본인의 침략과 수탈만을 비난하지 말고 스스로 자립 자치하라는 실력양성의 메시지였다.

아나나 다를까 이후 박인덕의 행적을 보면, 1939년 친일 정신운동 조직인 녹기연맹(綠旗聯盟)에 가입했고, 경성기독교여자청년회(YWCA) 부회장을 역임하였으며, 1941년 녹기연맹의 부설기관인 청화여숙(淸和女塾)을 모델 삼아 덕화여숙(德和女塾)을 설립했다. 1941년 임전대책협의회에 가담한 다음 물심양면에서 침략전쟁을 후원하자는 취지로 흥아보국단(興亞報國團)과 통합한 조선임전보국단(朝鮮臨戰報國團)의 발기인으로 활동하는 등 지속적으로 반민족 행위자로서 그 이름을 날렸다. 그러면서 해방 후에는 자신의 격렬한 친일행적을 물타기 하기 위하여 제자 유관순(柳寬順, 1902~1920)을 끌어들였다. 실제로 이 전략이 먹혀 들어가서 유관순의 스승으로 오히려 민족운동가처럼 추앙받기도 했다.

○ 민족차별이 넘치는 미국이 민족자결을 말하다니: 친일파 최린의 미국

1930년대까지도 한편으로 자유평등의 산실인 구미(歐美), 그러면서도 황금만능, 경쟁지상주의 구미에 대한 비판은 공존하였다. 하지만 침략전쟁이 확대되면서 미국과 일본의 관계가 악화되었고, 비판적인 미국관은 국가주의적인 적개심으로 변질되기 시작하였다. 종래까지 비판은 화려하고 웅대한 미국에서 황금만능의 자본주의적인 제관계에 대한 비판이 주된 것이었다면 이제는 동양인끼리 싸움 붙이고, 동양인을 무시하며, 아시아를 착취하고, 지배하에 두려는 제국주의 미국에 대한 적개심으로 변질되고 있었다.

최린(崔麟, 1878~?)은 1941년 9월 4일 서울 부민관(현 서울시의회 건물)에서 개최된 임전대책협의회 연설회에서 '읍소(泣訴)'라는 연설을 통하여 이러한 구미관을 잘 피력하였다.

> 일본과 중국 싸움이 아니고, 거기에는 미묘한 국제성이 잠재하여 제3국이 도리어 동양을 착취 및 지배 세력하에 두려는 야망이 있다는 것을 보아버릴 수가 없습니다. 더욱이 요새 소위 'ABCD포위진'이라 하여 일본을 포위진 속에 걸어 넣으려는 적성국가야말로 동양을 파괴하려는 바, 우리 제국의 진정한 적이라 생각합니다....(중략)...윌슨의 14개조라는 것은 소위 '민족자결주의'인데, 나도 한동안 이 민족자결주의에 속아서 고생을 단단히 한 일이 있었습니다만 영·미가 부르짖는 민족자결주의란 약소국가를 자기들의 지배하 혹은 착취 아래 끌어넣기 위한 상용의 수단입니다.[755]

즉, 작금의 중일전쟁은 일본과 중국간 전쟁이 아니며, 서구의 중국침략에 대한 우리 제국의 대응이라는 것이다. 그러면서 연합군 진영이 주장하는 민족자결주의에 대해서도 서구제국주의 지배 아래서 약소국가를 묶어서 착취하기 위한 수단일 뿐이라고 하였다. 이런 경험은 아마도 3.1운동 당시 민족자결주의를 주장하던 미국이나 선교사들이 오히려 총독부와 결탁하거나 조선 독립에 미온적이었다는 체험과 관련된 것이기도 했다.

또한 민족자결주의는 일본이 서구제국주의 국가로부터 획득한 지역의 분리를 촉진하려는 기만적인 논리라는 입장도 내비쳤다. 필자는 만약 서구가 진정성 있는 민족자결주의를 외친다면, 미국이나 영국과 같은 서구부터 스스로 식민지 지역을 해방시켜야 한다는 했다. 이런 믿음은 그저 선언용이 아니라 깊이 각인된 저항감에서 비롯되었다.

> 미국이 흑인에 대한 대우를 봐도 넉넉히 증명됩니다....(중략)...흑인에만이 아니라 필리핀 민족에 대해서도 '해방'이라든가 '동등'등 아름다운 문구를 사용했으나...(중

---

755) 崔麟(佳山麟), 상동, 『三千里』(13-11), 1941년 11월 1일, 22쪽.

략)…수년 전에 내가 유람차 아메리카에 갔을 때 목격한 바에 따르면, 대하는 모습이 실로 말과는 엄청난 차이를 있으며, 나는 차라리 그 꼴을 보고는 배 타고 바다에서 살면 살았지, 미국이나 필리핀에서는 살 수 없다고 생각했습니다. 영국이 인도에 대하여 그렇고, 기타 식민지 백성에 대해서 마찬가지 태도인 것은 역사가 웅변하고 있습니다.[756]

다만, 식민지는 민족차별이 불가피하다고 여기면서도 조선인들도 그들과 같은 식민지인으로 취급받아서는 안된다는 것이었다. 식민지인은 야만, 저급해야 하는데, 조선은 이미 그런 상태가 아니며, 그간의 '노력'(침략전쟁에 적극 기여한 바)으로 아시아에서 나름 일본과 어깨를 나란히 할 만큼 성장했다는 것이다. 필자에게 '일본과 조선은 하나'라는 내선일체(內鮮一體) 인식은 어쩌면 민족적 동화 이상으로 조선인의 자긍심을 심어주는 수단이 되었다. 현실에서도 자칫 동화(同化)로 범벅될 내선일체 구호가 바야흐로 서구(西歐) 문제가 개입되면서 묘한 조선인의 자긍심을 키우는 수단으로 활용되기도 한 것이다.

(2) 사치하는 나라 미국, 근검하는 나라 일본:『삼천리』편집부의 남방 투어

『삼천리』편집부는 당시 남방 전선에 기자를 파견하여 근황을 전하였다. 그러면서 '미국이란 나라는 사치하고 호화스런 전쟁을 하는 낭비적 족속'이라고 하면서 이를 일본인의 근검 절약하는 문명성과 비교하면 참으로 비도덕적이라고 하였다.

남태평양을 돌아다니면서, 알게 된 것은 미국 군인은 아주 사치하고 향락적인 점이다. 미군이 사는 섬에 올라가서 보고 느낀 것은 미국이란 나라는 사치하고 호화로운 전쟁을 하는 백성들이라는 점이다. 오미야지마(大宮島)는 크지 않은 섬이다. 그래도 저수지가 여섯 개나 있고 상수도도 있다. 통조림과 여러 가지 식료품, 담배, 위스키가 많이 쌓여 있고, 영화, 운동경기 등 오락기관은 물론 이쁜 여자 그림이 산 같이 쌓였다. 설비로 말하면 이 역시 사치하고 호화롭다. 발전기로 전화를 엄청 가설해놓고, 호화로운 병영을 세운

---

756) 崔麟(佳山麟), 상동, 『三千里』(13-11), 1941년 11월 1일, 22쪽.

다음 선풍기와 전기냉장고를 설치해 놓았다. 이런 사치하고 호화로운 것을 먼저 준비하고 그 다음으로 무기와 탄약 같은 것을 준비한다....(중략)...수병들은 이렇게 얼음과 같이 찬물과 크림과 쵸크렛을 먹으면서 전쟁하지만, 전쟁이란 이렇게 사치한 생활이나 호화로운 생활에 달린 것이 아니다.[757)]

이런 비판이 진심인지 혹은 내심 부러움에서 비아냥하는 것인지는 그 다음 이야기에서 잘 드러난다. 즉, 미군은 '이런 사치 때문에 조금만 형편이 어려워지면 그냥 일본군 앞에 손들고 항복한다.'고 했다. 실제 미군이 그렇다는 것이 중요한 것이 아니라 미군이 그래야 한다는 염원과도 같았다. 편집부가 간 만큼 일본군의 위용은 아주 대단한 것으로 각색되어야 하고 적군은 오합지졸로 만들어야 했다는 것은 필연적이었으니, 일본군은 모든 생활이 합리적이고, 생산적이며, 근검절약하고, 도덕적 측면에서도 미군보다 위에 있다는 것을 사실로서 증명해야 했다. 그 누구와도 비할 수 없는 도덕적, 경제적, 공동체적 우위를 보여주고, 그들의 노고를 치열하게 증명할 그야말로 '전장의 다크투어리즘'을 여행기 속에 심어야 하였다.

가는 곳마다 우리 해군 병사들이 만든 농원에 채소가 참으로 푸르다. 후방 동포 여러분께 채소까지 걱정시키지 않겠다고 부대장 이하로 함께 열심이다. 아울러 기선도 항구에 닿을 때마다 기지를 지키는 해군들은 밭에서 흙을 얻어 가려고 한다. 흙을 실어서 농원을 짓자는 뜻이다. 무, 배추는 (잘못하면) 말라 죽지만 가지, 오이, 콩, 호박 같은 채소는 얼마든지 잘된다고 한다. 생선도 그렇다. 후방에서 얼음에 채운 생선을 보내지 않더라도 생선회, 사시미를 얼마든지 먹을 수 있으므로 병사들은 맹렬한 싸움을 하다가, 잠깐 쉬는 틈을 타서 고기잡는데 정신이 없다. 될 수 있으면 후방에서 바쁜 동포들에게 걱정을 덜 끼치자는 마음이다.[758)]

---

757) 삼천리 편집부, 「戰線喜悲揷話集 米英兵의 醜態등, 皇軍의 爀爀한 戰果와 숨은 武勳談」, 『대동아』(14-5), 1942년 7월 1일, 82쪽.
758) 삼천리 편집부, 상동, 『대동아』(14-5), 1942년 7월 1일, 83쪽.

필진들이 전하는 이야기를 보면, 일본군은 대단하게도 전투를 하다가도 후방에 염려를 주지 않으려고, 식량을 자급자족하고자 열심히 수렵 및 어로에 나서기도 한다는 것이었다. '야마토(大和) 무사의 풍류'로 일컬을 만큼 병사 주변에는 야자나 파파야 나무, 화초나 묘목을 심고, 화단을 만든다고 했으며, 이런 자급자족 체제가 있는 한, 대동아전쟁은 '100년 계속된다고 해도 이길 것이고, 무엇이나 뚫고 나갈 굳센 힘이 생길 뿐'이라고 추켜 세웠다. 이제 필자들의 미사여구 속에서 황군은 마치 전장에 핀 자유와 희망의 꽃과 같은 존재가 된 것이다.

2) 유럽 투어와 '동원': 그래서 못 사는 거야

(1) 그러니 식민지가 되어야 하는 거야:
국민총력연맹 문화위원 정인섭의 유럽

○ 가난한 아일랜드는 식민지로 남는 것이 낫다.

① 독립해도 가난을 면치 못해

이 글은 정인섭[759]이 중일전쟁 발발 직후인 1937년 9월경 영국과 아일랜드 등을 방문하고 돌아와서 『삼천리 문학』에 기고한 기행문이다. 그해 9월 7일 저녁 8시 35분 필자는 런던 유스튼 역을 떠나서 아일랜드의 킹스타운 항구로 여행하였다. 첫인상은 한산하고, 가난해 보이는 섬나라였다.

---

759) 정인섭은 1905년 경남 울주에서 출생했다. 1922년 색동회 발기인으로,. 1926년 와세다대학(早稻田大學) 영문과에 재학 중에 해외문학연구회를 조직했다. 1930년 1월 창간된 동인지『해외문학』에 화장산인(花藏山人)이라는 필명으로 각종 글을 발표하였고, 1939~1942년에 조선문인협회에서 활동하였고, 여기서 전선에 위문문 위문대 보내기, 지원병훈련소 1일 입소, 각종 강연회에서의 강연, 신궁·신사 근로봉사, 내선작가 간담회 등에 관여하였다. 국민총력조선연맹 문화부 문화위원과 영화기획심의회 심의의원으로 일본의 침략전쟁에 협력하였다(한국민족문화대백과사전).

<그림 67> 정인섭 (출처:
한국민족문화대백과사전)

눈에 비치는 아일랜드 풍토는 내게 이상한 감격을 준다.
어쩐지 영국령 북아일랜드[英蘭]와 그 인상이 퍽 다르다.
첫째 산야가 한산하다. 더구나 집과 집 사이 돌로 쌓은 담이
많은데 그다지 높지는 않으나 살림살이가 서로 떨어져 있
는 감이 있고 대개 무너진 그대로 손을 대지 않은 것을 보아
궁핍한 인상을 주고 한편으로 그들이 지내온 세월을 추억
하게 한다.[760]

문학가인 필자가 아일랜드의 아름다움을 생각
하기 전에 이미 한산하고, 가난한 아일랜드라는 선입견을 가지고 '지난 세월
의 궁핍'을 추억하고 있다. 수도 더블린의 첫인상도 "아직도 사람들의 왕래
가 많지 않고, 모든 것이 고색창연해 보인다."고 할 정도로 낡고 외로운 모습
으로 표현했다. 전찻길 건너편 레스토랑에 들어가도 "차려 주는 음식이 그리
깨끗하지는 않으나 양이 많다. 영국 사람들의 음식보다 구수한 맛이 있다."
라고 하여 풍요한 영국과 대비하여 가난한 아일랜드를 설명하려는 의지가
뚜렷해보였다. 여관에 가서도 "방에 들어가 보니 음침하고 추하다."[761]고 하
여 아일랜드에 대한 인상은 가난과 음침, 질박, 남루 등의 단어를 연상케 하
였다. 아일랜드는 영란인(영국령 북아일랜드인)보다 질박하고, 남루를 입는
신사·숙녀가 많으며, 많은 불구자들도 거리에 자주 출몰하는 등 자유국이 되
고 독립국이 되어도 여전히 낙후와 가난을 면치 못하는 나라라는 생각이다.
이런 생각은 윤치호의 생각과도 일치하였다.

명목상의 독립이 조선인들의 진정한 복지에 얼마나 도움이 되겠나. 그래서 난 조선인
입장에서는 모든 게 불확실한 상황에서 한낱 이름뿐인 독립을 얻는 것보다 자치를 하며
현재의 지위를 유지하는 게 최대 이익을 도모하는 길이라고 확신한다.[762]

---

760) 鄭寅燮, 「愛蘭文壇訪問記」, 『三千里文學』(1), 1938년 1월 1일, 157쪽.
761) 鄭寅燮, 상동, 『三千里文學』(1), 1938년 1월 1일, 144쪽.

이처럼 필자의 아일랜드 여행은 영국의 식민지로 있는 것이 가난 극복을 위해선 훨씬 나을 것이라는 이른바 '가난한 아일랜드 이야기'가 깊이 침윤되어 있었다.

Yeats photographed in 1903 by Alice Boughton

<그림 68> 예이츠

필자는 더블린에서 아일랜드 민족 시인인 윌리엄 버틀러 예이츠(William Butler Yeats, 1865.6.13.~1939.1.28) 집을 방문하였다. 예이츠는 시인, 극작가, 산문 작가였고, 필자가 방문할 당시는 아일랜드 상원의원을 끝내고 말년을 침상에서 지키던 때였다. 그는 아일랜드 샌디 마운트에서 태어났고, 런던에서 교육을 받았으며, 1923년에는 노벨 문학상을 수상했다. 당시 필자가 왜 예이츠를 방문했는지는 다음의 회고에서 잘 드러난다.

아일랜드 문학이란 것은 영어로 쓴 아일랜드 정취의 문학을 의미하는데 이 밖에 이 것과는 대립되는 아일랜드 어문학이 있다. 예이츠 일파는 전자에 속하고 하이드 박사 일파는 후자에 속한다. 그런데 세상에는 전자가 영어로 창작해서 널리 알려지고 후자는 아일랜드어라는 특수용어 때문에 보통 알려지지 않았다. 그리고 아일랜드에서도 순수 아일랜드인이, 공화당(리퍼브리컨) 사람들, 즉 정치 색채를 띤 사람들은 대개 후자 즉 하 이드 박사 일파의 아일랜드어 문학을 지지하고 (거기서 보통 아일랜드문학이라면 이것 을 말한다) 후자 즉 예이츠 일파의 소위 '아이리쉬 르네상스'에는 반대한다.[763]

아일랜드 문학을 개관하면, 영어 기반의 애란(愛蘭)의 민족적 정취를 읊는 영어파(예이츠)와 순수 아일랜드어를 통한 독립지향적인 성향의 공화주의 계열인 아일랜드어파(하이드 박사) 계열로 구분되며, 필자 입장에선 정치 성

762) 『윤치호일기』, 1919년 9월 16일, 136쪽.
763) 鄭寅燮, 상동, 『三千里文學』(2), 1938년 4월 1일, 130~131쪽.

향이 강하고 현실참여적인 문학보다는 아일랜드의 민족적 정취를 표현하는 예이츠류의 문학에 더 큰 관심이 있기에 그를 방문했다는 것이다.

당시 '민족적 정취'라는 표현은 일본이 주도하는 대동아공영권 수립 공작에 필요한 아시아 민족주의의 일환으로 우리도 서구만큼 민족적 연원과 정취가 있다는 것을 적극 표현할 때 사용하던 수사였다. 그런 의미에서 이런 사고는 친일네셔널리즘의 한 형태라고 할 수 있었다.

② 윌리엄 버틀러 예이츠와의 만남에서 배운 것은

영국의 식민지 지배에 대한 저항보다는 민족적인 자부심을 우선하려는 자세는 역시 당시 조선에서 정치성이 배제되고 순수 문학을 표방하는 청록파 시인들의 등장과 같은 맥락에서 이해할 수 있다. 식민지 압제라는 외적 환경에 관심을 멀리하는 대신 우리 내면의 광영과 자부심을 양산하고, 이를 통해서 현실이 주는 고난과 고통을 나름 해소하려는 의지의 산물이었다. 이런 면에서 목가적이고, 전원적인 예이츠의 삶은 더한층 정인섭에게 감동을 주었다.

> 그(예이츠)는 한칸 토옥을 그리워하고 한 뙈기 땅을 갈고 거기에 입에 풀칠할 얼마간의 곡식을 손수 지으며. 밤의 별, 낮의 태양, 저녁에 집 찾는 새의 나래소리⋯⋯(중략)⋯ 이 시는 그가 일찍이 런던이란 근대적 도시의 잡다한 이력[雜踏]와 공리적 생활에서 피로와 권태를 느꼈을 때 '마음이 바라는[心願]의 나라'를 동경하는 청빈의 큰 기쁨[法悅]과 한적한 평화를 읊은 것이다.[764]

마침내 필자는 2층 침상에 누워있는 예이츠를 만났다. 예이츠는 '조선인으로는 처음'이라고 하고, 불쑥 "당신 정치가냐?"고 묻는다. 그러자 필자는 순전히 예술가라고 대답했다. 예이츠는 "내가 정치에 관심하면 할수록 나의 목적하는 바는 도리어 힘이 약해집디다."라고 하였다. 그만큼 예이츠는 문학가

---

764) 鄭寅燮, 상동, 『三千里文學』(2), 1938년 4월 1일, 127~128쪽.

Source: Sam Boal via RollingNews.ie

<그림 69> 아베극장

예술가들의 정치참여가 무의미하고 어렵다는 말을 하고픈 것이었다. 당시 조선에서 비정치성을 띤 순수문학을 강조하는 경향에 중요한 영향을 준 것도 바로 이러한 예이츠류의 순수 민족문학이었다. 그래서 필자는 그 먼 아일랜드까지 갔고, 만년의 예이츠를 만나면서 순수문학의 소중함에 대해 경청하였던 것이다.

필자는 예이츠가 '당신은 정치가냐?'라고 질문한 의도도 하이드 박사가 하는 참여문학을 지지하느냐 여부를 묻는 것이었다.

당신은 정치인이냐?라고 질문하고 대답한 속뜻은 곧 이러한 복잡한 심정과 사유를 연상하고 하는 말이다. 더구나 하이드 박사 그룹은 예츠씨 그룹이 순수 아이리쉬가 아닐 뿐 아니라 아일랜드어를 이해하지 못하니 어찌 진정한 아일랜드를 알 수 있느냐고 비난한다. 물론 예츠 그룹 중에는 그레고리 부인, 제임스 스탄판 등 어느 정도 겔릭을 이해하는 분도 있지만 그들의 본격적 창작용어는 영어이다. 더구나 예이츠 자신은 겔릭을 전혀 모른다. 그래서 나는 내가 원래 질문하려고 하던 난문을 비로소 내걸기로 했다.[765]

필자와 예이츠간 대화는 당시 조선문단에서 예이츠에 대한 기대감이 얼마나 컸는지 보여준다. 그리고 침략전쟁이라는 그 엄중한 상황에서도 왜 그렇게 조선문단에서 순수문학, 정취문학, 정서문학이 정당화되는지도 보여준다. 예이츠에 대한 열광은 실제로 큰 영향을 남겼다. 이후 조선 문단의 지도자들은 탈(脫)정치적이고 반(反)사회주의적인 순수문학을 가장 민족적인 문

---

765) 鄭寅燮, 상동,『三千里文學』(2), 1938년 4월 1일, 131쪽.

학으로 위장할 수 있었다. 순수문학은 곧 예이츠처럼 사회주의적인 참여문학의 한계를 넘어 인류보편의 감정으로 위장될 근거를 확보할 수 있었던 것이다. 탈정치적인 순수문학, 민족정서문학의 대부 예이츠 앞에서 필자는 "선생께서 좋은 문학을 창조해서 먼 곳에 있는 우리도 많은 영감을 얻게 된 것에 무한히 감사"한다고 극력 감사인사를 한 이유도 바로 거기에 있었다.

하지만 노련한 예이츠는 그러한 감사에도 불구하고 아무런 반응도 하지 않았다. 어쩌면 자신이 하는 순수문학이 가지는 한계를 자기 자신이 너무나 잘 알고 있었기 때문일 것이다. 그래선지 필자는 그 자체로 머쓱해 하였다.

> 물끄러미 내 얼굴을 쳐다보고는 아무 대답이 없다. 아마 세속적으로 비행기 태우는 셈으로 들었는지 또는 그런 찬사가 그의 지위에서 이제 새삼스럽게 들리지도 않는 것인지 몰라도 그의 표정을 보아 내 말에 별다른 반응을 보이지 않았다. 그래서 나는 조금 미안한 생각이 들었다.[766]

어쩌면 상당히 중요한 질문이었다. 왜 예이츠 당신은 아일랜드인인데 영어로 문학을 합니까? 라는 질문이었다. 이에 예이츠는 "영어밖에 모르니 그것으로 쓰는 것이죠."라고 하였고, 비록 요즘 아일랜드어로 문학하는 사람이 늘었지만 "그렇다고 영어를 배척할 필요는 없겠죠? 영어를 통해서도 효과를 낼 수가 있으니까요. 오히려 세상에 더 널리 알려질 수 있습니다."라고 하였다.

일본어 문학, 예술을 선도적으로 받아들이고 있는 조선 문학계의 '일본문화 껴입기'라는 노력에 힘을 보탤 수 있는 예이츠의 발언이었다. 일본의 침략 아래서도 일본을 더욱 열심히 이해하고 배워서 우리 민족의 보편적 가치를 널리 세상에 알리자는 당시 친일민족주의자들의 이해와 예이츠의 충고는 너무나 잘 맞았던 것이다. 이런 공감은 필자에게 큰 위로가 되었고, 성취감을 주었다.

---

766) 鄭寅燮, 상동, 『三千里文學』(2), 1938년 4월 1일, 131쪽.

나는 기쁜 마음을 금하지 못하였다. 왜 그런가 하니 어려운 여로에 이다지 먼 곳으로 그리고 그들을 만나게 되고 좋은 의견교환과 소중한 글까지 얻게 되었으니 나는 모든 것이 다행으로 생각된다. 내 반평생, 허다한 작별을 경험하였다. 그러나 이다지 성스런 감격의 작별은 다시 없으리라.[767)

이어서 예이츠가 관리하는 아베 극장을 실질적으로 운영하는 로빈슨이라는 향토문학가를 만났다. 이 사람에게도 아일랜드어 위주의 문학에 대해서 물었다. 그러자 로빈슨은 "현재 대부분이 영어로 쓰죠, 독자나 관중. 대다수가 영어를 더 잘 아니까....(중략)...사이 겔릭으로 시작하는 경향도 일부 있지만 아직 큰 것을 이루지 못했어요."[768)라고 하였다. 이에 필자는 그들로선 영어 활용은 중지하기 어렵고, 이는 조선인에게 일본어가 무엇인가라는 점에서 나름 시사점을 준다고 여긴 듯하다.

③ 목가적인 아일랜드 농촌 감상

1938년은 조선에서 당시 『문장』을 통해 조지훈, 박목월 등 훗날 청록파 시인으로 알려진 자연주의 시인들이 등장하던 시기였다. 이들은 자연을 제재로 하고 자연의 본성을 통하여 인간적 염원과 가치를 성취시키려는 시(詩) 창조의 태도는 공통되고 있다. 침략전쟁이 개시되었음에도 조선에선 순수한 자연과 따뜻한 인정이 넘치는 농촌 전원 풍경을 가슴에 담는 문학가들이 증가하였다.

참혹한 전쟁과 인간성 멸종의 상황에서 혹은 서슬 퍼런 계급투쟁을 지향하는 항쟁의 문학에서 벗어나서 따뜻한 전원으로 나가려는 것은 어쩌면 전쟁과 굶주림에 지친 조선인들이 아픈 현실을 잊고자 하는 또 다른 탈출로이기도 했다. 정인섭의 아일랜드 농촌 감상도 마치 그러한 목가적이고 전원적

---

767) 鄭寅燮, 상동, 『三千里文學』(2), 1938년 4월 1일, 134~135쪽.
768) 鄭寅燮, 상동, 『三千里文學』(2), 1938년 4월 1일, 142쪽.

인 청록파적인 감상과 궤를 같이 하였다.

> 낮은 돌담이 조선과는 달라서 돌의 이를 깎은 듯이 맞추어서 견고하게 되어있다. 양(羊)은 흰 솜뭉치가 푸른 담요 위에 꿈틀거리고 있는 듯하다. 그중에는 소도 있고 말도 섞여 있다. 하얀 갈매기란 놈들이 그사이에 날라와 앉았는데 퍽 다정한 동무같아 보이기도 한다. 간혹 맑은 시냇물이 흐르고 거기 물 마시는 가축들도 있다. 그들은 밤이라고 해서 집으로 몰고 들어오는 법도 없고 도둑맞을 일도 없는 모양이다. 산골짜기에는 바위가 있고 수목이 우거지며, 푸른 계곡도 있다. 간간이 보인 촌락은 자연의 정취를 돕는다....(중략)...마침 보리와 밀이 익어서 수확하는 남녀 농부들이 허리를 굽혀서 낫으로 베고, 새끼로 단을 매고 흐른 이삭을 줍고 있다가 기차가 지나가니 고달픈 허리를 펴서 손을 흔들며 미소를 던지는 사람도 있다. 나는 반가이 차창 밖으로 손을 흔들며 답을 해준다. 언제 다시 만날지 모르는 사람들이건만 나의 여추(旅愁)에 위안이 되는 것 같다.[769]

하지만 그러한 목가적 감상에 머무는 순수함 뒤에는 참혹한 강제동원(動員)의 현실이 기다리고 있었다. 이들의 문학은 그러한 수탈과 동원의 현실을 외면하는데 오히려 기여하는 또 다른 친일문학이기도 했다. 그러니 더블린에서 예이츠 이외는 낙후되고 갑갑한 인상을 떨칠 수 없었다.

> 근처에 있는 레스토랑에 들어가서 점심을 먹었다. 내부 장식은 그리 화려하지 않으나 퍽 고아한 취미로 꾸며있는데 아일랜드[愛蘭] 사람의 생활양식인지 어떤지 우울하고 갑갑한 느낌이다. 점심 먹는 동안에 거기 온 손님이나 여급의 동작과 언어 등을 주의깊게 보았다. 런던 등지의 레스토랑과는 확실히 다른 그 무엇이 느껴진다.[770]

한편, 북아일랜드 벨파스트에서 박물관, 식물원, 공원 및 영화 등을 본 필자

---

769) 鄭寅燮, 「愛蘭紀行, 太西洋 건너 故鄕으로」, 『三千里』(10-10), 1938년 10월 1일, 64쪽.

770) 鄭寅燮, 「愛蘭文壇訪問記」, 『삼천리문학』(2), 1938년 4월 1일, 139쪽.

는 9월 9일 스코틀랜드의 글래스고로 출발하였다. 거기서 북아일랜드에 사는 켈틱 청년을 만났다. 그 청년은 아일랜드의 현상에 대해 이렇게 설명했다.

> 그는 남방 정부를 극히 미워한다. 그는 현상 유지자로서 영국 통치하에 있는 북방 정권이 더 부유하게 되고 행복스럽게 된다고 하며 남방의 가톨릭을 비난하는 동시에 남방 사람들이 국경 치안을 가끔 혼란하게 만들어 유혈 사태를 일으키는 일을 아주 비꼬아서 말하였다.[771]

마치 조선인 중 자치론을 주장하는 인사들의 생각과 유사하였다. 이 켈틱 청년은 가난한 독립된 아일랜드보다 영국의 지배 아래서 좀 더 부유한 것이 훨씬 낫다는 생각을 가졌던 것이다. 마치 윤치호가 아일랜드 사례를 들어 일본이 조선에 주는 부유함과 같은 것이라고 한 말과 같은 맥락이다.

> 책(『아일랜드의 역사』; 역자 원주)을 읽었다. 교활한 법령 및 행정명령에 의해 아일랜드는 외국과의 직접적인 접촉이 단절되었다. 아일랜드 상업의 97%가 영국과 이뤄진다. 이와 같은 시스템으로 아일랜드인들은 오로지 영국인들에게서 상품을 구입하지 않으면 안된다. 자! 이 구절에서 고유명사를 바꿔봐라, 그러면 일본인들이 훌륭한 학생들이라는 걸 알게 된다.[772]

필자가 여행 중 굳이 예이츠만 만나고, 북아일랜드 켈틱 청년만 만난 이유가 바로 이것이었다. 그 많은 만남 중에서도 유독 이들 생각이 뇌리를 채우는 것이었고, 이를 자세히 기록한 것은 조선의 현실 속에서 자신들이 추구하는 가치가 그들 예이츠류의 세계관과 매우 닮았다고 여겼기 때문이다.

순수로 위장된 현실 외면이든, 민족으로 위장된 침략의식이든, 적어도 목

---

771) 鄭寅燮,「愛蘭紀行, 太西洋 건너 故鄕으로」,『三千里』(10-10), 1938년 10월 1일, 71쪽.
772) 윤치호,『윤치호 일기』, 1920년 1월 18일 일요일, 푸른역사, 163쪽.

가적인 세계에 대한 동경은 분명히 지식인의 철저한 현실도피의 산물임을 알았음에도 예이츠 등의 그런 회피에서 역으로 위로 받고 있었다. 이어진 닭싸움 이야기에서도 그런 생각의 일단을 볼 수 있다.

조선 시골서도 닭싸움을 많이 부치는데 이 지방에서도 내기를 하고 돈까지 걸어서 싸움을 붙인다고 하며 이긴 닭은 값이 자꾸 올라간다는 것이다. 나도 어렸을 때 고향서 닭싸움 부치는 데 따라다니면서 시간 가는 줄 모르고 구경을 했다. 털이 물려 뜯기도록 물고 차고 벼슬에서 피가 흐르지만 좀처럼 항복하지 않는 닭들을 보고 상쾌하기도 하지만 애련한 느낌도 있었다.[773]

필자가 굳이 닭싸움을 말하는 것은 조선의 독립운동이 무척 닭싸움 같아 보였다는 말이다. 그동안 그렇게 많이 일본을 물어뜯고, 차고 했지만 좀처럼 항복하지 않고 피를 흘리고 계속 산화해간 수많은 독립운동가의 모습을 떠올렸던것 같다. 그럼에도 닭싸움은 닭싸움으로 끝나고 마는 것에 대한 회한도 피력하고 있다. 복잡하지만 그들만의 안식이 필요했고, 예이츠는 자신이 걷고 있는 왜곡을 위로하는 큰 촉매제였다.

○ 파리 개선문에서 전쟁터로 가는 대동아의 조선인을 보다.

① 개선문에서 본 것은 전쟁터로 나가는 조선인 청년인가?

필자는 프랑스 여행에서는 유독 개선문과 나폴레옹 무덤이 있는 앙바리드 사원 등을 집중 소개하였다. 말로는 '프랑스의 광영을 보이려'라고 했지만,[774] 두 군데 모두 나폴레옹과 관련된 곳이었다. 우선, 개선문에 대해선

---

773) 鄭寅燮,「愛蘭紀行, 太西洋 건너 故鄕으로」,『三千里』(10-10), 1938년 10월 1일, 71쪽.
774) 凱旋門은『나폴레옹』의 승리를 상징하는 동시에 佛蘭西의 광영을 말하고,『안바리드』의 寺院은『나폴레옹』의 최후를 의미하는 동시에 佛蘭西의 비애를 뜻하는 것이다. 그의 무덤을 찾는 者 먼저 세계제일의 凱旋門을 찾지 않을 수 없는 것이

'1810년과 1919년 전승 당시 전쟁에서 산화한 위대한 병사를 위령한다는 위령의 의미와 휴머니즘의 대문호 빅토르 위고의 시신이 있는 곳'이라는 의미를 강조하였다.

> (개선문은) 1810년 승리의 상징, 큰 무공을 세운 장병 및 전승지 이름 등을 써 놓았고, 또 장병들의 영령도 모셔놓았다. 더구나 1919년의 전승(제1차 세계대전 ; 저자)을 위해서 여러 가지 써 놓았는데 1885년에는 문호 빅토르 유고를 기념하려고 판테온에 개축할 때까지 얼마 동안 여기 (그의 시신을) 안치해서 시민의 경의를 받게 하였다.[775]

왜 하필 나폴레옹인가. 필자는 당시 조선문인협회 회원으로 조선인들에게 이번 '침략전쟁에서 필요한 희생을 감수하더라도 대동아(大東亞)에서 조선 민족의 정의로운 위상을 더 높여야 한다.'고 생각한 듯하다. 지금 치르는 일본의 성전도 자유와 평화를 세계에 전하는 보편적 가치에 기반한 것임을 보여야 하고, 나아가 저기 나폴레옹이 프랑스 국민을 단결시켜서 위대한 국민군대를 형성하고 유럽의 수구 세력들을 격파한 것처럼, 우리 조선인도 영광스러운 대일본의 국민군대로서 서구 제국주의를 격파하는 일원이 되어야 했다. 실제로 빅토르 위고의 무덤 이야기를 한 것도 『레미제라블』에서 부패한 제국주의 프랑스 제정(帝政)을 비판하였듯이 위고의 반서구 모티브를 예의 활용하려는 의도로 보인다.

> 요사이 구주(歐洲)동란을 모티브로 한 영화인 『뉴스』에는, 개선문 주위로 또는 샹제리제 거리를 행진하는 군대가 나온다. 아마 그들의 무용(武勇)을 고취하는데 족한 장소이다. 그곳을 지나갈 때 그들은 나폴레옹일 수도 있고 명예로운 병사일 수도 있다....(중

다."(鄭寅燮, 「巴里『奈巴倫墓』參拜記, 凱旋門을 지나 偉人의 무덤을 찾다」, 『三千里』(12-9), 1940년 10월 1일, 89쪽).

775) 鄭寅燮, 「巴里『奈巴倫墓』參拜記, 凱旋門을 지나 偉人의 무덤을 찾다」, 『三千里』(12-9), 1940년 10월 1일, 90쪽.

략)...이런 역사를 가진 개선문은 그 위관과 마찬가지로 대영웅 나폴레옹이 천하를 지
배하려던 옛꿈을 꾸듯, 나는 감격에 겨운 마음으로 콩코드 광장을 지날 때마다 멀리 쳐
다보았다.[776]

개선문에서 필자가 본 것은 프랑스 병사가 아니라, 전쟁터로 나가는 조선
인 지원병이었을 지도 모른다. 또한 '우리도 당당하게 개선문을 지나 대동아
의 일원으로 당당히 일본민족과 어깨를 나란히 하는 조선 민족이 되자.'는 굳
은 각오를 되새겼을지도 모른다. 이른바 '나폴레옹의 친일적 활용'이 조선인
의 장래를 위해 얼마나 긴요했는지를 보여주는 것이기도 했다.

② 나폴레옹의 무덤에 선 히틀러
이어서 필자는 나폴레옹 무덤을 방문했고, 히틀러가 참배한 이야기를 들
었다.

파리를 찾는 자는 대개 이곳을 찾는데 이번 히틀러가 참배했을 때 지하의 대영웅(나
폴레옹)은 어떻게 생각했을까. 그리고 오늘날의 지상 영웅 히틀러는 어떠한 표정으로
대했을까. 아무리 승리를 위해서 싸우던 히틀러도 망령에 대해서는 경건한 마음으로 대
했을 것이다.[777]

필자가 보기에 히틀러의 참배는 유럽정복의 선배에 대한 경의를 넘어서
나폴레옹이 자유주의 신념을 전 유럽에 펼친 것처럼 히틀러도 나치즘의 이
상을 전 유럽에 펼치겠다는 다짐과도 같은 것으로 파악하고 있다. 그러면서
필자는 위대한 파리 문화를 지키려는 파리인의 결단과 파리 문화에 경건한
독일군의 모습을 함께 찬미하였다. 침략과 저항이라는 투쟁성이 아니라 관
용과 공존이라는 언술로 나폴레옹에 비견될 만한 위대한 히틀러를 부조하려

---

776) 鄭寅燮, 상동, 『三千里』(12-9), 1940년 10월 1일, 90~91쪽.
777) 鄭寅燮, 상동, 『三千里』(12-9), 1940년 10월 1일, 92쪽.

는 것이었다.

> 파리의 거리의 여인들이 독일군대를 보고 미소를 띠며 서투른 독일어를 속삭인다
> 는 오늘날. 그래도 독·불 사이는 장래 또 쓰라린 전란이 반복될 것인가. 누가 이것을 예
> 측할 수 있으랴! 그러나 하나 특별히 기억할 것은 파리인들이 그들의 문화시설을 사랑
> 하는 의미로 파리를 전란의 환란에 들지 않게 하여 깨끗이 무저항으로 퇴각한 것이요.
> 또한 독일도 조금도 파리의 문화를 파괴하지 아니하고 보존한 점이다. 이리하여 개선
> 문은 여전히 그대로, 나폴레옹의 무덤도 여전히 그대로 보존될 수 있었다.[778]

즉, 현재 프랑스를 지배하는 것은 독일이지만 파리는 다치지 않았고, 파리
인들은 독일과 직접 전투하지 않음으로써 파리의 전통을 지킬 수 있었다는
논지이다.[779] 성숙한 노력으로 프랑스 문명을 그대로 보존할 수 있었으며,
파리사람만큼 나치들도 그런 관용과 이해의 대열에 동참했던 기억을 적시하
려는 것이었다. 다시 말해 '성숙한 두 문화의 협력'을 말하고 싶었다. 하지만
필자는 이것을 놓친 듯하다. 독일이 가해자이고, 프랑스가 피해자라는 사실.
수탈과 억압자와 피해자를 구분하지 않는 태도는 마치 일본은 억압자, 조선
인은 피억압자라는 사실도 회피하고 싶은 욕망의 반영일지도 모른다.

흥미로운 것은 그럼에도 프랑스 문화의 영속성을 추호도 의심하지 않는다
는 점이다. 아무리 독일에 의해서 프랑스가 패배하고 지배당하고 있다고 하
더라도 프랑스의 문화는 파괴되지 않을 것이고, 개선문도 나폴레옹 무덤도

---

778) 鄭寅燮, 상동, 『三千里』(12-9), 1940년 10월 1일, 93쪽.

779) 하신애에 따르면 나치스 군대에 의해 정복된 파리를 바라보는 정인섭의 관점은
제국 일본의 동맹국인 독일의 "만족스런 미소"가 아니라 "예술과 유행이 한가지
로 세계를 풍미했던" 불란서 파리의 면모에 초점이 맞추어져 있다. 이는 이후 "독
불 사이의 전란"에 대한 사유로부터 한 걸음 더 나아가 전 인류의 "역사의 변천과
무상함"에 대한 세계주의적 사유로 확대된다.라고 하였다.(하신애,「제국의 국민, 유
럽의 난민- 식민지 말기 해외 지식인들의 귀환 담론과 아시아/세계 인식의 불화-」,
『한국현대문학연구』(58), 109쪽). 하지만 정인섭의 독일 중심의 인식이 극복된
것은 결코 아니었다는 것도 자명하다.

여전할 것이라고 하였다. 비록 조선이 일본의 지배를 받고 있어도 조선의 문화가 있는 한 조선은 조선으로서 계속 존재할 수 있다는 다짐이었다.

따라서 이 지점에서 묘하게 친일 조선인들에게도 '나름의 민족주의'가 있었던 사실을 보여준다. 그것은 정치적 독립이 여의치 않은 상황이라도 우리의 고유한 전통과 자부심만이라도 유지한다면 조선은 완전히 일본이 될 수 없다는 믿음이었다. 이 지점에서 조선인 지식인의 친일적이지만 '민족주의적 수사'를 사용하고 있는 본질을 확인할 수 있다. 백은 죽었으나 혼이 있으면 언제고 다시 부활할 수 있다는 믿음의 편린이 친일파의 뇌리에서도 잔존하고 있다는 부정할 수 없는 증거였다.

(2) 삼국동맹의 힘을 깨닫는다:
만주국 방공친선 사절 진학문의 이탈리아·독일 시찰기

① 이탈리아 전체주의의 힘

진학문이 만주국 방공친선사절의 일원으로 로마를 방문했을 때 가장 인상적이었던 것은 로마시민의 열광적인 환호성이 누군가의 '쉬'하는 소리에 일시 쥐죽은 듯 고요해졌다는 것이다.[780] 필자는 이런 모습을 보면서 얼마나 이탈리아 국민이 '단체적 혹은 사회적 훈련이 잘 되었는지' 감동하였다. 그러면서 우리 국민들도 '앞으로 그들에게 지지 않을 만한 질서와 규율과 공동생활의 훈련을 철저히 하는 국민이 되어야겠다는 교훈'[781]을 얻었다고 했다.

필자는 개인이 아닌 전체의 힘, 공동체의 힘이 제대로 구현되고 일사불란

---

780)"그날 밤『호텔』앞에는 수만 명 시민군중이 『만세!』를 부르며 좀처럼 헤어지지 않었다…(중략)…누구의 입에서인지 『쉬!』하고 소리가 떠러지자 조고만 나팔소리 같은 것이 나더니 그 많은 군중이 일시에 기침 소리 하나 들리지 않게 고요해지는데 참으로 놀라지 아니할 수 없었다."(秦學文,「羅馬, 伯林市民의 歡迎, 滿洲國防共親善使節로서」,『三千里』(11-4), 1939년 4월 1일, 52쪽).

781) 秦學文, 상동,『三千里』(11-4), 1939년 4월 1일, 52쪽.

한 국가적인 명령체계가 확립되는 것이야말로 진정 국가 발전이고, 국운의 성장이라 여겼다. 필자는 서양인들이 겉으로는 오만하고 자존심이 강한듯해도 사무를 볼 때면 공복(公僕)다운 자세가 투철한 반면, 동양인들은 자기 지위와 권위 보존에만 마음 쓰면서 불친절하다고 자성하였다. '선공후사(先公後私)'하는 자세가 무엇보다 우리에게 필요하다는 것이다. 이처럼 당시 필자는 그동안 보편 가치라고 믿던 서구의 자유와 평등 그리고 민주주의에 대한 이해보다 멸사봉공(滅私奉公)하는 도덕적 윤리나 공동체 우선의 전체주의에 큰 호감을 가졌던 모습을 잘 보여준다.

> 이태리에 유명한 파시스트당의 근본방침이 무엇인가? 하고 물으면 그들은 '각자가 협력에 의해서 국가에 봉사하는 것'이라고 대답한다. 각 계급 각 층의 국민이 모두 그 처지와 그 분수에 당연히 협력하여 국가에 봉사한다는 뜻이다.[782]

필자는 정치적 의사결정도 당내 협의보다는 당수인 뭇솔리니의 결단에 의존하는 모습에 주목하면서, 수령인 뭇솔리니 수상은 무슨 문제든지 결정할 때까지 철저하고 치밀하게 심사숙고한 다음에야 결단을 내린다고 하였다. 한번 결단을 내린 다음에는 "철석같은 의지와 열화와 같은 정열로서 좌우를 돌보지 않고 매진"한다고도 했다. 그런 과정으로 그의 위대한 정치적 역량이 발휘되고 있다는 것이다.

필자는 지도자에게 심사숙고와 과단성 있는 의사결정, 그리고 강력한 실천이 진정한 정치적 역량이라고 보는 듯하다. 이는 종래 서구의 자유와 민주적 의사결정에 관심을 보이던 시절과 크게 달라진 이해방식을 보여준다. 아마도 조선내에서 점차 국가주의가 강화되면서 서구를 경험한 그들에게 자유보다는 일본이 추구하는 권위주의 체제에 부합하는 모습이 더 절실했던 상황을 말하는 것이기도 하다.

---

782) 秦學文, 상동,『三千里』(11-4), 1939년 4월 1일, 53쪽.

이탈리아에서 파시스트당의 일사불란한 명령체계에 크게 감동한 필자는 독일에서는 오히려 독일 정치가들이 '자유주의와 공산주의'라는 계급투쟁을 강조하지 않고 오히려 국가사회주의 입장에서 계급협조를 강조하는 점에 감동하였다.

> '노동자를 인간으로 보라!'라는 말은 국가가 기업가들에게 하는 말이오. '노동자는 기업에게 복종하라'는 국가가 노동자에게 요구하는 말이다. 이같이 국가가 권력을 가지고 협조의 정신을 조직화하고 구체화하여 전 국민의 생활을 운영하는 것에서 독일국가사회의 진면목이 있다.[783]

필자는 독일에서의 '계급협조' 노선은 국가가 그냥 계급 갈등을 방임하는 것이 아니라고 했다. 노동자와 자본가 사이에 개입하여 협력을 견인하고 조절하는 것이 바로 국가의 필수 기능이라는 것이다. 이 또한 1938년 5월 조선총독부가 「국가총동원법」을 공포하고 「생산력확충계획요강」을 실행하는 현실에 걸맞은 독일식 사례를 발굴하려는 생각인 듯하다. 필자는 이러한 독일식 전략이 히틀러 정권 시기 독일경제를 크게 일으키고 실업자를 감소시키며 대기업을 일으키는 원동력이 되었다고 보았다.

> 1933년경 독일의 실업자 총수는 7백만이라는 놀라운 숫자였으나 지금 독일에는 실업자가 하나도 없다고 한다. 이는 히틀러 정부 요인들이 우리에게 자랑삼아 하는 말이다. 국가는 실업자들 상대로 큰 기업을 일으켜 생산적 방면으로 능력을 발휘하도록 하였다.[784]

필자는 독일이 대기업 자금을 조성하기 위하여 ①이윤이 많이 남는 회사가 이윤 일부를 손해가 있는 회사로 전용하게 하고, ② 결손이 있는 회사라도

---

783) 秦學文, 상동, 『三千里』(11-4), 1939년 4월 1일, 54쪽.
784) 秦學文, 상동, 『三千里』(11-4), 1939년 4월 1일, 54쪽.

주식을 매입해주거나 결손을 보충해서 회사를 회생시키며, ③ 살린 기업을 공공 서비스업에 투입하는 등의 방법을 동원하였다고 하였다. 이는 소극적으로는 실업자 발생을 방지하고 적극적으로는 건실한 회사가 공채를 소화하여 사원들이 여러 가지 기업을 일으킬 수 있게 했다고 한다. 그리하여 저가·고품질 상품을 외국에 대거 수출할 수 있게 되어 국부가 증진되었다는 것이다. 한편, 실업(失業) 해결을 위해 '실업자를 실업자로서 두지 않고 그 능률을 발휘하게끔 생산에 온몸을 바치게 할 수 있는 기회를 부여'함으로써, 세계대전 이후 피폐했던 독일을 오늘날같이 부강하게 되었다고 했다.[785]

독일 국민이 깃발과 단장(團長)을 좋아하는 것도 본시 규율준수를 좋아하는 국민성에서 나왔으며, 거기에 일사불란한 국가적인 조절기능이 작동하면서 사회적 갈등을 이겨내고, 기업을 일으키면서 갖은 경제적 고난을 이겨내는 원동력이 되었다고 하였다. 이에 독일 국민의 규율존중 정신을 '선천적으로 단체 생활과 통제 생활을 즐기는 국민성에서 비롯된 참으로 고급스럽고 훌륭한 정신'이라고 평가하였다.

필자가 뭇솔리니와 히틀러를 보면서, 다 전체주의 인물이었지만 나치즘의 수장과 파시즘의 수장이 어떻게 다른지 흥미롭게 평가한 대목이 있다.

> 이태리 국민의 남국적(南國的) 정열에 비교하면 독일 국민은 북구(北歐)에 특유한 냉정성이 있어 지적(知的)이요. 철학적이다. 지적이며 철학적인 냉정을 잃지 않는 국민들을 통제하는 히틀러 총통으로서는 뭇솔리니 수상과 그 국민의 관계와 같이 단순하게 '모든 것을 당신에게 일임'하는 방식으로 나갈 수밖에 없음은 명약관화하다.[786]

필자는 두 인물에서 남국(南國)적 정열과 북구(北歐)식 '냉정'이 뚜렷하게 대비된다고 보았다. 이에 '무조건적 영도성(신임과 복종)'에 기반을 둔 파시

---

785) 秦學文, 상동,『三千里』(11-4), 1939년 4월 1일, 55쪽.
786) 秦學文, 상동,『三千里』(11-4), 1939년 4월 1일, 55~56쪽.

즘 일인독재와 철저한 통제와 선동에 기반을 둔 나치즘 일당독재은 결코 같을 수 없다고 했다. 다만, 선동과 규율에 기반한 나치즘의 선전전은 효율적이어서 국민적 역량을 모을 수 있었고, 종국적으로 성공함으로써 국민에게 능력을 다시 검증받을 수 있게 되었다고 하였다.

② 파시스트는 순수하구나.

필자는 이탈리아 파시즘이 강력한 뭇솔리니 정권이 오랫동안 유지되면서 나치즘보다 정치적 안정성이 높다고 평가했다.

> 뭇솔리니 정권이 수립된 지 근 20년이란 세월이 흘러 그 동안 모든 훈련과 모든 통제가 거의 완전에 가까울 만큼 된 것은 물론이고 국민에게는 그들에게 특유한 남국적(南國的) 정열이 있어 어떠한 위대하고 훌륭한 자기네 지도자에게는 무조건하고 존경과 신임을 바치는 경향이 있어 전체주의 국가로서 발전의 길을 훌륭히 걷는 듯하다.[787]

지도자의 한마디에 모든 것이 일사불란하게 움직이는 이탈리아에서 필자는 '전체주의가 주는 순수성'을 느꼈다고 했다. 또한 뭇솔리니가 시찰단에게 "우리는 한 번 친구가 되면 영원히 변하지 않는다. 이것은 말뿐이 아니라 우리는 이것을 실행한다."고 한 데서 필자는 1인 독재국가가 가지는 민중을 향한 순수함이나 정직함 혹은 신의를 느낀 듯하다.

대체로 파시즘과 같은 전체주의는 유난히 '인민의 순수성'이 강조되고 의리와 신의 그리고 실천 등의 강령이 금과옥조(金科玉條)처럼 공동체적 발상을 촉진하는 수단으로 활용된다. 실제로 뭇솔리니는 시찰단에게 '만약 이탈리아에 이런 것 해달라고 하는 부탁이 있거든 무엇이든 꺼리지 말고 말하시오. 우리는 반드시 이행할 것이오."라고 했다. 이에 필자는 그런 복잡하지 않은 형식의 정직, 약속이행과 같은 도덕적 순수성에 감격해 하였다. 필자가 뭇

---

787) 秦學文, 상동, 『三千里』(11-4), 1939년 4월 1일, 56쪽.

솔리니를 설명할 때에도 "긴 방 정면에 아무 것도 없고 테이블 하나가 있을 뿐 그 위에는 서류 하나도 없이 극히 간소하였다."[788]고 하여 파시스트의 순수하고 검소하고 단촐하다는 이미지에 감동하고 있다.

(3) 무능해서 모든 것을 잃는 유태인들: YMCA 홍병선의 예루살렘

농촌협동조합 운동에 열심이었던 홍병선(洪秉璇, 1888.11.6.~1967.7.19)[789]은 1936년에 아직 이스라엘이 건국되기 훨씬 전, 팔레스타인 사람들이 살고있는 예루살렘을 다녀왔다. 다녀와서 3년만인 1939년에 기고했으니, 유럽에서 유태인 박해 문제가 크게 불거지는 시점이었을 것이다.

필자는 가기 전의 큰 기대와 달리 '저렇듯 영화와 낙원을 꿈꾸든 유대(猶太) 나라도 오늘날 와서 하는 생각이 가슴으로 치받아 올랐다.'고 하였다. 즉, 오늘날 쇠퇴하고, 무력한 모습에 큰 실망을 한 것이다. 또한 필자는 '한 민족의 흥망성쇠란 반드시 역사가 만들어 낸 것!'이라고 하면서 '신의 섭리'나 '예정조화'같은 기독교 역사관을 부정하는 듯한 표현조차 사용하였다. 보통 목사라고 한다면 오늘날의 이 고난도 알고 보면 신이 인간을 단련하여 한층 성숙하도록 독려하기 위한 언약이라고 할 법도 한데 필자는 그런 성직자 마음

---

788) 秦學文, 상동,『三千里』(11-4), 1939년 4월 1일, 57쪽.
789) 홍병선은 한성부에서 출생하였고, 일본 조합교회가 세운 경성학당에서 공부했으며, 1908년 일본 도시샤 대학 신학부를 졸업한 뒤 1911년 귀국하여, 한양교회의 전도사로 목회를 시작했다. 동시에 보성전문학교, 피어선기념성경학원, 배화여학교 교사로 근무하였으며, 1925년에는 목사 안수를 받았다. 1920년부터는 조선기독교청년회연합회(YMCA)에서 활동하였고, 1925년 농촌부 간사가 되면서 농촌운동가로 이름을 알리게 되었다. 그는 신흥우와 함께 1927년 덴마크와 미국의 농촌사업을 시찰하고 돌아온 뒤, 농촌 협동조합 및 구락부를 조직하는 사업에 열중했다. 덴마크식 농촌사업을 위해 1931년 서울 신촌에 농촌지도자 양성을 위한 교육기관인 고등농민수양소를 세우고 이를 전국적으로 확산시켰다. 중일 전쟁 발발 이후 전쟁 지원을 빌미로 적극적인 친일파로 돌아섰다. 신사참배에 적극적으로 호응하였다.(위키백과)

이 아니었다.

그러면서 '민족의 생존법'에 대해 설파한다.

나는 이집트나 유대를 지날 때, 한 민족 한 사회의 흥망성쇠가 흥과 성이 그러하거니
와 망과 쇠도 딴 민족으로 인한 것이 아니라 그 땅에 사는 사람들의 어깨에 달린 것이라
보았다.[790]

마치 우리 민족이 못나서 일본에 당했다고 하는 친일 인사들의 일반적인
망국관을 이스라엘의 역사에 적용하고 있었다. 그러면서 "팔레스타인이나
예루살렘 거리를 다니는 유대인들이여! 어찌 그리 무기력한가?" 라고 하여
유대인의 무기력을 내면적인 역량 부족이 주는 비극의 일부로 설명하였다.
우리 조선인의 무기력을 빗댄 것일 수도 있다.

사실 국가의 파멸은 내부에서 비롯된다는 말은 '절반의 진리'이다. 그런데
필자는 너무나 자신 있게 국가 생멸에 관한 부동의 정답인 양 단정하였다. 자
기반성이란 당연히 자기 삶의 진전을 위해서 꼭 필요한 노력 중 하나이다.
'모든 것은 너 탓'이라는 생각이 주는 오류와 비극이 얼마나 큰지도 잘 아는
행동이며, 모든 패악의 근본인 도덕적 해이가 모두 거기서 출발했다는 것도
일리 있는 주장이다.

반대로 '내 탓이요'하는 정신은 오히려 패망과 좌절을 정당화하는 수단으
로 이용되거나 불의와 죄악을 정당화하는 독설이 되는 경우도 많다. 마치 대
한제국이 일본 침략이 아니라 고종이 비자금을 많이 쓰고 부패해서 망했다
는 것이나, 가정폭력에 내몰린 가족이 내가 못나서 폭행을 당했고, 내가 힘이
없어서 남성에게 성폭력을 당했다는 논리와 같은 맥락이다.

그런데도 홍병선은 지금과 같은 유대인의 무기력함은 "그들이 생생한 정

---

790) 洪秉璇, 「예루살넴聖殿에서 二千年을 생각노라」, 『三千里』(8-2), 1936년 2월 1
일, 66쪽.

신이 없고, 굳은 희망이 없기 때문"이라고 진단하고 "민족이 사는 것은 그 땅에 사는 인민들의 정신과 노력 여하에 있다."고 설파하였다. 더구나 역사적으로 봐야 한다고도 했으면서 척박한 예루살렘의 현주소가 오스만제국의 지배나 제국주의 침략에 의한 것임을 전혀 드러내지 않았다. '힘이 없으니 당해도 좋다.'는 논리였고, '억울하면 출세하라.'는 말과도 같았다.

홍병선의 반(反)유태적 감정은 당시 일·독·이가 뭉친 '삼국동맹(三國同盟)'과 깊이 관련이 있다. 당시 일본은 동맹국인 독일이 추진하는 '반(反)유대' 정책에 협력해야 할 시점이었고, 이런 일본의 정치적 선택에 조선의 기독교 지도자가 부화뇌동하였다. 오늘날 우리 기독교인은 힘써 유대인들이 세운 이스라엘이 이웃 팔레스타인이나 아랍국가들과 평화롭고 행복하길 기원하지만 1930년대 후반 조선의 기독교는 일본이 리더하는 반(反)유대 분위기에 침윤되어 그들을 폄훼하였다. 이것은 조선인에게 '무능해서 모든 것을 잃은 유대인'처럼 되지 않으려면, 침략전쟁에 적극적으로 부응하고, 자발적으로 동원하는 충용(忠勇)한 조선인 기독교인이 될 필요성을 알리는 수단으로 활용되었다.

요컨대, 1936년 예루살렘을 방문한 조선인 목사 홍병선은 무지와 나태가 낙후된 유대인 사회를 만들었다고 비판했다. 하지만 이스라엘은 마침내 독립하여 자기 나라를 만들었고, 그런 생각이 단견임을 증명하였다.

3) 러시아를 보는 두 개의 시선: 그들은 혁명을 말했다. 그런데….

(1) 밝은 러시아 이야기: 희망이 환희가 되다.

○ 조선 혁명의 그날을 상상하다:『숫자조선연구』의 김세용, 모스크바 회상

김세용(金世鎔, 1907-1966)은 일제강점기 언론인이었다. 자신의 처남이자 독립운동가요, 사회주의자인 이명건[별호 李如星, 1901~?)과 공저로 1932년『숫자조선연구』(세광사, 서울)를 출간하여 당시 조선인의 피폐한 삶과 민족차별 그리고 조선경제의 파탄상을 과학적으로 증명하려고 하였다. 이명건은 중앙학교 재학시절 김약수(若水, 김두전, 1892~?), 김원봉(若山, 1898~?)과 더불어 '별처럼, 물처럼, 산처럼' 평생의 동지로서 '도원결의'했던 일화가 유명하다. 이 기행문을 쓴 시점은 1932년경으로 『숫자조선연구』를 탈고하고 러시아 기행을 회상하면서 쓴 글로 추정된다.

서두부터 예사롭지 않게 사회혁명을 동경하는 마음이 요동친다.

> 우리가 탄 기차는 막심 고리키이다. 막심 고리키가 버리지 않고 사랑하던 사회적 배
> 설물인 룸펜들이 많이 타던 차. 그러나 이것은 옛말이고 이제는 가장 참신[生新]하고
> 활력있는 이 나라의 붉은 세포들이 타는 차이다.[791]

'붉은 세포'들이 탄 기차에서 무슨 말을 하고 싶었을까. 필자는 차마 그 이상의 표현을 하지 못하고 '얼어붙은 2중창으로 어둡고 음울하고 단조한 동결[氷結]된 겨울이 저물어가는 것을 바라보다가'라고 하여 여전히 앞에 닥친 수많은 반혁명의 난관에 대한 아득한 마음을 담았고, 그럼에도 '누군가 운을 띄워서[音頭] 노래가 시작되면 우리의 차안은 양기(陽氣)와 환성(歡聲)으로 가득하다.'고 하여 미래에 대한 낙관과 희망을 놓지 않고 있다. 물론 보다 정치적 표현을 하고 싶었겠지만, 검열 때문에 절제한 듯하다. 하지만 북극의 부흥이라는 친구가 제정러시아 시대 이곳 철로를 만들다가 스러져간 수많은 노동자를 떠올리면서 기차 안이 숙연해졌고, 이윽고 혁명가가 흘렀다.

> 이반 대제인가….(중략)…어떤 시대에 모스크바를 시작으로 철도를 놓으려고 몇십
> 만의 노동자를 사용하였으나 기아와 고역과 병으로 수만 명이 거꾸러지고 우리 가는 곳
> 까지 철로가 놓일 때까지 수없는 사람이 스러졌다. 제정러시아 시기의 노동자를 아는
> 가? XX의 폭풍이 지나가면서 이 해골이 침목[枕木]이 되어 한밤[夜陰]에도 부르는 귀

---

791) 金世鎔,「莫斯科의 回想」,『三千里』(4-3), 1932년 3월 1일, 58쪽.

곡성[鬼哭]을 멈추게 되고 새 세상을 맞이한 XXX를 부른다....(중략)...북극의 부흥이는 말을 마치고 '해골의 동지를 위하여 우리도 XXX를 부르자!'고 한다. 친구의 말을 대신하여 차안은 침통한 조가[弔歌]에서 웅장한 XXX로 진동하였다.[792]

아마도 XX는 '혁명', XXX는 '혁명가'였을 것이다. 오랜 기차 여행 끝에 14~5시간 만에 모스크바에서 핀란드항구에 도착했고, 곧장 레닌그라드(성페테르부르크)로 갔다. 필자는 이곳을 '옛 시대의 수도[首府]. 폭압과 오만의 제정러시아의 머리. 러시아 얼굴 껍질을 벗기면 달단(韃靼; 오랑캐)의 얼굴…(중략)…이는 구라파 문화의 큰 주춧돌이자, 음모의 밀실이고, 혁명의 심장'이라고 표현하였다. 그러면서 이곳 여기서도 옛 제정 러시아의 오만과 폭압을 상기하고, 러시아 혁명을 위하여 수많은 병사, 노동자, 학생들이 피를 뿌렸던 혁명의 넵스키 대로를 걸었다. 여기서 필자는 이들의 희생적인 투쟁으로 '거리의 먼지가 붉은 피에 세척되고 피에 젖은 백설이 녹았을 때 새 세기의 아침 햇살이 맑게 이 거리를 비추었다.'라고 하였다.

우리의 행렬은 잠자는 넵스키의 가슴으로 걸어갔다. 넓으나 넓은(광화문통 2배 정도) 거리 양측에 외연한 고절[瓜櫛]의 한 건물에도 놀랐지만 곳곳의 레스토랑에서 울려터져 나오는 XXX와 한없이 XX한 민요가 우리를 감동하게 하였다.[793]

알렉산더 넵스키는 노브고로드 공작으로 러시아의 성인으로 추앙받는 사람이다. 필자는 러시아 혁명 당시 노동자, 농민들이 걸어갔을 넵스키 대로를 마치 그때처럼 곳곳에서 울려 나오는 XXX(혁명가)와 한없이 XX(애절한)한 민요를 들으면서 걸었다. 아마도 걸으면서 조선에서도 이런 혁명이 이뤄지길 기도했을 법하다. 필자는 혁명의 거리에서 외치는 함성과 더불어 네버강에서 오로라함이 궁궐에 숨어 있는 억압자의 목줄을 죄려고 한방 날린 그날

---

792) 金世鎔, 상동,『三千里』(4-3), 1932년 3월 1일, 58쪽.
793) 金世鎔, 상동,『三千里』(4-3), 1932년 3월 1일, 59쪽.

의 감격을 노래하고 싶었다.[794] 이에 조선에도 혁명적 봉기가 일어나 계급적, 민족적 억압자인 일본 제국주의와 지주계급에게 민중의 한주먹을 먹일 그날을 기대하고 있었다.

1920년 '극동피압박민족회의'에 참가했던 김단야도 같은 모습으로 감격하였다.

> 베드르성(성페테르부르크)이 군악 소리와 용맹스럽게 움직이는 말굽 소리를 군호 삼아 점점 밝아지기 시작한다. 대표단 일동은 수만 군중이 마음껏 외치는 '우라!', '우라!' 소리에 안겨서 이전 제정러시아 시대의 의정원으로 들어갔다. 회관 안에는 앞서 두 대회(원동대회와 청년대회)의 제1차 선언서를 발표하고 각국 공산당 대표의 뜨거운 축사가 있은 다음, 장엄 위대한 인터네셔널가(국제혁명가) 제창으로 폐회를 선언하였다. 이로써 제1차 원동대회와 부속 청년대회는 끝났는데 실로 이 대회 경과 중 재미있는 역사적 의의를 가진 것이 바로 이것이다.[795]

김단야도 민족자결주의가 가지는 기만성에 분노한 채, 그리고 서구열강의 욕심에 배신당한 조선혁명의 절절한 아픔을 담아 이 민족회의에 참가하였고, 거기서 민족해방을 기대하고 뜨거운 흥분을 느꼈다. 김세용이든, 김단야든 사회주의자로서 세상을 마주하는 가장 큰 힘은 역시 미래에 대한 쉼없는 낙관이었다. 반드시 그날은 온다는 믿음 바로 그것이 낙관의 모태였다.

---

794) "컴컴한 밤하늘에도 浮城과 같이 솟아 보이는 『집느이·드보레츠』(各宮)를 지날 때 일즉 『존·괴-드』의 『세계를 震駭한 10일간』에서 읽은 11월 6일 밤의 광경을 눈앞에 걸어놓고 各宮옆 다리를 지나면서 이 『네바』江 상에서 수발포탄으로 各宮의 금색 찬연한 大臣室에 오래 앉았던 옛 時代의 최종 주인들을 쪼처내고 새 시대의 도래를 알리는 오로라艦을 생각해 보았다."(金世鎔, 상동, 『三千里』(4-3), 1932년 3월 1일, 59쪽).

795) 김단야, 「레닌회견인상기-그의 서거일주년에」, 『조선일보』 1925년 1월 22일~2월 3일 총 11회 중 제 4회(차혜영, 「모스크바 극동피압박민족회의 참가기를 통해 본 혁명의 기억」, 앞의 책, 75쪽에서 재인용).

○ 아라사의 어머니, 볼가강: **김니콜라이(박팔양)의 볼가강 투어**

<그림 70> 박팔양(출처: 김유정문학촌)

본 기행문을 쓴 김니콜라이(1905.8.2.~1988)는 수원 출신으로 여수(麗水), 여수산인(麗水山人) 등의 필명을 가진 시인 박팔양(朴八陽)으로 추정된다.[796] 기고한 해가 1934년이니 당시 김니콜라이는 1928~1934년 사이에 소련을 방문한 다음 귀국하여 볼가강 유역을 돌았던 경험을 『삼천리』에 기고한 듯하다. 필자는 먼저 러시아 사람들이 '고국 동포가 한강이나 대동강을 그리워하는 것에 비할 바 아니다.'라고 하면서, 볼가강을 '아라사의 어머니'라고 부르며 하염없이 사랑하고 있다고 전한다.[797]

볼가강의 보면서, 막심 고리키의 고향을 들렸고, 『어머니』에서 '어머니인 니로브나가 혁명운동에 뛰어든 아들 바벨 블라소프의 혁명의지를 이해하고 결국 자신도 혁명가가 되는 모습'을 연상하였다. 아마도 볼가강의 어머니 이미지와 고리키의 『어머니』를 함께 생각한 모양이다.

필자는 카잔을 지나서 레닌(1870.4.22.~1924.1.21)의 탄생지인 볼가강 연안의 '울리야놉스크[우리야노후; 현 러시아 심비르스크]'를 방문했다. 레닌이 사랑했다는 동네 강은 마치 평양의 대동강을 연상시킨다고 하면서, 레

---

796) 박팔양은 1920년 경성법학전문학교에서 김화산·박제찬·정지용 등과 사귀면서 동인지 『요람』을 펴냈고, 1923년 『동아일보』 신춘문예에 시 <신의 주(酒)>가 당선되어 문단에 나왔다. 1924년 『조선일보』 사회부 기자, 1928년 『중외일보』·『조선중앙일보』 사회부장을 지냈다. 이후 만주로 건너가 『만선일보』 사회부장 및 학예부장을 지냈다. 해방 후 신의주에 정착하여 1946년 10월 조선공산당에 입당했다. 1946~49년 당중앙위원회 기관지 『정로』의 편집국장 및 후신인 『노동신문』의 편집국장·부주필 등을 지냈다. 1957년 최고인민회의 대의원, 1958년 조소친선협회 중앙위원을 역임했고 한때 평양문학대학 교수로 재직했다(한국민족문화대백과사전).
797) 莫斯科에서 金니코라이, 「露西亞의 볼가河行」, 『三千里』(5-9), 1933년 9월 1일, 44쪽.

닌이 배운 중등학교에는 '2월 혁명'[798]을 주도한 케렌스키가 나고 자랐으며, 곧바로 케렌스키 아버지가 교장으로 있던 학교도 방문하였다.

이어서 필자는 스탈린그라드도 방문하였다.

> 스탈린그라드하면 트랙터 공장의 대명사라고도 할 만큼 북방 코카서스 지방의 농업지를 배경으로 볼가강의 수운을 이용하는 등 수륙교통의 요충에 있으면서 통상의 거점이 되어서 볼가강 교역을 수중에 쥐고 흔듭니다. 혁명 후 내전 당시에는 스탈린을 비롯하여 현재의 소비에트연방 주요 인물이 거의 전부 이 전선에 출진한 것으로도 유명합니다.[799]

이곳은 볼가강이 만든 '천혜의 교통 요지이고, 통상의 중심이며, 북방 코카서스 농업의 중심지이자 이에 수반한 트랙터 공장이 유명한 곳'이라고 하면서, 필자는 이런 '볼가강의 사랑이 만든 도시'인 스탈린그라드가 바야흐로 '신세대의 모범 도시'로 거듭난다고 흥분하였다. 실제로 당시 소련 정부는 70만의 노동자가 활동할 거대한 공단 설립을 기획하고 있다고 하면서 특히 트랙터 공장은 총 1억 4천만 루블이나 투하하여 1931년 7월에 완성되었고, 1년에 3만 7천 대를 제조하는 것이 목표라고 했다. 하지만 이런 필자의 바람과 달리 내전(內戰)의 도시, 공업(工業)의 도시였던 스탈린그라드는 불과 9년 후 독일과의 몇 달간의 전투로 수십만 명의 희생자를 내는 비극의 도시로 전락하고 말았다.

---

798) 2월 혁명은 제1차 세계 대전 중인 1917년 3월 8일에 러시아에서 일어난 러시아 혁명이다. 러시아력으로 2월이라서 2월 혁명이라고 한다. 이 사건으로 로마노프 왕조가 세운 제국이 무너지고 러시아 황제 니콜라이 2세는 폐위되었으며, 러시아 제국은 멸망했다.(위키백과)
799) 莫斯科에서 金니코라이, 「露西亞의 볼가河行」, 『三千里』(5-9), 1933년 9월 1일, 46쪽.

(2) 어두운 러시아 이야기: 생각과는 달랐던 소비에트 연방

○ 모순을 외부로 돌리는 데 능숙한 노농정부: 서양화가 나혜석의 시베리아

혁명가들은 러시아를 보면서 억압자에게 한방을 날린 볼셰비키 혁명에 감동하였고, 조선에서도 혁명이 일어나 계급적, 민족적 억압자인 일본 제국주의와 지주 계급에게 민중의 원펀치를 날릴 수 있기를 기대했다. 하지만, 혁명가가 아닌 자유주의적이고, 회색지대의 조선인에게 모스크바는 여전히 가난하고 기만적이며, 남 탓하는 해괴한 정권의 수도일 뿐이었다. 이처럼 당대 지식인에게 볼셰비키 혁명관은 극히 대조적인 모습으로, 그 실재와 상관없이 신념을 앞세운 진영논리에 매몰되어 있을 뿐이었다.

회색지대의 나혜석이 언제 시베리아를 갔는지 직접 말하지 않지만, 아마 1927년 유럽으로 갈 때 잠시 방문했던 것 같다. 그것은 필자가 "1927년 5월 15일부터 치타-모스크바 구간 급행이 만주리-모스크바 구간으로 변경"되었다고 한데서 그렇다. 필자는 아마도 만주리(滿洲里)에서 러시아 여행을 시작한 듯하다.

> 모스크바에 가까운 농촌의 들판이 거의 감자로 깔렸다. 철길 옆에는 거지가 많고 정거장에는 대합실 바닥에 병자, 노인, 소아, 부녀들이 혹 신음하는 자, 혹 우는 자, 혹 조는 자, 혹 두 팔을 늘이고 앉은 자, 담요를 두르고 바랑을 옆에 끼고 있는 참상, 러시아 혁명 여파가 이러할 줄 어찌 상상하였으랴. 러시아라면 혁명을 연상하고 혁명이라면 러시아를 기억할 만큼 시베리아를 통과할 때 무언가 피비린내가 충만하였다.[800]

기대를 걸고 모스크바에 도착하니 마주한 것은 헐벗고, 아픈 러시아인들이었다. 필자는 러시아가 사회주의 혁명을 이루었다고 해서 나름 기대를 걸었지만 '혁명의 여파가 이러할 줄 어찌 상상했으랴.'라면서 실망하고, 혼란스

---

800) 羅蕙錫, 「CCCP, 歐米遊記의 第二」, 『三千里』(5-1), 1933년 1월 1일, 46쪽.

러워 했다. 시내에 들어가면서 더한층 심각한 것을 목격했다.

> 모스크바 시가지는 너절하다. 그리고 무슨 폭풍우나 지나간 듯 공습할 길이 없어 보
> 인다. 사람들은 모두 실컷 매 맞은 듯 늘씬하고 아무려면 어떠리 하는 염세적 기분이 보
> 인다. 남자들은 와이셔츠 바람으로 다니고 여자들은 모자도 쓰지 않고 발 벗고 다닌다.
> 내용을 듣건대 비참한 일이 많으며 외국 물건이 없어서 국내산으로만 생활하기에 물가
> 가 무척 높고 불편한 점이 많다고 한다.[801]

필자는 이런 '가난하고, 불결한' 모스크바에서 3일씩이나 머물렀다. 그러
면서 국유화된 자동차와 택시로 인해 원근을 막론하고 걸어 다녀야 하는 불
편을 호소했다. 어느 교회당 정문에서 '종교는 아편'이라는 표어를 보았는데,
그 옆에 있는 회당에는 군중들이 들어가서 절을 하고 나오는 장면을 보고는
참으로 의아해했다. 공산주의적인 이해와 민중의 종교심이 모순인 듯하면서
공존하는 모습을 발견하면서 '그래 말뿐인 것들'이라는 은근한 자기확신의
회열같은 것도 드러낸다.

러시아 정교의 '세속성'에 대한 생각은 비슷한 시기 러시아를 다녀온 이량
(李亮)의 언급에도 나타난다.[802] 그는 처음 러시아를 보면서 놀라웠던 것으
로 ①광활한 국토 ②다양한 인종 ③수많은 러시아정교회 교당 ④자작나무
등 주로 환경과 인종 종교 등을 들었다. 그중 어릴 적 기억에서 가장 놀라웠

---

801) 羅蕙錫, 상동, 『三千里』(5-1), 1933년 1월 1일, 47쪽.
802) 정종배 시인의 조사에 따르면, 해방 후 1949년 2월 24일부터 육사 8기로 입교하
여 1949년 3월 29일 임관했다고 하며, 키가 커서 188cm이었다고 한다. 1896년생
이라면 당시 나이가 54세인데, 필자와 동일인 인지는 의심이 간다. 이 부분은 좀
더 조사가 필요할 듯하다. 정종배 시인이 조사한 이량의 기록을 보면, 6.25 전쟁
중인 1951년 3월 1일 대령으로 진급하여 부산 노무관리단 단장으로 복무하다.
1955년 12월 17일 뇌출혈로 사망했다고 한다.(https://jjb3467.tistory.com/3257)
기행문에서 1927년에 이 글을 쓰면서 12년 전인 17살쯤에 러시아를 다녀왔다고
한 것을 보아, 실은 1898년생 정도로 보인다.

던 것은 역시 러시아정교회 교회당이었다고 한다.[803] 그곳은 '집단적 음모가 많은 곳'이었고, 그가 방문하던 시기 교회당의 대부분이 '레닌, 트로츠키, 칼 맑스 초상이 내걸리고, 그 앞에서 인터네셔날 노래를 부르는 소비에트 회장과 공산청년회 회원들의 보고장소, 문화처소가 되는 등 오히려 비판적 종교선전장(排宗教宣傳場)이 되어 버리니 참으로 수수께끼 같은 나라처럼 보였다.'고 하였다.[804] 많은 회색지대의 조선인에게 러시아정교는 볼셰비키 정권에 모욕당하면서도 한편으로 그들의 선전장이 되어 비굴하게 연명하는 종교라는 인상이었다.

한편, 나혜석은 방부(防腐)처리된 레닌의 시신을 보았다. 시신이 진짜니 아니니 당시에도 말이 많았던 것 같다. 필자는 수많은 군중이 붉은 모자, 붉은 넥타이를 착용하면서 '영국과 국교단절'을 촉구하는 시위를 하는 모습을 한참이나 구경했다.[805] 예술가로서 속마음을 말하지 않았지만, 레닌 묘에서 집단화한 러시아 국민의 모습과 고물가에 헐벗은 모스크바 시내의 민중 생활 모습이 필자의 가슴에 교차한 듯하다. 선동과 가난 그리고 내적 모순을 외부로 돌리는 반영(反英) 시위 등등. 필자는 현실 공산당이 해결해야 할 과제가 그리 쉽사리 해결되지 않을 것임을 이미 아는 듯….

○ 가화만사성도 못하는 사람이 휴머니즘을 논하다:
최학성의 톨스토이 고향 방문기

1934년 12월 19일 최학성(崔學星)은 모스크바 대학을 휴학한 틈에 톨스토

---

803) "러시아에 드러나 경탄되는 일이 한두가지가 안이지요. 말하자면 국토(本土)가 넓은 것도 한가지요. 人種類가 만흔 것도 한가지요. 寺刹이 만흔 것도 한가지요. 북극이 갓가워서 어름산과 눈 천지인 만큼 떼가 군대를 이루고 북국의 자랑 -白樺나무가 만키도 하가지요."(李亮,「우리가 外國에서 보고 가장 驚嘆한 것, 러시아는 特徵 만흔 나라」,『別乾坤』(7), 1927년 7월 1일, 51쪽)
804) 李亮, 상동,『別乾坤』(7), 1927년 7월 1일, 52쪽.
805) 羅蕙錫,「CCCP, 歐米遊記의 第二」,『三千里』(5-1), 1933년 1월 1일, 47쪽.

이 고향을 방문하였다. 가는 길에 러시아인들이 동양인을 보는 일방적인 시선에 깊은 유감을 표하고, 이런 오리엔탈리즘에 분노하니 자연 러시아 문화에 대해서도 곱잖을 수밖에 없었다.

천하 학생도 천하 신사도 러시아 국민에게 마치 중국인으로만 보이는 것이 무리가 아니다. 실제로 이곳에 행상은 중국인 외에 별로 동양인이 온 일이 없기 때문이다.[806]

톨스토이의 고향에 들어가니 백작의 정원을 둘러싼 잡목을 따라서 벽돌을 둥글게 좌우에 쌓아 올려진 큰 문이 있었다. 톨스토이 집 바깥문이었다. 톨스토이 집에 가면 '가난한 자의 나무(貧者의 樹)'라는 큰 보리수나무가 문 옆에 서 있었다. 그곳을 관람하면서 톨스토이가 말년에 가출한 사연을 안내원에게 물었다.

톨스토이가 자기 땅 전부를 백성에게 나누어주려 하자 부인과 자식들이 반대하였고, 오히려 금치산 선고를 받았고, 오랫동안 가정에서 암투가 벌어졌다. 톨스토이[杜翁]는 모든 수기 원고를 부인이나 자식에게 주지 않고 애제자에게 주었는데, 그러자 자식들이 권총을 들고 와서 아버지를 위협했다고 한다.[807]

그야말로 콩가루 집안 모습이다. 필자는 아마도 이런 이야기를 통하여 가족보다는 사회적 가치를 더 사랑한 톨스토이의 모습을 부각하고 싶었던 모양이다. 사실 1930년대 공황 이후 닥친 척박한 현실에서 조선의 지식인들은 톨스토이의 휴머니즘 문학에 큰 존경심을 키웠고, 필자도 그런 마음으로 여기에 온 것같다. 하지만 이런 사연을 들은 필자는 톨스토이를 다시 생각하게 된다.

앞서 톨스토이의 수기원고를 받은 제자는 본래 대지주 출신이었다고 하는

---

806) 莫斯科大學 崔學星, 「톨스토이 故鄕訪問記」, 『三千里』(7-3), 1935년 3월 1일, 182쪽.
807) 莫斯科大學 崔學星, 상동, 『三千里』(7-3), 1935년 3월 1일, 185쪽.

데, 한참 때 황실근위대 장교 자리도 박차고 톨스토이 문하에서 공부하였고, 고향 인근에 땅을 사고는 큰 집을 짓고, 톨스토이 문학을 전파하려고 노력했다고 한다. 그러면서 약 30명의 조수를 고용하여 앞서 받은 톨스토이 유고를 최선을 다해 정리하였다고 한다. 애제자는 톨스토이 부인과 자식을 무척 미워하였고, 반대로 부인과 자식들도 그를 극히 미워했다고 한다. 그러면서 필자는 뜻밖에도 '가정도 챙기지 못한 주제에 무슨 인류애를 말하는지'라고 하여 톨스토이의 개인사에 무척 실망감을 표하고 있다.[808]

이 문제에 관한 필자의 고민은 대단히 철학적이다. 어쩌면 필자는 세속의 정의가 가지는 가벼움에 대한 말을 하고 싶은 것인지 모른다. 우리가 문학을 하고 역사를 공부하는 것도 결국 우리 인간들과 공존과 행복일텐데, 자기 옆의 가족조차 설득하지 못하는 인격으로 어찌 복잡한 세상과의 공존과 화해를 말하는가에 대한 물음이겠다. '관계를 해치면서까지 이룰 정의가 그 무엇이겠는가.'라는 휴머니즘의 정신으로 돌아가면, 필자의 '해괴한 의문'이 가지는 가치가 진정 무엇인지 보이는 듯도 하다.

○ 조선인이 더 미워!: 유상근의 소·만국경 다크투어

유상근은 늘 세계일주를 꿈꾸었다. 그러다 1930년 6월 고향을 떠나 새로운 곳으로 이주하였고, 세계로 나가서 견문하고 싶었으나 돈이 없었다. 그래서 언젠가는 가보리라 하면서 자신이 능력으로 세계일주할 날을 기다렸다.[809] 그러면서 1년 1개월 동안 조선의 방방곡곡을 다녔고, 1931년 7월 다

---

808) 莫斯科大學 崔學星, 상동, 『三千里』(7-3), 1935년 3월 1일, 185쪽.
809) "裕足한 인간들이 세계의 全幅에다 황금으로 교량을 가설하고 땀 한 방울 흘림없이 쉽게 여행하는 것보다 내 자신이 참다운 노력으로 지구 표면에 널려 있는 종족의 귀천과 민족의 우열을 가릴 것 없이 一律적으로 전 인류와 악수하며 걸어가는 것이 백 배나 천 배나 가치 있는 여행이 아닐까."(柳相根, 상동, 『三千里』(9-5), 1937년 10월 1일, 36쪽.)

시 현해탄(玄海灘, 조선해협)을 건너 일본의 3부 43현과 홋가이도(北海道) 및 사할린(樺太)까지 답사하였다. 1933년 정월에는 마침내 소련을 넘어서 유럽까지의 여행을 계획하기도 하였다.

그러다 소·만(蘇滿) 국경에 도착하면서 소련 경찰을 만났고, 허가 없이 입국하였다고 하면서 밀정 혐의를 받아 감옥에 갇혔다. 험악한 분위기 아래서 한잠도 못자고 두려움에 떨었고, 아침에는 묶인 채 경찰을 따라 길을 나섰다. 그리고 어느 유치장에 갇혔는데, 거기서 조선인 심문관을 만났다. 조선인이라는 안도감에 자초지종을 말하였다.

> 그 조선인은 '이놈아 거짓말 마라! 너는 일본 정부에서 여비를 공급하여 우리 쏘베-트 국내의 비밀을 탐정하러 온 국제 스파이이다. 그러므로 우리 소비에트 군법에 따라 너를 총살할 것이다. 솔직히 자백한다면 나도 동정하여 구명하여 주겠다.'라고 하였다. 드디어 사형선고를 받았다.[810]

이 시점에서 필자가 느낀 절절한 감정은 "그렇게 반갑고 기대한 조선인에게 총살의 선고를 받았을 때 나는 도리어 그 조선인에 다시 없는 증오를 느꼈다."는 것. 같은 동족에게 오히려 더 모진 독설과 푸대접을 받았다는 데 너무나 가슴이 아팠다. 죽음의 공포 속에서 5일간 그곳에서 지낸 필자는 다시 제2 재판소인 스라바야끼로 갔다. 그리고 또 거기서 40일간을 갇혀 있었다. 당시 수감생활에서 느낀 차별감은 이러했다.

> 러시아 죄인은 노동하는 날이나 않는 날이나 동일하게 빵을 탈 수 있다. 하지만 중국인이나 조선인은 노동하고도 빵을 탈 수 없는 날이 많았다. 그리고 상하 계급 생활에 차별이 없다고 하나 장관(將官)은 흰빵을 먹고 졸병은 흑빵을 먹는 것을 보고 역시 여기에도 차별이 있다고 생각하였다....(중략)...죄인은 정부에서 빵 400g을 주는데 1일 3회로 나눠 주는 것이 아니라 1번에 모두 주니 배고픈 나로서는 나누어 먹기 정말 괴로웠다.

---

810) 柳相根, 상동, 『三千里』(9-5), 1937년 10월 1일, 37쪽.

조석으로 날정어리 한 마리씩 주는데, 비린내가 나고 더러웠다. 그래도 빵이 부족해서 더러운 것은 고사하고 뼈까지 모조리 먹어 치웠다.[811]

더더욱 실망스러웠던 것은 이모라는 조선 청년이 유치장에 있는 사람들 앞에서 '유상근은 조선에서 온 일본 군사 탐정이다. 그러므로 우리 소비에트 국민으로선 도저히 용인할 수 없는 인간'이라고 하여 뭇 사람들의 미움을 받게 한 사건이다. 같은 동족에게 당했다는 아픔이 더욱 그의 마음을 아프게 했다. 세계일주라는 큰 포부로 러시아로 넘어갔다가 유치장에 갇힌 필자는 거기서 자행되는 죄인들에 대한 인간 이하 대우에 무척 고통스러웠다.

그러다 국경경찰 장관의 심사를 받았으나, 또다시 결과를 기다리면서 3일간 초초한 시간을 보냈고, 그러다 경찰 두 사람이 데리러 왔다. 거기서 필자는 '틀림없이 총살하려고 데리고 가는 줄' 알고 불안해 하였다. 그러다 마침내 소·만 국경에서 경찰이 '당신은 세계 여행가라는 증명이 있기 때문에 조선으로 돌려보낸다.'고 하면서 풀어주었다.

필자가 그곳 조선인 동포의 냉정함에 서운했다고 하는데, 비단 그런 감정이 거기서만 느낄 수 있었을까. 가난한 조선에서 살면서 당한 동족 간 냉대가 그 얼마였나. 문제는 동족간의 냉대가 아니라 동족을 팔아서라도 성공해야하는, 다시 말해 소련군보다 더 지독한 소련군이 된 조선인을 바라봐야 했던 그런 류의 배신감 때문은 아닐지…

○ 독립과 혁명은 허영이다: 신흥우의 시베리아 감상

이글은 신흥우[812]가 흥업구락부(興業俱樂部) 사건[813]으로 혹독한 고문을

---

811) 柳相根, 상동, 『三千里』(9-5), 1937년 10월 1일, 37쪽.
812) 신흥우(1883~1859)는 충북 청원 출신으로, 1894년 배재학당을 다녔고, 16세 때 아펜젤러에게 세례를 받았다. 1901년 관립 한성독일어학교에 입학하였고, 한성 감옥에서 이상재·유성준·김정식·이승만 등과 교류하였다. 1927년 신간회운동에

<그림 71> 신흥우
(출처: 위키백과)

받고 전향을 택한 후 국민정신총동원[정동] 위원회 위원으로 활동하면서 작성한 기행문이다. 하필 그 시점에 시베리아를 여행하려 한 것인지 생각해보면, 당시는 장고봉사건이나 노몬한사건 등 일·소전쟁의 위기가 커지던 시기로서 러시아에 대한 관심이 고조되던 시점이었다. 하지만 필자는 정치가가 아닌 기독교인이라는 입장에서 대동아공영권(大東亞共榮圈)을 생각하고, 이러한 입장에서 과연 시베리아는 어떤 의미일지를 고민하면서 시베리아 기행문을 작성했다. 구구절절한 시베리아 이야기를 뒤로 하고 필자는 시베리아 여행 소감을 딱 하나의 파레시아로 드러내었다.

기차에서 창문으로 밖을 내려다보면 울창한 수림 속에서 희고 아름다운 꽃송이가 눈에 번쩍하고 보인다. 한마디 묻는 말이 문득 생각난다....(중략)...'저 꽃은 누가 보고 반가워하라고 피었는가?' 아무리 생각할지라도 이 적막한 곳에 저 꽃을 보고 '반갑다.'나 '아름답다.'고 할 자는 없을 것이다. 그러면 왜, 무엇을 위하여 피었을까. 아마도 저 꽃 자체가 아름답고 향기로운 곳에서 스스로 만족하고 영화로운 것인가 보다. 그러면 사람도 누구가가 상찬[賞讚]해 주기를 바래서가 아니라 자신의 인격적 가치를 아름답게 하는 데서 스스로 만족과 영화를 얻는 것인가 생각한다.[814]

도 참여하였다. 1932년 6월경 파시즘 이론을 기반으로 적극신앙단을 결성하고 단장이 되었다. 1938년 조선기독교연합회 평의원과 국민정신총동원조선연맹 위원으로 활동하였고, 1941년 10월 조선임전보국단의 상무이사 겸 총무부장에 선임되었다. 1944년 국민동원촉진회 발기인과 이사, 1945년 조선언론보국회 등에 참여한 친일 행적이 농후한 인물이었다(위키백과).

813) 흥업구락부(興業俱樂部) 1925년 3월 23일 서울에서 조직된 감리교계 인물들이 주도가 되어 결성하였다. 중일전쟁 이후 1938년 2월~9월 사이 신흥우·구자옥 등 관련자 54명이 서대문 경찰서에 검거되었고, 갖은 고문을 당한 다음 강제로 전향성명서를 썼다. 그 결과 기소유예로 감경되었고, 흥업구락부는 해산되었다(위키백과).

마치 부귀공명을 버리고 자신의 수양과 충실에 매진하라는 계몽적인 언술이다. 하지만 그것은 조선독립이나 민족해방, 인민의 자유 등과 같은 것은 '허영'이고, 공장을 만들고, 교육기회를 넓히고 하는 것은 '수양과 충실'이었다. 조선인이 '독립을 향한 허영'보다는 기술과 자본을 확대하고 교육에 힘써서 일본인처럼 우리 '스스로 자강불식'하는 것이 진정한 아름다움이라는 것으로 읽힌다. 시베리아에 핀 대륙의 들꽃예찬은 결국 필자가 전향한 핑계이자 자기 최면이기도 하였다.

2. 침략전쟁기 중국 시찰과 '협력과 공생'

1) 시찰단 및 위문단의 중국 투어와 '협조의 댓가'의 파레시아

(1) 가긴 갔는데, 왠지…: **중국 일본군 위문단의 전선 투어**

① 주마간산으로 본 북중국, 황군을 위문하러 떠나다.

'황군 장병을 위문한다.'는 목적으로 조선 문단과 출판계에서 돈을 대고, 군사령부와 총독부 경무국의 알선 지도를 받아서 문단과 출판계의 대표로 박영희(朴英熙 1901~, 소설가), 김동인(金東仁[1900~1951], 소설가), 임학수(林學洙[1911~1982], 시인, 교수, 본명 임악이) 등 세 사람이 1939년 4월 15일 서울역을 떠나 북중국을 여행하고 5월 15일 돌아왔다. 6월 9일에는 『삼천리』와 오후 1시 서울의 요다 그릴에서 좌담회를 열었고, 기행의 소감은 다음과 같다. 위문단은 대략 4월 16일경 베이징에 도착해서 스자좡(石家莊), 뤼츠(楡次), 펀린(汾臨), 윈청(運城), 안이(安邑), 타이위안(太原) 등지를 다녔고, 기동정부(冀東政府) 소재지인 통저우(通州), 중일전쟁의 발상지인 마르코폴로 다리[蘆溝橋]까지 돌아보았다. 일정은 무척 빡빡했고, 제대로

---

814) 申興雨 紀行, 「西伯利亞의 橫斷」, 『三千里』(12-9), 1940년 10월 1일, 100~101쪽.

감상할 기회가 없었다고 한다.815) 당시 이들 황군위문단의 기행 소감은 박영희의 『전선기행』이나 임학수의 『전선시집』 등에서도 잘 드러난다.

먼저, 박영희는 베이징을 "먼지가 많기로 또한 유명하다. 혹은 세상을 일컬어 풍진세상이니 홍진만장이니 하지만 북중국이야말로 세상이 모두 진흙과 먼지로 된듯하다."하다는 소감을 밝혔다.816) 말로는 먼지가 많다고 했지만, 옛날 거대한 영광의 중국은 아득할 뿐이고, 이제는 풍진으로 가득한 한심한 진흙밭일 뿐이라는 과거 영화에 대한 회한이었다. 그러면서 이렇게 나라는 진토가 되어 가는데 중국인의 자각은 여전히 미흡하니 참으로 답답한 중국인이라는 것이다.

> 밤의 찬바람이 사정없이 들어온다. 차에서 중국인들은 대개가 코를 골고 자고 있다. 아조 뱃속이 편안하다. 여간 것은 걱정하지 않는 모양이다. 나는 베이징에 들어오자 그러한 기분을 느꼈다. 모든 것이 느리고, 게으른 것 같았다....(중략)...손님을 나쁘게 말하는 것이 아니라, 오늘 당한 자기의 비운을 저주하는 말이다.817)

중국인은 열등하다는 생각을 외형적인 게으름으로 표하지만, 말미에 그럼에도 중국인은 여유가 있고, 그들이 가진 느리고, 즐기고, 성내지 않고, 대륙적인 기질이라는 매력이 있다고 했다.818) 왜 무심하고 무능한 중국인의 느리고 착한 성품에 눈길이 갔을까. 마치 조선인들이 불안정한 현실을 여유와 웃

---

815) 朴英熙 金東仁 林學洙, 「文壇使節 歸還報告, 皇軍慰問次 北支에 단여와서」, 『三千里』(11-7), 1939년 6월 1일, 6쪽.

816) 朴英熙, 『전선기행』, 박문서관, 1939.10, 82쪽,(周姸宏, 2019, 앞의 논문, 31쪽. 재인용)

817) 朴英熙, 『전선기행』, 박문서관, 1939.10, 97~98쪽,(상동, 85쪽. 재인용)

818) "중국인의 느리고, 즐기고, 성내지 않고, 대륙적인 그 기질에 고객은 주머니에서 돈을 꺼내고야 마는 것이다. 처음에 나는 이것을 보고는 경이로와 마지아니하였다. 그러나 여기에 흥미를 붙이고 재미를 들어서 그들 성격의 연구대상이 되는 듯도 싶어서 자주 갔다. 저녁 산보를 이곳으로 갔다 웃고 돌아온다." 朴英熙, 『전선기행』, 박문서관, 1939.10, 105쪽,(상동, 89쪽. 재인용)

음으로 해독하듯이 그들 중국인도 그렇게 느리게 성내지 않고 불안한 사회를 이겨내는 지혜를 만들어갔다고 해석해야 할 것인가. 하지만 그렇지 않은 듯하다.

중국이 비록 한심한 나라로 추락했더라도 아직은 '동감할 수 있는 저변'이 있다는 표현으로 보인다. 그들의 순수한 모습을 묘사하는 것은 그들이 한심하지만 '선진적인 일본과 조선의 은혜를 받기 좋은 바탕'이 있다는 말이기도 했다. 한마디로 일본과 조선의 계몽을 받아들일 만한 순수한 바탕이 있다는 것이다.

중국을 발전시키는 노력으로서 '일본의 계몽'은 바로 철도건설 과정에서도 잘 드러난다고 했다.

> 철도 앞에서는 역에서 나오니, 어두운 밤이어서 아무것도 보이지 않았다. 다만 역 앞에 전등에서 '베이징·난징간 개통 축하'라고 횡서한 일루미네이션이 눈부셨다. '아! 난징으로 기차가 개통하는구나!'라고 생각할 때 문득 이것을 개통하기까지 황군의 수고였다. '감사하다! 고맙다!' 나는 속으로 중얼거렸다.[819]

필자는 자기가 봐도 일본이 진토가 되어 버린 중국을 이렇게까지 변화시키려 노력한다는 사실에 너무나 감격하고 있었다. 이런 박영희의 글을 놓고 친일을 넘어 '제2의 일본인 다운 입장'을 드러낸다고 하는 평가와 외면은 강요이고, 실제로는 중국의 순수함을 드러내려는 노력 보기도 하지만 여기서 드러나는 박영희의 생각은 '일본은 중국의 해방자'라는 사실이다. 해방자 일본이 미영 등 서구 제국의 식민지적 수탈을 막고, 중국을 비롯한 동아(東亞)의 근대화를 주도함으로써 진토가 된 중국의 옛 영광을 다시 잇게 한다는 논리이다.

---

819) 朴英熙, 『전선기행』, 박문서관, 1939.10, 50쪽,(상동, 49쪽. 재인용)

복받쳐 오르는 감회를 금할 수 없으나, 이로써 동양의 새로운 역사의 첫 장이 열린 데 또한 감개가 없지 않다. 이 넓은 벌판에 인가(人家)는 하나도 없다. 그런데 올라가는 중턱에 다 쓰러지는 토가(土家) 한 채가 서 있다. 자동차의 모터 소리를 듣고, 중국인 노파 한 사람이 나와서 우리 앞으로 와서 합장배례한다. 이상하다! 이 노파가 이 격전지에서 어떻게 지금껏 생존했냐 하는 생각이 났다.[820]

그래서 일본의 침략은 '북받치는 감회', '동양의 새로운 역사의 첫 장'으로 이해되었고, '다 쓰러진 흙집 한 채'는 허물어진 옛 중국제국의 허망함을 상징한다. 그나마 '이 노파'의 등장으로 구원받은 중국인의 뜨거운 환영과 열광의 모습을 암시하고자 했다. 그리고 중국을 위한 일본군의 이름 없는 희생이 깊이 기억되기를 기원했다.[821] 좌담회에서도 박영희는 자신의 베이징 투어 중에서 가장 인상적인 것은 중국군 여자 포로가 이러한 '일본군의 선의(善意)'를 깨닫고 밝은 중국인으로 거듭난 일이라고 했다.

(박영희) 지나(중국) 포로 17명을 보았는데 그중 여자가 둘이 끼어있기에 나는 그와 필담을 했다. 야전병원서 간호부로 있다가 잡힌 것인데 둘 다 단발한 19세와 17세의 젊은 여성들이더군요. 소학교를 마쳤다는데 다소 교양과 의식이 있었습니다. 날마다 슬픈 기색은 사라지고 나중에는 웃고 떠들며 활발해지더군요.[822]

한편, 『전선시집』을 낸 임학수도 한때 위대한 베이징 문명이 결국 프랑스 등 서구에 의해서 처참하게 파괴된 사실을 말하고, 그런 서양 오랑캐의 침략주

---

820) 朴英熙, 『전선기행』, 박문서관, 1939.10, 40~41쪽, (상동, 31쪽. 재인용)
821) "(박영희) 장병의 묘가 있기에 참배하러 갔지요. 밤중인데 비어 있는 커다란 절당 같은 집 에다가 나무비[木碑]에 이름을 쓴 영령이 여럿이 안치된 것을 보고 조국의 방위를 위해 순절한 그분들의 충용에 다시 한번 머리가 숙였어요. 그리고 병사들이 진실로 그 책임감이 강하여 조금도 자기의 직무를 등한시 않는 데 탄복했어요."(朴英熙·金東仁·林學洙, 「文壇使節 歸還報告, 皇軍慰問次 北支에 단여와서」, 『三千里』(11-7), 1939년 6월 1일, 12쪽.
822) 朴英熙·金東仁·林學洙, 상동 , 『三千里』(11-7), 1939년 6월 1일, 8쪽.

의에 굳건히 맞서 지키는 황군에게 깊은 감사를 보낸다고 했다.

> (임학수) 오방각(五方閣) 아래 엄청난 거울이 있었는데 그는 의화단(義和團)의 난 당시 프랑스인이 떼어갔다고 하며 보운각(寶雲閣)에 올라 그는 또 자랑스럽게 말하되 "저 문루의 대리석은 모두 원난에서 가져온 것이요, 구리[銅]는 모두가 조선에서 가져온 것이다."라고 하였다.[823]

흥미로운 것은 그런 휘황찬란했던 중국 문명은 종래 조선을 쥐어짜고 이뤄진 악행이며, 일본군의 선의와 참으로 대조적인 옛 중국의 죄악이라는 이미지를 덧씌운 점이다.

이런 생각에서 박영희도 산꼭대기 서있는 어느 황군 보초의 모습을 그리며, 무너지고 진토가 된 중국의 옛 영광을 다시 세우는 데 온 힘을 다하는 저런 황군의 고독한 분투를 알아야 하며, 그런 모습을 보는 그 자신 '뜨거운 오름' 즉, 감격을 느꼈다는 것이다.[824]

이처럼 두 사람의 공통된 정서는 '황군은 해방자'라고 인식한다는 점이고, 그런 입장에서 좌담회에서도 이들은 일본군에 의한 중국 해방의 필요성이 절절히 논의되었다. 문제는 이렇게 하면서까지 이들이 얻는 것은 무엇인가이고, 실제로 속마음도 마찬가지인가 하는 점이다.

본 좌담회는 그들의 파레시아를 이해하는데 중요한 단서였다. 당시 기자는 베이징에 대한 인상이 어떤가를 물었다. 김동인은 "청나라 260년간은 물

---

823) 임학수,『전선시집』, 1939.9, 37~38(周妍宏, 2019, 35~36쪽. 재인용)

824) "(박영희) ○○역에 도착하니 황혼이었어요. 참으로 창밖은 만리 평원입니다. 어디에 적병이 숨어있는 줄도 모르게 이렇게 적요한 광야에 차창에서 우연히 내다보니 그 앞 산꼭대기에 총 끝에 칼을 꽂아 들고 있는 보초가 한 명이 우뚝 서 있어요. 그래서 우리 차창을 바라보고 있어요. 만리 낯선 곳[胡地]에서 이 광막한 벌판에서 외로운 몸이 한 점 공포의 빛 없이 이 진지를 지키느라 보초로 서고 있구려. 나는 그만 가슴이 뜨거워 오름을 느꼈습니다."(朴英熙·金東仁·林學洙, 상동,『三千里』(11-7), 1939년 6월 1일, 9쪽).

론 멀리 중원문화의 발상지인 것 만큼 문물제도가 몹시 크고 번화하고 찬란한 것은 말할 것 없다."고 하였다. 반면 박영희는 대단하다는 말은 아끼면서 "우리는 군부의 호의로 군용차를 타고 서태후 노닐던 만수산(萬壽山)도 보고 자금성(紫禁城) 더구나 북해(北海)라는 넓은 못(池)도 보았는데 그저 몹시 크다는 느낌."[825]이라고 했다. 전자는 과거에 대한 적극적 해석이, 후자는 소극적 해석이 두드러진다.

전체적인 좌담회 분위기는 군사 기밀이 많다는 이유로 군대나 혹은 시국 이야기를 피하고자 시시콜콜한 이상만 다루고 있었다. '조선보다 물가가 비싼가요?' 혹은 '여관 밥값은?' 정도였던 반면, 그다지 친절한 설명은 없었다. 다만, 일본인이나 조선인에 기만적인 '호가(呼價)'에 마음이 상한 듯하다. 박영희는 베이징의 야마토(大和)호텔은 2급 여관인데 4, 5원 정도이고 다른 오지의 일본인 여관은 3, 4원 정도나 윈청(運城)여관에서는 보잘 것 없는 여관인데 5원이나 받는다고 했다. 김동인도 '베이징 물가도 일본인이나 조선인에게는 비싸고 중국인 자기들끼리는 싼듯하다.'고 꼬집었다.[826] 요컨대, 황군의 선의가 넘치고 조선인의 계몽과 지원으로 활력을 심어주는 데도 중국인들은 여전히 멸시받아도 살 만큼 이기적이고 배은망덕하다는 이야기이다.

② 노구교에서 느끼는 무심함이란?:
나는 욕심이 없지 않을 수도 있지 않을 수도…

박영희에게서 노구교란 어떤 곳일까. 중일전쟁 발생지라는 지극히 다크한 공간에서 느끼는 조선인의 연민은 무엇일까.

(박영희) 노구교에 이르렀다. 길고 긴 다리는 무심하게 가로놓인 채 그대로 있다. 다리 아래는 탁수가 곤곤히 흐르는데 천변에 듬성듬성 핀 붉은꽃은 무엇을 말하나?…(중

---

825) 朴英熙·金東仁·林學洙, 상동, 『三千里』(11-7), 1939년 6월 1일, 9쪽.
826) 朴英熙·金東仁·林學洙, 상동, 『三千里』(11-7), 1939년 6월 1일, 11쪽.

략)...시골집도 없는 한적한 곳이다. 지나가는 여행객이 이 다리를 무심하게 밟고 갈 뿐이다.[827]

참변의 장소이자 역사의 거대한 격랑을 만든 그곳에서 박영희는 그저 무심하고 정지된 공간 이상의 감정을 피력하지 않았다. 그저 그곳은 연경(燕京) 8경의 하나로 본래 아름다운 것이고, 한적한 곳이었으며, 지나가는 여객이 무심히 건너는 곳일 뿐이었다.

이런 무심과 유심의 교차는 임학수의 『전선시집』 노구교우조(盧溝橋羽調)[828]에서도 잘 드러난다. 여기서 임학수는 너는(중국)은 무슨 운명이기에 '오천 년 기나긴 해'동안 뭐하고, 이제 '어진 선비[處士] 다 버리고, 그 많은 일본군을 불러서 이런 전쟁을 하게 만드느냐?'라고 물었다. 마치 같은 피압박 식민지인으로서 파괴되어가는 중국에 대한 연민인 듯하다.[829] 하지만 그렇지 않았다. 연민의 시어는 '욕망을 치장하는 또 다른 화장술'이었다.

그러면서 임학수는 노구교우조를 통하여 노구교사건이 주는 참혹함을 읊었다. 즉, 노구교 사건으로 인해 '창칼이 부딪치고''화광(火光)의 하늘을 녹여 동아천지를 싸움의 도가니에 빠뜨려서 형제와 형제가 내달리고 형제와 자매가 흩어지게 하였다.'고 가슴 아파했다. 마치 이 미치광이 같은 전쟁 자체에 대한 분노와 원망인 듯, 중국인의 아픔을 대변하려는 휴먼적인 외침으로 위장되었다.

하지만 임학수는 이 모든 비극이 중국측이 먼저 쏜 총탄에서 시작되었다는 사실을 분명히 한다. 일본군은 피해자이고, 중국군은 가해자라는 것이고,

---

827) 박영희, 『전선기행』, 박문서관, 1939.10, 53~54쪽(周妍宏, 2019, 61쪽. 재인용)
828) 임학수, 『전선시집』, 1939.9, 46~51쪽(상동, 63쪽).
829) 周妍宏은 "임학수는 중화제국에 대한 실망감보다 전쟁 속 중국에 대한 섭섭함을 표시했다. 동양문화의 중심국이었던 중국이 전쟁에서 점차 무너지는 모습을 보며 무력감을 느꼈다."라고 하면서 이들이 식민지인으로서 동변상련의 마음으로 중국의 무너지는 모습에 가슴아파한 듯 해석하였다(상동, 62쪽).

비극을 시작한 원조(元祖)를 징벌하기 위하여 정의롭고 선한 일본군 그리고 그것을 돕는 조선인이 '안타까운 시선으로 중국을 어루만진다.'고 하였다. 그만큼 일본군은 정의롭고 든든한 존재라는 것이다.

> (박영희) 내가 위험하다고 생각하는 곳에는 반드시 황군이 지키고 서 있다. 그의 정의의 총검이 번쩍이고 있었다. 어찌 황군에게 감사하지 아니하고 이곳을 지낼 것이랴! 황군의 그 충용(忠勇)한 정신도 결국은 일본정신의 진수[精華]이지마는 그 정신이 가는 곳마다 정의와 평화가 있게 되는 것이다.[830]

그러면서 중국의 재건은 일본 및 조선과의 새로운 관계를 구축함으로써 시작된다는 점을 부각했다. 임학수가 「중국의 형제에게」라는 시에서 '봄은 오리라. 오, 봄은 오리라. 곤산(昆山)에 황하에 산 제사드린 후 영원한 봄은 오리라.'[831]고 했듯이 낙후된 중국인민을 격려할 수 있고, 새로운 중국을 건설할 기회가 생기게 될 것이라고 하였다. 자신들의 행위(황군위문단)가 장차 중국을 해방하고, 조선의 비상을 촉진하는데 무언가 도움이 될 것이라는 기대감을 품은 채 서정성을 더하고, 고적함을 읊고 별 욕심이 없는 듯한 태도로 그 먼 곳들을 여행했다는 것이다.

③ 조선인들 중 잘사는 사람도 있으나, 부정한 업자들이 많다.
좌담회에서 조선인들이 어떻게 사느냐에 대한 질문에 박영희는 '부정(不正)한 업자'로 아편밀매, 요리업 등을 하면서 산다고 했다. 김동인의 지인들은 주로 자본가였고, 박영희는 주로 저급한 조선인과의 이야기를 꺼내면서, '베이징에 사는 조선인들의 지위는 낮으며, 원주민인 중국인들은 조선인을 잘 믿지 않는다.'고 하였다.

---

830) 박영희, 『전선기행』, 박문서관, 1939.10, 13쪽(상동, 102쪽. 재인용)
831) 임학수, 『전선시집』, 1939.9, 23쪽(상동, 72쪽).

(박영희) (지나)사변 전후하여 몇만 원, 몇십만 원 모은 분도 몇이 있다고 하나 수는 적고 대다수는 모두 부정업(不正業)을 하여 생활하는 듯해요. 간 곳마다 놀라운 일은 조선여자의 낭자군이 전조선 각지에 많다는 점. 차에 타보면 조그만 트렁크 하나를 들고 한쪽 편에 앉아서 오늘은 이 지방으로 내일은 저지방으로 물풀[水草]같이 흘러다니더군요.[832]

조선인 출신지에 대한 질문에도 김동인은 평안남북도 출신이 많다고 하고, 도쿄나 오사카에는 경상 전라사람이 많은 것과 비교되는데, 아마도 지리적인 영향 때문이라고 하였다.[833] 실제로 1940년을 전후하여 중국 톈진에 진출한 조선인 자본가 사례를 보면, 출신 지역이 주로 평양 · 정주 · 태천 · 선천 · 의주 등 조선 서부라는 점이 독특하였다. 이 지역의 기독교적 베이스와 관계가 있다고 추측된다.[834]

흥미로운 것은 기자가 '조선인 선무반원이나 경찰관은 없는지요?'라는 질문에 박영희는 '선무반원으로 활동하는 이가 있다.'고 했다. 당시 조선인 중에서 일본의 특무기관인 흥아원(興亞院)과 결탁하거나 선무반원으로 활동하면서 일본군의 향도나 밀정으로 활동했던 사례가 자주 있었다.[835] 당시 이 북중국에서 활약하던 친일 조선인의 주머니는 총독부 경무국에서 지출하는 기밀비에 큰 영향을 받고 있었다.

경무국장은 단호하게 기밀비 사용처는 말할 수 없다고 하고, 절대로 말하지 않습니다. (미군정에서) 경무국장은 기밀비 문제로 집중적인 책임추궁을 당했습니다. 이건 조

---

832) 朴英熙·金東仁·林學洙, 상동, 『三千里』(11-7), 1939년 6월 1일, 11쪽.
833) 朴英熙·金東仁·林學洙, 상동, 『三千里』(11-7), 1939년 6월 1일, 11쪽.
834) '시국대책조사회(1938.8)'에서 북중국과의 경제 연계가 강조되고, 특히 1940년대 이후 총독부가 조선 서부의 공업력과 중국의 원자재를 결합하려는 정책을 추진하면서 이 지역 기독교 베이스에서 성장한 조선인 자본가의 진출을 촉진한 것이 아닌가 한다[김인호, 『태평양전쟁기 조선공업 연구』(신서원, 1998), 72~74쪽].
835) 朴英熙·金東仁·林學洙, 상동, 『三千里』(11-7), 1939년 6월 1일, 12쪽.

IV 제국을 이기자. 513

선인의 밀정을 쓰던지 등 어떻게 한다는 것으로, 북지 쪽도 손을 뻗고 있었습니다. 북지의 조선인에 대한 회유책, 그쪽에서부터 독립운동이나 공산주의자가 온다. 1945년(쇼와 20) 1월경에는, 상당히 위험한 때였다. 조선인의 독립주의자나 공산주의자들에게 회유의 약을 먹게 해서 눌러 둘 필요가 있었습니다. 그런 것을 말하면, 그 사람들이 불쌍합니다. 친일이라든가, 돈을 받았다던가 해서, 이렇게 되면 살해당하고 만다. 더구나 그 사람들이 지금 안티 재패니즈(anti-Japanese)가 되어 와자지껄 떠들고 있습니다.[836]

미츠타 나오마사의 증언을 보자. 미츠타는 총독부 재정국장이니 돈의 흐름을 가장 정확히 아는 자였다. 미츠타는 당시 돈으로 500만원 정도를 총독, 총감, 경무국장이 활용하면서 주로 국내외 특히 북중국 방면의 조선인 독립운동이나 공산주의 운동을 저지하고, 항일 조선인을 회유하는 자금으로 활용하고 있었다고 증언한 바 있다. 거대한 돈이 이들에게 흘러가면서 총독부 '콩고물'을 탐내던 많은 조선인들이 밀정과 선무공작 세력으로 활약하게 된 것이다.

미츠타는 어느 정도 돈이 이런 사상공작에 사용되었는지도 말하고 있다.

쓰치야: 기밀비는, 조선에서는 특별한 사용처가 있었나요?
미즈타: 이건 이미 사상공작(思想工作)입니다. 이 기밀비라는 것에는 상당히 신경을 쓰고 있었던 것 같습니다.
쓰치야: 상당한 액수였겠죠?
미즈타: 아뇨, 보통 때에는 대체로 300만 엔입니다.[837]

어쨌든 이런 사상공작 아래서 조직적으로 만주, 북중국 지역 조선인의 사상공작이 이뤄지고 있다. 조선에서만 300만원 사용했다고 했으니, 만주나

---

836) 미즈타 나오마사(水田直昌), 「제9화 총독부 종정(終政) 십유(拾遺)」, 『재정·금융정책의 측면에서 본 조선통치와 그 종국』(『조선재정금융사담』, 友邦協會, 조선사료편찬회), 1962.7. 157쪽.
837) 미즈타 나오마사(水田直昌), 상동, 157쪽.

북중국쪽으로는 200만원 정도 사용된 것으로 추정된다.

마지막으로 소감을 묻는 기자의 질문에 김동인은 대체로 불만스러운 여행이었고, 중국에 대해서도 외세 침략에 무덤덤한 영역과 반대로 각종 운동이 벌어지는 영역 등 대조적인 모습이 상존하는데 주목하였고, 온갖 나라의 문명과 인종이 교류하는 모습에도 느낌이 있었다고 했다.[838]

전체적으로 김동인은 '있는 그대로의 중국'에 관심이 많았고, '긍정적인 조선인 이미지'를 술회한 반면, 박영희는 현지 조선인의 부정적인 모습에, 그리고 조선인에 대한 불신감이 커보였다. 임학수는 황군의 역할 즉, "중국인 양민을 진정으로 보호·애무하는 광경"에 감격하면서 후방에서의 봉사정신을 더높일 것을 주문하였다.[839]

(2) 우리는 자랑스러운 일본군 향도(嚮導):

조선생명보험 사장 한상룡의 텐진 조선인의용대 및 이주농촌 투어

① 일본군의 텐진(天津) 점령을 도운 조선인 의용대

1940년 초 국민정신총동원 경기도 참여(參與)인 한상룡(韓相龍, 1880~?)[840]은 다음과 같은 기대를 안고 북중국 시찰단에 참여하였다.

---

838) "(김동인) 중국이란 덩어리 큰 곳이구나 하는 느낌을 가졌어요. 거리에 나서도 거기에는 파리나 뉴욕의 최첨단 도시에 내놓아도 부끄럽지 않을 초(超)모던 여성이 있는가 하면 아직도 문밖 출입을 하지 않는 『사서오경』 속의 옛 여성이 있고 건물도 한쪽에 삘딩 한쪽엔 3,4천년 이래 고수해 오던 옛 제도 그대로 있으며 문명도 그렇지요. 구미 열국이 수십 년을 두고 침범하는 대로 그냥 내맡겨 두는 둔감이 있는가 하면 한쪽에선 각종 운동이 일어나고. 온갖 나라의 문명과 인종이 들어와서 그 속에서 모두 교류하고 있는 것이 중국이더군요."(朴英熙·金東仁·林學洙, 상동, 『三千里』(11-7), 1939년 6월 1일, 12쪽.)

839) 朴英熙·金東仁·林學洙, 상동, 『三千里』(11-7), 1939년 6월 1일, 12쪽.

840) 1880년 10월 16일 서울 출생하였고, 일본에 유학하였다. 1903년 12월 한성은행 중역. 1908년 6월 한성실업협회 상의원, 9월 동양척식주식회사 설립위원, 이사 겸 조사부장, 고문으로 활동하였다. 한일병합 이후 한성은행 전무이사. 1914년 경성부 부협의회 의원 및 시정5주년기념 조선물산공진회 평의원, 대정친목회(大正

나는 이번에 북중국을 시찰하고...(중략)...나의 희망은 북중국에 있는 일지인(日支人, 일본인 중국인)들이 한층 더 조선을 재인식하길 간절히 바라는 것입니다. 또 반도에서 많은 일본인과 조선인 자본이 들어와서 사업에 착수할 수 있었으면 합니다. 인적으로도 반도(半島)의 큰 기여를 희망합니다.[841]

한마디로 조선과 만지(만주와 중국)사이의 경제협력을 가속화 하고자 하는 목적이었다. '조선을 재인식하라.'는 것은 1940년 당시 일본본토에서 추진하는 「국토계획요강」에 총독부가 추진하던 조선의 역할을 강조한 '조선국

<그림 72> 한상룡

토계획'이나 '생산력확충계획'을 그다지 인정하지 않는 분위기에서 나온 것이었다. 당시 일본은 국토계획 상에서도 조선을 일·만·지(日滿支)와 같은 등급이 아닌 황국계획의 하부단위 즉, 관동주나 사할린과 같은 수준에 배치하였다. 당시 총독부는 일(日)·선(鮮)·만(滿)·지(支) 일체를 주장하면서 일만지와 조선간의 경제협력을 기획하던 차였다.

이에 필자는 북중국에서 조선경제의 역할을 제대로 인정받기 위해선 '조선내 있던 일본인 및 조선인 자본가들이 적극 이들 지역으로 진출하고, 조

親睦會) 평의원장에 선임되었다. 1918년 6월 조선식산은행 창립위원. 1920년 3월 조선실업구락부 이사장이 되었다. 1927년 6월 중추원 참의가 된 후 1941년 5월까지 네 차례 연임하였다. 1934년 12월 조선국방비행기헌납회 고문으로 추대되었다. 1938년 3월 경기도 방공위원회 위원, 7월 국민정신총동원조선연맹 이사, 국민정신총동원 경기도연맹 참여(參與)로 위촉되었다. 1941년 9월 조선임전보국단 발기인 및 고문으로 활동하였다. 1943년 9월 국민총력조선연맹 사무총장. 1944년 2월 조선중요물자영단 평의원, 9월 국민동원총진회 고문을 지냈다. 1945년 2월 훈2등 서보장을 받았다. 1945년 7월에는 조선국민의용대 고문으로 활동하였으며, 해방 후 1947년 10월 30일 사망하였다.
841) 韓相龍, 「事變後의 現地朝鮮民衆, 靑島 濟南의 活·氣, 北支一帶에 朝鮮人 增加率 激甚」, 『三千里』(12-8), 1940년 9월 1일, 74쪽.

선인 노동력도 적극적으로 이 지역으로 진출하기를 기대한다.'라고 하였다. 필자가 이렇게 주장한 것도 역시 당시 조선에서 중소기업 경영난과 노동자 구직난이 심각하였고, 이를 여기 북중국에서 해소하고 싶은 의지를 드러낸 것이기도 하였다.[842] 하지만 일본은 조선을 중국과 만주국처럼 대할 생각이 전혀 없었다. 당시 미즈타 재무국장의 증언을 보자.

조선총독부는, 행정을 어떻게 해야 하는가에 대해 내지(일본본토)로부터 어떤 지침도 있을 리 없었습니다. 왜냐하면 소위 외지를 통할(統轄)하는 것은 내무성이고, 척무성이라는 것은 없었던 것입니다. 그것은 대동아성(大東亞省)이 되어 있었습니다만 대동아성이 관할하는 것은, 만주나 중국이나 필리핀 등지였습니다. 소위 조선, 관동주, 대만 같은 곳은, 내무성의 일국(一局), 관리국이라는 것이 관할하고 있었던 상황이었습니다. 따라서 조선, 대만 같은 곳에 어떤 조치를 할 것인가 하는 것에 대해서는, 무엇인가 지시가 있어야 마땅하지만 이미 중앙정부에서는 외지에 대한 것을 생각하는 사람이 한 사람도 없었다고 할 수 있습니다.[843]

대동아성이나 척무성이 아닌 내무국의 일개 국이 담당하는 상황에서 조선만의 국토계획, 엔블록차원의 일선만지연관 공업화 계획은 원초적으로 격이 다른 것이었다. 조선총독부의 주장이 결국 꿈이나 희망 사항에 그치는 이유는 바로 여기에 있었습니다. 본토는 조선을 중구과 만주국처럼 대할 생각이 전혀 없었던 것이다.

한편, 중일전쟁 직후 이 지역 조선인이 조직한 조선인의용대를 소개하였

---

842) 한상룡은 중일전쟁 직후 텐진 거주자 142만 명 중에서 일본인은 5만명, 조선인은 8천 명정도였다고 하는데, 전쟁 전보다 일본인은 4만 명, 조선인은 4천 명이 증가한 수치라고 한다. (韓相龍, 상동, 『三千里』(12-8), 1940년 9월 1일, 70쪽). 아마도 그런 목적과 긴밀한 관련이 있는 듯하다.
843) 미즈타 나오마사(水田直昌),「7화 종전 당시의 금융조치와 그 상황」,『재정·금융정책의 측면에서 본 조선통치와 그 종국』(『조선재정금융사담』, 友邦協會, 조선사료편찬회), 1962.7. 118쪽.

다. 이들은 일본군이 텐진에 들어올 때 의용대특별반을 구성하여 일본군의 향도가 되었다고 하였다. 특히 특별반 백광철의 '장렬한 전사'로 인해 주목을 받게 되면서 의용대 신청자가 급증하여 1940년 현재 300명에 달했다고 한다. 처음에는 20명만 입영시켰지만 점차 60명으로 늘였다는 것이다.[844] 그 외 의용대특별반은 '조계(租界)봉쇄' 조치 당시 임검하거나 파수병 등을 맡았고, 일본군이 일당(日當)을 주려 했으나 거절했고, 받은 경우는 몽땅 국방헌금했다고 한다. 그야말로 '애국의 한 마음[赤誠]에 불타고 있는 청년들'이라는 것이다. 또한 텐진에서 수해가 났을 때 '시중에 배를 띄우고 일본인과 조선인 부녀자를 피난시키는가 하면 인명을 구조하고, 일본인에 대하여 구명작업을 훌륭히 해서 특별한 성적을 보였다.'고도 하였다.

한편, 필자는 이곳 루타이(盧臺)에서 총독부가 동양척식회사를 통해 토지 약 2,900정보를 매입하여 조선 농민을 이주시킨 '루타이농장'을 만들었다고 소개한다.

> 조선농민에는 2,400정보를 분배했고, 중국인 농민에게도 500정보를 분배했습니다....(중략)...사업자금은 180만 원이며, 지금 착착 완성되고 있습니다. 그리고 1호에 논 2정보, 밭 4정보를 주었으며, 더욱 조선 농민에게는 25개년이 지나면 토지를 작인 소유가 되도록 합니다. 이주농민은 대체로 평안북도에서 오는 자가 많은 듯합니다. 그래서 총독부에서는 알선해서 농구와 농량, 기타 비품을 대부하고, 저리자금을 대부합니다.[845]

---

844) "조선인의용대로서 사변 직후에 조직되었어요. 최초 日支 양군이 天津驛에서 교전했을 때 조선인 청년으로만 조직된 의용대특별반은 제1선에서 상당히 활약했다고 합니다. 그때 백광철(白光哲)이라는 이가 장렬한 전사를 하였습니다. 이후 조선인 청년 중 이 의용대에 가입을 신청하여 인원이 증가되었습니다."(韓相龍, 상동, 『三千里』(12-8), 1940년 9월 1일, 70쪽).
845) 韓相龍, 상동, 『三千里』(12-8), 1940년 9월 1일, 71쪽.

<표 9> 1930년대 이후 톈진지역 주요조선인 자본가 현황

이름	출신	이주년	활동내용
鄭致宗		1932	초기: 미곡상인(평창양행)통관업인 금광양행 1938년부터 동아무역공사
李成守	평북	1932	약장사, 야시장 전전 1938년부터 잡곡무역을 하는 오복양행(잡곡무역)
白敬淳		1933	밀무역 그 뒤 덕성양행(화장품전문점)과 은하카페 경영
金尢一	의주	1939	미곡상(관공서납품), 천진에선 미곡, 식료품상
李世炳	안동	초기	헌병대통역, 富士屋양복점
金履泰			천진상업졸, 요리업, 여관업, 운수업, 1940년 이후 白河카페(천진 최고카페) 경영
鄭碩贊		9·18사변경	밀무역, 중일전쟁 후 덕신양행(군수품납품 무역상, 특무기관과 연계), 덕원반점(중국집 60여 개 경영, 1940.5)
申曜澈	재령?	1942	보성전문 법과 출신, 경성부 근무, 1942년 천진 미츠이 물산 입사
金一煥	평양?	1924	천진거류민단 직원, 金工務所(1932, 토목건축업, 베이징, 安東, 濟南, 蘆台, 塘古, 壹蘆島에 출장소, 토목계의 覇者, 청부공사 1백만 원 이상), 조선인민회장(1939), 천진거류민단 유일한 한인의원,
蔡泰碩	펑텐	1936	일본군 軍屬, 여관업, 중일전쟁시 종군, 남시에서 미술사진관 三友照像 개업(한인 유일의 사진관)
金贊亨	펑텐?	1940	신성상회(펑텐), 정미업(천진)
金震根	진남포?	1938	동창상회, 영흥상회(진남포), 천진신성상회(수십만 원 수익), 태성상회
金碩龍	광동	1939.6	광동 동남대학 졸, 삼정물산특약점, 안동신신무역상회 및 123상회, 평안철공주식회사 취체역 1939년 6월 천진 이주 북진상점(이발기구, 화장품, 大工道具, 割箸, 折箱 등 취급)
李夏國		1934	죽촌양복점, 竹村商行(1940, 양복부외 무역부, 전기기구부 설치)

金鎭泰	춘천	1939	화신무역천진출장소 초대소장

출전: 『朝鮮日報』(1939년 4월 25일) 및 「천진조선인의 활약상」(『朝光』 제6권 제10호, 1940년 10월) 이외에도 김병수(천진택시), 유주용(순천의원), 장익조(송평약방), 김원제(화풍공사), 김태환(일화목재), 이윤근(보현사 포교주임), 이원화(요동공사), 장세만(조선인민회회장, 천진일본거류민단의원) 등의 조선인 자본가가 등이 있었다. 이들은 천진일본영사 다시로 시게토쿠(田代重德), 총독부 파견 천진 일본영사관 조선과 주임 다카지마 쇼타로(高島正太郞) 등과 연계된 인물들이었다.(『朝鮮日報』 1939년 4월 15일자; 황묘희, 「침략전쟁시기 천진의 친일한인조직연구」, 『한국독립운동사연구』(28), 2007, 365~368쪽에서 재구성).

실제로 <표 9>에서 보듯이 루타이(蘆台)농장에 관계한 김일환도 평양 출신이며, 1940년 10월 현재 텐진에 거주한 조선인 자본가도 대부분 조선북부 특히 평안도 출신이다.

② 베이징과 제남, 청도의 조선인 상황: 과거는 부정적이었으나 이제는 달라졌다.

베이징에는 당시 총인구 170만 명 중에 일본인이 5만 명으로 텐진과 비슷하고, 조선인은 2만 명정도라고 하였다. 모두 텐진처럼 전쟁 이후 인구가 급증했다고 했다.[846] 그런데 문제는 당시 베이징의 조선인이 대체로 '부정한 직업'에 종사하는 경우가 많았다는 점이다. 1940년 현재 북중국에 거주하는 조선인 중에는 이러한 직업때문에 '종래 당국의 견책을 받은 자가 상당히 많았으나, 지금은 그 방면의 단속이 매우 엄중하고, 또한 민중의 자각이 향상되면서 속속 바른 직업(正業)을 가지는 상황이라고 하였다.

칭따오에서는 연초업을 하는 진남포 출신 임훈(林薰)의 사업을 소개하였다.

임훈은 평안남도 진남포인이다. 일찌기 독일에 유학했으며, 1935년에 칭따오(靑島)에 가서 영사관으로부터 연초제조 허가를 얻었다. 공장을 두 개 만들었는데, 기계는 30대 정도이고, 1년에 양절(兩切) 연초를 약 50억 개피를 생산한다. 종래 북중국에선 영·미 트러스트가 큰 세력을 떨쳤지만, 현재는 임훈의 연초공업 때문에 영·미 트러스트는 30%

---

846) 韓相龍, 상동, 『三千里』(12-8), 1940년 9월 1일, 71쪽.

밖에 점유하지 못한다. 70%를 임씨가 판매하고 있다. 이 사업은 유망하여 제2 계획상으로 100억 개피 생산을 예상한다. 현재는 미쓰이(三井) 물산에 전량 판매의뢰 중이며, 1년에 지불되는 수수료만도 백만 원에 가깝다. 이 회사는 주식회사지만 전부 임훈이 소유하고 있고, 불입자본금도 5백만 원 전액을 불입할 계획으로 허가원을 내었다. 지금은 중국과 영국간 관계가 별로라서 중국 당국도 영·미 트러스트가 생산한 연초를 시중에 판매하는 것을 막는 상황이므로 임훈씨 회사 제품은 더욱 유리할 것이다. 이 회사는 총독부에서도 인적, 물적으로 상당히 원조하고 있고, 실로 유망하다.[847]

골자는 완전한 조선인 회사인 임훈의 **연초주식회사는 ①조선총독부의 적극적인 인적 물적 지원과, ② 미쓰이 물산을 통한 판매로 확보 ③영국과 갈등 중인 중국 당국의 영국회사 제품 통제 등의 이유로 날로 성장하고 있다는 말이다. 즉, 일본본토 자본과 조선총독부의 지원 그리고 중국 당국의 도움을 받는다는 것이다. 여기에는 필자가 일선만지(日鮮滿支)의 협화 아래서 조선인 사업이 번창한 사례를 소개함으로써, '조선경제 홀대 분위기'을 반전시키고, 궁극적으로 만지(滿支)와 어깨를 나란히 할 조선경제의 위상을 보이려는 의지가 담겼다고 할 수 있다.

(3) 이들은 일본군을 돕는 멋진 조선여인:
『경성일보』 부인 기자들의 북중국 투어

① 내몽고 조선인 친화회(親和會)가 성심을 다해 일본의 진출을 돕다.

『경성일보』의 부인 기자인 전희복(田熙福, 창씨명 田村芙紀子)은 1941년 4월 25일 베이징역에서 일몽(日·蒙) 친선을 목적으로 묘목를 심고자 북중국 몽강(내몽고)의 수도인 장자커우(張家口) 지역에 있는 몽고연합자치정부 등을 방문하였다.

---

847) 韓相龍, 상동, 『三千里』(12-8), 1940년 9월 1일, 74쪽.

어디를 가나 나무가 없어서 푸른 빛 보기 힘들다. 기와집도 있지만 대개 목축을 하기에 양털로 만든 담요 같은 것으로 파우를 짓고 산다. 이것은 기후를 따라 더운 데로 찾아다니는 그들의 생활에 지극히 편리한 것이다.[848]

당시 몽고자치정부에는 일본인과 조선인 여성이 모두 100명, 남자는 1,000명 정도 근무하며, 조선인 총수는 1,800명이라는 소리를 들었다. 의사, 잡화상, 요리업, 사진사, 생선판매업, 은행, 군속, 운전수 등에 종사하면서 일부는 상당한 수입을 버는 등 '생활에 어려움이 적다.'고 했다.[849]

또한 필자는 조선인 친화회(親和會)에 대해서도 소개한다. 몽강 지역의 따둥(大同), 바오터우(包頭), 펑진(豊鎭) 등지에는 군부나 영사관의 도움을 받아서 설립된 친화회 조직이 있는데, 친목(親睦), 향상(向上), 협력(協力)을 표어로 활동한다고 한다. 특히 전사·상 군인에 대한 원호 활동에 힘쓰고 있다고 했다.

상이용사 위문은 말할 것도 없고 전몰 용사들의 장례식 등에 성심껏 도움을 주며, '포위습격 사건' 때에도 반도 부인들이 적군 습격의 제일선에까지 나가서 생명을 걸고 식량 운반과 밥 짓기와 간호 등에 전력을 다했다고 한다.[850]

당시 일본의 원호사업은 1938년 10월 3일 쇼와 천황이 고노에 수상을 통하여 내탕금 300만원을 주고, 「군인원호에 관한 칙어」를 발표하면서 활기를 띠었다.[851] 이에 고노에 내각은 하사금을 기금으로 하여 군사원호사업을 담당하는 은사재단을 설립하기로 하였다.[852] 이에 조선을 비롯한 피점령지 각

---

848) 전희복 등, 「紀行·北支紀行, 朴燕岩의 지나든 자최를 다시 찾어, 日蒙親善使節兩女士의 手記 萬里長城을 넘어」, 『三千里』(13-7) 1941년 7월 1일, 84쪽.
849) 전희복 등, 상동, 『三千里』(13-7) 1941년 7월 1일, 85쪽.
850) 전희복 등, 상동, 『三千里』(13-7) 1941년 7월 1일, 86쪽.
851) 「軍人援護事業에 優渥한 勅語下賜 內帑金三百萬圓下賜(東京)」, 『동아일보』, 1938년 10월 4일.

지에 훈령이 발표되고, 군사원호강화조치가 시행되었다.[853] 특히 조선에서
는 기존의 조선군사후원연맹(朝鮮軍事後援聯盟)을 은사재단 군인원호회(軍
人援護會)로 전환하고, 그동안 적용을 미뤄왔던 「군사부조법」(1937.3.31.)도
1939년 6월 9일 전상자 발생을 계기로 실질적으로 적용하였다.[854] 이런 조
치는 해외에서도 마찬가지였다. 여기 내몽고 조선인도 친화회를 구성하여
군인원호를 강화하고자 했다. 이러한 움직임에 군부나 영사관도 적극 지원
하였다.

② 경성 덕성여자실업학교 교장 송금선, 베이징의 조선인 아편치료소를 가다.

송금선(宋今璇, 창씨명 福澤玲子)은 베이징을 보고 "진실로 깊고, 넓고, 크
고, 웅장해서 동양문화의 근원지라고 새삼 깨달았다."[855]고 하고, 이렇게 거
대한 인력과 기술로 문화재를 만들다니 참으로 대단하다고 했다. 하지만 필
자는 정작 현대의 중국은 초라하며 그렇기에 이런 비능률적인 중국은 반드
시 개조되어야 한다고 했다.

송금선의 이런 어법이 절절히 드러난 곳이 바로 이화원 탐방이었다.

서태후는 산책할 때도 땅을 밟지 않고 햇빛을 보지 않은 듯하다. 안내인에 따르면 마
당 한쪽에 놓인 바위는 스촨성(泗川省) 어떤 부잣집 자기 집에 있는 것을 서태후한테 바
치려고 옮겨온 것이라고 한다. 문제는 운반이 너무도 어려워서 운반하는 사이에 그 사
람은 늙고 가진 재산도 운반비로 다 탕진했다고 한다.[856]

---

852) 「어 하사금으로 은사재단을 설립, 군사원호사업을 통합」, 『朝鮮日報』, 1938년 10
　　월 5일.
853) 「군인원호에 관한 칙어 및 어하사금에 관한 건」, 『조선총독부관보』, 1938년 10월 5일.
854) 김현아, 「총력전체제기 육군특별지원병제의 실상과 군사원호-황국신민화의 관
　　점에서-」, 『한일관계사연구』(62), 474쪽.
855) 전희복 등, 「紀行·北支紀行, 朴燕岩의 지나든 자최를 다시 찾어, 日蒙親善使節兩
　　女士의 手記 萬里長城을 넘어」, 『三千里』(13-7) 1941년 7월 1일, 87쪽.
856) 송금선 등, 상동, 『三千里』(13-7), 1941년 7월 1일, 88쪽.

그림 73 만주 매이추얼(煤球兒; 연탄구이) 제조
모습 (출전:
https://www.pocketbooks-japan.com/products
/detail/14334)

필자는 이화원 조성을 말하면서 중국의 비능률적인 인공(人工)이 얼마나 중국인의 고혈을 짜게 한 것인지 보여주려 했다.

조선인 조성걸(趙聖杰)이 경영하는 자선계연소(自善戒煙所: 아편쟁이 재활원)를 방문하였는데, 절터를 빌려서 만들었다고 하며 10,000평이 넘었다. 일본인, 조선인 환자가 많았는데, 조선인 여성도 15명이었다.

참말 제국 국민으로서의 체면을 구기고 있는 것은 부끄러운 일이요, 유감스럽다. 남자들도 그렇겠지만 여성들은 보통 생활을 위해서 소규모 아편 밀수를 하다가 조금씩 먹게 되고 결국 중독되고 말았다.[857]

이곳에선 재활과 더불어 일감 알선까지도 한다고 하며, 여성은 간호부, 사무원으로, 남성도 각각 능력에 따라 직장을 알선했다고 한다.

다만, 거기서 하는 일감은 수익창출보다는 심신단련용이며, 직업 습득용이라고 했다. 남자는 매이추얼(煤球兒; 연탄) 만들기, 목공, 경작, 구두만들기, 양말 제조 등의 일을 했고, 여자는 양말코 꿰매기, 채소밭 가꾸기 등을 하였다.

흥미로운 것은 '여기 수용되었다 나온 사람 중에는 현재 제일선에서 나라를 위해 활약하는 인물도 있다.'[858]고 하는데, 일본군이 필요로 하는 특수 작전에 활용된 경우를 말하는 듯하다.

857) 송금선 등, 상동, 『三千里』(13-7), 1941년 7월 1일, 88쪽.
858) 송금선 등, 상동, 『三千里』(13-7) 1941년 7월 1일, 89쪽.

(4) 우리는 일본인, 무적 황군의 위용을 보아라:

기자 서춘(徐椿)의 동아신문기자대회 참석기

① 동아신문기자대회에 참가하는 길에 남중국을 유람하다.

본 기행문은 서춘(徐椿, 1894~1944)[859]이 1941년 7월 19일 서울을 출발하여 51일간 남중국의 타이완, 산터우(汕頭), 샤먼, 상하이, 난징, 쑤저우, 항저우, 칭타오 등지를 유람하고 9월 17일 돌아와서 작성한 것이다. 여행 중 8월 4일부터는 꽝뚱(廣東)에서 개최된 '동아신문기자대회'에 참가하였다. 필자는 '본 대회는 왕정웨이 정권의 후원으로 1941년 8월 4일부터 나흘간 우리일본측(조선 포함) 22명, 만주국 7명, 중국 79명 등 총 108명의 신문기자들이 중산기념당(中山紀念堂)에

<그림 74> 서춘(徐椿) (출처: 오마이포토)

---

859) 1894년 평안북도 정주(定州) 출신으로 1919년 2·8독립선언 실행위원으로 조선청년독립단 명의로 발표된 독립선언서에 서명하고 독립시위를 전개하다 체포되어 금고 9월형을 받았다. 출옥 후 1926년 교토제국대학 경제학부를 졸업하였다. 귀국해 1926년 10월 동아일보사에 입사, 경제부장과 조사부장을 역임하였고, 1933년 8월 조선일보사 주필 겸 경제부장을 지냈으며, 1934년 5월 조선물산장려회 선전부 이사를 맡았다. 1934년 12월부터 1937년 11월까지『조선일보』주필을 역임하였다. 중일전쟁 전후 친일 행위를 본격화하였고, 1939년 5월 국민정신총동원조선연맹 참사, 6월 조선문화사 사장, 7월 배영동지회 평의원과 국민정신총동원조선연맹 기관지『총동원』의 편찬위원 등을 맡았다. 1940년 9월부터 1942년까지『매일신보』주필을 지내면서 시국강연, 전국순회시국강연반의 강사로 활동하였다. 1941년 1월 국민총력조선연맹 사상부 참사와 선전부 이사, 5월 국민총력조선연맹 문화부 출판부문 연락계 9월부터 10월에는 조선임전보국단의 경성지역 발기인과 평의원으로 활동하였다. 1943년부터 매일신보사 주필로서 중역을 겸하였고, 9월에는 국민총력조선연맹 선전부 문화위원회 위원으로 임명되었고, 종로익찬위원회의 호별(戶別)방문대에 참가하였다. 1944년 4월 매일신보 주필로 재직 중 사망하였다(한국민족문화대백과사전).

모여서 개최한 것.'이라고 소개했다. 당시 지식인들이 보통 민족별 인원을 소개할 때 일본인 몇, 조선인 몇, 중국인 몇으로 부르는 것이 상식이었다. 그런데 '우리 일본인'이라면서 조선인을 그 속에 시켰다. 아마도 조선인을 일본인과 동등하고 동질적인 집단으로 설명하려는 취지인 듯하다. 앞서 많은 여행가들이 일본인에게 차별받는 현실을 강조하면서 쓴 것과 비교한다면 훨씬 일본인과 동질적 입장으로 나아간 것을 보여준다. 아직은 쉽게 나올 수 있는 말은 아니었다.

한편, 필자는 본 회의의 개최 목적을 이렇게 소개한다.

> 일·만·중국이 제휴하여 공동의 복지를 누리며 공존공영할 유일한 길은 동아의 모든 민중이 신동아건설 인식을 철저히 하는 것이고, 이렇게 민중들이 각성하게 하려면 우선 삼국의 기자가 악수하고 그 이치의 선전을 촉진해야 한다.860)

두말할 것 없이 '신동아건설의 효과적인 선전 방법을 찾는 회의'라는 것이다. 그렇다면 서춘이 꿈꾸는 신동아란 무엇이란 말인가.

<그림 75> 1941년 광동에서 개최된 동아신문기자대회 모습

나는 이 스호(西湖)의 절경을 조망하면서 만일 이 호수를 조선의 금강산 옆에 들어다 놓든지, 금강산을 스호 곁에 두면 그야말로 세계 최고의 명승지가 되리라 생각했다.…(중략)…그러나 일본과 중국이 손잡고 대동아(大東亞)가 명실공히 공존공영하는 때 스호를 금강산 옆에

---

860) 每日新報社主筆 徐椿, 「中南支視察記-東亞新聞記者大會에 參席하고와서」,『三千里』(13-11), 1941년 11월 1일, 71쪽.

놓지 않더라도 아침 먹고 금강산 구경하고 비행기로 또 스호에 날아가서 구경하면 옆에다 놓은 것이나 마찬가지일 듯하다.[861]

즉, 일·선·만·중국이 합심하여 동아공동체를 구성하면 부국강병은 물론이고 민리민복에도 큰 시너지 효과가 나타나리라는 희망이었다.

사실 서춘은 알았을 것으로 보이는데, 당시 일본은 1940년에 「국토계획설정요강」을 수립하였는데, 1941년 4월부터 1950년까지 10개년 장기계획으로, 최고위 계획인 「일·만·중국 계획」이 모든 계획의 기준이 되었다. 그 아래 「황국(皇國)중앙계획」과 「만주국계획」·「중국계획」이 병렬하였는데 조선은 「황국중앙계획」의 하부 단위인 「외지계획」으로 분류되었다. 1940년에 결정된 일본의 국토계획은 그야말로 조선경제를 사할린 수준으로 낮춰보는 그야말로 '조선 홀대'의 의미가 역력한 것이었다. 늘 일·선·만·중국의 협력을 외치던 총독부는 아연실색하였다. 총독부로선 조선경제의 발흥을 위해선 어떤 형태이든 '일·만·지국토종합개발계획'에 끼어야 했다. '조선이 사할린이나 관동주와 비슷한 위치라니!'

조선을 홀대한 여러 가지 이유가 있겠지만 무엇보다 남방 전선에 필요한 자원을 급속하게 조선에서 구해야 하는데, 아직 조선은 그럴 역량이 안 된다는 평가 때문이었다. 엔블록 차원에서 조선에 대한 '홀대'가 노골화되는 상황에서 당시 조선총독부를 비롯한 조선의 언론들은 적극적으로 이를 타개하기 위하여 조선과 만주, 중국이 연대한 동아공동체의 필요성을 강조하고, 적극적으로 중국과 연대하려고 하였다.[862] 서춘의 발언은 바로 이런 분위기에서 나온 것이다.

861) 每日新報社 主筆 徐椿, 상동, 『三千里』(13-11), 1941년 11월 1일, 71쪽.
862) 김인호,『조선총독부의 공업정책』, 일제침탈사연구총서(23), 동북아역사재단, 2021.12, 338쪽.

② 우리는 일본인, 무적 황군의 위용을 보아라.

필자는 1941년 7월 21일 타이완으로 가는 도중, 어느 항구에서 군수품 하역 장면을 보았다. 여기서 필자는 이 전쟁은 '일·중 전쟁'이 아니라 '조·일 연합군과 중국과의 전쟁'이며, 조·일 연합군은 곧 대일본제국 황군이라고 주장하였다.[863]

그러면서 중일전쟁 발발 이후 중국 해군은 자취를 감추었고, 타이완에서 남중국해 일대의 모든 바다의 배는 모두 일본제국의 것이라면서 상하이, 난징, 한커우를 신속하게 점령한 데는 물론 육군의 힘도 컸지만 1만 톤의 군함이 양자강을 거슬러 올라간 결과'라고 하여 일본 해군이 제해권 확보한 점을 높이 평가하였다.

해군뿐만 아니라 중·남중국 방면의 황군도 "전투와 동시에 건설도 한다. 점령 구역의 방비선 철책, 트럭운전, 교량 건설, 각 관리공장 등에서 일하는 사람은 모두 우리 장병이다. 이처럼 '일면 작전, 일면 건설'에 장병의 수고야말로 매우 크며", 이런 노력이 신동아 건설의 초석이라고 본 것이다.[864]

그러니 조선인들은 저기 일본인처럼 어려움을 인내하고 어리석은 태도를 근본적으로 교정하여, 일본인들도 놀라는 조선인이 되자고 하면서 1920년대식『민족개조론』시기나 볼 수 있는 철 지난 계몽적 주장을 펼쳤다. 그런 사고의 배경에는 당시 이미 조선인 다수가 '아시아 일등 국민'이라는 인식에 침윤되었고, 총독부도 적극 조선인의 자발적 동원을 위하여 이런 조선인의 자긍심을 높이는 조치를 취하던 것과 긴밀히 관련된다.

엄청난 더위 속에서도 (황군) 모두가 일하는데, 조선에서 덥다고 피서를 가는 것은 남의 흉내나 내는 안일과 허영에 들뜬 수작이다. 세계를 널리 바라보지 못하는 자의 행세인 것이다. 일본 신민이 실로 세계를 무대로 활보하려면 더위쯤으로 더워서 일을 못한

---

863) 每日新報社主筆 徐椿, 상동, 『三千里』(13-11), 1941년 11월 1일, 63쪽.
864) 每日新報社主筆 徐椿, 상동, 『三千里』(13-11), 1941년 11월 1일, 71쪽.

다거나 피서를 해야겠다는 어리석은 태도를 보이는 것은 근본적으로 바꾸어야 한다. 그리고 우리나라 청년이 세계 어디에 내어놓아도 능히 견딜 강력한 체력을 가지게 하려면 일본 영토 안에서 가장 더운 지방에서 '더위참기 훈련'을 시키고 또한 가장 추운 곳에서 '추위참기 훈련'을 시켜야 한다.[865]

아직도 '게으른 조선인'에게 혹독한 '인고(忍苦)'가 필요하다는 주장이다. 이런 '조선인 인내론＝조선인 얼차렷'은 당대로서도 무리하고 철 지난 주장이었다. 총독부로서도 이런 '조선인 얼차렷'이 가져올 위험성을 이미 알고 있었고, 총독부 당국은 물론 친일파조차 받아 들이기 힘든 과도한 주장이었다.

그럼에도 필자는 '제2의 일본인'답게 조선민족 자체를 일본인 수준으로 서슴없이 교정해야 하고, 이를 위해 강인한 정신적 개조를 동반할 강력한 얼차렷이 필요하다는 주장을 서슴치 않았다. 일본인보다 더한층 일본을 숭앙하는 조선인이 되고 만 것이다.

③ 꽝뚱인 이야기, 조선판 오리엔탈리즘

필자가 꽝뚱에서 놀란 것이 빈민이 너무 많다는 것이고 빈부격차가 격심하다는 것이었다.

그들은 최하층에 속하는 가난한 자로서 걸인에 가까우며 무리를 지어서 마치 거지와 흡사하였다. 그들은 물이라 해도 과언이 아닐 죽으로 겨우 배고픔을 참고 있었다. 그러나 꽝뚱에는 부자 또한 많아서 사치와 향락이 격심하다. 이러한 현상은 사변(중일전쟁) 전에는 더 심했다고 하며 사변 후에 줄었다고 하는데도 이모양이다. 황군이 꽝뚱을 점령할 당시만 해도 부자들은 모두 영국령 홍콩이나 프랑스령 인도차이나나 포르투갈령 샤먼, 혹은 말레이 반도 등지로 피난해서 안락한 생활을 하며, 빈민들은 빈사로 굶주린 자가 많기 때문에 전화(戰火)가 미쳐도 더 가난하거나 더 괴로울 것이 없고, 도리어 전쟁에 편승하여 물자를 얻는 것이 오히려 다행이라고 여기는 모양이다.[866]

---

865) 每日新報社主筆 徐椿, 상동, 『三千里』(13-11), 1941년 11월 1일, 65쪽.
866) 每日新報社主筆 徐椿, 상동, 『三千里』(13-11), 1941년 11월 1일, 66쪽.

필자는 이렇게 중국인의 너무나 심각한 빈부격차 그리고 빈곤한 삶을 떠올리면서 그들의 애국심을 의심하고 있다. 필자는 이러한 상황에서 볼 때 그간 '장제스의 정치가 얼마나 빈약'한지 알려주는 증거라고 했다. 다시 말해 중국군이 일본군에 연전연패하는 근본 이유라는 것이다. 나아가 필자는 이번 전쟁은 '중국인에 대한 연민(憐愍)'에서 시작되었으며, 전쟁 이후 일본의 노력으로 꽝뚱의 빈부격차가 감소하는 등 중국인 빈민들에게 새로운 희망을 주었다고 평가하였다.

필자는 일본군에 협조한 왕징웨이 정권에 대해서도 이렇게 평가하였다.

> 지나(支那)의 물가는 화평구역과 항전구역이 각각 다르다. 화평구역 인민은 현재 신동아건설, 일·중(日支)친선 등을 갈망하는 중이며 물가는 싸고, 치안이 확보되어 의식주 걱정이 없다. 황군은 백성에게 친절하여 그들은 모두 황군에게 감사한 마음이다. 반면 항전구역의 물가는 등귀하여 백성의 생활은 날로 위협받는다.[867]

이런 비교를 통하여 왕징웨이 정권 아래서 사는 것이 장제스 치하에서 사는 것보다 훨씬 윤택하다는 사고를 유도하고자 했다.

필자는 꽝뚱의 빈민 중 특히 단민(蛋民, 바닷가 사람)은 너무나도 위생 관념이 없다고 했다.

> 그들은 주강(珠江)에 배를 띄우고는 그 배를 집으로 삼아 일생을 거기서 생활한다. 강에서 출생해서 강에 사망한다. 주강은 원래 탁류로서 더럽기 말할 수 없는데 게다가 단민들이 대소변을 버리기 때문에 더럽기 한량없다.[868]

'중국인은 천하고 더럽다.'라는 인식은 고정적으로 '조선인의 중국인 멸시 프레임'을 구성할 때 사용되는 중요한 재료였다. '더럽고, 냄새난다.'는 중국

---

867) 每日新報社主筆 徐椿, 상동, 『三千里』(13-11), 1941년 11월 1일, 70쪽.
868) 每日新報社主筆 徐椿, 상동, 『三千里』(13-11), 1941년 11월 1일, 67쪽.

멸시적 묘사를 통하여 철저하게 천년 이상 찌들린 사대(事大)정서를 일소하는데 활용되었다. 즉, '중국인=뙷놈=몡놈=뺏놈'이라는 멸시관은 조선인 자긍심과 탈(脫)중국식 사고를 가속하였다는 것이다.

이제 일본군이 들어오자 조선인의 '대 중국인 멸시관'은 한층 심화되면서 조선인에 대한 중국인의 불필요한 오해와 적개심을 조장하였다. 그러다 일본을 대신한 앞잡이나 전쟁 길잡이로 오해받아서 많은 조선인이 덧없이 희생되기도 했다.

흥미로운 것은 필자가 꽝뚱 중국인과 일본인이 서로 용모, 체구, 안색이 서로 비슷하다고 본다는 것이다. 차이가 있다면 가슴이 일본인보다 좁다는 것. 필자는 왜 이런 말을 했던가.

> 꽝뚱인은 그 신장이라든지 혹은 용모, 체구, 안색이라든지, 그 생긴 모양 전체가 내지(일본)인과 꼭같다. 한 가지 다른 점은 광동인 가슴이 일본인 가슴보다 좁다는 것이다. 꽝뚱인은 북방인과 달라서 키가 싱겁게 크지 않고 북방인에 비하여 용모는 아름다운 편이다. 그리고 열대에 가까운 지방이라 땀을 많이 흘려도 목욕을 자주하므로 북방인처럼 체취가 나지 않는다.[869]

일본인과 꽝뚱인은 서로 유사한 민족으로 진짜 중국인들과 달리 일본인처럼 청결하고 아름답다는 의미였다. 이는 역시 꽝뚱인을 중국인 영역에서 솎아내어서 일본인과 닮은 일본인의 협력자로 만들려는 색다른 인종 이데올로기였다.

한편, 꽝뚱에서는 서양식 건물이 많은데 이는 특히 부자가 된 화교들이 송금한 돈으로 치장한 결과였다고 한다. 하지만 더 중요한 것은 지난 100년 동안 무조건으로 복종했던 중국인들이 이제는 조계(租界) 지역의 서양식 건물과 의복 등에 염증을 느끼고, 중국인의 돈으로 건축한 결과라는 평가이

---

869) 每日新報社主筆 徐椿, 상동, 『三千里』(13-11), 1941년 11월 1일, 68쪽.

다.870) 꽝뚱인의 자존심이라는 말이고 이 또한 꽝뚱인이 다른 중국인과 다른 괜찮은 민족임을 드러내려는 표현이다. 물론 필자의 속셈은 역시 '일본인과 친한 꽝뚱인의 양성'이었다.

그러면서 장제스를 다시 비판한다. 장제스도 서구적인 건물을 대대적으로 건축하고자 했고, 한편으로 군비확충을 추진했으나 능력 부족으로 두 가지를 동시에 이룰 수 없었다는 것이다.871) 두 가지의 성공을 위해선 '고도국방국가의 완성에 더욱 총력을 발휘'해야 하며, 장제스처럼 엄청난 돈을 들인 고대광실에서 살지는 못하고 '보잘것없는 건물에서 생활할지라도 대포와 군함을 더 만들어서 국민의 행복을 약속해야 한다.'는 논리였다.

④ 쑨원을 도운 화교, 국민정부의 정통성은 왕징웨이 정권에 있다.

필자는 쑨원이 '한(漢)족을 위하여 동지를 모았고 중국을 중국답게 하고자 만난(萬難)을 무릅썼기에 불후의 공적을 이루었다.'고 평가하였다. 그렇지만 이런 혁명운동이 성공하는데는 화교의 도움도 컸다고 하였다. 화교들이 '혁명에 필요한 모든 자금과 기타 선전비, 군자금 등'을 뒷받침하였고 자신들도 혁명에 가담했다는 것이다.

> 지금은 중칭(重慶)의 괴뢰정부에서 활약하는 쿵시앙시(孔祥熙), 쑹즈웬(宋子文), 쑹메이링(宋美齡) 등은 모두 화교의 아들, 딸이다. 그러나 오늘날 쑨원의 정통 계승자는 장제스나 쿵시앙시나 쑹메이링이 아니라 국민정부 수석 왕징웨이(汪精衛)라는 것 또한 잊어선 안 된다.872)

---

870) 每日新報社主筆 徐椿, 상동, 『三千里』(13-11), 1941년 11월 1일, 68쪽.
871) "아마 장제스는 도시 건물의 서양화와 함께 군비충실을 병행할 방침이었던 것으로 추측된다. 그러나 병행하기란 현실적으로 어려운 일이다. 고로 이것도 사실 전에 듣던 것과 달리 장제스의 군비가 엄청나게 빈약한 이유 중 하나일 것이다."(每日新報社主筆 徐椿, 상동, 『三千里』(13-11), 1941년 11월 1일, 69쪽.)
872) 每日新報社主筆 徐椿, 상동, 『三千里』(13-11), 1941년 11월 1일, 69~70쪽.

필자는 결국 쑨원은 화교의 도움을 받았고, 쑨원의 정통성은 왕징웨이가 받았다는 말을 하고 싶었다. 그래서 오늘날 "많은 화교들이 전향해서 왕 주석이 주재하는 국민정부 산하로 돌아온다."고 소개하였다.

(5) 환경이 좋아서 잘 살구만:
중추원 참의이자 변호사 이승우의 타이완, 화남 시찰기

○ 중국과 달라서 부유한 타이완, 우리도 타이완처럼 되어야 한다.

본 기행문은 중추원 참의이자 변호사였던 이승우[873]가 1941년 8월 경 "타이완의 산업상황 시찰 및 중국내 조선인 생활상황과 황군 위문"을 목적으로 한 경성부회(오늘날의 서울시 의회와 유사) 주최 황군위문단 일원이 되어 타이완을 방문하면서 경험을 작성한 것이다. 이 글을 통하여 태평양전쟁 전후 친일 조선인은 타이완을 어떻게 각인하고 있는지 보여준다.

먼저, 필자는 19세기 '조선인들의 타이완 진출'을 이렇게 설명한다.

(조선인의 타이완 이주는) 약 50년 전부터 시작된 것은 분명한 듯하다. 그 목적은 모두 생활난으로 금전이 있으면 금광[新金山, 南洋諸島 및 타이안 등지]이라고 떠드는 바람에 삼십육계로 마지막 일확천금을 꿈꾸고 정다운 고국산천을 등지고 사랑하는 가족과 친지를 떠나 객고의 신산(辛酸)을 먹으며 참고 길거리 걷는 것을 낙으로 삼아 인삼(人

---

873) 이승우는 1889년 충북 진천군 초평면 출생하였고, 일본 중앙대학 법과를 나온 후 1919년에 변호사 등록을 하였다. 1925년에는 조선박람회 평의원이었고, 1936년 6월 13일 중추원의 참의가 되었고 1937년 7월 30일에는 경성군사후원연맹 결성에 주도적 역할을 하면서 국방헌금을 비롯하여 '애국공채'(公債) 발행에도 개입하였다. 1937년 9월에 경성부회가 파견한 군위문사로 북지(北支:북중국) 전선의 일본군 병사를 위문·격려하는 활동을 벌였으며, 경기도 '애국기' 헌납 발기회라고 하는, 일제에 비행기를 헌납 행사에도 참석하였다. 1938년에는 조선총독부 시국대책조사회의 위원, 시국대응전선사상보국연맹 경성지부장이 되었으며, 지원병제 실시 축하대회의 실행위원이 되었다. 1940년에는 기리무라세우우(梧村升雨)라는 이름으로 창씨개명하였고, 1945년에는 대의당 위원으로 참여하기도 했다.

蔘)행상으로 이 섬에서 배회한 것이 바로 이주의 시작이다.[874]

가난해서 일확천금을 꿈꾸고 흘러 흘러 이곳에 왔으며, 1910년대에도 거주하는 조선인은 손가락으로 셀 정도였다고 한다. 그래도 타이완은 조선인에게 풍요로운 곳으로 각인되었던 곳이었다. 1928년에 타이완을 방문한 개성상인 공성학(孔聖學)의 언급을 보자.

> 산업은 농업이 주가 되어, 쌀을 해마다 두 번씩 수확하는데 600여만 석이나 되어서 250여만 석을 수출하고 있으며, 감자 19억 근과 차 1,900여만 근, 땅콩 50여만 근, 콩 종류가 10여만 석이었다. 이 땅의 특산물이 파초 열매는 한 해 생산이 2억 8,000만 근이어서 수출하는 금액이 1,300만 원이며, 파인애플 수출액은 170만~180만 원이다. 사탕 생산액은 8억 근이고, 장뇌와 기타 임산수산광산 등 연간 수출 총액이 2억 6,700만 원이며 수입은 1억 7,000만 원이었다. 초과한 수출 금액이 1억 원에 가까웠으니 그 풍부함을 알 만하였다.[875]

개성상인답게 그들의 풍족한 경제능력에 대한 관심이 짙다. 1941년 8월에 방문한 필자에게도 타이완은 풍요의 땅이었다. 여기는 '사탕수수와 미곡 생산이 풍부하고, 쌀값도 조선보다 싸며, 생산도 2모작이지만 배급제라서 1인당 1홉 8작 정도 배급하고, 남는 쌀은 몽땅 일본본토로 수출한다.'고 했다. 당시 조선의 쌀 배급은 1인당 2홉 5작으로 타이완보다 높은데, 이는 조선인 우대라는 의미보다 조선인의 식습관이 워낙 밥 중심인 상황에서 불가피한 선택이었다고 했다.

---

874) 朴潤元,「臺灣에서 生活하는 우리 兄弟의 狀況」,『개벽』(창간 1주년 기념호), 新文館, 1921, 75쪽(황선미,「일제강점기 대만 문단에서 활약한 조선인 박윤원」,『中國學』(60), 2017.09, 117쪽에서 재인용).

875) 공성구 지음, 박동욱 옮김,『香臺紀覽』, 태학사, 2014. <5월 13일, 대만의 이모저모를 기록하다>, 57쪽(최해연, 2019,「20세기 초 조선인의 중국 여행기록에 나타난 서양문화 인식」,『洌上古典研究』(67), 442쪽에서 재인용).

필자는 임산 자원에 대해서도 조선과 비교하였다. '엄청나게 넓은 임야가 조선과 비교되며, 수목 중 가장 쓰임이 많은 나무가 노송나무(檜)라고 하면서, 타이완은 참으로 농산물의 혜택에 이어서 수목의 혜택도 큰 지역'이라 부러워하였다. 다만, 잦은 비로 인해서 물이 지난 곳은 황폐해지고 있다는 것이고 이에 황무지를 정리할 필요가 있다는 것이다.

필자는 타이완인들이 왜 잘 살까도 생각하였다.

> 타이베이(臺北)의 태평정(太平町)은 많은 중국인이 사는 곳으로, 마치 서울의 종로 거리 같습니다. 어느 점에서는 종로보다 훨씬 번화합니다. 각지 중국인 생활도 유복합니다. 어쨌든 이런 타이완에서 특별히 좋은 조건은 의복비가 별로 들지 않는다는 점입니다. 일본본토(內地)의 기모노처럼 욕의(裕衣)나 면제품 등이 전혀 필요 없습니다. 이점은 경제 방면에도 큰 도움이 됩니다. 저들의 생활에서는 석탄이나 신탄 등도 필요 없는 듯하며, 여기에다 생활양식도 중국식이기 때문에 무척 간단합니다. 따라서 돈이 모이지 않을 도리가 없겠지요.876)

날씨가 좋아 별다른 옷이 필요하지 않고, 별다른 땔감이 필요없기에 돈을 쓰고 싶어도 쓸 곳이 없으니 온전히 저축된다는 것이다. 필자의 원인규명을 보면, 정작 '타이완 공업화로 인한 국민소득 증대'877) 운운하는 오늘날 식민지근대화론자들의 주장을 뒷받침할 내용은 전혀 없다. 친일파조차도 공업화보다는 날씨 등 환경적 요인이 타이완의 상대적 풍요를 촉진하였다고 보았던 점은 주목할 만한 내용이다. 오히려 생활면에서는 중하류 그룹의 생활은 외관상 타이완인이나 조선인이나 그다지 차이가 없다는 것이다.

다만, 중류의 생활자 중 남자들은 50원 정도의 수입이 있고, 외관은 빈약하나 살림은 대단히 알차게 구성되었다고 평가하였고, 조선도 이것을 참고해야 한다고 했다. 또한 옷입는 것도 조선에선 흰옷보다 색의를 장려하는 중

---

876) 中樞院 參議 梧村升雨(辯護士 李升雨), 상동, 『三千里』(14-1), 1942년 1월 1일, 72쪽.
877) 김낙년, 2000, 「식민지기 대만과 조선의 공업화 비교」, 『경제사학』(29), 73쪽.

이라고 하면서 타이완은 중국식 의복 대신 양복 착용을 장려하지만 제대로 지켜지지 않는다고 하였다.

교육 면에서 필자는 아직 조선에서는 의무교육제가 아닌데, 타이완은 이미 1943년부터 실시될 것이라는 점에 주목한다. 제대로 교육받지 못한 주민에 대해 황민숙을 만들어 교육하고 있는 점을 흥미롭게 보고 있었다. 당시 조선에서는 사상범을 대상으로 대화숙을 만들어 교육하던 점과 비교하면 일정한 차이가 있다. 필자는 이런 타이완의 의무교육을 무척 부러워했고, 조선에서 전면적인 의무교육 실시에 대한 기대감도 컸다.[878]

한편, 조선의 국민총력연맹과 유사한 타이완의 황민봉공회에 대해서도 관심을 보였다. 다만 조선과는 달리 구장(區長)이나 반장(班長)을 모두 일본인으로 임명하는 점이 다르다고 했다.[879] 왜 그런지는 말하지 않았다. 사실 일본인들과 타이완인들은 대단히 친화적이었다. 그다지 일본인 중심 봉공회 조직에 반감을 우려할 상황이 아니었다. 반면, 조선의 경우는 일본인에 대한 지속적인 혐오로 인해 어쩔 수 없이 반장, 구장 등을 조선인으로 임명한 것이 차이였다. 그리고 특히 타이완에서 출산률이 상대적으로 높고 사망률이 낮은 현상에도 무척 관심을 가졌다.

이렇게 타이완인이 좋은 환경에서 잘살고 있는데, 특히 타이완인(본도인)이 상업을 잘하고, 상점도 일본인보다 훨씬 많다고 하면서, "타이완인은 생활비가 그다지 들지 않아 자연스럽게 상업에 투자할 여력"이 있기에 가능하다고 진단하였다. 조선처럼 협정가격, 공정가격, 정지가격 등이 있지만 그 외 판매가격 제도도 있어 타이완인 가게에 가면 상품별로 이 네 가지 가격이 모두 적혀 있다고 한다. 보통 판매가격은 총독부 지정가격보다 비싼 것이 일반적인데, 여기서는 다른 가격들보다 싼 점에 무척 놀라워한다.[880]

---

878) 中樞院 參議 梧村升雨(辯護士 李升雨), 상동, 『三千里』(14-1), 1942년 1월 1일, 73쪽.
879) 中樞院 參議 梧村升雨(辯護士 李升雨), 상동, 『三千里』(14-1), 1942년 1월 1일, 74쪽.
880) 中樞院 參議 梧村升雨(辯護士 李升雨), 상동, 『三千里』(14-1), 1942년 1월 1일, 75쪽.

한편 고사족(高砂族) 생활도 탐방하였다. 이들 종족에 대해선 1928년에 탐방한 개성상인 공성구(孔聖求)의『香臺紀覽』,(1928년 5월 7일 기록)와 약간 결이 다른 해석이 보인다.

본래 이들은 평지에 살았으나, 한족의 압박을 받아서 산으로 갔고, 종족은 무릇 7종이며, 언어풍속이 상이하다. 740여 부락(社)이 있고, 인구는 총 13만에 달한다. 성품이 사납고 모질며[猛獰], 몸가짐이 경쾌(輕快)하고, 용감하게 싸우는 것을 좋아하니[好勇鬪悍], 자기종족끼리는 단결일치가 긴밀하여 협력하여 외부 침략을 방어한다. 어업과 수렵을 주업으로 하니 마치 원시민족같다.881)

공성구는 중국인과의 갈등 문제를 특별히 강조하였는데, 필자도 마찬가지로 점점 중국인의 압박을 받아서 산으로 도망갔고, 이런 이유로 두 종족간 사이가 별로 좋지 않다고 한 점은 일치한다.882) 그런데 역시 경제인인 공성구는 이들 생번(生蕃) 즉 고사족이 점차 성질이 온화해져서 현대정치에 귀화하게 되고, 생활 수준이 높아져서 납세율이 높아지며, 근대화된 교육제도 아래 의사 등 인재들이 양성된 점을 강조한 반면, 필자는 옛 악습은 사라졌지만 인정이 많은 종족으로, 수렵을 아주 잘하지만 당시 전시통제경제라서 탄환이나 화약을 입수하기 어려워서 창과 칼로서 사냥을 한다고 하여, 여전히 전근대적인 원시생활을 하는 모습을 강조한다.883)

왜 달랐을까. 탐방일시가 각각 1920년대와 1940년대로 시대 분위기가 달

---

881) "臺灣生蕃本居平地, 而為移住漢族之所壓迫, 退居山間者. 種族凡七類, 言語風俗相異, 而七百四十餘社, 人口總計十三萬餘人. 品性猛獰, 動作輕快, 好勇鬪悍, 而自族之間團結堅密一致, 協力防禦外侮. 漁業及狩獵資生, 宛如原始民族, 而就中熟蕃蕃性質稍溫, 歸化于現代政治, 角板山住民盖此類也. 觀其生活狀態, 單純質朴似無物外之欲, 而近來敎化漸進, 生活稍稍改善, 內有貯金納稅者, 且有卒業醫專開業于山頂者矣."(陳慶智, 2014.2,「『香臺紀覽』기록에 투영된 일제시대 臺灣의 모습」,『동아시아문화연구』(56), 262쪽의 원문인용).

882) 中樞院 參議 梧村升雨(辯護士 李升雨), 상동,『三千里』(14-1), 1942년 1월 1일, 75쪽.

883) 中樞院 參議 梧村升雨(辯護士 李升雨), 상동,『三千里』(14-1), 1942년 1월 1일, 76쪽.

랐다는 점이 하나의 원인이었을 것이고, 공성구는 개성상인, 이승우는 대의사 정치인이었기에 타이완 경제의 진로와 이들의 대응에 대한 이해방식이 달랐을 수도 있다. 하지만 전체적으로 타이완과 중국과의 갈등을 강조하면서 타이완의 풍요를 말하는 부분은 일치한다. 이는 타이완을 시찰하는 조선인의 뇌리에 '중국과 다른 타이완' 그리고 '중국과 달라서 부유해진 타이완'이라는 이미지가 짙게 자리한 것을 보여준다.

○ 화남은 우리 같은 친일파들이 다니기에는 너무 위험하다.

필자는 상하이 난징, 쑤저우 항저우 등지도 시찰하였는데, 가장 먼저 주목했던 것은 항일(抗日) 의열(義烈) 활동이었다. 자신은 '테러'라고 불렀다. '그중 상하이가 가장 위험해 보이고, 난징, 쑤저우, 항저우 등에서도 낮에 걷는 것은 괜찮지만 밤중에 혼자 걷는 것은 극히 조심해야 하고, 항저우에서도 4명씩 함께 걸어야 했고, 군대의 호위를 받아야 했으며, 쑤저우에서도 한산사(寒山寺)를 가려고 했으나 군대에서 저지하는 바람에 가지 못할 정도로, 이 지역의 치안이 좋지 않았다.'고 했다. 그만큼 항일운동이 지속적으로 일본군과 친일파를 겨냥하여 진행되던 사정을 보여준다.

필자 자신도 친일파라고 생각해서 그랬는지 혼자서 하는 방문을 멈춘 적이 있었다.

> 지난번 택시타고 멀리 나가려는데 운전수 중 적과 내통한 사람이 있다고 했습니다. 그 이후부터 소풍을 중지하겠다고 군인들에게 말했는데, (그도) 그러는 것이 좋겠다고 했습니다. 점령지역이라도 아직은 위험합니다.[884]

이처럼 친일파들은 자신의 친일 행위가 부지불식간에 자행한 것이 아니라

---

884) 中樞院 參議 梧村升雨(辯護士 李升雨), 상동, 『三千里』(14-1), 1942년 1월 1일, 77쪽.

이처럼 대단히 의식적이었고, 위험부담이 있음을 알고 있었다.

필자는 상하이에서 유난히 조선에 비해 흉악한 범죄가 많으며, 이는 500만 인구 중에서 다양한 민족이 섞여 사는 관계로 각종 사건이 많다고 했다. 필자는 중국인의 범죄가 항일운동의 이름을 달고, '묻지마 일본인 살해'를 자행하는 등 대단히 흉악하다고 했다. 즉, 흉악범죄란 결국 항일 의열활동이었다. 조선과 비교해서도 악질이며, 살인 건수도 조선에 비해 엄청나다고 했다. '단지 일본인이라는 이유로 무조건 죽인다.'[885]고 하여 항일의열투쟁이 참으로 비도덕적, 비윤리적이라는 점을 부각하려고 하였다.

한편, 필자는 중국법폐[화폐]가 인위적으로 평가절하되어 애꿎은 일본인 상업이 위협받고 있다고 진단하였다. 본래 법폐 1원은 일본의 1원인데, 법폐가 계속 평가절하가 되어서 일본군표 10원이 법폐 40원에 해당하는 상황이라고 하였다. 이에 물가가 앙등하고, 경제가 곤란하게 되었다고 하면서, 군표의 1/4 정도로 하락했는데도 물가는 30%밖에 떨어지지 않으니 일본인 상인들은 큰 손해를 볼 수밖에 없고, 일부는 파산하게 되었다고 전한다.[886] 여기서도 경기 불안은 일본의 침략이 아니라 중국당국의 무사안일한 경제정책 때문이라는 인식이 지배적이다.

한편, 환율도 엔화 100엔당 미국 달러로는 23달러 80센트라고 하고, 법폐는 100원당 5달러이니 일본 1엔은 정상적으로 법폐로는 4원 60전인데 법폐의 평가절하가 제대로 되지 않았다는 것이다. 그 이유는 물품을 일본화폐나 조선은행권이 아닌 주로 군표를 사용하여 구입하기 때문에 법폐의 평가절하가 온전하지 않아서, 법폐로 인해 동아공영권의 폐제가 혼란에 빠졌다는 논리이다.

즉, 필자의 계산법에 따르면, 일본화폐 100엔을 홍콩에서 미국 달러로 바

---

885) 中樞院 參議 梧村升雨(辯護士 李升雨), 상동, 『三千里』(14-1), 1942년 1월 1일, 77쪽.
886) 中樞院 參議 梧村升雨(辯護士 李升雨), 상동, 『三千里』(14-1), 1942년 1월 1일, 77쪽.

꾸면 23달러 80센트이다. 그것을 다시 상하이에 와서 법폐로 바꾸면 460원인데, 이것을 다시 일본화폐로 다시 바꾸면 1대 4이니 115원이 된다. 즉, 앉아서 15원 정도 이득을 본다는 것이다. 또한 군표 100원을 조선은행권으로 바꾸면 150원이 되는데 조선에 돌아가서 조선은행권 150원을 등가인 일본은행권 150원과 바꾸고 이것을 다시 상하이에 와서 군표와 바꾸면 군표 130원 정도가 된다는 것이다. 결국 군표 30원 정도 저축할 수 있다는 것이다.[887] 그만큼 대동아를 유지하는데 일본과 일본인의 희생이 무척 크다는 점을 부각하려는 의도라 할 수 있다.

○ 상하이 조선인 중 못된 자들이 많다.

이승우의 남중국 시찰은 위험하고, 경제적으로 불안정하며, 조선인들도 부정적이고 부도덕한 상업을 하는 인물이 많다는 등 부정적인 평가 일색이었다. 마지막으로 오는 길에도 중국 방면 함대 사령장관인 시마타(島田)를 방문하였다. 그 자리서 조선에서 때마침 창씨개명을 한다는 소식이 있어 무척 기쁘다는 소감과 지원병제도 실시에 대한 기대 나아가 조선인 일반이 해군 지원병 실시를 크게 희망한다는 대화도 주고 받았다.[888]

창씨개명과 지원병제가 조선인의 열망에 의한 것이라는 말은 여기 이승우만이 아니라 당대 친일파들이 지속적으로 주장하던 사안이었다. 사실 이승우의 발언과 일반 대중이 창씨개명과 지원병제도에 적극적이었다는 점은 그 내용과 지향점에서 일부 차이가 있다. 먼저, 친일거물의 경우 거기에 조선에서 일본인만큼의 정치적 영향력을 확보하려는 자치론적 염원을 반영하려고 했다. 그러니 친일적, 반민족적이라는 지적에 정확히 합치된다. 하지만 문제는 일반의 조선인이 왜 그렇게 많이 참가했냐는 것이다.

---

887) 中樞院 參議 梧村升雨(辯護士 李升雨), 상동,『三千里』(14-1), 1942년 1월 1일, 78쪽.
888) 中樞院 參議 梧村升雨(辯護士 李升雨), 상동,『三千里』(14-1), 1942년 1월 1일, 78쪽.

약술하지만, 이는 일본을 흠모하거나 제2의 일본인이 되어 이들 친일 거물들처럼 행세하기보다 현실적으로 '일족(一族)의 삶을 보장하는' 간교한 일본의 꼬임이 가장 큰 원인이었다고 본다. 또한 지원병을 통하여 조선인 내부에 존재하는 각종 차별들을 이겨내려는 지원자의 의지도 반영되었다. 완장차고, 계급장 달았을 때가 그것이 없을 때보다 훨씬 자신이 사는 직장이나 지역, 고향에서 훨씬 행세하기 좋았다는 현실적 가치를 부정해서는 안 된다. 요컨대, 이승우의 남방 탐구는 불안한 정세를 활용하여 조선인의 기회로 삼으려는 의지로 충만해 보였다.

2) 화중·화남 투어와 '돈과 열망'

(1) 대동아공영권 수립 공작: 상하이 지역의 조선인들

1936년 여운홍(呂運弘)은 상하이에 대해 다음과 같이 회상하였다.

> 난징로의 번성은 지금도 여전하다, 십여 층 건물도 자꾸 늘어가고, 아스팔트 위로 분주히 지나가는 근대 첨단의 남녀들도 더욱 늘어간다. 더구나 야경은 찬란하다. 네온사인이 하늘에 흐르는 별 모양으로 무수히 번득이고 있었다. 도쿄의 긴자(銀座)가 번영하지만 상하이 난징로의 화려함은 그 이상이다. 그러나 한 걸음 옆 골목에 발을 들여놓으면 거지 떼에 진저리를 치게 된다. 그 창백한 얼굴, 아편에 중독된 반신불수자의 사지에서 나는 악취, 거리에는 거지 외에 강도, 깽, 협잡배가 들끓는다. 한걸음 잘못 내 딛으면 제 몸에 진 재물은 물론 의복까지 심하면 생명까지 빼앗기고 만다. 전율의 범죄의 이 도시 그러면 스마(四馬)로에 있는 찻집 같은 데서 보는 세련된 남방미인의 매력에 세계의 온갖 인종이 모여든다.[889]

난징로가 여전히 번화하다는 말에서 '여전히'라는 말투를 볼 때, 이미 조선인들이 '상하이는 화려한 근대문명의 집산지'라는 인식을 가지고 있었던 것

---

889) 呂運弘, 「上海·南京·北京·回想」, 『三千里』, 1936년 12월 1일.

을 말한다. 하지만 그 화려함 이면에 거지, 강도, 협잡, 악취, 성매매 등 온갖 도시 뒷골목의 추잡함을 감추고 있다고 하면서, 그것이 가지는 요망함에 경계를 늦추지 않으려고 하였다. 하지만 조선인 자본가에게는 그런 상하이가 여전히 기회의 땅으로 여겨졌다.

적어도 중일전쟁이 실제로 조선인 자본가에게 자기 자본의 증식에 실질적인 이익을 주는 것이었다는 점을 직접 피부로 체험하고 있었다는 것이었다. 이러한 차원에서 군수산업의 확충을 겨냥하거나 만주로 진출을 꾀하는 조선인 자본이 크게 증가하였다. 예를 들어 민규식의 동방식산주식회사(東方殖産株式會社), 이병철의 삼성상회(三星商會) 경성방직의 남만면업(南滿綿業), 박흥식의 조선비행기공업주식회사 (1944.10.26) 등이 그것이었다. 특히 경성방직은 1930년대부터 만주에 이어 화북에도 공장 건설계획을 추진하고 있었다.[890]

조선인 개인자본가도 많이 진출했다. <표 11>에서 1939년까지 상하이 지역에는 철강, 제약, 무역, 정밀기계수리, 만년필, 잡화, 식품업 외에도 댄스홀, 카페, 위안소, 무역거래, 양품거래 등 주로 무역품거래업이나 전쟁 경기에 따른 영업체가 상당하였다. 이들 기업은 자본금 평균 2~3만원 정도 소규모 개인기업으로 운영되었다. 특히 전쟁 경기에 따라 조선인이 경영하는 위안소도 증가하고 자본금도 일반 기업체와 비슷한 2-3만원에 달한다.

1940년 이후 중국에서 왕징웨이 괴뢰 국민정부가 수립되자 이러한 분위기를 틈타 상하이, 난징 등지로 다수의 조선인 기업가가 상당한 자본과 기술 그리고 일제의 후광을 받고 침투하였다. 당시 중국에 침투한 조선인자본에 대하여 『대동아』(옛『三千里』)의 화중 특파원 박거영은 다음과 같이 묘사한다.

---

890) 京紡은 이미 1930년대 중반 華北지방에 공장을 건설할 계획을 세웠고 이후 입장이 바뀌어 滿洲 蘇家屯에 南滿紡績을 세우기로 하여 1939년 12월 16일 京城에서 창립총회(자본금 1000만원)를 가졌다. 1940년 27만여 평에 공장을 착공하고 1942년에 준공하여 1943년부터 조업했다. 자본금도 창립당시 25만원이었으나 1942년에는 1천만원, 1945년에는 1,300만원에 달했다.(京城紡織株式會社, 1989.12,『京紡 70年史』, 101쪽 참조).

여기 상하이에도 우리 반도 동포가 각 부문에 걸쳐서 활약하는 것이 적지 않다. 가령 거대한 아파트에 사무실을 정하고 수십 명의 외국인을 사무원으로 이용하며 수백만 원의 자본을 운용하는 회사도 만들어져서 국책(國策)에 응하여 산업경제 방면에 위대한 업적을 이루고 있어서 진실로 기쁘다.[891]

<표 11> 1939년 상하이 지역 중요 조선인 기업(단위 만원)

성명	회사명	업종	자본금
봉재룡	삼하흥업	철강	40
김형식	삼덕양행	제약	8
장두철	반도무역공사	무역	5
손창식	동해양행	정밀기계수리	3
김수인	문기공예창	만년필	2
백이순	동신양행	잡화, 양곡	5
김하종	덕태창	"	2
계춘건	-	"	3
김상용	구룡공사	무역	3
김인갑	-	"	2
최영택	-	"	20
한규영	한영무역공사	"	3
이태현	-	"	3
안준생	-	"	3
김창화	금화양행	김창화	3
임승업	임성공장	임승업	3
박동언	영화무역	무역	?
위혜림	혜신양행	무역	?
박일석	-	위안소	3
김일준	-	"	2
이창조	-	"	2
이상우	-	"	2
이치운	-	"	2

---

891) 朴巨影(大東亞社 中中國 特派員), 「蘇州, 無錫, 南京の朝鮮財界人の活動を見て」, 『三千里』, 1943년 3월호, 106쪽.

출전: 楊昭全 편『關內地區朝鮮人反日獨立運動資料彙編』, 1987, 95-96쪽. 및
「上海に於ける九千同胞の活躍を見る」,『三千里』, 1943년 '3월호, 1943년 3월호,
96~109쪽

　이러한 상황을 조선인 자본가는 자본 축적에 필요한 절호의 기회로 받아
들였다. 그 벅찬 감격을 당시 경성방직 사장 김연수(金季洙)는 다음과 같이
회고했다.

　　일본군이 파죽지세로 상하이와 난징 등지를 점령하자 그곳의 중국인 경영의 방직공
　장들이 거의 폐문 상태여서 직포난은 날로 격심해 갔다. 이 무렵부터 만주에서 인기를
　끌로 있던 불로초표 광목이 이번에는 화북 일대로 그 세력을 뻗쳐 경성방직은 크게 신
　장하게 되었다. 그것은 중국인들이 적대국가인 일본제품을 기피한 데서 생긴 현상이다.
　이 뜻하지 않은 국제무대에서 각광을 받으면서부터 경성방직은 생산에 박차를 가하여
　즐거운 비명을 올리고 있었다. 이대로 전진만 한다면 경성방직은 이제 한국의 경성방직
　이 아니라 동양의 경성방직이 되는 날도 그리 멀지 않을 것 같았다.[892]

　중국에 침투한 조선인 기업이 자본금이나 노동력 면에서 이전에 비해 규
모가 무척 커졌고, 자본금도 단위 기업당 수백만 원에 달하기도 했다.
　<표 12>는 1943년경 난징, 상하이, 쑤저우, 우시 등지에서 활동한 조선
인자본가이다.

<표 12> 中國 上海, 南京지역의 주요 朝鮮人資本家 (1943년 현재)

성명	출신	회사명	위치	개업연도	사업내용
奉命石	平壤	三河興業(株)	上海	?	알루미늄,식료,직물매매(자본금 70만원),철공업(100만원),지점 10개

892) 한국일보사 편,『財界回顧』(1, 원로기업인 편), 1981년, 94쪽.

林承業	平壤	京華産業(株)	"	1941	中國人과 합작, 정미·택시업 운영 (1943), 조선· 중남중국과 무역
朴東彦	?	永和貿易公司	"	1935	성냥공장(25만원), 석탄광(50만원), 직물(십수만원) 운영.
金亨植	牙山	佛慈藥廠	"	1935	製藥業, 지점 500여개소 중일전쟁후 200여개소 온존.
韋惠林	宣川 ?	惠新洋行	"	1931	생사, 차를 미국이나 일본본토에 수출.
崔泳澤	?	永華貿易公司	"	1924	印度絹 거래, 벽오지와 특산품 무역
李泰鉉	?	大利洋行	"	1929	興亞院의 지시로 대동아건설공작에 적극 가담, 정치적 영향력 행사.
辛錫福	?	東興會社	"	1941	본점자본 100만원, 상하이는 金貞基(전무)담당. 조선인중심회사
李東旭	義州	遠東公司	南京	1934	천진에서 무역업, 南京에는 1939년 개업
柳本壽泳	?	福記洋行南京支店	"	?	자본금 20만원 종업원 100명, 南京미곡조합간사,南京맥주조합장
李致顯	延白	德盛泰公司	"	1939	무역업
梁桂俊	義州	榮昌公司	"	1936	제남과 청도에서 大昌公司운영, 1938년 영창공사 개업
金仁湖	泰川	維新當洋行	"	1938	전당포, 인쇄업 운영
林光政	平壤	林工務所	"	1939	平壤工業學校 졸업, 中國에서 日中合作社業추진, 토목건설업 관여
秦繁	?	伊藤運輸公司	"	1938	벽오지 물자운송 영업
張承福	?	三福屋洋行	"	1939	농산물 관련 사업운영 , 軍國的 觀念이 현격함

金村壬石	定州	三大洋行	"	1939	39년 이주 대농장 경영, 철공장, 정미업으로 사업확장.
山田啓男	宣川	南京피복공장	"	?	軍指定工場(자본금 15만원).중국인 노동자(100명), 미싱 500여대
安田愼吾	和順	大京公司	蘇州	1937	37년 이주 자본금30만원 중일합작사 토산물,오지 물자무역
朴贊彬	?	長江精米所	無錫	?	조선의 정미업자 大山과 제휴, 연산 36만톤, 새끼공장 운영

備考: 1) 創氏이전 이름을 기록하는 것이 원칙이나 본명을 알 수 없는 경우 창씨명으로 기록함. 2) 大東亞社 中中國 特派員 朴巨影에 의하면 安田愼吾 외에도 蘇州에는 金家公司(金守仁), 中支産業社(金井勇), 三河興業支店(江嶋命), 廣信洋行(林輝三), 興源公司(吉田), 復興公司(國本), 蘇州洋行(遠山), 三和洋行(花村) 등이 유력한 조선인 실업가로 소개되었으나 자세한 사정을 알리지 않아 생략하였다.

出典: 1)「上海に於ける九千同胞の活躍を見る」 및 「南京實業家の群像」, 「蘇州, 無錫, 南京の朝鮮財界人の活動を見て」, 『三千里』, 1943년 3월호, 1943년 3월호, 96～109쪽 2)『光化』, 1941년 11월호, 中國 上海 光化社.

이들 중 임승업은 1939년 당시 임성공사(林盛公司, 자본금 3만원)을 세워서 잡화, 양품을 생산하던 사람인데, 1941년엔 중국실업가와 합작하여 조선과 중·남중국간의 무역을 추진하는 경화산업(京華産業)을 운영하였다. 이미 성냥공장, 석탄광, 직물업 등에 약 1백만 원에 가까운 자본금을 투하하고 있었다. 회사 설립에는 총독부 사무관 하라타 이치로(原田一郎)의 적극적인 지원을 받았고, '준(準)국책회사'라고도 했다.

> 경화산업은 51명의 주주로 이뤄진 자본금 10만 원의 주식회사로 1941년 8월 1일 당국의 인가를 얻어 9월 10일에 창립총회를 하였다. 도반상취인조합의 조합원을 모체로 한 조선 상공업계의 대표 기관으로 조선 및 중남부 중국과 물자무역을 주로 하는 준(準)국책회사이다....(중략)...창립에는 총독부 하라다 사무관의 힘이 컸다.[893]

893)「현지산업계의 거두1」, 『光化』, 1941년 11월호, 中國 上海 光化社, 7쪽.

유수영(柳本壽泳)도 미츠비시(三菱) 재벌로부터 금융자본을 융통하여 복기양행 난징지점장으로서 미곡이나 식료업 등에 관여하여 일본재벌의 첨병(尖兵) 역할을 하였다. 이태현은 1939년경 자본금 3만원 정도 작은 무역업을 하였으나 1943년에는 대리양행의 주주이자 운영자로서 수십만 원의 자본금을 동원할 수 있는 재력가로 변신했다. 특히 흥아원(興亞院)과 결탁하여 대동아건설공작에 적극적으로 가담하였고, 해당 지역에서 강력한 정치적 영향력을 가지고 있었다. 1943년에는 중국인 실업가와 합작하여 정미 택시업까지 진출하고 있다.[894] 실업가뿐만 아니라 왕징웨이(王靖衛) 정권 아래서 지방관으로 활동하면서 침략전쟁을 측면 지원하는 인물도 있었다. '송천성(宋天成)은 일본군 육군소장이라는 현역군인 신분으로 중국 안후이성 난링(南陵) 현장(縣長)이 되어 공영권 수립에 큰 공적을 쌓았다.'[895]

요컨대 조선인자본가의 진출은 일본군의 중국침략과 때를 같이하는 것이었다. 이들 자본가들은 일본의 국책사업이나 원자재 확보, 운송업에 투신하면서 자본을 축적하고 나아가 정치적으로도 일본이 추진하던 '대동아공영권 수립 공작'에 가담하여 일본의 침략전쟁을 측면에서 지원하였다.

(2) 위대한 옛 중국 문명이 일본군을 지킨다: 두사람의 화중 여행

○ 살벌한 난징, 무적 황군의 분투로 이만큼이라도 유지된다:

악양학인의 난징

『삼천리』 1938년 12월호에 난징(南京)에 사는 필명이 악양학인(岳陽學人)이 기고한 기행문은 정확히 언제 난징을 방문했는지는 알려주지 않지만 '얼마 전 전쟁의 참화가 아직 가시지 않은 난징'이라고 한 대목에서 난징이 함락된 다음 일정 시간이 지난 시점에 방문한 듯하다.[896]

---

894) 「上海に於ける九千同胞の活躍を見る」, 『三千里』, 1943년 3월호, 100쪽.
895) 『每日新報』, 1944년 11월 26일.

필자는 우선 쑨원의 중산릉(中山陵＝紫金山)을 방문하고는 장제스가 만든 커다란 방공망에 놀랐다.[897] 명나라 효릉(明孝陵)을 돌면서도 "아직 새로운 전장터의 냄새로 코를 찌르고, 풀[秋草] 속에 묻힌 파괴된 민가에, 파괴된 가도(街道) 등"[898]을 열거하며 파괴된 난징의 참상을 전하기도 했다.

난징을 벗어나 젠요(眞茹), 난샹(南翔), 안딩(安亭) 등지를 돌면서도 '전쟁이 없는 듯 보이지만 자세히 보면 곳곳에 토치카와 총포탄, 절반정도 쓰러진 민가가 전장터임을 설명한다.'고 하였고, 쿤샨역(崑山驛)에서는 '격전지, 뒤집어진 그대로 있는 화차가 보인다.'거나 우시역(無錫驛)에서는 '어느 정거장이나 포탄세례를 아니 받은 곳이 없었으나 그 중에도 가장 심하였다.'고 하였다. 또한 진장(鎭江)에서는 '그 산 주위에는 구릉이 진 곳곳에 무수한 참호와 토치카가 축조'되었으며, 롱탄역(龍潭驛) 부근은 '곳곳에 노출한 바위산[岩山]에는 수십 개의 견고한 토치카'가 있다고 하였다. 하나같이 참혹하게 파괴된 난징 주변의 모습이었다. 필자는 이렇게도 파괴된 중국의 묘사에 여념이 없었던 이유는 무엇일까.

한편, 『삼천리』 편집국이 신전허(秦淮河)의 환락을 소개하는 대목에서도 객관적이고 담담하게 문화재를 설명하던 방식에서 벗어나 무척 선정성을 더하여 설명하였다.

---

896) "처음 보는 도시는 도로도 완비하였고 거리도 정연하게 전개되어 있었다. 상하이보다 훨씬 개방적이며 명랑함을 띤 난징. 황군 전용 자동차, 트럭, 탱크 등이 시가지 곳곳을 질주하고 있었다. 밤에는 등화관제로 까만 난징이었기에 나는 일찍부터 불을 끄고 잤다. 지금은 피난민 10중 8, 9가 돌아왔다고 한다."(在南京 岳陽學人, 「最近의 南京」, 『三千里』(10-12), 1938년 12월 1일, 178~179쪽.)

897) "中山陵 입구에 드러 차에 내리자 나는 그만 놀나 버렸읍니다. 石門에는 참대로 이어놓은 크다란 방공망이 씨워저 있는데 陵에도 이렇게 같은 장비가 되어 있더군요. 中央軍이 아직 南京에 버티고 있을 때에 上海 함락의 報를 듣고 蔣은 盡夜陪道하여 많든 것인 듯 하더이다." (在南京 岳陽學人, 상동, 『三千里』(10-12), 1938년 12월 1일, 179쪽).

898) 在南京 岳陽學人, 상동, 『三千里』(10-12), 1938년 12월 1일, 179쪽.

(이곳은) 난징성의 남부인데 신전하(秦淮河)가 성내를 회류하는 곳에 있는 요정기생 집 소재지이다. 이 집은 대개 신전하에 띠인 화방(畵舫)이라 부르는 중국 일류의 놀이배로 놀이객은 이 화방에 앉아서 먹고 부르고 한다. 옛적엔 이 신전하가 특별히 번성했던 모양인데 근년에는 그림자조차 볼 수 없게 적적하다.[899]

결국 모든 파괴와 황량함이 옛것을 지키지 못한 중국의 무능함과 부질없이 황군에 저항하는 중국군의 무의미한 행동에서 비롯된 것이라는 파악이다. 이에 정의로운 황군은 그런 무능, 한심한 중국군을 돌파하여 오늘날과 같은 위대한 전과를 올렸다는 것이다.

저 밀접한 벽돌집 건물은 집안에 토양만 쌓아 놓는다면 즉시 완강한 방어진지가 되어 아군의 진격을 막을 수 있었을 것이다. 그 속으로 돌입하여 고투한 황군(皇軍)의 모양이 눈에 보이는 듯하다. 근대과학 병기의 위력이나 용맹한 정신력이 아니고는 오늘의 전과를 얻지 못했을 것이다.[900]

그러면서도 '전쟁이 가지는 그 파괴력에 다시금 가슴이 뜨끔하다.'라고 하고, '평화를 사랑하는 일본이 어쩔 수 없이 장제스의 미련함으로 전쟁을 하게 되어서 안타깝다.'고 하였다. 참화는 어쩔 수 없이 중국 장제스의 책임이라는 것이다.

파괴된 난징에서 필자는 아이러니하게도 아름다운 중국 여성들의 근황을 전한다. 즉, 이런 살벌하고 피폐한 난징에서 중국 여성들을 보노라니 '이들이 나름 여학교 출신자와 상당한 교육 받은 자, 미인과 건강 명랑한 여성이 많은데 대부분 찻집, 식당, 카페와 같은 유흥점에 근무하며, 카페는 허름하고, 식당은 음식이 불만족스러운 상황'이라고 전하였다. 필자는 이렇게 아름다운

---

899) 三千里 編輯局, 「·戰跡과 詩歌, 李太白·杜牧之·白居易·蘇東坡 等 詩客이 노니든 자취를 차저」, 『三千里』(12-3), 1940년 3월 1일, 311쪽.
900) 在南京 岳陽學人, 상동, 『三千里』(10-12), 1938년 12월 1일, 180쪽.

문화재, 아름다운 중국 여성들이 장제스의 오판과 무책임으로 인해서 이렇게 불행한 상황에 몰렸다고 말하고 싶었다.

○ 중국의 빛난 전통은 오히려 일본군을 돕는다: **황하학인의 서주**

황하학인(黃河學人)은 한 발 나가서 위대한 중국 문학이 오히려 일본군의 진격을 돕고 일본군의 승리를 불렀다고 하였다. 옛날 소동파(蘇東坡)가 도적을 잡기 위하여 쉬저우의 지형과 지리를 자세히 설명한 내용이 있는데, 그것을 장제스가 활용했고, 또 일본군도 활용했다는 것이다.

> 쉬저우(徐州) 지형에 대해서 자세하게 소동파의 논의를 소개할 여유는 없으나 진포선(津浦線), 농해선(隴海線)이 없던 시기에 (소동파가) 쉬저우 위치를 '南北之襟要而京東諸郡安危所寄也'라고 갈파하고 있는 것은 대단한 식견이다. 송나라 시대 도읍은 지금의 농해선에 있는 카이펑(開封)이다. 이 땅을 잃으면 경동(京東) 일대 즉 카이펑 동쪽의 수호(守護)를 잃는 셈이다. 그것은 곧 허베이(河北)와 중위엔(中原)을 분리하게 하여 천하통일의 대업에 큰 지장을 줄 것이라고 황군에게 조용히 알리고[簪告] 있다.[901]

필자는 장제스가 제5전구에다 대군을 집중시킨 것도 소동파가 말한 「南北之襟要而京東諸郡安危所寄也(남북지금요이경동제군안위소기야)」 즉, 쉬저우는 '남북의 요충지이자 수도 동쪽의 여러 군현이 안위 여부를 맡기는 곳'이란 말을 잘 분석한 결과이고, 이에 '황군이 쉬저우 전투에서 사자(獅子)의 일격을 가한 것. 함락 직후에 남북 정권의 합류 문제가 일어난 것. 농해선을 서쪽으로 기더(歸德), 카이펑, 정저우(鄭州)와 송나라 수도 카이펑을 유린해서 황군이 파죽지세로 쉽게 진격한 것 등 모두가 소동파의 견해에서 나온 것'이라는 말이다.

---

901) 黃河學人,「古戰場과 項羽, 徐州에 있는 三國誌의 옛 戰蹟」,『대동아』(14-5), 1942년 7월 1일, 114쪽.

(소동파가)'만약 싸움을 뜻하는 자 있어서 전투용구를 갖추고 3년치 양식을 성에 쌓아 놓는다면 10만 대군이 온다고 해도 무섭지 않을 것이다.'라고 쉬저우성의 요해를 진술했으나 황군이 성중을 돌격한 것은 '핑촨(平川) 수백리'의 서문에서였고, 적이 달아난 곳은 남문이었다. 3년치 양식을 쌓아두었어도 황군 10만을 부리면 쉬저우성은 하루아침에 패할 것임을 소동파는 몰랐다.[902]

소동파의 식견이 그만큼 뛰어나고, 장제스도 일본군도 그 식견을 기억하고 그것에 기반해서 작전을 세웠지만 결국 승리한 것은 무적의 황군이었다는 것이다. 요컨대, 악양학인과 황하학인 모두 본 기행문을 통하여 옛 영광스러운 중국 문명을 이끌었던 중국은 이제 사라졌으며, 그 미덕도 현 중국인들이 계승하지 못했다는 메시지를 보내려고 한다. 결국, 의리있고, 합리적이며, 정직한 일본군이 들어와서 소동파같은 옛 중국 성현의 가르침을 계승하고, 도탄에 빠진 어리석은 중국을 구원하게 되었다는 결론이다.

(3) 위대한 옛 문화가 일본에 의해 해방되었다:

『삼천리』 편집국의 난징 문학 여행

1939년 『삼천리』 편집국이 직접 난징(南京)을 비롯한 격전지[903]를 여행하였고, 기행문을 올렸다. 서두에는 난징성을 점령한 상하이 주둔 군사령부의 발표를 싣고 있다.

1937년 12월 13일 오후 10시, 우리 난징성 공격군은 13일 석양, 난징성을 완전히 점령하다. 강남(江南)의 하늘은 맑고 일장기가 성 위에 높이 석양에 비쳤고 황군의 위용은 자

---

902) 黃河學人, 상동, 『대동아』(14-5), 1942년 7월 1일, 114쪽.
903) "편집부 투어 코스는 總理陵園, 中山陵, 明故宮, 明孝陵, 紫霞古, 文星閣, 秦淮小公園, 夫子廟, 秦淮河, 第一公園, 古物保存所, 政治區內 公園, 白鷺州公園, 일본군 격전지인 雨花台, 莫愁湖公園, 鼓樓, 鷄鳴寺, 玄武門, 난징포대가 있던 獅子山, 燕子磯" 등 이었다.

금산(紫金山)을 압도하였다.[904]

　난징성 위에 일장기 꽂은 황군의 위용을 홍보하려는 의도였고, 우화대(雨花台)에서도 비슷하게 '옛 신해혁명(辛亥革命) 당시 격전지가 다시 오늘날 황군과의 격전지'라고 하면서 은연중 '똑같은 곳에서 정의로운 군대는 늘 승리한다.'는 점을 일깨우려 하였다.

　　(雨花台)는 중화문(中華門) 밖에 있는데 유래 요충지로서 병법을 아는 자라면 반드시 눈여겨보는 곳[兵家必爭]이다. 우화대 위에는 포대가 있고 광복(신해혁명) 당시 혁명군과 청군의 격전지다....(중략)...이번 황군의 난징 공성 당시에도 격전을 치렀던 곳으로 유명하다.[905]

　다시말해, 황군은 늘 정의롭기에 승리한다는 것이었다. 흥미롭게 조선인 여행자가 아무리 장제스 군대에 대한 적개심을 조장하는 표현을 쓰더라도, 쑨원과 그의 혁명에 대한 존중과 관심도는 무척 높다는 점이다. 쑨원이 반(半)식민지 중국을 개조하고, 봉건적인 청조를 멸망시켰으며, 북벌을 통해 군벌을 제거하여 중국을 근대화한 공적이 크다는 인식이다. 이는 새롭게 수립될 친일 정권인 왕징웨이 정권이 쑨원의 정통 후계자라는 점을 부각하기 위한 수단이었다. 즉, 쑨원과 근대화, 근대화와 일본, 일본과 왕징웨이를 하나로 혹은 일체화하려는 시도였다. 그것으로 일본의 중국 진출은 침략이 아니라 동아공영권(東亞共榮圈)과 중국근대화, 중국의 반(半)식민지화 철폐를 돕는 성전(聖戰)이라는 이미지를 홍보하려는 것이었다. 요컨대, 『삼천리』 편집국의 난징 문학 여행은 일본의 침략과 중국의 빛나는 고전 문학을 결합하여, 일본의 행위가 결국 파괴된 옛 중국 문화를 해방한 성전(聖戰)임을 강조하려

---

904) 三千里 編輯局, 「初夏의 古都 南京, 古蹟과 史實을 차저」, 『三千里』(11-7), 1939년 6월 1일, 206쪽.
905) 三千里 編輯局, 상동, 『三千里』(11-7), 1939년 6월 1일, 209쪽.

는 일종의 '다크한 해피투어'였다.

1940년에도 『삼천리』 필진은 계속해서 문학 여행을 이어갔다. 1938년 6월에 점령한 펑츠(彭澤)에서는 진(晉)나라 시인 도연명(陶淵明)의 「귀거래사(歸去來辭)」를 떠올렸고, 7월에 점령한 후커우(湖口)에서는 '예로부터 장강의 생사[死命]를 가르는[制] 요충지'라면서 '태평천국[太平賦]의 난'을 떠올렸다. 이어서 신양(潯陽) 즉 저장(九江)에서는 백거이(白樂天)의 「비파강(琵琶江)」을 소개하였다.

참혹한 전쟁터를 수단으로 삼아 옛 중국의 고전을 떠올렸다. 점령하는 곳마다 그곳 중국의 위대한 고전을 떠올려서 '황군은 그것을 해방시킨 해방자'라는 이미지를 부각하려는 것이고, 이로서 '황군의 위대한 승리로 인해서 멸실되어 가던 위대한 중국 문명이 다시금 꽃피울 수 있게 되었다.'고 하였다. 루샨 유적 방문기를 보자.

> 저장을 점령한 우리 육군은 파죽지세로 장시성(江西省)에 침입하고 일부는 퍼양후(鄱陽湖)에 연하고 일부는 서남의 뤄창(瑞昌) 및 더안(德安)을 향하였으나 이 부근은 루샨(廬山) 산계로 쌓인 곳으로 지형이 험악하고 특히 계절이 더워서 작전이 극히 곤란하였던 모양이다. 우리 군은 산 위의 적을 공격하는데 여러 가지 불편이 있었다. 이 때문에 우리 군은 루샨의 적을 산에 남기고 남방으로 계속 진격하여 겨우 올해 4월 중순 재류 외국인의 무사 퇴출을 기다려 전체 산을 완전히 공략하였다.[906]

루샨 공략이 어려웠지만 1940년 초에 들어 비로소 함락되었다. 험난한 루샨에 대해서 일찌기 이태백와 소동파가 노래했다.

이백(李白)-廬山謠寄盧侍御虛舟·
廬山秀出南斗傍 여산은 남두6성 옆에서 멋지게 오르고

---

906) 三千里 編輯局, 戰跡과 詩歌, 李太白·杜牧之·白居易·蘇東坡 等 詩客이 노니든 자최를 차저 ,『三千里』(12-3), 1940년 3월 1일, 313쪽.

屛風九疊雲錦張 병풍구첩 기암은 구름 펼친 듯
影落明湖青黛光 기암 그림자는 명호에 떨어져 미인의 눈썹처럼 빛나니
金闕前開二峰長 금궐 앞으로 두 개 봉우리가 길게 열린다.[907]

소동파(蘇東坡)-障日峯
長安自不遠 서울은 여기서 얼마 되지 않는데
蜀客苦思歸 촉에서 온 손님 돌아가길 망설이네
莫教名障日 장일봉(障日峯)이라 알려준 바 없거늘
喚作小峨眉[908] 스스로 작아진 아미산이라 지어 부르네

이 외에도 백거이(白居易), 도연명(陶淵明), 주희(朱熹) 등의 유적이나 문
학에도 관심을 두었는데, 한결같이 루산의 험준함을 노래한 것이다. 『삼천리』
필진들은 이렇게 험준한데도 황군은 역경을 이기고 마침내 승첩했다는 말을
하고 싶었다.

필진은 1939년 5월 중순에 있었던 쉬저우(徐州) 회전에 대해서도 '우한(武
漢) 공략의 서막으로 이번 사변에서 우리 군 최대 승전지다.'라며, 옛 소동파
의 시인 「황루(黃樓)」를 소개하였다. 소동파의 글처럼 아주 옛날에는 치(治)
를 이룬 성인, 성군이 많았던 중국이라는 의미였다.

이어서 필진은 1938년 10월 27일에 함락된 우한(武漢) 삼진(漢口, 武昌,
漢陽)을 이야기한다. '한커우(漢口)는 상업유통 도시(商賈之區)이고, 우창(武
昌)은 신해혁명이 성공한 곳으로 오늘날 중화민국이 여기서 발생'했으며 관
청과 군대가 집중한 도시라는 것이다. 또한 하이양(漢陽)은 대단한 공업도시
라고 했다. 하지만 이런 도시들도 결국 '불필요한 전투로 모두 폐허가 되고
말았다.'고 했다. '불필요한 전투'라는 표현처럼 중국군의 저항은 중국의 옛
영광을 지키는데도 전혀 불필요하며, 지금의 삶을 지키는데도 불필요하다는

---

907) 원문에는 無闕萬聞二徹長로 되어 있으나 편집부의 실수인 듯.
908) 원문에는 喚作山峨眉로 되어 있으나 편집부의 실수인 듯.

의미였다. 그러면서 우한 명승으로 이태백(李白), 최현(崔顯), 육방옹(陸放翁)의 시인「황학루(黃鶴樓)」를 소개한다.

李白 황학루(黃鶴樓)[909]
故人西辭黃鶴樓 서쪽으로 가는 친구와 황학루에서 이별하고
煙花三月下楊州 꽃피는 삼월에 양주로 내려간다.
孤帆遠影碧空盡 외로운 범선 멀리 하늘가로 사라지고
唯見長江天際流 오직 장강이 하늘가로 흘러오는 것만 보이네

이백의 시어처럼 옛 중국은 장강멀리 외로운 범선을 타고 저멀리 사라졌다는 것이다.

다음 기행은 당시까지도 전투가 이어지던 상양(襄陽)이었다. 이곳은 '하이중(漢中) 방면과 양장(揚江) 유역을 이어주는 교통중심지'였다. 이에 소동파의「양양」과「적벽부」를 소개하였다. 당시는 진짜 적벽이 어딘지 몰랐다. 그러다 '일본 함대 본부가 1939년 11월 8일에 발표한 내용에서 양쯔장(楊子江) 도하 부대의 선두는 어제 아침 이미 한커우(漢口)에 9리 10되는 적벽(赤壁)의 하류에 도달하였다.'는 소식을 전하면서 일본군이 마침내 전설이 아닌 실제 적벽을 찾았다고 특필하였다. 그러면서 소동파의 시 한수(漢水)를 소개한다.[910]

捨舟忽逾月 배에서 내려 걸은 지, 달포를 넘겼고.
沙塵困遠行 모래 먼지 일어서 먼 길을 힘들게 하네
襄陽逢漢水 양양에서 한수를 만나게 되니
偶似蜀江淸 파촉강의 푸른 빛과 너무나 닮았어라.

그만큼 소중한 문화 자산을 품은 한수(漢水), 적벽(赤壁)마저도 이제 황군

---

909) 三千里 編輯局, 상동,『三千里』(12-3), 1940년 3월 1일, 316쪽.
910) 三千里 編輯局, 상동,『三千里』(12-3), 1940년 3월 1일, 317쪽.

이 관리하게 되었다는 감격이 오탈자 투성이의 한 수라는 시 속에서 스멀스멀 스며 나온다.

이런 방식의 사고는 뚱딩후(洞庭湖) 근처 유에저우(岳州)에서도 동일하다. 이곳은 1939년 11월 12일 '일본 해군이 점령한 곳'이었다. 이제 '소중한 중국 전통을 문화민족의 군대인 황군이 장악하고 통제할 수 있게 되었다.'면서 두보(杜甫)의 「등악양루(登岳陽樓)」를 소개하였다.

요컨대, 『삼천리』 필진은 황군이 승리하고 분투하는 곳에 얽힌 옛 중국 문호의 위대한 시선(試選)을 소개함으로써, 일면 조선인 독자들에게 새로 점령한 지역이 가지는 문화적 가치와 정취를 되살리는 한편, 일본군의 지배지로 변한 중국이 다시 부흥하리라는 환상을 독자들에게 심고자 했다.

(4) 장제스 때문에 미국풍이 만연하다: 양자강인의 베이징, 상하이, 시안 투어

① 미국풍이 넘치는 베이징이 혐오스럽다.

일본에게 미국은 한때 '탈아입구(脫亞入毆)'의 일본이 그토록 동경했던 나라였으나, 침략전쟁 이후 미국은 혐오와 개탄을 부르는 요망한 귀신의 나라였다. 그리고 양자강인과 같은 친일 조선인에게 중국 베이징은 그런 '미국풍이 넘치는[橫溢] 혐오의 도시'였다.

베이징을 방문하여서 외국인 경영의 대학이며 도서관이며 연구소를 견학한 자로 누구나 느끼는 것은 거기에 아메리카 색채가 차서 넘치고 있다는 것은 아닐까. 연경대학이나, 록펠러병원[北京協和醫學院]이 미국인 것은 누구나 아는 바이지만, 국립 베이징도서관이나 정생(靜生)생물조사소, 그리고 독일계 가톨릭의 신언회(神言會) 경영의 푸런(輔仁)대학까지도 미국 가톨릭의 돈으로 유지되고 있으니 중국 문화기관에 넘치는 아메리카적 색채는 연고가 없다고 못할 것이다....(중략)...이번 사변(중일전쟁)에 미국의 일본에 대한 태도가 강경한 이유에는 이러한 문화기관에 미국의 문화투자가 거액인 것, 그리고 이런 문화기관에 서서 일하는 미국 선교사며 교수들의 통신문(通信)이 크게 물의를 일으킨 사실은 새삼 말할 것도 없다.[911]

이러한 미국과의 대립에는 특별히 여기서 일하는 미국인 선교사나 교수들이 본국에 날리는 가짜뉴스 등 통신문의 역할이 크며, 그것으로 인해 연합국이 일본에 강경책을 쓰게 된다는 것이다.

그러면서 그러한 불편한 관계에도 불구하고 미국이 중국에 남기는 다양한 문화적 지원은 훌륭하다는 유화적 태도가 등장한다. 즉, 대학에 대한 평가에서 연경대학(燕京大學＝베이징대학)에 대해서는 '풍치가 아름다운 환경으로 둘러진 장려(壯麗)한 중국풍의 대학'이라고 하면서 '중국 상하이의 아이들이 모여든 이 대학은 실로 중국의 하버드인 듯하다.'고 하였고 교육방침도 미국풍의 자유주의 정신이 관통하여 있으며, 학생들도 명랑하고 쾌활하다고 하면서, 이것은 가톨릭계의 푸런대학이 금욕주의적인 교육방침을 취하고 있는 것과 좋은 대조를 보이고 있다고 했다. 앞서 격한 미국풍에 대한 혐오와 달리 미국식 교육에 대한 평가는 극히 긍정적인데, 결국 미국과의 불편한 관계는 선교사, 교수들의 쓸데없는 행동에 기인한 것으로 결국은 그런 오해가 사라지게 될 것이라는 '유화(宥和)용 신호'이기도 했다.

독일계인 푸런대학에 대해서는 '독일풍 교풍'을 이야기하면서 중국인과 자연과학적 훈련 문제는 '한바탕의 즐거운 이야기 이상의 중대한 문제가 잠재한다.'고 하면서 중국인은 문학이며, 문화과학 방면의 일은 어찌했든지, 확실히 자연과학적 재능이 없다는 점을 지적하였다.

> 지나(중국) 민족이 근본적으로 자연과학적 능력을 결(缺)하고 있는지, 혹은 과거의 여러 가지의 사회적 이유가 중국인의 자연과학적 능력을 저지했는지, 이것은 간단하게 결론지을 수 없는 문제같이 생각된다. 만일 그것이 중국인의 본질에 뿌리박은 것이 아니고 사회적 이유에 기초한 것이라면 사회적 제약을 배제함으로써 조수(潮水)와 같이 과학적 능력이 끌어 올려질 것을 생각할 수도 있다.[912]

---

911) 上海에서 揚子江人, 「新支那의 文化機關瞥見」, 『三千里』(12-7), 1940년 7월 1일, 140쪽.
912) 上海에서 揚子江人, 상동, 『三千里』(12-7), 1940년 7월 1일, 141쪽.

이 말은 중국의 '사회적 이유'로 인하여 중국인의 자연과학적 능력이 제대로 발휘되지 못한다는 것이다. 그러므로 이런 사회적 제약을 제거할 때 비로소 과학적 능력이 올라갈 것이라는 예측이다. 이에 국민의 과학 능력을 향상시키기 위해서라도 장제스와 같은 사회적 제약을 속히 제거할 필요가 있다는 것이다.

문제는 필자가 중국의 자연과학이 낙후되었다고 하면서, 조선의 사정과 대비하지 않는 태도이다. 사실 중국보다 더 심각한 것이 당시 조선의 자연과학 사정이었다. 당시 식민지 조선에서 기초과학이나 공학(工學) 방면의 고등교육기관으로 전문학교 이상은 없었다. 즉, 경성제국대학(京城帝國大學)에서도 이공학부가 없어서 과학기술의 발전이 원천적으로 저지당하던 실정이었다. 그런데도 당대 조선에서의 헐벗은 이공학 사정은 비판하지 않으면서 오히려 그나마 이공학부를 운영하는 중국 자연과학계의 낙후성을 지적하는 태도에서 양자강인의 맹목적인 혐중(嫌中) 정서를 엿볼 수 있다.

이튿날 국립베이징도서관에 가서도 자연과학 문제를 다시 거론하였는데, 필자는 여기서도 '중국인과 자연과학 문제는 그처럼 허투로 해결할 수 없는 문화적 문제라고 생각한다.'고 했는데, 중국의 사회적 악습과 문화적 제약이 근대적 과학기술의 증진을 가로막는 주범이라는 생각은 불변이다.[913]

이런 부정적 시각을 뒤로하고, 중국 고고학계의 성취에 대해선 장황하게 소개한다. 록펠러병원[北京協和醫學校]에서는 베이징원인(猿人)의 두개골을 연구하여 중국 원시 민족의 유래를 집중 연구한다고 하고, 톈진공상학원(天津工商學院)의 북강(北疆)박물원에선 북중국 올도스 평원에서 맘모스 화석을 발견하여 큰 성취를 이뤘다고 소개했다. 하나같이 고고학적 성취에 대해서 '중국이라는 사회의 연륜이 깊음'을 알게 되었다고 높이 평가했다. 이 말은 중국은 연륜이 깊고, 심오한 문화를 가진 위대한 대국이었다는 의미에 더하여 '오늘날은

---

913) 上海에서 揚子江人, 상동, 『三千里』(12-7), 1940년 7월 1일, 142쪽.

그러지 못해서 참으로 아쉽다.'는 한탄이 숨어 있는 칭송이었다.

② 상하이 투어, 중일전쟁으로 사라지던 외국인 학교가 부활하다.

양자강인은 상하이에서 "서구 자본주의의 굵은 동맥이 노골적으로 불거지고, 사람들은 정치를 논하고 경제를 말하며, 문화조차 여기서는 정치의 한쪽 날개로 기능한다."고 하였다. 이 말은 노골적으로 서구 문화 추종자들이 반일원장(反日援張) 활동을 지속하고 있다는 말이었다.

특히 상하이 조계의 기독교 조직(中華全國基督教協進會)이 '기독교 전진운동'이라고 하여 난민 구제, 상이용사의 구호와 수송, 장제스 정권 후방의 의약재료 해결 등 각종 구제사업이라는 미명아래 암암리에 그런 운동을 전개하고 있다고 했다. 또한 중영경관동사회(中英庚款董事會)도 서남 지구에 대한 대규모의 문화 건설 공작을 노골적으로 지원한다고 했다. 이처럼 상하이에서는 서구 열강들이 집요하게 기독교 조직 등을 통하여 일본의 진로를 방해하고 있다는 것이다.[914]

<그림 76> 서중국연합대학(1910년 설립) 휘장
(출처: 위키백과)

하지만 이 모든 원죄는 장제스 정권에 있다고 하면서 교육 방면의 예를 들었다. 1930년대 이후 공황의 여파로 본국의 송금이 어려워지면서 더불어 국민정부의 교육체계가 외국인 교육기관을 엄중히 감독하면서 외국인 교육기관이 위축되기 시작하였다고 했다. 이에 교회경영의 소학교며 중학교에 점차 정리합동의 기운이 생기면서 대학교육도 학생의 민족의식 고양, 종교의식 감퇴, 그리고 좌익사상의 유행이나 등록금[學資] 등의 이유로 장제스 정부의 대학에 흡수되거나 전학하는 상황이 되었다고

914) 上海에서 揚子江人, 상동, 『三千里』(12-7), 1940년 7월 1일, 143쪽.

했다. 그러다 중일전쟁 이후 장제스가 만든 교육기관이 파괴되면서 위축 일로의 외국인 학교는 다시 회생하였고, 여기서 진충보국하자는 목소리가 커지고 있다고 했다. 나아가 오히려 궁핍 속에서도 외국인 학교는 오히려 규모가 커지고 있다는 것이다.[915]

필자의 고민은 여기에 있었다. 이렇게 중국에서 오랜만에 교육 방면의 외국인 지배를 막기 위한 좋은 조치가 전개되었으나 중일전쟁 이후 오히려 외국인 학교가 더 성장가도에 들어서게 되었으니 이 부분을 제대로 바라보자는 것이다. 즉, 중일전쟁이 결국 외국인 학교의 재건에 크게 기여했다는 비판이다. 이 말은 '해방자 일본편'을 들지 않고 무능한 장제스의 정책에 휘둘린 결과 죽쑤어 남주듯 서양계 학교만 배불렸다는 비판이기도 했다.

③ 시안(西安)의 루산(盧山) 투어

몇 달 후 양자강인은 루산을 방문하였다. 필자는 그 옛날 저장(九江)의 마두(瑪頭)처럼 아름답고, 징더젠(景德鎭)의 도자기 공장과 같은 전통이 있으며, 도자기 창고에서 일하는 소리로 넘치는 풍경은 더 이상 없다고 하면서 구강 거리의 포장도로도 죄다 깨뜨려 지는 등 중일전쟁으로 인해서 참으로 많은 것이 사라지고 파괴되었다고 했다.[916] 다시 복구되려면 상당한 노력과 세월이 걸릴 것이라고도 하였다.

---

915) "외국인 대학은 이러한 곤궁 속에서도 재학생이 감소되지 않고, 성요한[聖約翰] 대학이며 서중국 연합대학[華西協合大學]이며 링난대학(嶺南大學)은 도리어 학생이 증가하였고 물질적 궁핍의 밑에 있으면서도 도리어 정신적으로 높아가는 경향이 보인다."(上海에서 揚子江人, 상동, 『三千里』(12-7), 1940년 7월 1일, 143쪽.)

916) "盧山을 배경으로, 어느 것이나, 감회 깊다. 이것이 時局戰雲에 쌓여 있지 않는 때라면 이 九江의 瑪頭며, 江西米며, 武穴의 麻며, 또 景德鎭의 도자기류로서 창고라는 창고의 界畏는 「苦力」(쿠리 ; 노동자)의 용감한 소리며, 그 중에 십장이나 감독의 이름을 빌려서 요령 있게 해나가는 광경 등, 볼만한 것이 있는데, 지금은 그러한 瑪頭 풍경도 볼 수 없고, 창고 등 싣는 풍경조차 형적을 감추었다."(在南京 揚子學人, 「白樂天이 놀든 盧山의 風光 紀行」, 『三千里』(12-9), 1940년 10월 1일, 58쪽).

<그림 77> 백낙천
(출처: 위키백과)

그러면서 필자가 들어가 본 중국집 채관(菜舘)이나 육로정(陸盧亭)에는 시국(時局)에 어울리지 않게 산해진미 가득한 식탁이 나오고 도우미 아가씨가 너무나 이뻐서 '백낙천(白樂天)과 만난다면 엄청 눈물 흘릴 것 같다.'고 비판했다.917) 아마도 필자가 백거이가 쓴 장한가(長恨歌)를 떠올리면서 한 말인 듯하다.

장한가는 당 현종이 '안록산의 난'으로 양귀비를 죽이고 나서 그녀를 그리워하는 간절한 마음을 한(漢)무제와 이부인 고사를 빌려서 노래한 것이었다. 그만큼 꾸냥이 아름답다는 말이다. 이렇게 아름다운 미인의 나라, 맛있는 나라 중국이 '지금 장제스로 인해 얼마나 고초를 당하고 있는가?'라는 것이다.

전쟁 중임에도 필자는 과감하게 루샨을 등정하였다. 당시로선 등산하려면 신분증이 있어야 했고, 조선인이라는 신분이 이런 등산의 자유를 만들었다고 생각했는지, 아주 편하게 루샨을 등정했다고 했다. 등산하면서 별장지구에 도착한 양자학인은 이 산에 올랐을 장제스, 송쯔웬 등 도망간 국민정부 요인들의 얼굴이 떠올렸다.

오직 산이 적막하고 새가 하늘에 우는 것이 말해보고 싶을 정도다. 장제스와 송쯔웬. 공생시(孔祥熙), 슈시잉(許世英) 등의 얼굴들이 이 산길을 일찌기 올랐을 것이고, 또한 저루(鄒魯), 장쉐량(張學良), 간여우렌(千右任), 디추칭(狄楚靑) 등도 오르내렸을 것이다. 목석에 물이야 알 바 없으니 작은새(小鳥)에게나 물어볼까 하는 넌센스라고 생각하며 올랐다. 별장지구에는 영국이나 미국 깃발이 날리고 있었는데, 이런 별장이 백여 호나 된다고 한다. 고노에(近衛) 성명이 발표된 후에는 이들 별장이 1,300여 곳으로 늘었다고 하였다.918)

---

917) 在南京 揚子學人, 「白樂天이 놀든 盧山의 風光 紀行」, 『三千里』(12-9), 1940년 10월 1일, 59쪽.
918) 在南京 揚子學人, 「白樂天이 놀든 盧山의 風光 紀行」, 『三千里』(12-9), 1940년 10

고노에 성명이란 1938년 1월 16일, 일본수상 고노에 후미마로가 "국민정부를 더 이상 상대하지 않겠다."고 선언하고 주중일본대사 가와고에 시게루를 소환한 사건이다. 중국과 교섭 단절을 선언한 이후 이렇게 외국인 별장이 증가했다는 것은 그만큼 장제스 정권이 일본을 고립시키고자 서구열강과의 교섭과 교류를 확대한 사실을 비꼰 것이다.

요컨대, 필자는 베이징의 외국풍이 혐오스럽지만, 그 많은 파괴와 낙후가 중국인들 자신의 문제이고, 장제스의 책임이라는 것이다. 이에 중국에서의 화려한 과거와 현재의 성취는 서구의 문명이 전래된 결과이고, 이번 전쟁으로 일본이 그것을 더욱 발전시키는데 기여했으니, 장제스의 잔꾀에 서양제국은 속지 말라는 메시지였다.

(5) 장제스와 서구문명이 난징의 참사를 조장하였다: 김경재의 난징

① 상하이의 문명 길, 패주의 원인이 되다.

한때 사회주의자였다가 1932년경 전향하여 만주국, 중국 등지를 유람하면서 동포의 실상을 알렸던 김경재는 1939년 봄 중국 난징을 방문한 후 1940년 9월 8일 『삼천리』에 여행기를 게재하였다.

필자가 난징 함락(1937년 12월 13일) 소식을 들은 것은 싱징(新京, 장춘)에 머물 때였고, 호외로 소식을 접했다. 그날 싱징에서는 "삭풍에 살이 에이건만 환희에 넘친 군중은 날이 다하도록 거리거리에서 만세 소리를 끊기지 않았다."[919] 고 했다. 난징함락 소식을 듣고는 '황군 승리의 비결'을 알고 싶어서 유람하려는 마음을 품었다고 한다. 난징에서 첫 방문지는 자금산(紫金山)의 쑨원묘였다.

월 1일, 61쪽.

919) 金璟載,「戰後의 南京, 古都의 最近 相貌는 어떤가」,『三千里』(12-9), 1940년 10월 1일, 81쪽.

자금산은 난징의 수호산이다. 거기에는 한족(漢族) 부흥의 큰 은인인 명태조 묘가 있고 중화민국의 국부인 쑨원묘가 있으며, 그 외 국민혁명군진망장사(國民革命軍陣亡將士)의 묘가 있고 국민당 대선배인 탄옌카이, 랴오중카이(廖仲愷)의 묘가 있다. 이렇게 오늘의 한족을 생산하고 중화민국을 창건한 위인이나 선현의 영령이 모셔져 있으나, 오늘의 자금산은 아무런 대답이 없다.[920]

필자는 이 시기 다른 여행자들처럼 난징은 국민정부의 수도요. 한때 중국인의 위대한 도시라고 하면서도 지금 중국이 옛 중국이 아니듯이, 지금의 난징도 옛 난징이 아니라고 했다. 쑨원을 추앙하고, 탄옌카이(譚延闓 1880~1930)를 기억하더라도 지금의 자금산(난징정부)은 그런 위한 혁명가 선각자를 제대로 기리지 못하고, 일본과 헛된 전쟁만 하는 한심한 존재라는 것이다. 즉, 장제스는 난징 건설 도중 쫓겨났는데, 제법 규모 있는 가로시설, 질서정연한 정부 건물을 건설하는데 온갖 힘을 다 기울였지만, 지금와서 '옛날의 주인은 없고 그들 수뇌부의 거처였던 중소문 밖 일대는 벽돌 한 개, 기둥 한 개도 없이 되고 수박, 참외밭으로 변했'을 뿐이라고 했다.[921]

오히려 난징함락 이후 일본군이 파죽시세로 승리한 것은, 장제스가 만들어 놓은 신작로 덕분이었다고 하고, '자신의 손으로 정성스럽게 만든 문명의 시설이 자기를 오히려 그르치게 하는 (대표적인) 사례'라 하였다. 이에 일본군에게 승리를 안겨 준 것은 역설적으로 '어설픈 중국의 근대화 정책'이라고 비아냥거리는가 하면, 낙후된 삶이 장제스 정권에 오히려 도움이 될 뿐이라는 것이다.

중국의 장기항전은 땅 넓고 교통시설이 없다는 것이 제1의 무기이요. 아무런 저급한 생활이라도 능히 참고 아무런 곤란이라도 능히 견디고 원시생활에 가까운 생활양식과 정신 상태에 있다는 것이 제2의 무기이다.[922]

---

920) 金璟載, 상동, 『三千里』(12-9), 1940년 10월 1일, 87쪽.
921) 金璟載, 상동, 『三千里』(12-9), 1940년 10월 1일, 82쪽.

반면, 일본군은 참사를 피하려 무척 노력했다고 하면서, 마쓰이 사령관은 적(敵)의 수도라지만 참사를 피하려고 투항권고장도 보냈으나, 탕성지(唐生智)가 받아들이지 않는 바람에 부득이하게 총공격할 수밖에 없었다고 하였다. 이에 불행하게도 쑨원의 중산릉 만큼은 피해를 보지 않았으면 했는데, 중화백호대가 중산문 밖에서 결사항전하는 바람에 그 일대가 크게 파괴되었다고 했다. 이 또한 중화백호대 학생들의 책임이고, 장제스의 책임이라는 것이다.

난징이 얼마나 철저히 파괴되었는지, 국민정부의 중요관공서나 공공기관 대부분이 파괴되어 수수 심는 밭으로 변했고, 정부 요인들의 집도 파괴되어 남은 것은 도둑질당하는 등 철저히 파괴되었다 전했다.[923]

② 위대한 쑨원을 빼앗아 간 악당 장제스

필자는 명 고궁은 장발적(長髮賊)의 난(태평천국의 난)으로 크게 파괴되었다고 하면서, 난징의 파괴가 어제오늘만의 일이 아니라고 한다.[924] 즉, 백성을 수탈한 위에 온갖 환락을 다한 명나라의 잘못으로 장발적의 난이 발생하여 난징이 파괴되었다면, 지금은 위대한 것을 지킬 줄 모르는 장제스의 잘못으로 이런 참화를 당하게 된 것이라고 하였다.

그런데 묘하게도 쑨원에 대한 존경심은 특별하다.

> 쑨원릉은 너무나 찬란하다....(중략)...중화민국의 국부이니 그들은 한족 부흥의 위대한 은인이다.[925]

---

922) 金璟載, 상동, 『三千里』(12-9), 1940년 10월 1일, 81쪽.
923) "장제스가 자랑하던 제1 공원도 이제는 나무 한 그루도 없이 편편해지고 비행장으로 사용한다. 성 밖을 보니 중산릉을 배경으로 한 국민정부의 고관대작의 관청가는 전부 채소밭처럼 되어서 수박, 참외를 심었고 농부의 계딱지같은 토막집이 여기저기 보인다. 중산로 연선의 관청 건물은 그래도 남아있으나 사용자가 달라졌다."(金璟載, 상동, 『三千里』(12-9), 1940년 10월 1일, 87쪽.)
924) 金璟載, 상동, 『三千里』(12-9), 1940년 10월 1일, 83쪽.
925) 金璟載, 「戰後의 南京, 古都의 最近 相貌는 어떤가」, 『三千里』(12-9), 1940년 10월

쑨원을 칭송한 이유는 아무래도 일본과 적대시하던 청나라를 멸망시켰다는 의미에 더하여 쑨원 자신이 일본에 유학하고, 일본의 근대화 정신을 배워서 중국혁명에 적용했다는 점을 특별하게 여긴 듯하다. 또한 쑨원능(중산릉)도 일본왕릉이나 메이지신궁을 본따서 만든 것이라고 여긴다. 특별히 일본 영향을 강조하려는 의도임이 틀림없다.

> 민족, 민권, 민생, 이른바 삼민주의(三民主義)의 선전의식을 여기에서도 있지 않았고, 릉 중에는 정숙, 탈모, 경례라는 문자가 뚜렷하게 드러나니 그는 법률어로 표현하면 참배규칙이겠다. 일본의 메이지 신궁이나 아오야마능(桃山御陵)을 모방한 바가 많다.[926]

어쨌든 이런 지적은 쑨원의 친일성향을 활용하여 '쑨원의 혁명 = 중국 근대화 = 일본의 선도성'이라는 등식을 완성하려는 의도로 보인다.

그러면서 방부처리하여 영원히 중국 민중의 마음에 남아야 할 쑨원 시신이 장제스가 후퇴하던 중 급히 매장하는 바람에 다시는 볼 수 없게 되었다고 안타깝게 여겼다. 이 말은 중국인에게서 쑨원을 빼앗은 것은 일본이 아니라 장제스라는 것이다. 왕징웨이 정권도 이렇게 일본군이 쑨원능(중산릉)을 지키고, '국민혁명군 전사자 기념비'를 정성껏 보호한 점에 깊이 감사를 표했다고 했다.[927] 이는 당시 일본군은 장제스를 미워한 것일뿐, 국민혁명을 이끈 쑨원은 오히려 존경한다는 것을 홍보하여 자신들이 일으킨 중일전쟁을 마치 '중국민족을 위한 정의의 전쟁'처럼 각인시키려는 의도라고 할 수 있다.

1일, 83쪽.

926) 金璟載, 상동, 『三千里』(12-9), 1940년 10월 1일, 84쪽.

927) "난징시내의 건물이 무너지고 없어지고 하는 판에 쑨원릉과 무명전사자묘가 紫山下 中腹에 또는 山下에 있으며 거리가 不少거던 황군은 중화민국의 국부인 쑨원릉과 중화민국을 창건하기에 존귀한 생명을 받친 국민혁명군무명전사자기념묘만은 파손시키고 싶지 않아서 戰場 마당에서 그것을 곱게 지키느라고 희생도 많았다. 汪精衛씨가 奉告祭를 마치고 나서 환희와 감사의 눈물을 흘리었다는 것도 그 점에서 이었을 것이다."(金璟載, 상동, 『三千里』(12-9), 1940년 10월 1일, 85쪽.)

③ 중국에겐 더이상 배울 것이 없다.

필자는 사람들이 국민혁명군진망장사의 묘와 영곡사에 있는 '진망장사의 묘'를 마치 같은 것인양 오해하고, 모두 일본의 야스쿠니 신사와 같은 역할을 하는 줄 안다고 비꼬았다.928) 그러면서 진망장사 묘역의 탄옌카이(譚延闓 1880~1930) 묘가 훼손된 사례를 들면서 중산능에 있는'국민혁명군진망장사의 묘'가 손톱만큼도 해를 입지 않았던 것은 비록 적이라도 예를 다하여 섬기는 황군 병사들의 무사정신과 일본군의 관용 때문이라고 하였다.929)

따라서 인의예지(仁義禮智)는 일본군의 몫이고 무례(無禮)는 장제스의 몫이니, 진시황과 두목(杜牧), 공자와 같은 위대한 인물은 더이상 중국에 없다고 단언하였다. 즉, 진시황은 생각할수록 겁쟁이이고, 애국시인 두목이 간 후에는 중국의 애국 시인은 끊어졌으며, 난징의 공자묘는 노점 거리가 될 뿐이라 했다. 이렇게 소란스러운 곳에서 어찌 "공자가 편히 지낼 수 있을까."라고 비아냥거렸다. 이제 중국은 제대로 나라를 지킬 지도자가 없는 그야말로 무례하고 염치없는 나라가 되었다는 것이다. 결국 이번 일본의 침략은 이런 소란스럽고 염치없는 중국을 제대로 길들이고 교육하기 위한 불가피한 선택이라는 것이다.

필자는 지밍사(鷄鳴寺)가 궁금했다. 장제스과 관련된 세기의 로맨스가 있

---

928) "靈谷寺와 國民革命軍陣亡將士의 묘하고는 구별하는 것이 옳다. 영곡사는 벌써 오래전에 창건된 사원이요 國民革命軍 陣亡將士의 墓는 난징에 국민정부가 된 후에로 얼마 후에 된 것이니 지금부터 겨우 7, 8년 전의 일이다. 그러나 위치가 근접하야 있는 까닭에 世人은 영곡사와 국민혁명군 陣亡將士의 묘를 혼동하야 일본의 靖國神社와 같이 여긴다."(金璟載, 상동, 『三千里』(12-9), 1940년 10월 1일, 85쪽.)

929) "譚延개의 묘가 바로 이웃에 있다기에 찾아갔다. 규모는 그리 크지 못하나 완성되기까지 3년이 걸렸다니 결코 적은 것은 아니다. 이번 事變에 무지한 村民이 문짝도 뜯어가고 바람벽도 破毁하여 보는 사람이 미안하다는 感을 갖게 한다. 그렇게 지척지간(咫尺之間)에 있는 譚延개의 墓가 저렇듯 참화를 입었건만 國民革命軍陣亡將士의 墓가 손톱만한 상처도 받지 않았다는 것은 여기 皇軍의 武士魂을 엿볼 수 있다."(金璟載, 상동, 『三千里』(12-9), 1940년 10월 1일, 85쪽.)

었던 곳이다. 그런데 정작 가보니 실망스러울 뿐이라고 했다.

> 이곳을 보기 전에는 지밍사에 대한 동경이 컸다. 중일전쟁 이후 일본의 잡지에는 장 제스의 로맨스를 많이 폭로하였으며, 거기에는 지밍사가 항상 엮여 있었다. 연인을 동 반하고 지밍사를 찾는 우아한 취미가 뭐 나쁜 건 아니겠지만 내가 동경하는 것과는 거 리가 멀었다.[930]

이 말은 중국이란 나라가 그렇고, 장제스도 알고 보면 그렇게까지 동경할 만한 가치가 없다는 말을 하고 싶은 것이다.

그러면서 필자는 중국의 미래를 이야기했던 어느 중국 정부 요인의 말을 떠올렸다.

> 중국은 성장하고 발전합니다. 5천 년 이래 중국은 적은 것이 커지고, 없던 것이 생기 기도 하면서 이어왔다....(중략)...한해를 살면 비 오는 날도 있고 바람 부는 때도 있다. 그러나 오던 비 그치고, 부던 바람도 그치면 날은 개이고 삼라만상은 나고 자라고 날로 커진다. 5천년 내 중국 역사에는 희비(喜悲)가 많았다. 그러나 누군가의 슬픔은 누군가 의 기쁨이 되는 경우가 많다. 갑이 가도 중국이요 오는 을도 중국이요. 지금은 바람 불고 비오나 결국 개일 것이다. 장제스가 가고 왕징웨이가 왔다. 간 사람도 중국인이오. 온 사 람도 중국인이다. 결국 우리 중국은 발전할 것이다.[931]

하지만 필자는 그런 중국인들의 낙관적이고 초연한 대답에 '아무 말 없이 점두하였다'고 했다. 이 말은 그런 중국인의 말을 그다지 신뢰하지 않으며, 그런 낙관적 중국은 가이 없을 것이라는 신념을 반영한 것이다.

---

930) 金璟載, 상동, 『三千里』(12-9), 1940년 10월 1일, 86~87쪽.
931) 金璟載, 상동, 『三千里』(12-9), 1940년 10월 1일, 87, 132쪽.

(6) 자본주의가 매춘굴을 양산한다: 고려범의 상하이 매음굴 탐방

고려범은 코리아 돛대라는 뜻이다. 필자는 아마 오랫동안 세계를 일주한 마도로스인 듯하다. 필명도 그렇고, '항구의 항구마다 여자가 있다. 물고기 없는 바다는 있어도 인육시장(人肉市場)이 없는 항구는 없다.'고 하거나, 마 도로스 노래를 너무나 잘 기억하고 있으며, 무엇보다 각국 항구마다 벌어지 는 매춘업에 대해 너무나 상세히 알고 있다.

고려범이 가장 주목한 매음굴은 역시 상하이 항구에 있는 그것이었다.

> 상하이 양수푸항(楊樹浦港)이라는 강편에서 지우푸로(濟物浦路) 사이에 유명한 매 춘굴이 있다. 대체로 상하이는 세계 매음부의 수도(首府)라는 터로서, 상하이 여자 3분 의 2는 매음부라고 한다. 어떤 영국인 기독교도가 지은 책에는 '상하이에 약 70만 명의 매음부가 있다. 참 통탄할 일이다!'라고 했는데, 이 통계는 정말일 것이다....(중략)...그 들 중 소위 일류라는 것은 정치가 부럽지 않게 호화생활을 하고 있고, 2류는 댄서와 고 등 밀(密)매음, 그리고 3류로서 광동여랑(廣東女郎), 야계(野鷄), '러시아 갈보' 또 한층 밑에는 배 안에서 거지들에게 동전 십여 개로 거래되는 '고름덩어리'까지 있다.[932]

상하이에 그렇게 많은 매음녀들이 있는 이유에 대해 필자는 '현대자본주 의 사회의 XX(사유)재산제도의 희생물'이라 결론지었다. 가난이 몸을 상품 화하고 이에 수많은 희생을 만들었다는 것이다. 그리고 매춘부도 계급이 있 어서 각기 상대하는 대상에서 차등이 있다고 했다. 그러면서 이들은 가든브 릿지에서 난징로까지 각국 선원을 상대로 하여 온갖 아양과 추파를 던진다 고 하고, 상하이 은(銀)시세에 따라 하룻밤의 화대도 요동친다고 했다.

한편, 필자는 싱가폴 매음골에서 간 적이 있다고 했는데, 거기서 눈물 나 는 조선인 여성의 사연을 들었다고 한다.

---

932) 高麗帆, 「女, 世界의 港口獵 奇案內」, 『別乾坤』(66), 1933년 9월 1일, 18쪽.

중국인에게 유괴되어 돼지우리 같은 이 마굴에 팔려온 것이다. 그 속에서 매음 생활을 계속하는 동안 딴나라 인종에게서 전염된 매독으로 말미암아 아름답던 그 육체는 속으로 썩어가고 그들이 병독과 피로로 손님을 맞이할 수 없게 될 때 다시 나녀(裸女)가 되어 구경꾼에게 팔린다.933)

그러면서 '가난과 성욕에 저주받은 조선 여성의 비참한 실례는 멀고 먼 그리고 그 경치가 몹시 아름다운 항구 싱가폴에서도 발견된다.'고 하였다. 가난으로 인해 중국인에게 팔리고, 납치되어서 온갖 능욕을 당하는 조선인 소녀의 비참한 삶을 무척 연민어린 감성으로 바라보고 있었다. 그렇다고 필자가 그런 곳에 다시 가지 않겠다거나 그들을 돕겠다는 의지는 결코 피력한 바 없다.

3) 만주 투어와 '제국의 똘마니'

(1) 자신감은 어디서 왔나:

『조선일보』 산업시찰단 이상호(李相昊)의 만주 시찰 외.

1924년 만주를 방문하고자 압록강 철교를 건넜던 경제인 김시영(金始榮)은 이런 글을 남겼다.934)

다정한 고국에서 상부상조하면서도 잘 살지 못했는데 풍토와 인정이 생소한 북황(北荒)에 가서 잘 살기를 바랄 수 있으랴. 기아(飢餓)에 죽은 자 몇이며, 동한(凍寒)에 죽은 자는 몇이며, 병인(兵刃)에 죽은 또한 몇인가. 그리고 방금 기한(飢寒)에 우는 자 몇인 줄 아는가. 나는 차마 이 철교를 통과하지 못하겠다. '임표체읍부지소운(臨表涕泣不知所云)(눈물이 앞을 가려 말할 바 알지 못한다)'이라 진정 실제 당해본 자라야 알 것이다. 북을 향하여 부르짖어 묻노라. 저 백만의 동포를 구제할 자 누구냐.935)

---

933) 高麗帆, 상동, 『別乾坤』(66), 1933년 9월 1일, 19쪽.
934) 김시영은 진남포 출신으로 추정되며, 1924년 진남포부 비석리 107번지라는 주소로 신(信)일(一)합명회사에 100원을 출자한 이사로 등록되어 있다.(『朝鮮總督府官報』 1924년 12월 3일.)

가난하고 힘들고 비참한 삶을 사는 현실의 백만 조선인에 대한 연민으로 차마 압록강을 넘기 주저되고 어렵다는 한탄이다. 그만큼 1920년대 만주 여행자들은 살지 못해 조선이라는 고향을 떠나서 머나먼 곳으로 넘어온 조선인들이 또다시 노예같은 삶을 사는 모습에 깊은 연민을 보내고 있었다. 그러나 1940년 같은 철교를 넘는 여행자의 마음을 좀 다른 감회가 표출되고 있다.

1940년 중일전쟁이 장기화되는 속에서 조선인들이 만주로 대거 진출하였다. 당시 『만선일보』 편집국장인 홍양명에 따르면 재만 조선인들은 '동아협동체의 거점인 민족협화의 도의(道義) 국가인 만주국의 충실한 선진 국민'이라는 관점이었다. 상대적으로 만주인을 계몽해야 한다는 생각. 당시 내선일체로 무장한 재만 조선인들은 이렇게 미개 중국을 계몽하고 개발하는 중책을 담당한 존재라는 것이었다.

> 만주국에 들어갈 때 느끼는 감정은 실로 조선과 만주국은 불가분 인접 관계라는 것이다. ...(중략)...생활 신체제의 모든 면에서도 별로 다를 것이 없는 대부분 농민이 쌀을 팔아서 잡곡[粟]을 먹으면서 근검절약에 만족하며 근근이 국책선(國策線)으로 직진하는 점도 같다. 그러나 하나 다른 것은 만주국의 조선인은 일본제국의 충량한 신민으로서 동아협동체의 거점이자 민족협화의 도의(道義)국가인 만주국의 충실한 선진 국민다운 사명까지도 완수해야 한다는 이중의 정신적 의무이다.936)

이러한 '선진 조선론'은 재만 조선인의 우수성과 창의성을 점점 강조하는 계몽주의적 성향을 띠었다. 필자인 이상호(李相昊)도 1939년 11월 6일 하얼빈에 있는 조선인 김모가 운영하는 자본금 10만 원 정도의 맥주회사를 방문한 적이 있었다. 이곳 맥주회사는 6년 전에 설립된 것으로 연 300,000병을 '오리엔탈'이라는 상표로 생산하고, 다른 대기업 브랜드 맥주들에게 기죽지 않고 꿋꿋하게 어깨를 나란히 하면서 납품하고 있다고 하였다.

---

935) 金始榮, 「만주란 엇던 곳(속)」, 『東亞日報』, 1924년 3월 10일.
936) 滿鮮日報編輯局長 洪陽明, 「滿洲의 朝鮮人」, 『삼천리』(13-1), 1941년 1월 1일 51쪽.

무위무능한 조선내륙의 자본가들에게 기술로 한번 보여주고 싶었습니다. 북만 재류 동포는 곧 부정한 업자라고 오해되던 시절은 이제 지나갔습니다. 그들은 착실합니다. 계획이 있고 목표도 섰습니다. 자본이 적다는 허튼 말[遁辭]은 이제 하지 맙시다. 불입금 부족은 성(誠)과 열(熱)로 대신합시다. 나는 이 공장의 굴뚝에서 가느다랗게 품고 있는 연기가 북만의 하늘을 내리덮으리라 빌면서 이 공장을 나왔습니다.[937]

필자는 1930년대 초반만 해도 앞서 김시영이 언급했듯이 노예같았던 만주지역 조선인 삶이 이제는 '성공의 이미지'로 변화하기 시작했다고 소개한다. 즉, 그동안 중국인에게 당하면서 비루한 조선인에 대한 이미지가 이제는 일본인의 지원 아래서 점차 성공을 구가하는 희망의 조선인으로 변화하고 있다는 것이다. 그러면서 이런 번영은 일본인들이 만주를 해방해 준 데서 결실을 맺은 것이라고 하였다.

경제적으로 성취되니 조선인의 민도도 무척 상승했다고 소개하였다.

오후 5시부터 이곳 조선인 공회당에서 유지 60여 명과 자리를 같이하여 간담회를 열었습니다. 이 자리에 나온 분들이 만주에 대해 해박한 만주 지식을 가진 데 놀랐습니다. 과거의 재류 동포들은 모두가 그랬던 것은 아니지만 만주에 대한 지식이 없이 생활을 해왔습니다. 그러나 현재의 동포는 만주를 배우고 만주를 알고 만주를 깊이 인식하고 충분히 습득해서 비로소 생업에 나아가고 함께 기업에 손대면서 모두가 과학적이요 착실함을 보였습니다....(중략)...이제야 조선 사람도 자력(自力; 경제력)을 얻었습니다. 진출이나 비약이 문제가 아니요. 지금까지는 힘이 문제였습니다. 힘을 얻었다면 모든 문제는 무난히 해결될 것입니다. 조선 사람이 능동적으로 만주를 향하여 진출 또는 비약할 날은 이제 시간문제입니다.[938]

필자는 "그분들에게서 유익하고도 참고될 실리적 만주 지식을 얻었습니

---

937) 朝鮮日報 産業視察團 李相昊,「哈爾賓과 麥酒會社」,『三千里』(12-3), 1940년 3월 1일, 276쪽.
938) 朝鮮日報 産業視察團 李相昊, 상동,『三千里』(12-3), 1940년 3월 1일, 277쪽.

다."라고 하여 1920년대 김시영이 '비참한 만주 조선인의 삶을 구해 줄 이 그 누구냐?'라고 비탄했던 것과 달리, 이제까지 계몽하고 싶고, 구원해주고 싶었던 재만 조선인이 금후로는 오히려 한 수 배울만한 존재로 변화했다는 사실을 은근히 부각하고 있다. 그러면서 조선인 자본의 만주 진출은 재만 조선인 동포사회가 간절히 바라는 사안이고, 적극적인 자본과 인력의 투자가 필요하다는 주장을 내세운다. 역시 '만주붐'을 기하는 언술이기도 하겠다. 필자 스스로도 '장담'이라고 했듯이, 만주 진출은 당대 조선내 조선인 자본가의 지속적인 염원이기도 했다. 그런데 이런 자신감은 어디서 온 것인가. 필자는 침략전쟁을 통해서 조선의 위상과 조선인의 역할이 그만큼 고양되었다고 철저하게 믿고 있는 모습이다. 그래서 만주국정도는 '제2의 일본인'인 자신들이 선도적인 위치에서 계몽하고 적극적인 활동무대로 만들 수 있다는 자신감을 피력한 것이었다.

하지만 이런 전향의 모습에 모두 흥겨워한 것은 아니었다. 최남선은 '오족협화'의 구호가 선명하게 의미 있는 조선의 미래를 이끈다고는 결코 믿지 않았다. 다만, 그런 일본의 침략주의에 편승하지 않을 수 없는 현실이라는 점에서 방황의 진폭은 컸다.

나도 요동에 임하여 시원히 한번 통곡하련다. 그러나 다만 대자연에 곡하자는 것이 아니며, 새장 탈출의 기쁨으로 소리 지르는 것이 아니며 또 점잖게 철리(哲理)의 고봉(高峰)에서 견식 자랑을 눈물에 의지하려는 것이 아니다. 이보다 덜미 잡는 역사의 느꺼움과 발등에 불붙은 민생 근심에 이 요동 벌판을 눈물의 바다에 둥둥 띄우려 하는 설움이 시방 나에게 있다. 세상의 잘난 이로 하여금 내 어리석음을 느끼게 하며 고상한 이로 하여금 내 옹속을 어여삐 여기게 하라. 어찌했든지 내가 요야에 울려 하는 심경은 저 몇사람의 단순한 시정(詩情) 철리(哲理)로 가히 비방(比方)할 수 있을 바는 아니다.[939]

939) -송막연운록 58장-, 윤영실, 「최남선의 송막연운록과 협화 속의 불협화음 – 1930년대 후반 만주 열전(列傳)과 전향의 (비)윤리 –」, 『사이間SAI』(24). 109쪽에서 재인용. 윤영실은 이런 최남선의 서러움은 "협화가 한낱 꿈"일 수밖에 없음에도

상당히 난해한 문장이지만 자세히 보면 눈물 나는 현실에서 벗어나야 한다는 메시지였다. 그렇다고 새가 새장에서 벗어나는 그런 조선의 해방도 아직은 아니고, 철리의 고봉이라는 학문적인 아쉬움도 아니라고 하면서, 요동 벌판에서 당장 조선인으로 살아야 하는 현실의 아픔과 그로 인해 발생하는 어쩔 수 없는 일본과의 타협의 필요성을 말하는 것이었다. 대놓고 일본에 협조하자는 것보다 대단히 은유적으로 어쩔 수 없이 일본과 협력해야 한다는 안타까움을 문학적으로 표현하였다. 이처럼 전향에도 제2의 일본인처럼 행세하는 그룹과 친일민족주의화한 그룹간에 만주국을 보는 온도 차가 그만큼 컸다.

(2) 땀의 봉사로 신동아를 건설하자:

만주국건설봉사대 이완수(李完琇)의 근로봉사

이 글은 1940년 6월 29일에 파견된 만주국건설봉사대 엔지반(延吉班) 일원이었던 이완수의 기행문이다. 당시 봉사대는 엔지반, 왕청반(汪淸班)이라는 2개 반이 있었고, 엔지반은 경기도, 충청남북도, 경상남북도, 전라남북도, 황해도 등 8개 도에서 161명을, 왕청반은 평안남북도, 강원도, 함경남북도 등 5개 도에서 93명을 선발하였다. 출발지는 서울역이었다.[940]

필자는 엔지반이었는데, 투먼(圖們)에서 융숭한 환영식을 받았고, 엔지에 도착하여 북산(北山)소학교에 여장을 풀었다. 아침마다 기상하면 점호를 받고, 조기회를 하면서 궁성요배를 하였다. 이어서 국가합창, 칙어(勅語) 봉독, 황국신민서사 제창 등을 한 다음, 일본체조(야마토바다라키)를 하고, 각도 부대별로 봉사대강령을 제창한 후 식사하였다. 7시 반에 집합하면 식민가(植民

정치적 전망으로서의 '민족주의'는 포기해도, 심정적 귀속의 공동체로서의 '민족'은 끝내 포기'할 수 없는 상황에서 비롯된 것이라고 평가하였다.(동, 111쪽).

940) 李完琇, 「滿洲國建設 勤勞奉仕 朝鮮部隊記」, 『三千里』(12-9), 1940년 10월 1일, 140쪽.

歌)를 부르며 공사장으로 간다.

전체적으로 군사훈련을 방불케 하는 봉사대 일정이었고, 그 이름도 군사적인 냄새가 나는 '조선부대(朝鮮部隊)'였다. 작업방식은 군수회사에서나 하는 생산책임제 방식이었다. 개별적으로 분량을 정해놓고 시간 내 완성하도록 하였다. 대신 점심시간은 2시간 30분간 배당하여 비교적 넉넉하게 했는데, 5시에 기상하여 7시부터 일하려면 체력안배가 필요해서였다.

필자는 무척 힘든 노동이지만 "우리는 반도 2,300만 민중의 대표로 만주국건설봉사대라는 중대사명을 지고 불원천리하고 온 이상 모든 노력을 발휘하지 않을 수 없었다."고 애써 자신을 위로하였다. 무슨 이유로 이런 조선인 청년에게 과도한 노동도 불사할 만큼 만주국을 위해서 희생적 분투를 실천하는 것인가.

조금도 게으르지 않고 여전히 전력을 발휘하여 작업이 진행됨을 재미로 알고 우리는 '땀의 봉사라는 슬로건 아래 만족하며 또한 신동아 건설의 한 토대를 만든다는 감(感)이 잠시도 사라지지 않아서 조금도 태만하게 하지 않았다....(중략)...피곤과 괴롬도 적지 않지만 인고단련이라 생각하면서 스스로 위안을 삼는다.941)

<그림 78> 창춘 남령전적기념탑(출처:북헌터
https://m.blog.naver.com/bookhunt/110152452855)

역시 답은 '신동아건설을 토대를 만든다.'는 것이었다. 신동아건설이란 그동안 일본인의 지도로 새로운 동아(東亞) 질서를 만들었지만, 이제는 조선인이 역할을 하여 일본인과 어깨를 나란히 하고 '아시

941) 李完琇, 상동, 『三千里』(12-9), 1940년 10월 1일, 141~142쪽.

아 1등 국민'다운 자질로서 조선인도 나름 행세하는 신동아 질서를 만들자는 논리였다. 만주국에 쏟은 땀 한 방울이 조선인이 2등 국민에서 1등 국민으로 발전하는 계기를 열리라는 희망의 발로였다.

이렇게 온종일 노동하고는 저녁 6시에 작업을 마치고, 궁성요배(宮城遙拜)를 한 다음 구호를 외치고 식민가 혹은 황국(皇國)청년가를 부르며 돌아왔다. 이후 식사와 목욕 후 자유시간, 점호를 마치면 9시에 불을 끄고 취침하였다. 7월 30일 귀환할 때는 곧장 투먼에서 자무쓰(佳木斯)를 거쳐서 하얼빈 및 싱징 등지를 관광한 뒤 돌아왔다. 하얼빈에서는 '아파트 문화를 처음 접하고 놀라워'했으며, 장춘[新京]에서는 남령전적(南領戰蹟)기념탑을 참배하였다.

간도성장이었던 이범익(李範益)의 훈화도 들었다. 그가 신동아 건설을 주창하면서 만주봉사대 결성하고 아시아일등국민의 환상을 심는 데 주도적인 역할을 하였던 것이다.

(3) 우리 땅이 될 줄 알았다: 사회주의 문학가 현경준의 장고봉 다크투어

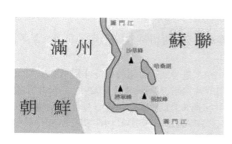
<그림 79> 나무위키 장고봉 위치

장고봉 전투(하산호 전투)은 1938년 7월 29일부터 동년 8월 11일까지 약 2주간 바실리 블루헤르 원수가 지휘하는 소련군과 사토 고토구가 지휘하는 일본군(조선군, 관동군) 사이의 충돌로 발생한 전투이다. 소련군 전사(실종자 포함)는 총 792명, 부상자 3,279명, 일본측 전사자는 526명, 부상자는 913명이었다. 중일전쟁 가운데라서 확전을 꺼리어 8월 12일 정전하였다.

본 기행문은 사회주의자요, 문학가였던 현경준(玄卿駿, 1910~1951)[942]

---

942) 현경준(玄卿駿)은 1909년 2월 29일, 함경북도 명천군 하가면 화태리에서 태어났

이 장고봉 전적지를 여행하면서 쓴 글이다. 시찰 정원이 50명이라고 한 것으로 보아 특별한 언론이나 관변단체의 지원을 받는 시찰단 일원으로 간 것으로 추정된다. 필자는 장고봉을 '성전지(聖戰地)'라고 하면서 조선인 호국의식과 자발적 동원을 촉구하려는 의지를 노골적으로 드러낸다.

<그림 80> 하산호전투(나무위키)

아직도 기억에 새로운 장고봉 사건! 국민 된 자는 모름지기 상기하라. 국경선 확보를 위하여 용감하게도 군국(軍國) 일본의 남자라면 품어야 할[男兒本懷]인 전장의 꽃으로 흩어져 버린 호국 영령들의 그 충의를! 때는 길일 중에도 뜻깊은 9월 1일 홍아봉공일(興亞奉公日) 오전 5시 반, 정각 전부터 투먼역에는 정원 50명을 훨씬 초과한 근 2백 명에 달하는 남녀 견학자들이 운집하였다.[943]

조선총독부는 매년 9월 1일을 애국일(愛國日)로 삼고 제1회 애국일인 1939년 9월 1일을 홍아봉공일(興亞奉公日)로 명명하였다.[944] 구체적으로 이

다. 김경운(金卿雲)으로도 불렸다. 1925년 경성고보에 입학했다가 학업을 중단하고 시베리아로 가서 사회주의를 체험하며 유랑생활을 했다. 1929년 귀국하여 평양숭실중학, 일본 동경의 모지 도요쿠니(門司豐國)중학, 일본 관서대학 등에서 공부하다가 사상사건에 연루되어 학교를 중퇴하고 귀국했다. 이후 만주로 이주하여 1937년부터 1940년 7월까지 북간도(연변) 도문의 백봉국민우급학교에서 교원생활을 하였고 1940년 8월부터 『만선일보』에서 반년간 기자 생활을 하였다. 1934년 9월 『조선일보』에서 주최한 '혁신기념사업장편소설응모'에 중편소설 「마음의 태양(太陽)」이 이석(二席)으로 입선돼 문단에 데뷔한다. 1935년 1월 『동아일보』 신춘문예에 단편소설 「격랑(激浪)」이 당선되면서부터 본격적인 문학 활동을 시작한다.

943) 玄卿駿, 「聖戰地「張鼓峯」, 當時 皇軍 奮戰의 地를 찾어」, 『三千里』(12-9), 1940년 10월 1일, 52쪽.

944) '이 날은 1939년 8월 8일 일본 각의에서 승인된 것으로, 그 취지는 이날 "전 국민

날은 국민정신총동원연맹에서 규정하는 궁성요배, 정오묵도, 기념식 등을 실시하고 절주, 절연으로 전선에서 수고하는 일본군과 일체감을 갖도록 했다.

필자는 투먼에서 장고봉까지 가는 길 주변의 울창한 산림을 보면서 '조선의 위정당국의 산림녹화 공작'을 칭송하였고, 홍의(洪儀)역에서는 '만철(滿鐵)사원 시즈야 하루히코(靜谷治彦)군 순직의 땅'라는 비석을 참관하였다.

> 비석은 부지불식간 머리를 숙이게 만든다. 만철(滿鐵)사원, 북선연락회에 의해 이 비가 세워질 때 무거운 침묵 속으로 흐르는 감정은 그 얼마나 슬펐을까. 비석 앞에는 꽃병이 하나 놓여있고 많은 들꽃이 꽂혀있는데 자세히 보니 꽃병은 포탄이다. 소련군이 발사한 포탄인 듯한데 이렇게 비석 앞 꽃병으로 놓인 것을 보니 감개가 무량하다.[945]

필자가 느낀 깊은 감개는 어디서 온 것이며, 왜 이런 애국일에 중국도 아닌 소련과 싸운 장고봉의 영령들을 떠올리는 것인가. 정작 장고봉 사건으로 1938년 8월 12일 정전협정이 체결되면서 그곳이 조선 땅이 아닌 만주국 영토가 되었다. 조선으로선 아무런 이득이 없는 전투였다. 일단 이 행사는 조선인들에게 '선만일여(鮮滿一如)라는 일체감'을 주기 위한 행사의 일환으로 보인다. 왜냐하면 1940년 전후한 일본의 '조선(朝鮮) 홀대 분위기'를 틈타서 조선총독부나 일부 친일 조선인들은 동아공영권에서 조선의 역할을 보여줄 나름의 충성경쟁이 필요하였다. 말뿐인 경쟁이라도 '조선인의 희생 없이 공영권에

은 일제히 전장의 노고를 생각하여 자숙자제하여 이를 실제 생활상에 구현하는 동시에 흥아대업(興亞大業)을 익찬(翼贊)하여 1억1심 봉공의 정성(誠)을 다하여 강력한 일본 건설에 매진하므로써 항구실천의 원천(源泉)이 되는 날"로 만든다는 것이었다.'([조선일보 뉴스 라이브러리] 『조선일보』, 1939년 8월 9일.) https://newslibrary.chosun.com/view/article_view.html?id=655819390809m1011& set_date=19390809&page_no=1 흥아봉공일은 1942년 1월 2일 도죠 내각이 태평양전쟁을 개전한 12월 8일을 대조봉대일(大詔奉戴日)로 지정하면서 폐지되었다.(「흥아봉공일 폐지」, 『매일신보』, 1942년 1월 3일.)
945) 玄卿駿, 상동, 『三千里』(12-9), 1940년 10월 1일, 54쪽.

서 행세할 수 없다.'고 믿는 친일파 나름의 친일네셔널리즘도 작동하였다.

이런 상황에서 필자와 같은 전향한 사회주의 문학가도 일본인이 말하는 '애국주의'에 편승하여, 조선의 위상을 높이려는 대열에 동참할 수 있었다. 이런 친일네셔널리즘의 골자는 일면 교활한 일본인의 애국주의에 편승(便乘)한 듯하면서도 결국은 조선에다 이전보다 큰 국토계획상의 기획과 자본투자, 기술획득 그리고 참정권을 보장하라는 '자치주의적 욕망'을 포장한 것이었다. 물론 이런 친일파의 의도에 총독부조차 이들 자치론들을 비딱한 눈으로 보기 시작하였고, 탄압을 예고하였다. 애당초 총독부는 조선인의 자치주의조차도 용납하기 힘들었던 것이 사실인듯하다. 그 일화가 『윤치호 일기』에 나온다.

오전에 미와 씨가 찾아와, 누군가 자치운동이나 그 선동을 시작한 것 틀림없느냐고 물었다. 난 금시초문이라고 했다. 이어서 그들이 원하는 자치의 형태가 무엇인지도 모르겠으며, 일본이 일촉즉발의 세계대전에 대비하려고 생사를 건 투쟁에 돌입하고 있는 상황에서 조선인들이 자숙하는 것이 현명한 일일 거라고 말했다.[946)

친일파의 '자치주의'조차도 엄격하게 통제하고 억압하던 시절이었다. 그러니 일부 친일파들은 훗날 반민특위에서 그런 자치론조차도 일종의 민족운동이란 듯이 변명하기도 했다.

한편, 필자는 홍의역 대합실에서 장고봉 전투 때 날아온 탄환 자국들을 보았다.

역장에게서 들었는데, 대합실 앞 약 30미터 거리에서 파열된 포탄 파편이 날라와서 그리 되었다고 한다. 이쪽 판벽을 뚫고 저쪽 벽을 그냥 관통했다고 한다. 철로가 파괴되어 찌그러진 것을 보니 그 위력이 얼마나 컸고 처참하였는지 충분히 알 수 있다.[947)

946) 『윤치호일기』 1933년 11월 19일, 일요일, 320쪽.
947) 玄卿駿, 상동, 『三千里』(12-9), 1940년 10월 1일, 54쪽.

이렇게 포탄이 떨어진 대합실내 사무실은 기둥조차 없이 파괴되었다. 그러면서 시찰단 일동은 '저렇게 불리한 여건에서도 황군이 승리할 수 있었다.'라면서 감개무량해 하였다. 그리고 전투 당시 역에서 일하다 과로로 사망한 아오타니의 위령제를 올렸고, 역장은 그때의 일을 떠올렸다.

> 역장은 사건 당시 부하들을 인솔하며 얼마나 비장하게 자기의 맡은 책임을 다하였는지 말한다. 근무에 시달린 몸이 결국 병을 얻어 제일 바쁜 시기에 나진(羅津) 병원에 입원하여 상부를 대할 면목이 없게 된 사실을 이야기할 때 씨의 표정에는 확연히 '원통한 그 무엇'이 있다.[948]

여기서 '원통한 그 무엇'이라는 것은 '더 열심히 할 수 있었는데 다하지 못해서 아쉽다.'라는 자기 불만이 컸음을 암시한다. 또한 그런 표정으로 당시 얼마나 상황이 급박하고 치열했는지 보여주려는 몸부림이기도 했다.

이어서 필자는 표충탑을 방문했다. 명문은 미나미 지로 총독이 썼다고 했다. 소련과 일본이 치열하게 싸웠던 것. 결국 조선군 제19사단이 공격하여 수복한 장고봉은 만주국 차지가 되었다는 것 등이다. 앞서 조선의 입장에서 본 장고봉 시찰이 '일선만지(日鮮滿支) 일체'의 공영권 이상(理想)을 실현하는 수단이었다고 했다면, 또 하나의 의미는 일본제국주의 입장에서 바로 일·소전쟁을 앞두고 조선이라는 후방의 전쟁 태세를 정비하려는 움직임으로 읽을 수 있다.

당시는 일본이 비록 중국과 전쟁하고 미국과 갈등하여 북베트남으로 진출하던 시기였다. 하지만 여전히 미·일전쟁보다는 소·일전쟁의 개전 가능성이 점쳐지던 시기였다. 특히 1939년에 있었던 노몬한 전투에서는 일본군이 전멸적인 패퇴를 하는 상황이라서 이 시점에서 소련과 일전을 겨루겠다는 의지가 더없이 강하였다. 이에 필자는 '표충탑(表忠塔)'의 위엄에 러시아는 다시

---

948) 玄卿駿, 상동, 『三千里』(12-9), 1940년 10월 1일, 55쪽.

옛날의 악랄한 촌극[惡戱]의 꿈꾸는가?'라면서 소련이 다시 장고봉사건과 같은 '악행을 저지르면 결코 용서하지 않겠다.'라는 등 호기를 부렸다.

이어서 필자는 두만강을 건너서 장고봉 근처까지 가서 봉우리를 보았다. 직접 올라가지는 못한 듯하다.

저 경비 라인을 용감하게도 찢어버리고 국경선 확보에 불멸의 기록을 남긴 황군의 그 충용무쌍한 의기가 다시금 뼈에 사무치면, 저절로 머리를 숙이게 된다. 봉우리 아래 남쪽측면 우묵한 곳에는 정전협정을 체결했던 집도 보인다. 아래를 내려다보니 유유히 흐르는 두만강 수면에는 장고봉 그림자가 거꾸로 비쳐서 손을 내밀면 바로잡힐 듯 어른거린다.949)

망원경으로 봉우리 꼭대기에 있는 감시소, 봉우리 오른쪽 어깨쪽에 있는 소련군의 토치카를 보기도 하면서 필자는 황군의 위대한 충용무쌍한 의기에 깊이 감격하는 모습이었다.

(4) 조선인 만주 개척의 현장: 농심을 파고든 제국주의

○ 생존하려고 총독부의 요구에 응한 동포들:
송화강인(松花江人)의 안전농촌 방문

『매일신보』 편집국장 이익상은 1933년 북만주 평원을 바라보면서 필자는 안전농촌의 필요성을 제기하였고, 실제로 안전농촌 문제는 당시 조선인의 만주 개척 사업에서 무척 중요한 사안이었다.

평텐과 싱징에서 바라볼 수 없는 구릉도 여기저기 보인다. 일망무제한 해양에서 바라보는 파도 같은 구릉이다....(중략)...낙토(樂土)가 되어야 할 광막한 평야가 어찌하여 이대로 묵히고 있는지. 비적(匪賊)이 날뛰는지. 멀리 바라보이는 평원광야에 살려고 노

---

949) 玄卿駿, 상동, 『三千里』(12-9), 1940년 10월 1일, 56쪽.

력했던 사람들의 피가 얼마나 물들었는가. 비적 이상의 무력을 가진 주민을 집단화하지 않고는 낙토도 없고, 천도(天道)도 없을 것이다.[950]

경작할 곳이 없어 산꼭대기도 마다않는 조선에 비해서 북만주는 참으로 광활하며, 개발하고 싶다. 하지만 비적 때문에 불가능하기에 '안전농촌'이 절실하다는 주장이다. 물론 1932년부터 조선총독부는 자작농육성정책의 일환으로 동아권업(東亞勸業)를 내세워 만주의 난석산(亂石山)·허둥(河東)·잉커우(營口 혹은 榮興)·싱허(興和)·테링(鐵嶺)·싼위안푸(三源浦) 등지에 조선인 약 4,000호를 정착시키는 안전농촌 사업을 시작하였다. 이익상은 이러한 총독부의 정책이 불가피한 조치라는 것을 보여주려는 것이었다. 문제는 비적이었다.

필자인 송화강인도 안전농촌의 기원을 중국인의 공격에서 보호하는 것에서 찾았다. 조선인이 일본 앞잡이로 오해를 받아서 중국인으로부터 공격을 당하자, 이에 조선인들이 '안전농촌'이라는 자위단을 구성했다는 것이다. 송화강인이 말하는 비적은 이익상의 그것과 달랐다.

이익상은 약탈적인 마적이나 비적을 지목한 데 대해, 송화강인은 조선인을 미워하는 중국인을 지칭하는 말이었다. 이익상은 경제적 측면에서 도적을 말한 것이라면, 송화강인은 정치적 이유로 생긴 적대 세력을 강조하였다. 어쨌든 안전농촌은 결과적으로 중국인 항일 혹은 혁명세력과의 갈등을 불가피하게 하였고, 조선인이 적대할 대상을 확장하는 결과를 가져왔다.

어쨌든 이 글은 1939년 필자인 송화강인이 안전농촌을 탐방하고 쓴 기행문이다. 당시에는 잉커우와 허둥(濱江省 烏吉密河驛 부근), 테링(펑텐성 鐵嶺驛 부근) 수이화(綏化) (濱江省 綏化驛 부근), 싼위안푸(펑텐성 柳河縣 山城鎭 부근) 등 5개 소에 안전농촌이 운영되었다. 경작면적은 총 11,300정보, 그

---

950) 이익상, 「일망무제의 북만평야(18)」, 『每日申報』, 1933년 9월 21일.

중 논 약 9,200정보, 조선 농민 25,000명, 호수로 4,100호 정도 참가하였다. 필자는 조선인 안전농촌의 의미를 이렇게 정리하였다.

> 어디로 가나 조선 사람은 논을 일구는 데 천재적이다. 간석지를 일구거나 논을 만드는데 반드시 우리 조선 농민이 앞장선다. 그 결과도 매우 좋다. 아마 만주 벌판에 있는 땅은 한해 두해 거치는 동안 조선 사람 손으로 일망무제한 논으로 변하여 황해도 재령이나 전라도 곡향 벌판같이 될 것이다....(중략)...이 안전농촌에 수용된 우리 농민은 적당한 시기에 토지대금, 공사비, 기타 일체 모든 비용을 장기 연부로 환상하여 나중에 자작농이 될 것이라고 한다.[951]

여기에 온 농민들은 주로 조선 각지에서 수해를 당하거나 영세농들로서 총독부가 추진하는 이른바 '자작농창설계획'의 일환으로 이주한 경우가 많았다. 총독부로서는 조선에서 불만 세력도 줄이고, '자작농 확대'라는 식민통치의 성과도 보여줄 수 있었다. 특히 9·18사변 이후 일본인에 대한 중국인의 적대감을 조선인으로 완충할 수 있었다. 실제로 조선인 다수는 이러한 '자작농이 될 꿈' 때문에 험악한 중국인의 공격이 따르는 무시무시한 곳으로 용기를 내어 이주하였다.

○ 만주 개척은 알고 보면 우리 민족의 숙원 사업:
경박호인(鏡泊湖人)의 조선인 개척단

① 병영화된 조선인개척단
중일전쟁 이후 일본은 동아신질서와 일만지(日滿支) 공영(共榮)을 목표로 오족협화(五族協和)를 내세우면서 서구 제국주의 진영과의 대결을 조장하였다. 당시 최남선은 조선민족주의라는 내심과 연합군에 맞서 전투할 태세를 강화하여 공영권내에서 역할을 해서 권리를 찾자는 '오족협화론' 사이에서

---

951) 松花江人,「天涯萬里에 建設되는 同胞村」,『三千里』(9-1), 1937년 1월 1일, 113쪽.

무척 갈등하였다.

현재 여러 나라에서 국민사상을 조성하기 위해 사용하는 것이 바로 '애국(愛國)'이다. 국민의 능력을 향상하는 데 쓰는 것이 바로 '군국(軍國)의 백성 교육'이 아닌가. 각국에서 국민을 훈련하는 이유도 남에게 뒤질까 하는 염려 때문이다. 애국의 기본 취지가 곧 외부 대상을 적대시함이요, 군국 백성의 자격이 곧 전쟁을 준비하는 발단이 됨을 어찌 알았겠는가. 이 모두가 위세를 세우고 패권을 도모하는 계책이니, 세계의 전화(戰禍)가 이미 습관 중에 양성되었다. 이렇게 뿌린 씨앗이 열매를 맺으면, 치안을 파괴하는 것에 그치지 않고 인류를 멸하고도 멈추지 않으리라....(중략)...그렇기에 왕도(王道)란 오늘날 세상을 기사회생시킬 좋은 약이요, 세계의 전화(戰禍)를 없애서 세상 사람들이 편안히 살고 즐겁게 일하도록 이끄는 길이다. 진실로 왕도를 행하려면, 먼저 애국 사상을 쓸어 버리고 박애를 위주로 하며, 반드시 먼저 군국 교육을 혁파하고 예의를 우선으로 해야 한다.[952]

하지만 애국이니 군국이니 하는 것보다는 박애로 승부하고, 전쟁보다 평화에 기반하라는 충고였다. 즉, 최남선은 민족주의나 애국주의 혹은 군국주의로 무장된 민족주의 해소의 필요성을 말하고, 이를 위하여 철저한 박애적 왕도(王道) 확립을 주장한 것이었다. 이에 천황에 대한 보다 보편적 가치를 부여하면서 침략 사상을 온전히 왕도주의로 위장하려는 일본측 주장을 그대로 수용하는 모습이었다.

이런 사상적 혼란의 와중에 총독부는 선만척식회사와 만선척식회사를 통하여 일본본토 뿐만 아니라 조선에서도 '과잉인구화'한 농민을 적극 훈련시켜서 만주국 개척에 동원하려고 했다. 지배를 위해선 먼저 배를 불려야 한다는 생각이었다. 그래서 만든 것이 바로 '조선인개척단'이었다.

홍양명은 개척민이란 만주를 왕도낙토(王道樂土)로 만들기 위하여 '일본

---

952) 윤영실,「최남선의 송막연운록과 협화 속의 불협화음 − 1930년대 후반 만주 열전(列傳)과 전향의 (비)윤리 −」,『사이間SAI』(24). 114~115쪽에서 재인용.

인을 양적 질적으로 만주국의 모든 방면에 널리 또한 깊숙이 침투시켜서 여러 민족이 혼연일체가 되게 하여 번영하고 배움을 여는 임무를 획기적으로 추진하자.'는 논리에서 시작되었다고 하였다. 그래서 이름도 이민(移民)이 아니라 개척민이라고 하였다. 그러기 위해선 개척단에게 '동아신질서의 중점적 추축이 될 만주국 개발의 이상을 이해하고 민족협화의 정신을 체득하도록 하는 훈련이 필요하다.'고 역설하였다.

> 일본제국 신민의 일부인 조선 개척민에도 국책의 의의를 부여하게 되고 종래 조선에서 살 수 없어 만주로 간다는 식의 순(純)경제이민을 일보 전진시켜 만주국 개발을 위한 일만일체(日滿一體)의 중요 국책을 수행하는 적극적 의미의 개척민이라는 사명의 자각이 요청되었다. 특히 조선에서 내선일체(內鮮一體) 구현에 박차가 가해지면서 조선인 개척민도 일본인과 동등한 국책 개척민 취급을 받도록 한 방침이 결정되었다.[953]

1936년경부터 만주국으로 조선인개척단이 진출했다. 종래에는 앞서와 같이 안전농촌을 만들어 조선내 빈민을 동원하여 '자작농 창정(創定)'을 기도하는 것이었다. 그런데 이제는 숙련 농민이 본격적으로 이민하기 시작하였다. 그것이 달라진 모습이었다.

이 과정에서 총독부는 어떻게 하면 아직 만주국 국적을 취득하지 않은 반골기질의 조선인 무적자(無籍者)들을 통제할 수 있을까 하는 문제에 직면하였다. 당시 많은 조선인들이 만주국 국적을 취득하고 싶지 않았던 결과였다. 독립운동이나 혹은 만주국과 조선 및 일본 등과의 실질적인 평등이 이뤄지지 않은 상황에서 자칫 만주국 국적을 가지지 않으려는 심리가 커지고 있었고, 이들을 만주국적으로 등록시켜서 안정적으로 통제할 수 있는 장치가 필요했던 것이다.

---

953) 新京 洪陽明, 「朝鮮農民과 滿洲國 開拓」, 『三千里』(12-3), 1940년 3월 1일, 218~219쪽.

이를 해결하기 위하여 총독부는 만주국 민생부와 협의하여 1941년부터 90만원 예산으로 3개년간 전부 등록[就籍]하기로 방침을 세웠다. 일차적으로 1941년도에 30만원을 투입하여 준비조사를 했다. 조사인원도 30여명에 달했다.[954] 당시 만주 동포 120만명 중에서 60만명이 '무적(無籍)'이었다. 어쨌든 총독부는 재만 조선인의 생활이 만주국 이전과 크게 변화하고 발전했으며, 특히 신대륙건설에 조선인 개척 사업의 공적이 크다는 입장을 피력하기도 하였다.[955]

이런 상황에서 필자인 경박호인은 (1940년) 8월 17일 조선인개척단 제3단 선발대인 100여 명의 조선청년과 함께 백근리(柏根里)에 있는 제1단 조선인 개척단을 방문하였다. 제3단 선발대는 강원도 평강군 소재 선만척식훈련소에서 훈련을 받고 온 인원이었다. 역에 도착하자 제1 단장 이상락(李相洛)의 환영인사를 하였는데, 경박호인은 '가득 실은 차량은 대부분이 만주인 노동자들인데 어찌나 큰 소리로 떠들던지 조용한 이야기는 도저히 할 수 없었다.'고 빈정거렸다. 별 의미 없는 말같지만 자세히 보면 만보산사건 이후 조·중 양국민 사이의 불신이 얼마나 깊은지 보여주는 대목이다.

현지 사원에 따르면 이들을 지도통제하는 조직은 선만척식과 만선척식이라고 하며, 두 회사는 자매회사로서 소재지 조선 농민의 지도통제는 만선척식이 한다고 했다. 집단이민(개척단) 사업은 5개년 사업으로 1939년이 제1차 년도였다. 1단은 약 600호로 구성되고, 앞으로 1,000호로 확장된다고 했다. 1940년 당시 백근리 개척단은 총 23,000정보에 제1단과 제2단이 와 있었고 800호가 이주를 완료한 상태였다.[956]

---

954) 總督府 學務局 視學官 夏山在浩(舊名 曹在浩),「在滿朝鮮人의 今後敎育, 在滿朝鮮人敎育問題를 爲한 視察團記」,『三千里』(13-7), 1941년 7월 1일, 108쪽.

955) 總督府 學務局 視學官 夏山在浩(舊名 曹在浩) , 상동,『三千里』(13-7), 1941년 7월 1일, 107쪽.

956) "단에는 단장 1명, 경리 1명, 경비지도원 1명, 농사지도원 5명을 두었다. 이주자는 대개 남선(南鮮; 경상남북도, 전라남북도, 충청남북도, 강원도)에서 왔다. 당시 약

1940년 당시 조선인개척단은 경박호 인근에서 축차적으로 부락을 확장하였다. 1940년 3월에는 박동근이 경박호(鏡泊湖) 주변을 보면서 '바다 같고 거울 같은[如海如鏡]' 큰 호수라고 감격할 정도로 아름다운 곳이었다.

경박호 주변은 9·18사변 이전부터 치안이 큰 문제였다. 개별 여행이 어려워서 결국 화물차로 향하였다. 산 정상은 비적들이 횡행하던 곳이었다.

경박호는 만주국 정부에서 국립공원으로 정하고 황제의 별장까지 만들 계획이며, 이 호수를 이용하여 수력 발전은 물론 현재 공사 중이라고 한다. 만주사변 전에는 비적(匪賊)의 처소였는데, 이후에는 황군의 무용으로 오늘의 영광인 경박호로 변하였다.... (중략)... 차에 내려서 보니 이곳에도 우리 황군의 군영이 있고, 곳곳에 황군의 총검을 잡고 혹염(酷炎)에도 내왕하는 사람의 편리를 위하여 비적 방비와 동포의 치안을 위하여 부동자세로 땀흘리는 것을 볼 때 감사한 마음과 더불어 부끄러운 마음이 들었다.[957]

이제 일본군이 주둔하면서 황군의 고마움으로 후방 국민들이 마음 놓고 훌륭한 경치를 볼 수 있게 되었다는 것이다. 황군이 이곳을 지키는 것은 만주를 침략하려는 것이 아니라, 국민들이 즐길 수 있는 길을 연 것이고, 그 덕에 만주국 국운도 상승할 것이라고 했다.

이런 곳에 조선인개척단이 들어가게 된 것이라고 했다. 경박호 개척지에서 생산되는 농산물은 주로 메밀·연맥·감자·채소류. 가축은 말과 소 500마리 기타 작은 가축, 농구도 갖추고 있으며, 개인 가옥도 만드는 중이라고 했다.

7,000정보의 개간을 마치고 나머지 3,200정보를 작업하는 중이었다. 정보 당 개간비는 약 30만원 든다고 한다."(鏡泊湖人,「北滿洲의 朝鮮人開拓團」,『三千里』(12-10), 1940년 12월 1일, 146~147쪽.) 제1단에는 총 14개 부락 중 제1부락(임시 본부)에서 제8부락까지 소속되었다. 제9부락부터 제14부락까지 제2단(단장 김본) 소속이었다. 제3단은 제15부락부터 신설 예정이었다. 부락마다 건물이 50동이 있는데, 1동에 2호씩 살았다. 모두 100호정도 거주하였다. 호당 경작지는 처음에 6정보, 다음은 10정보였고, 원야목초지까지 합하면 15정보 정도라고 했다.(新京 洪陽明,「朝鮮農民과 滿洲國 開拓」,『三千里』(12-3), 1940년 3월 1일, 218~219쪽.)
957) 東京城에서 朴東根, 상동,『三千里』(12-3), 1940년 3월 1일, 275쪽.

안보를 위하여 치안부 경비대가 경비하고 있으며, 조만간 경비대 대신 자위대를 구성한다고 했다. 이처럼 치안까지 스스로 책임지면서 단원들은 군사 훈련하듯이 일사불란하게 개척 사업을 열중하고 있으며 이동할 때는 군가(軍歌)를 부르게 하는 등 완전한 '병영화된 개척단'의 모습이었다고 한다.

② 만주 개척은 고구려시대부터 이어진 역사적인 사업이다.

필자는 개척단의 단장들이 협화(協和) 운동과 동아공동체 수립에도 열정적이었다고 한다. 그들의 연설만 들어도 '굳은 신념으로 모든 것을 넉넉히 이겨낼 것같은 굳센 의지가' 느껴진다고도 했다. 그러므로 이들은 '협화(協和) 운동자이자 동아연맹(東亞聯盟)의 동지자'라고 불렀다. 흥미로운 것은 이들 사업의 연원이 고구려시대까지 거슬러간다고 한 점이다.

> 조선 농민의 만주 이주는 멀리 고구려 시대부터라고 한다. 그때는 이동식 농업이라서 6개월간 농사짓고 추수해서 되돌아왔다. 정착농으로 이주를 시작한 것은 메이지(明治) 초년, 조선에 5년간 계속 큰 흉년이 들어서 조선북부의 피난민이 만주로 이주하였다.[958]

이같은 필자의 생각은 역사적으로 고금 이래로 조선과 만주와의 긴밀한 관계라는 이른바 '선만일여(鮮滿一如)'적인 사고의 귀결이었다. 특히 9·18사변 이후 일·만(日滿)이 불가분한 관계가 되면서 조선 농민의 만주 진출도 현저히 늘었다고 했다.

> 만주사변 후 일·만 불가분의 관계가 성립된 오늘날, 그 중간에 끼어있는 조선의 정치적·경제적·사상적 중요성은 다시 획기적으로 약진하여 조선 농민의 만주 진출도 현저히 증가하였다. 강덕(康德) 2년(1935년)경에는 1개년 10만 명을 넘었다고 한다. 만주 사변 이전 100만 석이라고 하는 만주 쌀 생산도 사실은 이들 조선 농민이 그 전부라 해

---

958) 鏡泊湖人, 「北滿洲의 朝鮮人開拓團」, 『三千里』(12-10), 1940년 12월 1일, 147~148쪽.

도 과언이 아니다.[959]

당시 만주로 들어온 조선 농민의 출신 지역은 주로 조선북부였다. 이번에 온 개척단이 앞서 언급했듯이 남부 조선에서 왔다는 것을 고려하면, 시기별로 출발하는 지역이 달랐던 것을 알 수 있다.

필자는 조선인 이주는 '조선왕조 시기 숭유(崇儒)정책, 지금 말로 당파싸움'때문이라고 단언하였다. 무기력하고 무능한 유교국가 조선왕조의 무능 그리고 북방인을 전혀 등용하지 않는 차별의 역사가 이렇게 만주 이주를 증가시켰다는 것이다.[960] 유교망국론, '조선왕조부패무능론'과도 같은 이해이다. 이처럼 이들은 일본의 조선 지배를 정당화하고, 조선인의 민족적 개조가 필요하다는 조선총독부의 지배 이데올로기를 정확히 숙지하고 있었고, 필경 조선인 만주개척으로 그 정신을 실천하고 있었다.

그렇다면 이러한 개척촌은 태평양전쟁 시점에는 어떻게 변했을까. 1941년 12월 경 3주간에 걸쳐서 만주 지역 개척촌(북만 북안성(北安省)의 오지와 남만의 금주성 榮興 개척촌 그리고 하얼빈의 의용대훈련소 등)을 시찰한 경상남도 시게야마(光山) 주사의 시찰담에서 엿볼 수 있다.[961]

먼저, 북만에서는 10정보 중 6정보를 목표로 개척하고 경작하고 있었고, 1940년은 3정보를 개척하여 주로 밀과 나맥 등 맥류와 좁쌀이나 감자 등을 재배하고 있었다. 1942년도에는 4.5정보 개척을 목표로 하고 있었다. 남만의 영흥촌은 1934년부터 입식하여 1941년 말 현재 1,600호가 개척민이고, 2정보 경작과 2.4정보 경작으로 구분되며, 반당 정조는 7석, 도합 150석 정도를 수확하는 등 부촌으로 성장하고 있었다고 자평하였다. 1941년에는 이들

---

959) 鏡泊湖人, 상동, 『三千里』(12-10), 1940년 12월 1일, 148쪽.
960) 鏡泊湖人, 상동, 『三千里』(12-10), 1940년 12월 1일, 148쪽.
961) 「처음은 곤란하나 살면 낙토다, 광산 경남주사 만주개척지 시찰담」. 『每日新報』, 1941년 12월 25일.

1,600호의 개척촌에서 군용기헌납운동을 벌여서 10만원을 모아서 헌납하였다고도 했다. 그리고 의용대는 수료하면 국경에 10정보의 경지를 받을 수 있었다.

이처럼 시게야마 주사의 시찰담은 만주개척민이 적극적으로 개척과 증산에 나서서 부유해졌으며, 군용기 2대를 낼 만큼 잘 성장하고 있었던 모습을 전하고 있다. 그러면서 성공의 비결을 이렇게 설명한다.

> 개척민이 만주에 들어온 후 처음에는 익숙하지 않아서 추위와 식사가 곤란하였으나 3~4년 지나면서 그곳 풍습과 풍토에 익어 아무렇지도 않게 되었다. 돈을 벌고 돌아오겠다는 생각을 말고, 그곳에서 뼈를 묻고 살 것이라는 마음으로 간다면 반드시 성공할 줄 안다.[962]

즉, 시게야마 주사의 담화는 당시 개척민들이 가지고 있던 만주 개척단 참여에 대한 일반적인 사고를 엿보게 한다. 개척민들의 상당수가 고향의 가난을 이기기 위해 이곳으로 왔고, 결국 돈을 벌어 돌아가고 싶은 마음이 강하였다는 것이다. 그러니 일본의 뜻대로 그곳에 정착할 의지가 빈약하고, 오로지 돌아가려는 마음이 굳어서 상당수는 성공하지 못한다는 것이다. 이처럼 일본인 공무원의 증언을 통해서 비로소 앞서 경박호인이 말한 '조선인 적극 개척 참여론'이 실제로 얼마나 허구였는지 확인할 수 있다. 경박호인이 말하듯 조선 농민은 만주를 개척하고 계몽하고 싶은 열망이 두드러 진것은 결코 아니었다. 그저 호구하고 싶고, 고향으로 복귀하고 싶은 원격지 노동자 그 이상 그 이하도 아니었다.

---

962) 상동.『每日新報』, 1941년 12월 25일.

3. 침략전쟁기 일본·남방 투어와 '차별철폐'

1) 일본본토 시찰과 '내선일체'

(1) 조선인을 가족처럼 대하라: **일본시찰단 이종현의 일본신체제 투어**

중일전쟁 이전까지 일본본토 시찰은 일본본토 시찰은 주로 '본토=선진(先進)'이라는 관점에서 선진도시, 선진산업 중심으로 이뤄지고 있었다. 그러다 중일전쟁 이후에는 전시경제통제의 방법이나 의미를 파악하려는 시찰이 증가하였다. 특히 1940년부터는 "대동아 단위의 자급자족의 공영권을 확립하고, 국방경제의 자주성을 확보하기 위하여 종합적 계획경제를 세우고, 국방국가체제의 완성을 꾀한다."[963]는 이른바 경제신체제 운동이 전개되면서, 시찰단도 그러한 이념을 어떻게 하면 용이하게 조선에 전파할 수 있을지 탐문하는 시찰이 많았다. 물론 경제신체제 논리가 일방적으로 조선인 부르주아층에게 관철된 것은 아니었다. 일방적인 총독부의 조치가 실질적인 조선경제의 내실 있는 성장에 도움이 될런지를 놓고 총독부 당국과 시찰단원간의 논쟁도 발생하고 있었다. 예를 들어 1940년 말에 경제신체제 운영상을 시찰하러 떠났던 평양해산물무역상 조합장이자 평양 평안주식회사 사장(公司主) 이종현(李宗鉉)과 총독부 상공과장의 격렬한 논쟁이 그것이다.

당시 총독부 상공과장은 '신체제경제란 목욕탕에 들어가는 것과 같다. 들어갈 때는 뜨거워서 참기 어렵지만 견디면 기분이 좋아질뿐더러, 원기가 왕성해지고 체질이 건강해진다. 이른바 상업재편성, 전업(轉業) 및 실업자 구제, 중소상공업자 육성 등과 대용식, 혼식, 배급 등으로 곤란이 있지만 인내한다면 장기적으로 나라와 국민을 부강으로 이끌' 것'이라 주장이었다. 그러면서 '경제신체제를 국민전체가 한 가족이라는 가족 관념으로 파악해야 한

---

963) 전문은 서정익, 「전시 일본의 경제신체제와 통제회」, 『한국경제학보』,(8-2), 연세대학교 경제연구소, 2001, 402쪽에서 인용함.

다.'고 강조하였다.964) 한마디로 '인내하라'는 것이었다.

그러자 시찰단 일원 이종현은 국가정책에 대하여 국민이 믿고 따를 수 있는 신뢰가 있어야 한다고 응수하였다. 그러면서 제대로 신체제를 이루려면 '가족적 관념에 기초하여 본토의 상공업자와 조선인 상공업자와의 사이에 긴밀한 연락이 있어야 한다.'고 하였다. 이는 당시 총독부가 주장하는 공익과 조선인 부르주아들이 생각하는 공익 사이에 일정한 온도차가 있음을 보여주는 것이다.

총독부는 '내핍과 인내로 국가정책을 적극적이고 자발적으로 믿고 따르라.'는 주문을 한 것에 대하여 이종현은 거꾸로 '그만한 믿음을 주고 신뢰를 더 할 공익적 신경제정책이 필요하다.'고 응수하였다. 자발성이 생길만한 조치라야 한다는 것이다. 자발성이 확대되어야 동아공영의 본의도 증진될 것이라는 입장이었다. 이른바 '대가 없는 충성 없다.'는 적나라한 당대 조선인 부르주아의 입장을 대변하는 말이기도 했다. 이종현은 여전히 실질적인 '내선일체(內鮮一體)' 조치가 미흡하고, 차별이 지속되는 가운데 온당한 '내핍과 인내심'이 작동할 것인가에 대한 의문을 제기하였다.

실질적인 내선일체의 필요성을 강조한 것은 조선인만이 아니었으며, 일본 시찰 도중 각 좌담회에서도 본토의 거물급 상공업자들은 '상공업의 내선일체'를 공명한다고 선언하였다. 그들은 특별히 시모노세키 사례를 들면서 요즘 일본본토에서도 조선인을 외국인 보듯하는 태도에서 조금씩 벗어나서 직역을 조선인에 나누어 주는 등, 그간 조선인에 대한 시선이나 지원이 많이 좋아졌다고도 했다.

---

964) "(상공과장 담) 이 경제기구를 어떠한 정신 밑에서 운영해가지는 국민 전체가 한 가족이 되어야 하는 그러한 가족 관념을 생각하는 것과 같다. 진실된 한 가족, 한 형제가 된다면 거기엔 사리사욕만을 위한 기만적인 이익 추구의 경제 행동이 있을 수가 없다. 어디까지나 공익 우선의 신경제 윤리가 수립될 것이다."(平壤海産物貿易商組合長 平壤平安公司主 李宗鉉,「朝鮮經濟界의 今後觀測, 內地의 新體制 經濟를 視察하고 와서」,『三千里』(13-7), 1941년 7월 1일, 99쪽.)

나는 이 제의에 뒤이어 일본본토에 있는 조선인 실(失)업자, 노동자에 대해서도 가족적인 대우가 있어 주기를 요망했더니 시모노세키 시장이 말하기를 '수년 전까지 시모노세키에서만 수천 명의 실직한 부랑 조선인이 큰 두통거리였다. 조선인이라면 모두 부랑자가 아닌가 하는 생각조차 하였다. 이번 시국하 종래 외국인 보듯 하던 태도를 버리고 가족 보듯 하면서 일자리를 주었더니 그들 모두 선량하고 충성스러운 국민으로 일본본토인보다 더 훌륭한 직역봉공(職域奉公)을 한다. 그래서 일반의 조선인에 대한 관념이 뒤바뀌는 동시에 우리 당국자들도 종래 외국인 보듯하던 태도를 매우 부끄럽게 생각한다.'고 하였다.[965]

하지만 시모노세키 시장의 말처럼 자이니치 코리안의 원조라 할 수 있는 이들 재일조선인에게 그런 실질적인 '가족보듯[家族視]'이 가능했는지는 의문이다. 여전히 당대에는 일본인에게 필요한 영역에서만 재일조선인이 활용될 뿐이었다. 일본본토가 어려움을 처했을 때 오히려 재일조선인은 늘 액땜의 대상이 되었던 사실은 오늘날까지도 변함없는 일본인의 지배적 정서였다. 그렇다면 여기서 말하는 '가족 보듯'이라는 담론은 역시 본토 자본가들의 축적욕이 빚어낸 허구의 조선인관일 뿐이라는 점은 명약관화하다.

(2) 도쿄가 나치에 매료되었다: 『종교시보』기자 주운성의 동경유기

① 중일전쟁 하의 도쿄, 히틀러에 열광하다.

주운성은 1934~1935년간 조선 예수교 장로회 총회 종교교육부에서 간행하는 『종교시보』기자였다. 1937년에는 『열혈청년론(熱血靑年論)』(서울, 前進社)을 출간한 정도만 기록이 남아있다. 아마도 필자는 기독교 청년 문제에 조예가 있는 언론인인 듯하다.

필자는 1938년 7월 25일 도쿄로 여행했고, 10월 18일에 서울로 돌아왔다. 도쿄역에 도착하면서 "도쿄는 동방의 런던이요. 아시아 문화의 총본산이라

---

965) 平壤海産物貿易商組合長 平壤平安公司主 李宗鉉, 상동, 『三千里』(13-7), 1941년 7월 1일, 99쪽).

는 의미에서 애착심을 느낀다."고 감격하였다. 특히 이곳이 갑신정변의 주역 김옥균이 활보하던 곳이라는 생각에 무척 가슴 벅차 하였다. 그러면서 도쿄를 사랑하는 가장 큰 이유를 이렇게 말했다.

> 도쿄는 '사람을 알아주는 곳'이기에 무엇보다 나의 애착심을 자아낸다. 이번 여행에서도 나는 특별한 우대를 받았고, 열혈과 정의를 사랑하는 일본인들의 순수성에 감격하였다. 또한 평화와 자유를 다소간이라도 맛보려면 도쿄밖에 없다고도 느낀다.[966]

선각자인 김옥균을 알아보고 그의 근대를 향한 열망을 키웠던 도쿄, 그리고 누구에게든 문명 개화되고, 여러 차례 자신과 같은 사람을 고귀하게 대해주었으며, 평화와 자유를 느끼게 하는 곳이 바로 도쿄라는 것이다. 그런데 이 말은 거꾸로 보면, 조선은 평화와 자유를 다소간도 맛볼 수 없는 곳이고, 또한 조선에선 자신과 같은 사람을 고귀하게 대할 여지가 없다는 말이기도 했다. 조선 사회에서 살면서 느끼는 답답함이 도쿄에 와서는 확 풀리는 듯하며, 그런 평화와 자유가 필자로하여금 도쿄를 사랑하게 한 원인이라는 것이다.

필자는 이어서 니코(日光)와 요코스카(橫須賀)를 들렀다. 니코는 도쿠가와 이에야스의 무덤이 있는 곳으로, 당대에도 조선인들이 여행하는 인기 코스였으며, 요코스카는 1884년에 해군기지가 설립된 곳이다. 거기엔 러일전쟁의 영웅 도고 헤이하치로 원수의 기함이 전시되어 있었다.

> 도고(東鄉) 원수의 전함이 아주 의미있게 전시된 전람회장인 바, 함 안으로 들어가서 진기한 러일전쟁의 역사적 진상을 살폈고, 포탄에 찢겨진 '황국흥망은 이 한번 전투에 달렸다(皇國興廢此一戰)'라는 깃발을 보고 은연 감동이 있었다. 이렇듯 한번 죽음[一死]을 맛본 도고 원수의 웅거는 동방 민족의 좋은 교훈이라 통감한다.[967]

---

966) 朱雲成, 「東京에의 애착심 東京遊記」, 『三千里』(10-12), 1938년 12월 1일, 79쪽.
967) 朱雲成, 상동, 『三千里』(10-12), 1938년 12월 1일, 80쪽.

흥미로운 것은 필자는 이번 전쟁이 단순한 중국과의 전쟁이 아니라고 하고, 아시아에 대한 침략을 앞세우는 서구 열강에 대한 자구적 전쟁이라는 입장을 강력히 피력한다는 점이다. 설익은 동아공영권 논리가 반영된 감수성 어린 낭만이었다.

당시는 1938년인데도 도쿄에서 아직 전쟁 분위기를 느끼지 못했다고도 했다. 1938년이라면 조선은 8월에 '시국대책조사회'가 소집되고, 2월에는 지원병 제도가 실시되었으며, 이후 생산력확충계획이 본격적으로 추진되던 시점이었다. 5월에는 「국가총동원법」이 조선에 적용되던 시기였다. 총독부로서도 일선만지 경제블록에 참가하려는 국토계획을 기획하던 차였다. 그런데 필자가 있던 도쿄는 여전히 한가하였고, 전쟁 분위기가 느껴지지 않았다.

> 비상시 하의 도쿄가 너무나 숙연무풍(肅然無風)하고 물물인인의 평온함을 보고 참으로 이상하다고 여겼다. 조금도 전쟁 중이라는 느낌이 없는 도쿄다. 나는 여러 번 히비야(日比谷) 공회당에서 연설을 들었다. 이다가키(板垣) 육군대신, 아라키(荒木) 문부대신, 아리바(有馬) 농업대신, 요나이(米內) 해군대신 등의 얼굴도 여러 번 보았다.[968]

<그림 81> 1938년 9월 30일 뮌헨협정 타결 현장.(왼쪽부터 챔벌린, 달라디에, 히틀러, 뭇솔리니) (출전: 위키백과)

그러면서 오히려 내각이 앞장서 전쟁 분위기를 조장한다고 전했다. 당시 필자는 1933년 이래 기성정당 해체를 통한 거국적 조직을 만들자는 마쓰오카 요스케의 주장을 지지하면서 청년정치 등의 명분으로 친분을 유지했다. 또한 나가이(永井) 체신대신과도 잘 알고 지냈다. 필자가 청년운동을 강조한 것은 당시

---

968) 朱雲成, 「東京에의 애착심 東京遊記」, 『三千里』(10-12), 1938년 12월 1일, 80쪽.

감리교 쪽에서 신흥우 등을 중심으로 독일 나치식 국가사회주의 청년조직을 본뜬 기독교 청년조직을 만들려 했고, 장로교 쪽에서도 그에 상응하는 청년 조직을 필요하던 시점이었던 것과 관련된다.

어쨌든 필자는 이런 나치 운동을 동경(憧憬)하던 차였는데, 당시 도쿄에서 독일 나치 지지 세력이 급속히 확대되고 있다고도 전했다. 히틀러 추종자들은 도쿄로 밀려와서 나치 깃발로 뒤덮고, 히틀러 주연의 영화나 가극을 보는 데 1개월이나 걸렸다고도 하였다. 우에노 공원에서는 600만 도쿄 시민이 히틀러의 연설을 들었다고도 했다.

> 체코 문제로 히틀러 총통의 대호령이 전 일본 중에 (알려지게 되자) 제일호텔에 있던 히틀러유겐트들은 '와! ***의 소리로구나! 아! 감격! 오! 선서'라고 하며 환호하였고 4거두의 뮌헨회담970)으로 청천벽력과 같이 주데텐 지방을 할양받는다는 소식을 듣고 진정 히틀러는 큰 인물이라고 재인식하게 하였다. 도쿄의 유흥가에서 넘치는 소음은 하일 히틀러뿐 이었다. 아돌프 히틀러는 진정 20세기의 ****요 불세출의 풍운아로 세계 인류의 전면에 군림한 사람이다.970)

필자는 도쿄 시민의 히틀러지지 분위기와 별도로 '히틀러야말로 전후 다시 없을 만큼의 칭호와 칭송을 받는 절대 영웅'이라고 생각하던 차였다. 히틀러 추종자들이 체코침략을 지지하는 모습도 전하였다.

② 신여성에 놀라다.

필자는 또한 도쿄에는 예의 바르고, 온정이 어린 신여성이 많다는 생각을

---

969) 1938년 3월 독일계 국가인 오스트리아를 합병한 독일은 이어 체코슬로바키아에서 독일인 거주자 다수 지역인 주데텐란트 할양을 요구하였다. 이에 양국간 군사적 긴장이 커지자, 또 다른 세계 대전의 발발을 피하고자 했던 영국과 프랑스는 뮌헨회담을 열어 히틀러의 요구대로 독일이 주데텐란트를 합병하도록 승인하였다. (위키백과)

970) 朱雲成, 「東京에의 애착심 東京遊記」, 『三千里』(10-12), 1938년 12월 1일, 82쪽.

전했다. 여권이 성장하고 있는 사실에 대한 증언이었고, 그 원인으로 일본인 남성들의 경제형편과 교육형편이 이들 신여성을 받아줄 만큼 넉넉하지 못한 이유를 들었다. 즉, 여성 인권의 성장을 여성 자신의 성장이 아니라 남성의 능력 부족이라는 측면에서 이해하고 있었다.[971] 문제는 그러한 여권(女權)의 필요성이나 발전 동인에 대한 고민이 없다는 점이다. 장로교 소속의 보수성 때문인지 필자가 청년운동의 주창자였음에도 여권(女權) 증진에 대한 전향적 태도는 드러나지 않는다.

당시로는 일본이 금해금을 단행하면서 지불보증이나 물자자급, 국제수지 개선을 위한 금증산 정책의 여파가 크고, 이에 재벌자본이 적극 조선으로도 진출하고 있었던 상황이었다. 필자는 '도쿄 시민의 최근 동향은 경제 제일주의'라고 하면서 중일전쟁 이후 일본인들의 관심이 급격히 경제적인 것에 몰리고 있다고 소개했다. 이런 사적 욕망을 충족하려는 모습과는 반대로 바야흐로 도쿄는 평화산업에 대한 '통제바람[統制風]이 거세서 위축일로이고, 전후 경제에 대한 걱정도 심각해지고 마루노우치[丸の內] 지역의 재벌도 산금국채(産金國策)에 따라 광산열이 비등하다.'고 하여 본토가 바야흐로 전시경제체제로 전환하는 모습을 소개하였다.

필자는 정치적으로도 나치즘의 일본판이라고 할 만한 국가신체제(신경제, 신정치, 신문화) 정비와 총동원체제 구축 문제에 큰 관심을 가진 듯하다.

바야흐로 신체세 정비에 조야는 바쁘다. 지난번 시오노[鹽野] 대신의 신당운동을 비롯하야 아끼야마 데이스케(秋山定輔)[972], 아키다 기요시(秋田淸). 마에다 요네죠[前田

---

971) "도쿄 거리를 걷는 사람으로 누구나 느낄 수 있는 점은 여자 잉여 시대를 말하리라. 어디 가던지 꽃처럼 이쁜 여성들이 다닌다. 일본본토 남자들의 경제와 교육 형편이 결혼을 늦게 하여서 이렇듯 처녀 홍수 시대를 연출함이리라."(朱雲成, 상동, 『三千里』(10-12), 1938년 12월 1일, 82쪽.)
972) 아끼야마 데이스케(秋山定輔)는 1868년 오카야마 에서 태어났고, 고노에 내각의 신체제 운동에 적극 가담하였으나 각종 의혹사건의 주인공이기도 했다. 1950년 1

米藏]973)등의 신당 운동과 아리마 요리야스(有馬賴寧)974) 농업대신(農相)이 열중하는 산업조합 청년결당운동 등 각각 조류가 암암리에 진행[暗流] 중이다. 또한 대륙정책을 중심으로 움직이는 민중운동도 활발하다. 내가 본 것만 해도 산업기술연맹 결성, 성전(聖戰)관철동맹, 국민유지(有志)대회 등 우후죽순과 같이 신단체가 만들어지는 현상이다. 국민정신총동원 중앙연맹도 대규모 개조를 단행하였고 청소년단 운동도 나날이 신태세를 갖추는 중이다. 개괄적으로 말하자면 대도쿄는 바야흐로 신경제, 신정치, 신문화를 추구하여 움직이는 현상이 현저하다. 태평양 문명 시대는 왔다! 신동양의 내일은 도쿄를 모태로 건설되리라.975)

<그림 82> 아끼야마 데이스케(秋山定輔)　　<그림 83> 마에다 요네죠(前田米藏)　　<그림 84> 아리마 요리야스(有馬賴寧)

필자는 1936년 2.26사변 이후 점차 일본에서 다이쇼 민주주의 정치체제가 종말을 맞이하고 유사 나치즘 형태의 신정치, 신경제, 신문화를 표방하는 신체제운동이 강력하게 전개되는 모습을 소개하고 있다. 여기에는 수많은 새로운

월 19일 사망하였다.
973) 마에다 요네죠는 1882년 2월 17일 와카야마 현 출신으로 도쿄부 제6구(전후는 도쿄도 제5구) 중의원의원 선거에 통산 10회 당선하였고, 패전 이전 입헌정우회 정조 회장· 제1차 고노에내각 참의 등을 역임하였다. 정당 해소 후에는 익찬 정치회 총무· 회장· 대일본 정치회 고문 등을 역임했다.
974) 아리마 요리야스(有馬賴寧)는 1884년 12월 17일 출생 - 1957년 1월 9일 사망 하였다. 정치가이자, 농정 학자, 치쿠고 번주 아리마 가문의 제15대 당주이자 백작이었다. 일제강점기는 농정학자로서 활동, 농민운동을 지원한 후 농림대신 등을 역임하였고, 패전 후 일본 중앙경마회 제2대 이사장을 역임하였다.
975) 朱雲成, 상동,『三千里』(10-12), 1938년 12월 1일, 83쪽.

대중조직이 있다고 했는데, 당시 도쿄에서는 각 정치세력별로 신당 운동이 활발하고, 이러한 대중적 조직이 '대륙정책을 중심으로 움직이는 민중운동'을 촉진하면서 급기야 '침략전쟁의 선전 전위대'가 되고 있다고 평가하였다.

요컨대, 필자는 도쿄 주민들의 움직임을 예의주시하면서 일본정치가 점차 민주주의의 종착지로 가는 것을 직감하고 있었다. 그리고 앞으로 나치즘 형태의 각종 운동이 정치를 넘어 경제, 문화, 예술로 급속히 확산될 것이라 예측한다. 다만, 조선의 진로에 대해선 아무런 언급도 없지만 필자가 나치 방식의 청년운동에 적극적이었던 점과 교유하는 인물들의 면모를 보았을 때, 적극적으로 대중운동 차원의 신체제운동이 조선에서 전개될 필요성에는 공감하는 듯하다. 앞서 이종현이 '총독부가 먼저 신뢰를 줘야만 자발적으로 나선다.'는 유보론적 입장과 다르게, 주운성은 일본의 흐름은 대세이고, 이에 적극적으로 조선도 그런 흐름에 동참해야 이익이 발생할 것이라는 적극적인 경향을 보이고 있다. 눈치보고 갈 길이 아니라는 것이다.

(3) 일본이 이길 듯하니 내 역할 제대로 해서 국조의 은혜에 보답하자: 경성방송 아나운서 이석훈의 이세신궁 참배기

이 글은 1941년 11월 하순경 이석훈976)이 이세신궁(伊勢神宮)을 방문하면서 '조선인도 1등국민이 될 수 있다.'는 염원을 담아 『삼천리』에 기고한 기행

---

976) 이석훈(李石薰, 1907.1.27.~?)은 평북 정주 출신으로 창씨명은 이시이군(石井薰) 혹은 마키히로시(牧洋)이다. 와세다대에서 노문학을 전공하였고, 1931년 5월부터 『開闢』에서 근무하였다. 1933년 경성중앙방송국 제2방송과(조선어방송) 아나운서가 되었다. 1941년 8월 조선문인협회 간사, 그해 9월 조선임전보국단 경성지부 발기인이 되었으며, 11월에는 『녹기』 편집부 촉탁을 맡았다. 1943년 4월부터 1944년 6월까지 조선문인보국회 소설희곡부회 간사장을 역임했다. 1944년 『만선일보』 객원기자로 활동하였고, 6월 결전태세즉응재선문학자 총궐기대회에서 만주 대표로 안내를 맡았다. 1945년 중국 싱징[長春]에서 전쟁참여를 독려하는 활동을 하던 중 해방을 맞았다.

<그림 85> 1943년 일본시찰단의 신사참배 후 사진

담이다.

이세신궁은 일본 국조(國祖)인 아마데라스 오오미카미(天照大神)를 모시는 신궁으로, 내궁과 외궁이 있는데, 조선의 종묘처럼 내궁에는 아마데라스를, 외궁에는 도요테이 오카미(豊受大神)977)를 배향하였다.

이때 필자는 연합군 진영과 전쟁을 앞둔 시점이라서 그런지, 하늘을 가르며 지나는 일본군 중폭격기 수십 대를 목격하였고, 내궁 기도전에서도 황군을 향한 기도는 계속되었고, 간절한 마음으로 제물을 바치고, 꿇어 엎드리어 황군의 무운장구를 기원하였다.978)

황군의 무운장구를 비는 것과 이세신궁은 무슨 연관이 있었나. 조선인인 필자가 굳이 그 머나먼 이세신궁을 찾은 이유는 어쩌면 '독실한 제2의 일본인'이기를 바라는 뜨거운 갈망에서 비롯된 것으로 보인다. 아무래도 단순한 '일본 홀릭(Japan-holic)'정도는 아닌 듯했다.

본전에서 배도(拜禱)한 뒤 안을 바라다보니 먼 쪽에 봉안된 어신체팔지경(御神體八咫鏡)이 번뜩이며 순간 내 얼굴이 비쳤다. 내궁에는 삼종어신기 중 하나인 팔지경(八咫鏡)을 봉안되어 있었다. 본전에 서서 생각컨대, 아마데라스 오오미카미께서는 타카마가하라(高天原)를 다스리사, 대어신(大御神)으로 추앙되었다. 대어신께서는 황손, 니니

977) 도요테이 오가미(豊受大神)는, 이세신궁 외궁에 모셔지는 곡물의 여신이다. 御饌는 아마테라스오오미카미가 먹는 음식으로, 그것을 조달하는 신이다. 거기에서 발전해 오곡의 주재 신이 되어 이나리신과 어깨를 나란히 하는 대표적인 농업신이 되었다.(위키백과)
978) 李石薰,「伊勢神宮, 聖地參拜記」,『三千里』(14-1), 1942년 1월 1일, 126쪽.

기노미고토(瓊瓊杵尊)를 황량한 이 일본땅[葦原中國]으로 보내시어...(중략)...팔지경, 팔판경곡옥(八坂瓊曲玉), 천총운검(天叢雲劍) 등 삼종신기를 하사하시면서 '이 거울을 볼 때, 나를 보는 것처럼 하라.'고 하셨다.[979)]

<그림 86> 삼종신기
三種の神器 (출전: 위키백과)

필자는 아마데라스가 손자 니니기를 시켜서 일본열도로 내려보내고 3종(거울, 구슬, 칼)의 신기를 하사했다는 건국신화를 줄줄 읊고 있다. 그러면서 '이렇게 존엄한 황태신궁(皇大神宮)을 보니 자연에 가까울 정도로 간소하고, 무한한 존엄을 품은 것을 보고, 만세일계(萬世一系)의 천황이 다스리는 세상에 감격하게 되고, 여기서 일본정신의 본질이라든가 국체(國體)의 존엄함을 확인하게 되었다.'고 하고, '다른 세계에서 볼 수 없는 특이한 일본문화의 핵심을 이루는 지극히 높은 것'이라고 했다.

무슨 뜻일까. 아마도 그동안 저급하고 열등한 존재로서 무시되던 조선인인 자신이 이렇게 당당하게 일본정신과 일본문화의 요체인 황태신궁, 이세신궁에 접근할 수 있게 된 데 대한 자긍심일 것이다. 이제 더 이상 무시당할 조선인이 아니라 '나름의 역할을 할 줄 아는' 그야말로 '일본인과 동등한 위치에서 천황을 모실 수 있는 선민'이 되었다는 의도를 담았다고 할 수 있다.

이세신궁을 참배하고 돌아오는 필자는 격렬한 자가당착에 빠진 듯하였다.

이런 거 저런 거 다 지나치고 고독(孤獨)을 찾아 옆길로 빠져서 어두운 바닷가로 갔다. 소나무가 드문드문 있고, 간혹 전등이 있지만 달 없는 바닷가는 무서우리만큼 칠칠하다. 잠시 어두운 바다를 향하고 서 있노라니 바람은 잦아 들지만 물결은 끊임없이 방파제를

979) 李石薰, 상동, 『三千里』(14-1), 1942년 1월 1일, 127쪽.

탕탕 친다. 그 소리가 침중(沈重)하여 내 가슴을 울리고 내 영혼을 흔든다. 이 물결이 태평양에 연해 있음을 생각하니, 때가 때인 만큼, 그저 예사 파도 소리로만 들리지 않고, 나에게 무엇을 경고나 하는 듯 엄숙하게 들렸다.[980]

'칠칠한 바다'에서 고독을 느꼈다고 했는데, 이제 그곳은 조만간 일본군의 승리가 예측되는 거대한 태평양 연변이었다. 굳이 '고독'을 말한 것은 이런 상황에서도 황국신민으로서 제 역할을 하지 못한 자기 반성이자 '각오 다지기'의 일종인 듯하다. 정리하면, 필자가 칙칙한 바닷가에서 고독을 씹으면서 되뇌였던 것은 '다가오는 태평양 시대. 드디어 조선인도 일본인처럼 천황폐하의 은혜 아래서 1등국민이 되리라.'는 각오였을 것이다.

(4) 이들의 성공담을 배워 조선의 살길을 찾자:
동경여자대학 김경애의 해군병학교 탐방

이 글은 도쿄여자대학의 김경애가 1942년 에다지마(江田島)에 있는 오늘날의 해군사관학교격인 일본 해군병학교(海軍兵學校)를 방문하고 작성한 기행문이다. 이 학교는 1876년에 설립되어 1945년까지 운영되었다. 필자가 여기서 보려 한 것은 교육훈련 측면에서 '오체(五體)의 훈련법[錬成法]'을 제대로 이해하는 것이었다. 필자는 그동안 여러 수양공간에서 그것을 익히려고 했으나 실패하였다. 때마침 해군병학교를 방문하면서 그런 수양공간을 발견하고 무척 감격하게 된다.[981] 오늘날 같으면 '해병대 체험'과 같은 극한의 자기 단련 과정 이었다.

필자가 해군병학교를 방문할 시점은 바야흐로 진주만에서 미국 함대를 대파한 이후 남태평양 및 서태평양 지역에서 일본 해군의 연전연승하는 소식

---

980) 李石薰, 상동,『三千里』(14-1), 1942년 1월 1일, 128쪽.
981) 東京女子大學 金敬愛,「海軍兵學校,海國男兒를 養成하는 東京江田島를 차저」,『대동아』(14-5), 1942년 7월 1일, 64쪽.

이 들어오면서 그 어느 때 보다 일본군의 아시아 석권에 대한 기대감이 높았던 시점이었다. 따라서 필자의 방문은 이러한 해군의 연전연승에 고무된 '제국 슬하의 조선인이 가지는 희열' 아래서 이뤄진 것이었다. 그들의 승리 비결과 성공담을 배워서 내 삶의 일부로 받아들이고, 이를 나의 수양 수단으로 활용하겠다는 의지였던 것이다. 바로 이 지점이 제국의 팽창에 고무된 당대 조선인이 가졌던 '희망의 파레시아'가 힘차게 작동하는 곳이었다.

필자는 해군병학교에서 학생들의 엄중한 군기와 자신감, 방정하고 깨끗한 생활, 곧은 자세와 집념, 집중적인 학습능력 등을 새삼 확인하면서 제국 일본의 미래도 이처럼 밝으리라 기원했다. 학생들의 늠름한 생활 태도에서 비롯된 감동 이상으로 이미 이기고 있는 제국 해군에 대한 감격이 학생들의 태도 하나하나를 밝은 눈으로 보게끔 만들었다.

생도 중에 어느 한 사람 기운 없는 자세를 짓는 일도 없고, 또 의자에 앉아서 쉬는 일 같은 것도 없이, 그들은 항상 목적을 향하여 달리고 있을 뿐입니다. 그들에겐 구부러진 것 어두운 것 얼룩진 데가 조금도 없이 오직 명랑한 일상생활입니다....(중략)...아홉 군신(九軍神)의 한 분인 이와사 나오지(岩佐直治)[982] 중좌(중령)를 낸 19분대의 방을 구경했는데, 창을 열어놓은 것도 어느 하나가 허술한 것이 없었고 방안도 역시 그러하였습니다. 어느 책상이나 서랍이나 죄다 정돈되어 있고 연필은 열이면 열 모두 뾰족하게 정리되어 있습니다. 책상 제일 뒷 열에는 깨끗하게 손질된 총이 정연하게 빛나고 있었습니다.[983]

<그림 87> 이와사 나오지
중좌(출처: 위키백과)

---

982) 이와사 나오지(岩佐直治 1915. 5. 6 ~ 1941. 12.8)은 해군 군인으로 군마현 마에바시시 출신으로, 마에바시 중학(현 군마현립 마에바시 고교) 및 해군병학교 65기를 수료하였다. 1941년 12월 8일 병조(兵曹) 1명과 함께 특수잠수정을 타고 진주만에 있는 미 해군함정을 공격하였다. 그러나 초계에 발각되어 전투 중 전사하였고, 죽을 때 나이 26세였고., 사후 2계급 특진하여 중좌가 되었으며, 군신의 칭호를 받았다.(위키백과)

특히 필자의 눈에 들어오는 수업은 지성(至誠), 언행(言行), 기력(氣力), 노력(努力), 정신[不精]을 강조하는 '5가지 반성(五省) 시간'이었다. 당시 학생들은 매일 ① 지성을 다했는가. ② 언행에 부끄럼이 없는가. ③ 기력은 부족하지 않는가. ④ 노력은 다 했는가. ⑤ 정신 못차린[不精] 일은 없었는가 등 5가지를 반성하였다고 한다. 이때 필자는 "나는 청년들의 오성[五省]을 들으니 얼굴에 경련이 일어난

<그림 88>
도고헤이하치로 원수
(출처: 위키백과)

듯했다."고 한다. 그만큼 감동적이었다는 말이다. 이 말은 제국주의 침략전쟁 아래서 침략의 선봉장을 키우는 병학교 학생을 대상으로 그들의 모범적인 생활 사례를 부추김으로써 일면 학생들에게는 자신이 하는 일이 무척 정당한 것임을 세뇌하고, 항간에는 자칫 등장할지 모르는 반전(反戰)의식을 차단하려는 것은 아닐까 한다.

필자는 교육관 정면 2층에 있는 도고 헤이하치로(東鄕平八郎) 원수[984]의 기념관을 보면서 학생들이 그런 영광의 역사를 이어갈 것과, 조선인도 나름의 역할을 하여 전쟁에 기여할 수 있도록 기도하였다. 그래야 조선인들이 대일본제국에서 나름 행세하면서 일등국민으로 살아갈 수 있으리라 믿고 또 믿었다.

(5) 일본인은 포용적이어서 문화도 융합적이다:

신태악(辛泰嶽)의 도쿄 오사카

신태악[985]은 일본의 민족적 특성에 대해 "원래 현재의 일본인은 대륙계,

---

983) 東京女子大學 金敬愛, 상동, 『대동아』(14-5), 1942년 7월 1일, 66쪽.
984) 도고헤이하치로(東鄕平八郎 1848. 1. 27 ~ 1934. 5.30)는 막말의 사쓰마 번사로서, 해군대장, 제독이며, 최종 계급은 원수. 일본에서 러일전쟁 승리를 이끈 영웅이었다.
985) 신태악(辛泰嶽, 창씨명 三川泰嶽 또는 三川淸, 1902~?)은 함북 부령 출생으로 와

해양계가 있어서 이것이 태고시대에 이미 민족융화를 완수하였고, 이에 황실을 종가로 한 천손(天孫)민족, 즉, 야마토(大和)민족이 형성되었다고 했다. 이같이 여러 민족의 융합으로 완성된 민족이기 때문에 다시 말해 피가 융합적이기 때문에 문화도 융합적이고 성격도 융합적이라고 했다. 따라서 일본 본래의 국민적 성격은 다른 민족, 다른 문화에 대할 때 극히 자유스럽고 관용적이라고 하였다.986)

<그림 89> 신태악
(출전:
한국학중앙연구원)

사실 일본인이 관용적이라는 말은 조선인이 받아들이기 힘든 주장이었다. 그러나 필자는 이 말은 과하지 않다고 하고, 오사카에서 겪은 자기 경험을 소개하려 하였고, 그것으로 일본인이 천부적으로 관용하다는 점을 증명하고 싶었다.

오사카에 있는 조선인은 전부 무식한 노동자라 여기지만 내가 가서 본 동포는 우리 상상과 다릅니다. 거기엔 200명의 대학졸업 인텔리 청년이 있으며, 수십만 원 또는 백만 원을 가진 자본가도 생겼습니다. 자본가라는 것은 지주(地主)와 달라서 거의 전부 훌륭한 공장주로서 수백 수천 명의 직공을 쓰고 있습니다. 그 외 대부분은 산업전사로서 후방을 수호하고자 생활증식에 매진하고 있습니다. 이들 조선인에게 일본정신을 함양시키기 위하여 협화회(協和會)를 중심으로 여러 가지 활동을 하는데, 그중 청년부 활동이 활발합니다. 협화회 아래는 각 경찰서 단위로서 57개 지회가 있는데, 각 지회는 현재 청년부원에게 교련을 실시하여 맹연습을 하기도 하며, 직역봉공(職域奉公)을 위하여 여

세다대학을 졸업하고 1932년 변호사를 개업하였다. 1936년 조선변호사회 부회장 그밖에 1935년 조선발명협회 이사, 1936년 조선일보사 이사 1939년 일본 오사카에서 변호사 개업, 1941년 백동의숙(白東義塾) 이사장 등을 역임한 친일적인 인물이었다. 1942년 4월 중의원 의원 선거엣 낙선하였다. 1941년 조선임전보국단 이사가 된 이후 1945년 6월에는 박춘금이 주도한 친일단체 '대의당'에서도 위원직을 맡았다.
986) 신태악, 「臨戰愛國者의 大獅子吼!!, 東京, 大阪은 이렇다」, 『三千里』(13-11), 1941년 11월 1일, 31쪽.

름엔 더위훈련, 겨울엔 추위훈련도 합니다. 산업보국을 위하여 근로봉사대를 조직하였는데 여자근로봉사대 활약이 볼만합니다. 때때로 상이용사 위문도 하고 가수들은 아리랑, 도라지타령 등을 불러서 상이용사를 빈번하게 위로합니다.[987]

즉, 필자는 일본정신을 배운 덕분에 오사카의 조선인의 삶은 날로 윤택해지고, 국가를 위해서도 큰 역할을 담당하게 되었다는 것이다. 그런데 이야기를 들어보면, 일본인에게서 배운 근면, 성실 같은 덕목이 아니라 협화회에서 추진하는 일에 열심히 노력동원한 사실을 마치 일본인의 관용을 배운 결과라고 하고 있다. 그러면서 '일본정신은 그냥 체득되는 것이 아니라 모든 희생과 노력을 아끼지 않는 것에서 출발한 것'이라고 했다. 요컨대, 필자가 말하는 '일본인의 관용'이란 아마도 국가가 시키면 아무 말 없이 순종하는 것, '국가에 대한 무한 관용'을 말하는 것이라 할 수 있다. 그리고 국가에 대한 관용이 커질수록 삶의 기쁨도 커진다는 논리였다.

이에 필자는 조선인 청년 중에는 '황군의 부상이 하루빨리 완쾌되도록 군에 자원하겠다.'는 사람이 많다고 감격해 하면서 협화회를 중심하여 군용기 헌납 운동이 일어났고, 이미 백여만 원이 모금되었으며, 도쿄에서는 전투기 5대 헌납식을 했다고도 소개하였다. 군인 시설의 건설을 위한 의연금도 60만 원 정도 모금했다고도 했다. 진정 동원에 적극적으로 부응하는 자세가 일본정신이고 일본인의 관용이라는 것이다. 그러면서 일본정신이란 무엇인지 이렇게 설명한다.

'죽을 때 아무 말 없이 죽는 것.' 이것이 일본 정신의 진수이다. 자기 재산은 물론, 심지어, 생명까지 전부가 천황의 것이요. 천황의 언명이면 아무 말 없이 무조건 죽엄의 자리에 나아가 목숨을 나라에 바치는 그것이 일본 정신이다. 일본본토에 있는 조선동포는 일본인과 동고동락하는 사이 이것을 체험 실득하고 있다. 우리 조선 안에 있는 이들도

---

987) 신태악, 상동, 『三千里』(13-11), 1941년 11월 1일, 32쪽. 32~33쪽.

이 정신을 배워야 하겠다.[988]

정리하면, '죽을 때 말없이 죽는 것'이 진수이고, 전쟁에 필요한 위문, 간호, 병기헌납, 군수물자 생산 등 모든 필요 물자를 자발적으로 공출하는 것에서 일본정신이 성장한다는 논리였다.

이처럼 조선의 독립을 전적으로 부정하는 친일 세력중에는 이처럼 두 가지 모습이 있었다. 윤치호처럼 국가는 합병되어 제국의 일부로 살되, 조선민족이 차별받는 것을 결코 용납하지 않으며, 총독 정치도 조선인의 자치와 민족적 자긍심을 유지하는 것으로 개선할 것을 강조하는 이른바 '친일민족주의 계열(자치파)'이 있었다. 반면, 신태악처럼 일본정신을 가지고 희생적 분투를 통하여 일본 본토가 칭송하고 인정해주는 새로운 민족으로 거듭날 것을 주장하는 '민족 개조 그룹(동화파)'도 존재하였다. 그런데 침략전쟁과 전시동원체제의 확장 속에서 두 그룹의 경계선이 점점 무뎌지는 경향은 부정할 수 없었다.

2) 남방 투어와 '방황'

(1) 포로감시원의 진실:

천황폐하 만세!, 대한독립만세!, 어느 것도 진실이 아닐 수 있다.

침략전쟁에 직접 개입한 조선인 전범으로 지원병을 비롯하여 군사령관 등 고급 군인 및 군속, 성장, 현령 및 점령지 행정관료 등을 들 수 있다. 여기서 군속(軍屬)이란 군에 고용된 민간인으로, 그 중 포로감시요원은 일본군에 의해 포로가 된 연합국의 장병을 감시하고 의식주, 의료, 통신물의 관리 등 포로들의 일상생활을 돌보는 일을 하는 자였다. 1941년 12월 8일 진주만 공격과 말레이 상륙을 필두로 마닐라(1942년 1월)와 싱가포르(1942년 2월), 자바

---

988) 신태악, 상동, 『三千里』(13-11), 1941년 11월 1일, 32쪽. 33쪽.

그림 90 포로감시원(출처: 역사문화라이브러리
https://historylibrary.net/4611)

(3월), 필리핀(5월)에서 일본군이 승리하면서 일본군의 포로가 된 연합군은 261,000여 명으로 추산된다.[989] 일본 군부는 포로관리를 위하여 1941년 12월 육군성에 포로정보국을 설치하고 1942년 5월 중순부터 타이완인과 조선인을 상대로 포로감시요원을 모집하였다.[990]

조선 청년들이 일본군 군속에 입대하는 것은 형식적으로는 지원[自願]이었다. 1937년 6월 조선군사령부가 일본 육군성에 제출한 「조선인 병역문제에 대한 의견」을 보면, 향후 50년간의 의무교육을 통해 조선인의 황민화가 완성되고 정신교육이 철저해진 이후 비로소 조선인의 병역이 가능하다고 건의하였다. 이는 당시 일본 정부가 조선인들에게 무기를 들리고 군사훈련을 시키는 것에 대해 강한 불안감을 지니고 있었다는 반증이다.[991]

그러나 전쟁의 확대로 병력이 크게 부족해지자, 잠재적 위험성을 지닌 조선인조차도 전장에 동원해야 할 처지였다. 때마침 조선에서는 1939년 대흉년 등으로 많은 농민들이 도탄에 빠진 상황이고, 가계 수입이 절실하던 시기였다. 특히 조선에서 징병제가 실시되리라는 소문이 있어서 많은 조선인 청년들이 징병도 피할 겸, 높은 보수를 약속하는 군속 모집에 큰 관심을 보였다.

---

989) 鄭惠瓊,「일제 말기 조선인 군노무자의 실태 및 귀환」,『한국독립운동사연구』 (20), 2003, 61쪽.
990) 김도형,「해방전후 자바지역 한국인의 동향과 귀환활동」,『한국근현대사연구』 (24), 2003, 155쪽.
991) 鄭惠瓊, 앞의 논문,『한국독립운동사연구』(20), 2003, 60쪽.

이처럼 일본측의 '필요'와 조선인측의 '조건'이 맞아서 포로감시원 모집이 활발해졌던 것이다. 모집조건을 보면, 식사제공, 주거제공, 월급 50엔, 계약 기간은 2년이며 나이는 20세에 35세 정도였다. 그 결과 1942년 6월 15일 불과 1개월 만에 함경남북도와 평안남·북도를 제외한 조선 전역에서 3,000명을 모집하여 부산서면임시군속교육대(노구치 부대)에 집결시켰다.

이곳의 조선인 청년들은 포로 관리에 필요한 제네바 협약 등의 교육은 받지 못했으며, 군인칙유(軍人勅諭)와 전진훈(戰陣訓)을 암송하며 1개월 동안 300명이 탈락할 정도의 강도 높은 훈련을 받았다. 2개월 교육을 마치고 1942년 8월 19일 부산항을 출발하여 11일 후인 8월 30일 베트남 사이공(현 호치민)에 도착하여 태국포로수용소에 근무할 800명의 포로감시원을 상륙시켰다. 9월 10일에는 싱가포르 항구에 810명, 9월 14일 자바의 탄준 항구에 1,400명의 조선인 포로감시원을 상륙시켰다.

1944년 남방에서 미나미 지로 전총독을 만난 조선인 포로감시원이 했다는 말은 내선일체로 인해 그동안의 서구인에 대한 상대적 열등을 털고 오히려 그들을 지도할 수 있는 인격으로 거듭나게 되었다고 술회할 정도였다.

> 우리가 반도에 있을 때는 미국과 영국 사람들은 우리보다 훨씬 탁월한 인격과 부를 가지고 있는 사람들이라고 맹신하여 그것을 절대적으로 숭배한 결과 완전히 친영미적인 마음을 가지게 되었지만 지금 실제 여기서 근무해보니 나의 종래 사고방식이 잘못되었으며 우리들도 모름지기 노력과 수양에 의하여 그들을 지도할 수 있다는 자신을 얻게 됨으로써 석연히 내선일체의 진실한 의미를 알게 되었다.[992]

1945년 12월 4일 포로감시원 조문상이 태국 방콕 교도소에서 미국 인도-미얀마 주둔군 본부 전쟁범죄 분과의 심문을 받으면서 진술한 내용도 이 점

---

992) -조선인 포로감시원의 말- 南次郎(前總督),「南方で健鬪する朝鮮同胞を見て」,『白山靑樹 朝鮮同胞に告ぐ』, 大東亞社, 1944.12월경?, 307쪽(전시체제자료총서(59권), 한국학술정보, CD3)

을 잘 보여준다.

　　부산에 있는 훈련소에 있던 교관 중 한 명은 우리에게 포로들은 동물처럼 다루어야 한다고 가르쳤습니다. 그렇지 않으면 포로들이 우리를 무시하게 될 거라고 했습니다. 우리는 그들과 함께 있을 때 잔인해졌으며, 그들이 우리보다 크기 때문에 그들을 때렸습니다. 그리고 우리가 포로들보다 우월하게 보일 수 있는 유일한 길은 무력, 협박, 구타를 통해서였습니다. 그 당시 저는 포로들을 때리고 잔인하게 다뤄야 하는 지침을 따르고 있었습니다.[993]

　　포로감시원으로 갈 때와 재판을 받을 때 그들 자신이 한 일에 대한 설명이 달라졌다. 포로감시원으로 가기 전에는 '사치하고 방종하는 서양인을 잘 수양 교화할 수 있는 길'이라고 했으나, 포로감시원이 되어서 보니 '일본인이 시켜서 어쩔 수 없었고, 포로들이 우리를 무시할 수 있기 때문에 어쩔 수없이 강압수단을 사용했다.'고 진술한 것이다.

　　강제적인가. 자발적인가. 어느 것이 진짜인지 여러 면에서 모호하다. 모호한 태도는 포로감시원 임영준이 1947년 6월 18일 사형을 당할 때, '천황폐하 만세!'와 함께 '대한 독립 만세!'를 동시에 외치면서 죽어간 경우에서도 잘 나타난다.[994]

　　왜 한쪽은 천황폐하 만세!이고, 한쪽은 대한독립만세! 인가. 황국신민이면서 조선독립을 희구하는 두 가지 중첩의 생각이 뼈에 각인된 상황이었음을 말하는 것이다. 그에게는 조선독립과 천황폐하가 따로 존재하는 것이 아니었다. 이는 태평양전쟁 후 전범 판결 시점인데도 조선인 포로감시원이 임영

---

993) War crimes-Military Tribunal-NAGATOMO Yoshitada (Lieutenant colonel). ate and Place of Tribunal-Singapore, 8 August-16 September 1946"(A471, 81655 PART7, 1046288, canberra). 김민철, 2020.09, 「호주군의 재판자료로 본 조선인 BC급 전범」, 동북아역사재단 『동북아역사논총』(69), 219쪽에서 재인용-)
994) 우즈미아이코,2007, 『조선인 BC급 전범, 해방되지 못한 영혼』, 동아시아, 204쪽.

준과 함께 사형을 당했다고 하는 어느 조선인 포로감시원이 지었다는'피눈물의 시'는 여전히 적극적으로 황국주의자를 자임하고 영국과 미국에 저주를 퍼붓고 있다.

피눈물의 시[995]
1. 감옥 가득한 적막 속에서 조용히 피눈물을 흘린다. 천지신명의 도움을 받아서라도 복수의 귀신이 되련다.
2. 아. 장렬한 친구들이여 몸은 형장의 이슬로 사라져도 정의는 사라지지 않는다. 영혼은 영원히 의(義)에 살리라.
3. 잔혹 무도한 영·미의 개들이 물자의 힘을 빌려 지금은 이겼다고 하지만 반드시 멸하리라 이 악마들
4. 아. 나는 지금 가네 충신들이 사는 곳으로. 사쿠라여! 후지산이여! 영원히 해뜨는 나라에 영광 있으라.

한쪽 포로감시원은 아리랑과 애국가를 부르는데, 한쪽 포로감시원은 이런 귀축영미를 부르짖는 황국(皇國)의 시를 짓고 기미가요를 부르고 있다. 포로감시원 자체도 모든 것이 뒤죽박죽이었다. '자율과 강제의 경계'는 극히 나누기 어려운 지경이었다.

어쩌면 이 두 가지 생각 모두 진실이 아닐 수 있었다. 일본인에게 충성해야 할 상황에서 말한 것과 연합군 앞에서 처벌을 기다리면 고백해야 하는 자신의 처지는 서로 달랐기 때문이다. 전자는 자신감과 자율인양 위장되었고, 후자는 일본인의 강압임을 증명하기 위하여 또 위장해야 했다. 아무것도 진실이 아니라면 무엇이 진실인가? 어쩌면 배고픈 조선의 현실 바로 그것이 진실이었다.

매월 50원이라는 먹고 살기에 어느 정도 도움이 되는 경제적 요인이 다른 모든 가치를 시대의 흐름에 따라 받아들이도록 만들었다. 애국도 진실이 아

---

995) 우즈미아이코, 2007, 상동, 동아시아, 204~205쪽.

니고, 강제도 진실이 아닌데, 정작 그들은 먹고살기 위하여 시키는 일을 했을 뿐인데, 한쪽에서는 대일항쟁기 피해자로 등장하고, 한쪽에서는 전범으로 등장하고 있었다. 그들의 말에서 발견할 수 있는 진실이란 철저히 숨겨져 있는 조선의 현실일 뿐이었다.

(2) 필리핀 투어와 변화하는 파레시아: **필리핀 대망론이 대두하다.**

○ 여기에 만주 조선인의 이민을 추진하자: **도산 안창호의 '필리핀 대망론'**

<그림 91> 안창호
(출처: 위키페디아)

그동안 대한민국 임시정부에서 활동하느라 상하이에 거주하던 도산 안창호(安昌浩)는 미국 의학박사 김창세가 '필리핀은 조선인 이주에 적당할 것 같으니, 답사를 해본 뒤 당국과 교섭하는 것이 어떤가?'라는 권유를 받고, 중국 외교부와 미국 영사관의 비자를 받아서 1929년 4월 8일에 필리핀에 입국하였다. 그 후 3개월 동안 머물면서 필리핀 상황을 살폈다. 당시 필자가 느낀 감상문을 『삼천리』기자가 대신 작성해서 기고하였다.

당시 필리핀 총독부를 방문한 안창호는 그곳 내무총장과 이민국장과 협상하여 '조선인을 필리핀에 이주시키고 싶다.'는 의향을 전하였다. 그러자 미국 관리들은 쾌히 이민을 환영하겠노라고 했다. 그런데 문제는 국적 문제였다.

미국 관리는 중국인은 상민 이외의 농민 노동자는 일체 입국시키지 않지만 조선인은 일본인이므로 여행권과 보증금으로 50원 이상만 지니고 오면 입국을 허가하겠노라고 했다.[996] 이에 안창호는 미국이 '조선인은 일본인이므로 일본인 비자와 보증금을 요구한 점'에 동의할 수 없었다. 그 후, 계속 담

---

996) 安昌浩, 「比律賓視察記」, 『三千里』(5-3), 1933년 3월 1일, 10쪽.

판을 벌였으나 성공할 수 없었고 결국 단념하였다.

흥미롭게도 안창호는 미국이 필리핀에서 자치를 실시한 점에 주목하였다. 지방자치 일부를 제외하고는 정치적 자치는 전혀 실시되지 않는 조선과 무척 비교되었던 것이다. 특히 대통령을 국민이 직접 뽑는 것과 그 결과로 필리핀 인이 필리핀 대통령이 되는 모습은 너무나 놀라운 일이었다. 비단 안창호만 의 기쁨이 아니었다. 당시 필리핀 유니언 대학에 공부하던 오영섭도 그랬다.

> 지금 필리핀은 마치 열병에 걸린 것 같이 흥분하고 있습니다. 그것은 대통령 취임식 이 가까워진 까닭이다. 즉 비도[比島] 연방의 독립준비가 조금 진보되어 역사 있는 초 대 대통령 취임식이 11월 15일 새로운 수도 마닐라에서 성대하게 개최하기로 하여 모든 단체와 인사는 준비하는데 분주하다. 또 한편 멀리 태평양 연안의 각국은 물론, 구라파 열강에까지 축하사절이 오리라고 신문은 보도한다. 오늘까지 오기로 된 각국 사절은 미 국으로부터 대통령 가나-씨 이하 상하 의원 47명, 일본에서는 귀족원 의장 고노에(近衛) 공작이나 도쿠가와(德川) 공작이, 중국에서는 전 외교부장 왕정옌(王正延)이, 그 밖에 영국, 스페인, 네델란드 등 관계 각국이다. 실로 각국의 성의는 상상하기에 어렵지 않다. 그러기에 요즘 수도 마닐라에서는 벌써 화려한 의복을 입은 외국 손님들이 많고, 새 건 축물도 지으며 중앙통 가로수도 손질하여 미관을 곱게 하는데 분주하다.[997]

실로 성대한 필리핀 초대 대통령의 취임식에 깊은 감회와 부러움이 서려 있다. 당대 일본의 '반(反)서구제국주의론'이 가지는 기만성을 폭로하는 데도 도움이 되었을 내용이다.

안창호는 필리핀 근대화의 동력이 무엇일까 생각했다. 첫째가 교육의 보 급이었다. 안창호는 미국의 식민지인 필리핀에서 놀라운 교육시스템의 구현 이 이뤄지는 점이 일본의 식민지인 조선과 크게 다르다고 생각하였다.

---

997) 吳永燮, 「比律賓 大統領을 會見코저, 新國都의 그의 就任式前奏面」, 『삼천리』 (7-11), 1935년 12월 1일.

지금 숫자로 취학 아동수의 백분비 같은 것은 기억할 수 없으나 섬 전체에 문맹률이 해마다 격감하는 점이나 대학 이하 전문, 중등, 소학교 등 교육기관 완비에는 오직 놀라울 뿐이다.[998]

특히 필리핀의 전체 세입의 절반을 교육예산으로 사용하는 것에서 이런 교육의 보급이 가능하다고 여겼다.

둘째는 필리핀인의 광범한 행정 참여이다.

재판소에도 판사 검사 대부분이 필리핀인이고 미국인 관리는 얼마 없다. 학교도 그렇고 행정관청도 그러하였다. 경찰관도 또한 그러하였으니 다만 부족한 인원을 미국인으로 대체하는 것에 불과하였다. 이러한즉 최고기관인 총독부의 고급관리는 더 설명할 것 없이 원주민이 대부분이고 미국인은 그 아래에 사무관 등으로 있었다.[999]

당시 조선에서는 일부 하급 공무원을 제외하고는 대부분 주요 부서나 고위층의 중책에는 일본인이 독점하던 상황이었다. 따라서 안창호는 필리핀인들이 다수 정부에 참여하고, 검사직 같은 사법기구도 참가할 수 있어서 장차 독립국가가 되면 크게 유익하리라 보았다.

세 번째는 자유로운 언론이 존재한다는 점이었다. 안창호는 필리핀에서는 누구든 식민 모국인 미국을 비판할 수 있는 자유로운 환경이 조성된 점에 극히 감격했다. 이 또한 조선의 현실과 비교하여 온건한 신간회조차도 제대로 용납하지 못하던 옹졸하고 강압적인 일본의 지배체제를 생각할 때 무척 부러운 필리핀의 자유라고 할 수 있었다.

어떤 공원을 지나다가 군중들이 모였기에 가보았더니 필리핀인이 미국을 규탄하는 연설을 하고 있었다. 격렬한 비판! 실로 놀라웠다. 그러나 그 자리에 지켜선 경찰은 제지

---

998) 安昌浩, 「比律賓視察記」, 『三千里』(5-3), 1933년 3월 1일, 11쪽.
999) 安昌浩, 상동, 『三千里』(5-3), 1933년 3월 1일, 11쪽.

도 하지 않고, 군중의 속에 끼었던 미국인도 벙글벙글 웃으면서 필리핀인들이 박수갈채를 보낼 때 같이 박수하고 있었다.[1000]

다만, 필리핀은 중국인들이 경제 실권을 장악하고 있는 점을 우려하였다. 조선경제에서 조선인이 타자화되었듯이 동병상련(同病相憐)하는 마음을 엿볼 수 있다. 그래서인지 필리핀 국민당 당수와 만났을 때도 '경제적 자립 운동'의 절실함을 공감하고 있었다.

> 나는 이 점을 국민당 수뇌에게 물었다. 그는 개탄하며 '우리는 우선 경제적 자립 운동을 해야 하겠다.'고 하더라. 그러면서 비도[比島]에는 1인당 가질 수 있는 토지를 제한하여 놓고 그것을 실시하던 중이라 한다. 즉 대지주를 없애기 위하여 토지소유를 제한하고 있다는데 이것은 아마 미국 대지주의 토지 점유를 막아버리자는 영혼담(魂膽)같이 생각되었다.[1001]

흥미롭게도 안창호는 필리핀에서 지주제 개혁을 한다는 것은 불가능하다고 보았다. 그런데 필리핀의 어느 정당이 지주의 대규모 소유 독점을 막고자 '토지소유상한제'를 추진한 것에 무척 놀라워 했다.

당시 조선에서는 조선총독부가 지주제의 폐해를 알면서도 '지주적 토지소유'를 철폐하는데 미온적이던 시절이었다. 오히려 각종 소작쟁의를 탄압하는데 일관하고, 개량적인 소작지 분쟁 해결책을 담은 소작령, 농지령 등을 공포하는데 그치고 있었다. 어쨌든 안창호 같은 우파 민족운동가도 이 시점에는 농지소유 상한 등 토지개혁의 필요성에 공감하고 있음을 보여준다.

요컨대, 안창호는 같은 식민지라도 언론의 자유와 교육의 자유 나아가 경제적 균등이 있는 필리핀의 정치 현실에 무척 고무되었다. 아직 우리 조선이 힘이 없어서 실력을 양성해야 하는 어려운 시절이지만, 우선 이러한 필리핀

1000) 安昌浩, 상동, 『三千里』(5-3), 1933년 3월 1일, 11쪽.
1001) 安昌浩, 상동, 『三千里』(5-3), 1933년 3월 1일, 11쪽.

에서 실행되는 최소한의 미국식 민주주의만이라도 조선에서 구현될 수 있기를 염원하고 있었던 것은 분명하다. 그리고 이러한 '필리핀 대망론'은 1930년대 이후 일본이 내걸었던 반(反)서구제국주의론에 이념적으로 대항한다는 의미도 있었다.

○ 필리핀의 민주적인 분위기가 너무 부럽다: 흥업구락부 신흥우의 필리핀

신흥우(1883~1859)가 이 글을 쓸 당시 필리핀에서는 독립을 앞두고 대통령 선거를 하는 중이었고, 상원의장이던 사람이 대통령에 당선되었다는 소식을 들었다. 그래서 3년 전 필리핀에 갔을 때의 기억이 떠올리며 기행담을 쓴 것이다.[1002] 필자는 미국 식민지 필리핀에서 국민투표로 대통령선거를 치르고 독립을 준비한다는 이른바 '정치적 민주화' 소식에 '요사이 필리핀인의 의기(意氣)는 새로운 기분에 용솟음칠 것이다.'라고 하여 자신의 부러움을 '필리핀인의 의기 충천'으로 대신 표현하려고 했다. 검열 때문에 대놓고 훌륭하다고 할 수 없을 것은 자명했을 터이지만…

방문 당시 필자는 지금 대통령으로 선출된 상원의장 퀘슨을 만났고, 의원들이 서로 독립법안을 의안으로 걸어놓고 논쟁하는 모습을 발견하였다. 그런데 필자는 정작 필리핀 의원들이 독립 문제에 그다지 열정적이지 않다는데 무척 놀랐다. 필자가 물어보니 '옛날 스페인이 지배하던 시절에는 필리핀인이 독립에 무척 관심을 보였다.'고 하면서도 이제 미국이 지배하면서는 독립 의욕이 크게 줄어들었다는 것이다. 그러면서 그 이유를 다음과 같이 설명하였다.

필리핀인은 다른 민족들과는 달라서 독립이란 말에 그다지 열의가 없어 보인다. 우리

1002) 申興雨, 「新大統領·新共和國의 比律賓曾遊感,比島의 諸友들 생각」, 『三千里』(7-9), 1935년 10월 1일, 56쪽.

생각과는 퍽 다르다. 그것은 미국과 분리하면 경제적으로 현재보다 곤란해질 것이라는 점과 정치적으로 다른 민족보다는 훨씬 자유로워서 총독 한 사람만 미국인이고 관직은 전부 필리핀인 자신이 하므로 그다지 불평불만이 없는 듯하다.[1003]

즉, 정치적인 자유가 보장되는 점, 그러면서 미국인이 정치적 경제적 부를 독점하지 않는 점 등이 그것이다. 같은 식민지인데 조선과 달라도 너무 달랐다. 앞서 안창호가 필리핀의 자치제도에 대해 높게 평가한 것처럼 필자는 조선에서도 그러한 변화를 희구하는 마음으로 이곳의 정치적 민주화와 경제성장을 애정 어리게 바라보았다. 그리고 자신이 남캘리포니아 대학에 다닐 때 만났던 필리핀인들이 이제 필리핀을 변화시키는 주역이 된 것에도 무척 부러움을 느끼고 있었다. 총독 통치 아래서 기본적인 정책기구조차 따돌림 당하는 자신의 처지와 비교해서.

이런 생각은 김동성의 기행에서도 등장한다.\

관헌이나 학생 할 것 없이 2만여 명의 군중이 미국기와 필리핀기를 두 손에 들고 대로에 진출하고 있다. 그러나 그때 내 눈에 거슬리는 것이 있었는데, 필리핀인 손에 들린 미국기였다. 그러나 하나 안심되고 위안된 것은 필리핀은 총독과 대법원장이 미국인이고 그타 관헌은 전부 필리핀인이란 점이다.[1004]

그러니 조선총독부 아래서 겪었던 수많은 좌절된 경험과 즐겁지 못한 만남이 '다시금 나의 무감각한 무거운 머릿속에 떠오를 뿐'이리고 했다. 조선에서도 필리핀과 같은 기대와 희망이 넘쳐나길 기원하는 마음이 너무나 간절해 보인다.

1003) 申興雨, 상동, 『三千里』(7-9), 1935년 10월 1일, 57~58쪽.
1004) 金東成, 「南洋遊記」, 『三千里』(5-4), 1933년 4월 1일, 67쪽.

○ 미국풍에 물든 필리핀을 일본군이 와서 훌륭하게 개조 중이다:

이여식의 마닐라

이여식(李呂湜)은 자세한 인물정보가 없으나 1920년 필리핀에 이주하여 마닐라에서 유니언 칼리지를 졸업한 인물로 추정된다. 해방 후인 1946년 5월 15일 조선 제칠일안식일 예수재림교 대표로 국제안식교총회에 참석했다고 하는 것을 볼 때,[1005] 일제강점기에도 이 방면에서 활동한 기독교인으로 추정된다. 필자는 1939년 6월에 필리핀을 방문하였고, 태평양전쟁 이후 그때 기억을 살려서 여행기를 기고하였다.

기행 내용은 주로 필리핀 다바오에서 일본인 기독교 목사인 호시노(星野)와 약 2개월 같이 생활하면서 보고 느낀 것이었다. 주택이나 기후 혹은 의식주 모습 등은 통상적인 서술이 많고, 자신의 입장을 잘 피력하지 않았다. 다만, 필리핀에 대학(8개 대학, 49개 전문학교)이 많은 점과 모두 남녀공학인 점 그리고 졸업증명서 제출로만 대학에 가는 모습에 놀라워하였다. 또한 대학이 학과별로 조직된 점도 '능력 발휘에 좋을 것'이라면서 관심을 보였다. '중학부터 대학까지 군사훈련을 하기 때문에 제복은 있으나 평상시 등교할 때는 정복 상의를 입지 않는다.'고 하여 미국이 지배할 때는 없던 군사교육이 일본군이 지배하면서 새롭게 생긴 점도 주목하였다.[1006]

필자는 남방인데도 생활 형편이 진보하지 못한 이유가 궁금했다. 사실 필리핀은 자연자원이 풍부하고, 늘 여름인 나라여서 언제나 농사를 지을 수 있어 농업에는 아무런 결점이 없는 지역이었다. 그래서 필자는 선뜻 기후나 풍토로 보아 우리 조선의 농토에 비할 때 4배 이상의 수확은 가능할 것으로 여겼다. 그런데 필리핀에는 여전히 손대지 않은 미간지가 많고, 농업생산이 미

1005)「國際安息教總會 代表로 李呂湜氏」,『동아일보』, 1946년 5월 15일.
1006) 松山呂湜(舊名 李呂湜),「比律賓의 印象, 馬尼刺 留學時代와 比島 風物記」,『大東亞』(14-3), 1942년 3월 1일, 144쪽.

미하여 상당한 쌀을 외국에서 수입한다는데 무척 놀라워 했다..

> 천연의 혜택을 입은 기후 풍토가 필리핀의 주요 산물인 쌀 재배에 어떤 결과를 주는
> 가. 조선의 기후에 비한다면 단연코 생산량이 우월하다. 그러나 그 실제량은 외국쌀 수
> 입이 아니면 도저히 1년간 식량 쌀을 공급하기 부족하다고 한다.[1007]

필자는 작부방식이 조선과 크게 다른 점 및 '농사기술의 부족과 관개의 미
완'이 가장 큰 원인이라 진단하였다. 처음에는 낮잠 등 열대지방 주민의 특유
한 게으름도 국가 발전에 악영향을 준다고 여겼다.

> 기후 관계로 낮잠을 자는 습관이 있다. 대개 점심시간은 11시 반이고 12시부터 오후
> 2시까지는 상점과 사회 관청 각 방면에서 휴식 시간으로 폐문한다. 남양에 처음 갔을 때
> 열대(기후)가 주민을 나태하게 한다고 여겼다.[1008]

그러나 2년 살다 보니 '낮잠을 자고서야 기분이 상쾌해지고 일에 능률이
생긴다.'고 하여 그간의 인식이 잘못된 것을 인정하였다. 또한 열대 주민들은
야자, 사탕수수 재배와 설탕 제조가 중요한 사업이지만 정작 농업은 등한시
하는 것도 농업이 낙후한 원인이라고 생각했다. 나아가 청년들이 '국가에 지
극정성[至誠]과 정열을 바치는 분위기가 없고, 일반적으로 향락에 젖어 있
는 점'도 농업이 낙후된 중요 원인으로 지목했다.

조선인들이 필리핀 금광 개발에 활약하는 이야기도 남겼다.[1009] 이런 미
국식 민주주의 세례를 받는 필리핀의 독립 여정과 민주주의 확장에 대한 기

1007) 松山呂湜(舊名 李呂湜), 상동, 『大東亞』(14-3), 1942년 3월 1일, 150쪽.
1008) 松山呂湜(舊名 李呂湜), 상동, 『大東亞』(14-3), 1942년 3월 1일, 148쪽.
1009) "현재 比島內에는 바기오 근방에 있는 大金鑛에 朝鮮人 技師 李宜昌氏가 重要한
　　　地位에서 活躍하고 있는대 雲山近方의 山脈과 近似하며 宏壯한 設備는 曾往에
　　　目見한 아모 다른 것보다 컷다."(松山呂湜(舊名 李呂湜), 상동, 『大東亞』(14-3),
　　　1942년 3월 1일, 150쪽).

대감은, 결국 침략전쟁의 확대 이후 일본의 반(反)서구제국주의 이데올로기가 확장되면서 급속히 퇴조하고 말았다.

○ 서양인들의 교활함을 뚫고 남방 진출에 조선인이 솔선수범하자:
남방여행자들의 필리핀

1942년 3월 16일 잡지『조광』에는「남방 공영권과 풍속문화를 말함」이라는 좌담회 속기록이 정리되어 있는데,[1010] 이 좌담회에서는 유난히 필리핀 이야기가 많았다. 당시 필리핀에는 '조선사람이 약 40명 정도 거주했으며 그중에는 금광 기사(技師)와 인삼장사가 있었다.'(오영섭)거나, '고려상점이라는 간판을 한 상점에서 조선부인이 베치마를 입고 빙수를 팔고 있다.'(최창집)거나 '조선인들은 무척 끈기가 없어서 4년 만에 다 탕진하고 돌아간다.'(이여식) 는 등 필리핀 거주 조선인에 대한 근황을 많이 들려준다.

한편, 남방에 대해선 오영섭은 '파라다이스'라고 했고,[1011] 일본인(조선인)에 대한 호감도가 높다는 현지 반응도 전했다. 최정익 또한 일본인(조선인)에 대한 남방인의 호감과 조선인의 멋진 진출 모습을 소개했으나, 특별히 서구 제국주의자들의 남방지역 약탈과 살인 등 부정적인 측면을 부각하였다.[1012]

김도태도 인도차이나에서 자행하는 프랑스의 교묘한 서구화 정책(=반동

1010)「좌담회,남방 공영권과 풍속문화를 말함」(1942. 3.16),『조광』(8-4), 1942년 4월호, 116~117쪽.
1011) "미국 낙토라면 낙토라고할까 먹을 것이 풍부해서 생존경쟁이라곤 없는 데로 보입니다. 뭣한 말로 마음이 울쩍할 때는 에라! 거기로 가서 유자나무 밑에 누어 편이 잠이나 자고 낙시질이나 하면서 한평생 살았으면 하는 생각도 듭니다."(상동,『조광』(8-4), 117쪽). 당시 좌담회 출석자는 崔正益, 金昌集, 吳永燮, 李呂植, 孫光善子 및 기자 등 모두 6명이었다.
1012) "처음에 영국인들이 갔을 때 이 무기에 많이 죽었대요. 그래서 그 복수를 한다고 원주민을 죽였답니다. 양인들이 원주민을 노예로 부리려고 잡아 와도 얼마 있지 않고 도로 도망간다니까요. 서양인에 대한 불평심이 많아서 그런가봐요."(상동,『조광』(8권 4호), 1942년 4월, 110쪽.)

화反同化 정책)을 이렇게 설명한다.

> 프랑스인은 동화(同化)를 강제하지 않고 고유한 습성을 존중 보존케 하며, 프랑스식 고등교육을 시켜서 졸업 후에는 정부의 관리로 고용하도록 하고, 프랑스식 교양을 자랑 거리로 여기게 하며, 여기에 만족하여 도리어 그 통치하에 탄복하게 만든다. 여기에 만 족하는 사람도 있는데, 그렇게 인도하는 프랑스인의 정책이 너무나 교묘하다.[1013]

즉, 프랑스가 동화정책을 쓰지 않고, 회유정책을 쓰는 것은 인도차이나에 는 여전히 일본이 조선에서 실행하는 내선일체 같은 동화정책이 진행될 수 없는 사정 때문이라고 하고, 이런 프랑스의 '현지문화 존중 정책'은 가면을 쓴 서구화 정책이자, 교묘한 식민지 고착화 정책으로서, 인도차이나의 미래 를 위해선 그다지 달가운 것이 아니라고 보았다. 이에 저런 식민지의 영속을 유도하는 교활한 프랑스식 회유 제도를 철폐하는 것이 바로, 서구제국주의 아래서 신음하는 동남아 주민을 구원하는 길이라고 주장하였다.

일부 필리핀 거주 조선인도 식민모국인 미국에 대한 적개심을 보이기도 했다. 다음 글은 1920년경 필리핀을 갔다가 중일전쟁으로 가족을 세부에 놓 고 귀국한 최훈창이 『매일신보』에 기고한 글이다.

> 마닐라에는 반도인(조선인)이 약 10여 명 정도 있어 상업에 종사한다. 마닐라에는 여 러 요새지 있고, 미국의 해군기지도 있다. 미국 군인은 술 먹고 자동차 타고 다니며 계집 질하는 것이 생활의 전부이다. 필리핀 육군은 훈련이라든지 무기라든지 우리 황군과는 비교가 되지 않는다. 필리핀인은 친일적인데 영·미의 선전에도 맹목이다. 필리핀은 기 후 또는 농산물이 중요한 산물이니 반도인(조선인)이 살기에도 풍토가 맞다. 필리핀의 치안이 확립되려면 필리핀인이 대부분 가지고 있는 단도와 권총을 전부 몰수하고 휴대 를 금지해야 한다. 미국한테 착취와 학대를 받던 필리핀은 이로써 아시아인으로 해방될 것이다.[1014]

1013) 金道泰「東亞南方共榮圈(一)」,『家庭之友』, 朝鮮金融聯合會 1941. 13쪽.
1014) 최훈창, 「愛子,愛妻의 消息은? 國際愛·比律賓에 달리는 마음」,『매일신보』,

이처럼 동남아의 조선인 여행자들은 식민지 모국에는 적개심, 식민지에는 동정심이 교차하고, 위로는 반(反)서구 이데올로기 공작, 아래로는 대동아공영권의 협화 논리에 현혹되면서 침략이 마치 '동정과 해방'으로 가슴에 맺혀지도록 세뇌되고 있었다.

그렇다면 과연 이런 반서구 적개심이 조선인의 진심일까. 꼭 그렇지 않다는 것은 여행자들이 조선과 다른 필리핀의 민주화에 대한 부러움을 기행담 곳곳에서 숨기지 못하였다. 하지만 현실적으로 반서구제국주의라는 총독부 국책에 부응해야 하는 딜레마가 작동하였다. 그러니 이구동성이지만 대단히 정치적인 표현으로 귀결되고 있었다.

(3) 비참한 주민의 삶에서 영·미의 만행을 떠올리다:

경성시조사 사장 김창집의 동남아

① 싱가폴에 대한 인상: 민족 차별의 언술이 사라지다.

1920년대 싱가폴을 여행한 박승철은 "이곳도 서양인 주택이며 도로는 홍콩이나 다름없고 중국인 시가지도 상하이나 홍콩이나 같다. 참으로 동병상련인지 몰라도 중국인과 말레이인이 불쌍하다."[1015]고 하여 일찍부터 서양인들이 지배하고, 그들만의 낙원으로 전락한 싱가폴을 마치 조선이 일본에 억압당하고 있는 모습과 연관하여 생각하였다. 중국과 말레이인이 서양인에게 지배되는 모습과 조선인의 그것이 무척 유사한 느낌이었나 보다.

그런데 10여 년 후 1939년에 이곳을 방문한 시조사 사장 김창집의 생각은 전혀 달랐다.

시가지는 깨끗이 정돈되었고 건물은 그리 대규모로 큰 것은 많지 않으나 구미풍의

1942.1.9.
1015) 朴勝喆,「獨逸가는 길에, 神戶로서 新嘉波까지」,『開闢』(21), 1922년 3월 1일, 76쪽.

IV 제국을 이기자. 621

열대식 건물로 산뜻하게 지었다. 홍콩의 건물들과 같이 창문, 현관들은 모두 아치식으로 넓고 큼직하게 내어 시원스럽다. 점포들은 전부 현대식으로 장비되었고 구미제품들이 가득 쌓여있다.[1016]

일단 싱가폴은 깨끗하고, 유럽식 건축과 상품, 현대식 점포 등으로 번영하는 모습을 전하고, 이어서 이들 남방 지역은 '적국인 영·미국의 손아귀에서 해방되어 신질서가 착착 건설되는 대동아의 품으로 돌아온 동양의 낙토'가 되었다고 감격하였다.

> 자연의 혜택으로 기름진 저 늘여름(常夏)의 땅은 우리의 무한한 호기심과 동경을 자아낸다. 저곳은 적 영·미의 손아귀에서 해방되어 신질서가 착착 형성될 대동아 품에 돌아왔도다. 황군이 영·미군을 무찌르고 성난 파도처럼 진격할 때 나는 남방 싸움터가 바로 눈에 뵈는 듯 손에 땀을 쥐면서 3년 전 남방여행의 인상이 또렷또렷 새로워짐을 느낀다.[1017]

그런데 필자의 말은 수미일관하지 못했다. 필자는 싱가폴 거주 조선인들이 대략 50, 60명이고 주로 '인삼장수로 들어온 사람이요. 이렇다고 할 만큼 성공한 사람은 많지 않다.'[1018]고 했다. 대신 일본인은 훨씬 많아 4,000명 정도가 거주하며, 주로 미들로드에서 상점을 내어 번성한다는 것이다. 말하자면 싱가폴이 해방되어 일본인만 좋아졌다는 말이다. 약소민족의 해방이라는 구호와는 확연히 온도차가 나는 현실이었다.

1016) 京城時兆社社長 金森茂原(舊名 金昌集) ,「南方旅行記, 憧憬의 常夏樂土」,『대동아』(14-3), 1942년 3월 1일, 132쪽.
1017) 京城時兆社社長 金森茂原(舊名 金昌集) ,「南方旅行記, 憧憬의 常夏樂土」,『대동아』(14-3), 1942년 3월 1일, 132쪽.
1018) 京城時兆社社長 金森茂原(舊名 金昌集), 상동, 『대동아』(14-3), 1942년 3월 1일, 133~134쪽.

② 홍콩에 대한 인상: 중국인은 참 어렵게 산다.

1939년 홍콩을 방문했을 때 필자는 홍콩을 보며 '영미인들과 너무 다른 중국인의 헐벗음.' 그리고 그 모든 것은 영미의 책임이라고 했다.

> 갑판에 홀로 서서 점점 멀어지는 홍콩을 지키고 서 있는 나의 마음은 왜 그런지 상하이서 양자강 흙탕물을 바라볼 때처럼 맑아지지 않는다. 시가지 앞의 그 많은 헐벗은 중국인, 더럽기 짝이 없는 중국인 거리, 왜 저들은 남과 같이 살지 못할까. 호사를 마음대로 하는 영미인들과는 너무나 큰 차이가 아닌가.[1019]

그러다 1941년 12월 25일 일본군이 홍콩을 점령하였다. 이제는 '적국인 영·미국의 손아귀에서 해방되어 신질서가 착착 건설되는 대동아의 품으로 돌아온 동양의 낙토'가 되었다고 평가하였다. 같은 홍콩이라도 일본이 지배할 때와 서구가 지배할 때 이렇게 다르다는 것이다. 이런 언술의 변화는 역시 1940년을 기점으로 일본과 연합국 사이에 북베트남 문제로 깊은 골이 생기고, 대일금수 등 강경책으로 전쟁이 일촉즉발과 같은 형국이 된 사정과 밀접한 관련이 있다. 다시 말해, 남방에서 '반서구(反西歐) 담론'이 확장된 것은 역시 1940년 전후의 시기였다. 물론 그전에도 반서구 이념은 있었을지라도 비교적 온건했다면, 이 시점 이후에는 직접적이고, 강렬한 이데올로기로 거듭나기 시작했다.

한편, 필자는 홍콩을 생각하면서 '헐벗은 중국인 모습'을 먼저 떠올린다고 했다. 아마도 비교적 쉽게 점령한 싱가폴과 달리 홍콩은 중국인이 결사항전한 곳이라는 차이점에서 비롯된 듯하다. 이에 필자는 '살기등등한' 중국인 저항세력에 대해서 종래 영국인들이 자행한 수탈 실상을 고발함으로써 영국인의 비인도적인 식민지 지배 참상을 폭로하고, 일본군의 해방자적 이미지를

1019) 京城時兆社社長 金森茂原(舊名 金昌集), 상동, 『대동아』(14-3), 1942년 3월 1일, 133쪽.

고양하려는 의도를 담았다고 할 것이다.

그때 김창집이 본 서양인은 '대단히 동적이고 활달한 이미지'였다. 그런데 그런 미화 뒤에는 큼지막한 비난의 가시가 붙어 있었다.

> 홍콩을 떠난 이튿날 선원들과 선객들은 여름옷으로 갈아입었다. 갑판에는 남녀손님들이 짝을 지어 왔다 갔다하며 산책을 하고 게임을 한다. 런던으로 돌아간다는 한 여성은 이따금 나에게 같이 걷자고 하고 같이 게임하자고도 했다. 그들은 쾌활하게 잘 논다. 아무래도 서양인은 동적이요 동양인은 정적인 것 같다. 그들은 유심히 볼수록 장난도 잘하고 웃고 떠들기도 잘하고 먹기도 잘한다.[1020]

위 인용문의 다음 대목을 보면, "저들은 하루에 여섯 번이라는 배안의 식사 -기침 차[起寢茶果], 아침[朝食], 육차[肉茶], 점심[點心], 차[茶菓], 저녁[夕食] 이렇게 줄 곳 먹는다. 나는 끝까지 외국인 대식(大食) 가축들과 섞이지 못하였다."는 것이다. 그만큼 서양인은 활달한 만큼 탐욕스럽다는 뜻이었다. 이렇게 필자가 애둘러서 말하려는 진심은 역시 겉모습만 보고 서구인들의 친절에 놀아나지 말라는 경고일 것이다. 그들만의 행복을 위해 동남아인들에게 미소짓고 친절했을 뿐이라는 말이었다.

③ 말레이에 대한 인상: 일본이 해방시켜야 말레이가 산다.

필자는 1942년경 말레이에서 장사하는 조선인이 약 60~70명이 있다고 하면서 이전에는 수백 명일 때도 있었다고 했다. 이 말은 이미 상당수 조선인이 전쟁 전부터 진출했다는 것이다. 오히려 전쟁으로 조선인 숫자가 줄었다는 말과도 같다. 그러면서 조선인들이 사업에 성공하지 못한 이유를 이렇게 정리하였다.

1020) 京城時兆社社長 金森茂原(舊名 金昌集), 상동, 『대동아』(14-3), 1942년 3월 1일, 133~134쪽.

의주 사람이 많죠. 인삼 장사가 많은데 조선 인삼은 영약이라고 해서 사 먹습니다. 조선 사람도 돈을 꼭 잡아서 그것으로 기업을 했으면, 성공을 할 터인데 대개는 그대로 써버리니 성공을 못하지요.[1021]

벌이는 하고 있지만 자본을 축적할 능력이 없고, 낭비벽도 심해서 결국 성공하지 못한다는 것이다.

한편, 말레이 종족에 대한 우생학적 접근도 흥미롭다.

말레이인은 얼굴이 암갈색, 황갈색이요 광대뼈가 나오고 넓으며 코는 편평하고 입술은 넙죽하고 둔한 편이다. 우리가 미인(美人)이라고 하는 조건은 찾기 힘들다. 저들은 조숙(早熟)·조로(早老)한다는데 불규칙한 생활, 여러 가지 악습관이 그 중요한 원인일 듯하다. 저들은 어릴 때부터 흡연하며 빈랑(檳榔) 열매를 씹는다...(중략)...아직도 저들은 현대감정과 이지(理智)가 발달되지 못한 미개한 백성이라는 느낌이 든다.[1022]

영국이나 미국에 의해 심하게 차별받고 헐벗은 삶은 살고 있다는 말이다. 그러면서 그 이유를 조숙, 조로, 야만적 생활 등 무척 우생학적인 방식으로 중국과 비교하였다.

먼저 중국은 우수한 문명국이지만 '이상한' 장제스 정권이 들어서서 헐벗게 되었다고 하며, 이에 일본군이 그 정권을 타도해서 정상적인 중국으로 바꾸어서 마침내 동아공영권을 달성할이라고 했다. 반면, 말레이인에 대해선 이들은 원초적으로 미개하며, 우생학적인 열등 형질로 인해서 이들을 적 영미로부터 해방시켜야 저런 순진성이 지속될 수 있을 것이라고 했다. 중국과 남방을 보는 '차별적 시각'이 이렇게 격심하였다.

요컨대, 필자는 이런 남방(南方)의 생활상을 소개함으로써, 이 지역을 일

1021) (좌담회)「남방 공영권과 풍속문화를 말함(1942.3.16.)」,「『조광』(8-4), 1942년 4월호, 119쪽.

1022) 京城時兆社社長 金森茂原(舊名 金昌集), 상동, 『대동아』(14-3), 1942년 3월 1일, 133~134쪽.

본인이 지배하는 이상, 더이상 민족 차별은 없으며, 바야흐로 각 민족이 협화하고 공영하는 세상이 열릴 것이라는 낙관을 전하고자 했다. 하지만 그런 논리에 내재한 방법론이 침략적이고, 우생학적이며, 약소국에 대한 배려가 전혀 없는 그야말로 '자기만의 정의'에 기초한 것이었다.

(4) 미개한 독립국보다 식민지가 차라리 낫다:
『조선일보』 발행인 김동성의 남양군도

<그림 92> 김동성 (출처: 한국민족문화대백과사전)

김동성[1023)]은 1931년 12월 30일에 필리핀에 도착하였고, 이후 계속해서 남방지역을 여행하였다. 마닐라에 도착하여 첫 번째로 본 것이 호세 리살의 동상이었다. 그는 스페인에 대항하여 독립운동을 전개하다가 총살당한 필리핀의 애국지사였다. 앞서 안창호가 미국식 민주주의가 이식되어 상대적으로 교육, 자치제도, 토지소유상한제 등 필리핀 자치가 실현되고 있는데 크게 감격한 것과 반대로 김동성은 필리핀 또한 스페인과 미국의 식민지배로 인해서 조선처럼 오랫동안 고난의 역사를 이어가는 동병상련의 나라라고 소개하였다.[1024)]

필리핀을 여행할 당시 조선에서 '만보산사건'에 이은 '평양사건'이 발생하여 조선인과 중국인간의 갈등이 최고조에 달하고 있었다. 일본군은 그것을

1023) 김동성(金東成)(1890~1969)은 일제강점기 언론인이었다. 1908년 미국 오하이오주립대학에 유학하였으며, 1920년 4월에 동아일보사에 입사한 다음 1921년에 동아일보 제2대 조사부장이 되었고, 1924년부터 1926년까지 조선일보 발행인 겸 편집인으로 활약하였다. 광복 직후인 1945년 12월에 민원식, 남상일·남정린 등과 합동통신사를 설립하여 초대 사장에 취임하였다.

1024) 金東成, 「南洋遊記」, 『三千里』(5-4), 1933년 4월 1일, 67쪽.

평계로 9·18사변까지 도발하는 상황이었다. 여기서 필자의 고민은 현실적이었다. 당시 필리핀에 있던 조선 동포가 40여 명인데, 이들이 대체로 필리핀 경제의 주도권을 쥐고 있는 중국인 업체에 고용된 인원이었다. 조선인 점포는 4개 정도인데, 대단히 영세한 처지였다.

그런데 작금의 조중 갈등으로 인해 중국인과 긴밀한 협조를 해야 생존할 수 있는 필리핀 동포사회가 큰 불이익을 당할 판이었다. 그러니 필자는 필리핀에서만큼은 조중 갈등을 조장하는 그 무엇도 교민들에게 이익이 되지 않는다는 점을 부각하려 했다. 이처럼 여행을 가서 한번 본 사람의 '주장'과 거기서 사는 사람의 '이해'가 이처럼 달랐다.

싱가폴에 도착한 날이 1932년 1월 23일이었다. 거기서 인도의 힌두교인들이 몸에다 침을 꽂는 등 가혹한 종교의례를 하는 것을 보고 이들이 이런 야만적인 행동을 하는데도 모국인 영국이 방조하는데 무척 우려하였다.

> 그들은 지위 있는 사람도 아니고 또 학식 있는 사람도 아니었다. 다만 하루에 겨우 30전밖에 벌지 못하는 자유노동자였다. 나는 참 측은하다는 생각이 들었다. 영국이 그렇게 문명적이라고 하면서 이런 야만적 행동을 이리 방관하다니. 싱가폴의 도로나 건물은 다른 도시에 조금도 뒤처지지 않는 번화한 도시였다. 그러나 무지한 행동을 볼 때 나는 순전히 원시시대에 돌아간 듯한 느낌을 받는다.[1025]

즉, 필자는 동남아 식민지가 모국의 부당한 대우를 받는 것이 사실이지만 여전히 야만과 미개한 상황에서 벗어나지 못하여 본토의 통제를 받아야 겨우 행세할 수 있다는 두가지 잣대를 모두 소개한다. 다시 말해 필리핀에선 식민모국 미국인이 갑질을 해서 필리핀인들이 적극 지지하지 않는다고 했는데, 반대로 인도의 힌두교 의례는 야만이요, 미개하기에 오히려 식민모국인 영국이 그것을 통제해야 한다고 했다. 그야말로 이중적 잣대였다.

1025) 金東成,「南洋遊記」,『三千里』(5-4), 1933년 4월 1일, 68쪽.

이렇게 이중적 잣대가 난무하는 것은 조선이 일본의 지배를 받아 힘들게 살고 있지만, 역으로 조선은 스스로 독립할 만한 역량은 아직 미흡하다는 생각때문이었다. 윤치호도 앞서 말했듯이 조선인 실력양성론자에서 나타나는 전형적인 양비론적 인식을 보여주고 있었다. 차별을 당해 억울하지만 독립할 만한 주체적 역량은 없다는 것이다. 야만에 대한 통제는 일부 불만은 있어도 현실적으로 어쩔 수 없다는 입장이다. 우리도 일부 그러하기에 독립까지는 주장할 수 없다는 말과도 통한다.

(5) 9·18사변이 여기선 민족 문제를 만들고 있다: **마드로스 홍운봉의 말레이**

홍운봉이 인도에 도착하던 시점이 바로 '북만주에서 일·중간 충돌(9·18사변)'이 있던 시기였다. 이 전쟁은 해운(海運)에도 영향을 미쳐서 인부인 중국 노동자들이 일본 배에다 화물 적재를 거부하기도 했다. 그래서 인도인의 노동자를 대타로 사용하였지만 미숙련자들이라서 제대로 적재가 되지 못해서 출항이 지체되기도 했다.[1026]

남양군도(南洋) 각지에는 중국인 상인이나 노동자가 말레이 본토인보다 많았다. 그러므로 화교들이 없다면 '각국 제국주의자들의 식민정책도 큰 지장을 받았을 것'이고,[1027] '화호간상(華僑奸商)의 중간착취로 말레이인의 경제력이 점점 어려워지는 상황'이며, 교통기관조차 오직 부르주아와 화교'만 향유하는 중이라고 했다. 중국인의 경제적 침투가 격심한 사정을 전하는 말이다. 이는 남양군도 지역에서 중국인들의 경제적 침탈을 드러내어 일본의 진출을 호도하려는 것이었다.

9·18사변은 말레이에도 여파를 미쳤다. 여기서 사업하는 일본인은 일화배척(日貨排斥) 선전이나 중국인 폭도의 위협 때문에 말레이인으로 변장하여

1026) 洪雲鳳,「印度洋上 마도로스 되어」,『三千里』(4-3), 1932년 3월 1일, 84쪽.
1027) 洪雲鳳, 상동,『三千里』(4-3), 1932년 3월 1일, 84쪽.

안전지대로 갈 정도라고 했다.

> 상점 주부가 말하기를 "만주사변 이래 공포에 싸여 있고, 중국인 폭도가 언제 침입할
> 줄 몰라서 ─그리고 일화(日貨)배척 선전으로 본토인(중국인)의 손님도 완전히 자취를
> 감춰 하루 수익이 몇십 전에 불과하다. 10여 일 전부터 좀 평온해졌으나 일·중 충돌이 심
> 할 때 만약 폭도의 습격을 당하게 되면 말레이인으로 변장해서 안전지대로 피란할 생각
> 이다."며 벽에 걸린 (피난용) 의복을 가리킨다.[1028]

요컨대, 필자는 9·18사변 이후 동남아 일대에 나타나는 반일(反日) 정서는
제국주의 침략 문제라기보다는 민족간 문제라고 분석하고 있다. 또한 필자
는 "민족과 민족의 반목은 이역만리에 와서도 융합하지 않으며, 수천 년의
근거를 가지고 있는 민족 문제는 무엇으로 해결할 것인가."라면서 작금의 분
파적인 민족 문제에 대한 고민을 피력했다. 결국 역사적인 견지의 침략이 아
니라 통시적인 종족갈등의 일부로 보고, 해결 불가능성을 비침으로써, 만주
침략의 침략성을 물타기하려는 의도라고 할 수 있다.

3) 인도 및 몽골 투어와 '민족'

(1) 인도는 전통 문명을 아직도 감당 못한다:

김추관의 뭄마이(봄베이) 문명투어

1931년경 김추관은 반영(反英) 운동이 일어난 인도로 떠났다. 김추관이
어떤 인물인지는 자세히 알 수 없지만, 다만, 인도 문화에 해박한 것으로 보
아 인도에서 거주한 경험이 있는 인물로 보인다.

> 인도! 그는 지금 반(半)식민지가 되어 열국 제국주의의 착취에 신음하고 있는 이웃

1028) 洪雲鳳, 상동, 『三千里』(4-3), 1932년 3월 1일, 85쪽.

나라 중국 및 이집트와 같이 가장 최고 최대의 문명국가가 아니었습니까. 이렇듯 뿌리 깊은 큰 국가가 영국 동인도회사라는 독사에 물리자 불과 얼마 만에 오늘 꼴이 되었습니다.[1029]

<그림 93> 침묵의 탑과 급수시설 (출처: https://brunch.co.kr/@madder/64)

'동인도회사의 이빨에 물린 인도'라는 말처럼 제국주의 수탈에 신음하는 인도를 보고 싶다는 것이 필자의 여행이었다. 필자는 먼저 뭄마이 침묵탑(沈默塔, Towers of Silence)과 자교비업의 탑(自敎非業의 塔)을 방문했다. 이곳은 조로아스터교의 전통에서 나온 매장 장소였다. 풍장(風葬)을 하거나 자살한 사람의 시신이 매장되는 탑이었다. 왜 하필 이런 매장지를 방문했을까. 어쩌면 반영운동을 생각하면서 온 필자는 이런 유적을 통하여 제국주의 침략 아래 사경을 헤매는 인도의 현재를 대변하려는 것으로 보인다.

<그림 94> 간디모자 (출처: 위키페디아)

또한 필자는 인도 국민의 관심을 받던 간디의 모자(冒子) 이야기를 소개한다. 필자는 "국기를 가지지 못하는 대신에" 간디 모자로 인민 공통의 집단적 특징을 표현하려고 한다고 여겼다.[1030]

이런 반영의 이미지에 더하여 필자는 당시 인도에서 일어나는 각종 악습 철폐 운동에도 관심을 표했다.

1029) 봄페이에서 金秋觀,「印度遊記」,『三千里』(17), 1931년 7월 1일, 63쪽.
1030) 봄페이에서 金秋觀,「印度遊記」,『三千里』(17), 1931년 7월 1일, 65쪽.

적도 바로 아래 열대이니 인도인의 사망률은 놀랍습니다. 그러니까 과부가 많이 나올 수밖에요. 예전에는 약혼만 한 처라고 해도 과부만 되면 재혼을 시키지 않았고 심하면 남편이 죽으면 산채로 아내를 화장까지 하였다고 합니다. 이 비참한 악습에 개혁의 큰 폭탄을 던진 이가 바로 '모한 로이'[1031]였습니다. 그는 그때의 위정자에게 과부불태우기금지운동[寡婦焚死禁止運動]을 촉발하여 끝끝내 금지령을 제정하였고, 대체로 이 악습을 끊었습니다.[1032]

필자는 옛날 그렇게 문명대국이던 인도에 아직도 과부불태우기 악습이 남아 있다는 사실에 전율하였다. 그러면서 과부분사금지운동 및 금지령 획득 노력, 그리고 과부개혁운동으로 설치된 과부수용소의 활동상도 자세히 소개하였다. 이곳 수용소에는 "수산장(授産場)이나 교육기관이 있어 약 200명을 수용한다."고도 했다.

아울러 인도에는 무수한 남녀 혁명가가 있다고 하고, 영국 여성인 마로라스를 소개하였다. 그녀는 '인도의 해방을 위하여 진심으로 심혈을 기울인 사람으로 이교(異敎)의 웅변가이자 탁월한 사상을 가져서 인민의 신뢰가 깊은 사람'이라고 하였다.[1033]

요컨대, 필자는 인도의 민족운동에서 조선의 해방에 참고가 될 만한 두 가지 움직임을 소개한다. 하나는 영국의 식민지로 인도가 큰 착취를 당하는 상황이지만 간디 모자에서 보듯이 인도인들이 자기 전통을 존중하고, 인도인으로서 정체성을 유지하려고 꾸준히 노력하고 있는 점이다. 또 하나는 봉건적 악습에도 불구하고 여성, 어린이 등 사회적 약자의 해방을 위하여 여러 가

1031) 라자 람 모한 로이(Raja Ram Mohan Roy, 1772년 5월 22일~1833년 9월 27일)는 인도의 개혁가로 교육, 사회, 정치 개혁을 추구하는 운동단체인 '브라모 사마지'(Brahmo Samaj)를 창설하였다. 그는 기존의 인도 문화를 부흥시키기 위해 서구 문물을 도입할 필요가 있다고 역설하였다. '인도의 근대화 선구자' 혹은 '인도 근대화의 아버지'라고 불린다.(위키백과)
1032) 봄페이에서 金秋觀, 「印度遊記」, 『三千里』(17), 1931년 7월 1일, 65쪽.
1033) 봄페이에서 金秋觀, 「印度遊記」, 『三千里』(17), 1931년 7월 1일, 66쪽.

지 노력을 하고 있다는 점이다. 필자는 식민지 인도를 착취하려는 제국주의 영국의 기본적 속성을 알고 있었고, 그에 저항하는 문명대국의 자존심도 이해했다. 이런 점에서 다른 친일 조선인의 투항적인 『민족개조론』적 인식과는 결을 달리하는 모습이다.

(2) 나이두 여사와 민족독립과 계급해방에 공감하다: 스웨덴 유학생 최영숙의 인도

① 같은 식민지인이라도 인도인과 조선인의 삶은 다르구나.

<그림 95> 21세 스웨덴으로 유학갈 때의 최영숙

최영숙은 1906년 경기도 여주 출신으로 이화학당에 다니다가 3·1운동으로 고초를 겪었고 다시 1925년 휘문여학교를 졸업하였고, 여성운동에 뛰어들었다.[1034] 1926년에 하얼빈을 거쳐서 스웨덴 스톡홀름대 경제학과에 유학하여 학사 학위를 받은 다음, 1931년에 귀국하였다. 영어, 독일어, 스웨덴어, 중국어, 일본어 등 5개 국어에 능통했으며 귀국 길에 20여 개 나라를 여행했다. 인도에서는 나이두 여사와 만났다. 이미 스웨덴에서 함께 유학하여 알고 있던 사이였다.

필자와 만난 사로지니 차토파디아이 나이두 (Sarojini Chattopadhyay, 1879.2.13~1949.3.2)는 인도 하이데라바드주에서 출생하였고, 케임브리지 대학교 거튼 컬리지 출신으로, 영국 시인이자 사회운동가, 정치인. 여성해방운동과 반영(反英)운동에 참여했으며, 제44회 인도국민회의 대표, 인도국민회의 최초 여성의

1034) 「瑞典의 學海로 사회학을 배우려고 哈市를 通過한 崔英淑孃[肖]」,『東亞日報』, 1926년 7월 23일.

<그림 96> 1928년 당시 나이두 여사의 연설 모습 (출전: 나무위키)

장, 런던 원탁회의 인도 대표, 초대 인도 유나이티드 프로빈시스주 총독 등을 두루 역임한 거물이었다. 그녀와의 인연으로 필자는 간디를 만날 약속을 할 수 있었다. 그런데 방문 당시 정작 간디는 바빠서 볼 수 없었다.[1035]

필자는 스웨덴 유학 당시 나이두 여사와 동병상련하는 마음으로 자주 만났다. 그것은 기행문에서 "나는 은연중 그가 믿음직한 한 동지로 생각되었으니 아마도 같은 입장을 가지고 있기 때문인가 싶다."라고 했듯이 '같은 입장' 다시 말해 같은 식민지 지식인이라는 입장에서 서로의 마음을 나누던 사이였다.

> 여사는 언제나 조선의 사정을 잘 물었습니다. 그리고는 조선 사정을 인도에 소개하라고 몇 번이나 권유했습니다....(중략)...그러나 그때 나는 몸이 불편하고 머리가 정리되지 않아서 여사의 권유대로 하지 못하고 조선에 가서 여러 가지 정세를 자세히 관찰한 후에 소개하겠다고 약속했습니다.[1036]

나이두 여사가 조선 상황을 좀 알려달라고 했을 때, 필자는 차마 말할 수 없었다. 아마도 필자가 조선의 현실을 섣부르게 말한 후 총독부로부터 당해야 할 '수많은 탄압'을 예상한 듯하다. 피하는 방법은 결국 몸이 아프다는 핑계거나 정리할 시간 등등이었다. 반면, 나이두 여사는 '자신의 언니가 옥중에 있고, 그 언니는 아이도 있다.'면서 인도해방을 위하여 열심히 노력하는

1035) 崔英淑, 「간듸-와 나이두 會見記, 印度에 4개월 滯留하면서」, 『三千里』(4-1), 1932년 1월 1일, 48쪽.
1036) 崔英淑, 상동, 『三千里』(4-1), 1932년 1월 1일, 47쪽.

중이라고 알려주었다. 그러면서 당시 인도에서는 여성들이 한마음으로 협력하여 국민운동 즉 독립운동에 적극 나서고 있다고 했다.

> 인도 여성들의 사상이 급속도로 변화되고 있습니다. 인도 여성들은 몇 년 전까지도 몹시 우매했습니다만 지금은 국민운동에 전력을 다하는 중이며, 옥중생활을 계속하는 여성들도 수백 명에 달합니다.[1037]

나이두 여사의 말에 필자는 같은 식민지인이라고 해도 인도인과 조선인이 가진 언론과 표현의 자유가 크게 차이나는 것을 알아차렸다. 이글을 읽는 독자들도 서구화·근대화·탈아(脫亞)를 주장하면서 조선 지배의 정당성을 주장했던 일본의 지배가 실제로는 얼마나 이율배반적인지 두 사람의 대화에서 여실히 느낄 수 있는 대목이다.

한편, 나이두 여사는 다양한 인도의 민족·민주운동에 대해서 설명하였다. 그녀는 또한 국민운동뿐만 아니라 계급타파운동(반봉건운동)도 크게 진작되는 중이라고 알렸다.

> 인도엔 각 교파가 있어서 자기 교파가 아니면 서로 상종치 않는 동시에 결혼도 못합니다. 더불어 농업인이면 농업인끼리, 상업인이면 상업인끼리 상종하고 만약 다른 파와 관계할 때 자기파에서 쫓겨나는 악풍이 있습니다. 신 사조를 아는 인도인 중에 이러한 악습을 없애려는 계급타파운동에 참여하려는 사람이 많이 등장합니다.[1038]

이렇게 인도 독립을 위한 독립운동과 반봉건 계급타파 운동이 들불처럼 일어나는 모습은 식민지 조선인으로선 너무나 부럽고 행복한 모습이었다. 그래선지 그곳에서 지내는 자신의 기분까지도 퍽 씩씩해졌고, 상황이 괜찮다면 인도에 오래오래 머물고 싶다고 할 정도였다.

1037) 崔英淑, 상동, 『三千里』(4-1), 1932년 1월 1일, 47쪽.
1038) 崔英淑, 상동, 『三千里』(4-1), 1932년 1월 1일, 47~48쪽.

인도인 2억 5천만이 모두 국민운동이나 계급타파 운동을 한다고 할 수 없으나 대체로 인도 국민은 잘사는 길을 찾으려 분발하고 있습니다. 그러므로 4개월간 그곳에서 지나는 나의 기분까지도 퍽 씩씩해졌습니다. 사정이 허락한다면 인도에 오랫동안 있고 싶었습니다.[1039)

이렇게 인도인들의 놀라운 민족운동, 계급타파 운동에 감동한 필자는 다른 여행자들이 너무나 기이하고, 자칫 봉건적 악습이나 폐습으로 여기던 인도 문화에도 긍정적인 시선과 넓게 이해하려는 자세를 보였다. 예를 들어 손으로 음식을 집어 먹는 행위조차도 '귀중한 음식에 대한 예의'라고 보았다.

인도 풍속은 내가 보기에 좋은 점이 많습니다. 음식 먹을 때에 좀 서투른 것은 우리처럼 숟가락이나 젓가락을 쓰지 않고 손으로 집어 먹는 것입니다. 그곳 사람들은 귀중한 음식을 왜 다른 물건으로 집어서 먹느냐 하는 음식을 귀중하게 생각하는 관념에서 그렇게 한다고 합니다.[1040)

필자는 이후에도 가난해도 인정 많고, 친절하고, 정다운 인도인을 자주 만나면서 '석 달이 넘게 그곳에 머물렀고, 한 번도 마음이 불편하지 않았으며, 이리해서 인도는 나에게 좋은 인상을 깊이 심었다.'고 술회하였다.

② 현모양처도 하면서 사회운동도 하자. 그녀를 옥죄는 조선의 현실에서

그러나 필자의 삶의 고난은 이미 인도에서 자라고 있었다. 귀국한 후 인도에 머물 당시 마하드 젠나라는 인도청년과 사랑에 빠졌다는 소문이 돌았다. 실제로 아이까지 임신하게 되었다고 알려졌고, 뭇 잡지들이 이 사건을 가십거리가 삼았다.

삶이 불행했지만 귀국한 직후『동아일보』에 기고한 글에서도 현모양처를

1039) 崔英淑, 상동,『三千里』(4-1), 1932년 1월 1일, 48쪽.
1040) 崔英淑, 상동,『三千里』(4-1), 1932년 1월 1일, 49쪽.

넘어서 적극적으로 남녀동등권, 참정권 획득에 노력하는 스웨덴 여성운동을 소개하였다. 하지만 고단한 현실 때문이지 뭔가 여성운동가적 기백은 사라지고 현실과 타협한 개량적 주장을 앞세우기 시작하였다. 현실의 고통이 내면적 타협을 불렀던 것이다.

> 그들은 자유스럽고 쾌락적인 가정생활이며, 사회활동은 참으로 부럽습니다. 첫째 남녀동등권이 실질로 실시된 그들의 생활 태도나 사회상, 경제상 지위가 우리보다 나은 것은 사실입니다. 그 중에도 그곳 여자들은 시간과 물질상 경제력이 강합니다. 여자들의 근면한 정신은 남에게 뒤지지 않으며, 책임감이 강하여 어머니와 아내된 임무를 다합니다. 틈틈이 시간을 내어 사회봉사에도 힘씁니다.[1041]

이글은 얼핏 보면 '여성의 동등권을 강하게 주장하는 글'인 듯하지만 자세히 보면 현실의 벽 속에서 살아야 할 그녀의 아픔과 더불어 '현실 타협적 이해 방식'이 드러난다. 즉, 여기서 그녀가 추구하려던 여성상은 기존의 '현모양처론(賢母良妻論)'적 사고를 탈피한 완전한 사회적 자유인으로서 여성을 그린 것이 아니었다. 오히려 현모양처라는 임무도 충실히 하면서 사회적 역할도 하는 여성, 두 가지 역할 모두 잘하는 여성을 모델로 삼은 것이었다. 어쩌면 자신에게 닥치는 사회적 시선에 대한 일정한 타협으로서의 논리가 아닐까 하는데, 완전한 자유여성에 대한 소개로 인해서 발생할 사회적 비난에 대한 나름의 고심이 엿보이는 대목이다.

필자에게 어떤 공포스런 현실이 존재했을까. 장래가 촉망되던 필자는 앞서 『동아일보』 기고를 낸 지 얼마 되지 않은 1932년 4월 말 갑자기 요절(夭折)하였다. 『삼천리』가 최영숙의 일대기를 정리한 글이 있는데, 여기에 따르면 사실 필자가 스웨덴까지 가서 10년간 유학하면서 경제학사 학위까지 받

1041) 최영숙,「海外의 體驗을 들어 우리 家庭에 寄함 (二) 活動的인 그들 감복할 그들의 시간경제, 瑞典家庭」,『동아일보』, 1932년 1월 03일.

아왔지만, 돌아온 뒤 가난한 집안 살림을 책임져야 할 필자를 받아줄 일자리는 존재하지 않았다는 것이다.

그는 어학(語學) 교수 노릇을 하려고 애썼으나 그것도 불가능하였고, 서울 어느 학교에 교사로 취직하려다가 문부성의 교원면허 관계로 그것도 불가능하였다. 나중에 모 신문사의 여기자로 입사하려고 운동하다가 그도 여의치 못하매 어쩔 수 없이 낙원동(樂園洞)에 있던 여자소비조합을 인계하여 내왕이 많은 서대문 밖 교남동(橋南洞) 큰 거리에서 조그마한 상점을 빌려서 장사를 벌였다. 배추, 감자, 미역줄기, 미나리단, 콩나물단을 만지는 일이 스톡홀름대학 경제학사 최영숙의 일상 직업이 되었다.[1042]

그러다 1932년 3월에 출산 중 사산하고 말았다. 인도인과의 사랑을 폄훼하는 사회 분위기에 큰 충격을 받은 최영숙은 인도인과 결혼을 반대하는 부모를 설득하는데 스트레스가 심했고, 산후조리도 쉽지 않았다. 병환이 깊어졌고 4월 중순 동대문 병원에 입원하였으나 심장염이 악화되었다. 결국 4월 23일 홍파동 자택에서 27세를 일기로 숨을 거두었다.

일부 기록에 의하면 정혼 예정이었다는 인도 청년 마하드 젠나가 실존하는 인물인지 의심하는 경우도 있다. 『삼천리』나 『동광』에 나오는 기사는 뜬소문을 엮은 것일 가능성이 컸다. 각종 기사를 보면, 뛰어난 여성 사회운동가의 말로를 경건하게 추모하려는 태도라기보다는 과도한 로맨스 행각을 벌이다 요절한 어떤 인텔리 여성의 기이한 삶이라는 선정적 내용으로 채워졌다. 나혜석에 이은 또 한번의 인텔리 여성에 대한 가부장적 저널리즘의 '테러'였다.

1042) 「印度靑年과 佳約매즌 채 세상 떠난 崔孃의 悲戀, 瑞典大學에서 印度靑年 맛나 佳約맷고 愛兒까지 나은 뒤에, 瑞典經濟學士 崔英淑孃一代記」, 『삼천리』, (4-5), 1932년 5월 1일.

(3) 그의 무저항주의에 깔린 잘못된 근거를 논박하다:
기독교인 김일천의 간디 방문

① 간디의 비폭력주의는 힌두교에서 발원하지 않았다.

<그림 97> 크리슈나(Krishna) ⓒ File
Upload Bot
(Eloquence)/wikipedia | Public Domain

김일천이 어떤 인물인지는 확실하지 않으나, 기독교 인물과 교유가 잦은 것으로 봐서 기독교 계통의 활동을 하던 인물로 추정한다. 필자는 1930년대 후반 간디를 만나 인터뷰를 한 듯하며, 일면 사상논쟁도 하였고, 그 내용을 『삼천리』 1940년 4월호에 기고하였다.

마하드마 간디는 1888년 9월 영국에 가서 이너템플 법과대학에서 3년간 법학을 공부하였다. 그 과정에서 『바가바드기타』[1043]

를 처음 읽었고, 물질적 욕망을 끊어버리라는 아파리그라하(aparigraha : 무소유) 개념과 고통이나 기쁨, 승리나 패배에 동요되지 말라는 사마바바(samabhava : 평정) 개념에 심취하였다.

그런데 인터뷰 당시 필자는 다짜고짜 간디에게 '힌두교 비슈누 신의 8번째 아바타인 크리슈나는 그 반대였다.'고 하면서 바가바드기타에서 간디식 무상해주의(無傷害主義)가 시작된 것이 아니라고 주장하였다. 그러자 간디는 "바가바드기타는 제1장에서 제7장까지 전부 무상해주의의 원리를 노래한 것이며, 바가바드기타의 제2장은 물론 알쥬나의 무상해주의에 대한 번민인데 제7장 끝에 가선 전부 무상해주의의 교훈"이라면서 필자의 주장을 극력

1043) 『바가바드 기타』는 산스크리트어로 '거룩한 자의 노래'라는 뜻이며, 인도인의 정신적 지침서이다. 700구절로 된 시로 이루어져 있다. 원래 마하바라타의 일부분이었다가 힌두교의 주요 경전에 포함되면서 독립되었다고 한다.(나무위키)

부인하였다.

사실 필자는 간디의 비폭력 사상이 바가바드기타가 아니라 오히려 신약성서나 혹은 불교 나아가 톨스토이의 영향을 받은 것이라고 믿었다.

　나는 깐디씨가 신약성서에 감화를 받고 톨스토이의 영향을 받아서 무저항주의의 철학적 이론을 형성했음에도 불구하고, 불교의 무상해주의의 철학적 이론을 인도가 낳았음에도 불구하고, 인도교도 중심의 정치 운동을 하는 관계상 불교의 우수성을 고조하지 않고 또 신약성서의 무상해주의도 고양하지 않고 무리한 철리를 바가바드기타에서 가져온 듯 설명한다. 참으로 나는 깐디의 철학적 불철저를 질문하고 싶었다.[1044]

왜 본인도 아니라고 하는데, 굳이 필자는 간디의 비폭력 사상이 바가바드기타가 아닌 톨스토이의 영향이라고 보는 것인가.

　내게는 이 깐디씨의 해석이 전혀 뜻밖이었다. 법화경(法華經)에서 관음보문품이 모두 무상해주의(無傷害主義) 복음을 설파하는 것은 아니며, 역설적으로 대승적인 전쟁 철학을 설교하는 것이다. 이처럼, 마하바라타 그것도 일종의 무상해주의를 파괴하고자 기사 계급에게 전투 철학을 가르친 것이라고 나는 믿는다.[1045]

필자의 논리는 마하바라타는 비폭력주의가 아니라 오히려 기사 계급에게 전투철학의 필요성을 가르치는 '호전적 논리'라는 것이다. 어쨌든 필자는 간디가 본래는 '불교적 내용인 무상해주의(비폭력주의)를 자신의 신념으로 받아들이기 싫으니 어거지로 마하바라타에서 가져온 듯하게 과장한 것'이라고 믿었다. 그러므로 간디의 비폭력주의가 힌두교에서 나왔다는 견해에 전적으로 동의하지 않았다.

1044) 칼갓다 市過次 金一天,「巨人 깐디를 찾어 보고」,『三千里』(12-4), 1940년 4월 1일, 175~176쪽.
1045) 칼갓다 市過次, 金一天, 상동,『三千里』(12-4), 1940년 4월 1일, 176쪽.

필자는 간디가 이렇게 말도 되지 않는 '힌두교 방식의 해석'으로 자신의 비폭력주의를 설명하는지 이유를 알고 싶었다. 필자는 이렇게 분석했다. 간디가 이미 "1930년 런던회의 이후 급속도로 보수화되었다."고 진단하고, 종전에 기독교 선교사와 함께 행동할 때와는 전혀 다른 민족주의적 신념 즉, 인도의『고사기(古事記)』1046)라 할 만한 마하바라타를 가지고 설명하기 시작했다고 여겼다.1047)

그러면서 필자는 '그가 민족 해방을 위해서 읽는 것이라면 마바라이타나 라마야나1048)도 참으로 반가운 서적이다.'라고 하여, 간디가 차라리 민족운동의 이론적 근거로서 전쟁문학인 마하바라타를 활용한다면 이해할 만하다고 했다. 하지만, 전쟁문학을 가지고 오히려 비폭력주의의 근거라고 말하는지 도무지 이해할 수 없다고 했다.

　　깐디의 대답에 나는 그가 끝까지 고대 인도교(印度敎; 힌두교) 정통파에 머물려는 그의 심산을 제대로 알 수 없었다. 만약 라마누자가 좋다고 했더라면 그는 아직 기독교적 일신교에 애착을 가진 것으로 추측되겠지만 일흔 고개를 넘은 그는 왕년의 톨스토이 감화를 벗어 버리고 그가 낳고 그를 길러낸 인도교에 다시 복귀한 사실을 알았다.1049)

1046) 고사기는 712년에 편찬된 일본 사서이다.
1047) "마하바라타 전체는 옥석혼효(玉石混淆)의 종교적 민족시다. 민족운동을 하는 깐디가 마하바라타에 돌아가는 것은 좋은 일이다. 그러나 마하바라타 그것은 불순한 색욕(色慾) 문학을 포함하고 있기에 깐디는 그중 가장 아름다운 문장만 뽑아서 예배에서 읽는다."(칼갓다 市過次, 金一天, 상동,『三千里』(12-4), 1940년 4월 1일, 176쪽.)
1048) 라마 왕의 일대기라는 뜻의 산스크리트어로 된 고대 인도의 대서사시.7편, 2만 4000시절, 총 4만 8000행으로 이루어져 있으며,『마하바라타』와 더불어 인도를 대표하는 웅대한 서사시로 알려져 있다.기원전 3세기 무렵 시인 발미키(Vālmīki)의 작품이라고 전해지지만, 정확하게 말하면 그는 단순한 편집자였던 듯하다.(나무위키)
1049) 칼갓다 市過次, 金一天, 상동,『三千里』(12-4), 1940년 4월 1일, 177쪽.

그런데 정작 문제는 왜 필자가 그토록 간디가 주장하던 비폭력주의가 '민족주의적 연원에서 비롯된 어거지'라고 비판하는가이다. 필자는 본시 민족주의란 폭력을 동반할 수밖에 없는 것이라 여겼다. 그래서 마하바라타라고 하면 오히려 민족 해방의 실천 논리를 제공하는 것인데도, 간디는 폭력적인 방법을 선호하는 마하바라타를 마치 비폭력의 경전처럼 주장한다는 비판이었다.

결국 간디는 민족주의로 돌아섰다는 것이고, 이러한 민족주의로는 폭력을 동반할 수밖에 없다는 말을 하고 싶었다. 그러므로 더불어 공화(共和)하고 협화(協和)하는 세상이 되려면 이런 민족주의에 빠지면 안 된다는 점도 주장하고 싶었다.

② 민족주의에 찌든 마하트마 간디

필자는 당시 간디가 민족주의에 깊이 경도되어 있는 상황이라서 사물을 제대로 판단하지 못한다고 여겼다. 간디가 '민족주의화' 한 것에 대해 그가가 해밀턴이 경영하는 소학교의 채플 교육에 반대하고 있다는 사실에서 더욱 분명해진다고 했다.

> 깐디는 "일본도 최근에는 아메리카류로 되어 가고 있다지요? 당신은 언제든지 양복을 입으십니까?"라고 물었다. 그 말에 깐디가 나를 불쌍히 여기는 그런 어투가 섞여 있는 것을 느꼈다. 그래서 나는 웃음을 띠고 대답하였다. "상하 2원 70전이면 살 수 있는 소비조합 제품을 여름에는 입고 있습니다."…말이 끊어졌다.[1050]

필자는 간디도 일본이 아메리카풍에 젖어서 전통문화를 잊는 것에 무척 우려한다고 했다는 소식을 전한다. 하지만 필자는 동의할 수 없었고, 결국 대화는 끊어지고 말았다. 즉, 간디는 미국식 서구식으로 찌들어가는 일본 모습

1050) 칼갓다 市過次, 金一天, 상동, 『三千里』(12-4), 1940년 4월 1일, 178쪽.

이 탐탁하지 않았고, 반대로 필자는 민족주의화하면서도 마치 평화와 비폭력을 가장한 듯한 간디의 모습이 이해되지 않았다.

앞서 최영숙과 나이두가 식민지 현실을 놓고 인도와 동병상련하는 마음으로 민족해방이나 여성해방의 가치를 공유한 것과 전혀 다르게, 필자는 간디의 비폭력주의를 폭력을 가장한 민족주의이자 은폐된 폭력이라는 관점에서 비판하였다. 필자가 민족주의가 결국은 폭력일 수밖에 없다고 생각한 것은 달리 말해서 조선 독립운동이 가진 민족주의적 경향에 대한 비판이자 무용론을 대변하는 것이기도 했다.

결국 필자는 인도에서 민족주의가 답이 아니듯 조선에서도 민족주의는 답이 아니며, 비폭력이라지만 결국은 폭력의 또 다른 모습이라는 사실을 말하고자 했다. 당대 친일 조선인의 평화론이 가지는 은밀한 제국주의성이자, 치열하게 모색되던 반(反)식민지 운동에 대한 또 다른 이론적 폭행이었다.

(4) 일본인의 자취와 기여가 배인 타고르의 학교: 오정석의 타고르 학원 탐방

필자에 대한 자세한 기록은 없으나 아마도 장단군(長湍郡) 장도면의 유지인 오정석(吳貞錫)과 동일한 인물인 듯하다. 그는 1932년경 경기도 장단군 장도면 오음리에 있는 배영학원이 경영난에 처하자 몇백 원을 내어서 학원을 다시 일으켰다고 한다.[1051] 필자가 언제 인도의 시성 타고르를 방문했는지 알 수 없으나 방문 시점은 1941년 6월경으로 태평양전쟁 직전의 긴장이 넘치던 시점이었고, 방문지인 벵골주는 당시 우기(雨期)였다. 타고르 학원(학사, 예배당, 기숙사, 식당 등)은 산속에 있었기에 임간학교(林間學校)라고도 불리었는데, 필자가 먼저 방문한 곳은 비스바 바라티(Visva Bharati, 宇宙의 場所)라는 예배당이었다. 이곳은 타고르가 노벨상 수상자금으로 1921년 12월 23일 설립한 사학으로 1951년에 국립대학으로 승격되었다.

1051) 「吳貞錫氏 特志 長道面에서 교육에 열성 중(長湍)」, 『동아일보』, 1932년 2월 16일.

<그림 98> 비스바 바라티 대학 기념 우표(1971년 발행 출처: 위키페이아 일본판)

타고르는 할아버지가 남긴 보로모교(敎)의 넓은 마음을 우주의 마음으로 하고, 각각 계급과 종교의 구별과 논쟁을 일체 금하자는 마음에서 계급과 종교를 초월한 학원을 창립하였다고 한다. 이 예배당 뜰에는 그의 할아버지가 좌선했다는 나무가 있고 또 타고르가 일찍이 할아버지의 유적지를 소요하면서 시상(詩想)을 얻어 드디어 노벨상을 획득한 명작『기탄잘리(Gītāñjali)』중 종교시 한 편을 썼다는 적은 초막[草家]도 가까이에 있다.[1052]

처음에는 교실도 없이 수업한다고 하지만 "대학생 수가 500인 이상이라 철학, 문학, 정치, 경제에서 회화, 조각, 음악, 무용에 이르기까지 각 방면을 가르치는 오늘에는 교실, 연구실, 도서관이 다 갖춰졌다."고 한다. 여기서 하는 산스크리트어와 네팔, 티벳어를 가지고 하는 불경 연구는 인도에서도 손꼽힌다고 하였다.

미술부를 방문했을 때 담당자인 보쓰가 일본인인 오카쿠라 덴신(岡倉天心)[1053]이 미술부 개설에 큰 도움을 주었고, 동양인의 동양미술을 고취했다

1052) 在印度 吳貞錫, 「印度詩聖 타골의 「林間學園」訪問記」, 『三千里』(13-6), 1941년 6월 1일, 146쪽.
1053) 오카쿠라 덴신(岡倉天心, 1863.2.14.~1913.9.2)은 일본 메이지 시대에 활약한 사상가, 문인, 철학자이다. 미학과 관련된 글을 여러 개 썼으며, 미술사, 미술 평

<그림 99> 오카쿠라 덴신
(출전: 위키백과)

고 알렸다. 아울러 일본인 연구생 신(愼)씨가 당시로 3년 가까이 인도 무용에 대한 연구를 하고 있었다고 한다.1054) 이 대목에서 타고르가 '지일(知日) 인사'였다는 점을 보여준다. 타고르는 이런 이유로 일본과 일본문화에 친숙할 수밖에 없었고, 그래선지 앞서 프랑크푸르트대학에 유학하던 도유호가 타고르의 강연에 대해 단단히 비판적인 속내를 드러낸 것도 그런 사정이 있었던 것을 추측할 수 있다.1055)

(5) 민족은 무엇으로 사는가: 원세훈(元世勳)의 몽골 다크투어

① 민족은 무엇으로 존재할 수 있는가. 그것은 역량과 밑천이다.

싱안링(興安嶺)에서 원세훈은 더 넓은 몽골평원을 쳐다보았다. 거기서 과연 민족이 무엇으로 사는지 고민하였다. 필자는 '한 국가의 흥망은 한 민족의 성쇠를 표현한다.'고 전제하면서 어떤 국가의 존망을 논할 때 그 민족의 수(數)와 질(質)을 먼저 살피라고 했다.

참으로 그 민족의 수와 질이라는 양 방면에서 민족적 국가 생활을 하는데 손색이 없으면 설사 일시적으로 자립하지 못하더라도 다른 날 반드시 자립할 기회가 있으리라 단정할 수 있다. 반대로 어디를 보든지 자립적 일국가 생활을 유지하기 어려워 보인다면 설사 현재 독립자존 생활을 하더라도 그 생활은 불안할 것이다.1056)

론, 미술가 양성 활동도 했다. 가나가와현 요코하마시에서 태어났다. 집안은 후쿠이번 출신의 무가 (일본사) 집안으로 1871년에 도쿄로 이주했다.[1] 도쿄 예술대학의 전신인 도쿄 미술학교의 설립에 큰 공헌을 했으며 일본 미술원의 창설자이다. 1901년에 인도를 방문하여 타골과 교류하였다.(위키백과)
1054) 在印度 吳貞錫, 상동, 『三千里』(13-6), 1941년 6월 1일, 147쪽.
1055) 在印度 吳貞錫, 상동, 『三千里』(13-6), 1941년 6월 1일, 147쪽.

일단 수자와 덩치가 있어야 민족으로 살아남는다는 것이다.

그러면서 현재의 몽고가 왜 이렇게 쇠락했는지 고민하였다.[1057] 필자에게 현재 위대한 민족은 신통치 않았던 과거의 조상조차 빛나게 할 수 있다. 하지만 현재의 '못난 민족'은 과거에 위대한 역사를 소유했더라도 '추억팔이'정도 하다 자멸의 경계선으로 달려갈 뿐이라고 했다. 결국 현재 민족이 어떤 상태인지에 따라서 과거가 달라질 수 있다는 지적이다. 극히 '능력주의적 관점'이었다.

필자는 13세기에 몽골이 그토록 강성했던 이유로 '용감하고, 진취적인 상무 정신'을 들었다.[1058] 몽골은 약진할 때 다른 지역 즉, 유럽은 기독교에, 중앙아시아는 회회교에, 동아시아는 유교에 각각 노예화되어 있었다고 했다. 그러니 칭기즈칸의 힘 앞에서 다 멸망했다는 것이다.

이런 관점에서 오늘날 문약(文弱)에 빠진 조선이 만국공법(萬國公法)을 믿고 세계사에 나섰지만 결국 대포 한 방에 모든 것을 잃어버린 것도 같은 맥락이라는 것이다. 즉 상무 정신의 부재, 특정한 사상의 노예 노릇에 빠진 결과에 따른 비극이라는 평가이다. 정리하면, 말만 많고 힘이 없는 종족은 모두 멸망이 필연이라는 일면 사회진화론, 약육강식론적 이해였다.

② 무력만으로 위대한 민족을 이룰 수 없다. 민족적 지성과 역량이 있어야 한다.

그렇다고 필자는 그러한 '약육강식론'에 완전히 경도된 것은 아니었다. 결국 몽골이 무력으로 세계를 정복했지만 오래가지 못했고 야만민족으로 다시

1056) 元世勳, 「興安嶺上에 서서 蒙古民族興亡을 봄(民族興亡의 자최를 차저」,『三千里』(8-2), 1936년 2월 1일, 60쪽.
1057) 元世勳, 상동,『三千里』(8-2), 1936년 2월 1일, 60쪽.
1058) "13세기 초에는 蒙古민족이 다시 강성하야 천하에 횡행할만한 모든 조건이 구비하였다. 무었보다 그 용감하고 진취성이 풍부한 상무적 정신은 가경할만치 되었다." 元世勳, 상동,『三千里』(8-2), 1936년 2월 1일, 60쪽.

회귀한 점을 예로 들면서, 바로 "자기 자질[本資]과 역량을 넘어서는 칭패(稱覇)와 강폭(强暴)은 그 민족의 전도에 도리어 해가 된다."고 단언하였다.

이 말은 분에 넘치는 무력의 위세가 도리어 독이 되어 민족을 다시 야만의 늪으로 되돌린다는 평가였다. 그러니 비록 무위가 강력한 민족을 창업하게 하지만 민족국가를 지키는데 그 이상의 그 무엇이 있어야 한다는 것이다.

> 시장(西藏)의 반찬허용[班禪活用]이 베이징에 왔을 때 그 종교를 신앙하는 몽골사람 남녀노소가 수백, 수천 명 무리를 지어서 몇백 리, 몇천 리를 걸어서 찾아왔다....(중략)...그를 찾아온 사람들은 몽골 민족 중에서도 중류 이상이라고 한다. 그 행하는 바 누가 보든지 야만을 면하지 못하였다 할 것이다.[1059]

필자는 여전히 몽고는 야만스럽다고 했다. 그 첫 번째 증거가 티벳 승려 하나 왔다고 그 많은 몽골 국민이 저토록 힘을 낭비하고 쓸모없는 행동을 하는 모습이었다. 그렇게 해서 언제 밑천이 생기고 역량이 쌓일지 의심하였다. 이와 관련한 낙치봉인(駱駝峯人)의 몽골 기행담도 흥미롭다. 몽골에는 마치 티베트식의 라마교 사찰이 있는데, 이들 사찰은 "그윽한 연화(燃火)의 빛이 흔들려서 꿈속에서 보는 듯한 불상 앞에 서면 뭐라고 말할 수 없는 신비적 기분을 느끼게 된다."[1060]고 했다. 특히 라마승이 집을 찾아왔을 때 집안의 여자를 인신공양(人身供養)을 하는 소위 '정화(淨化)'라는 풍습이 있다고 하면서 몽골에서 라마교 신앙의 위상을 설명했다.[1061]

어쨌든 필자는 그런 모습에서 '20세기의 칭기즈칸이 나오기가 어려울 것이라!' 단언하였다. 이는 '깨어있는 국민적 지성이 필요하다.'는 말과도 같았

1059) 元世勳, 상동,『三千里』(8-2), 1936년 2월 1일, 62쪽.
1060) 駱駝峯人,「蒙古人의 生活」,『別乾坤』(32), 1930년 9월 1일, 105쪽.
1061) "라마승은 帶妻를 禁하는 이유로 공공연히 타인의 처나 딸을 농락하기도 한다다. 만약 형 집에 라마승 동생이 오면 형은 자신의 처를 동생에게 빌려주는 극단의 弊風까지 잇다." 駱駝峯人, 상동,『別乾坤』(32), 1930년 9월 1일, 106쪽.

다. 힘과 지성이 조화되어야 온전히 민족국가를 유지할 수 있다는 것이다.

> 민족적 무지와 야만을 몽땅 민족이 쇠퇴할 기운이라 단정할 수는 없다. 하지만 그들
> 이 다시 반찬(班禪活用)의 처소를 방문하려 한 걸음에 한 번씩 절하면서 입으로 그 무슨
> 염불을 외면서 가는 것을 보고 평생 하는 일이 그것뿐이라는 말을 들을 때 '몽골 민족은
> 일대 서구적 새로운 세례를 받기 전에는 영원히 쇠퇴하고 말 것이다!'하는 깊은 탄식을
> 참을 길 없었다.[1062]

또 하나의 사례는 질병 치료였다. 몽골에서 사는 의사인 이태준의 말을 빌
려서 몽골인은 성년 이상 대부분이 매독과 임질을 가졌다면서, 의학적으로
치료하는 것을 그다지 원치 않는다고 했다. 낙치봉인에 따르면 몽골인들은
'병이 나면 라마승의 기도도 받고 기괴한 약을 얻는 이외에 다른 치료법을 모
른다'고 했다. 조혼(早婚) 풍습도 무지와 야만스럽다고 했다.[1063] 그 밖에도
산업, 교육, 교통, 생활양식 등 모든 방면에서 몽골은 쇠퇴할 수밖에 없는 상
황이라고 하고, 이렇게 야만이 판치는 나라는 오늘날 아무도 제대로 된 혹은
세계에 영향을 줄 만한 존재로 인식하지 않는다고 결론지었다.

> 13세기의 초엽을 몽고민족의 세계라고 할 것인데, 20세기 초엽은 백인종의 세계이
> 다. 런던이나 파리나 워싱턴 사람들이 몽고 민족의 존재를 모를 뿐만 아니라 한가지 동
> 아시아의 조선인도 몽고 민족의 존재를 의심한다.[1064]

필자의 이러한 민족론은 명백히 일본민족의 현재와 장래를 겨냥한 사고에
서 비롯된 것이다. 즉, 필자가 몽골 역사를 보는 관점은 역시 '과잉국가론'이
다. 필자는 역량과 밑천 이상으로 과잉성장했고, 갖은 탄압으로 일관함으로

1062) 元世勳, 상동,『三千里』(8-2), 1936년 2월 1일, 62쪽.
1063) 駱馳峯人,「蒙古人의 生活」,『別乾坤』(32), 1930년 9월 1일, 105쪽.
1064) 元世勳, 상동,『三千里』(8-2), 1936년 2월 1일,63쪽.

써 몽골처럼 결국 수준이 따르지 않은 팽창의 결과로 세계로부터 동의를 받지 못했다는 지적이다.

결국 몽골처럼 일본도 급속히 야만의 길로 되돌아갈 것이라고 한다. 이에 지금은 무력으로 조선을 점령하고 지배하고, 압박하고 급기야 세계로 돌진하는 일본이지만 옛날 몽골처럼 자신의 역량과 밑천을 넘어서 과도한 행위(과잉국가)의 모습이며, 그 결과는 비극과 야만으로 귀착되리라는 것이다.

실제로 과도한 대외팽창을 일삼은 '과잉국가' 일본은 이글이 나온 이듬해 중일전쟁을 도발하였고, 이윽고 태평양전쟁까지 나아가면서 그간 쌓아왔던 그 모든 성취를 몽땅 파괴하고 말았다. 이처럼 필자가 보는 민족의 생존은 반드시 물리적인 무위(武威)와 더불어 그 민족의이 가진 지성과 역량이 결합되어야 가능하다는 관점이다. 그리고 실제의 역사가 그것을 증명해주었다.

③ 몽골 아니 조선은 옛 영광을 다시 찾을 수 없는가.

필자는 망하지 않은 나라는 역량을 키우고 실력을 키워서 영광의 나라를 건설할 수 있다고 했는데, 반대로 한번 쇠망하였던 몽골은 다시 옛 영화를 찾을 수 있을지도 자문하였다. 쇠망한 조선의 재건이 가능한지 묻는 말이었다. 이 대답에서 필자는 '현상이라면 단연코 노(NO)'라고 대답했다. 그 이유로 사분오열된 현실을 지적했다.

> 현재의 몽고 민족은 사분오열되어 이리저리 예속되고 있다. 열하(熱河)를 제외한 내몽고(몽강蒙疆) 지역은 중화민국에게 예속되었고, 열하와 그 동북의 동몽고 민족은 만주국에 예속되었다. 외몽고는 소비에트 연방에 예속되고 있다. 그 밖에도 시베리아에 거주하는 몽고 민족은 만주리에서 몽고부랴트공화국이라는 소비에트 연방의 일원이 되었다.[1065]

1065) 元世勳, 상동,『三千里』(8-2), 1936년 2월 1일, 64쪽.

그러나 희망은 있으니, 외몽골의 몽골공화국을 비롯하여 동몽고(東蒙), 내몽고(內蒙) 등지에서 몽고 민족이 민족의식을 고양하기 시작한 점을 들었다. 그러면서 만주족과도 비교했다.

  몽고민족의 장래는 만주 민족처럼 아주 절망적인 것은 아니다. 현재 우리 동아(東亞)에는 만주라는 지명이 있을 뿐이오. 만주 말을 하고 만주 글을 쓰는 만주 사람은 찾아보기 힘들다. 반대로 몽고는 아직 자기 민족의 말을 민족어로 하는 몽고인이 적지 않다. 이에 몽고 민족의 장래는 그다지 절망적이지 않고 일말의 희망이 있다.[1066]

자신의 언어를 여전히 지키고 있으니 자기 문화도 결국 지킬 수 있어서 마침내 흩어진 부족들의 동질성을 회복할 수 있을 것이라는 희망이다. 이제 점점 현대문명이 들어가서 교통 불편이 해소되고, 특히 내몽고의 광물 매장량이 풍부한 점과 목축 산업을 외국인에게 빼앗기지 않고, 자주적으로 열국과 교역을 하게 된다면 지금보다 훨씬 나아질 것이라는 기대도 피력했다.

이 말은 어쩌면 조선인에게도 해당되는 것이었다. 우리 조선도 자연의 혜택이 없고, 외국인(일본인)에게 모든 경제 주권을 상실하고, 만주로 시베리아로 중국으로 이산된 상황이 몽골과 마찬가지지만, 자주적 시장과 자립적 경제질서를 확보하고, 서로 합치려는 민족의식을 고양한다면 희망이 있다는 말이기도 했다.

1066) 元世勳, 상동,『三千里』(8-2), 1936년 2월 1일, 64쪽.

V. 정리와 결론

1. 정리

본 저작에서는 언론인, 지식인, 종교인, 자본가, 예술가 등 언론계, 문화계 혹은 교육계, 종교계, 예술계 등 회색지대에서 다방면으로 활동한 조선인의 해외(海外) 여행기를 중심으로 하여 암울한 조국의 현실을 자신의 방식으로 소화하면서 그들이 추구하고자 했던 다크 투어리즘과 이념의 회색지대에서 피력했던 복잡한 속내(파레시아)를 복원하려고 하였다. 중요한 것은 결과적으로 평가받거나 재해석된 조선인 여행자들의 인식이나 그 변화가 아니라, 세계로 나가면서 마주한 각종 문명과 만남 속에서 발생한 그들만의 교훈 즉, 그들의 생각을 그들이 남긴 기록을 통해서 복원하는데 목적을 두었다. 그리고 그것이 지면을 통해서 구현되면서 진실성이 옅어지는 상황이 자주 있지만 그럼에도 그들이 감추고자 했던 내면을 다시금 읽어내려는 노력을 이어갔고, 이에 다음과 같은 작은 성과를 정리할 수 있게 되었다.

II에서는 일본, 미국 등지의 보빙대사가 해외 행차를 하던 중 보았던 부국 강병의 염원과 그 파레시아를 정리하였다. 사행길에서 서양에 대한 많은 이해의 증진에도 불구하고, 여전히 실현될 수 없는 현실을 고민하면서 방황하던 그들만의 열망의 파레시아도 있었다. 이들의 기행담을 보면, 역시 인정하기는 싫지만 근대적 성취과정에서 조선은 뒤처졌다는 것을 알고 있었다. 그러면서도 유교 전통이 구국에 중요한 원천이라는 문화적 우월감도 또한 떨치지 못했다. 문제는 바로 거기에 있었다. 그러다보니 더 깊숙이 배우고 싶어도 차마 말할 수 없었던 현실이 있었고, 새로운 열망은 아쉬움과 한탄으로 고스란히 고형화되어 개인 문집속에나 박히고 말았다.

먼저. 일본의 경우 수신사 김기수, 안광묵, 김홍집, 박영효, 박대양의 파레시아를 탐구하였다. 대단한 문명을 목격하면서도 오랑캐 일본에 질 수 없다는 화이론(華夷論)적 세계관이 지배하던 김기수 단계에서 점차 일본은 이상하고 가난하지만 그래도 좋은 것은 배워야 한다는 김홍집, 박영효 단계로 나아갔다. 이런 과정에서 부국강병과 민력향상에 대한 대단한 열망이 도출되고 있었다. 특히 안광묵은 김기수와 동행하는 자리에서도 이미 동서문명의 개방적 교류의 필요성과 개방적 성리학론을 제기하기도 했다.

흥미로운 것은 근대적 문물 혹은 기구라고 해도 유교적인 공론 형성이나 구언을 확장하는 것은 예를 들어 전신이나 국회, 교육기관 등은 오히려 긍정적으로 보려고 했다. 유학자로서 일면 잡스럽고 한심한 국회지만, 일면 널리 구언(求言)할 수 있던 기관이었다.

하지만 조사시찰단(신사유람단)처럼 가서 일본의 문명개화에 놀라면서도 정작 왕에게는 일본이 가난해졌다거나 너무 서구화했다거나 해서 왕의 귀를 간지럽히는 말을 서슴지 않은 경우도 많았다. 그런 교언영색(巧言令色) 이면에는 실제로 일본의 근대적 변화에 놀라고, 어서 빨리 우리도 개혁해야 한다는 믿음이 감춰져 있었다. 그들은 이뤄질 수 없는 말을 했다가 괜한 화(禍)가 미칠까 두려웠다. 박대양만이 내갈 길로 가겠다는 완고한 의지와 결코 오랑캐와 타협할 수 없다는 굳은 결의를 보였지만 대부분의 조사들은 위험스러운 마음으로 실제 사실을 그대로 묘사할 뿐 깊이 있는 변화의 방향을 차마 왕

앞에서 말하지 못하였다.

그런데 고루한 유학자인 박대양조차도 전신과 같은 근대기기에 큰 관심을 보였다. 개화를 좋아하지 않았지만, 이런 기기를 잘 사용하면 신속하게 백성들을 유교적으로 교화할 수 있겠다는 생각도 한 것이었다.

미국 보빙사 민영익과 홍영식의 입장은 너무 달랐다. 대신 박정양과 유길준의 기행을 중심으로 미국이 왜 부강한지를 자문하고 그에 대한 해답을 찾아가는 데 열중하였다. 박정양은 왕에게는 급속한 미국식 개혁을 말할 수 없었지만 『미속습유』를 통해서 보면 알링턴 묘지에 워싱턴 묘지를 참배하면서 느꼈을 주권재민과 권력분립 그리고 왕권 세습 반대의 공화(共和) 정신에 대하여 남다른 관심이 있었다. 유길준도 갑신정변의 화는 피했지만, 그곳에서 느낄 참담함은 말로 다할 수 없었다. 비록 글로 쓰는 걸 극력 피했지만 필라델피아 여행에서 본 독립대회당에서 조선이 스스로 독립하는 길이 얼마나 중요하며, 자유를 쟁취하는 일이 얼마나 긴급한 것인지 통한의 메시지를 남길 수밖에 없었다.

그만큼 개항기 복명서나 여행기는 민주화 개혁이나 입헌제 개혁같은 제반 개혁의 열망이 넘치는 상황이었으나 현재의 권력에 대한 공포와 자기 현재 지위의 불안정성에 따라 제대로 개혁의지가 공식화되거나 왕의 마음에 파고드는 일이 쉽지 않다. 문집 곳곳에 '임금님 귀는 당나귀 귀'라는 고사가 생각날 정도의 간절함이 묻어 나오지만 정작 현실에서는 침묵으로만 남고 말았다.

김윤식의 『음청사』에서는 조선의 현란한 외교력을 읽고자 했다. 1881년 당시 노회한 대신이 가졌던 조선의 생존전략이 무엇인지 이중당(이홍장)과의 대화를 통해 살폈다. 고종은 닥쳐올 서구와 일본의 침입에 대한 대책을 중국에 어필하고 싶은 간절함으로 영선사를 파견했다. 그런데 정작 김윤식이 이중당과 만나서는 '우리 조선은 조용히 자급하고 지내고 있고, 지낼 터이니 그다지 중국이 간섭할 일이 없고, 서로 나눌 물화도 없다.'라는 대답으로 일관하였다. 평소 그는 조선과 중국이 정치 경제적으로 밀착할 경우 조선에 그다지 이익이 없다는 생각을 가졌다. 중요한 것은 김윤식이 이중당과의 대화에서 중국도 서구처럼 조선 시장을 열어서 경제적 이익을 획책하고 있다는 점을 간파하고 있었다는 것이다.

어윤중은 '속국(屬國) 소리'를 듣는 참담함 현실 속에서도 '길림장정'을 체결하였다. 그는 종래 「조청상민수륙무역장정」에서 일방적으로 조선 내륙과 서울의 시장을 열어준 것에 상응하는 조치로서, 조선 상인의 만주 진출을 가능하게끔 협상하였다. 무엇보다 큰 의미는 '토문강의 대안'이 국경이었고, 그 자리가 화룡욕과 서보강 나루터라고 함으로써, 화룡현 인근의 복잡한 강나루에다 세무서가 설립할 수 있게 된 것이다. 이에 토문강 상류가 현재의 두만강과는 다른 화룡시 인근 복잡한 지류 지역임을 짐작하게 하였다. 이 조치로 최소한 일제의 「간도협약」(1909) 이전까지 간도 지역에 대한 조선의 영유권 주장을 유리하게 이끈 계기가 되었다. 다시 말해, 속국 소리 듣는 속에서도 약소국 조선의 관료가 실질적으로 우리 것을 지키려는 고민이 얼마나 치열했는지 잘 보여주었다.

『해천추범(海天秋帆)』을 통해 1896년 5월 러시아 차르 니콜라이 2세 대관식에 참석한 민영환의 마음은 읽어 보았다. 그는 당시 을미사변을 겪고 아관파천을 단행한 어수선한 상황에서 러시아의 적극적인 지원을 얻어야 하는 임무와 기대를 저버린 러시아의 처사를 보면서 고국의 운명을 생각하면 얼마나 착잡한 마음이었을지 엿볼 수 있었다. 그래도 러시아 의무교육이나 징병제 혹은 근대적 군사시설에도 관심을 가졌다. 어쩌면 이듬해 영국 빅토리아 여왕 즉위기념식을 보면서 서구의 야심과 기만을 확인하게 되었던 것같다.

또한 러시아 여행 중 폴란드와 페르시아 사태를 보면서 그들 국가의 망국을 제국주의나 열강의 책임이 아니라 그들 내부의 역량이 부족해서, 혹은 무지해서 사대하고, 내분하는 통에 '멸망을 자초했다'는 인식을 잘 보여준다.

이후 당대 친일파들의 입장도 마찬가지였다. 필경 조선의 멸망은 '스스로 초래한 것'이라는 생각과 그다지 달라 보이지 않았다. 하지만 그런 민영환도 이러한 경험이 축적되면서 날이 갈수록 제국주의 열강이 가지는 '방약무도'와 '기만'에 대한 자각을 키워갔다. 그리고 을사늑약 이후 일본의 강탈에 분개하여 순사(殉死)한 것도 그러한 인식변화를 증언한다.

『일록(日錄)』에서 김만수가 보는 부국강병의 해결 전략은 역시 호신기구(好新而棄舊) 즉, 새로운 것을 좋아하고, 옛것은 과감히 버리는 일이었다. 개개인의 창의력이 경쟁하여 더욱 새로운 것을 만들어가고, 그렇게 경쟁하면서 전체적인 국력도 커지고, 민생도 좋아지는 부국강민의 국가가 이뤄진다는 생각이었다. 이처럼 김만수는 정확하게 당대 대한제국의 길을 이해하고 있었지만 이런 생각은 당시 대한제국의 국시였던 구본신참(舊本新參) 즉, 옛것을 본으로 하고, 새것을 참조한다는 맥락과는 궤를 달리하는 것이었다. 입헌이 아닌 정치적 측면의 구본신참과 자본주의적인 경제적 호신구기는 공존할 수 없는 이념들이었다. 하지만 아직은 타협하며 현실 정치에 영향을 주는 상황이었고, 대한제국 신료였던 그에게도 이 두가지 생각은 자연스럽게 타협하고 있었다. 하지만 영속할 수 없는 그만의 생각이었다.

Ⅲ에서는 1930년대 초반까지(1910~1936) 일본본토, 미주, 유럽, 중국, 만주 등으로 여행한 조선인의 여행기를 분석하여 그들이 유난히 새로운 삶의 모습에 흥분하고 배우려 했던 이른바 탐구와 열정의 파레시아를 복원하고자 하였다.

먼저, 일본본토 여행에서는 박춘파, 성관호, 박영수, 이학인, 노성 등의 여행기를 분석했다. 박춘파는 일본의 근대화에 고무되어 '실력지상주의'를 주창하였다. 이학인, 박영수 등은 옛날 고구려 유민들이나 백제 문화가 일본인을 깨우쳤는데, 어찌하여 오늘날은 일본에게 배우는 처지가 되었는가 하면서 이들도 '실력만이 살길'임을 주장하였다. 실력주의자들…. 이들은 일면 '민족주의 성향'을 보이기도 했다. 옛 영광을 통해 오늘의 민족적 각성을 말하는 것이 그것인데, 외적으로 비슷한 논법이지만 각성의 방향이 '조선 민족 본위'가 아니라 '대일본 민족 본위'라는데 특징이 있었다. 오직 현재 일본이 성취한 바에 주목하고, 그렇게 충족된 실력만이 옛 영광을 영광답게 한다고 믿었다. 따라서 민족주의적이지만 잘 보면 친일네셔널리즘의 일종이었고 무척 친일적인 판단이었다. 성관호도 더러운 도쿄의 황금만능주의는 배울 바가 아니라고 하면서 근검절약론을 내세우지만 이는 도덕적 해결론으로 실제 조선인의 각성을 촉진하기에는 너무 올드한 주장이었다.

한편, 주목할 것은 이 시기 일본본토(내지) 시찰단의 투어리즘이다. 이 시기는 '근대 복제'[copy]나 서구의 '주입'을 강조하는 틀을 벗어나서 점차 현실을 개선하기 위한 '자기화', '응용화'하는 경향으로 나아갔다. 다시 말해 일본의 구체적으로 본받은 신생활과 신문명을 기대한 것이었다. 여기서도 앞서 개인 여행처럼 국가와 민족의 전면적인 '일본화'를 기대하는 이른바 '제2의 일본인이 되려는 열망'과 다른 측면에서 비록 국가는 포기하더라도 민족적 차별을 이기고 위상을 높여서 일본본토와 어깨를 견주는 아시아 1등 국민이 되자는 '친일민족주의(네셔널리즘)'적 열망이 동시에 등장하고 있었다.

특히 이만규 같은 친일민족주의자들은 '총독정치가 이뤄진 지 오래인데도 여전히 민족차별 정책이 그치지 않으니 만약 이렇게 계속 차별이 이뤄진다면 조선인은 더 이상 참을 수 없을 것'이라고 했다. '마침내 경찰과 같은 물리력으로도 삼일운동 이상의 터져 나오는 폭동을 통제할 수 없을 것이다.'라고 하며 당국에 으름장을 놓았다. 그러니 '본국이 알아서 조선의 근대적 변화를 추진하는데 적극 지원하라.'고 공공연히 주장했다.

그러나 대부분의 시찰단은 일본인들이 베푸는 향응에 넋을 잃었고, 주마간산(走馬看山)으로 이쁘고 멋진 부분만 선별하여 관람하는 데 그쳤다. 귀국

해서는 '일본 바라기'를 선도하는 향도가 되었다. 정밀하게 일본을 보기 시작하면서 이런 시찰단의 의미도 색을 바랬고, 1930년대 이후 급속히 내지시찰은 줄어만 갔다.

둘째, 미주 투어에서는 정월같이 본 것만 기록하는 리포트 수준의 글도 있었지만, 일우, 임영빈, 허헌, 허정숙, 박인덕, 현동완, 한철주, 원양학인(이상 미국), 홍운봉(남미) 등의 여행기를 통하여 자유를 향한 열망이 우리 조선을 진정 자유롭게 할 것이라는 기대감을 보이려고도 했다. 그런데 박인덕이나 일우가 말하는 자유를 자세히 보면, 민족해방운동을 통해 민족을 구원하고 자유롭게 하리라는 의미가 아니었다. 오히려 민족을 배신하고 전향한 친일파로서 자신의 훼절을 변명하기 위한 수단으로 자유를 말하기도 했다. 허헌과 허정숙같은 민족주의 인사는 미국의 민족주의는 민족해방의 의미로서, 따뜻한 눈으로 보면서도 금권주의와 자본주의에 대해선 무척 역겹게 여겼다. 그 와중에서도 차이나타운을 본 한철주는 중국인의 범죄와 불결함에 치를 떨었고, 원양학인은 하와이 조선인의 행복을 돌이켜 보고 있었다. 기독교의 경우 안창호의 흥사단처럼 국내에선 종파적인 선교사들의 권위주의에 염증이 나서 직접 미국으로 가서 자유와 해방의 기독교를 직접 배우려는 시도도 등장하였다.

셋째, 유럽 투어에서는 박승철, 김창세, 허헌, 도유호, 이정섭, 정석태, 이갑수, 나혜석, 이순택, 김연금, 홍운봉, 삼청학인 등의 여행기를 분석하였다. 여기서 조선의 개발과 국세 향상의 길이나 제1차 세계대전 이후 전란의 극복 방법 등 조선인들이 궁금해하고 가슴에 담았던 근대화의 염원을 확인하고자 했다. 더구나, 전통에 매몰된 유럽의 모습에서 진정 변화가 필요한 현실을 직시하는 것이 얼마나 중요한지도 피력했다.

먼저, 박정양의 아들 박승철은 베를린대學에 유학하면서 '런던에는 있는 민주주의가 조선에는 없다.'고 하면서 영광에 취한 빈곤한 국가들의 비참한 현실를 일깨우고자 했다. 김창세는 유럽 전역에서 제1차대전으로 파괴된 유럽의 현장을 목도하면서 전쟁의 참화가 주는 아픔을 되새겼다.

베를린의대에 재학하고 의학박사가 된 정석태는 아일랜드 투어에서는 아일랜드가 헐벗은 이유를 생각하기도 하고, 차라리 식민지로 사는 것이 낫지 않는가 여길 정도로 근대화를 이루지 못한 무능력을 질시하였다. 프랑스 베르덩 다크투어는 의료인 정석태의 휴머니티가 절정에 달하는 부분이었다. 그는 70만에 달하는 독일과 프랑스 군인들의 떼죽음 현장을 들르면서 사람을 죽이고 다치게 하는 전쟁의 참혹함과 각종 박해에 분격하였다. 특히 힘은 약하지만 독일과 잘 싸운 프랑스군, 약해서 그냥 무너져버린 3.1운동과 약자가 결사항전한 베르덩은 그러한 약자만의 동병상련을 느끼게 하는 너무나 좋은 공간이었다. 그러면서도 외국인을 죽음으로 내 대원군의 학정에 분노하였고, 식당에서 흑인을 내쫓은 미국 백인의 오만에도 분노하였다.

서양화가 나혜석은 영국에서 우연히 참정권 운동가의 집에 하숙한 덕분에 여성인권과 참정권의 필요성을 절실히 배웠고, 독일에서는 합리적이고 계획적인 국민 삶의 설계에 경탄하였다. 사이토 총독과 만난 스위스에서는 조선 강원도에도 스위스와 같은 개발이 필요함을 역설하였다. 하나같이 합리적이고 계획적인 조선의 미래를 꿈꾸었다.

반면 민족 문제에 관심이 컸던 허헌은 고난의 역사를 안은 아일랜드가 우리와 처지가 비슷하다고 보고, 불사조 아일랜드가 반드시 완전한 해방을 이룰 것이라 믿었다. 이 또한 조선에 대한 기대를 대신 표현한 것이었다. 이정섭은 1927년 아일랜드의 독립운동 지도자인 에이먼 데 벌레라와의 인터뷰를 통하여 조선독립의 의미를 부각했다가 6개월 징역을 살기도 했다. 그는 파리의 판테온을 통하여 조선인의 진충보국 정신을 되새겼다. 사회주의자이자 고고학자였던 도유호는 인도 시성(詩聖)인 타고르가 보여준 관념철학에 너무나 실망하였던 바, 알고 보면 타고르가 자행한 친일 행각이 미웠던 것이다.

네 번째 중국 투어에서는 강남매화랑(남중국), 양명(만리장성), 이갑수(만수산), 류서(남구전적지), 해성(베이징), 최창규(상하이), 주요한(남방), 홍양명(양자강, 상하이), 한철주(중국도박과 남방) 등의 여행기를 분석하였다. 그것을 통하여 중국 전통문화에 존경을 더하고, 대신 현재의 정치적 무능과 대비함으로써 일본의 진출을 지지하고, 조선도 중국인과 동병상련하다는 속내를 복원하였다.

먼저, 강남매화랑은 1920년대 일본이라는 공동의 적을 앞에 두고 한중의 지식인들이 동병상련하는 마음으로 서로 힘을 모으자고 하면서도 여전히 중국인이 조선인을 속국 사람처럼 보는 데 분격하였다. 의학박사 이갑수는 만수산에서 지금 중국은 참 부정적이지만 옛 중국은 영화롭다고 하여, 이후 침략전쟁 시기 '현중국＝멸시, 옛중국＝존중'이라는 중국멸시관의 태동을 보여주고 있다. 또한 한철주는 중국의 도박문화가 도를 지나쳤다고 하고, 이것을 중국 관헌이 조장하고 있다고 하였는데, 주요한도 위대한 영광의 중국을 장제스 정권이 망쳐놓았다고 하여 중국국민당 정권에 대한 적개감을 노출하였다. 상하이 보타산을 여행하던 최창규는 이런 부정부패한 보타산도 결국 국민혁명으로 반드시 사라질 것이라고 예언할 정도로 중국 문화에 대한 적개심이 확장되는 국면이었다. 하나같이 현재 중국은 무시하거나 멸시해도 될 대상이고, 무능한 장제스가 이렇게 만든 것이라는 입장에서 옛 중국의 영화는 오히려 일본이 계승한 것처럼 묘사하기도 했다.

유럽에서는 의학박사 정석태가 베르덩에서 다크투어했듯이 류서는 베이징 난커우전적(南□戰蹟)을 다크투어하였고, 여기서 중국국민당이 '민중의 마음을 얻는 자가 중국을 차지하리라.'는 이상이 잘 구현했기에 전쟁에서 승리할 수 있었다고 평가하였다. 이 말은 조선총독부가 조선에서 제대로 시정을 펴려면 먼저 조선인의 마음을 얻으라는 것이었다. 이 또한 윤치호가 늘 독립 대신 총독부에 바라던 시정(施政)의 참모습이었다.

홍미로운 것은 해성(海星)처럼 이시기 중국을 여행한 기행문에서 자주 옛 조선이 베이징을 지배한 적이 있다는 등의 '고토회복론', '고대 한반도 제국론' 등을 심심찮게 소개한다는 점이다. 양명(梁明)은 만리장성을 보면서 오늘날은 민족적 자각이 우선이라고 하였다는 점에서 골수 사회주의자가 되기 전의 순수한 민족주의적 시기를 증언해주고 있었다. 친일파가 된 홍양명(洪陽明)은 양자강을 보면서 그 안에 우리 독립운동가들도 있다고 소개하였다. 훼절한 인간이라서 민족에 대한 최소한의 예의인듯하지만, 필경 중국은 안으로 무너지고 있다는 대목에서 역시 당대 친일파들이 주창하던 '중국자멸론'은 그대로 계승하는 듯했다.

다섯째, 만주 투어에서는 이익상, 춘파, ㅅㅅ생, 이돈화, 무위생, 김홍일, 불평생, 김의신, 서정희, 김경재, 임원근, 나혜석, 원세훈, 김태준, 송화강인, 윤치호 등의 여행기를 분석하였다. 하나같이 더럽고 불결한 만주인, 나아가 중국인에게 핍박받는 조선인의 암울한 현실을 다크투어한 내용이었다. 그들이 가졌던 염원은 일본군이 적극 만주로 진출하여 조선인에 대한 중국인의 탐학(貪虐)을 막고, 조선인이 다시 희망을 회복할 수 있기를 기대하는 것이었다. 이른바 '개발 염원의 파레시아'였다.

당시 조선인 여행자들에게 만주는 중국보다 더 한심하고 불결한 공간이었다. 박춘파는 볼수록 한심한 만주를 생각했고, 불평생은 참으로 더러운 만주인의 생활상을 고발했으며, 무위생은 아편굴에서 한심하게 지내는 만주인을 떠올렸다. '회색지대'의 조선인이나 친일파들은 조선인이 핍밥을 받는 바, 이 모든 게 중국인 때문이고, 이를 일본인이 도와야 한다고 믿었다. 김의신은 일본이 조선인 생활에 간절히 필요한 존재라고 생각했고, 서정희는 일본의 만주침략으로 혹은 김경재는 만주국 건립으로 조선인 삶이 나아졌다고 생각했다.

한술 더 떠서 윤치호는 만주에서 조선인이 아프고 힘든 것은 일본인이 아니라 조선인 독립운동가들의 철없는 착취로 인한 것이라 보았다. 그러니 독립운동가들이 사라져야 조선인 동포의 삶도 나아질 것이라고 평가하였다.『매일신보』편집국장이었던 이익상은 일본이 지도하고, 만주국이 만든 현대도시의 이면에는 여전히 일본의 덕화가 미치지 못한 중국인, 만주인들의 동네가 있다고 하면서 타락한 인간지옥으로 묘사했다. 이에 일본에게서 덕화를 입은 곳은 곧 천당(天堂)이고, 그렇지 못한 곳은 인간지옥임을 비교하면서 관동주 지배의 정당성과 필요성을 선전하고, 만주국 건국의 가치를 설명하고자 했다.

반면, 독립운동가 김홍일은 너무나 더러우니 이렇게 일본에 착취당한다고 생각했으며, ㅅㅅ생은 침략적 자본주의 박해로 재만 조선인은 괴롭다고 하였다. 경성트로이카로서 사회주의자 임원근은 일본에 의해 중국인이 큰 코를 다쳤으니 이제 일본은 그간의 문제를 생각해서 조선인의 무장을 허용할 것을 촉구하기도 했다. 사회주의자인 김태훈은 9·18사변 이후 조선인도 나아졌다는 친일파들의 주장에 반대하면서 실제로 잘 사는 건 일본인이고 조선인은 여전히 고달프다고 했다.

서양화가 나혜석은 만주의 중국 여성들의 삶을 보니 일면 불결하지만 생활 만큼은 조선 여성보다 낫다고 보았다. 이처럼 만주로 침략한 일본인을 생각하는 방식이 분기하고 있었다. 원세훈은 다들 일본이 이곳 만주로 오면 좀 나아진다고 하지만 진짜 나아지려나 의심의 눈길로 바라보았다. 송화강인은 방랑러시아인들이 즐기는 부활절 축제에서 이국에 사는 러시안들의 애환을 이해하려 하였고, 북만의 조선인들이 생존을 위해 어쩔 수 없이 일본인에게 협력할 수밖에 없는 사정을 말했다. 김경재도 하얼빈에서 나라 잃은 러시아인과 우리 조선인이 꾸역꾸역 사는 모습에서 동병상련하는 마음을 보여 주었다. 비록 회색지대 혹은 전향한 조선인이지만 어느 민족이건 우리 조선인을 차별하는 것에는 공분(共憤)하고 있었다.

IV에서는 침략전쟁기 조선인 여행기를 분석대상으로 하여 당시 일본이 주도하던 서구제국주의 국가에 대한 전쟁과 혐오와 추축국 정치에 대한 동경 및 식민지에 대한 전시동원과 자발성 고양이라는 대단히 정치적이고 이념적인 정책과 주장이 어떻게 실질적으로 여행기 속에서 발현되고 있는지 살폈다.

먼저, 중국 시찰기의 경우 중국으로 투어했던 김동인과 같이 총독부로부터 권유로 인해 어쩔 수 없이 가긴 갔는데, 무척 어색하고, 무척 꺼려지는 현실을 여행기에 담아야 했던 경우도 있었다. 한상룡처럼 만주 이주농촌에 있는 조선인 동포들이 일본군의 침략 당시 앞잡이 혹은 향도를 자임하여 나름의 역할을 추구한 점을 높이 평가한 경우도 있었다. 박영희, 임학수 및 『경성일보』 부인 기자단 등은 북중국에서 조선인 동포들이 일본군을 돕는데 크게 열광하는가 하면, 한결같이 일본군의 중국 침략에 조선인들이 소정의 역할을 하리라 기대하고 있었다.

이에 만주국을 시찰했던 조선인 중 이상호나 이완수는 종래 지지리도 못살아서 만주로 갔지만 거기서도 중국인에게 피해받던 조선인의 우울한 삶을 드러냈다. 그리고 마침내 일본군이 9·18사변을 일으키어 만주를 석권하면서 차츰 좋아지고 이제는 오히려 중국인, 만주인을 계몽할 처지가 된 사실에 감격하였다. 또 하나 흥미로운 주장은 친일파든 민족주의자든 만주에 대한 우리 한반도의 연고를 특별히 강조한 점이다. 사회주의 문학가 현경준은 장고봉 격전지를 시찰하면서 그곳이 조선 땅이 될 줄 알았다고 생각하였고, 친일파 경박호인의 조선인개척단 투어에서는 만주 개척은 알고 보면 우리 민족의 숙원 사업이라고 하였다. 이런 생각은 모두 만주에서 조선인의 특별한 역할을 예상하거나 희망하는 '정복욕의 파레시아'를 담았는데, 오늘날 고토회복론이라는 기형적인 민족주의 의식과 연관되는 대단히 위험스러운 한국인 네셔널리즘으로 진화하였다.

그런데 자세히 보면 만주침략으로 조선인이 만주를 석권할 수 있다는 주장은 결국 일본인의 만주침략과 지배에 이용되고 일본인을 향할 분노를 조선인으로 돌리려는 의도가 포함된 것이었다. 현경준이 장고봉 전투가 마치 조선 땅을 넓히는 일본의 선한 의지로 여겼지만 정작 그 땅은 만주국이 차지하고 말았다. 학무국 시학관 조재호는 한발 나가서 조선인에게 일본국적을 취득하도록 하자는 운동도 벌였지만 이 또한 실질적인 내선일체를 촉진하는 후속 조치가 없는 공연한 '일본 앞잡이 만들기 운동'이었다. 오히려 중국인만 자극할 뿐이었고, 그 덕분에 수많은 조선인 독립운동가들이 민생단 사건이니 하여 죽임을 당하였다.

둘째, 미주 및 유럽 투어에서는 박인덕(미국), 최린(미국), 삼천리편집부(남방), 정인섭(아일랜드, 프랑스), 진학문(이탈리아), 홍병선(예루살렘), 이량(러시아), 김세용(모스크바), 나혜석(시베리아), 김니콜라이(볼가강), 최학성(톨스토이), 박영철(블라디보스톡), 신흥우(시베리아) 등의 여행기를 분석하였다. 그것을 통하여 제국주의 열강에 대한 혐오 그리고 독일, 이탈리아 등 삼국동맹국에 대한 동경과 동감이라는 '연민의 파레시아'를 드러내고자 하였다.

이 시기 조선인의 미주 및 유럽 투어에는 종래 탈아론(脫亞論)에 기반한 서구추종적, 서구탐구적 자세는 사라지고, 전면적으로 아시아의 진운을 가로막는 반서구 제국주의적인 신념을 담은 서구 혐오의 파레시아가 대대적으로 증가하였다. 특히 국가나 관에서 이러한 신념을 조장하는 각종의 선전이 강화되고, 개인여행도 이러한 국가적 요구를 전폭 수용할 때 다소 평안한 여행이 가능해졌다. 미국에 갔던 박인덕, 최린, 『삼천리』편집부 등은 1920년대 주로 경제적으로 자본주의 혹은 황금만능주의가 만연한다는 정도의 비판을 넘어 사치와 방종을 일삼고, 시대착오적인 제도를 강요하는 비도덕 국가로 낙인찍는 데 주저하지 않았다.

그런데 조선인의 미주 및 유럽투어에서 먼저, 아일랜드나 그리스, 팔레스타인 등 후진국 지역을 주로 여행한 정인섭이나 홍병선 등은 일부 유럽 국가들이 옛 영광을 뜯어먹고 살지만 오늘날 가난을 면치 못하는 것은 현재의 무기력이나 감당할 수 없는 무능력 때문이라고 주장했다. 특히 정인섭은 아일랜드의 경우 차라리 식민지로 사는 게 낫다고까지 말했다. 그는 파리의 개선문을 보면서 '우리도 당당하게 개선문을 지나 대동아(大東亞)의 일원으로 당당히 일본민족과 어깨를 나란히 하는 조선민족이 되자.'는 굳은 각오를 보여주고자 했다.

진학문도 이탈리아와 독일을 여행하면서 삼국동맹의 가치를 생각하고, 성숙한 파시즘과 나치즘의 대중친화성이 프랑스 문명을 그대로 보존할 수 있는 길을 열었다고 했다. 이에 파리인 만큼 나치도 그런 성숙한 유럽적인 관용과 이해의 대열에 동참한 사실을 알리려 했다. 하지만 필자는 독일이 가해자이고, 프랑스가 피해자였던 사실. 이런 구분을 없애려고 많이 애를 쓰고 있었다. 아마도 일본은 억압자, 조선인은 피억압자라는 이분법적 등식으로는 벗어나야 할 수많은 과제의 해결에 전혀 도움이 되지 못한다는 인식 때문으로 보인다.

셋째, 중중국이나 남중국으로 갔던 조선인들은 자본가가 많았고, 장사나 기업 혹은 대동아수립 공작(工作)에 열심이었다. 그들 중 일부는 자본을 3만 원 전후로 모아서 화중, 화남 전선으로 확대되는 일본군을 따라서 조선 여성들을 대동하여 위안소(慰安所)를 열고서 우리가 치를 떠는 종군위안부를 일본군에 상납하면서 돈을 벌었다. 그들은 조선처녀를 모집해서 일본군에 바치면서도 미안해 하는 마음은 없었다. 왜냐하면 이들 조선처녀는 영문도 모르고 끌려왔다. 그중 상당수 부모가 가난을 이기고자 딸자식을 내다 판 경우도 있었다. 하지만 대부분 조선 여성은 모집책들에 의해서 강제로 끌려왔다. 그러니 위안소의 조선인 자본가들은 일본인이나 일본군에게 자기 잘못을 돌리고, 일본인 비난의 뒤에 숨어서 그들의 죄과를 달개받을 기회를 교묘히 피해갈 수 있었다.

악양학인과 서춘은 난징이나 상하이가 살벌하기는 하지만 일본군이 와서 이만큼이라도 질서와 안정이 유지된다고 안심하였다. 변절한 사회주의자 김경재와 양자강인, 삼천리 편집부의 투어리리스트들은 장제스 때문에 '미국풍(風)'이 만연하여 자랑스러운 영광의 역사가 왜곡되었던 옛 문화의 도시가 마침내 일본군이 들어오면서 해방되었다고 하였다. 황하학인은 한발 나아가서 위대한 중국의 전통문명이 오히려 일본군의 중국 진출을 돕는다고 평가하였다. 일본이 오히려 중국 정통의 가치를 계승한 위대한 문화민족이라는 언사였다. 중추원 참의 이승우는 타이완이 일본인과 친한 바람에 너무나 발전하는 반면, 조선은 일본인과 잘 지내지 못해서 자본도 투자받지 못하고 가난을 면하지 못한다는 생각이었다.

넷째, 이 시기 일본본토 투어에 깔린 조선인의 파레시아는 역시 '차별철폐의 희망'이었다. 조선인 중 일본본토를 여행한 대부분 인사들은 그 염원처럼 내선일체(內鮮一體)가 이뤄줄 미래의 희망에 대해 피력하였다. 실제로 총독부는 그런 조선인의 마음을 알고 내선일체를 드넓게 선전했지만 정작 그 실현은 요원한 실정이었다. 실질적인 차별이 없다면 그것이 어떻게 식민지적인 착취와 차등에 입각한 일본인의 패권을 조선내에서 유지할 수 있을 것인가. 결코 이뤄질 수 없었던 내선일체는 이 시기 조선인 여행자로선 너무나 절박한 기대치요 희망이었다.

조선인도 참정권을 가지고 싶었고, 자치정부를 만들고 싶었다. 그러다 보니, 일본시찰단 이종현은 일본신체제 아래서 조선인을 가족처럼 대하라고 주문했고, 양주삼은 조선감리교단을 일본감리교단에 합치는 것이 우리가 살길이라고 설파하였다. 일부는 일본이 내선일체 해줄 듯하니 우리도 나름의 역할을 하자는 자들도 있었다. 예를 들어 이세신궁 성지참배를 했던 이석훈은 일본이 전쟁에서 이길 듯하니 우리 조선인도 역할을 제대로 해서 국조인 아마테라스(天照大神)의 은혜에 보답하자고 하였다. 김경애도 해군병학교를 팀방하면서 이들의 성공담을 배워서 조선의 길을 찾자고 주장하였으며, 신태악은 1930년대까지 도쿄는 더럽고, 불결하고 황금만능의 도시처럼 여겨졌지만 이제 이곳의 일본인은 포용적이어서 문화도 융합적이라고 치켜세웠다. 주운성은 도쿄는 이제 새로운 곳이고, 아시아의 중심도시고, 우리도 저렇게 되기를 간절히 바라는 근대화의 매카라고 하였다.

한편, 이시기 남방을 투어한 조선인들의 주된 파레시아는 '낭만 및 해방의 기쁨'이었다. 그들은 이 전쟁으로 조선이 종래와 다른 대접을 받을 것으로 여겼다. 포로감시원이 3,000명이나 파견되었는데, 일부는 고려독립당을 만들어 일제에 저항도 했지만 자발적 지원자들이 많았다. 이들은 강제동원보다는 반(反)서구제국주의 전쟁에 참전하여 식민지인 동남아를 해방시키는 일을 일본과 함께 이루길 바랐다.

이여식은 필리핀에서 일본군이 미국을 쫓아내더니 나라가 훌륭하게 개조된다고 기뻐했고, 각지에서 장사하던 조선인들의 생각에는 이제 만주와 중국에 끼어서 사할린이나 관동주 수준으로 취급받던 조선이 이제는 일·만·지(일만중국)와 어깨를 나란히 하여 남방과 교역하고, 개발하는 주역이 될 수 있다고 믿었다. 그래서 이들은 남방개발에 조선인이 솔선수범하자는 남방여행자 좌담회도 개최하는가 하면, 경성시조사 사장 김창집처럼 남방이 일본 품으로 들어오면서 조선인에 대한 대우가 달라졌다고 생각하기도 하였다. 독립운동가 안창호는 여기에다 불행한 만주동포를 이민시켜서 삶을 개선시켜보자고 생각했는데, 미국적인 자유주의가 넘치는 이곳이 압박과 압제의 만주보다 백배 낫다고 생각한 듯하다.

김추관, 최영숙, 김일천, 오정석 등은 인도를 여행하였다. 이들은 중국에서 아름다운 전통을 계승하지 못하는 장제스가 있듯이, 여기 인도도 세계 문명의 발상지인데도 그 멋진 전통을 오늘날 제대로 계승 혹은 감당하지 못하는 무능력한 인물들이 많다고 생각하였다. 다만, 최영숙은 나이두 여사와 인도와 조선의 해방을 공감하였다. 그러나 김일천은 간디의 무저항주의에 딴지를 걸고, 오정석은 타고르 학교를 탐방하면서 일본인의 자취에 흥겨워하였다. 인도의 해방보다 진보와 개발을 감당하지 못하는 바, 미개의 눈으로 인도를 바라보았다. 몽골투어의 원세훈은 민족의 존립가치와 의미를 몽골의 역사를 통해서 고민하였고, 낙타봉인도 미개와 야만의 눈으로 일본보다 못한 몽골의 삶을 상정하였다.

2. 결론

이상 요약을 토대로 당대 여행기에 내재한 다크투어리즘과 각각 여행담론이 가지는 파레시아의 역사성을 검토해보자.

① 회색지대에 있었던 식민지 조선인의 여행은 오히려 세계의 현장과 조선의 현실과 비교하면 더한층 아픔과 동경, 회한과 연민이 넘쳐나는 다양한 다크투어리즘을 촉발하였다.

근대 이후 조선인 여행자들의 다크투어리즘은 격동하는 정세에 처한 조선 사회의 전반적 위기(국망, 민족적 도태, 인간적 차별, 증가하는 경제적 부담 등) 국면과 함께 작동하였다. 그들은 어두운 조선의 현실을 염두에 두면서 자주 스스로를 '조선의 일꾼'이라 하면서 곳곳을 다녔고, 거대한 근대화 물결에 경탄하면서도 일면 우리도 나름 그런 세계사의 일원이 될만한 문명을 가졌다는 자존심도 내세웠다. 이런 엉킴이 모여 조선인 여행자들의 다양한 근대적 투어리즘을 양산하였다.

물론 당대로선 조선인 '금수저'들이어서 운이 좋게 세계여행을 할 수 있었고, 글을 남길 수 있었다. 하지만 어느 여행기를 보더라도 환희에 넘치거나 행복이 가득한 기쁨의 여행기를 남긴 경우는 드물었다. 세계 곳곳을 누비면서, 재패니즈가 아닌 코리안으로 자신을 지칭하고, 일본인과 다른 삶의 자세를 보여주고자 했지만, 언제나 그들은 고독하였고, 자유롭게 외국인들과 대화할 수 없었다. 이런 의미에서 조선인 여행자들은 자기 한계를 실감하면서 더더욱 여행은 우울했고, 차마 하지 못하는 아쉬움으로 가득하였다.

이처럼 근대 조선인의 해외 여행담은 개항기 사절들의 공식적인 여행담을 제외하고, 적어도 일제강점기의 경우 그들의 행적만을 기록한 것에서 점차 식민지 조선에서 살면서 느꼈던 수많은 굴종과 차별과 냉대에 대한 고민과 염원을 분출하는 기회로 여겨지기 시작하였다. 그런데 번듯한 근대화되고 민주화된 서구를 여행할 때도 국민을 편하게 하는 신물물과 합리적으로 처결되는 각종 절차에 너무나 행복했을지라도, 낙후된 조선을 돌아보면 너무나도 안타까웠을 것이다.

반대로 남부 유럽 등 낙후된 지역을 다니더라도 조선을 떠올리면서 저런 비극적인 삶이 조선에도 여전히 진행되고 있다는 동병상련을 느끼면서 안타까워하였다. 중국과 만주를 가더라도 일본군이 들어와서 나아졌다고 하는데, 여전히 조선인 삶의 향상에는 갸우뚱하였다. 시찰단이 본토에 가서 초창기에는 눈이 번쩍하였으나, 개인별 여행이 시작되면서 일본내부의 어둠도 보게 되면서 여기만이 모든 것이 아니라는 생각도 들었다. 좋은 곳을 보든, 어려운 곳을 보든, 모든 것이 기쁨으로 변화되지 않는다는 의미에서 당대 조선인의 세계여행은 그 자체로 다크투어였다.

② **일본본토 여행기를 보면 두 개의 기대감(제2의 일본인이냐? 친일네셔널리스트인가?)이 등장한다. 하나는 국가와 민족 모두 일본화하자는 파레시아였고, 또하나는 국가는 망했고, 포기했지만 그래도 조선 민족의 자치와 차별 극복을 위한 단합이 필요하다는 친일민족주의적 파레시아였다.**

조선인의 일본본토 여행담에는 일본처럼 조선도 근대적으로 개조될 가능할지에 대한 열망이 깊숙이 들어있었다. 이런 경향은 일본본토 시찰단 사례에서 가장 두드러진다. 총독부는 여기 참여한 조선인 시찰단원에게 우수한 선진문화와 접하면서 조선 민족도 그렇게 변화할 수 있다는 희망을 주입하고자 했다. 그래서 식민통치에 협력하게 만드는 계기를 열고자 한 것이다. 이런 의도에 대응한 조선인의 여행기에는 두 개의 대조적인 파레시아를 구현하기 시작하였다. 즉, 제2의 일본화를 열망하는 파레시아(동화파)와 자치적 민족비지니스를 열망하는 파레시아(자치파)가 그것이다.

첫 번째는 '넘사벽'이 된 제국 일본의 현재를 부러워하면서 그것에 미치지 못한 무능한 자기 민족에 대한 혐오와 비하적 인식을 촉발하였다. 이것은 결국 '제2의 일본(인)'이 되기를 열망하는 파레시아였다. 이들은 식민지 조선의 빈곤과 일본본토의 풍요를 비교하고 빈곤한 조선민족이 정체(停滯)하는 이유를 되묻는 한편, 궁극적으로 조선 비하의 인식과 전면적인 민족개조를 요청하였다. 이 경우 조선의 독립은 고사하고 민족적인 특성조차도 일본식으로 개변시키자는 완전한 '민족개조의 논리'가 강조된다(소위 동화파).

두 번째는 바로 제2의 일본이 되는 것이 아니라 비록 국가는 국제정세상 혹은 내적 역량상 운영능력이 없어 일본에 양도했지만, 민족적으로 자립하고 자치하자는 이른바 '친일 민족주의' 경향이다. 이들은 자립론, 연방론, 자치론 등의 형태로 분출되는 경쟁하는 조선인, 일본과 어깨를 나란히 할 수 있다는 열망을 담은 파레시아였다(소위 자치파). 민족개조의 열망을 피력한 '제2의 일본인화' 이론과 달리 조선 민족의 주체 역량에 대한 자부심과 가능성에 대한 높은 관심을 표방한다.

이런 분위기 속에서 일본본토 상황에 감격하고 일본을 본받아야겠다고 했지만, 일본본토에 거주하는 조선인의 삶처럼 조선인의 삶이 무척 척박하다는 사실을 고민하는 사례도 많았다. 그들의 관심은 의외로 부강이나 근대화만큼이나 조선인의 삶과 차별 문제에 집중하고 있었다. 당시의 민족차별 문제는 우파든 좌파든, 혹은 독립운동가든 친일파든 공통의 관심사였고, 해결의 필요성에 공감하였다. 일부 친일민족주의 그룹(자치파)은 총독정치가 계속 지금처럼 민족적 차별에 기생한다면, 제2의 삼일운동이 불가피하고, 폭동이 일어날 경우 일본의 경찰력으로는 더 이상 막을 수 없을 것이라고 협박하기도 하고, 만약 프랑스, 영국 식민지 같은 그런 민족 말살의 통치가 자행된다면 식민통치의 후과를 부를 것이라고 경고하기도 했다.

③ 중국과 만주 투어에서 등장하는 조선인의 이른바 '개발 염원의 파레시아'은 점차 일본군 덕분에 조선인이 잘살게 되었다는 '희망론'과 여전히 혜택을 보는 것은 일본인이라는 '회의론'으로 분화되었다.

1930년대 후반 침략전쟁 이후의 조선인 시찰은 일본본토 시찰이 급속히 줄고, 대신 만주와 중국을 겨냥한 시찰이 늘었다. 이 시기 조선인 해외 시찰단은 종래처럼 조선을 낙후와 미개와 야만의 전승으로 보던 '민족개조론적 사고'에서는 일부 벗어나는 모습도 보였다.

일부 여행자는 전시경제의 활황과 함께 부과된 '북방 엔블록의 중심'이라는 자신감과 '아시아 일등 국민' 혹은 '쁘띠 제국화(帝國)'이라는 자부심으로, 동아 각지에서 본토인과 대등한 수준에서 이들을 계몽해야 한다는 '조선인 방식의 오리엔탈리즘'으로 무장하고 있었다. 그러면서 적극적으로 '공영(共榮)'의 논리를 동아(東亞) 각 지역에 전파하는 협화(協和)의 주역이자, 서구제국주의로부터 아시아를 구원하는 사명자임을 자임하였다.

이 시기 조선인의 만주 및 중국 여행기는 더럽고 불결한 만주인, 나아가 중국인에게 핍박받는 조선인이라는 암울한 현실을 바탕으로 한 다크 투어리즘이 지배적이었다. 문제는 그러한 암울함의 원인을 어떻게 보는가였다. 대부분의 여행기는 중국인의 탐학에서 비롯되었다고 하고, 일부는 일본인이라고 했으며, 급기야 조선인 독립운동가 때문이라고도 하는 여행자도 있었다.

냉정하게 볼 때 일본의 힘을 등에 업은 조선인과 실제 경제적 실권을 쥐고 있는 중국인 간의 갈등은 생각 밖으로 심각하였다. 중국인 지주와 조선인 소

작 간의 불평등을 비롯하여 각종 인신매매, 마약, 밀수, 조선인 차별 및 조선
문화 배척 등 만주 현지에서 자행되는 만주인, 중국인의 만행은 날이 갈수록
심각해졌다. 현지 살면서 거기서 해방된 경우는 별로 없었다. 거기에 비적과
마적이 횡행하여 조선인의 삶을 위협하였다.

이런 상황에서 당시 만주, 중국을 돌던 조선인 여행자들에게 '일본군이 적
극 만주로 진출하여 조선인에 대한 중국인의 탐학(貪虐)을 저지하고, 조선인
이 다시 희망을 회복할 수 있도록 도움이 되는 것'이 큰 염원이었다. 그리고
관내 중국에 진출한 조선인은 한술 더 떴다. 이들은 '대동아공영원 수립 공작
에서 나름의 역할을 해서 중국 개발과정에서 유리한 지위를 얻고, 안정적으
로 중국 사회에 정착하고, 높은 소득을 획득하는 길'을 얻고자 했다.

결국, '조선인 보호'를 명분으로 일본군이 9·18사변을 일으켰다. 이후 만주
국이 세워졌고, 개척촌, 안전부락 등이 조성되었다. 그렇다면 사변 이후 조선
인의 삶은 나아진 것인가. 그 결과에 대해선 당대 여행자들의 목격이 엇갈린
다. 즉, 일본군의 진출로 조선인들의 삶이 보다 나아졌다는 '희망' 그룹이 있
는 반면, 일본이 와도 중국인의 영향력이 여전하고, 조선인의 삶은 나아지지
않았다고 보는 '회의'그룹이 있었다. 어쩌면 이는 '제2의 일본인 지향의 그
룹'(동화파)와 '민족자치 지향 그룹'(자치파)간의 이념갈등의 소산이자, 잘되
면 일본처럼 되리라는 총독부의 홍보를 철석같이 믿었다가 배신당한 앞잡이
간의 책임소재 분쟁같기도 했다.

④ 침략전쟁기 조선인 미주 및 유럽 여행기에는 서구제국주의 국가에 대
한 혐오(嫌惡)와 추축국 정치에 대한 동경(憧憬)이라는 파레시아가 작동했
다. 조선인 여행자들은 이렇게 국가권력이 제조한 정치적이고 이념적인 홍
보선전 논리를 마치 자신의 고민인양 즐겨 인용하였다. 모든 여행기의 핵심
적 기댓값은 역시 '적극 동원에 참여하여 우리의 권리를 얻자.'는 것이었다.

전시체제기 조선인의 미국관은 인위적으로 강요된 총독부의 '반서구(反西歐)' 논리에 휩싸여 종래의 '동경(憧憬)적 이해'에서 '혐오(嫌惡)적 판단'으로 급변하였다. 여행자들은 이런 '혐오'에다 종래 좌파 계열에서 돈밖에 모르는 자본주의 국가라는 '악마 이미지'를 빌려오는 한편, 사치와 향락, 나라를 잊는 개인주의, 나약함 등을 모티브로 한 '비도덕적 이미지'를 추가하였다. 이런 대비는 당면 군국주의 일본이 지향하는 '검약과 애국, 강인함, 인내' 등의 이미지와 명확하게 대비하기 위한 것이었다.

물론 이렇게 서구관이 이렇게 변화한 것은 종래 탈아입구(脫亞入毆)의 논리에서 비롯된 친(親)서구적 자세로는 '위싱턴 체제' 이후 서구의 간섭으로 위축되는 일본의 현실을 감당할 수 없었기 때문이기도 했다. 이에 일본은 일·선·만(日鮮滿)을 넘어서 아시아 단위의 몸집을 만들어 서구의 블록경제를 저지하고자 했다. 그리고 이를 뒷받침하기 위한 반서구 이념을 확산하고자 했다. 그 과정에서 이른바 '서구혐오의 파레시아'가 각종 여행기에 널리 유포되었다.

일본으로선 반서구 블록 즉, 대동아공영권을 구축하기 위해선 '말로만의 연합'이 아니라 물질적 연계망도 필요했다. 하지만 현실적으로 자원과 기술이 부족한 일본으로선 국민정신총동원이나 국민총력운동 등 '정신주의'방식의 동원체제를 구축하는 수밖에 없었다. 이제 엔블록 전역에 걸친 자발적 동원이 절실했다. 그런데 일본본토 정부가 원하는 모든 요구를 맨입으로 받아줄 수 있는 식민지 권력이나 기업 혹은 노동력은 그다지 없었다.

일부 조선인들은 이 기회를 활용해서 그동안 숙원이던 의무교육, 징병제, 조선의회 등이 실현될 수단으로 활용하고 싶었다. 또한 기업가는 정책목표가 우선되는 거대한 개발계획에 편승하여 '땅 짚고 헤엄치는 방식'으로 초과 잉여라는 콩고물을 기대했다. 그런 사심(私心)이 공익(公益)인양 위장한 채 이윤을 쫓아 덤비니, 엄청난 '제국일본의 대동아(大東亞) 기획'에도 불구하고 어느 한 곳 정상적인 증산이나 성장을 달성한 곳이 없었다. 물자는 떠돌며, 과도한 노동에도 생산성 향상은 요원했다. 총독부는 어린아이까지 동원하여 솔방울을 주웠지만, 광산 창고에 갇힌 찌가다비는 쓸 사람이 없어서 날로 쌓일 뿐이었다. 국가적인 사업으로 공출된 무수한 고철들이 주인을 잃고 해안가에 방치될 뿐이었다.

이런 '황당한 전쟁'이 지속되는 동안, 일부 어리숙한 친일 조선인 여행자들은 일본인보다 더 굳은 신념으로 국책의 변화와 총동원체제 구현을 달성하자는 사명감에 불탔다. 그러니 어느 곳을 가든 자원상태를 조사하고, 노동력 실상을 채록하며, 물자유통망을 바라보면서 혹시 제국을 위하여 기여할 것이 있는지 따졌다. 현지 일본인조차 국책을 위한 '입술 서비스'에 여념이 없는데, 일부 친일 조선인은 국책이 실현되면 내선일체도 진정 이뤄질 것이라는 믿음을 갈고 또 갈았다.

하지만 식민지 여행가들이 가졌던 희망과 열망의 파레시아에도 불구하고 그 어디에도 '말로만 만든 근대화 시스템'에 현혹된 이상, 여행가들이 꿈꾸던 희망의 세상은 도래하기 힘들었다. 즉, '공허한 입술 서비스'로 귀착될 수밖에 없었던 가혹한 식민지 지배정책과 그것에 의탁해서 '희망의 파레시아'를 구가했던 회색지대 조선인 여행자들의 열망. 그것이야말로 근대 조선인 여행가들이 태생적으로 품을 수밖에 없었던 다크 투어리즘의 본질이었다.

참고문헌

참고문헌

1. 자료

『고종실록』,『滄槎紀行』,『승정원일기』,『修信使日記』,『從政年表』,『윤치호 일기』,
『三千里文學』,『開闢』,『三千里』,『東光』,『別乾坤』,『光化』

『국민신보』,『동아일보』,『매일신보』,『시대일보』,『신생활』,『조선문단』,『조선일보』,
『중외일보』『경남일보』『부산일보』

http://bannampark.org/bbs/zboard.php?id=bannam&no=90 반남박씨 대종회 홈페이지

박정양 저, 한철호 역, 2018,『미속습유』, 푸른역사.
이헌영, 1977,『日槎集略』,(천)『해행총재』XI, 민족문화추진회.
박대양 저, 남만성 역,『東槎漫錄』(한국고전종합DB)
朴泳孝, 1958,『使和記略』, 國史編纂委員會.
유길준 저, 허경진 역, 2019,『西遊見聞』, 서해문집.
박영철, 1925. 『아주기행』, 獎學社
김상태 편역, 윤치호 저, 2002,『윤치호일기』, 역사비평사.
이광수, 1962,『이광수 전집』(17), 삼중당.
京城紡織株式會社, 1989.12,『京紡 70年史』,
楊昭全 편『關內地區朝鮮人反日獨立運動資料彙編』, 1987,
김윤식,『음청사(陰晴史)』(한국고전종합DB)
민영환 지음(조재곤 편역), 2007,『海天秋帆』, 책과함께.

2. 참고도서 및 논문

<단행본>

국사편찬위원회, 1997,『신편한국사(51)-민족문화수호와 발전』
김도형 외, 2009,『식민지시기 재만 조선인의 삶의 기억』,『연세국학총서』(103), 선인
조성운, 2011,『식민지 근대관광과 일본시찰』, 경인문화사.
최삼룡 외, 2010,『만주기행문』, 보고사.

주효뢰, 2020,『식민지 조선 지식인, 혼돈의 중국으로 가다, 1920년대 조선 지식인의 중국 인식에 대한 사상적 고찰』,| 소명출판.3. 논문

혼마규스케 저, 최혜주 역, 2008,『일본인의 조선정탐록 조선잡기』, 김영사.

한국일보사, 1981,『財界回顧』

<수신사 관련>

구지현, 2017,「통신사(通信使)의 전통에서 본 수신사(修信使) 기록의 특성: 제1차 수신사 기록을 중심으로」,『열상고전연구』(59), 열상고전연구회.

김선영, 2017,「제1차 수신사 사행의 성격―일본 외무성 자료를 중심으로-」,『韓國史論』(63), 서울대학교 국사학과.

문순희, 2017,「수신사일기의 체재와 내용연구」,『열상고전연구』(59), 열상고전연구회.

문순희, 2021,「『滄槎紀行』의 특징과 안광묵의 일본기행연구」,『語文硏究』(제49권 제2호).

이효정, 2017,「航韓必携에 보이는 제1차 수신사의 모습」,『동북아문화연구』1(51), 동북아시아문화학회.

전성희·박춘순, 2005,「修信使가 본 近代日本風俗 -김기수의 일본풍속인식을 중심으로-」,『한국생활과학회지』(14-5), 한국생활과학회.

鄭應洙, 1991,「근대문명과의 첫 만남 - 日東記遊 와 航海日記 를 중심으로」,『韓國學報』(63), 일지사.

정응수, 2010,「사절이 본 메이지(明治) 일본: 김기수의 일동기유 를 중심으로」,『일본문화학보』(45), 한국일본문화학회.

조항래, 1969,「병자수신사 김기수 사행고 -그의 저서 일동기유(日東記遊)의 검토와 관련하여-」,『대구사학』(1), 대구사학회

河宇鳳, 2000,「一次修信使·金綺秀の日本認識」,『翰林日本學硏究』(5), 한림대학교일본학연구소.

한철호, 2006,「제1차 수신사(1876) 김기수의 견문활동과 그 의의」,『韓國思想史學』제27집, 한국사상사학회.

한철호, 2006,「제1차 수신사(1876) 김기수의 일본인식과 그 의의」,『사학연구』(84), 한국사학회.

<조사시찰단>

김권정, 2009, 「근대전환기 조선인의 타자보기」(이승원 등, 『세계로 떠난 조선인 지식
　　　인들』, 휴머니스트.

김현주, 2001, 「근대 초기 기행문의 전개 양상과 문학적 기행문의 '기원'- 국토 기행을
　　　중심으로」, 『현대문학의 연구』(16)

이경미, 2009, 「갑신의제개혁(1884년) 이전 일본 파견 수신사와 조사시찰단의 복식 및
　　　복식관」, 『한국의류학회지』(183), 한국의류학회

이승원, 2007, 「근대전환기 기행문에 나타난 세계인식의 변화연구」, 인천대학교 국어
　　　국문학과 박사학위논문.

이이화, 2005, 「신사유람단을 1881년 일본시찰단으로」, 『역사비평』(73), 역사문제연
　　　구소.

이창훈, 2006, 「대한제국기 유럽 지역에서 외교관의 구국운동」, 『한국독립운동사연구』
　　　(27), 한국독립운동사연구소.

정옥자, 1965), 「紳士遊覽團考」, , 『역사학보』(27), 역사학회.

정제우, 1983, 「金弘集의 生涯와 開化思想」, 『사학연구』, 한국사학회.

정훈식, 2010, 「수신사행록과 근대전환기 일본지식의 재구성」, 『한국문학논총』(56),
　　　한국문학회

河宇鳳, 1999, 「開港期 修信使行에 관한 一研究」, 『한일관계사연구』(10), 한일관계사학
　　　회, 한철호, 2008, 「우리나라 최초의 국기와 통리교섭통상사무아문 제작 국
　　　기의 원형 발견과 그 역사적 의의」, 『한국독립운동사연구』, 제31집, 한국독
　　　립운동사연구소.

허동현, 2002, 「조사시찰단(1881)의 일본 경험에 보이는 근대의 특성」, 『한국사상사
　　　학』(19), 한국사상사학회.

<내지시찰단>

구사회, 2014, 「대한제국기 주불공사 김만수의 세계기행과 사행록」, 『동아인문학』
　　　(29), 동아인문학회.

구지현, 2013, 「유길준의 『서유견문』에 보이는 견문록의 전통과 확대」, 『온지논총』
　　　(37), 온지학회.

박애경, 2010, 「1920년대 내지시찰단 기행문에 나타난 향촌 지식인의 내면의식」, 『현

대문학의연구』(42) , 한국문학연구학회.

박찬승, 2006, 「식민지시기 조선인의 일본시찰-1920년대 이후 이른바 '내지시찰단' 을 중심으로-」, 『지방사와 지방문화』(9-1), 역사문화학회, 2006.

양지욱·구사회, 2008, 「대한제국기 주불공사 석하 김만수의 <일기>자료에 대하여」, 『온지논총』(18), 온지학회.

이경순(2000).「1917년 불교계의 일본 시찰 연구」.『한국민족운동사연구』(25). 한국민 족운동사학회.

이승용, 2017, 「근대계몽기 석하 김만수의 일기책과 문화담론」, 『문화와 융합』(39-6), 한국문화융합학회.

임경석, 2012, 「일본 시찰 보고서의 겉과 속 -「일본시찰일기」 읽기-」, 『사림』(41), 수 선사학회, 2012;

조성운, 2005, 「매일신보를 통해 본 1910년대 일본시찰단」, 『일제의 식민지 지배정책 과 매일신보 -1910년대-』, 수요역사연구회.

조성운, 2005, 「1910년대 日帝의 同化政策과 日本視察團 -1913년 日本視察團을 中心 으로-」, 『사학연구』(80), 한국사학회.

조성운, 2006, 「1920년대 초 日本視察團의 파견과 성격(1920~1922)」, 『한일관계사연 구』(25), 한일관계사학회.

조성운, 2007, 「일제하 불교시찰단의 파견과 그 성격」, 『한국선학』(18), 한국선학회.

조성운, 2007, 「1920년대 일제의 동화정책과 일본시찰단」, 『한국독립운동사연구』 (28), 독립기념관 한국독립운동사연구소

조성운, 2014, 「1910년대 식민지 조선의 근대관광의 탄생」, 『한국민족운동사연구』 (56), 한국민족운동사학회.

하세봉, 2008, 「타자를 보는 젠더의 시선-1930년을 전후한 조선인 여교사의 일본시 찰기를 중심으로」, 『역사와 경계』(69), 부산경남사학회.

한규무, 2010, 「1907년 경성박람회의 개최와 성격」.『역사학연구』(38), 호남사학회

<일본 개인 투어>

곽승미, 2006, 「식민지 시대 여행 문화의 향유 실태와 서사적 수용 양상, 『대중서사연 구』(12권 1호), 대중서사학회.

김경남, 2013, 「1910년대 기행 담론과 기행문의 성격-1910년대 매일신보 소재 기행 담

론과 기행문을 중심으로」, 『인문과학연구』(37). 강원대 인문과학연구소, 2013.

김경남, 2013, 「1920년대 전반기 동아일보 소재 기행 담론과 기행문 연구」, 『한민족어문학』(63), 한민족어문학회.

김경미, 2012, 「이광수 기행문의 인식구조와 민족담론의 양상」, 『한민족어문학』(62), 한민족어문학회.

김미영, 2015, 「1910년대 이광수의 해외체험」, 『인문논총』(72-2).서울대학교 인문학연구원.

김승구, 2018, 「식민지 지식인의 제국 여행— 임학수」, 『국제어문』(43), 국제어문학회.

김윤희, 2012, 「사행가사에 형상화된 타국의 수도 풍경과 지향성의 변모」, 『어문논집』(65), 민족어문학회.

김윤희, 2012, 「20세기 초 대일 기행가사와 東京 표상의 변모」, 『동방학』(24), 한서대 동양고전연구소.

김윤희, 2012, 「20세기 초 외국 기행가사의 세계 인식과 문학사적 의미」, 『우리문학연구』(36), 우리문학회

김윤희, 2012, 「1920년대 일본시찰단원의 가사, 東遊感興錄의 문학적 특질」, 『우리말글』(54), 우리말글학회.

김진량, 2004, 「근대 일본 유학생 기행문의 전개 양상과 의미」, 『한국언어문화』(26). 한국언어문화학회.

김진량 , 2004, 「근대 일본 유학생의 공간 체험과 표상-유학생 기행문을 중심으로-」. 『우리말글』(32). 우리말글학회.

김진희, 2015, 「제국과 식민지 경계의 텍스트」, 『한국문학연구』(48), 동국대학교 한국문학연구소.

박애경, 2004, 「장편가사 東遊感興錄에 나타난 식민지 근대체험과 일본」, 『한국시가연구』(16), 한국시가학회.

박정순, 2019, 「언어와 문화의 번역으로서 재현 문제와 번역가의 과제 -1910년대 식민지유학생의 기행담론의 맥락에서 김동성의 Oriental Impressions in America와 <米州의 印象>을 중심으로-」, 『우리文學硏究』(63), 우리문학회.

박찬모, 2010, 「展示의 '문화정치'와 內地체험」, 『한국문학이론과 비평』(43), 한국문학이론과 비평학회.

이정선, 2016, 「이갑수(李甲秀), 「세계적 우생운동」」, 『개념과 소통』, 제18호

우미영, 2010, 「식민지 지식인의 여행과 제국의 도시 '도쿄': 1925~1936」, 한국언어문화 43, 한국언어문화학회.

조규태, 2011, 「1920년대 천도교인 朴達成의 사회 · 종교관과 문화운동」, 『동학학보』(22), 동학학회.

허병식, 2011, 「장소로서의 동경 - 1930년대 식민지 조선작가의 동경 표상」, 박광현 · 이철호 엮음, 『이동의 텍스트, 횡단하는 제국』, 동국대출판부.

<중국 기행>

김낙년, 2000, 「식민지기 대만과 조선의 공업화 비교」, 『경제사학』(29), 경제사학회.

김태승, 2013, 「동아시아의 근대와 상해 -1920~30년대의 중국인과 한국인이 경험한 상해」, 『한중인문학연구』(41), 한중인문학회.

방유미, 2022, 「1920년대 안재홍의 기행수필 연구」, 『우리문학연구』(75), 우리문학회.

오태영, 2013, 「근대 한국인의 대만 여행과 인식-시찰기와 기행문을 중심으로」, 『아세아연구』(56).

이은주, 2012, 「1923년 개성상인의 중국유람기 『中遊日記』 연구」, 『국문학연구』(25). 국문학회.

진경지, 2014, 「香臺紀覽' 기록에 투영된 일제시대 臺灣의 모습」, 『동아시아문화연구』(56), 한양대 동아시아문화연굿호.

정희정, 최창륵, 2019, 「근대로서의 전통―근대 한국인의 베이징 기행문을 중심으로 (1920~1945)」, 『동아시아 한국학의 소통과 확산』.

최해연, 2016, 「20세기 초 조선인의 중국 여행기록 연구」, 연세대학교, 박사학위논문.

최해연, 2019, 「20세기 초 조선인의 중국 여행기록에 나타난 서양문화 인식」, 『洌上古典研究』(67).

<만주 기행>

고명철, 2008, 「일제말 '만주(국)의 근대'에 대한 식민지 지식인의 내면풍경」, 『한민족 문화연구』(27), 한민족문화학회.

김도형, 2008, 「한말, 일제하 한국인의 만주 인식」, 『동방학지』(144), 연세대학교 국학 연구원.

김외곤, 2004, 「식민지 문학자의 만주 체험-이태준의 만주 기행」, 『한국문학이론과 비 평』, 제(24), 한국문학이론과 비평학회.

김종욱, 2019, 「박영준의 만주 체험과 귀환소설」, 『한국현대문학연구』(58), 한국현대 문학회.

김진영, 2015, 「일제강점기 金璟載의사회주의 운동과 친일활동」, 서강대 사학과 석사 학위 논문.

류시현, 2007, 「여행과 기행문을 통한 민족, 민족사의 재인식: 최남선의 사례를 중심으 로」, 『사총』(64), 고려대학교 역사연구소.

배주영, 2003, 「1930년대 만주를 통해 본 식민지 지식인의 욕망과 정체성」, 『한국학보』(29-3), 일지사.

王元周, 2007, 「認識他者與反觀自我: 近代中國人的韓國認識」, 『近代史研究』(2007-2 期), 中國社會科學院近代史研究所.

서경석, 2004, 「만주국 기행문학 연구」, 『어문학』(86), 한국어문학회.

서영인, 2007, 「일제말기 만주담론과 만주기행」, 『한민족문화연구』(23), 한민족문화 학회.이명종, 2014, 「근대 한국인의 만주 인식 연구」, 한양대학교 사학과 한 국사전공 박사학위논문

장영우, 2008, 「만주 기행문 연구」, 『현대문학의 연구』(35), 한국문학연구학회.

조은주, 2013-2, 「일제말기 만주의 식민지 도시 신경(新京)의 알레고리적 표현과 그 의 미- 유진오의 「신경」을 중심으로」 『서정시학』(23), 계간 서정시학.

조은주, 2013, 「일제말기 만주의 도시 문화 공간과 문학적 표현」, 『한국민족문화』(48), 부산대학교 한국민족문화연구소.

조정우, 2015, 「만주의 재발명」, 『사회와 역사』(107), 한국사회사학회.

허경진·강혜종, 「근대 조선인의 만주 기행문 생성 공간」, 『한국문학논총』(57), 한국문학회.

홍순애, 2013, 「만주기행문에 재현된 만주표상과 제국주의 이데올로기의 간극- 1920 년대와 만주사변 전후를 중심으로」, 『국제어문』(57).

＜침략전쟁 시기 기행＞

김승구, 2008, 「식민지 지식인의 제국 여행－ 임학수」, 『국제어문』(43), 국제어문학회.

김종욱, 2019, 「박영준의 만주 체험과 귀환소설」, 『한국현대문학연구』(58), 한국현대
　　　문학회.

박호영, 2008, 「임학수의 기행시에 나타난 내면의식」, 한국시학연구(21), 한국시학회.

심윤섭, 1994, 「임학수저 『전선시집』」 『문학춘추』(9), 문학춘추사.

윤영실, 2018, 「최남선의 송막연운록과 협화 속의 불협화음－1930년대 후반 만주 열전
　　　(列傳)과 전향의 (비)윤리－」, 『사이間SAI』(24), 국제한국문학문화학회.

윤영실, 2017, 「이주 민족의 상상력과 최남선의 송막연운록」, 『만주연구』(23), 만주학
　　　회.

윤영실, 2017, 「자치와 난민: 일제 시기 만주 기행문을 통해 본 재만 조선인 농민」, 『한
　　　국문화』(78), 서울대 규장각 한국학연구원.

전봉관, 2005, 「황군위문작가단의 북중국 전선 시찰과 임학수의 전선시집」, 『어문논총
　　　』(42), 한국문학언어학회.

周姸宏, 2019, 「중일전쟁기 전선 체험 문학의 한·중 비교 연구－ 박영희의 전선기행, 임
　　　학수의 전선시집, 저우리보의 보고문학을 중심으로－」, 성균관대학교 국어국
　　　문학과 석사학위논문.

한길로, 2014, 「전시체제기 조선유림의 일본 체험과 시회 풍경」, 『국제어문』(62), 국
　　　제어문학회.

한민주, 2007, 「일제 말기 전선 기행문에서 나타난 재현의 정치학」, 『한국문학연구』
　　　(33), 동국대학교 한국문화연구소.

홍순애, 2016, 「최남선 기행문의 문화 민족주의와 제국 협력 이데올로기: 송막연운록
　　　을 중심으로」, 『한민족문화연구』(53), 한국어와문학,

＜구미 기행＞

김현주, 2015, 「제국신문에 나타난 세계 인식의 변주와 소설적 재현 양상 연구」, 『대중
　　　서사연구』(21-2), 대중서사학회.

박승희, 2008, 「근대 초기 매체의 세계 인식과 문학사」, 『한민족어문학』(53), 한민족어
　　　문학회.

차혜영, 2009, 「동아시아 지역표상의 시간 · 지리학」, 『한국근대문학』(20), 한국근대문

학회,

차혜영, 2016, 「식민지 시대 소비에트 총영사관 통역 김동한의 로서아 방랑기 연구」, 『
중소연구』(40), 한양대학교 아태지역연구센터.

차혜영, 2005, 「1920년대 지(知)의 재편과 타자 표상의 상관관계: 개벽의 해외관련 기
사를 중심으로」, 『역사와 현실』(57), 한국역사연구회.

차혜영, 2016, 「3post 시기 식민지 조선인의 유럽항로 여행기와 피식민지 아시아연대
론」, 『서강인문논총』(47), 서강대학교 인문과학연구소.

하신애, 2019, 「제국의 국민, 유럽의 난민- 식민지 말기 해외 지식인들의 귀환 담론과
아시아/세계 인식의 불화-」, 『한국현대문학연구』(58), 한국현대문학회.

<남양 기행>

왕단, 2018, 「20세기 전반기 한국의 필리핀 인식 연구」, 성균관대 동아시아학과 석사
학위 논문.

홍순애, 2013, 「일제말기 기행문의 제국담론의 미학화와 그 분열- 남양기행문을 중심
으로」, 『국어연구』(41-1).

제국을 향한 미몽,
근대 조선인의 해외투어와 열망의 파레시아

| 초판 1쇄 인쇄일 | | 2024년 5월 23일 |
| 초판 1쇄 발행일 | | 2024년 5월 31일 |

지은이		김인호
펴낸이		한선희
편집/디자인		정구형 이보은 박재원
마케팅		정진이 김형철
영업관리		정찬용 한선희
책임편집		이보은
인쇄처		으뜸사
펴낸곳		국학자료원 새미(주)
		등록일 2005 03 15 제25100－2005－000008호
		경기도 고양시 덕양구 권율대로 656 클래시아더퍼스트 1519호
		Tel 02)442－4623 Fax 02)6499－3082
		www.kookhak.co.kr
		kookhak2010@hanmail.net

ISBN		979-11-6797-161-6 *94910
		979-11-6797-160-9 (SET)
가격		49,000원